MENÉNDEZ PELAYO

ORÍGENES DE LA NOVELA

I

ESPASA-CALPE ARGENTINA, S.A.

YOUNGSTOWN UNIVERSITY
LIBRARY

MARCELINO MENÉNDEZ PELAYO
OBRAS COMPLETAS

MENÉNDEZ PELAYO

ORÍGENES DE LA NOVELA

I

ESPASA-CALPE ARGENTINA, S.A.

Queda hecho el depósito dispuesto por la ley N° 11.723
Copyright by Cía. Editora Espasa-Calpe Argentina, S. A.
Buenos Aires, 1946

YOUNGSTOWN UNIVERSITY
LIBRARY

IMPRESO EN ARGENTINA
PRINTED IN ARGENTINE

Acabado de imprimir el 30 de marzo de 1946

Gerónimo J. Pesce y Cía. — Pedro Goyena 1562/68. — Buenos Aires

ORÍGENES DE LA NOVELA

INTRODUCCIÓN

Dedicó la *Biblioteca de Autores Españoles* tres de sus primeros volúmenes a Cervantes y a los novelistas anteriores y posteriores, al que fué y es monarca del género en la literatura del mundo. Aquella colección de narraciones amenas y libros de pasatiempo, pudo parecer suficiente en la época en que salió a luz, cuando apenas comenzaban a despertar los estudios hispánicos, largo tiempo aletargados, y era forzoso introducir al público con hábil parsimonia en el conocimiento de una literatura que tenía tan olvidada. Pero hoy que las exigencias, no ya de los eruditos, sino de los meramente aficionados y curiosos, son mucho mayores; hoy que libros antes ignorados o desdeñados son perseguidos con afán y alcanzan altísimo precio, que no siempre es rasgo de ostentación en sus compradores, sino testimonio del interés que despiertan y de la importancia que se les concede para elevados fines de cultura histórica, no puede menos de sentirse la necesidad de ampliar ésta como las demás secciones de la *Biblioteca* de Rivadeneyra con obras que por uno u otro concepto no deben ser omitidas ni postergadas en nuestra historia literaria, y que siendo de difícil adquisición, rara vez llegan a manos del investigador estudioso. A tal fin responde el suplemento que en varios volúmenes nos proponemos hacer de la colección de novelistas, dedicando el mayor espacio, como es justo, a los del siglo XVII, muy imperfectamente representados en aquel vasto repertorio de las letras patrias. Pero antes de llegar a ellos, todavía hemos creído indispensable recoger en un tomo algunas producciones de fines del siglo XV y del siglo XVI, que son, a nuestro juicio, dignas de tenerse en cuenta en un estudio sobre la novela anterior a Cervantes. Y aun hubiéramos ampliado el número de ellas, si los límites en que hemos tenido que encerrarnos por inevitable condición editorial, no nos hubieran obligado al sacrificio de alguna muy curiosa y que ya teníamos dispuesta para la imprenta.

Nadie puede poner reparos a la elección que con su acostumbrado buen gusto y fino conocimiento de la literatura castellana, hizo don Buenaventura Carlos Aribau de las obras que forman el antiguo tomo de *Novelistas anteriores a Cervantes*. No hay una sola que pueda rechazarse, y como escogidas en géneros distintos, dan idea bastante completa del mundo vastísimo a que pertenecen. *La Celestina*, obra esencialmente dramática, pero escrita para la lectura y no para la representación, no podía faltar en un cuadro de la novela, en cuyos progresos influyó de modo tan decisivo, y a la cual transmitió el poderoso instrumento de la observación realista y el arte insuperable del diálogo. Las dos grandes novelas picarescas del siglo XVI, *Lazarillo de Tormes* y *Guzmán de Alfarache*, acompañadas de sus continuaciones, son, y no podía menos, el fondo principal del libro. La novela corta imitada de los maestros italianos y el cuento o anécdota fugitiva tienen su representación en el *Patrañuelo*, de Timoneda, y en su *Sobremesa o Alivio de Caminantes*. La novela de aventuras al gusto bizantino, mezclada con elementos caballerescos, puede estudiarse en el *Clareo y Florisea*, de Alonso Núñez de Reinoso, y en la *Selva de aventuras*, de Jerónimo de Contreras. Y, finalmente, la novela histórica, enteramente indígena como la picaresca, hace alarde de su gracia infantil en el delicioso cuento de *El abencerraje*, atribuído a Antonio de Villegas, y en las *Guerras civiles de Granada*, de Ginés Pérez de Hita.

Nada sobra, por consiguiente, en este tomo, al cual antecede un prólogo de Aribau que es joya de buen decir y sana crítica, y documento de erudición nada vulgar para los días en que fué compuesto. Pero es evidente que algo falta, y el mismo Aribau confiesa estas omisiones y procura dar la razón de ellas, prometiendo subsanarlas en el curso de la *Biblioteca* que entonces comenzaba.

Esta promesa fué cumplida por lo tocante a los *Libros de Caballerías,* cuyo gran número, vasta mole y especial carácter imponían un estudio separado, que realizó con gran conciencia y doctrina bibliográfica don Pascual de Gayangos, persona la más competente acaso que en toda Europa podía encontrarse para tal empresa. Pero los demás vacíos quedaron sin llenar, faltando entre otras cosas las novelas pastoriles, salvo la *Galatea* y la *Arcadia,* que figuran, respectivamente, en los tomos de Cervantes y Lope de Vega. Hubiera sido excesivo, en verdad, dedicar un volumen entero a este género falso y empalagoso, en que la insipidez del fondo sólo está compensada por las galas del buen decir y los destellos de la fantasía poética; pero no parecía justo que se echase de menos en una biblioteca de autores españoles la obra capital y más antigua de nuestra novela bucólica, la *Diana,* de Jorge de Montemayor, ni que dejase de ir acompañada de la continuación de Gil Polo, preferida por el gusto de muchos y célebre por la lindeza de los versos que contiene; elogio que debe extenderse a *El pastor de Fílida,* de Luis Gálvez Montalvo, que Cervantes manda guardar como joya preciosa.

Grave omisión hubiera sido también la de la *Cárcel de Amor,* de Diego de San Pedro, y la *Cuestión de Amor,* de autor anónimo, pues aunque escritas en tiempo de los Reyes Católicos, no deben considerarse como producciones de los tiempos medios, sino como muestra de un género nuevo, la *novela sentimental y amatoria,* de la cual puede encontrarse algún germen en *El siervo libre de amor,* de Juan Rodríguez del Padrón, pero que tiene durante el siglo XVI su principal desarrollo. Contemporáneas de la *Celestina,* la *Cárcel* y la *Cuestión,* no hay motivo para relegarlas al tomo de los prosistas del siglo XV, de cuyo estilo tanto se apartan.

Otras manifestaciones que prepararon el advenimiento de la novela de costumbres, aunque no puedan confundirse con ella, reclamaban también algún lugar en esta colección de libros de pasatiempo. Me refiero al diálogo satírico - moral, a imitación de Luciano y de Erasmo, género importantísimo en la literatura del Renacimiento y que fué, a no dudarlo, la expresión más avanzada del libre espíritu aplicado a la crítica de la sociedad, y el arma predilecta de todos los innovadores teológicos, políticos y literarios. El padre y maestro de esta sátira *lucianesca* en España es

Juan de Valdés, pero como quiera que las obras selectas de este gran prosista han de formar parte de la presente biblioteca, no van incluídos en este tomo ni el *Diálogo de Mercurio y Carón* ni el de *Lactancio y un arcediano*. Figuran, en cambio, dos obras del andante humanista Cristóbal de Villalón; una su famoso *Crótalon,* que ahora aparece purgado de muchos errores con que antes se había impreso, y otra, cierto *diálogo* inédito de *Las transformaciones de Pitágoras,* que puede considerarse como el embrión de aquella vasta galería satírica. Obra en cierto modo análoga a las anteriores, aunque contiene menos elementos novelescos y la sátira es mucho más clemente, inofensiva y mesurada, son los *Coloquios satíricos* de Antonio de Torquemada, libro de muy apacible lectura por lo sabroso de la dicción y por las raras noticias que ofrece de usos y costumbres de su tiempo. Y no hemos querido separar de ella el *Coloquio pastoril* con que termina, obra entre dramática y novelesca. De buen grado hubiéramos incluído también otra muy semejante, los *Coloquios matrimoniales,* de Pedro de Luján, y no hubiéramos dejado en olvido la ingeniosa novela alegórica de Loyola, *Viaje y naufragios del Macedonio,* pero habrán de quedarse para mejor ocasión con otros libros análogos, no menos raros e interesantes que los anteriores.

Tales son las obras que en este tomo se ofrecen a la consideración del lector. Pero antes de discurrir particularmente sobre ellas, debemos apuntar algunas consideraciones acerca de la novela española del siglo XVI, no limitándonos a las que ahora reimprimimos, sino abarcando el cuadro general, para que mejor se entienda el valor y significación de cada una, y remontándonos, como es forzoso, a los orígenes del género, para explicar la evolución de sus formas, si bien procederemos en esto con la mayor sobriedad posible.

I

Reseña de la novela en la antigüedad clásica, griega y latina

GÉNERO tan antiguo como la imaginación humana es el relato de casos fabulosos, ya para recrear con su mera exposición, ya para sacar de ellos alguna saludable enseñanza. La parábola, el apólogo, la fábula y otras maneras del símbolo didáctico son narraciones más o menos sencillas, y gérmenes del cuento, [1] que tiene siempre en sus más remotos orígenes algún carácter mítico y trascendental, aunque este sentido vaya perdiéndose con el transcur-

---

[1] Los más antiguos cuentos conocidos son hasta ahora los egipcios, que ha coleccionado G. Maspero en un precioso volumen *(Les Contes populaires de l'Egipte ancienne, traduits et commentés par G. Maspero,* París, año 1889, tomo 4º de *Les littératures populaires de toutes les nations).* El primero de los cuentos que comprende, descubierto en 1852 por Rougé, es una novela de la época faraónica, enteramente análoga a las de *Las Mil y una noches,* con una de cuyas historias, la de los príncipes Amgiad y Assad, tiene gran semejanza este *cuento de los dos hermanos,* y también con otros muchos temas de novelística popular (falsa acusación de una madrastra o cuñada, encantamiento del corazón en un árbol, transformaciones del protagonista Bitiu análogas a las de Proteo, etc.). Todavía más extraordinario y fantástico es el *cuento de Satni,* hijo de un rey de Menfis, en que intervienen momias parlantes, hechiceras, magos y otros seres misteriosos, pasando gran parte de la acción fuera de los límites de este mundo. Otros cuentos son de género muy diverso. El de la toma de la ciudad de Joppe por los soldados de Tutii escondidos en grandes vasijas de barro recuerda en seguida la estratagema de Alí Babá y los cuarenta ladrones en *Las Mil y una noches.* No falta una muestra de novela de viajes y naufragios, análoga a la de Sindbad el marino, y todavía más a las griegas que parodió Luciano en la *Historia verdadera.* Hay verdaderos cuadros de costumbres populares, como la historia del aldeano que va a pedir justicia a la ciudad. Pero en general son cuentos prodigiosos, en que la magia predomina, como el del rey Kufní; el de la princesa de Baktan, poseída por el espíritu maligno; el del príncipe predestinado a ser muerto por la serpiente, por el cocodrilo o por el perro,

so de los tiempos y quedando la mera envoltura poética. Narración mucho más grandiosa y compañera también de las primitivas civilizaciones, es la epopeya, teogónica primero y después heroica, divina al principio y humana luego, pero representación entonces de una humanidad más excelsa y vigorosa que la de las edades históricas. En estos géneros espontáneos se agota la actividad estética de las razas vírgenes y de los pueblos jóvenes, y salvo la poesía lírica, ninguna otra forma del arte literario coexiste con ellos. La novela, el teatro mismo, todas las formas narrativas y representativas que hoy cultivamos, son la antigua epopeya destronada, la poesía objetiva del mundo moderno, cada vez más ceñida a los límites de la realidad actual, cada vez más despojada del fondo tradicional, ya hierático, ya simbólico, ya meramente heroico. La novela, considerada como representación de la vida familiar, puede insinuarse en la epopeya misma. ¿Qué es la *Odisea* sino una gran novela de aventuras, en la mayor parte de su contenido? Pero los naufragios y trabajos del protagonista, los detalles domésticos más menudos, están envueltos en una atmósfera luminosa y divina que los ennoblece y realza, bañándolos de pura y serena idealidad. La categoría estética a que tal obra corresponde es sin duda superior a la de la ficción novelesca, que más o menos se caracteriza siempre por el predominio de la fantasía individual, por el libre juego de la imaginación creadora. La epopeya tiene raíces mucho más hondas, que descienden a lo más recóndito del alma de los pueblos; es cosa venerable y sagrada, que oculta misterios étnicos y genealógicos, emigraciones y sangrientos conflictos de razas y gentes, ascensión del espíritu humano a la vida religiosa y civilizada, símbolos medio borrados de una revelación primitiva y de verdades eternas. Nacida en un período de viva y fresca intuición y de religioso terror ante los arcanos de la Na-

---

o bien relatos de aventuras épicas que han podido pasar por historias, como las *Memorias de Sinuhit*. A estos y otros varios cuentos más o menos íntegros, recogidos directamente de los papiros egipcios, ha unido Maspero el de Rhampsinito, que sólo conocemos en la forma griega que le dió Herodoto. Los papiros que contienen algunos de estos cuentos son del siglo XIII o XIV antes de la era cristiana, y algunos todavía más antiguos en centenares de años, según la opinión de Maspero. La India no tiene nada que se aproxime a esta antigüedad, y los cuentos egipcios son hasta ahora las primicias del género en la literatura universal.

turaleza misteriosa y tremenda, que apenas comenzaba a levantar una punta de su velo, la poesía épica, contemporánea de los primeros esfuerzos y de las primeras conquistas del trabajo humano, no domina la realidad, sino que es dominada y sobrepujada por ella. La personalidad del poeta no existe: yace abismada y sumergida en el espíritu colectivo, del cual es eco sonoro; su nombre es un mito más, que se confunde con los nombres de sus héroes. No hay obra sin autor, es cierto; pero el nombre de autor, en el sentido que la literatura le ha dado, es el que menos cuadra al poeta épico, que hasta cuando logra la perfección de la forma, como por privilegio estético de su raza aconteció a Homero o a los poetas homéricos, la alcanza por instinto semidivino, que no excluye el aprendizaje técnico transmitido por generaciones de *aedos* y rapsodas, pero que aleja toda sombra de artificio literario y parece una comunicación inmediata y continua de la esencial belleza de las cosas reflejadas en la mente del poeta.

Tales momentos no pueden menos de ser fugaces en la vida de la Humanidad. Cuando nace la literatura propiamente dicha, es decir, el arte reflexivo de la composición y del estilo, obra enteramente personal, y que coincide en todas partes con el advenimiento de la prosa, principal instrumento del discurso humano y de la cultura científica, la epopeya muere o por lo menos se transforma. Unas veces se combina con la poesía lírica, como vemos en las odas triunfales de Píndaro, tan llenas todavía de mitos y de recuerdos heroicos; otras presta su metro y sus formas a la didáctica, y es maestra de la vida en Hesiodo, o intérprete del pensamiento filosófico aplicado a la interpretación del enigma de la Naturaleza, como en la poesía *física* de Empédocles y Parménides; otras se convierte de *narrativa* en *activa*, y los héroes y las divinidades de la epopeya, conservando todavía su grandioso y sobrenatural prestigio, pisan las tablas de la escena trágica y pronuncian las aladas palabras que en su boca ponen Esquilo y Sófocles. Y no paran aquí las transformaciones del genio homérico, que es a modo de río inagotable para el pensamiento y el arte de la Hélada, pues también la Historia crece a los pechos de la epopeya, y al despojarse de la forma métrica no abjura de su origen, ni de la pasión a lo maravilloso, ni de la candorosa y patriarcal ingenuidad del relato, que hacen de Herodoto un poeta épico, tan lejano del tipo de historiador político que hallamos en Tucídides.

La novela, última degeneración de la epopeya, no existió, no podía existir en la edad clásica de las letras griegas. Pero elementos de ella hubo sin duda, y pueden encontrarse dispersos en otros géneros. Aparte de los apólogos esópicos y de las fábulas *libycas*, que son género de muy remoto abolengo y más oriental que griego, fué peculiar de aquella cultura en su mayor grado de refinamiento sabio el *mito filosófico*, que unas veces es metamorfosis o interpretación de un mito religioso y otras veces parábola o alegoría libremente imaginada para exponer alguna doctrina metafísica o moral. De este género de mitos es maestro prodigioso Platón en el *Timeo*, en el *Protágoras*, en el *Critias*, en el *Fedro*, en el *Convite* y en tantos otros diálogos. A veces estos mitos tienen notable desarrollo poético, como el de Her el Armenio en el libro X de la *República* (que sirve al filósofo para exponer sus ideas acerca de la vida futura), y la leyenda geográfica de la isla Atlántida, que probablemente oculta una verdad histórica desfigurada por la tradición y acomodada por Platón a un sentido político.

Desprovistas de tal sentido y de cualquier otro que no fuese el de la curiosidad y mero deleite, conoció la antigüedad helénica gran número de narraciones fabulosas históricas y geográficas, muchas de ellas de origen oriental, asirio, persa o egipcio, como las que de buena fe sin duda recogió Herodoto de boca de los intérpretes de Menfis, y todas las maravillas que contenían los libros de Ctesias, frecuentemente citados por Diodoro Sículo. Basta leer el satírico y ameno tratado de Luciano sobre *el modo de escribir la Historia* para comprender a qué punto llegó el furor de mentir en los historiadores de la decandencia, incluso en los que escribían de cosas de su tiempo, como los biógrafos de Alejandro. Prescindiendo de los mitógrafos de profesión, como Apolodoro, que al fin recogían leyendas antiguas, aunque muchas veces las exornasen y amplificasen, no puede omitirse que las relaciones de viajes apócrifos a países apenas conocidos o a tierras enteramente fabulosas llegaron a constituir un género, al cual corresponden la *Pancaya*, de Evhemero; la *Isla Afortunada*, de Iámbulo; el libro de Hecateo de Abdera sobre las costumbres de los Hiperbóreos, y otras varias expediciones imaginarias, de las cuales es chistosa parodia la *Historia verdadera,* del mismo Luciano.

Engendró la muelle ociocidad de las ciudades de Jonia y de la Magna Grecia un nuevo género de narraciones, destinadas al frívolo halago de la imaginación, cuando no al de los sentidos, y análogo en gran manera a los cuentos orientales, de los que acaso en parte procedían. Perdidas las primitivas fábulas *sibaríticas* y *milesias,* sólo es dado formar juicio de ellas por imitaciones griegas y latinas muy tardías, como el cuento de *la Matrona de Éfeso* en el *Satyricon,* de Petronio; el *Asno,* atribuído a Luciano o a Lucio de Patras, y el mucho más extenso y complejo *Asno de Oro,* de Apuleyo; obras que justifican ciertamente la fama de libidinosas y aun de brutalmente obscenas que gozaban dichas fábulas, aunque no sea difícil encontrar en esos mismos libros, sobre todo en el del retórico africano, narraciones de más noble carácter, y alguna tan pura, ideal y exquisita, tan llena de profundo y místico sentido como la historia de los amores de *Psique,*[1] que fué adoptada como símbolo por la teurgia neoplatónica.

Todas las formas seminovelescas hasta ahora enumeradas, con la sola excepción de los mitos filosóficos, fueron poco cultivadas en la edad de oro de la literatura griega, y tenidas sin duda en concepto de géneros inferiores. Su mayor desarrollo, y también el mayor número de ejemplares que de ellas conocemos, pertenecen a épocas de decadencia, a la alejandrina, a la greco-romana, y finalmente, a la bizantina. Hay que exceptuar una obra sola, compuesta en los mejores tiempos del aticismo, la *Cyropedia,* de Xenophonte, novela histórica, pedagógica y política, que bajo el disfraz de una fabulosa biografía de Ciro el Mayor, envuelve un curso completo de educación regia y una exposición grave y amena de las doctrinas morales de la escuela socrática. Este libro, célebre en todos tiempos, ha sido progenitor de numerosa literatura ético-política: nuestro obispo Guevara le imitó en su *Marco Aurelio;* Fenelón juntó en el *Telémaco* los risueños cuadros de la *Odisea* y la tendencia práctica de la *Cyropedia,* y aun el *Emilio,* de Rous-

---

[1] *Psique* escribimos, a ejemplo de Juan de Malara y otros humanistas españoles del siglo XVI, que no modificaron la terminación griega, aunque también la forma *Psiquis* tiene en castellano antiguas y buenas autoridades.

seau, aunque no sea doctrinal de príncipes sino catecismo de educación democrática, puede considerarse como el último eslabón de esta cadena de novelas pedagógicas, donde la intención doctrinal se sobrepone en gran manera al interés estético de la fábula.

Si en alguno de los clásicos griegos quisiéramos personificar el genio de la novela antes de la novela misma, no escogeríamos otro que Luciano, a quien la intachable pureza de su estilo coloca entre ellos, si bien cronológicamente pertenezca al siglo II. En sus obras, tan numerosas, tan varias, tan ricas de ingenio y de gracia, tan sabrosas y entretenidas, no sólo hay muestras de todos los géneros de cuentos y narraciones enumerados hasta ahora, las imaginarias de viajes, las licenciosas o milesias, las alegorías filosóficas, sino que el conjunto de todos sus diálogos y tratados forma una inmensa galería satírica, una especie de comedia humana y aun divina, que nada deja libre de sus dardos ni en la tierra ni en el cielo. La ironía, el sarcasmo, la parodia, alternan con el razonamiento filosófico, con la gravedad del moralista, con el desenfado del cínico, con el libre vuelo de la fantasía del poeta. Juntando dos géneros harto diferentes, el diálogo filosófico y el de la comedia, logra Luciano un singular compuesto de la manera de Platón y de la de Aristófanes, con un sabor acre y picante peculiar suyo, que recuerda la fuerza blandamente corrosiva del estilo de Voltaire y todavía más la prosa de Enrique Heine. La antigua sátira *menipea* renace en sus coloquios, y se combina con la observación de costumbres y caracteres practicada por Teofrasto y otros peripatéticos. Aun descartada la polémica contra la mitología y la polémica contra los filósofos, hay en Luciano magistrales invenciones cómicas, como *Timón el Misántropo* y *El banquete o los Lapitas;* singulares historias de maravillas y encantamientos en el *Philopseudes*, y de rasgos heroicos de amistad en el *Toxaris;* cuadros tan livianos como ingeniosos de la mala vida de las meretrices y de los parásitos; sátiras generales de la vida humana, como *Carón* y el *Icaro-Menipo;* sátiras personales en forma biográfica, como *Alejandro el Falso Profeta* y la *Muerte de Peregrino.* Dejo aparte, porque es para mi gusto la obra maestra del sofista de Samosata, el diálogo del zapatero Simylo y su gallo, joya de buen sentido, de gracia ática y de dulce y consoladora filosofía. No menos que la variedad y riqueza de los argumentos pasma en Luciano la fecundidad de recursos artísticos con que sazona y realza sus invenciones: sueños, viajes al cielo y a los infiernos, diálogos de muertos, de dioses y de monstruos marinos, epístolas saturnales, descripciones de convites, de fiestas y regocijos, de audiencias judiciales, de subastas públicas, de cuadros, de estatuas, de termas regaladas, de sacrificios e iniciaciones, de toda la vida pública y privada, religiosa y doméstica, del mundo greco-oriental en tiempo de los Antoninos. Salvo Plutarco en sus obras morales y en sus biografías, ningún autor clásico nos pone tanto en intimidad con el mundo antiguo. Es un ingenio de decadencia, pero saturado del más puro helenismo. Y al mismo tiempo, por la fuerza demoledora de su crítica, por la nimia curiosidad del detalle pintoresco y raro, por el artificio sutil, por la riqueza de los contrastes, por el tránsito frecuente de lo risueño a lo sentencioso, de la más limpia idealidad a lo más trivial y grosero; por el temple particular de su fantasía, que con voz moderna podemos definir *humorística*, nos parece un contemporáneo nuestro de los más refinados, originales y exquisitos. Sus cualidades y sus defectos le predestinaban para ser uno de los grandes maestros y educadores del espíritu satírico y del arte literario moderno. En él buscó sus armas toda la literatura polémica del Renacimiento; no las desdeñó la filosofía del siglo XVIII, y a parte de esta vena petulante y agresiva, grandes observadores de la vida humana, que la contemplaron con más sano y piadoso corazón y con mente serena y desinteresada; grandes y honrados satíricos, cuya musa dominante fué la indignación contra el error y el vicio, encontraron provechoso recreo en las páginas de Luciano, y acomodaron a la literatura de los pueblos cristianos mucho que no puede rechazar el más ceñudo moralista. Tan abigarrado y extraño resulta, pues, el catálogo de los imitadores de Samosatense, como es abigarrada su doctrina y vario el objeto de sus burlas y el tono de sus escritos. El *Elogio de la Locura* y los *Coloquios*, de Erasmo y Pontano; el *Mercurio y Carón*, de Juan de Valdés; el *Crotalón,* de nuestro Cristophoro Gnosopho, y el *Cymbalum mundi*, de Buenaventura Desperiers; alguna parte de Rabelais; la *sátira Menipea* francesa; el *Coloquio de los Perros* y *El Licenciado Vidriera*, de Cervantes; los *Sueños*, de Quevedo; los *Diálogos de los muertos*, de Fenelón y Fontenelle; los *Viajes de Gulliver*; muchos diálogos de Voltaire y algunos de sus cuentos, como *Micromegas* y el *Sueño de Platón*; el *Sobrino de Rameau,* de Diderot; no pocos escritos de Wieland; las sátiras políticas de Courier, y aun si se quiere, las fantasías cómico-científicas del autor norteamericano que escribió el viaje del holandés Hans Pfaal a la Luna; todas estas y otras innumerables producciones, tan divergentes en gusto, estilo y tendencias, son obras en que más o menos se refleja la inspiración de Luciano o por involuntaria reminiscencia, o por imitación deliberada, o por mera analogía del cuadro estético, o por semejanza de temperamento en los autores; influencia no siempre pura, sino mezclada con otras muchas, y en algunas ocasiones oscurecida y casi anulada por el genio triunfante del imitador. No importa que alguno de ellos no conociera directamente el texto de Luciano o no se acordase de él al tiempo de escribir. La influencia no por ser latente es menos poderosa, y la de Luciano estaba en la atmósfera de las escuelas del siglo XVI, en el polvo que levantaba la literatura militante, en la tradición literaria de los siglos posteriores. Lo que no se veía en el mismo Luciano, se aprendía con creces en sus discípulos, que han sido formidable legión. Voltaire, por ejemplo, no había frecuentado mucho la lectura de Luciano, y sin embargo, se parece a él como se parecían los dos Sosias, aunque tiene más hiel y menos imaginación, o si se quiere, una imaginación menos poética y libre.

Comparados con los brillantes caprichos de la musa de Luciano, pierden mucho de su valor otros diálogos, cuentos y visiones que nos restan de la antigüedad; la *Tabla,* de Cebes, es una alegoría moral, prolija e incolora, pero que tuvo la rara fortuna de ser conocida y parafraseada por los árabes; *Los Césares,* del emperador Juliano, una invectiva mordaz y apasionada en que se ve más al sectario y al sofista que al hombre de gusto. Lo que es verdaderamente muy agradable y no tiene toda la fama que merece, sin duda por estar como perdida en las obras de un retórico que nadie lee, es la *Historia Eubea,* de Dión Crisóstomo, idilio venatorio en prosa, cuento moral en que se contrapone la pacífica existencia de dos cazadores que viven en el seno de la Naturaleza y de la familia al tumulto de la ambición y de la codicia que reinan en las ciudades. Hay en esta ingeniosa y simpática narración un grado de delicadeza moral que anuncia la vecindad del Cristianismo.

Tanto la *Historia Eubea,* en su género purísimo, como el monstruoso cuento de *Lucio o el Asno,* que anda entre las obras de Luciano, aunque no a todos parece suyo, presentan todos los caracteres de la novela corta. Pero la novela extensa de amor y de aventuras, es un producto de la extrema decadencia de la literatura griega y se cultivó principalmente en la época bizantina. Para que esta clase de composiciones tuviese existencia propia era menester que todos los grandes géneros fuesen muriendo y que el rumbo de la sociedad cambiase, tornándose cada vez más indiferente a la vida pública y menos capaz del arranque heroico de la epopeya, del vuelo majestuoso de la lírica, del interés patético y sagrado de la tragedia, de la gravedad de la historia, de la sutil profundidad del diálogo filosófico y hasta de la amargura, saludable a veces, de la sátira doctrinal y severa. Por otra parte, el desarrollo creciente de la vida familiar, sus relaciones cada día más complejas, los excesos de la vanidad y del lujo, la confusión de razas distintas dentro de la unidad del Imperio romano, con peculiares ritos y supersticiones, con varias y pintorescas costumbres, cierto género de cosmopolitismo, en suma, alimentado por frecuentes y largos viajes, era medio adecuado para que el ingenio lozanease en ficciones de toda casta, aun sin traspasar los límites de la verosimilitud. El mundo moral comenzaba a transformarse, y estos novelistas de decandencia, a quien los griegos llamaban escritores *eróticos* (incluyendo entre ellos, no sólo a los narradores de profesión, sino a los sofistas que componían cartas amatorias, como Alcifrón y Aristeneto), llevan en su nombre mismo el calificativo de su género, puesto que el amor, secundario siempre en la epopeya y en la tragedia clásica (salvo en Eurípides), es, por el contrario, la principal inspiración, y puede decirse el fondo común, de esta literatura tardía, que alguna vez, como en la novela de Heliodoro, llega a la castidad del arte cristiano, pero que con más frecuencia no sale de la esfera puramente sensual en que se mueve el lindo y gracioso pero amanerado idilio de Longo.

Las dos obras a que aludimos son las que principalmente merecen atención en este grupo. El *Teágenes y Cariclea,* aunque no sea la más antigua de las obras de su estilo, puesto que fué precedida por las *Babilónicas* de Iámblico el Sirio y acaso por alguna otra, es sin disputa la más célebre, sirvió de modelo a otras muchas dentro del mundo greco-oriental y tiene la gloria de haber inspirado el último libro de Cervantes y de haber encantado la juventud de Racine. No puede ser libro vulgar el que ha logrado tales admiradores y panegiristas, pero es seguramente un libro de muy cansada lectura. El interés de las aventuras es muy pequeño y casi todas pertenecen al género más inverosímil, aunque de fácil y trivial inverosimilitud: raptos, naufragios, reconocimientos, intervención continua de bandidos y piratas. El mérito de Heliodoro no consiste en la fábula ni tampoco en el estilo, que, aunque superior a su tiempo, es una especie de prosa poética llena de centones de Homero y de Eurípides, sino en la moral pura y afectuosa que todo el libro respira, en la ternura de algunos pasajes y en cierta ingeniosa psicología con que el autor expone y razona los actos de sus personajes, dando el primer ejemplo de novela *sentimental*, aunque no muy apasionada. Tal novedad, unida al prestigio que cualquier libro griego o latino, aun de los más endebles, tenía en tiempos pasados, explica la gran popularidad del *Teágenes*, cuya importancia en la historia de la novela es innegable, y que, tal cual es, aventaja en gran manera a los *Amores de Leucipe y Clitofonte*, de Aquiles Tacio; a los de *Abrocomo y Anthia*, de Jenofonte de Éfeso; a los de *Chereas y Calirrhoe*, de Chariton de Afrodisia; a los de *Ismene e Ismenias*, de Eustacio o Eumatho, y a otras novelas bizantinas que nadie lee y con cuyos títulos es inútil abrumar la memoria.[1] Sólo debe hacerse una excepción en favor de la interesante y romántica historia del príncipe Apolonio de Tiro, por la difusión que tuvo en la Edad Media y en el siglo XVI, como lo testifican la versión latina, atri-

---

[1] Pueden verse recopiladas las principales en los *Erotici Scriptores* de la colección Didot (texto griego y traducción latina). Anteriores a todas ellas, son los fragmentos de otra que en 1893 descubrió Wilcken (vid. *Hermes*, XXVIII, p. 161 y ss.), y que su principal editor e ilustrador, Enrique Weil *(Etudes de Littérature et de Rythmique Grecques*, París, 1902, p. 90 y ss.), llama *Ninopedia*, por ser su argumento las mocedades del rey Nino, fundador de Nínive, y especialmente sus amores con una prima suya, que en los fragmentos no está nombrada, pero que al parecer es la famosa Semíramis. Estos fragmentos, que conservan mucho carácter épico, pero que están escritos con la misma fraseología retórica que las demás novelas griegas conocidas, se han conservado en un papiro egipcio del siglo I de nuestra era.

buída a Celio Simposio, el *Gesta Romanorum* y otras colecciones de cuentos; nuestro *Libro de Apolonio,* perteneciente al siglo XIII y a la escuela del *mester de clerecía;* la *Confessio amantis,* del inglés Gower; la novela *Tarsiana,* del *Patrañuelo* de Juan de Timoneda, y el *Pericles, príncipe de Tiro,* drama atribuído a Shakespeare. Por de contado que este rey Apolonio nada tiene que ver, salvo el nombre, con el filósofo pitagórico del siglo I de nuestra era, Apolonio de Tiana, ni con su fabulosa biografía, escrita por el sofista Filostrato, la cual debe contarse entre las novelas filosóficas y taumatúrgicas que pululan en los últimos tiempos del paganismo, especialmente entre las sectas dadas a la teurgia y a las ciencias ocultas.[1]

Aspecto muy diverso que todas las novelas hasta aquí mencionadas, tiene la célebre pastoral de *Dafnis y Cloe,* obra de tiempo y de autor inciertos, atribuída, quizá por error de copia, a un sofista llamado Longo. Es la primera novela del género bucólico, y sin duda la más natural y agradable, aunque su aparente ingenuidad nada tenga de primitiva y sí mucho de refinado y gracio-

---

[1] Con ser tan medianas, generalmente hablando, las novelas helénicas, todas, aun las de la decadencia bizantina, importan para la literatura comparada, porque tienen rasgos y situaciones que han sido explotados con más habilidad por grandes poetas de diversas naciones, que a veces las han tomado del fondo común de la tradición popular. Así, la historia de la doncella que se hace enterrar en vida, adormecida por medio de un narcótico, para librarse de un matrimonio odioso, está ya en las *Efesiacas* de Xenofonte, con la diferencia de que aquí la heroína cree beber un veneno mortal y el amante no está enterado. Forma justamente el tema de *Pyramo y Thisbe* uno de los elementos del cuento de *Romeo y Julieta* (Massuccio, Luigi da Porta, Bandello, Lope de Vega, Shakespeare...). Aparece también una copiosa serie de cantos populares (vid. núm. 96 de las *English and Scottish Ballads,* de Child), entre ellos varios romances españoles que todavía se cantan en Asturias, Portugal y Cataluña. En muchas de estas versiones se añade el pormenor del plomo o del oro fundido con que se traspasan las manos de la supuesta muerta. (Vid. G. París, *Journal des Savants,* diciembre de 1892). Aparte de la comunidad de temas *folklóricos,* que sólo prueba el parentesco inmemorial de las tradiciones de Oriente y Occidente, no son escasas las huellas de la novela griega en el campo de la literatura moderna, aun prescindiendo de los novelistas propiamente dichos. Con poca sorpresa averiguó la crítica, hace pocos años, que el germen de uno de los más bellos idilios de Andrés Chénier, *El Joven Enfermo,* está en una de las peores y más olvidadas novelas bizantinas, *Los Amores de Rhodantes y Dosicles,* de Teodoro Prodromo, monje del siglo XII, pésimo imitador de Heliodoro.

so artificio. Su autor imita constantemente a los bucólicos sicilianos Teócrito, Bión y Mosco, y en general, a los poetas de la escuela alejandrina, de la cual no parece muy distante. Tiene el gusto y el sentimiento de la Naturaleza en mayor grado que otros antiguos, y en la pintura de la pasión candorosamente sensual de sus protagonistas procede sin velos, como gentil que no tiene recta noción del pecado; pero su fantasía es más voluptuosa y amena que torpe, y la belleza y placidez del cuadro campestre, los discursos platónicos del viejo Filetas y hasta algo de sobrenatural y misterioso que hay en el destino de los dos amantes, infunden a la novela cierto encanto poético, y, trasladándola a la región de los sueños, la purifican un tanto de la grosería realista. Pero entiendan los incautos que ni ésta es la verdadera y sagrada antigüedad, ni ésta la gracia y sencillez del mundo naciente, sino una linda pintura de abanico, que recuerda las del siglo XVIII francés, al cual pertenece cabalmente la única y poderosa imitación de Longo, *Pablo y Virginia*. La ilusión que produce *Dafnis y Cloe* consiste en que los griegos, aun los sofistas y decandentes, conservan una relativa pureza y simplicidad de estilo que contrasta con las afectaciones del gusto moderno.

No pequeña parte del atractivo de esta novelita ha de atribuirse también al arte peregrino con que en distintos tiempos la han trasladado a sus lenguas respectivas intérpretes tan esclarecidos como el Obispo Amyot y Pablo Luis Courier en Francia, Aníbal Caro en Italia, y entre nosotros, don Juan Valera. Así como las obras verdaderamente clásicas pierden siempre en la versión, por esmerada que sea, un libro mediano, como *Dafnis y Cloe*, puede salir mejorado en tercio y quinto de manos de sus traductores, y por eso Amyot, escribiendo en el francés viejo y sabroso del siglo XVI, prestó al cuento griego una rusticidad patriarcal que en el original no tiene y que Courier remedó a fuerza de erudición ingeniosa; Aníbal Caro hizo hablar a Longo en la prosa láctea y florida, melodiosa y suave del Renacimiento italiano, y Valera, postrero en tiempo, no en mérito, labró con el cincel de su prosa castellana, tan sabiamente familiar, expresiva y donairosa, cuanto acicalada y bruñida, una ánfora que conserva el rancio y generoso olor de nuestro vino clásico de los mejores días.

Con ser tantas las variedades del género novelesco que en su senectud y aun en sus postrimerías ofrece el mundo clásico, es singular que casi nadie (exceptuando a Luciano y a los epistológrafos eróticos Alcifrón y Aristineto, inventores de la novela en forma de cartas) diese indicios de seguir la senda abierta por la *comedia nueva* de Menandro y sus imitadores, presentando bosquejos de la vida familiar, y escenas de costumbres. El cuadro de género, la novela realista que en Roma se manifiesta con todos sus caracteres en el libro de Petronio, no hace en los autores griegos más que fugaces y episódicas apariciones, y aun en ellas puede decirse que el campo de la observación está restringido a las costumbres de las rameras y de los parásitos, presentadas con notable monotonía.

Muy lejanos estaban los tiempos en que el análisis ético y psicológico, la interpretación fina y sagaz de las pasiones humanas y de los casos de la vida, fuesen principal materia del novelista. En la novela greco-bizantina lo borroso y superficial de los personajes se suplía con el hacinamiento de aventuras extravagantes, que en el fondo eran siempre las mismas, con impertinentes y prolijas descripciones de objetos naturales y artísticos, y con discursos declamatorios atestados de todo el fárrago de la retórica de las escuelas, plaga antigua del arte griego. Por otra parte, aunque la filosofía de los afectos y de los caracteres hubiese avanzado mucho con los trabajos de los peripatéticos, quedaba por descubrir una región del mundo moral oculta todavía a los ojos de Aristóteles y de Teofrasto. Casi irreverencia parece hablar de la novela cristiana de los primeros siglos, y sin embargo, es cierto que esta novela existía, a lo menos en germen, no por ningún propósito de vanidad literaria o de puro deleite estético, sino por irresistible necesidad de la imaginación de los fieles, que, no satisfecha con la divina sobriedad del relato evangélico y apostólico, aspiraba a completarle, ya con tradiciones, a veces muy piadosas y respetables, ya con detalles candorosos, que apenas pueden llamarse fábulas, puesto que del inventarlas al creerlas mediaba muy corta distancia en la fantasía fresca y virgen de los que las inventaban de un modo casi espontáneo. Pero hubo casos en que la ficción no fué enteramente inofensiva, por haberse mezclado en ella el interés de las diversas sectas heréticas, que llegó a viciar hasta los mismos evangelios canónicos. Aun en libros que, andando el tiempo y olvidadas las circunstancias en que habían nacido y las doctrinas particulares que reflejaban, fueron alimento de la piedad sencilla de los siglos medios e inspiraron maravillosas obras al arte religioso, es fácil reconocer huellas de gnosticismo, como en el *Evangelio de Nicodemus* (cuya triunfal *Bajada del Cielo a los Infiernos* es el tipo más antiguo de la epopeya cristiana); las *Actas de San Pablo y Tecla* sabemos que fueron compuestas por un presbítero de Asia, imbuído en la falsa opinión de que era lícito a las mujeres el sacerdocio y la predicación en la Iglesia, y las *Clementinas* o *Recognitiones* fueron en su origen un libro ebionita o de cristianismo judaizante, y el texto griego actual conserva muchos vestigios de ello. Pero muerta con el tiempo o casi ininteligible ya la parte de polémica teológica que estos libros contenían, quedó sólo la parte edificante y con ella el interés novelesco, pudiendo decirse que la novela místico-alegórica nació con las suaves visiones del *Pastor* de Hermas; que la Santa Tecla de las *Actas* fué el primer tipo de virgen cristiana trasladado a la narración poética, y que en las *Clementinas,* la novela de aventuras, viajes y reconocimientos, que por antonomasia llamamos bizantina, cobró interés nuevo, a pesar de las espinas de la controversia, y no fué ya relato insulso de peripecias irracionales, sino demostración palpable de los caminos de la Providencia. Tan patente está el carácter de la novela en las Actas de la mártir de Iconio y en la historia de la familia de Clemente, que todavía en el siglo XVII pudo aprovecharlas nuestro Tirso de Molina para el libro de cuentos espirituales que tituló *Deleitar aprovechando.* Pero ninguno de ellas igualó en popularidad a otra novela griega muy posterior, comúnmente atribuída a San Juan Damasceno (siglo VIII), la *Historia de Barlaam y Josafat,* libro de procedencia oriental, en que aparece cristianizada la leyenda del príncipe Sakya Muni, tal como se ha conservado en el *Lalita Vistara* y en otros textos budistas. No afirmamos, de ningún modo, que a esta novela ascética se limitase la influencia del extremo Oriente sobre la antigüedad griega. Otra no menos profunda, pero más tardía, ejercieron las colecciones de cuentos, el libro de *Calila y Dina,* traducido en el siglo XI por Simeón Sethos; el *Sendebar* transformado en *Sintypas* por el gramático Miguel Andreopulos. Estos apólogos y ejemplos traducidos del siríaco o del árabe procedían de versiones persas de libros sánscritos, y sin entrar aquí en su embrollada historia, baste consignar que fué Bizancio uno de los focos por donde penetraron en Europa, así como otro fué la España musulmana, que transmitió a nuestra literatura versiones independientes de las demás occidentales, ya en la forma latina de la *Disciplina clericalis*, ya en la prosa castellana de Alfonso el Sabio y el infante don Fadrique, ya en la catalana del *Libro de las Bestias*, de Raimundo Lulio.

Insensiblemente, vamos invadiendo el campo de la Edad Media, al cual la decadencia griega nos ha arrastrado; pero conviene dar un salto atrás, para fijarnos en los escasos, pero muy curiosos, productos de la novela latina. Redúcense, como es sabido, a dos obras, la de Petronio y la de Apuleyo, si bien algunos añaden, con poco fundamento, la alegoría pedagógica y enciclopédica de Marciano Capella sobre las *Bodas de Mercurio con la Filología*, y la *Vida de Alejandro*, por Quinto Curcio, que es historia anovelada y en muchas partes indigna de fe, pero de ningún modo novela histórica, como no lo es tampoco, aunque sea mucho más fabulosa, la del Pseudo-Calistenes, tan importante para los orígenes de la leyenda de Alejandro y sus transformaciones en la Edad Media. No lo son menos para el ciclo troyano los libros apócrifos que llevan los nombres de *Dictys cretense* y *Dares frigio*, pero más que novelas propiamente dichas, son una prosaica degeneración y miserable parodia de la epopeya homérica, a la cual suplantaron en Europa hasta que amaneció la luz del Renacimiento. [1]

---

[1] En este imperfectísimo bosquejo de la novela antigua, me he guiado únicamente por la impresión y el recuerdo de mis propias lecturas de los textos clásicos, puesto que a nada conduciría extractar lo que ya dicen, y dicen muy bien, las obras especiales sobre este argumento, entre las cuales merece la palma la de E. Rhode, *Der griechische Roman und seine Vorlaüfer* (Leipzig, 1876). Para las últimas imitaciones bizantinas debe consultarse también la excelente *Geschichte der byzantinischen Literatur*, de Carlos Krumbacher (Munich, 1891). La *Histoire du roman dans l'antiquité*, de A. Chassang (1862), es un inventario crítico muy apreciable, pero acaso su erudito autor amplía demasiado el concepto de la novela, confundiéndole con el de la falsa historia, y se detiene poco en las novelas propiamente dichas. La antigua *History of fiction*, de Dunlop, todavía es útil por lo copioso de sus análisis; pero más bien que en el original inglés, debe ser consultada en la traducción y refundición alemana de Félix Liebrecht, uno de los

Petronio y Apuleyo son, pues, los únicos representantes de la novela latina, a no ser que queramos añadir a Ovidio como autor de deliciosos cuentos en verso (que a esto se reducen las *Metamorfosis*), donde las aventuras y transformaciones de los dioses gentiles están tratadas con la más alegre irreverencia y con el sentido menos religioso posible.

El *Satyricon*, de Petronio, *auctor purissimae impuritatis*, pertenece sin duda al primer siglo del Imperio, y una de las digresiones literarias en que abunda, muestra que su autor era contemporáneo y émulo de Lucano. Pudo ser la misma persona que el epicúreo árbitro de las elegancias de Nerón, cuya valiente semblanza nos dejó Tácito; pero de fijo el *Satyricon*, obra muy pensada y refinadamente escrita, que debió de ser enorme a juzgar por la extensión de los fragmentos conservados y por lo que dejan adivinar de la parte perdida, no puede confundirse con las tablillas satíricas que aquel varón consular escribió pocas horas antes de morir y envió al Emperador a modo de testamento cerrado, contando, bajo nombres supuestos, sus propias torpezas y las de sus cortesanos. Prescindiendo de la notoria imposibilidad que el caso envuelve, no se encuentran, en la parte conservada del *Satyricon*, alusiones de ningún género a Nerón, ni menos se le puede considerar retratado en la grotesca figura del ricacho Trimalchion, que más bien presenta algún rasgo de la estúpida fisonomía de Claudio. El *Satyricon* es una novela de costumbres, de malas y horribles costumbres, escrita por simple amor al arte y por depravación de espíritu; no es un libro de oposición ni una sátira política. En su traza y disposición es una novela autobiográfica, muy descosida y llena de episodios incoherentes; pero en la cual se conserva la unidad del protagonista, que es una especie de parásito llamado Encolpio. Sus aventuras y las de sus compañeros de libertinaje, entre los cuales descuella el poetastro Eumolpo, son menos variadas que brutales, pero ofrecen un cuadro comple-

---

fundadores de la novelística comparada (*Geschichte der Prosadichtungen*, Berlín, 1851). Contiene ideas originales, expuestas con ingenioso talento crítico, la pequeña y sustanciosa obra del profesor norteamericano F. M. Warren, *A History of the novel previous to the seventeenth century* (New York, 1895).

to de la depravación de la Roma cesárea, y por la riqueza extraordinaria de los detalles, tienen el valor de un testimonio histórico de primer orden. Si se logra vencer la repugnancia que en todo lector educado por la civilización cristiana ha de producir este museo de nauseabundas torpezas, no sólo se adquiere el triste y cabal conocimiento de lo que puede dar de sí el animal humano entregado a la barbarie culta, que es la peor de las barbaries cuando la luz del ideal se apaga, sino que se aprenden mil raras y curiosas especies sobre el modo de vivir de los antiguos, que en ningún otro libro se hallan, y hasta formas de latín popular *(sermo plebeius)* que han recogido con gran esmero los filólogos. En los trozos que pueden calificarse de honestos y en los que sin serlo del todo no pecan por lo menos contra la ley de naturaleza ni ofenden la fibra viril, es admirable la elegancia y a veces la energía viva y pintoresca del estilo de Petronio. Sus digresiones sobre la elocuencia y la poesía y sobre las causas de la decadencia de las artes, muestran que era un *dilettante* muy ingenioso, partidario de la tradición clásica y enemigo de los declamadores, aunque también declamase no poco en sus tentativas épicas sobre la *Guerra civil* y la *Destrucción de Troya*. En cambio, sus versos ligeros, amorosos y epicúreos, son de una gracia mórbida que recuerda, con menos pureza de gusto, la manera de Catulo. Los mezcla en su narración a ejemplo de las antiguas sátiras menipeas, naturalizadas en Roma por Varrón; pero con ser muy lindos estos versos quedan inferiores a su prosa, que si de algo peca es de exceso de lima y artificio. El cuento milesio de la *Matrona de Éfeso* es un dechado de fina ironía; el banquete de Trimalchion, un gran cuadro de género que puede aislarse del resto de la obra y que sorprende por la valentía y crudeza de las tintas; el episodio de los amores de Polyeno y Circe, un trozo de literatura galante y algo amanerada, en que se advierte una cortesanía erótica poco familiar a los antiguos. En todo el libro reina una discreta ironía, un escepticismo frío y de buen tono que, por desgracia, envuelve la indiferencia moral más cínica e inhumana. El *Satyricon* es un fruto vistoso y lleno de ceniza, como las manzanas de Sodoma.

Aunque las *Metamorfosis* del africano Apuleyo, más conocidas con el título de *El Asno de Oro,* presenten alguna escena tan repugnante y bestial como las peores de la novela de Petronio, no son tan licenciosas en conjunto y abarcan un cuadro novelesco mucho más amplio. Son, si se prescinde del estilo extravagante y afectadísimo, una de las novelas más divertidas y variadas que se han escrito en ninguna lengua. La forma es autobiográfica, como en Petronio; pero el héroe narrador interesa mucho más y no se pierde el hilo de sus raras aventuras, a pesar de los muchos episodios intercalados. El *Asno* griego, de Luciano, o de quien fuere, ha pasado íntegro al de Apuleyo, pero no es más que el esqueleto de su fábula. La parte picaresca y realista procede enteramente de éste o de otros cuentos griegos, pero la parte mítica, simbólica y trascendental de la obra es toda de Apuleyo y refleja a maravilla su propia vida, tan llena de extraños casos, las incertidumbres de su conciencia, sus peregrinaciones filosóficas, su insaciable y supersticiosa curiosidad, su magisterio de las ciencias ocultas, su iniciación en los misterios egipcios, su neoplatonismo teúrgico, su charlatanismo oratorio. El Lucio griego se burla de lo que cuenta; su transformación en asno es mera bufonada. El Lucio latino, aunque no tome al pie de la letra tan ridícula historia, cree en lo sobrenatural y en el prestigio de la magia, cuyos ritos parece haber practicado, a pesar de las hábiles negaciones de su *Apología*, y se muestra doctísimo en materia de purificaciones y exorcismos. En el último libro de *El Asno* nos conduce hasta el umbral de los misterios de Isis, aunque no llegue a levantar el velo de la Diosa, y su tono solemne y religioso no es el del fabulador liviano, sino el del inspirado hierofante. Hasta la fábula de Psiquis parece adoptada por Apuleyo con alguna intención alegórica, aunque no fuese la muy sutil que vemos en Fulgencio Planciades. Mezcla abigarrada de cuentos milesios, casos trágicos, historias de hechicerías y mitos filosóficos, *El Asno de Oro*, que como novela de aventuras está llena de interés y de gracia, es, sin duda, el tipo más completo de la novela antigua, y nos deleitaría hoy tanto como a los lectores del siglo II si estuviese escrita con más llaneza de estilo y no en aquella manera decadente, violenta y afectada, llena de intolerables arcaísmos y grecismos, de frases *simili - cadentes*, de palabras compuestas o torcidas de su natural sentido, de metáforas y *catacresis* monstruosas, de diminutivos pueriles y de todo género de aliños indecorosos a la grave majestad de la lengua latina. El estilo de Apuleyo, aunque africano, no tiene la corrupción bárbara y férrea como el de algunos apologistas cristianos, sino enervada y delicuescente, como si quisiera remedar las contorsiones y descoyuntamientos de algún eunuco sacerdote de Cibeles.

Petronio ha influído muy poco en la literatura moderna. Los antiguos humanistas no le citaban ni le comentaban más que en latín; así lo hizo nuestro don Jusepe Antonio González de Salas, grande amigo y docto editor de Quevedo. Y realmente, libros como el *Satyricon*, nunca debieran salir de lo más hondo de la Necrópolis científica. Apuleyo, en quien la obscenidad es menos frecuente y menos inseparable del fondo del libro, ha recreado con sus portentosas invenciones a todos los pueblos cultos, y muy especialmente a los españoles e italianos, que disfrutan desde el siglo XVI las dos elegantes y clásicas traducciones del arcediano Cortegana y de Messer Agnolo Firenzuola; ha inspirado gran número de producciones dramáticas y novelescas, y aun puede añadirse que toda novela autobiográfica y muy particularmente nuestro género picaresco de los siglos XVI y XVII, y su imitación francesa el *Gil Blas*, deben algo a Apuleyo, si no en la materia de sus narraciones, en el cuadro general novelesco, que se presta a una holgada representación de la vida humana en todos los estados y condiciones de ella.

Tal es la herencia, ciertamente exigua, que la cultura grecolatina, principal educadora del mundo occidental, pudo legarle en este género de ficciones tan poco frecuentado por los pueblos clásicos. Pero la Edad Media, prolífica en todo, creó y adaptó nuevos tipos de narración, que son el origen más inmediato y directo de la novela moderna y que pasamos a considerar en sus relaciones con España.

II

El apólogo y el cuento oriental. — Su transmisión a los pueblos de Occidente, y especialmente a España. — El cuento y la novela entre los árabes y judíos españoles.

Mucho más que la novela clásica, aunque pueda reconocerse en tal cual *fabliau* el tema de algún episodio de Petronio y Apuleyo, no derivado, según creemos, de ningún género de tradición literaria, sino de un fondo popular mucho más antiguo,[1] influyeron en la Edad Media los apólogos y cuentos orientales, representados principalmente por dos famosísimas colecciones, que ya hemos mencionado, y cuya profunda acción es imposible negar, aunque modernos y excelentes trabajos obliguen a reducirla un tanto, concediendo mucha mayor espontaneidad a la fantasía e inventiva de los pueblos modernos y rectificando en algún caso supuestas o exageradas analogías.

Ambos libros son de remotísimo abolengo, y su origen ha de buscarse en la India, aunque por ventura no existan ya los primitivos textos sánscritos, sustituídos por imitaciones posteriores, por versiones en las lenguas modernas del Indostán y por otras más antiguas, persas, siríacas y árabes. Conviene decir dos palabras acerca de estas colecciones, puesto que precisamente España las recibió más pronto y por distinto camino que el resto de los pueblos occidentales, les dió primero vestidura latina y las hizo hablar, también por primera vez, en lengua vulgar. Las traduccio-

---

[1] Víctor Le Clerc, en su memorable estudio sobre los *fabliaux* (*Histoire Littéraire de la France*, tomo XXIII, pág. 71), indica como tales el de la Matrona de Éfeso, «mucho más antiguo que Petronio y que se encuentra hasta en la China», y dos episodios de Apuleyo *(Metamorph., IX)*, el del tonel y el de las sandalias de Philesietero.

nes castellanas del *Calila y Dimna* y del *Sendebar*, no sólo tienen importancia en el proceso cronológico de la novela, por estar inmediatamente derivadas de un texto arábigo, sino que la tienen capitalísima para la historia de nuestra lengua, entre cuyos más vetustos monumentos se cuentan.

La versión árabe que sirvió de texto al *Calila y Dimna* castellano, lo mismo que a la versión hebrea de la cual proceden la latina y todas las demás occidentales, a excepción de la nuestra, es conocida desde antiguo y fué publicada por Silvestre de Sacy.[1] Tiene por autor a Abdala ben Almocafa y pertenece al siglo VIII de nuestra era. Fué hecha bajo los auspicios del segundo califa Abasida, Almanzor, y el intérprete, que era un persa convertido al islamismo, tomó por texto una versión en lengua pehlvi, presentada en la primera mitad del siglo VI al rey Cosroes por su médico Barzuyah, que había ido a buscar los tesoros de la sabiduría en la India, donde encontró las fábulas de Bidpai, las cuales tradujo libremente, dándolas el título de *Calila y Dimna,* que son los nombres de dos lobos cervales, narradores de una buena parte de los cuentos del libro. Esta traducción persa no existe, pero sí otra siríaca *(Kalilag y Damnag),* también del siglo VI e independiente de ella, atribuída a un monje nestoriano, llamado Bud, que en calidad de *periodeutes* o visitador recorrió, por los años de 570, las comunidades siríacas de Persia y de la India. El insigne orientalista Tedoro Benfey,[2] a quien se debe este precioso descubri-

---

[1] *Calila et Dimna ou Fables de Bildpay, en arabe, avec la Moallaca de Lebid...* París, imprimerie Royale, 1816.

Del texto árabe publicado por Sacy proceden dos traducciones, una inglesa *(Kalila and Dimna, or the fables of Bildpai, translated from the Arabic by the Rev. Windham Knatchbull, A. M.* Oxford, 1819), y otra castellana de don José Antonio Conde, inédita en la Academia de la Historia, y que es la tercera, o por mejor decir, la cuarta de las que tenemos en nuestra lengua, como iremos viendo.

Sacy hizo su edición con tres manuscritos de la Biblioteca Nacional de París, pero existen otros varios que ofrecen considerables divergencias, no sólo en el texto, sino en el número de los cuentos, como puede verse en los *Studii sul texto arabo del libro di Calila e Dimna,* por Ignacio Guidi (Roma, año 1873). Estos estudios tienen por base un códice del Vaticano, otro de los Maronitas de Roma y otro de Florencia.

[2] *Kalilag u. Damnag, von G. Bichkell, mit einer Einleitung von Th. Benfey* (Leipzig, 1876).

Hay otra versión siríaca publicada por Wright en 1884 y traducida al inglés por M. Keith-Falconer en 1887, pero procede del texto árabe y es más bien una paráfrasis que una traducción.

miento que nos hace adelantar un grado más en el árbol genealógico de estas fábulas, no ha podido encontrar en la India texto alguno que responda exactamente al *Calila y Dimna* árabe, persa y siríaco, pero su existencia antes del siglo VI se acredita, no sólo por este grupo de traducciones, sino por la célebre refundición conocida con el nombre de *Pantschatantra*,[1] que de los doce o trece capítulos del *Calila* sólo contiene cinco, pero muy desarrollados y amplificados interiormente. Cada sección o capítulo se compone de un apólogo principal, en el cual se intercalan otros varios, recitados por los personajes de la fábula y exornados con sentencias en verso, a la manera de las *moralidades* que don Juan Manuel puso en *El Conde Lucanor*. Es opinión muy seguida ahora que la mayor parte de estos apólogos habían servido como ejemplos a los predicadores budistas, que se dirigían al pueblo y le hablaban en parábolas *(jatakas)*; pero puede presumirse que la mayor parte de esas parábolas, fábulas y proverbios, son anteriores al nacimiento del Budismo, y que precisamente por ser familiares a sus oyentes los empleaban con nuevo sentido moral los propagandistas de la religión nueva.[2] Síguese de aquí que las fábulas indias son antiquísimas, ora naciesen de la natural tendencia de la mente humana a tomar la metáfora por realidad y las figuras del lenguaje por historias y cuentos, que es el punto de vista filológico indicado por Kuhn y vulgarizado tan elocuentemente por Max Müller, ora tengan su remota y misteriosa fuente en vagas memorias de la primitiva comunidad de los pueblos Arios, como parece

---

[1] Ha sido publicado por Kosegarten y traducido y sabiamente comentado por Benfey: *Pantschatantrum sive Quinquepartitum, edidit E. G. L. Kosegarten* (Bonn, 1848). *Pantschatantra, fünf Bücher indischer Fabeln Märchen und Erzählungen aus dem Sanskrit übersetz. Von Th. Benfey* (Leipsig, año 1859), 2 vols. Con una introducción de 600 páginas, que es lo más profundo y completo que se ha escrito sobre el apólogo indio. A juicio de Benfey, el *Pantschatantra* es obra de un budista que vivía lo más tarde en el siglo III de nuestra era.

[2] Vid. sobre estas cuestiones la muy interesante *History of the Aesopic Fable*, de José Jacobs *(London, published by David Nutt*, 1889), y su estudio anterior sobre las fábulas de Bidpai, con un cuadro cronológico-bibliográfico de las diversas adaptaciones y traslaciones del original sánscrito, y una concordancia analítica de los cuentos, que acompaña a la *Filosofía Moral del Doni*, traducida del italiano al inglés por Tomás North (1888).

que lo indica el encontrarse alguna de ellas en otras ramas de la misma familia, especialmente en las tradiciones germánicas que recopiló Grimm. Sólo muy tarde se pusieron estas narraciones en cabeza del fabuloso Bidpai, que es el Esopo de los orientales.

Suscitó el *Pantschatantra* gran número de imitaciones en la India misma, siendo la más célebre el *Hitopadesa o instrucción salutífera,* que suele emplearse como texto de lectura en la enseñanza del sánscrito y ha sido traído recientemente por un joven filólogo a nuestra lengua. [1]

No menos prolífico ha sido el *Calila y Dimna* árabe, que fué puesto dos veces en verso, retraducido tres veces al persa moderno en los siglos x, xii y xv, sirviendo una de estas versiones, titulada *Anwuairi Sohaili* (Luces Canópicas), de original para el libro turco *Homayun-Nameh* (El libro imperial), redactado en tiempo de Solimán el Magnífico por Alí Tchelebi, profesor de Adrianópolis. Ya hemos mencionado la traslación griega de Simeón Sethos (siglo xi), en que por un yerro del intérprete que

---

[1] *Hitopadesa o provechosa enseñanza; colección de fábulas, cuentos y apólogos; traducida del sánscrito por José Alemany y Bolufer.* Granada, 1895.

El *Hitopadesa* es uno de los libros sánscritos que han tenido más editores y traductores. Mencionaré sólo algunos de los más conocidos:

Hitopadesa, id est institutio salutaris. Textum codd. mss. collatis recensuerunt... A. G. à Schlegel et Ch. Lassen (Bonn, 1829).

Hitopadesa, eine alte indische Fabelsammlung aus dem Sanscrit zum ersten mal im das Deutsche übersetzt (por Max Müller). Leipzig, 1844.

Hitopadesa, with interlinear translation, grammatical analysis, and English translation (por el mismo Max Müller en sus *Manuales para el estudio del sánscrito*). Londres, 1854.

Hitopadesa, ou l'instruction utile. Recueil d'apologues et de contes, traduit du sanscrit par Ed. Lancereau, París, 1882 (tomo 8º de la colección titulada *Les littératures populaires de toutes les nations).*

También ha sido traducido al persa, al indostaní y a otras lenguas orientales.

Aunque el *Hitopadesa* sea un compendio del *Pantschatantra,* hay en él algunos cuentos que proceden de otra colección desconocida. Dos de ellos tienen analogías con el VII, VIII y IX de la *Disciplina Clericalis* de Pedro Alfonso, que los tomó seguramente de algún libro árabe de engaños y astucias de mujeres.

tradujo materialmente las raíces, se convirtieron *Calila y Dimna* en *Stephanites* (el coronado) e *Ichnelates* (el investigador). [1]

No es inútil para el estudioso de la novelística la mención de estas versiones, porque algunas de ellas, aunque muy tardíamente, han penetrado en Europa e influído en la literatura moderna, dando en diversos tiempos nueva boga y prestigio al apólogo oriental, con entera independencia de la gran corriente de los siglos medios. Así la traducción incompleta del *Libro de las luces de Canopo,* publicada en francés en 1644 por el intérprete David Sahid de Ispahan, [2] prestó a Lafontaine argumentos para algunas de sus mejores fábulas, y algunas tomó también del *Specimen Sapientiae Indorum veterum* del P. Possino, que es una traducción latina de la griega de Simeón Sethos. [3] Y hasta el *Homayun - Nameh* turco tuvo por intérpretes en castellano al ragusés Vicente Bratuti [4] y

---

[1] *The Anwar-i suhaili, or the Lights of Canopus, being the Persian version of the fables of Bilpay, or the book, Kalilah and Damnah, rendered into Persian by Husain Váiz U-L-Kashifi litteraly translated by E. B. Eatswick.* Hertford, 1854.

Specimen Sapientiae Indorum veterum, id est Liber Ethico-politicus pervetustus, dictus Arabice Kalilat ue Demnah, Graece Stephanites et Ichnelates, nunc primum Graece ex ms. cod. Holsteniano prodit cum versione latina, opera S. G. Starkii (Berlín, 1697).

[2] *Livre des lumières de la conduite des roys, composé par le sage Pilpay indien, traduit en francais par David Sahid d'Ispahan, ville capitale de Perse* (Paris, chez Simeon Piget, 1644). Reimpresa en 1698. Las imitaciones de Lafontaine están en los cinco últimos libros de sus fábulas, publicados en 1678 y 1679.

[3] *Specimen Sapientiae Indorum veterum, liber olim è lingua Indica in Persicam a Perzoe medico; è Persica in Arabicam ab anonimo; ex Arabica in Graecam a Simeone Seth, a Petro Possino Societ. Iesu, novissime ex Graeca in latinam translatus.* En el apéndice al primer tomo de su edición de la crónica de Pachymeres *(Georgii Pachymeris Michael Palaeologus, sive Historia rerum a M. P. gestarum, edidit Petrus Possinus, Romae,* 1666). El P. Possino suprimió algunas fábulas que le parecieron demasiado libres, por lo cual su versión es menos completa que la de Stark.

[4] *Espejo Político y Moral para Príncipes y Ministros y todo género de personas,* por Vicente Bratuti Raguseo, etc. Madrid, dos tomos, impreso el primero en 1654 por Domingo García y Morras, y el segundo, por Josef Fernández de Buendía, 1659. El tercero, que debía contener los seis últimos capítulos de los catorce en que el libro turco se divide, no llegó a publicarse. Los nombres de Calila y Dimna están sustituídos con los de *Chelio* y *Demenio.*

en Francia a Galland,[1] aunque fué menos leído que *Las Mil y una noches.*

Pero todas éstas son derivaciones excéntricas, manifestaciones *esporádicas.* El río verdaderamente caudaloso, el que inundó toda Europa con sus aguas, es el que pasa del árabe al hebreo, del hebreo al latín y del latín a las lenguas vulgares.

Dos son las versiones hebraicas del *Calila y Dimna,* publicadas entrambas por Derenbourg en 1881.[2] La primera y más importante de estas traducciones se atribuye a un cierto Rabí Joel, que parece haber florecido a principios del siglo xii, y que probablemente residía en Italia. La segunda, de la cual sólo se conoce el principio, fué trabajo de un Jacob ben Elazar, gramático y lexicógrafo del siglo xiii, y permaneció ignorada fuera de la Sinagoga. Es un producto literario del hebraísmo moderno, donde las fábulas de Bidpai quedan anegadas en un centón de textos bíblicos.

En cambio, la versión de Rabí Joel importa mucho para la literatura. Un judío converso, Juan de Capua, intérprete también de dos obras médicas de Avenzoar y Maimónides, trasladó al latín el *Calila* hebreo con el título de *Directorium vitae humanae,* dedicándoselo al cardenal Mateo Orsini, que vistió la púrpura romana desde 2163 a 1305.[3] Bajo tan alto patrocinio, el *Directorium,* cuyo autor no pasaba, según Derenbourg, de mediano he-

---

[1] *Les Contes et Fables indiennes de Bidpaï et de Lokman traduites de Ali-Tchelebi-ben-Saleh, auteur turc; oeuvre posthume, par M. Galland* (París, 1724, 2 vols.).

Esta traducción fué completada muchos años después por Cardonne, *Contes et Fables indiennes... ouvrage commencé par feu M. Galland, continué et fini par M. Cardonne* (París, 1778, 3 vols. 12º).

[2] *Deux versions hebraïques du livre de Kalîlâh et Dimnâh. La première accompagnée d'une traduction française, publiées d'après les manuscrits de Paris et d'Oxford, par Joseph Derenbourg.* París, Vieweg, 1881.

[3] *Johannis de Capua Directorium vitae humanae, alias Parabola antiquorum sapientum. Version latine du livre de Kalilah et Dimnah, publiée et annotée par Joseph Derenbourg* (París, Vieweg, 1887). Tanto esta publicación como la anterior, forman parte de la *Bibliothèque de l'Ecole des Hautes Etudes.*

Las antiguas ediciones latinas del *Directorium* son extraordinariamente raras. Brunet enumera cuatro, la primera de 1480. Llevan grabados en madera, lo mismo que las ediciones en alemán y en castellano, y convendría compararlas.

braizante y detestable helenista, penetró inmediatamente en las escuelas cristianas, y de él proceden una antigua traducción alemana, intitulada *Ejemplos de los sabios de raza en raza* o *Libro de la Sabiduría*, que se ha atribuído al duque de Wurtemberg, Eferhardo I (1445 a 1496), y que a lo menos fué hecha por su mandado;[1] otra castellana de fines del siglo xv, *Exemplario contra engaños y peligros del mundo*, que tiene con la alemana singulares semejanzas;[2] dos imitaciones italianas debidas a Messer Agnolo

---

[1] También son de singular rareza las ediciones del *Beispiele der Weisen von Geschlecht zu Geschlecht*, o más brevemente llamado *Das Buch der Weisheit*, impresas en los siglos xv y xvi. Ha sido reimpresa por W. Ludwig Holland, en el tomo 56 de la *Bibliothek des Literarischen Vereins*, de Stuttgart (1860).

[2] Ocho son, por lo menos, las ediciones del *Exemplario contra engaños y peligros del mundo* (Vid. Gayangos, *Escritores en prosa anteriores al siglo XV*):

a) Colofón, *Acábase el escellente libro intitulado: Aviso e exēplos contra los engaños e peligros del mundo. Emprētado en la insigne e muy noble ciudat de Çaragoça de Aragon con industria e espensas de Paulo Hurus, aleman de Constancia, fecho e acabado a XXX dias de Março del año de nuestra salvación* Mill CCCC. XCIII. Fol. gót.

b) *Emprētado en la muy noble e leal ciudad de Burgos por maestre Fadrique aleman de Basilea, a xvi dias del mes de febrero. Año de nuestra saluacion. Mill. cccc. xc. viij* (1498).

c) *Acabose el escellente libro... Emprētado en la insigne... ciudad de Çaragoça de Aragon. Por la industria de George Coci Aleman. Acabose a XX dias del mes de Octubre del año de nuestra saluacion. Mil quinientos y treinta y uno.*

d) *Libro llamado Exemplario, en el cual se contiene muy buena doctrina y graves sentencias debaxo de graciosas fabulas: nuevamente corregido.*

(Al fin): *Fue impreso... en la muy noble e afamada cibdad de Sevilla, en la emprenta de Joan Cromberger. Año de MDXXXIIII* (1534).

e) Sevilla, por Jacobo Cromberger, 1537. Reproducción de la anterior.

f) Sevilla, *en las casas de Joan Cromberger, que santa gloria aya,* 1541.

g) Zaragoza, por Esteban de Nájera, 1547.

Todas las ediciones citadas hasta aquí son en folio y letra de tortis, y llevan las mismas estampas en mayor o menor tamaño.

h) Amberes, sin fecha (es de los últimos años del siglo xvi), en octavo. Acompaña a las *Fábulas de Esopo*.

A pesar de tantas ediciones, el *Exemplario* es libro muy raro, y debe reimprimirse, como se ha hecho con los demás de su género.

Se ha supuesto que el anónimo traductor castellano tuvo a la vista la versión alemana, puesto que concuerda con ella en algunos pasajes en que

Firenzuola y al Doni,[1] excelentes prosistas florentinos del siglo XVI, que fueron a su vez imitadas por Gabriel Cottier y Pedro de Larivey, autores franceses del mismo siglo.[2]

Mucho antes que el *Directorium,* de Juan de Capua, estuviese trasladado a ninguna lengua vulgar, disfrutaron los castellanos de la Edad Media el texto primitivo y auténtico de Abdalá ben Almocaffa, *romançado por mandado del infante don Alfonso, fijo del muy noble rey don Fernando, en la era de mill é dozientos é noventa é nueve años,* es decir en 1261, si hemos de dar fe a la suscripción de uno de los códices escurialenses que contiene esta obra. Pero debe de haber algún pequeño error en la fecha, puesto que ya en 1261 era rey Alfonso el Sabio, a quien la nota llama infante. Esta traducción, mucho más fiel y sabrosa que la de Juan de Capua, no fué «sacada de arábigo en latyn» y romanzada después, como afirma esa misma nota, sino sacada directa e inmediatamente del árabe, como probó don Pascual de Gayangos,[3] primero y hasta la fecha único editor de tan interesante libro, y han confirmado luego Teodoro Benfey,[4] José Derenbourg y otros orienta-

---

se aparta del original latino. El caso no es inverosímil, puesto que alemanes fueron los dos primeros impresores del *Exemplario,* y aun es de suponer que copiasen o imitasen los grabados del *Buch der Beispiele der alten Weisen:*

[1] *La prima veste de'discorsi degli animali* (En las *Prose di M. Agnolo Firenzuola, Fiorentino,* Florencia, 1548). *Calila* y *Dimna* están sustituídos por dos carneros *Carpigna* y *Bellino.* El Doni, a su vez, los transformó en un mulo y un asno.

La filosofia simple del Doni tratta da molti antichi scrittori (Venecia, 1552). Traducida al inglés por Thomas North en 1570. Esta traducción ha sido reimpresa en 1888 por Jacobs *(The Fables of Bidpai: or the Moral Philosofie of Doni: Drawne out of the ancient writers, a work first compiled in the Indian tongue).*

[2] *Plaisant et facetieux discours sur les animaux* (Lyon, 1556). Este libro de Cottier es una traducción de Firenzuola.

Deux livres de filosofie fabuleuse; le premier prins des discours de M. Ange Firenzuola... le second estraict des traictez de Sandebar, Indien, philosophe moral... par Pierre de la Rivey, Champenois (Lyon, 1579).

Lo que llama Larivey *Tratados de Sendebar,* es *La filosofía moral* del Doni, sin que tenga nada que ver con el libro oriental del mismo título.

[3] En el tomo de *Escritores en prosa anteriores al siglo XV,* de la Biblioteca de Rivadeneyra, impreso en 1860.

[4] Véase su recensión del trabajo de Gayangos en *Orient und Occident,* I, pp. 497-507.

listas; reconociendo todos que hay tal afinidad y semejanza entre el texto arábigo y la versión castellana, y son tantas las palabras, frases y modismos literal y aun servilmente traducidos, que alejan toda sospecha de un texto latino intermedio. El castellano es tan importante, que de él se valen los arabistas mismos para la crítica y enmienda del original de Almocaffa, sumamente estragado en las numerosas copias que de él se hicieron, por haber sido libro popularísimo entre los musulmanes, como lo acreditan las frecuentes citas que de él hace Averroes en su extraño comentario a la Poética de Aristóteles. Esta primitiva versión castellana no fué enteramente ignorada fuera de España, puesto que sirvió de texto principal a la que hizo en francés, por orden de Juana de Navarra, mujer de Felipe el Hermoso, el médico Raymundo de Béziers (*Raymundus de Biterris*), si bien no la terminó en vida de aquella princesa, sino en 1313, presentando al Rey en las fiestas de Pentecostés el espléndido códice iluminado que hoy puede admirarse en la Biblioteca Nacional de París.

Un libro de tan peregrina y larga historia no puede menos de haber dejado huella profundísima en las literaturas de todos los pueblos modernos. Y así aconteció, en efecto. El *Calila y Dimna* fué el prototipo de todos los libros que «departen por exemplos de homes e de aves et de animalias». Tan grande era su popularidad en el siglo XIV, que los moralistas cristianos llegaron a considerar como peligroso contagio el de aquellas moralidades de tan profano origen, persa o bracmánico. El obispo de Jaén, San Pedro Pascual, cuyos escritos se dirigían principalmente a robustecer la fe de los que como él gemían cautivos en las mazmorras de Granada, tiene sobre esto un curiosísimo pasaje: «E, amigos, cierto creed que mejor despenderédes vuestros días y vuestro tiempo en leer e oyr este libro, que en decir e oyr fablillas y romances de amor y de otras vanidades que escribieron, *de vestiglos e de aves que dizen que fablaron en otro tiempo*. E cierto es que nunca fablaron: mas escribiéronlo por semejanza. E si algun buen exemplo hay, hay muchas arterías y engaños para los cuerpos y para las ánimas».[1]

La moral del *Calila y Dimna* no es ciertamente muy elevada

---

[1] Citado por Argote de Molina, *Nobleza de Andalucía*, II, fol. 180.

ni muy severa.[1] En la fábula ha predominado desde sus más remotos orígenes cierto sentido utilitario, un concepto de la vida muy poco desinteresado y que concede más de lo justo a la astucia y a la maña. «Un rey que tomara por modelo al rey de los animales tal como está pintado en estos cuentos (dice con razón Derenbourg), carecería de energía y de valor, cedería al primer movimiento de cólera, violaría sin escrúpulos la fe jurada y olvidaría por el menor capricho el servicio de un amigo y la fidelidad de una esposa». Añádase a esto que las ideas religiosas, muy lejanas ya de su fuente budista o bracmánica, puesto que si algo había de esto debieron de suprimirlo el persa Barzuyeh y el árabe Almocaffa, son de una teología simplicísima, y puede decirse que se reducen a un elemental deísmo, sin profundidades de ningún género, salvo algún conato para resolver la contradicción entre la presencia divina y el libre albedrío humano. Sólo así se explica que estos apólogos hayan podido acomodarse con tanta facilidad a civilizaciones tan diversas y hayan tenido tanto séquito entre hombres de tan opuestas creencias. Expresión antiquísima del sentido común, cuando no degenera en vulgar, representan una primera, aunque no muy elevada, fase de la sabiduría práctica; pero mucho más que por su doctrina influyeron por sus ejemplos, por la parte pintoresca y formal del cuento.

Se imitó el cuadro general; se imitó cada uno de los apólogos separadamente. El *Calila y Dimna* es un cuento de cuentos, una serie de apólogos comprendidos en una ficción general, como lo son *Las Mil y una noches*, el *Decamerón*, los *Cuentos de Cantorbery*, de Chaucer, e innumerables colecciones más. Este apólogo principal es distinto en cada uno de los capítulos o secciones de la versión arábigo - persiana, como lo es también en cada uno de

---

[1] Entiéndase esto de las fábulas mismas, no del singularísimo capítulo que contiene la autobiografía del filósofo Bersehuey, porque éste es adición del traductor persa y ajeno a la índole de la obra primitiva, sin que tenga correspondencia en ninguna de las colecciones de apólogos indios conocidas hasta ahora, aunque probablemente la tendrá en algún texto budista. Es una profesión de fe filosófica, entremezclada de apólogos, y domina en ella un alto sentido de pesimismo y escepticismo místico, siendo de notar en la vetusta traducción castellana el nervio y dignidad con que nuestra lengua, todavía en la cuna, se prestaba a la expresión de tan sutiles conceptos psicológicos.

los cinco libros de donde toma nombre el *Pantschatantra* indio; pero el más extenso, el más célebre, el que por mayor excelencia ha dado título a toda la obra, es el primero de la colección sánscrita, que corresponde al quinto de Almocaffa y tercero de la traducción castellana. Es lo que Grimm llamaba *Tier - epos*, esto es, epopeya de animales. Sus héroes son el león, rey de los animales, llamado en el texto indio *Pingalaca;* su confidente y ministro el toro *Sanchivaca* (en la traducción castellana *Senceba*), y los dos chacales o lobos cervales *Caratcca* y *Damanaca* (es decir, *Calila* y *Dimna,* que Juan de Capua transformó en zorras), los cuales, envidiosos de la privanza del toro, se proponen y consiguen con sus malas artes hacerle pasar por traidor, a los ojos del león, que acaba por matarle en un arrebato de ira... ¿Quién no ve aquí un cuadro análogo al del *Roman de Renard*, la grande epopeya satírica de los tiempos medios, que el genio de Goethe no se desdeñó en renovar en su *Reineke Fuchs?* Es cierto que las primitivas ramas de este ciclo, sea alemán o francés de origen, se remontan a tiempos anteriores a la introducción del apólogo oriental en Europa por medio de traducciones directas, pero no se olvide que la elaboración del terrible poema continuó hasta el siglo XIV, y además pudo haber, por medio de las Cruzadas,[1] transmisión puramente oral de algunos de los cuentos del *Calila* tan vulgares entre los musulmanes, como vemos que la hubo en el *Libro de las Bestias,* de Ramón Lull, que es un *Calila* no leído, sino recordado vagamente.

Bien sabemos que la teoría de la influencia oriental en la novelística de la Edad Media anda hoy un tanto de capa caída, después del brillantísimo libro de Bédier sobre los *Fabliaux,*[2] que, sin embargo, no convenció al venerable y malogrado patriarca de

---

[1] En la Crónica de Mateo de París *(apud* Loiseleur, p. 67) figura uno de los cuentos de *Calila y Dimna,* el de *El viajero y el orífice,* como parábola recitada en 1195 por Ricardo Corazón de León, para censurar a los príncipes cristianos que no querían armarse para la Cruzada. Seguramente el rey de Inglaterra había aprendido en Palestina este cuento de boca de algún árabe.

[2] *Les Fabliaux. Études de littérature populaire et d'histoire littéraire du Moyen Age, par Joseph Bédier.* París, 1895 *(Fascículo* 98 *de la Bibliothèque de l'Ecole des Hautes-Etudes).*

Este libro es uno de los más originales y profundos de la erudición mo-

estos estudios Gastón París. Aun tratándose de cuentos aislados, empieza a parecer coincidencia mucho de lo que se tenía por derivación indubitable. No me empeñaré, por consiguiente, en sostener, como lo hizo Loiseleur Deslongchamps en un libro ya anticuado, pero excelente para su tiempo,[1] que el cuento de los dos *cabrones monteses* que peleaban entre sí y cogieron entre los cuernos a la vulpeja que lamía su sangre, esté en el *Renart* por imitación del *Calila;* ni que el cuento de la mujer de las narices cortadas sea el original del *fabliau des cheveux coupés* y del cuento análogo de Boccaccio (*giorn.* VII, nov. VIII), dramatizado por el inglés Massinger en su comedia *El Guardián;* ni mucho menos que el caballo mágico de *Clamades y Clarimonda* y el de *Orsón y Valentín,* parodiados por Cervantes en su *Clavileño,* tenga que ver con el pájaro de madera que sirvió a un personaje del *Pantschatantra* para penetrar en el palacio de una princesa y conseguir su amor haciéndose pasar por el dios Visnú. Tampoco es seguro que la novela segunda de la tercera *giornata* del *Decamerone* proceda del cuento «de la mujer que se dió a su siervo sin saberlo», puesto que cuentos análogos hay también, no sólo en *Los Mil y un días* y otras colecciones orientales, sino también en las *Cento novelle antiche* que precedieron a Boccaccio. Además, varios apólogos del *Calila* tienen correspondencia con otros de la tradición esópica, como *El Aguila y la Tortuga, El León y la Mosca, El Ratón y el León, La Serpiente y el Labrador, El Asno vestido con la piel del león;* y no era preciso ir a buscarlos en la India ni en Persia, puesto que el recuerdo de las fábulas clásicas no se perdió nunca en Occidente. De Lafontaine ya queda dicho que pudo disfrutar el libro de *Calila y Dimna* en dos diversas traducciones, derivadas la una del persa y la otra del griego, y sin disputa tomó de allí algunas de sus mejores fábulas, como *El Cuervo, la Gacela, la*

---

derna, pero acaso extrema por reacción la tesis que defiende. De todas suertes, lo que impugna victoriosamente no es la influencia *literaria* del cuento oriental, atestiguada por tantas traducciones e imitaciones, sino el supuesto origen indio de los cuentos populares.

[1] *Essai sur les fables indiennes et sur leur introduction en Europe par A. Loiseleur Deslongchamps, suivi du roman des sept sages de Rome, en prose... avec une analyse et des estraits du Dolophatos par le Roux de Lincy...* París, Techener, editor, 1838.

Tortuga y el Ratón, El Lobo y el Cazador, El Gato, la Comadreja y el Conejo, El Marido, la Mujer y el Ladrón, la Rata convertida en mujer, El Hijo del rey y sus compañeros, Los dos Papagayos y alguna otra. Pero así como en todas ellas se revela su origen por la conformidad de los detalles, no puede decirse lo mismo de otras, como *Los Animales enfermos de pestilencia,* que Lafontaine tomó probablemente de una fábula latina de Francisco Philelpho, el cual a su vez la había imitado del *Directorium humanae vitae,* de Juan de Capua.

Todas las fábulas del *Calila y Dimna* están puestas en boca de animales; pero muchas, quizás las mejores, aunque por ventura no las más honestas, tienen protagonistas racionales y pueden considerarse como verdaderos cuentos. Su traducción debe estimarse como el más antiguo libro de ellos en nuestra lengua, y como precedente forzoso de las obras originales del incomparable don Juan Manuel. Para que se vea que el traductor no carece de gracia narrativa y maneja ya con cierta soltura el arte del diálogo, copiaré dos apólogos de los más breves, que amenicen algo la aridez bibliográfica de estos prolegómenos. Sea el primero el lindo apólogo «de la niña que se tornó en rata»:

«Dicen que un religioso, [1] cuya voz Dios oía, estando asentado en la ribera de vn río, pasó por y un milano e traía en las uñas una rata, et soltósele de las uñas e cayó al religioso en las faldas. Et ouo piedad della é falagóla, et envolvióla en una foja, et queriéndola levar a su ermita, temióse que le seria fuerte cosa de criar, é rogó á Dios que la mudase en niña. Et Dios oyóle, é tornóla en niña muy fermosa, é levóla el religioso á su posada, et criábala bien, et non le decia cosa de su fazienda. Et ella bien pensaba que era fija del religioso. Et desque ouo doce años conplidos díxole el religioso: «Tú eres de edat conplida é non estás bien sin marido que te mantenga, é te gobierne, é me desenbargue de ti». Dixo ella: «Pláceme; mas quiero yo tal marido que non tenga par en valentía, nin en fuerza, nin en nobleza, nin en poder». Dixo el religioso: «Non conozco que sea otro tal como tú dices, salvo el sol». Et él echóse en rogaria a Dios porque el sol quisiese casar con aquella doncella, et el sol dixo al religioso: «A mi placeria

---

[1] La palabra *religioso* equivale al *bracmán* del apólogo sánscrito.

de aceptar tu ruego por el bien que Dios te quiere, salvo porque te amostraré otro que me sobrepuja en fuerza e en valentía». Dixo el religioso: «¿Cuál es ése?» Dixo el sol: «Es el ángel que mueve las nubes, el cual con su fuerza abre mi luz, e tuelle mi claridad, que la non deja resplandecer por la tierra». Et luego el religioso fizo rogaria al ángel porque casase con su fija, el cual le respondió que él lo feciera, salvo porque él mostraria otro que era más fuerte que él». Dixo el religioso que gelo amostrase, e él le dixo que era el viento, que era más fuerte que él, e traia a las nubes de una parte a otra por todas las partes del mundo, que non se podían amparar dél. Et él fizo oracion a Dios como solia, porque el viento casase con su fija, e luego el viento aparecióle e díxole: «Verdad es como tú me dices, que Dios me dio gran fuerza e poder sobre las criaturas; mas mostrarte-he quién es más fuerte que yo». Dixo el religioso: «¿Quién es éste?» Dixo: «El monte que es acerca de ti». Et él llamó al monte como llamara a los otros para que casasen con su fija. E dixo el monte: «En verdad tal só como tú dices; mas mostrarte-he quién es más fuerte que yo; ca con su gran fuerza non puede haber derecho con él, e non me puedo defender dél, ca me roye de contino». «¿Quién es?», dixo el religioso. Dixo el monte: «Es el mur».[1] Et fuése el religioso al mur, et rogóle como a los otros, et dixo el mur: «Tal só como tú dices; mas ¿cómo podrá ser de me casar yo con mujer seyendo yo mur, e morando en covezuela e en forado?» Et dixo el religioso a la moza: «Quieres ser mujer del mur? pues que ya sabes que todas las otras cosas nos han dicho que es el más fuerte, et bien sabemos que non dejamos cosa que sopimos que era fuerte e valiente a quien non fuemos, e todos nos mostraron a este mur; et ¿quieres que ruegue a Dios que te torne en rata et casarás con él e morirás con él en su cueva? et yo que só cerca de aquí requerirte-he e non te dexaré del todo». Et ella dixo: «Padre, yo no dubdo en vuestro consejo; et pues vos lo tenedes por bien, faceldo así, ca contenta estoy de tornarme rata por casar con él». Et luego el religioso rogó a Dios que la volviese en rata, et Dios oyóle, e volvióse en rata, et fuése pagada porque tornaba a su raiz e a su natura».

Y ya transcrita esta fábula, no quiero omitir tampoco, aunque

---

[1] Ratón.

sea de las más conocidas, la «del religioso que vertió la miel et la manteca sobre su cabeza», no sólo porque es de las mejor contadas, sino por la singular curiosidad que la da el ser la más antigua forma conocida del famosísimo apólogo de *La Lechera*, sobre cuyas transmigraciones y vicisitudes a través de todas las literaturas escribió en 1870 Max Müller una deliciosa monografía:[1]

«Dicen que un religioso había cada día limosna de casa de un mercader rico, pan e manteca e miel et otras cosas, et comia el pan e lo ál condesaba, et ponia la miel e la manteca en una jarra, fasta que la finchó, et tenia la jarra colgada a la cabecera de su cama. Et vino el tiempo que encareció la miel e la manteca, et el religioso fabló un día consigo mismo, estando asentado en su cama, et dixo así: "Venderé cuanto está en esta jarra por tantos maravedís, e compraré con ellos diez cabras, et empreñarse-han, e parirán a cabo de cinco meses; et fizo cuenta de esta guisa, et falló que en cinco años montarían bien quatrocientas cabras». Desi dixo: «Venderlas-he todas, et con el precio dellas compraré cien vacas, por cada cuatro cabezas una vaca, e haberé simiente e sembraré con los bueyes, et aprovecharme-he de los becerros et de las fembras, e de la leche e manteca, e de las mieses habré grant haber, et labraré muy nobles casas, e compraré siervos e siervas, et esto fecho casarme-he con una mujer muy rica, e fermosa, e de grant logar, e empreñarla-he de fijo varón, e nacerá complido de sus miembros, et criarlo-he como a fijo de rey, e castigarlo-he con esta vara, si non quisiere ser bueno e obediente». Et él deciendo esto, alzó la vara que tenía en la mano, et ferió en la olla que estaba colgada encima dél, e quebróla, e cayóle la miel e la manteca sobre su cabeza».

He aquí el más remoto original de la *Doña Truhana* de *El Conde Lucanor* y de la *Perrette*, de Lafontaine, sin que sea fácil decir a punto fijo cuándo se efectuó la transformación y cambio de sexo del religioso o bracmán del cuento primitivo en lechera que iba con el cántaro al mercado. Sólo se sabe que esta variante es antigua, y se encuentra ya en un libro del siglo XIII, el *Dialo-*

---

[1] *Sobre la emigración de las fábulas,* lección pronunciada en la Institución Real de Londres en 3 de junio de 1870. En la *Contemporary Review* de julio de aquel año, y en la traducción francesa de los *Ensayos sobre la Mitología comparada,* de Max Müller, hecha por Perrot (París, 1874).

gus creaturarum optime moralizatus, que es una colección de ejemplos para uso de los predicadores.

Tal fué el primero y tímido conato que hizo la lengua castellana en el arte de la narración ejemplar y recreativa: ensayo venerable por su antigüedad, interesante por su origen y que puede sumarse, sin desdoro, con los grandes servicios y aplicaciones que al Rey Sabio debieron nuestra prosa histórica, legal y científica. Juntamente con el *Calila y Dimna* penetró en nuestra literatura otro libro oriental, de historia tan peregrina y embrollada como la suya y mucho más próximo que él a lo que hoy entendemos por novela. Este libro es el *Sendebar* indio, llamado en castellano *Libro de los engannos et los asayamientos de las mugeres,* trasladado de arábigo en castellano por orden del Infante don Fadrique, hermano de Alfonso el Sabio, en el año 1291 de la era española, año 1253 de la era vulgar, dos años después que el *Calila y Dimna.* Esta traducción, cuya existencia reveló por primera vez Amador de los Ríos,[1] ha sido admirablemente estudiada por el profesor italiano Domenico Comparetti,[2] haciendo resaltar toda la importancia que tiene, no en el proceso de la novelística europea, en que nada pudo influir por haber sido enteramente desconocida, sino en la historia de los orígenes del libro, puesto que habiendo perecido no sólo el texto sánscrito, sino el persa (que racionalmente hubo de servir de intermedio) y el árabe, que ya en el siglo x está citado por Almasudi[3] y que sirvió de original al libro castellano, queda éste como representante casi único de la forma más

---

[1] *Historia de la literatura española,* III, p. 536.

[2] *Ricerche intorno al libro di Sindibad,* Milán, 1869 (En las Actas del Instituto Lombardo).—*Researches respecting the book of Sindibad,* Londres, año 1882 (Publicado por *The Folk-Lore Society*).

Es lástima que el único manuscrito conocido de los *Engannos de mujeres* sea tan incorrecto, y que fuese tan descuidada la copia que de él enviaron a Comparetti desde Madrid. Sabemos que el señor don Ramón Menéndez Pidal prepara una nueva edición, que será tan esmerada como todas las suyas.

[3] Almasudi, que murió en el año 345 de la Hégira (956 de Cristo), al tratar de los antiguos reyes de la India en su famosa compilación los *Prados de Oro,* menciona al filósofo indio llamado *Sendabad,* autor del libro de *Los siete Visires, el Pedagogo, el Joven príncipe y la Mujer del rey,* título que corresponde exactamente al argumento del *Sendebar* actual (Apud Loiseleur Deslongchamps, p. 81).

pura y antigua de tan célebre novela, en cuya historia se repiten, punto por punto, las vicisitudes del *Calila y Dimna*. Como él pasó del árabe al siríaco, y del siríaco al griego, por obra de Miguel Andreópulos, en los últimos años del siglo XI con el título de *Syntipas*.[1] Independiente de esta versión es la hebrea, que lleva el título de *Parábolas de Sandabar*, y pertenece a la primera mitad del siglo XIII, según toda apariencia.[2] Formas orientales del libro son también el *Sindibad - Nameh*, poema persa escrito en 1375 e inédito aún; la octava noche del *Tuti - Nameh* (cuentos del papagayo), del poeta, también persa, Nachshebi, que murió en 1329;[3] el *Baktiar-Nameh* o *Historia de los diez visires*, oriundo también de Persia, y que traducido al árabe entró en algunas redacciones de *Las Mil y una noches*.[4] Tales son las principales obras que forman el grupo calificado de oriental por Comparetti, y al cual corresponde la traducción del Infante don Fadrique. [Cf. Ad. vol. II].

Las del grupo occidental son en número mucho mayor y proceden remotamente de la versión hebrea, imitada con mucha libertad por el monje Juan de Alta Silva (siglo XIII) con el título de *Dolophatos* o *Historia septem sapientum Romae*.[5] No hubo lengua de Europa en que este libro *de los siete sabios* no fuese tra-

---

[1] *De Syntipa et Cyri filio Andreopuli narratio e codd. Pariss, edita a Jo. Fr. Boissonade*. París, 1828. La última y más correcta edición de este texto es la del Dr. A. Eberhard en el primer volumen de la colección titulada *Fabulae Romanenses Graece conscriptae ex recensione et cum adnotationibus Alfredi Eberhardi* (Leipzig, Teubner, 1872).
La versión siríaca que, al parecer, sirvió de tipo a ésta, ha sido publicada y traducida al alemán por el Dr. Baethgen: *Sindban oder die Sieben Weisen Meister, Syrisch und Deutsch.* Leipzig, 1879.

[2] Las *Mischle Sandabar* han sido traducidas al alemán por Sengelman (*Das Buch von den Sieben Weisen Meistern aus dem Habräischen und Griechischen, zum ersten Male übersetzt,* Halle, 1842), y al francés por Carmoly (*Paraboles de Sandabar traduites de l'Hébreu,* París, 1849).

[3] Traducida al italiano por el profesor Teza, en la publicación de Alejandro Ancona, *Il Libro dei Sette Savî di Roma.* Pisa, 1864.
Del *Sindibad-Nameh* hay un extracto en el *Asiatic Journal,* 1841.

[4] *Histoire des dix vizirs (Bakhtiar-Nameh) traduite et annotée par René Basset.* París, E. Léroux, 1883.

[5] *Joannis de Alta Silva, Dolophatos sive de Rege et Septem Sapientibus, herausgegeben von Hermann Oesterley.* Strasburgo, Trübner, 1873.
Las ediciones góticas de la *Historia Septem Sapientum* son más raras, si cabe, que las del *Directorium.* Una de ellas lleva el título de *Historia de*

ducido o imitado en prosa y en verso. Pero algunas de estas imitaciones se apartan considerablemente del original, suprimiendo muchos cuentos, intercalando otros y conservando sólo el cuadro general de la fábula. Tal sucede con el *Dolophatos,* del trovero Herbers,[1] y con el *Erasto* italiano. No entraremos en la enumeración de las versiones que se hicieron en italiano, en inglés, en alemán, en holandés, en danés, ni mencionaremos, sino de pasada, el *Ludus septem sapientum,* del jurisconsulto Modio, que retradujo el texto alemán en la elegante latinidad del Renacimiento.[2] Sólo nos importa registrar cuatro versiones españolas pertenecientes a este grupo, y son: una catalana del *Dolophatos,* en el mismo metro del original (versos de nueve sílabas), que se conserva en la Biblioteca de Carpentras y ha sido publicada con un comentario filológico por Adolfo Mussafia;[3] la castellana de Diego de Cañizares, en prosa (mediados del siglo XV), tomada, según él dice, de un libro llamado *Scala Celi,* que será el de Juan Gobio;[4] otra más completa, cuyas ediciones se remontan por lo menos a 1530, y que sigue reimprimiéndose como libro de cordel, con el nombre de Marcos Pérez, aunque cada vez más groseramente modernizada en el estilo,[5] y por último, la *Historia del Príncipe Erasto,*

---

calumna novercali (De la mala madrastra), Amberes, 1490, y puede considerarse como un *rifacimento* del texto de Juan de Alta Silva.

[1] Edición de Gastón París, 1876. El *Roman des Sept Sages,* en prosa, había sido publicado por Le Roux de Lincy en 1838, como apéndice al libro de Loiseleur.

[2] *Ludus Septem Sapientum de Astrei regii adolescentis educatione, periculis, liberatione, insigni exemplorum amoenitate iconumque elegantia illustratus, antehac latino idiomate in lucem nunquam editus.* (Al fin): *Impressum Francoforti ad Moenum apud Paulum Reffeler, impensis Segismundi Feyrabent* (hacia 1570).

[3] *Die Catalanische Metrische Version der Sieben Weisen Meister. Von Adolf Mussafia.* Viena, 1878.

[4] *Novela que Diego de Cañizares de Latyn en Romance declaró y trasladó de un libro llamado «Scala Coeli»* (Publicada por don. A. Paz y Melia en los *Opúsculos Literarios de los siglos XIV a XVI,* dados a luz en 1492 por la Sociedad de Bibliófilos Españoles).

Sobre la *Scala* puede verse lo que dice Benfey, *Orient und Occident,* III, 397.

[5] *Libro de los siete sabios de Roma.* (Al fin): *Aquí se acaba el libro de los siete sabios de Roma, el qual tiene maravillosos exemplos y avisos para todo hombre que en él quisiere mirar: es impreso en la muy noble y más leal*

hijo del Emperador Diocleciano (1573), traducida por Pedro Hurtado de la Vera del libro italiano del mismo título. [1]

No entraré en la enmarañada tarea de deslindar el parentesco de cada una de estas innumerables refundiciones. Tomo el libro *De los Engannos de mugeres* o *Libro de Cendubete* en su forma primitiva hispano-arábiga, reducido a veintiséis cuentos, que se enlazan por una ficción general análoga a las de *Las Mil y una noches.* Un hijo de rey, acusado falsamente por su madrastra de haberla querido hacer violencia en su persona, es condenado a muerte por su padre; pero la ejecución se va dilatando durante siete días, en que combaten a fuerza de apólogos la acusadora y siete sabios. Al octavo día se cumple el plazo del horóscopo que había anunciado al príncipe un gran peligro si despegaba los labios en toda la semana, y renunciando a su mudez fingida, logra justificarse plenamente, siendo entregada a las llamas la proterva madrastra. El horóscopo y el encerramiento del príncipe traen en seguida a la memoria el del Segismundo calderoniano, pero en *La Vida es sueño* tal situación no procede del *Sendebar,* sino del *Barlaam y Josafat,* donde tiene más alto y trascendental sentido.

Los cuentos recitados por los siete sabios tienen por único objeto mostrar los engaños, astucias y perversidades de la mujer, tal como la habían hecho la servidumbre del harem y la degradación de las costumbres orientales. Son, pues, extraordinariamente livianos en el fondo, ya que no en la forma, que es grave y doctrinal, y nunca llega al cinismo grosero de los *fabliaux* ni a la su-

---

ciudad de Burgos por Juan de Junta, impresor de libros. Acabóse a onze del mes de Março. Año de mil e quinientos e treinta años. 4 v gót. 44 hs. sin foliar.

En el *Ensayo* de Gallardo se citan otras ediciones sin fecha, y de Sevilla, año 1538; Barcelona, 1583, 1595 y 1621, etc.

[1] *Historia lastimera d'el Príncipe Erasto, hijo del Emperador Diocletiano, en la qual se contienen muchos exemplos notables y discursos no menos recreativos que provechosos y necesarios, traduzida de Italiano en Español, por Pedro Hurtado de la Vera. En Anvers, en casa de la Biuda y herederos de Iuan Stelsio.* 1573, 8º, 113 pp. dobles.

El original italiano se titula, en la edición que tengo a la vista, *Erasto dopo molti secoli ritornato al fine in luce. Et con somma diligenza dal Greco fedelmente tradotto in italiano. In Vinegia appresso di Agostino Bindoni l'anno M.D.LI* (1551). La 1ª edición es también de Venecia: *Li compassionevoli avvenimenti d'Erasto, opera dotta et morale di greco tradotta in volgare* (1542).

gestiva y refinada lujuria de Boccaccio. Sirva de muestra el *enxienplo*, tan absurdo como gracioso, del papagayo, sustituído en otras versiones con una picaza:

«Señor, oy desir que un omne que era celoso de su muger, et compró un papagayo et metiólo en una jabla, et púsolo en su casa et mandóle que le dixesse todo quanto viesse faser a su muger et que no le encobriese ende nada; et despues fue su via a recabdar su mandado. Et entró su amigo della en su casa do estava; el papagayo vio quanto ellos fisieron, et quando el omne bueno vino de su mandado, asentóse en su casa en guisa que non lo viese la muger, et mandó traer el papagayo et preguntóle todo lo que viera; et el papagayo contóselo todo lo que viera faser a la muger con su amigo; et el omne bueno fué muy sañudo contra su muger, et non entró más do ella estava. Et la mugier coydó verdaderamente que la moça lo descobriera, et llamóla estonce et dixo: «Tú dexiste a mi marido todo quanto yo fise». E la moça juró que non lo dixiera; mas sabet que lo dixo el papagayo. Et descendiólo a tierra et començóle a echar agua de suso como que era lluvia; et tomó un espejo en la mano et parógelo sobre la jabla, et en la otra mano una candela, et parávagela de suso; et cuydó el papagayo que era relámpago; et la muger començó a mover una muela, et el papagayo cuidó que eran truenos; et ella estovo así toda la noche fasiendo así fasta que amanesçió. Et después que fué la mañana vino el marido et preguntó al papagayo: «¿Viste esta noche alguna cosa?» Et el papagayo dixo: «Non pude ver ninguna cosa con la gran lluvia et truenos et relámpagos que esta noche fiso». Et el omne dixo: «¿En quanto me has dicho es verdat de mi muger así como esto? Non ha cosa más mintrosa que tú; et mandarte he matar». Et embió por su muger et perdonóla et fisieron pas. Et yo, Señor, non te di este enxiemplo, si non porque sepas el engaño de las mugeres, que son muy fuertes sus artes et son muchos, que non an cabo nin fin. Et mandó el rrey que non matasen su fijo.»

Fuerte contraste con los picantes y malignos ejemplos del *Sendebar* y con la egoísta y utilitaria enseñanza de muchos de los apólogos del *Calila y Dimna* ofrece otro libro, también de origen indostánico, que ha tenido la rara fortuna de servir de manual ascético sucesiva o alternativamente a budistas, cristianos, musulmanes y judíos, y esto no sólo por la fábula principal, sino por las parábolas intercaladas en su contexto. Claro es, que me refiero a la célebre novela mística de *Barlaam y Josafat*, cuya forma occidental y cristiana, compuesta en lengua griega, ha sido atribuída por mucho tiempo a San Juan Damasceno, si bien hoy se estima generalmente (y Zotenberg parece haberlo dejado fuera de duda) que el autor fué otro Juan, monje en el convento de San Sabas, cerca de Jerusalén, a principios del siglo VII, y anterior, por consiguiente, en más de una centuria a aquel gran Padre de la Iglesia Oriental.

Aunque el texto griego, del *Barlaam y Josafat* no haya visto la luz hasta nuestro siglo,[1] eran numerosas las ediciones de una traducción latina, malamente atribuída a Jorge Trapezuncio o de Trebisonda, puesto que existía siglos antes de él, como lo prueban las numerosas citas de Vicente de Beauvais (en el *Speculum Historiale*), de Jacobo de Voragine (en la *Legenda Aurea*) y de otros escritores muy conocidos de la Edad Media. Nuestra Biblioteca Nacional posee un *Barlaam* manuscrito del siglo XII, y todavía los hay más antiguos en otras bibliotecas de Europa. Impresa esta versión en 1470, fué reproducida muchas veces, ya suelta,[2] ya acompañando a las ediciones de San Juan Damasceno, hasta que fué sustituída por la más correcta de Jacobo Billio en 1611. Una y otra traslación, pero especialmente la más antigua, que era por lo mismo la más popular, sirvieron de base a todas las que se

---

[1] Fué publicado por primera vez en 1832 en la colección de Boissonade, *Anecdota Graeca*, t. IV, con presencia de 17 manuscritos de la Biblioteca Nacional de París. Sobre él hizo Lebrecht su versión alemana.
Meyer, en la *Bibliothèque de l'Ecole des Chartes* (año 27, t. 2º, serie VI, página 313 y ss.), dió a conocer un curioso fragmento del *Barlaam* en antiguo francés, derivado no del texto latino, sino del griego, y escrito en las márgenes de un manuscrito del monte Athos a principios del siglo XIII.

[2] La que tengo a la vista, sin año ni lugar de impresión, pero evidentemente de la segunda mitad del siglo XVI, lleva por título:
S. *Joannis Damasceni. Historia de vitis et rebus gestis Sanctorum Barlaam Eremitae et Josaphat regis Indiorum, Georgio Trapezuncio interprete. In eamdem Scholia Aloisii Lippomani Veronensis Episcopi... Antuerpiae, apud Ioannem Bellerum sub Aquila Aurea.* 8º pequeño.
Las dos primeras ediciones, de fines del siglo XV, sin año ni lugar (de Strasburgo, según parece, la una, y la otra de Spira), están descritas en el *Lexicon Bibliographicum*, de Hoffmann.

hicieron en las diversas lenguas vulgares, a excepción de una española muy capital, que indicaré luego.

La Iglesia griega reza de los santos confesores Barlaam y Josafat el día 16 de agosto, y la latina el 27 de noviembre. Pero ni la existencia de un santo ni su culto inmemorial, implica el reconocimiento del valor histórico de todas las circunstancias de su leyenda. Además, en la Iglesia latina no aparecen estos santos hasta el siglo XIV, en el *Catalogus Sanctorum* de Pedro de Natalibus. Pero dejando aparte la cuestión canónica, que no es de nuestra incumbencia, conviene decir, que aun en tiempos de mayor fe, hubo críticos que consideraban el libro atribuído a San Juan Damasceno como una novela mística, como «una fábula o invención artificiosa». De esta opinión se hizo cargo, para impugnarla, el P. Rivadeneyra en su *Flos Sanctorum*. El P. Le Quien, ilustre dominico, que dirigió la edición clásica de las obras de San Juan Damasceno (París, 1712), excluyó de ella y relegó a la categoría de las apócrifas la *Historia Indica de Barlaamo eremita et Josaphat*. Huet, el Obispo de Avranches, en su famosa *Lettre sur l'origine des romans* (que es el más antiguo ensayo de novelística comparada), la llama a boca llena «novela espiritual» y añade: «Trata del amor, pero del amor divino; hay en ella mucha sangre derramada, pero es sangre de mártires. Toda la obra está compuesta conforme a las leyes de la novela, y aunque la verosimilitud está bastante bien observada, muestra el libro tantos indicios de ficción, que no se puede dudar ni por un momento que es historia de pura fantasía. Fuera una temeridad decir que nunca existieron Barlaam y Josafat, puesto que el *Martirologio* los pone en el número de los santos, y San Juan Damasceno implora su protección al acabar la obra. Ni quizá fué el primer inventor de esta historia, la cual creyó, sin duda, de buena fe por habérsela oído a otros. Este libro, ya por la elegancia del estilo, ya por la piedad, ha tenido tal aceptación entre los cristianos de Egipto, que le han traducido en su lengua copta, y es frecuente hallarle en sus bibliotecas. Y acaso no sea traducción del texto griego, sino otra historia diversa de estos santos». [1]

---

[1] No teniendo a la vista el original francés de Huet, me valgo de la traducción latina que lleva por título *Petri Danielis Huetii Episcopi Abrin-*

El juicio de un prelado tan ortodoxo como Huet, corroborado hoy con el de los sabios continuadores de la obra de los Bolandos, parece que debe tranquilizar a los más meticulosos. Hoy es verdad generalmente reconocida que la novela de *Barlaam y Josafat* es, en lo fundamental de su contexto, una transformación cristiana de la leyenda de Buda. Ya en pleno siglo XVI, el portugués Diego de Couto, continuador de Juan de Barros, notó en su sexta década las relaciones entre ambas historias, aunque naturalmente las explicaba por la difusión en la India del culto de San Josafat. Casi olvidada esta especie, creemos que fué enteramente desconocida para Eduardo Laboulaye, que en un célebre artículo publicado en 1859 en *Le Journal des Débats*, volvió a plantear la comparación entre el *Barlaam* y el *Lalita Vistara*, resolviendo de plano que San Josafat era la misma persona que Buda.

Pero la cuestión no podía ser resuelta mientras no hablasen los especialistas. No entraremos aquí en los pormenores de esta investigación curiosísima, cuya gloria debe repartirse entre varios orientalistas y varios cultivadores de la moderna rama de la erudición conocida con el nombre de *novelística*; comenzando por el gran maestro de ella Félix Liebrecht, prosiguiendo con Samuel Bean, traductor inglés de los viajes de los peregrinos budistas, y con Max Müller, que es quien principalmeste popularizó esta cuestión con la brillantez y amenidad que le eran propias, y terminando con Zotenberg y Kuhn, que verdaderamente parecen haber agotado la materia.[1] Pero antes de hacernos cargo de sus conclusiones, presentaremos juntos los datos principales de ambas

---

censis. *Opuscula duo, quorum unum est «De optimo genere interpretandi et de claris interpretibus», alterum de origine fabularum romanensium. Editio prima Veneta...* 1757, pág. 53.

[1] F. Liebrecht. *Die Quellen des Barlaam und Josaphat*, en el *Jahrbüch für romanische und englische literatur*, t. II, 1860, pág. 314. El mismo Liebrecht había publicado antes una traducción alemana del *Barlaam* con importantes observaciones críticas: *Des heiligen Johannes Damascenus Barlaam und Josaphat Aus des Griech...* (Münster, 1847). La Memoria del *Jahrbüch*, que es capitalísima y en algunos puntos definitiva, está reimpresa en el volumen *Zur Volkskunde* (Heilbronn, 1879), y traducida al italiano por E. Teza, se lee también en el tomo segundo de las *Sacrae Rappresentazioni*, de Ancona (capítulos 146-162).

Travels of Fa-hian und Sund-Yu, Budhist pilgrims, from China to India

leyendas, valiéndonos de la exposición de Müller, por ser la más breve y clara que conocemos:

«En el *Lalita Vistara,* el padre de Buda es un rey. Cuando nace su hijo, el brahmán Arita le predice que este hijo alcanzará gran gloria y llegará a ser un monarca poderoso, o bien, que renunciará al trono, se hará ermitaño y llegará a ser un Buda. El padre se empeña en evitar que esta segunda parte de la profecía tenga cumplimiento. Cuando el joven Príncipe va creciendo, le encierra en los jardines de su palacio, le rodea de todos los halagos que pueden quitarle el gusto de la meditación y darle el del placer, le mantiene en la ignorancia de lo que son la enfermedad, la vejez y la muerte; aparta de sus ojos todas las miserias de la vida. Pero un día acierta a salir de su dorada prisión, y tiene los tres famosos *encuentros:* con el viejo enfermo, con el muerto a quien llevaban a enterrar y con el asceta mendicante.

»Si pasamos ahora al libro atribuído a San Juan Damasceno, encontraremos que los principios de la vida de Josafat son puntualmente los mismos que los de Buda. Su padre es un rey a quien un astrólogo predice que su hijo alcanzará la gloria, pero no en su

---

(400 *A. D. and* 518 *A. D. Translated from the chinese by Samuel Beal.* (Londres, Trübner, 1869).

Sobre la emigración de las fábulas, artículo de Max Müller, publicado en la *Contemporary Review* de julio de 1870. Traducido al francés en sus *Essais de Mythologie comparée* (París, Didier, 1875).

La Légende des Saints Barlaam et Josaphat; son origine. Artículo de Cosquin (autor católico) en la *Revue des questions historiques,* 1880.

Braunholz, *Die erste nichtchristliche Parabel des Barlaam und Josaphat...* (Halle, 1884).

Zotenberg, *Notice sur le livre de Barlaam et Josaphat...* en las *Notices et extraits des manuscrits de la Bibliothèque Nationale* (tomo 28, parte 1ª, año 1886).

Ernesto Kuhn, *Barlaam und Josaphat: eine bibliographisch-literatur-geschichtliche Studie* (en las Memorias de la Real Academia de Ciencias de Baviera, 1ª clase, tomo 20, Münich, 1893).

J. Jacobs. *Barlaam and Josaphat, English Lives of Budha edited and induced by Joseph Jacobs* (Londres, Nutt, 1896).

G. París, *Saint Josaphat.* En su libro *Poëmes et Legendes du Moyen Age* (París, s. a. ¿1900?), pp. 181-214.

Estando tan poco vulgarizados aún en España los buenos trabajos modernos de novelística, acaso no se tengan por superfluas las indicaciones bibliográficas que de intento multiplico en servicio de los estudiosos.

propio reino, sino en otro mejor y más excelso, es decir, que se convertirá a la religión nueva y perseguida de los cristianos. Para impedir el cumplimiento de esta predicción, el rey encierra a su hijo en un palacio magnífico y le rodea de todo lo que puede suscitar en él sensaciones agradables, teniendo gran cuidado y vigilancia para que ignore la existencia de la enfermedad, de la vejez y de la muerte. Al cabo de algún tiempo, su padre le concede permiso para salir a pasear en su carro.

»Aquí se intercalan los tres encuentros, pero no en el mismo orden ni con las mismas circunstancias, puesto que en la primera salida encuentra el Príncipe dos hombres, uno ciego y otro leproso, y en la segunda un viejo decrépito y casi moribundo. La diferencia puede explicarse si admitimos, como de las mismas palabras de San Juan Damasceno [1] puede inferirse, que aprendió esta historia de la tradición oral y no de los libros. Pero la lección moral es la misma: el Príncipe entra en su casa para meditar sobre la muerte, y en tal meditación permanece hasta que un ermitaño cristiano le hace comprender lo que es la vida según la doctrina del Evangelio... Todavía pueden notarse otras coincidencias entre la vida de Josafat y la de Buda. Los dos acaban por convertir a sus respectivos padres; los dos resisten victoriosamente a las tentaciones de la carne y del demonio; los dos son venerados como santos antes de su muerte. Hasta parece que un nombre propio ha pasado del canon de los budistas al libro del escritor griego. El cochero que conduce a Buda la noche en que huye de su palacio, abandonando su mujer, sus hijos y todos sus tesoros, para consagrarse a la vida contemplativa, se llama *Chandaka;* el amigo y compañero de Barlaam se llama *Zardán*».

Hasta aquí Max Müller, cuyo somero extracto basta,[2] y si a alguno ocurriera la idea de que tal leyenda pudo pasar de la cristiandad oriental a las comunidades budistas y no al contrario,

---

[1] Max Müller acepta todavía la atribución del libro a San Juan Damasceno.

[2] El que quiera estudiar a fondo la leyenda de Buda, independientemente del *Barlaam,* tiene a su disposición, en lenguas vulgares, gran número de libros, entre los cuales basta mencionar, además del conocidísimo resumen de Barthélemy Saint Hilaire, *Le Boudha et sa religion* (París, 1860), los más recientes de E. Sénart, *Essai sur la légende de Boudha,* son carac-

bastaría para excluir tal conjetura el viaje del chino Fa-Hian, que a principios del siglo v de nuestra era, vió en la India las torres levantadas por el rey Asoka en conmemoración de los tres encuentros de Buda; al paso que al libro griego nadie le da mayor antigüedad que la del siglo VII, y en él mismo se afirma que «es una historia edificante traída a la santa ciudad de Jerusalén desde el interior de la región de los Etíopes, que se llama también región de los Indios».

Admitido, pues, que la leyenda del príncipe Josafat es, en sus principales rasgos, ya que no en su espíritu, la biografía popular de Sakya-Muni, tal como se ha conservado en el texto tibetano del *Lalita Vistara*, debe añadirse, sin embargo, que esta semejanza se refiere sólo a los elementos puramente *humanos* que concurren en la historia del príncipe Sidharta, sin que en el *Barlaam* quede rastro ninguno de las mil invenciones fantásticas y maravillosas que sobrecargan la leyenda de Buda en todas sus versiones. Hay, por otra parte, en el *Barlaam y Josafat*, una parte teológica, una exposición sumaria del dogma cristiano, que es original del monje sirio o palestino autor del libro. A él ha de atribuirse también el muy original y fecundo pensamiento del conflicto y controversia entre las principales religiones, caldea, egipcia, griega, judía y cristiana; pensamiento que luego, interpretado con los más diversos sentidos, tiene tan varia representación en la teología judaica del *Cuzary*, de Judá Leví; en la popular teología cristiana del *Libro del Gentil y de los tres sabios*, de Ramón Lull, y del *Libro de los Estados*, de don Juan Manuel, y pudiéramos añadir en el cuento profundamente escéptico de *Los tres anillos*, de Boccaccio, germen a su vez del drama deísta de Lessing, *Nathan el sabio*.[1]

---

tère et ses origines (segunda edición, París, Leroux, 1882), y el de H. Oldenberg, profesor de Kiel, traducido al francés por Foucher, *Le Boudha, sa vie, sa doctrine, sa communauté* (París, 1894).

El *Lalita Vistara* (conforme al texto tibetano) ha sido traducido al francés por E. Foucaux (París, 1848). Como exposición agradable y popular, a la vez que exacta, puede citarse la de Mary Sumer, *Histoire du Boudha Sakya Mouni dépuis sa naissance jusqu'à sa mort* (París, Leroux, 1874), autorizada con un prólogo de Foucaux.

[1] Me refiero al sentido general del cuento, que evidentemente está enlazado con el pensamiento de la disputa y comparación de las tres leyes. En sus detalles, el cuento es de origen hebreo y nació probablemente en Espa-

Hay, finalmente, en el *Barlaam y Josafat* una serie muy considerable de parábolas y apólogos, que son seguramente de origen indio y aun budista, puesto que algunas de ellas están en el *Mahavanso*, y además, es sabido que los misioneros populares de esta secta empleaban el apólogo con tanta frecuencia como los predicadores cristianos de la Edad Media. Pero estos ejemplos o cuentos, seguramente no proceden del *Lalita Vistara*, sino de fuentes mucho más antiguas. Algunos de ellos, pasando por el intermedio del *Gesta Romanorum*, han andado largo camino en las literaturas modernas; dos por lo menos, celebérrimo uno de ellos (el del joven educado en la soledad, a quien se hace creer que las mujeres son demonios), figuran en el *Decamerón*,[1] y el cuento de las tres cajas, como escena episódica, en *El Mercader de Venecia*.

ña. Se encuentra en la célebre crónica de R. Salomón aben Verga (compuesta en el siglo xv, con el título de *Schebet Juda*), como ingeniosa respuesta de un judío al rey Don Pedro II de Aragón (*La Vara de Juda compuesto por el Rab. Selomoh, hijo de Verga, en la lengua Hebrea y traducida en la Española por Mr: Del. Y nuevamente corregido con licencia de los Sres. del Mahamad. Em Amsterdam, por Mosseh d'Abraham Pretto Henriq: en la officina de Jan de Wol. Año 5504, que corresponde a 1744.* Págs. 114 y 115).

Sobre las transformaciones de esta leyenda, ya en sentido cristiano, ya en sentido escéptico, véase lo que escribió Gastón París en una conferencia dada en la Sociedad de Estudios Judíos en 9 de mayo de 1884, reimpresa en la segunda serie de sus estudios sobre *La Poésie du Moyen-Age* (París, año 1895).

[1] En la introducción de la jornada cuarta, y antes en el *Novellino antico* (novela 14), con este título *Come un re fece nodrire uno suo figliuolo dieci anni in luogo tenebroso, e poi li mostrò tutte le cose, e più li piacque le femmine.* Du Méril, en su estudio *Des sources du Decamerone et de ses imitations,* inserto donde menos pudiera esperarse, esto es, en sus *Prolegómenos a la historia de la poesía escandinava* (París, 1839, pp. 344 a 360), encuentra grandes relaciones entre este apólogo y un episodio del *Ramáyana*, conocido con el nombre de *La seducción de Richyasringa.* Liebrecht se inclina a ver la misma semejanza; pero Ancona advierte con razón (en su estudio sobre *Le fonti del Novellino)* que Richyasringa, cuando ve mujeres por primera vez, no las toma por demonios, sino por «anacoretas de ojos centelleantes... parecidos a cosa sobrehumana». (A. d'Ancona, *Studi di critica e storia letteraria,* Bologna, 1880). En este precioso trabajo de Ancona, así como en el de Landau, *Die Quellen des Decamerone* (Viena, 1889), pueden verse indicadas muchas versiones de este cuento, entre ellas la española de Clemente Sánchez de Vercial en la *Suma de Exemplos* (comúnmente llamada hasta ahora *Libro de Enxemplos,* ej. 231).

No es óbice la profunda y sublime doctrina que en el *Barlaam* se contiene para que se reconozca su parentesco con otros libros menos ascéticos, de tan probado origen indio y remota fecha como el *Calila y Dimna,* que ya estaba traducido al persa en el siglo VI, y con el *Sendebar,* que tiene poco más o menos la misma antigüedad. Una de las parábolas más pesimistas del *Barlaam,* una de las que ponen de manifiesto con más terrible energía la vanidad de los goces del mundo, se encuentra literalmente en el prólogo autobiográfico del traductor persa del *Calila,* el médico Barzuyéh o Bersehuey, que peregrinó a la India en busca de las hierbas que resucitan a los muertos y trajo de allí las palabras de sabiduría que dan medicina y salud a las almas: «Después que hobe pensado en las cosas de este mundo... busqué enxemplo e comparación para ello, et vi que semejan en esto a un home que con cuita e miedo llegó a un pozo, e colgóse dél, e trabóse a dos ramas que nacieran a la orilla del pozo, e puso sus pies en dos cosas a que se afirmó, e eran cuatro culebras que sacaban sus cabezas de sus cuevas; et en catando al fondón del pozo vió una serpiente la boca abierta para le tragar cuando cayese, et alzó los ojos contra las dos ramas, e vió estar en las raíces dellas dos mures, el uno blanco e el otro negro, royendo siempre que non quedaban; et él pensando en su facienda e buscando arte por do escaparse, miró a suso sobre sí, e vió una colmena llena de abejas, en que había una poca de miel, et comenzó a comer della, e comiendo, olvidósele el pensar en el peligro en que estaba, et olvidó de como tenía los pies sobre las culebras, e que non sabía cuando se le ensañarían, nin se le membró de los dos mures que non cesaban de tajar las ramas, et cuando las hobiesen tajadas, que caería en la garganta de la serpiente. Et seyendo así descuidado e negligente, acabaron los mures de tajar las ramas, et cayó en la garganta del dragón et pereció. Et yo fice semejanza del pozo a este mundo, que es lleno de ocasiones e de miedos, e de las cuatro culebras a los cuatro humores que son sostenimiento del home, et quando se le mueve alguno dellos, este atal es como el venino de las víboras o el tósigo mortal. Et fice semejanza de los dos ramos a la vida flaca deste mundo, et de los mures negro y blanco a la noche e el día, que nunca cesan de gastar la vida del home; e fice semejanza de la miel a esta poca del dulzor que home ha en este mundo, que es ver, e oír, e sentir, e gustar, e oler, e esto le face descuidar de sí e de su facienda, e fácele olvidar aquello en que está et fácele dejar la carrera porque se ha de salvar».[1]

Con el *Sendebar* se enlaza el *Barlaam,* no ya por fábulas aisladas, sino por el principal argumento: el horóscopo que del príncipe forman los astrólogos, el encerramiento en que el rey le mantiene, la persecución de que le hace blanco una de las mujeres de su harem. Veamos algo de esto en la antiquísima versión castellana hecha para el Infante don Fadrique:

«Desy embio el rey por quantos sabios avía en todo su rreyno que viniesen a él et que catasen la ora et el punto en que nasiera su fijo; et después que fueron llegados plógole mucho con ellos et mandólos entrar antél, et díxoles: «Bien seades venidos». Et estuvo con ellos una gran pieça alegrándose et solasándose, et dixo: «Vosotros sabios, fágoos saber que Dios, cuyo nombre sea loado, me fiso merced de un fijo que me dió con que me enforçasse mi braso, et con que aya alegría, et gracias sean dadas a él por siempre». Et díxoles: «Catad su estella del mi fijo, et vet qué verná su facienda». Et ellos catáronle et fisiéronle saber que era de luenga vida et que sería de gran poder, mas a cabo de veynte annos quél avia de acontecer con su padre, porque veia el peligro de muerte. Quando oyó decir esto, fincó muy espantado, ovo grand pessar, e tornósele el alegría, et dixo: «Todo es en poder de Dios, que faga lo que él tuviere por bien». Et el ynfante creció et fízose grande et fermoso, et dióle Dios muy buen entendimiento: en su tiempo no fué ome nascido tal como él fué.... Cendubete *(el sabio encargado de su enseñanza)* tomó este día el mismo por la mano, et fuese con él para su posada; et fiso faser un gran palacio fermoso de muy grant guisa, et escribió por las paredes todos los saberes quel avie de mostrar et de apprender, todas las estrellas et todas las figuras et todas las cosas. Desy díxole: «Esta es mi siella et esta es la tuya, fasta que depprendas los saberes todos que yo aprendí en este palacio; et desembarga tu corazón, et abiba tu engeño, et tu oyr, et tu veer. Et assentóse con él a mostralle;

---

[1] *Calila y Dimna,* cap. II, *la historia de Bersehuev, el filósofo* (ed. Gayangos, p. 14). Compárese el mismo apólogo en la *Historia de Barlaam y Josafat,* cap. 8º de la traducción castellana del licenciado Arce Solórzano, fols. 65 vto. 66).

et trayanles ally que comiessen et que beviessen, et ellos non sallian fuera, et ninguno otro non les entrava allá; et él mismo era de buen engenno et de buen entendymiento, de guisa que ante que llegase el plaso, apprendió todos los saberes que Cendubete, su maestro, avía escripto del saber de los omnes... Et tornóse Cendubete al mismo, et dixo: «Yo quiero catar tu estrella». Es católa et vió quel mismo sería en grand cueyta de muerte si fablase ante que pasasen los syete dias...» etc. [1]

Indudablemente aquí está la leyenda budista, pero degenerada y sin sentido religioso. [2] Este sentido se conservó en el *Lalita-Vistara* y en las demás biografía populares de Buda, pero ¿de dónde procede el texto cristiano del *Barlaam?* En este punto andan divididos los críticos. Zotenberg no admitió más hipótesis que la de un texto intermedio, escrito también en lengua de la India, por algún monje nestoriano del siglo VI o VII, que acomodó a la religión cristiana, por él imperfectamente profesada, la historia de Sakya Muni y las parábolas de sus discípulos, mezclando algunas reminiscencias evangélicas, como la parábola del sembrador, e inventando el personaje del misionero Balahuar o Varlaam que no está en la leyenda primitiva, pero que era necesario para preparar la conversión del príncipe y educarle en los fundamentos de la religión. Este libro hubo de ser el mismo que, llevado a Jerusalén, sirvió de texto a la novela griega del monje Juan.

Pero es más verosímil la opinión de Kuhn, que supone para el *Barlaam* una serie de etapas semejante a la que recorrieron los demás libros sánscritos. Un persa del siglo VI, convertido al budismo, tradujo al pehlevi el libro de Judasaf *(Bodhisattva)*. Un cristiano, de los muchos que había en la parte del imperio de los Sassanidas confinante con la India, es decir en el Afghanistán actual, hizo el arreglo conocido con el nombre de *Libro de Judasaf*

---

[1] Pág. 75 de la edición de Comparetti.
[2] Acaso sucediera lo contrario, es decir, que un cuento profano tradicional fuese utilizado por la predicación budista.
En otros casos aconteció lo mismo, como largamente demuestra Joseph Jacobs en su admirable *History of the Aesopic Fable* (p. 53 y ss.) : *Were evidently folk-tales current in India long before they were adapted by the Buddists to point a moral and some of them were probably used by Budda himself for that purpose...*

y *Balahur.* Del persa pasó al siríaco, haciendo el nuevo traductor grandes modificaciones, sobre todo, en la segunda parte, que es enteramente nueva y apartada de las fuentes búdicas. De esta redacción siríaca proceden, pero con independencia, una versión georgiana, que todavía existe, y la griega atribuída por tanto tiempo a San Juan Damasceno, en la cual se acentuó grandemente el carácter teológico y polémico de la obra.

Este proceso, hipotético en parte, tiene, sin embargo, firme apoyo en la existencia actual de dos versiones del *Barlaam* independientes de la griega, y una de ellas ni siquiera cristiana; es a saber: la versión árabe, hecha probablemente del persa, y la ya citada redacción georgiana, que representa a los ojos de Kuhn un texto intermedio entre la forma pehlevi - árabe y la novela griega.

¿Pero por ventura hubo una sola versión árabe? Parece que fueron dos cuando menos, y reflejo de ella son dos libros escritos en España durante la Edad Media. Una es el *Libro de los Estados*, de don Juan Manuel, de que hablaré muy pronto. Otra, la novela hebrea de Abraham ben Chasdai, judío barcelonés del siglo XIII, titulada *El Hijo del Rey y el Derviche,* que es refundición en sentido israelita de otro *Barlaam* árabe traducido del griego, según expresamente se declara en el mismo libro de Chasdai, y lo persuade la comparación de entrambos, aunque no es verosímil que la traducción fuese directa, sino que habría, como de costumbre, un truchimán sirio de por medio. [1]

Sería tarea imposible para nuestros exiguos conocimientos, y además pedantesca e impertinente aquí, seguir la transformación de la leyenda del príncipe de Kapilavastu a través de todas las literaturas de Oriente y Occidente, ya en su primitiva forma búdica, ya en las que fué recibiendo de manos árabes, hebreas

---

[1] Steinschenider fué el primero que llamó la atención en 1851 sobre este texto hebreo, que luego ha sido traducido al alemán por Mansel. No he llegado a verle, pero de la comparación hecha por el docto hebraizante italiano Salomone de Benedetti, entre *El Hijo del Rey* y el *Barlaam,* resulta que el primero sigue paso a paso al segundo en los 21 primeros capítulos de los 35 que contiene, separándose luego de él para sustituir la conversión del padre de Josafat y de sus vasallos con una serie de instrucciones religiosas y políticas dadas por el Derviche. Es decir, que omite toda la parte cristiana; pero la parte búdica está conforme al texto griego, y no conforme al *Lalita Vistara.*

o cristianas. Aun las del *Barlaam* propiamente dicho son innumerables; durante la Edad Media, fué traducido no sólo en las lenguas ya citadas, sino en armenio y en etiópico, en latín, en francés,[1] en italiano, en alemán, en inglés, en holandés, en polaco y en bohemio.

La bibliografía española de este argumento es bastante copiosa, y sobre ella ha publicado un reciente y muy instructivo trabajo el joven erudito holandés F. de Haan.[2] Las dos traducciones completas que tenemos de la novela griega, pertenecen al siglo XVII: la del licenciado Juan de Arce Solórzano apareció en Madrid, en 1608;[3] la de Fr. Baltasar de Santa Cruz, en Manila, en 1692.[4] Es más exacta la segunda, como hecha sobre el texto de Billio, pero resulta mucho más apacible y gallardo el estilo de la primera, no desemejante del que mostró su autor en otras obras de entretenimiento. También salió de las prensas de Manila en 1712 un *Barlaam* traducido en lengua tagala por el jesuíta Juan de Borja, con fines de edificación y catequesis para los indios, a lo cual admirablemente se prestaba el carácter oriental y parabólico del libro, y hasta su remoto origen budista.

---

[1] Sobre las redacciones francesas, que son en bastante número, consúltese principalmente el trabajo de Meyer y Zotenberg, publicado en 1864, en la *Bibliothek des litterarischen Vereins in Stuttgart* (vol. 75, *Barlaam und Josaphat, französisches Gedicht des dreizehnten Jahrhunderts von Gui de Cambray*).

[2] En el tomo X de las *Modern Langage Notes* de Báltimore (enero de 1895).

[3] *Historia de los dos soldados de Christo Barlaam y Josaphat. Escrita por San Juan Damasceno, Doctor de la Iglesia Griega. Dirigida al Ilustrissimo y Reverendissimo Don Fr. Diego de Mardones, Obispo de Córdoba, Confesor de Su Majestad y de su Consejo & mi Señor. En Madrid, en la Imprenta Real,* 1608. 8º

[4] *Verdad nada amarga: hermosa bondad, honesta, útil y deleitable, grata y moral Historia. De la rara vida de los famosos y singulares Sanctos Barlaam y Josaphat. Según la escribió en su idioma griego el glorioso Doctor y Padre de la Iglesia San Juan Damasceno, y la passó al latín el doctíssimo Jacobo Billio: de donde la expone en lengua castellana a sus Regnícolas, el mínimo de los Predicadores de la provincia del Sancto Rosario de las islas Filipinas, Fr. Baltasar de Santa Cruz, Comissario del Santo Officio de Manila. Impresso en Manila en el Collegio de Sancto Thomás de Aquino. Por el Capitan D. Gaspar de los Reyes, impresor de la Universidad. Año de 1692,* 4º Libro muy raro, como todos los estampados en Filipinas antes del siglo pasado, y probablemente la más antigua novela que se imprimió en aquellas islas.

Pero ya en la Edad Media era popularísimo entre nosotros el *Barlaam* en forma de compendios o traducciones abreviadas, como son todas las que se derivan de la *Legenda Aurea*, de Jacobo de Voragine. Un *Flos Sanctorum* catalán del siglo XV y dos castellanos, por lo menos, reconocen este origen. Pero tiene mucha más importancia una versión, al parecer independiente y original, que, a juzgar por la lengua, es, cuando menos, del siglo XIV. Está contenida en un códice misceláneo de 1470, que lleva en la Biblioteca de Palacio el rótulo de *Leyes de Palencia*.[1] No conociéndose hasta ahora la versión catalana de Francisco Alegre, impresa en 1494, más que por una nota del *Registrum* de don Fernando Colón,[2] no cabe indicar con precisión su origen. Igual duda tengo en cuanto a la traducción portuguesa atribuída a Fr. Hilario de Lourinham, inédita todavía.[3]

Son varias las colecciones hagiográficas impresas en el siglo XVI que traen con extensión la vida de nuestros santos. Figuran en el *Flos Sanctorum* de Alonso de Villegas, en el del P. Rivadeneyra; en la *Hagiografía* del Dr. Juan Basilio Santoro (Bilbao, 1580) y en otros menos célebres. Pero no parece que llegasen a penetrar

---

[1] »Aquí comienza el libro de la vida de Berlan et del rey Joasapha de India, siervos et confesores de Dios, et de como el rrey de India martiriara los christianos et los monges et los hermitanos et los segundava de su tierra et de como se tornó christiano el rey Iosapha.

....

»Segund cuenta Sant Johand Damasceno, que fué griego muy sancto et muy sabedor que ovo escripto en griego esta vida de Berlan et del rey Josapha...

(Folio 94 vto., 213 del códice. El cual dice al fin: «Escriptus fuit anno Domini MCCCCLXX, Petrus Ortis». Ha sido detalladamente descrito por Morel-Fatio *(Romania,* X, p. 300, nota).

[2] Núm. 3.962 del *Registrum. La Vida de Sant Josafat en lengua catalana, compuesta por Francisco Alegre, divisa in 29 cap... Estampada en Barcelona, año 1494. Costó en Barcelona un real de plata, por agosto de 1513.* En 4º

[3] *Vida angelica do Infante Josaphat, filho de Avenir, rei indiano.* El nombre del traductor, Fr. Hilario da Lourinhâ, está de letra del siglo pasado. Ocupa 43 hojas de texto, en el códice 266 del Archivo Nacional de la Torre do Tombo (T. Braga, *Curso de historia da litteratura portugueza*, Lisboa, 1885, p. 115).

en los breviarios particulares de nuestras iglesias, ni que tuvieran culto en España.[1]

Los autores de vidas de santos, suelen suprimir las parábolas del *Barlaam,* pero en cambio, se las encuentra por todas partes, lo mismo en los tratados piadosos y de ejemplos ascéticos que en las colecciones de cuentos y en otros libros de recreación y pasatiempo. Ya Kuhn las señaló en *El Conde Lucanor,* en el *Libro de los Gatos,* en los *Castigos et documentos del rey D. Sancho* y en la *Historia del caballero Cifar.* De las parábolas que no están en el texto corriente, sino que se añadieron en la versión hebrea hecha por el barcelonés Aben Chasdai, se encuentra una en las *Leyendas moriscas* publicadas por Guillén Robles, y esta misma se lee en el *Libro de las Bestias,* de Ramón Lull. Haan añade nuevas comparaciones con el *Libro de los Enxemplos,* de Clemente Sánchez; con los *Coloquios satíricos,* de Torquemada; con el *Libro de los Gatos;* con la *Silva curiosa,* de Julián de Medrano (cuyos cuentos están tomados casi literalmente del *Alivio de Caminantes,* de Timoneda), y hasta con la *Segunda Celestina,* de Feliciano de Silva.[2]

Finalmente, esta peregrina historia ha entrado en el teatro popular de varias naciones. En francés hay dos *Misterios* de Barlaam, Josaphat y el rey Abenir su padre: uno del siglo XIV y otro del XV.[3] Al mismo siglo pertenece la *Rappresentazione di Barlaam e Josafat,* de Bernardo Pulci, que ha reimpreso Ancona,[4] el cual cita otra de mérito inferior, compuesta por Solci Perretano o Paretano, y añade, que bajo la forma rústica de un *Mayo,* la leyenda continúa representándose en el país toscano, especialmente en Pisa, y se reimprime para uso del pueblo. Son numerosas e igualmente populares las narraciones en prosa, y hay también una en octava rima.

---

[1] A lo menos ha sido negativo el resultado de las pesquisas del señor Haan en los veinte que ha examinado, todos ellos impresos y pertenecientes a nuestra Biblioteca Nacional.

[2] El trabajo del señor Haan representa un gran avance en la parte española de este fecundísimo tema de literatura comparada; pero creemos que en la intención de su autor no es todavía más que el programa o índice de un estudio mucho más amplio, cuya próxima publicación deseamos.

[3] Vid. Petit de Julleville, *Les Mystères* (París, 1880), t. II, pp. 277 y 474.

[4] En el tomo 2º de sus *Sacre Rappresentazioni* (Florencia, 1872, páginas 163-186).

Lope de Vega, que se asimiló todos los elementos del drama sagrado y profano anteriores a él, no podía olvidar tan hermoso argumento. Su comedia *Barlam y Josafá*, escrita en 1611, acaso después de una lectura de la traducción, entonces tan reciente, de Arce Solórzano, tiene un primer acto de extraordinaria belleza, que entró por mucho en la concepción de *La Vida es sueño* y aun dejó su reflejo en algunos versos de Calderón.[1] Varios y complicados son los orígenes de aquel famoso drama simbólico. La conseja oriental del *durmiente despierto* (incluída hoy en *Las Mil y una Noches*), que tiene tan cómicas derivaciones en Boccaccio; en Lasca y en el prólogo de *La fiera domada*, de Shakespeare, y que ya en la Edad Media fué escrita entre nosotros (como lo prueba un cuento de los añadidos en una de las copias de *El Conde Lucanor*), pudo llegar a Calderón por medio de *El Viaje entretenido*, de Agustín de Rojas, y aun es muy verosímil que allí la leyese. Pero el dato muy importante de la reclusión del príncipe a consecuencia de un horóscopo no procede de este libro, sino del *Barlaam y Josafat*, a través de Lope, como lo prueba la identidad de algunos versos y situaciones. El pensamiento filosófico de los monólogos de *La Vida es sueño*, parece tomado de uno de los tratados de Philon Hebreo *(Vida del político)*, que Calderón pudo leer en la versión latina de Segismundo Gelenio; pero las ráfagas pesimistas que de vez en cuando asoman en la obra y parecen contradecir su general sentido, tienen ahora fácil explicación conocidos los orígenes budistas de la leyenda.

El *Calila y Dimna*, el *Sendebar* y el *Barlaam* son los tres libros capitales que la novelística oriental comunicó a la Edad Media. Pero mucho antes que ninguno de ellos estuviese traducido en lengua vulgar, corría ya de mano en mano un libro latino de autor español, que indisputablemente da la primacía cronológica a nuestra patria en el género de los cuentos, puesto que precedió al *Gesta Romanorum* y a todas las demás colecciones de su género. Este libro celebérrimo, que de intento hemos reservado para este lugar, aun infringiendo el orden de los tiempos, por no ser mera

---

[1] También la parábola de los demonios mujeres, una de las más célebres del *Barlaam*, sirvió a Calderón para una escena de su comedia *En esta vida todo es verdad y todo es mentira*.

traducción como los anteriores, es la *Disciplina Clericalis* del judío converso de Huesca, Pedro Alfonso (Rabí Moséh Sephardí), nacido en 1062, bautizado en 1106, ahijado de Alfonso I *el Batallador*, y conocido también por una obra en diálogos en defensa de la ley cristiana contra los hebreos.[1] Nadie esperaría de tan ferviente apologista un libro tan profano como la *Disciplina Clericalis*,[2] donde apenas se encuentra indicio de cristianismo, salvo en el prólogo y en el título de la obra, que ha de ser entendido como disciplina o enseñanza propia de clérigos, dando a esta palabra el sentido lato que tenía en la Edad Media, como hoy le tiene la palabra *scholar*, sinónimo entre los ingleses de hombre estudioso y letrado. Todos los elementos que entran en la composición de la *Disciplina Clericalis* son orientales, y aun la rara sintaxis que el autor usa tiene más de semítica que de latina. Pedro Alfonso declara haber compaginado su libro, parte de los proverbios y castigaciones de los filósofos árabes, parte de fábulas y versos, parte de ejemplos o similitudes de animales y aves.[3] Nuestros escasos conocimientos en literatura oriental no nos permiten determinar a ciencia cierta los orígenes inmediatos de cada una de las treinta fábulas o cuentos de la *Disciplina Clericalis*, pero basta el más superficial cotejo entre este libro del siglo XII

---

[1] *Dialogi lectu dignissimi, in quibus impiae iudaeorum opiniones evidentissime cum naturalis, tum coelestis philosophiae argumentis confutantur, quaedamque prophetarum abstrusiora loca explicantur* (En el tomo 157 de la *Patrología latina* de Migne, pp. 535-671).

[2] La primera edición de este libro fué hecha en 1824 por la *Sociedad de Bibliófilos Franceses*, acompañada de una traducción francesa en prosa del siglo XV, intitulada *Discipline de clergie*, y otra más antigua en verso, *Castoiement d'un père à son fils*, que había sido ya impresa en 1760 por Barbazan.

Es mucho más correcta y estimable la de Valentín Schmidt: *Petri Alfonsi, Disciplina clericalis; Zum erstenmal herausgegeben mit Einleitung und Anmerkungen, von Fr. V. Schmidt. Ein Beitrag zur Geschichte der romantischen Litteratur* (Berlín, 1827, 4º). Pero ambas ediciones escasean tanto que no hay más remedio que acudir a la indigesta mole de la *Patrología* de Migne, en cuyo tomo 157 está reproducida la edición de los bibliófilos de 1824.

[3] *Propterea libellum compegi, partim ex proverbiis philosophorum, et suis castigationibus arabicis, et fabulis et versibus, partim ex animalium et volucrum similitudinibus... Huic libello, nomen injungens, et est ex re, id est «Clericalis Disciplina». Reddit enim clericum disciplinatum* (Pág. 673 de la edición de Migne).

y las traducciones que en el siglo XIII y XIV se hicieron de las grandes colecciones tantas veces citadas, para deducir que el converso aragonés bebió en las mismas fuentes, y que la mayor parte de sus apólogos proceden del *Calila*, de un libro de *Engaños de Mujeres*, análogo al *Sendebar*, del *Barlaam*, de las fábulas de Lockman [1] y de otros libros muy conocidos. En dos capítulos figuran los nombres de Platón y Sócrates, pero estos nombres eran familiares a los árabes y no arguyen influencia clásica de ninguna especie. Las fábulas están puestas en boca de un padre que las da como instrucciones a su hijo, reforzándolas con gran número de proverbios y sentencias. Son ciertamente de muy saludable y moral doctrina algunos de estos ejemplos. Otros son picantes y festivos, sin ofensa del decoro. En uno u otro concepto, pueden recomendarse el de la prueba de los amigos (que pasó al libro del Rey don Sancho y a *El Conde Lucanor*); el de los dos mercaderes de Egipto y de Baldach, tan fieles y heroicos en su recíproca amistad como el Tito y el Gesipo de Boccaccio; el muy ingenioso del depósito de los toneles de aceite; la linda fábula de la avecilla que con dulces y sabias palabras se libró de las manos del rústico; el gracioso cuento del jorobado en el portazgo, que todavía en el siglo XVI versificó el licenciado Tamariz; el famosísimo de las cabras, que Sancho contó a don Quijote en la temerosa noche de los batanes, y algunos más. [2] Pero otros son tan libres como los del *Sendebar*, siendo de advertir que en varios de ellos es la suegra quien hace el papel de Celestina y sugiere a su nuera astucias para burlar al marido, lo cual da triste idea de la familia oriental. El cuento del viñadero, el de la espada desnuda, el muy absurdo y extravagante de la perrilla, el del engaño de la sábana, y sobre todo, el famosísimo que sirve de argumento a la farsa de Molière, *George Dandín*, pertenecen a este género, [3] y todos ellos son muy conocidos gracias a Boccaccio y a los demás cuentistas italianos y

---

[1] *Balaam, qui lingua Arabica vocatur Lucaman, dixit filio suo: «Fili, ne sit formica sapientior te, quae congregat in aestate unde vivat in hieme. Fili, ne sit gallus vigilantior te, qui in matutinis vigilat, et tu dormis»...* (Página 674, col. 1ª).

[2] Tienen en la *Disciplina Clericalis* estos apólogos los números I, II, XIV, XX, V y X.

[3] Son los números VII, IX, XI, VIII, XII, de la *Disciplina*.

franceses. Pedro Alfonso cuenta con muy poca gracia en su bárbaro latín historias verdes, que luego se contaron mucho mejor; pero es más casto que sus imitadores, porque no es inmoral de caso pensado, ni excita jamás la fantasía con cuadros licenciosos, ni sale nunca de su habitual manera insípida y trabajosa.

Con toda su medianía, este libro tuvo una fortuna que muchas obras de primer orden pudieran envidiar, pero que se explica bien por la novedad y extrañeza de su contenido y por la singular mezcla, tan grata al gusto de aquella edad, de la sabiduría práctica de los documentos morales y de la cándida libertad de las narraciones. Las lenguas vulgares le adoptaron muy pronto por suyo. Varias veces fué puesto en prosa y en verso francés con el título de *Castoiement d'un père à son fils*.[1] Integramente traducido al castellano aparece en el *Libro de los exemplos,* de Clemente Sánchez de Vercial,[2] y la mayor parte de los cuentos figuran también en el *Isopete historiado,* que mandó trasladar el infante don Enrique de Aragón, duque de Segorbe[3] y cuyas reimpresiones populares alcanzan al siglo XIX. Hasta dialectos muy oscuros y muy poco cultivados literariamente se honraron con la posesión

---

[1] Uno de estos *Castoiements* o *Chastoiements* se encuentra en el tomo 2º de la colección de Barbazan y Méon (1808), *Fabliaux et contes des poëtes français des XI, XII, XIII, XIV et XVe siècles,* tomo 2º, pp. 39-183.

[2] De esta colección hablaremos más adelante.

[3] Las fábulas de Pedro Alfonso comprendidas en el *Isopete* son (por el orden de la *Disciplina Clericalis* y no de la traducción) las siguientes: I, II, V, VII, VIII, IX, X, XI, XIII, XIV, XV, XVII, XVIII, XX y XXI.

La primera edición es de 1489.

Esta es la vida del Isopet con sus fabulas historiadas.

(Fin). *Aqui se acaba el libro de Isopete hystoriado aplicadas las fabulas, en fin, junto con el principio a moralidad provechosa a la corrección e avisamento de la vida humana, con las fabulas de remisio (sic por Remigio). de aviano. Doligamo (?). de Alfonso e Pogio. con otras extrauagantes: el qual fue sacado de latin en romance e emplentado en la muy noble e leal cibdad de çaragoça por Johan Hurus. aleman de constancia en el año del señor de mil CCCCLXXXIX años.* Fol. 132 hojas numeradas, 204 láminas en madera.

Como han demostrado Leopoldo Hervieux (*Les Fabulistes Latins,* París, 1884, tomo I, pág. 378 y ss.) y A. Morel-Fatio (*Romania,* XXIII, página 561 y ss.), nuestro *Isopete* es trasunto de la compilación latina del alemán Steinhöwel, cuya primera edición, sin fecha, no puede ser anterior a 1474. El Don Enrique de Aragón, que mandó hacer la traducción, no fué, como ligeramente se había creído, el infante Don Enrique, hermano de

de este librillo; una traducción del siglo XIV, existente en nuestra Biblioteca Nacional que pasó mucho tiempo por catalana, resulta ahora bearnesa.[1] Los cuentos de Pedro Alfonso asoman la cabeza por todas partes: en el *Gesta Romanorum,* en el *Speculum Historiale,* de Vicente de Beauvais; en los *Exemplos,* de Jacobo de Vitry, para uso de los predicadores[2]; en los *Fabliaux,* en los *Gesammtabenteur* alemanes, en las *Cento Novelle Antiche,* en Boccaccio, cuyo solo nombre es legión.

Árabes son las fuentes inmediatas de la *Disciplina Clericalis,* y acaso en lengua arábiga o hebrea fué compuesta primeramente por su recopilador antes de traerla al latín,[3] pero el proceso novelístico demuestra en la mayor parte de los casos que el cuento árabe viene de Persia y el cuento persa viene de la India. Ya hemos indicado varios que se derivan de los *Engaños de Mujeres;* del *Calila y Dimna* hay uno muy singular, el del ladrón, que se tira del tejado de una casa creyendo que por artes mágicas y por virtud de un conjuro que pronuncia va a ser transportado en un rayo de la luna. El cuento del depositario infiel está en la colección persa de *Los mil y un días.*[4]

Pero ¿no habría entre los árabes de España un desarrollo original del cuento y la novela que pudiera influir en nuestra litera-

---

Alfonso V, sino su hijo del mismo nombre, apodado el Infante Fortuna, que era virrey o lugarteniente general de Cataluña en 1480.

Esta célebre colección de fábulas fué reimpresa en Tolosa de Francia, 1489; Burgos, 1496; Sevilla, 1526; Toledo, 1547; Sevilla, 1562; Amberes, sin fecha (a mediados del siglo XVI); Amberes, 1607; Madrid, 1728; Segovia, 1813, y seguramente en otros varios años y lugares (Vid. nuestra *Bibliografía hispanolatina clásica).*

[1] Es un manuscrito en pergamino de la segunda mitad del siglo XIV: «*Assi comenssa la taula de la clergie de discipline en continuant en apres la clergie de moralitatz de philosophia partitz en deu libres, compillat e ordenat per mestre Pierres Allfonssa*» (Vid. Milá y Fontanals, *Obras completas,* tomo 3º, Barcelona, 1890, pp. 492-494).

[2] *Exempla of Jacques de Vitry, edited by* Th. Fred. Crane (Londres, año 1890).

[3] Tal era la opinión de don Pascual Gayangos, fundándose en este pasaje del prólogo de Pedro Alfonso: *Deus in hoc opusculo sit mihi in adjutorium, qui me librum hunc «componere» et «in latinum transferre» compulit.*

[4] Edición de Loiseleur, p. 652. Hállase también en el *Gesta Romanorum* (núm. 118), en las *Cento Novelle Antiche* (núm. 74), y tiene relaciones con la novela 10ª de la octava *giornata* del *Decameron.*

tura vulgar? ¿No habría entre los mismos árabes de Oriente narraciones originales, propias de su raza y de su ley, que no debiesen nada a los odiados adoradores del fuego ni a los anacoretas del budismo? La respuesta a estas cuestiones no es fácil, porque la literatura árabe está en gran parte sin explorar, y los profanos tenemos que contentarnos con lo poco que han querido decirnos los orientalistas. Ya Casiri, al catalogar en 1760 los manuscritos árabes de la Biblioteca del Escorial, indicó que entre ellos existían no sólo colecciones de fábulas y apólogos, sino verdaderas novelas, *fictos amatorum casus,* y otras «amenidades y delicias de la filología».[1] Las descripciones, algo confusas y no siempre exactas, de Casiri, han sido puntualizadas y corregidas en el nuevo y excelente catálogo de Derenbourg.[2] Pertenecen casi todas las obras de entretenimiento que él señaló al género de las *makamas* o *sesiones,* cuyo tipo es el libro clásico entre los orientales, de Hariri, nacido en Bassora el año 1055 de la era cristiana. Fúndase principalmente la celebridad de esta obra, en ser una vasta compilación de todos los términos de la lengua árabe, de sus más raros modismos, de todos los primores y figuras de dicción, de proverbios, de enigmas, de juegos de palabras, de rimas, de aliteraciones; un monumento de paciencia filológica y de mal gusto, muy propio de una raza en quien llega a la superstición el culto de la gramática y el arte de hablar con finura y elegancia. Pero toda esta erudición léxicográfica, tan insípida para el lector europeo, está vertida en una especie de novela que se divide en cincuenta *sesiones,* las cuales no están unidas solamente por el débil hilo que engarza los cuentos del *Sendebar* o de *Las mil y una noches,* sino que reciben muy ingeniosa unidad de la persona del protagonista de todas ellas, que es un aventurado llamado Abu Zeid, cuyas extrañas metamorfosis refiere otro personaje honrado y sensato, Hareth ben-Hammam, que a cada momento le encuentra en su camino, disfrazado con los más varios trajes y desempeñando los más contrarios oficios: unas veces predicando en la vía pública con gran compunción de su auditorio, otras emborrachándose en la taberna

---

[1] *Bibliotheca Arabico-Hispana Escurialensis... opera et studio Michaelis Casiri Syro-Maronitae, Presbyteri...* Madrid, 1760, t. I, pág. 10.
[2] *Les Manuscrits Arabes de l'Escurial décrits par Hartwig Derenbourg,* París, 1884, t. I.

con la lismona que recoge de sus predicaciones; ya presentándose como abogado, ya como médico; ora como maestro de escuela, como falso anacoreta, como mendigo, ciego y cojo, explotando siempre de una manera u otra la credulidad pública.

Esta especie de filósofo cínico, de parásito literario, que por final se arrepiente y muere de *imam* de una mezquita, es un verdadero tipo de novela picaresca, un precursor de Guzmán de Alfarache y de Estebanillo González. Envuelto en sus sórdidos harapos, reduce a sistema su larga experiencia de la vida, y en la *sesión* treinta dirige a la chusma de vagabundos y truhanes, que le aclaman por su monarca, un pomposo discurso en que hace gala de su solemne desprecio del género humano, estafado y defraudado por él de tantos modos. Sea cual fuere la ejecución (de la cual nos es imposible juzgar), la idea de este vasto cuadro de la sociedad musulmana del siglo XII, y el estudio de un tipo tan original e interesante, que, según parece, está tomado de la realidad contemporánea, aunque tenga precedentes en otro libro compuesto cien años antes por Hamadani,[1] contando las aventuras de otro bufón llamado Abulfath Escanderi, prueba en su autor gran riqueza y fertilidad de invención no menos que talento de moralista. Un poeta alemán tan ilustre como Federico Rückert no ha retrocedido ante la ardua empresa de poner en su lengua estas *macamas*, a pesar de todas sus extravagancias de estilo, y según el parecer de los entendidos, ha salido triunfante de la empresa.

En opinión de Renán, es Hariri el autor más ingenioso e interesante de la decadencia árabe. «Pocas obras (añade) han ejercido tan extensa influencia como estas *Sesiones*. Del Volga al Níger, del Ganges al estrecho de Gilbraltar, han sido consideradas como un dechado de estilo por todos los pueblos que han adoptado juntamente con el islamismo la lengua de Mahoma. Todavía hoy son clásicas en todas las escuelas musulmanas de Asia, especialmente en la India. Extraña ha sido la fortuna de este libro, compuesto en Bassora, impreso por primera vez en Calcuta, y cuyos dos principales comentadores nacieron, uno en Jerez y otro en las orillas

---

[1] Ahmed ben Al-Hosain-Al'Hamadhani, muerto el año 398 de la Hégira (1007 de la era cristiana), pasa por inventor o introductor del género de las *macamas* en la literatura árabe.

del Oxo. Las personas que han viajado por Levante, dan testimonio del portentoso efecto que producen las *macamas* cuando son leídas en público ante un auditorio numeroso. Han producido muchas imitaciones árabes, siríacas, hebreas, y todavía hoy suelen aparecer en Oriente algunos ensayos del mismo género». [1]

Pero como las formas y las razones del gusto varían tanto de unas razas a otras, aprende uno, no sin sorpresa, que la mayor parte del interés que el libro despierta en los orientales no consiste en las aventuras del mendigo Abu Zeid, sino en las ridículas afectaciones retóricas, en el mérito de la dificultad vencida, ya intercalando composiciones en que se huye sistemáticamente de una letra (como en nuestras *novelas sin vocales* del siglo XVII), ya encerrando en una novela todos los verbos que tienen cierta irregularidad, ya con otros artificios no menos pueriles.

Hasta ocho ejemplares, más o menos completos, de las *Macamas* de Hariri («totius elegantiae et eruditionis arabicae specimen», en frase de Casiri) posee la Biblioteca del Escorial. Uno de ellos (el 495 del catálogo de Derenbourg) encierra parte de un comentario de autor español, Abul Abas - Jarischi, o el jerezano, que murió el año 619 de la Hégira, 1222 de nuestra era vulgar. Se conservan varias imitaciones de este libro, y no puede menos de ser sumamente curiosa la que Casiri calificó de comedia satírica (género enteramente desconocido entre los árabes), y tuvo, acaso sin fundamento, por obra de autor español, intitulada *Sales y elegancias pronunciadas en los banquetes de los miembros de las corporaciones*. [2] Estos miembros son nada menos que cincuenta, y representan todos los oficios y profesiones conocidos en la sociedad musulmana. La obra parece haber ido compuesta en 1345, y ha sido impresa modernamente en El Cairo. No sabemos si son propiamente *macamas* o compilaciones de anécdotas (porque ambos géneros andan mezclados entre los orientales) las *Conversaciones nocturnas de los comensales y la intimidad de los hermanos*, del persa Arrazi (núm. 501). Pero del libro denominado *Frutos de los califas y recreación de los hombres ingeniosos*, por Aben ben Mo-

---

[1] *Essais de Morale et de Critique*, par *Ernest Renan*. París, 1868, páginas 297-298.

[2] Núm. 497 de Casiri, 499 de Derenbourg. El primero da los nombres de todos los personajes.

hammad ben Arabí de Damasco (núms. 513 y 514), no hay duda, a juzgar por la descripción de Casiri (núm. 511), que, además de relatos históricos, contiene apólogos en prosa rimada, análogos a los del *Calila y Dimna*, tales como la disputa del Hombre con el fabuloso Rey de los Genios, la guerra entre el Príncipe de los Atletas y el Rey de los Elefantes, el juicio del León, las sentencias del Camello. Apólogos también y aun verdaderas novelas, como la de los amores del caballero Gallego, alternan con trozos de historia y máximas y sentencias en prosa y verso, en la obra política y moral del siciliano Mohammed-ben-Abi-Mohammed-*Aben-Zafer* (muerto en 1160), conocida por el *Solwan*, que Miguel Amari ha traducido al italiano con el título de *Consolaciones Políticas*,[1] ilustrando doctamente sus orígenes. «Los argumentos históricos (dice) están tomados casi todos de los tiempos clásicos de Arabia, de los primeros siglos del islamismo, de los acontecimientos de Persia en tiempo de los Sassanidas, y tal vez de las hagiografías cristianas de Oriente; las narraciones fabulosas están imitadas, no ya copiadas, de los modelos indios, especialmente del *Calila*.

Encontramos textualmente una novela de *Las mil y una noches* (la del Molinero y el Asno), y debemos suponer que alguno de los últimos compiladores de aquel deleitosísimo libro la haya tomado del *Solwan* y no al contrario. Otros pedazos del tratado de Zafer, y no pocos, parecen paráfrasis y acaso traducciones de textos persas... El mérito principal del *Solwan* (cuyo autor florecía a mediados del siglo XII) consiste en el camino, nuevo para los musulmanes, que abrió, de inculcar máximas morales con el ejemplo de hechos imaginarios. Antes de él la literatura árabe poseía ciertamente versiones e imitaciones de las fábulas persas e indias, pero no parece que ningún escritor las hubiese empleado en obra de serio y grave argumento. No obstante los escrúpulos del austero y triste genio semítico, varios orientales han traducido este libro, le han imitado o han hecho paráfrasis de él en persa y en turco. En suma, el *Solwan* ha estado siempre en gran crédito entre los musulmanes, como lo prueban las muchas copias que de él

---

[1] *Conforti Politici*, Florencia, 1851, 12º Sobre esta traducción se ha hecho otra inglesa, *Solwan or Waters of Confort*, Londres, 1852, 2 vols. 8º.
El mismo Amari trata extensamente de la vida y obras de Aben Zafer, en el tomo 3º de su *Storia dei musulmani di Sicilia*, pp. 714-734.

tenemos en las bibliotecas europeas y una reciente edición de Túnez». Es singularísimo el ejemplar manuscrito de la Biblioteca Escurialense por las cuarenta y siete miniaturas que le adornan, obra de algún morisco español del siglo XVI. Entre las imitaciones del *Solwan* me parece que debe contarse *El Collar de Perlas,* que el granadino Abuhamud Muza II, de la estirpe de los Beni-Zeyán, rey de Tremecén en el último tercio del siglo XIV, compuso para la educación de su hijo; libro de sabia doctrina moral y política, entreverada con muchos trozos de poesía y prosa rimada, con largos apólogos y ejemplos históricos. [1] Por su fecha no pudo influir este libro en los *Castigos e documentos del rey D. Sancho,* ni en las obras de don Juan Manuel; pero tan evidente es en ellas el parentesco con estos libros árabes de educación de príncipes, que apenas puede dudarse de que el *Solwan* o algún otro de los más antiguos fué conocido por sus autores.

Cultivaron también los árabes de Oriente y de España un género novelesco muy afín a los libros de caballerías. Pero son muy raros los monumentos que restan de él, acaso porque el fanatismo de los alfaquíes se encarnizó en diversas épocas con la literatura profana y de puro entretenimiento. Salvo el prodigioso libro de *Antar,* cuya última redacción se atribuye al médico español Abul-Muwayyad Muhammad ben al-Machalis ben al-Saig, *al Antarí,* residente en Damasco, contemporáneo de Hariri a lo que parece, [2] y dejando aparte, por ser relativamente moderno y tener visos de parodia, el libro turco de *Bathal,* que dió a conocer Fleischer en 1849 y tradujo al alemán Ethé en 1871, apenas se había publicado en lengua vulgar ninguna muestra de este género, hasta que en 1882, nuestro aventajado orientalista don Francisco Fernández y González, digno rector de la Universidad de Madrid, tuvo la suerte de encontrar en el códice 1.876 del Escorial (no catalogado por Casiri) una importante colección de doce novelas árabes, [3]

---

[1] *El Collar de Perlas, obra que trata de Política y Administración, escrita por Muza II, Rey de Tremecén; vertida al castellano por el doctor D. Mariano Gaspar, catedrático de Lengua Arabe en la Universidad de Granada.* Zaragoza, 1899. (En la *Colección de Estudios Árabes).*

[2] Discurso leído ante la Academia Española por don Francisco Fernández y González, el día de su recepción pública, 28 de enero de 1894, pág. 32.

[3] El malogrado orientalista don Enrique Alix había sacado, en 1848, una copia de este códice, la cual se conserva actualmente en la Biblioteca

la primera de las cuales, es un verdadero libro de caballerías, doblemente interesante por ser de autor español, según todas las trazas, y posterior a la época de los Almorávides. Titúlase *Libro del Alhadís o Historia de Zeyyad ben Amir el de Quinena y de las maravillas y casos estupendos que le acontecieron en el alcázar de Al-laualib y Albufera del aficionado a la sociedad de las mujeres.* El señor Fernández se apresuró a traducir con soltura y elegancia este sabroso relato, pero tuvo la mala idea de esconder su versión en uno de los ponderosos e inmanejables volúmenes del *Museo Español de Antigüedades*, [1] con lo cual hubo de quedar casi tan ignorada para el vulgo de los lectores como si continuase en árabe. Y en verdad que no lo merecía, pues el cuento es tal que puede competir con los buenos de *Las mil y una noches*. El nacimiento y educación de Zeyyad, y los ejercicios caballerescos de su juventud; sus amores con la guerrera princesa Sadé, cuya mano tiene que conquistar venciéndola en batalla campal; sus viajes y peregrinaciones, su llegada a los jardines de la infanta llamada «Arquera de la hermosura», las maravillas del lago encantado y del palacio de los aljófares, el rescate de las tres princesas cautivas, la peregrina aventura de la hermosa gacela (que recuerda el encuentro de don Diego López de Haro con la «dama pie de cabra», en el *Nobiliario portugués*), la conquista de la ciudad de los Magos adoradores, del fuego, su conversión al mahometismo y otros lances, a cual más estupendos, coronados con el castigo providencial de Zeyyad por haberse casado con más de cuatro mujeres, contraviniendo a los preceptos del Corán, forman un conjunto sobremanera fantástico y recreativo, que tiene sobre otros méritos el de estar encerrado en muy razonables límites de extensión, en vez de las desaforadas proporciones del *Antar* y del *Amadís*.

A pesar de ciertas semejanzas muy generales, que a fuerza de probar mucho no probarían nada, no puede admitirse influencia

---

Nacional. (Vid. Guillén Robles, *Catálogo de los manuscritos árabes existentes en la Biblioteca Nacional de Madrid*, 1889, pág. 82).

[1] *Historia de Zeyyad ben Amir el de Quinena, hallada en la Biblioteca del Escorial y trasladada directamente del texto arábigo original a la lengua castellana (Publícala el Museo Español de Antigüedades).* Madrid, imp. de Fortanet, año 1882. En el tomo X del *Museo*. Se tiraron aparte, en la misma forma de gran folio, unos pocos ejemplares.

de las novelas caballerescas de los árabes en los libros occidentales de caballerías, cuyos orígenes están, por otra parte, bien conocidos y deslindados. Mucho más se parece el *Shah-Nameh*, y, sin embargo, sería una paradoja absurda suponer que el gran poema persa intervino para nada en la elaboración de la novelística occidental. Tampoco puede suponerse influencia contraria. Todas las analogías se explican por un fondo común de tradiciones y una semejanza de estado social, aunque no sea metafísicamente imposible la transmisión directa de algún tema.

¡Lástima que el docto arabista a quien debemos la vulgarización del apacible *alhadiz* de Zeyyad el de Quinena, no haya realizado el propósito de dar a conocer en nuestro vulgar romance los demás cuentos de la colección escurialense, que a juzgar por sus títulos deben de ser no menos curiosos y entretenidos: «el mancebo, hijo del cazador y la doncella prodigiosa», «las islas del ámbar» «la isla de la esmeralda», «las maravillas del mar», «la isla de las dos estrellas», «el mancebo prodigioso y la hechicera», «el rey Sapor»,[1] «el amante perfumista», «el príncipe de los creyentes Chafar Almotauaquil y lo que le sucedió con la gacela y el hijo del mercader», «la hechicera prodigiosa».

Obsérvese cuánto abundan los temas de geografía fantástica, propios del gusto de un pueblo avezado a largas peregrinaciones y que llevó su religión hasta los límites del mundo antiguo. Es riquísima en geógrafos y viajeros la literatura árabe, y algunos de ellos se cuentan entre los más insignes y memorables, como Abén-Batuta y el Idrisi; pero no es caso raro encontrar en las obras de este género gran número de consejas y leyendas sobre las costumbres y tradiciones maravillosas de diversos pueblos, semejantes a las que Herodoto recogió en Egipto, y a las novelas geográficas de la antigüedad griega. Inestimable debía de ser, aun bajo tal aspecto, la gran enciclopedia de Abú Obaid el Becrí, señor de Huelva y de la isla de Saltes, a mediados del siglo XII, titulada *Libro de los caminos y de los reinos*. Pero de esta obra, tan ensalzada por Dozy,[2] que considera a su autor como el primer geógra-

---

[1] Un cuento del rey Sapor hay en *Las mil y una noches*. Otro, mezclado con la historia de los amores del caballero de Galicia, se encuentra en el *Collar de Perlas* del rey de Tremecén Muza II.
[2] *Notice sur les Becrites, seigneurs d'Huelva et de Djezirah Schaltisch,*

fo de la España árabe, falta una parte considerable, y los cuatro manuscritos hasta ahora conocidos apenas contienen más que las descripciones del Irak, de Persia, del Egipto y del Mogreb o Africa Septentrional. Para nosotros tienen especial interés las leyendas relativas al Egipto, porque han servido de principal fuente a la *Grande et General Estoria* de Alfonso el Sabio, en los capítulos que dedica a aquella región. «Mas fallamos que un rey sabio que fue sennor de Niebla et de Saltes, que son unas villas en el reyno de Seuilla a parte de Occidente cerca la grand mar, escontra una tierra a que llaman el Algarbe, que quiere dezir tanto como la primera part de Occidente o de la tierra de Espanna, et fizo un libro en aravigo et dízenle la *Estoria de Egipto;* et un su sobrino pusol otro nombre en arabigo: *Quiteb Almazahelic Whalmelich,* que quiere decir en el nuestro lenguaje de Castilla tanto como *Libro de los Caminos et de los Reynos,* porque fabla en él de todas las tierras et de los regnos quantas iornadas ay et quantas leguas en cada uno dellos en luengo et en ancho...» De allí tomó la *General* el relato novelesco de *Josep y donna Zulayme*,[1] transformación de la historia bíblica de José, con notables variantes y adiciones respecto de la versión coránica, siendo ésta del llamado rey de Niebla diversa también en muchos pormenores de los otros dos textos de la misma leyenda en nuestra literatura aljamiada, el *poema de Yusuf* perteneciente al siglo XIV y una novela en prosa del siglo XVI. Del *Libro de los caminos* deben de proceder también otras historias fabulosas que la *Grande et General* reproduce y que todavía esperan editor, como la de los palacios encantados de la sabia *Doluca la vieja* (¿la *Nitocris* de Herodoto?) que fabricó los sortilegios de sus cámaras en el instante propicio de la revolución de los astros, y puso en sus templos las imágenes de todos los pueblos vecinos a Egipto, con sus caballos y camellos; la de la

---

et sur la vie et les ouvrages du célèbre géographe Abou-Obaid Al Becri. (En la primera edición de las *Recherches sur l'histoire politique et littéraire de l'Espagne pendat le Moyen Age,* de Dozy, 1ª ed. 1849, pp. 282 y ss.). Este capítulo, como otros varios, falta en las ediciones posteriores.

[1] Estos capítulos de la *Grande et General Estoria* han sido publicados recientemente por don Ramón Menéndez Pidal en su precioso estudio sobre el *Poema de Yúçuf* (en la *Revista de Archivos, Bibliotecas y Museos,* Madrid, año 1902), pp. 73-87.

infanta *Termut*; acaso también las que Amador llama «sabrosas y sorprendentes de la reina *Munene* y de *Tacrisa*».

A la clase de los mitos geográficos enlazados con la conquista de España por los árabes, conforme a las fantásticas tradiciones de egipcios y sirios, corresponde el cuento de la *ciudad de latón* o *alatón*, que se encuentra ya en la crónica de Abén Habib, autor del siglo IX, y después de haber pasado por el pseudo Abén Cotaiba y otros pretensos historiadores, encontró su puesto natural en *Las mil y una noches* y en las leyendas aljamiadas de nuestros moriscos. [1] Algún otro cuento árabe, como el de *La hija del rey de Cádiz*, ha sido romanceado en nuestros días, pero de otros muchos que todavía existen, sólo conocemos los títulos: *El gigante de Loja*, *El falso anacoreta* y otros tales.

La ficción novelesca se insinúa por todas partes en las compilaciones y enciclopedias árabes. Los *Aureos Prados*, de Almasudi, por ejemplo, tienen tanto de libro de recreación y pasatiempo como de crónica. La historia de los árabes, cuando da tregua a la sequedad cronológica, es esencialmente anecdótica y suele estar sembrada de cuentos. Recuérdese cuánto partido sacó Dozy de estos episodios para tejer su elegante *Historia de los musulmanes de España*.

Pero con ser tantos los géneros indicados hasta ahora, no se agotó en ellos la actividad creadora del ingenio árabe, mostrándose quizá en España con más brío y pujanza que en Oriente, hasta llegar a producir, aunque aisladamente, algunos libros que parecen modernos y cuyos rasgos cautivan por lo inusitados dentro de la cultura a que pertenecen. Tal conceptúo la sorprendente aparición (en que Dozy reparó el primero) del idealismo amoroso, de una especie de petrarquismo más humano que el de Petrarca en el bellísimo cuento *de los Amores*, del cordobés Abén-Hazam, [2] primera novela íntima que en los tiempos modernos puede en-

---

[1] *La historia de la ciudad de Alatón* ha sido publicada por don Eduardo Saavedra en la *Revista Hispano-Americana*, 1882.

[2] Narra Aben Hazam en este precioso relato (que ha sido muy linda y poéticamente traducido por Dozy en el tomo III de su *Histoire des Musulmans d'Espagne*, pp. 344 y ss., y al castellano por Valera en su versión de Schack, *Poesía y arte de los árabes en España y Sicilia*, t. 1º, p. 108), sus platónicos amores con una dama cordobesa, a quien sirvió más de treinta

contrarse; una especie de *Vita nuova* escrita siglo y medio antes de Dante, y que ofrece testimonio, contra vulgares y arraigadas preocupaciones, del grado de fuerza y profundidad afectiva a que, si bien por excepción, podían llegar, no ciertamente los árabes puros, sino los musulmanes andaluces de origen español y cristiano, como lo era este gran polígrafo Abén Hazam. El mismo Dozy, tan poco sospechoso en este punto, explica por el origen de Abén Hazam su galantería delicada y sensibilidad exquisita. «No hay que olvidar, escribe, que este poeta, el más casto, y estoy por decir el más cristiano entre los poetas musulmanes, no era árabe de pura sangre. Biznieto de un español cristiano, no había perdido por completo la manera de pensar y de sentir propias de la raza de que procedía. Estos españoles arabizados solían renegar de su origen y acostumbraban perseguir con sarcasmos a sus antiguos correligionarios; pero en el fondo de su corazón quedaba siempre algo puro, delicado, espiritual, que no era árabe.» [1]

Tampoco es árabe, ni siquiera totalmente persa sino derivada por recónditos caminos de las especulaciones metafísicas de la escuela alejandrina, la profunda y valiente inspiración de la novela filosófica en que el guadijeño Abubéquer Abentofáil (m. en 1185) expuso los misterios de la sabiduría oriental. Abentofáil, que a sí propio se califica de filósofo contemplativo, no es un iluminado, aunque en ocasiones lo parece; no es un *sufí* ni un asceta, aunque en cierto modo recomienda el ascetismo; no es un predicador popular, sino un sabio teórico que escribe para corto número de inicia-

---

años sin ser correspondido, ni siquiera cuando la edad comenzaba a hacer estragos en su hermosura antes que en la firme e intensa pasión del poeta.

Encontró Dozy esta narración en el libro de Aben Hazam (manuscrito de la Biblioteca de la Universidad de Leyden), que debe de ser curiosísimo a juzgar por el índice de los capítulos y que seguramente contendrá varias anécdotas y novelas. Se denomina *Collar de la paloma acerca del amor y de los enamorados*, y trata sucesivamente de la esencia del amor, de los signos o indicios del amor, de los que se enamoraron por imagen aparecida en el sueño, de los que se enamoraron por mera descripción de una mujer, de los que amaron por una sola mirada, de aquellos cuyo amor no nació sino con el largo trato; pasando luego a discurrir sobre los celos y demás cuestiones de psicología erótica, terminando con la reprobación del libertinaje y el elogio de la templanza. Es, en suma, una *Filosofía del Amor*, tal como podía escribirse en el siglo XI. Sería interesante compararla con la de Stendhal.

[1] *Histoire des Musulmans d'Espagne*, III, p. 350.

dos; no es un musulmán ortodoxo, aunque tampoco pueda llamársele incrédulo, puesto que busca sinceramente la concordia entre la razón y la fe, y al fin de su libro presume de haberla logrado. Es, sin duda, un espíritu más religioso que Avempace y Averroes, que constituyen con él la trilogía de la filosofía arábigo-hispana, pero toma mucho de las enseñanzas del primero, así como de las del gran peripatético oriental Avicena. No es del caso quilatar aquí el valor filosófico del libro de Abentofáil, sobre el cual ya he escrito con alguna extensión en otra parte, [1] pero algo he de repetir de lo que allí apunté sobre la originalísima forma literaria de este *Robinsón metafísico*. Sólo remotamente ha podido señalársele algún modelo en cierta alegoría mística de Avicena, que ha sido modernamente publicada por Mehren. [2] Basta comparar este opúsculo con la novela española para convencerse de que entre los dos apenas hay más semejanza que el nombre simbólico de *Hay Benyocdán* (el viviente hijo del vigilante), y que por lo demás el contenido del libro es de todo punto diverso. El *Hay Benyocdán*, de Avicena, no es más que un sabio peregrino que cuenta sus viajes por el mundo del espíritu. El *Hay Benyocdán*, de Tofáil, es un símbolo de la humanidad entera, empeñada en la prosecución del ideal y en la conquista de la ciencia. Las andanzas del primero, nada de particular ofrecen, ni traspasan los límites de una psicología y de una cosmología muy elementales. Las meditaciones del segundo, son de todo punto extraordinarias, como lo es su propia condición, su aparición en el mundo, su educación física y moral. Este libro, cuya conclusión es casi panteísta o más bien nihilista; este libro, que acaba por sumergir y abismar la personalidad humana en el piélago de la esencia divina, es por otra parte el libro más individualista que se ha escrito nunca, el más temerario ensayo de una pedagogía enteramente subjetiva, en que para nada interviene el principio social. Hay no tiene padres;

---

[1] *El filósofo autodidacto de Abentofáil, novela psicológica*, traducida directamente del árabe por D. Francisco Pons Boigues, con un prólogo de Menéndez y Pelayo. Zaragoza, 1900. (De la *Colección de Estudios Árabes*).

[2] *Traités mystiques d'Avicenne. Texte árabe publié d'après les manuscrits du Brit. Museum, de Leyde et de la Bibliothèque Bodleyenne par M. A. J. Mehren. 1.er fascicule. L'allegorie mystique Hay ben Yagzan*. Leyde, E. J. Brill, 1889.

nace por una especie de generación espontánea; abre los ojos a la vida en una isla desierta del Ecuador; es amamantado y criado por una gacela; rompe a hablar remedando los gritos de los irracionales; conoce su imperfección y debilidad física respecto de ellos, pero comienza a remediarla con el auxilio de las manos. Muerta la gacela que le había servido de nodriza, se encuentra Hay enfrente del formidable problema de la vida. La anatomía que hace del cuerpo del animal le mueve a conjeturar la existencia de algún principio vital superior al cuerpo. Sospecha que este principio sea análogo al fuego, cuyas propiedades descubre por entonces, viendo arder un bosque, y aplica muy pronto en utilidad propia. A los veintiún años había aprendido a preparar la carne, a vestirse y calzarse con pieles de animales y con plantas de tejido filamentoso; a elaborar cuchillos de espina de pescado y cañas afiladas sobre la piedra; a edificar una choza de cañas, guiándose por lo que había visto hacer a las golondrinas; a convertir los cuernos de los búfalos en hierros de lanza; a someter las aves de rapiña para que le auxiliasen en la caza; a amansar y domesticar el caballo y el asno silvestres. Su triunfo sobre los animales era completo; la vivisección hábil y continuamente practicada ensanchaba el círculo de sus ideas fisiológicas y le hacía entrever la anatomía comparada. Había llegado a comprender y afirmar la unidad del espíritu vital y la multiplicidad de sus operaciones según los órganos corpóreos de que se vale.

Luego dilató sus investigaciones a todo el mundo sublunar, llamado por los peripatéticos mundo de la generación y de la corrupción. Entendió cómo se reducía a unidad la multiplicidad del reino animal, del reino vegetal, del reino mineral, ya considerados en sí mismos, ya en sus mutuas internas relaciones. Elevándose así a una concepción *monista* de la vida física y de la total organización de la materia, quiso penetrar más hondo, e investigando la esencia de los cuerpos, reconoció en ella dos elementos: la *corporeidad*, cuya característica es la extensión, y la *forma*, que es el principio activo y masculino del mundo. ¿Pero dónde encontrar el agente productor de las formas? No en el mundo sublunar, ni tampoco en el mundo celeste, porque todos los cuerpos, aun los celestes, tienen que ser finitos en extensión. El solitario contempla la forma esférica y movimiento circular de los planetas; concibe la unidad y la armonía del Cosmos; no se decide en pro ni en contra de su eternidad, pero en ambas hipótesis cree necesaria la existencia de un agente incorpóreo, que sea causa del universo y anterior a él en orden de naturaleza, ya que no en orden de tiempo; un ser dotado de todas las perfecciones de los seres creados y exento de todas las imperfecciones.

Hasta aquí no ha usado Hay más procedimiento que el de la contemplación del mundo exterior. Su creencia en Dios se basa en la prueba cosmológica. Pero llegado a este punto, emplea muy oportunamente y con gran novedad el procedimiento psicológico. Si el espíritu humano conoce a Dios, agente incorpóreo, es porque él mismo participa de la esencia incorpórea de Dios. Esta consideración mueve a Hay, a los treinta y cinco años de edad, a apartar los ojos del espectáculo de la naturaleza y a indagar los arcanos de su propio ser. Si el alma es incorpórea e incorruptible, la perfección y el fin último del hombre ha de residir en la contemplación y goce de la esencia divina. Tal destino es mucho más sublime que el de todos los cuerpos sublunares, pero quizá los cuerpos celestes tienen también inteligencias capaces, como la del hombre, de contemplar a Dios. ¿Cómo lograr esta suprema intuición de lo absoluto? Procurando imitar la simplicidad e inmaterialidad de la esencia divina, abstrayéndose de los objetos externos, y hasta de la conciencia propia, para no pensar más que en lo uno. Estamos a las puertas del éxtasis, pero nuestro filósofo declara que tan singular estado no puede explicarse más que por metáforas y alegorías. No se trata, sin embargo, de un don sobrenatural, de una iluminación que viene de fuera e inunda con sus resplandores el alma, sino de un esfuerzo psicológico que arranca de lo más hondo de la propia razón especulativa, elevada a la categoría transcendental.

Hay no renuncia a ella, ni aun en el instante del vértigo; afirma poderosamente su esencia en el mismo instante en que la niega, porque la verdadera razón de su esencia es la esencia de la verdad increada. Razonando de este modo, todas las esencias separadas de la materia, que antes le parecían varias y múltiples, luego las ve como formando en su entendimiento un concepto y noción única, correspondiente a una esencia única también.

Las últimas páginas del libro parecen un himno sagrado o el

relato de una iniciación en algún culto misterioso, como los de Eleusis o Samotracia. Allí nos explica Abentofáil con extraordinaria solemnidad y pompa de estilo, con una especie de imaginación que podemos llamar dantesca en profecía, lo que Hay Benyocdán alcanzó a ver en el ápice de su contemplación, después de haberse sumergido en el centro del alma, haciendo abstracción de todo lo visible para entender las cosas como son en sí, y de qué manera descendió otra vez al mundo de las inteligencias y al mundo de los cuerpos, recorriendo los diferentes grados en que la esencia se manifiesta cada vez menos pura y más oprimida y encarcelada por la materia. ¡Lástima que para alcanzar tales éxtasis y visiones, recurra al grosero y mecánico ejercicio del movimiento circular!

Tiene, pues, la metafísica expuesta en la novela de Hay dos partes: una analítica y otra sintética. Con la primera se levanta de lo múltiple a lo uno, con la segunda desciende de lo uno a lo múltiple. Lo que llama éxtasis no es sino el punto más alto de la intuición transcendental. Hasta aquí el principio religioso no interviene para nada; todo es racionalista en el libro menos su conclusión. Cuando el solitario ha llegado a obtener la perfección espiritual suma, mediante su unión con las formas superiores, acierta a llegar a la isla donde moraba Hay un venerable santón musulmán, llamado Asal, quien, más inclinado a la interpretación mística de la ley que a la literal, y más amigo de la vida solitaria que del tráfago de la vida mundana, había llegado a las mismas consecuencias que el hombre de la caverna, pero por un camino absolutamente diverso, es decir, por el de la fe y no por el de la razón. Poniendo al uno enfrente del otro, ha querido mostrar Abentofáil la armonía y concordancia entre estos dos procedimientos del espíritu humano, o más bien, la identidad radical que entre ellos supone. Sorprendido el religioso mahometano con el encuentro de un bárbaro tan sublime, le enseña el lenguaje de los humanos y le instruye en los dogmas y preceptos de la religión musulmana; Hay, a su vez, le declara el resultado de sus meditaciones; pásmanse de encontrarse de acuerdo, y deciden consagrarse juntos al ascetismo y a la vida contemplativa. Pero Hay siente anhelos de propagar su doctrina para bien de los humanos y propone a su compañero salir de la isla y dirigirse a tierras habitadas. Asal, que le venera como maestro de espíritu, cede, aunque con repugnancia, porque su experiencia del mundo le hace desconfiar del fruto de tales predicaciones. En efecto, aunque Hay es bien acogido al principio por los habitantes de la isla de donde procedía Asal, su filosofía no hace prosélitos, se le oye con indiferente frialdad y aun con disgusto, nadie comprende su exaltado misticismo ni simpatiza con él. Hay se convence por fin de la incapacidad del vulgo para entender otra cosa que el sentido externo y material de la ley religiosa; determina prescindir de aquellos espíritus groseros, y en compañía de Asal se vuelve a su isla, donde uno y otro prosiguen ejercitándose en sublimes contemplaciones hasta que les visita la muerte. Se ve que en el pensamiento de Abentofáil, la religión no era más que una forma simbólica de la filosofía, forma necesaria para el vulgo, pero de la cual podía emanciparse el sabio. Era la misma aristocrática pretensión de los *gnósticos*, y la misma que en el fondo inspiró la *Educación progresiva del género humano*, de Lessing, y el concepto que de la filosofía de la religión tuvo y difundió la escuela hegeliana.

Tal es, no extractado, porque lo impiden la concentración del estilo de Abentofáil y la trama sutil y apretada de sus razonamientos, sino ligeramente analizado, este peregrino libro, arrogante muestra del punto a que llegó la filosofía entre los árabes andaluces. No hay obra más original y curiosa en toda aquella literatura, a juzgar por lo que hasta ahora nos han revelado los orientalistas. Libro psicológico y ontológico a la vez, místico y realista, lanzado como en temerario desafío contra todas las condiciones de la vida humana, para reintegrarlas luego bajo la forma suprema, entrevista en los deliquios del éxtasis. Falsa y todo como es la doctrina, irracional en su principio, que aísla al hombre de la humanidad, irracional en su término, que es un iluminismo fanático, hay en ella un elemento personal tan poderoso que la impide caer en los extremos enervantes del neobudismo, del quietismo y otros venenos de la inteligencia, tan funestos para ella como para el cuerpo lo es el uso inmoderado del opio. La genialidad serena de Abentofáil, abarcando con amplia mirada el universo, regocijándose en su contemplación, dando su propio y adecuado valor a la anatomía, a la fisiología, a la investigación de los fenómenos naturales y de sus causas, y sobre todo, enalteciendo el heroico y sobrehumano esfuerzo de Hay, que no sólo triunfa del mundo exterior y le adapta a sus fines e inventa las artes útiles, como Robinsón, sino que triunfa en el mundo del espíritu y rehace a su modo la Creación entera, no puede confundirse con el idealismo nihilista, a pesar de todas las aparentes protestas de aniquilamiento. En el fondo es un idealismo realista, donde la personalidad humana se salva por la enérgica conciencia del propio *yo*, la cual nunca, aun en sus mayores temeridades, desamparó a los filósofos y místicos españoles.

La obra de Abentofáil, que fué acaso entre los árabes tan solitaria como su protagonista, aunque no fuese de seguro *proles sine matre creata*, fué muy pronto conocida de los judíos, como lo prueban el comentario y traducción hebrea de Moisés de Narbona. Pero aun entre ellos influyó poco, y cuando por este camino llegó a noticia de los escolásticos cristianos (especialmente de Alberto Magno), que alguna vez citan a su autor con el nombre de *Abubacher*, es cierto que le consultaron mucho menos que a Algazel y a Maimónides, a Avicebrón y a Averroes, de quienes tanto uso hicieron, ya para refundirlos, ya para combatirlos. El mismo Ramón Lull, tan versado en la lengua arábiga y en las doctrinas de sus filósofos, tan análogo a los *sufíes*, si no en el fondo de su pensamiento, a lo menos en las exterioridades de su vida y enseñanza, no presenta indicios de haber leído el *Autodidácto*, que en sus manos hubiera podido ser el germen de otro *Blanquerna*.

Pero no puede decirse que su patria olvidara completamente a Abentofáil, y si admitimos que le olvidó, habrá que suponer que en el siglo XVII volvió a inventarle o a adivinar su libro, cosa que rayaría en lo maravilloso y que para mí, a lo menos, no tiene explicación plausible. Léanse los primeros capítulos de *El Criticón*, de Baltasar Gracián, en que el náufrago Critilo encuentra en la isla de Santa Elena a Andrenio, el hombre de la Naturaleza, filósofo a su manera, pero criado sin trato ni comunicación con racionales, y se advertirá una similitud tan grande con el cuento de Hay, que a duras penas puede creerse que sea mera coincidencia. «La vez primera, dice Andremio, que me reconocí y pude hacer concepto de mí mismo, me hallé encerrado dentro de las entrañas de aquel monte... Allí me ministró el primer sustento una de estas que tú llamas fieras... Me crié entre sus hijuelos, que yo tenía por hermanos; hecho bruto entre los brutos, ya jugando, ya durmiendo. Dióme leche diversas veces que parió, partiendo conmigo de la caza y de las frutas que para ellos traía. A los principios no sentía tanto aquel penoso encerramiento, antes con las intensas tinieblas del ánimo desmentía las exteriores del cuerpo, y con la falta de conocimiento disimulaba la carencia de la luz, si bien algunas veces brujuleaba unas confusas vislumbres, que dispensaba el cielo a tiempos, por lo más alto de aquella infausta caverna.

»Pero llegando a cierto término de crecer y de vivir, me salteó de repente un tan extraordinario ímpetu de conocimiento, un tan grande golpe de luz y de advertencia, que, revolviendo sobre mí, comencé a reconocerme, haciendo una y otra reflexión sobre mi propio ser. ¿Qué es esto? decía, ¿soy o no soy? Pero pues vivo, pues *conozco* y advierto, *ser* tengo.[1] Mas si soy, ¿quién soy yo? ¿Quién me ha dado este ser y para qué me lo ha dado?...

»Crecía de cada día el deseo de salir de allí, el conato de ver y saber, si en todos natural y grande, en mí, como violentado, insufrible; pero lo que más me atormentaba era ver que aquellos brutos, mis compañeros, con extraña ligereza trepaban por aquellas siniestras paredes, entrando y saliendo libremente siempre que querían, y que para mí fuesen inaccesibles, sintiendo con igual ponderación que aquel gran don de la libertad a mí solo se me negase.[2]

»Probé muchas veces a seguir aquellos brutos, arañando los peñascos, que pudieran ablandarse con la sangre que de mis dedos corría; valíame también de los dientes, pero todo en vano y con daño, pues era cierto el caer en aquel suelo, regado con mis lágrimas y teñido con mi sangre... ¡Qué de soliloquios hacía tan interiores, que aun este alivio del habla exterior me faltaba, ¡Qué de dificultades y dudas trababan entre sí mi observación y mi curiosidad, que todas se resolvían en admiraciones y en penas.

---

[1] Nótese, entre paréntesis, la analogía de este razonamiento con el que sirve de base al método cartesiano.
[2] Notable es la similitud de algunas de estas frases con las del Segismundo calderoniano, pero el imitador no debe de ser Calderón porque *La vida es sueño* se había representado ya en 1635, años antes que apareciese ninguna de las partes del *Criticón*. El monólogo de Calderón está calcado en uno de Lope en su comedia *Barlaam y Josafá*.

Era para mí un repetido tormento el confuso ruido de estos mares, cuyas olas más rompían en mi corazón que en estas peñas...»

Por fin, un espantable terremoto, destruyendo la caverna donde se guarecía, le liberta de su oscura prisión y le pone enfrente del *gran teatro del universo*, sobre el cual filosofa larga y espléndidamente:

«Toda el alma, con extraño ímpetu, entre curiosidad y alegría, acudió a los ojos, dejando como destituídos los demás miembros, de suerte que estuve casi un día inmoble y como muerto, cuando más vivo... Miraba el cielo, miraba la tierra, miraba el mar, y a todo junto, y a cada cosa de por sí; y en cada objeto de estos me transportaba, sin acertar a salir de él, viendo, observando, advirtiendo, discurriendo y lográndolo todo con insaciable fruición».

Critilo envidia la felicidad de su amigo, «privilegio único del primer hombre y suyo». «Entramos todos en el mundo con los ojos del alma cerrados, y cuando los abrimos al conocimiento, ya la costumbre de ver las cosas, por maravillosas que sean, no dejan lugar a la admiración».

No seguiremos a Andrenio en sus brillantes y pomposas descripciones del sol, del cielo estrellado, de la noche serena, de la fecundidad de la tierra y de los demás portentos de la Creación: trozos de retórica algo exuberante, como era propio del gusto de aquel siglo y del gusto del ingeniosísimo y refinado jesuíta aragonés, que fué su legislador y el oráculo de los cultos y discretos. Aun en medio de esta frondosidad viciosa no dejan de encontrarse pensamientos profundos y análogos a los de Abentofáil sobre la armonía del universo, sobre la composición de sus oposiciones, sobre los principios antagónicos, que luchan en el hombre y sobre la existencia de Dios demostrada por el gran libro de la Naturaleza.

Pero lo más semejante es sin duda la ficción misma, y ésta no sabemos cómo pudo llegar a noticia del P. Gracián, puesto que la primera parte del *Criticón* (a la cual pertenecen estos capítulos) estaba impresa antes de 1650 y el *Autodidacto* ni siquiera en árabe lo fué hasta el año 1671, en que Pococke le publicó acompañado de su versión latina.[1]

---

[1] *Philosophus Autodidactus sive Epistola Abi Jaafar, Ebn Tophail de Hay Ebn Jokdhan, in qua ostenditur quomodo ex inferiorum contemplatione*

No hay que extremar tampoco el paralelo, porque Abentofáil es principalmente un metafísico y Baltasar Gracián es principalmente un moralista, si bien Schopenhauer veía en él una doctrina más transcendental y encontraba antecedentes de su propio pesimismo. *El Criticón,* que el mismo Schopenhauer calificó de uno de los mejores libros del mundo, es una inmensa alegoría de la vida humana; no es el trasunto de las cavilaciones y de los éxtasis de un solitario. Desde que Andrenio y Critilo empiezan a correr el mundo, puede decirse que cesa toda relación entre ambas obras. De todos modos, algo significa este misterioso parentesco entre dos novelas filosóficas nacidas en España a más de cinco siglos de distancia, con todas las posibles oposiciones de raza, religión y lengua.

No fueron ajenos los judíos de nuestra Península a las aficiones novelescas de los árabes, a pesar de la severidad con que los doctores de su ley solían mirar el cultivo de la literatura frívola y profana. Los novelistas hebreos de nuestra Edad Media, aunque mucho más escasos y menos inspirados que sus poetas líricos, no son indignos de consideración, siquiera por el nuevo y raro uso que hicieron del hebreo bíblico y del rabínico. Y fué acaso una razón filológica la que primeramente les estimuló al cultivo de género tan exótico, queriendo mostrar que en la lengua de los profetas cabían todos los primores y artificios retóricos que los árabes admiraban en las *Macamas* de Hariri, y que procuraban imitar a porfía varios ingenios españoles, como Abén el Astercóni, autor de las cincuenta *Saracostíes* o novelas zaragozanas. A imitación del modelo de Hariri, pero con fábula distinta y bastante ingeniosa, el cordobés Salomón Abén Sacbel, que florecía en el primer tercio del siglo XII, israelita no de los más piadosos, cultivador de la poesía erótica y autor de cantares para danzas, compuso, con el título de *Tachkemoni* y en la consabida forma de prosa poética mezclada de versos que tienen las *macamas* árabes, un libro que hoy llamaríamos humorístico, en que se narran las múltiples ilusiones y falacias de que fué víctima el protagonista Asser en el proceso de sus

---

ad *Superiorum notitiam Ratio humana ascendere possit. Ex Arabica in Linguam Latinam versa ab Eduardo Pocockio A. M... Oxonii, excudebat H. Hall, Academiae Typographus,* 1671.

aventuras amorosas, hasta encontrarse finalmente con una muñeca colocada por sus amigos, para burlarse de él, en lugar de la bella dama a quien ansiosamente perseguía, engañado por un falso mensaje de amor. La obra, a juicio de los críticos que han tenido ocasión de examinarla, es frívola por todo extremo, y ni el carácter superficial y atolondrado del joven Asser, ni las triviales peripecias de su entrada en el harem, merecen equipararse en modo alguno con la valiente creación del mendigo Abu Zeid y con el portentoso ciclo de sus aventuras picarescas.

Otro imitador tuvo Hariri, a fines del mismo siglo XII o principios del XIII, en el toledano Judá ben Salomón Alharizi, a quien Graetz [1] llama el último representante de la poesía neohebraica en España, comparándole con Ovidio, tanto por su facilidad como por el liviano desenfado de su musa. Para probar que el hebreo no cedía al árabe en riqueza ni en armonía, había comenzado la traducción de las *macamas*, de Hariri, pero las abandonó muy pronto para componer un *Tachkemoni* original, imitando el estilo de aquel autor y de Abén Sacbel. El protagonista Heber es un aventurero, como Abu Zeid; sus diálogos con *Emán el Ezrahita* (nombre que toma Alharizi) contienen, no sólo aventuras novelescas, sino largas discusiones literarias en que Alharizi hace la crítica de todos los poetas hebreos anteriores a su tiempo. A juzgar por los pocos fragmentos que hemos visto citados, debe de ser fuente importante para la historia de la literatura rabínica y de la poesía sinagogal, que con tanto esplendor floreció en España. Ya hemos hecho mención del arreglo que el filósofo barcelonés Abraham Abén Chasdai (a quien Alharizi llama «fuente de la sabiduría y mar del pensamiento») hizo de la leyenda búdica del *Lalita Vistara* en su novela *El hijo de rey y el Wazir*, con nuevas parábolas que no se encuentran en el *Barlaam* ni en otras formas de la misma leyenda. Cítase como novelista también e imitador de Alharizi a otro rabino catalán, Joseph Abén Sabra. [2]

Mucha más atención que estas débiles tentativas de literatura secular y profana merece un famoso libro del siglo XII, que pro-

---

[1] *Les Juifs d'Espagne. 945-1205. Par H. Graetz; traduit de l'allemand par Georges Stenne.* París, 1872. Págs. 249 y ss.
[2] Graetz, pág. 300.

piamente no es novela, sino tratado de religión y de altísima filosofía, pero que encierra la enseñanza teológica en un cuadro novelesco, no sin ciertos dejos y apariencias de histórico. Tal es el *Hozari* o *Cuzari*, escrito en árabe por el excelso poeta Judá Leví (Abul - Hassán *el Castellano*), príncipe de los poetas neohebraicos y uno de los más grandes e inspirados líricos que en toda la literatura de la Edad Media florecieron. Un hecho verdaderamente peregrino, la embajada que el gran privado de Abderramán III, el sabio y magnífico jefe y protector de la aljama cordobesa Abú Joseph Aben Hasdai, envió, por los años 960, en demanda del rey de los Hazares, sirvió de base a la sencilla ficción con que empieza Judá Leví su libro apologético. Es hecho innegable y que en nada contradice a los divinos oráculos, aun entendidos en el sentido más literal posible, la existencia durante largo período, más de dos siglos, desde la segunda mitad del VIII hasta el último tercio del X, de un rey y un pueblo judíos en un apartado rincón de las márgenes del Volga. Pero ni este rey era de la casa de Judá ni sus vasallos pertenecían a ninguna de las diez tribus extraviadas que no concurrieron a la edificación del segundo templo. Eran sencillamente judíos de religión, prosélitos del judaísmo, descendientes de la raza escítica, ávaros y búlgaros, que habían sido catequizados por algunos rabinos de las costas del Mar Negro.[1] Doce reyes se habían sucedido, desde Bulán, que fué el primer prosélito, hasta Joseph Abén - Arhon, que regía el cetro en tiempo del emperador de Bizancio, Constantino VIII, cuyos embajadores, venidos a Córdoba, dieron al ministro Hasdai la primera noticia de tan inaudito personaje. Entusiasmado aquel poderoso y ferviente talmudista con estas nuevas, no paró hasta enviar, en nombre de la Sinagoga, a Isahak abén Nathán con una epístola al rey de los Hazares, escrita en lengua hebraica por el poeta y gramático Menahem Abén Saruq. El mensajero no llegó a su destino, pero la carta, cuyo texto poseemos aún, fué entregada al rey de los Hazares por otros dos judíos, Saúl y Joseph, a quienes nuevamente la confió Hasdai. Existe también la contestación del rey, el cual declara humilde-

---

[1] Amador de los Ríos, *Historia social, política y religiosa de los judíos de España y Portugal*. Madrid, 1875. Tomo I. Ilustración VI. *Aben-Joseph, Aben-Hasdai y el imperio judío de los Hozares*, págs. 538 y ss.

mente su origen pagano, y la flaqueza y precaria situación de su reino, que efectivamente sucumbió dos años después al empuje de las hordas eslavas. Ocupaba un territorio poco más que de treinta millas, entre el Don, el Dnieper, las montañas del Cáucaso y el Norte del Mar Caspio.

Cerca de dos siglos habían pasado desde la embajada de Hasdai y todavía el nombre del rey de los Hazares sonaba entre los judíos de España, como iba a sonar el del Preste Juan entre los cristianos. La conversión de Bulán al judaísmo pareció a Judá Leví admirable tema para presentar en paralelo las religiones y las filosofías y proclamar las excelencias de la ley mosaica y de la interpretación talmúdica. El drama interior de la conciencia del rey tenía que desenvolverse en forma de diálogos, y parecerse mucho al de Barlaam y Josaphat, aunque las consecuencias fuesen tan diversas. [1]

Advertido en sueños el rey Cuzar por un ángel para que busque la recta manera de adorar y servir a Dios, saliendo de las nieblas del gentilismo, interroga sucesivamente a un filósofo, a un cris-

---

[1] *Cuzary. Libro de grande sciencia y mucha doctrina. Discursos que pasaron entre el Rey Cuzar y un singular sabio de Israel llamado R. Ishach Sanguery. Fué compuesto este libro en la Lengua Arábiga por el Doctissimo R. Yeuda Levita, y traducido en la lengua Santa por el famoso traductor R. Yeuda Aben Tibon en el año de 4927 a la Criación del mundo. Y agora nuevamente traducido del Ebrayco en Español, y comentado. Por el Hacham R. Jacob Abendana. Con estilo fácil y grave. En Amsterdam, Año 5426* (según el cómputo hebraico, 1663 de nuestra era).

Liber Cosri, continens colloquium seu disputationem de religione, habitam ante nongentos annos inter Regem Cosareorum, et R. Isaacum Sangarum Judaeum; Contra Philosophos praecipue è Gentilibus, et Karaitas è Judaeis; Synopsim simul exhibens Theologiae et Philosophiae Judaicae, variâ et reconditâ eruditione refertam. Eam collegit, in ordinem redegit, et in Lingua Arabica ante quingentos annos descripsit R. Jehudah Levita, Hispanus; Es Arabica in Linguam Hebraeam, circa idem tempus, transtulit R. Jehudah Aben Tybbon, itidem natione Hispanus, Civitate Jerichuntinus. Nunc, in gratiam Philologiae, et Linguae Sacrae cultorum, recensuit, Latinâ versione, et Notis illustrauit Joannes Buxtorfius, Fil. Accesserunt Praefatio, in qua Cosareorum historia et totius operis ratio et usus exponitur; Dissertationes aliquot Rabbinicae: Indices locorum Scripturae et Rerum... Basileae, typis Georgi Deckeri. A. MDCLX (1660). Texto hebreo y traducción latina.

Hay también una traducción moderna alemana del *Cuzari*, por David Casel, con amplios comentarios.

tiano, a un musulmán, y, por último, a un judío, que, naturalmente, es quien le convence y lleva la palma. El cuadro era sencillo por de más, pero tenía la ventaja de ser holgado, porque se prestaba a todas las soluciones posibles. Raimundo Lulio y don Juan Manuel hicieron con los mismos datos dos novelas cristianas. Y ya hemos visto que el tópico de la comparación entre las tres leyes produjo en manos escépticas el cuento de los tres anillos, al paso que la grosera impiedad, que se disfrazaba en las postrimerías de la Edad Media con el falso e inadecuado nombre de averroísmo, inventaba el mito o blasfemia de *tribus impostoribus*.

No es su artificio literario lo que más realza el libro de Judá Leví, ni lo que le da el alto puesto que ocupa en la historia del pensamiento humano, sino la expresión elocuente y sincera de un espíritu profundamente religioso y la habilidad dialéctica con que se esfuerza en concordar los datos de la filosofía arábigo-peripatética con las enseñanzas tradicionales del judaísmo. Pero a diferencia de Maimónides y otros racionalistas, que sin escrúpulo, y merced a interpretaciones libérrimas, sacrifican la Biblia a Aristóteles, Judá Leví es fervoroso tradicionalista, acata con fidelidad rabínica la letra, se inclina con simpatía al misticismo y a la cábala, y aunque no niega ni amengua las fuerzas de la razón, sólo la permite intervenir subordinada a la fe, que no está contra ella, pero sí sobre ella. Mira, pues, con cierto recelo la filosofía griega, que «da flores y no fruto», pero no deja de aprovecharse en gran manera de sus enseñanzas. De este aspecto del libro no nos incumbe tratar aquí, puesto que el *Cuzary* apenas tiene de novela más que la forma, y ésa, muy tenue, sin la complejidad y riqueza de elementos artísticos que hay en las parábolas del *Barlaam*.

Nunca fueron muy inventivos los semitas propiamente dichos, a pesar de la aparente fecundidad de su literatura de imaginación. En el fondo de todas las colecciones de cuentos árabes (y no hay que hablar de las raras tentativas de los hebreos, que son labor de imitación y reflejo) suele descubrirse una mina indoeuropea.

El modelo inmediato es casi siempre persa, el remoto y lejano es indio. La misma evolución que explica el *Calila y Dimna*, el *Sendebar* y el *Barlaam* se cumple, aunque no de un modo tan palmario, porque faltan muchos eslabones de la cadena, y en gran parte hay que recurrir a conjeturas, en la celebérrima y deleitosísima compilación de *Las mil y una noches,* que, según la opinión más acreditada entre los orientalistas, adquirió su forma actual u otra muy parecida a fines del siglo xv o principios del xvi. El traductor inglés Lane la fija resueltamente entre 1475 y 1525. Fuertemente arabizados están muchos de estos cuentos, y no hay duda que las anécdotas atribuídas a los califas Harún-al-Raxid y Almamúm son de legítima procedencia arábiga o siria [1]; pero en otros cuentos son tan visibles las huellas del gentilismo, de magia y demonología persa, y tan frecuente la alusión a usos y costumbres extraños a los musulmanes, que no puede dudarse de su origen exótico, el cual, por otra parte, está comprobado respecto de la ficción general que sirve de cuadro al libro y respecto del apólogo que hace veces de proemio.

Cuando en 1704 Galland, que nunca llegó a ver íntegro el texto de *Las mil y una noches,* hizo de ellas un ingenioso y encantador

---

[1] «El género particular de placer de imaginación que *Las Mil y una noches* han proporcionado al mundo entero, y que ha rodeado el Califato de Bagdad de una tan brillante aureola de fantasía, se encuentra en Masudi (*Aureas Praderas*), no como dependiente de una ficción, sino como resultado de cuadros históricos. Mucha importancia tiene que dar la crítica a tales cuadros, trazados por un erudito árabe posterior solamente en un siglo a la época de que habla. *Las Mil y una noches,* en su última redacción, son de escasa antigüedad. El compilador era un hombre de gusto, que acertó a agrupar en torno de un centro brillante todos los cuentos que sabía. En cuanto al color histórico, no inventó nada. El ideal novelesco del califato existía setecientos u ochocientos años antes que él le tomase por fondo de sus relatos... El tipo popular de Harún-al-Raxid, extraño compuesto, atractivo y algo cómico, de fina benevolencia, de escepticismo y de malignidad; sus gustos alternativamente vulgares y distinguidos; su ferocidad sin perversión y que un chispazo de ingenio desarma; este jefe de religión, beodo, glotón, hablador, pero ávido sobre todo de placeres intelectuales, viviendo en medio de compañeros de libertinaje, de sabios y de alegres ingenios, se muestra en Masudi con tanto relieve y viveza y con menos monotonía que en los autores de cuentos» (Renan, *Mélanges d'histoire et de voyages,* París, 1890, páginas 256 y 261).

Basta comparar *Las Mil y una noches* con el *Calila* o con el *Sendebar* para comprender la profunda diferencia de unas y otras colecciones. En éstas no pusieron los árabes más que la lengua, continuando los cuentos tan persas o tan indios como antes. En *Las Mil y una noches* hay muchos elementos tomados de la vida doméstica de los árabes, y un trabajo de elaboración que puede considerarse como una creación nueva, aunque secundaria.

arreglo para uso de lectores europeos, purgándolas de las mil inmundicias que en su original tienen, aligerándolas de rasgos de mal gusto, suprimiendo enteramente muchas novelas y llenando los huecos con otras que tomó de diversos libros persas y turcos, el éxito fué inmenso y unánime, pero más popular que literario. *Las mil y una noches* corrieron de lengua en lengua y de mano en mano como libro de inocente pasatiempo, y lo que entre los orientales servía para incitar la dormida lujuria en los harenes o entretener en los cafés turcos la viciosa pereza de los fumadores de opio, pudo ponerse en manos de la niñez europea, sin más grave riesgo (y alguno es a la verdad) que el de acostumbrar su imaginación a fábulas y consejas desatinadas que pueden conducir a un falso concepto de la vida y de lo sobrenatural.

Admitida la obra como recreación gustosísima por todos los pueblos de Europa, fué mirada con desdén al principio por los orientalistas que no solamente desconfiaban de la fidelidad de Galland, sino que continuaban en cuanto al original mismo la tradición de los musulmanes rígidos y severos, así en escrúpulos de dogma y de moral como de gramática y literatura, que miran tal obra con ojos de reprobación, no sólo por la licencia de su contenido (que es brutal a veces y comparable con lo peor de la decadencia griega y latina), sino por lo plebeyo y vulgar del estilo, que es enteramente opuesto a la pomposa y florida retórica de las *macamas*, tipo de novela clásica para ellos. A tal punto llega este despego, que el gran bibliógrafo turco Hachi Jalfa, que da en su léxico los títulos de más de veinte mil libros en árabe, turco y persa, no se digna nombrar el más conocido entre los occidentales, el *Alif Leylah wa Leylah.*

Un texto mirado con tanta ojeriza por los moralistas y por los eruditos, entregado a la recitación vulgar y a la copia de personas poco peritas, no ha podido menos de ser estragado, mutilado, amplificado e interpolado de cien modos diversos.

«Cotejadas las cuatro ediciones que hasta ahora se han publicado del texto arábigo de este libro (escribía don Pascual de Gayangos en 1848) y los varios ejemplares manuscritos que se conservan en las bibliotecas públicas de Europa, no hay dos que se parezcan, diferenciándose mucho en el estilo y en el número y orden de los cuentos. Y la razón es obvia: *Las mil y una noches* forman, por decirlo así, el patrimonio de cierta clase de gente que abunda en el Cairo, Alejandría, Damasco y otras ciudades populosas de Siria y Egipto, los cuales van por las casas, mesones, plazas y demás lugares públicos recitando, mediante una módica gratificación, cuentos sacados de ellas, a la manera que nuestros ciegos cantan romances por las calles. Los más las saben de memoria, y de aquí la corrupción de estilo que en ellos se nota y la divergencia entre varias copias de una misma relación o cuento». [1]

Sólo a principios del siglo XIX comenzó a fijarse la crítica sabia en la indagación de los orígenes de esta obra, que pesa y significa tanto en la literatura universal, no sólo por el intrínseco valor de muchos de los cuentos, que son obras maestras de la ficción humana, sino por las múltiples y embrolladas relaciones que tienen todos ellos con la novelística general, y por haber servido de tema, después de la publicación de Galland, a numerosas obras poéticas, especialmente del género dramático.

Los eruditos que trataron por primera vez el problema, aparecieron en grave desacuerdo por lo que toca a la originalidad de los cuentos árabes. Silvestre de Sacy, ilustre restaurador de la filología oriental en Francia, sostuvo en una Memoria presentada en 1832 a la Academia de Inscripciones y Bellas Letras, que nada había en *Las mil y una noches* que no pudiera pasar por musulmán; que la escena era casi siempre en países dominados por los árabes, como Siria y Egipto; que los genios buenos y malos formaban parte de su mitología anteislámica, y no habían desaparecido después, aunque se habían modificado; que no se hablaba más que de las cuatro religiones que ellos conocieron: el judaísmo, el cristianismo, el mahometismo y el sabeísmo, y se manifestaba grande aversión a los adoradores del fuego. De todo esto infería que el libro hubo de ser escrito en Siria y en árabe vulgar y que sin duda por estar incompleto, se le añadieron para completar el número de las *Noches* varios cuentos traducidos del persa, como los *Viajes de Sindbad el marino* y la *Historia de los siete visires,* y finalmente, que debe de haber cuentos muy modernos, puesto

---

[1] *Antología Española*, núm. 3 (1848). Artículo sobre la edición árabe de *Las Mil y una noches* de Calcuta, 1847. Gayangos había comenzado a traducirla, y publica como muestra la *Historia del rey Yunán y de lo que le aconteció con un físico llamado Dubán.*

que en algunos se hace mención del café, que no comenzó a usarse como bebida hasta principios del siglo XVI.

Las conclusiones de Sacy fueron hábilmente impugnadas por Augusto Guillermo de Schlegel, cuya intuición crítica adivinó que *Las mil y una noches*, en su fondo y partes principales, eran indias de origen y de antigüedad mucho más remota de lo que se suponía, aunque forzosamente hubiesen cambiado mucho en el camino. En una carta escrita a Silvestre de Sacy en 20 de enero de 1833, [1] se esforzó en probar que el cuadro y los rasgos esenciales de la mayor parte de los cuentos fantásticos, así como también varios cuentos jocosos y de intriga, son de invención india, porque se parecen extraordinariamente a otras composiciones sánscritas que conocemos, tales como los treinta y dos cuentos de las estatuas mágicas alrededor del trono de Vicramaditya y los sesenta cuentos del Papagayo *(Çukasaptati).* Añadió que en muchas novelas quedaban rastros de politeísmo, a pesar del esfuerzo que habían tenido que hacer los imitadores árabes para adaptarlos a las ideas de sus correligionarios, sustituyendo el Corán a los Vedas; el nombre de Salomón, hijo de David, al de Visvamitra, hijo de Gadhi, o a cualquier otro santo y milagroso varón de la mitología bracmánica. En el cuento del pescador, los hombres de las cuatro religiones diferentes, convertidos en peces de diversos colores, habían sido primitivamente las cuatro castas de la India. La facultad de entender el lenguaje de los animales está ya en el *Ramayana,* etc. De todo esto deducía Guillermo Schlegel que *Las mil y una noches* estaban compuestas de materiales muy heterogéneos, a lo cual se prestaba muy bien la forma holgadísima del cuadro, pero que su fondo debía de estar tomado de un libro indio que ya en la primera mitad del siglo X era conocido entre los musulmanes, según un precioso testimonio del polígrafo Almasudi.

Este texto capital y decisivo fué alegado por Hammer Purgstall en el *Journal Asiatique* de 1827, y antes, según Schlegel, lo había sido por Langlés, editor y traductor de los *Viajes de Sindbad.* Habla Almasudi, en el capítulo 62 de sus *Prados de Oro,* de

---

[1] *Oeuvres de M. Auguste Guillaume de Schlegel, écrites en français et publiées par Edouard Böcking,* Leipzig, 1846, t. III, pp. 3-23.

cierta descripción fabulosa del Paraíso terrenal, y añade estas palabras, que copiamos según la traducción de nuestro Gayangos:

«Muchos autores ponen en duda esta y otras cosas semejantes que se hallan consignadas en las historias de los árabes, y principalmente en la que compuso Obeyda ben Xeriya, y trata de los sucesos de tiempos pasados y descendencia de las naciones. El libro de Obeyda es muy común, y se halla en manos de todos; pero la gente instruída pone estas y otras relaciones del mismo género en el número de esos cuentos o historietas inventadas por astutos cortesanos con el solo fin de divertir a los príncipes en sus momentos de ocio y procurarse por este medio el acceso a su persona. Pretenden, en efecto, que el dicho libro no merece crédito alguno, pues pertenece a cierta clase de obras traducidas del persa, indio y griego, como son el *Hezar Efsaneh* o *Mil cuentos*, más generalmente conocido con el título de *Las mil y una noches*, y son la historia y aventuras de un rey de la India y de su guacir, y de la hija del guacir, llamada *Xeheryada*, y de una nodriza de ésta, por nombre *Duniazada*. A la misma clase pertenecen la historia de Gilkand y Ximás, la del rey de la India y de sus diez guacires, las peregrinaciones y viajes de Sindbab el marino y otros.»

El pasaje es, como se ve, terminante, pues no sólo da el título de *Las mil y una noches*, sino los nombres de las dos hijas del visir que refieren los cuentos, y aunque no indica la fecha en que fueron traducidos, fácilmente se colige por el hecho de mencionarlos juntamente con la *Historia de los diez visires* (que es una de las variantes del *Sendebar*) y por la noticia que en otra parte da el mismo Almasudi de haberse comenzado a traducir en tiempo del califa Abu-Giafar Almansur, que reinó desde 754 a 774, varios libros del persa, siríaco y otros idiomas, entre ellos, el de *Calila y Dimna*.

Pero ¿en qué lengua estaba el *Hezar Efsaneh*, que sirvió de base a *Las mil y una noches*? Todo induce a creer que en persa, por más que Almasudi hable vagamente de libros traducidos del indio y del griego. Por lo que toca a esta última derivación, sólo en los *Viajes de Sindbad*, que formaban libro aparte en tiempo de aquel polígrafo, pueden reconocerse desfiguradas reminiscencias de la Odisea. Y la hipótesis de una colección de cuentos sánscritos, traducida directamente al árabe, es de todo punto inverosímil y pugna con todo el proceso de la novelística.

Cuáles eran los cuentos que esta primera redacción contenía, ni aun por conjetura puede decirse, pero seguramente estaba en ella el cuento proemial o inicial que acaba de ilustrar con docta y sagaz erudición el insigne profesor italiano Pío Rajna,[1] movido a tal estudio por la estrecha semejanza que dicha novela presenta con el liviano episodio de Yocondo y el rey Astolfo en el *Orlanfo Furioso* del Ariosto, cuyas fuentes ha investigado maravillosamente el mismo Rajna en uno de los libros que más honran la erudición moderna. Este cuento, famoso en la numerosa serie de los que ponen de resalto los ardides de la malicia femenina, se encuentra no sólo en el *Tuti-Nameh* persa, sino en la colección india conocida con el nombre de *Çukasaptati* o *Libro del Papagayo*. Posteriormente, las investigaciones de Pavolini, citadas por el mismo Rajna, han demostrado positivamente que *Las mil y una noches*, aun como colección, pasaron de la India a Persia. «No sólo es india la joya que hace oficio de broche en este collar (dice Rajna), sino que es indiana también la seda en que las perlas están enfiladas.»

Desconocidas como lo fueron del mundo occidental *Las mil y una noches* hasta principios del siglo XVIII, es claro que no pudieron ejercer influencia alguna directa ni indirecta. Pero como tienen cuentos comunes con el *Calila y Dimna*, con la *Disciplina Clericalis* y con *Sendebar* (por ejemplo, el de la cotorra acusadora y el de la nariz cortada), éstos se divulgaron por medio de dichos libros. Y no es inverosímil tampoco que algunos entrasen por tradición oral en tiempo de las Cruzadas, y fuesen utilizados en algunas narraciones francesas o provenzales. Así nos lo persuade la semejanza entre la historia del caballo mágico y la novelita caballeresca de *Clamades y Clarimonda*, y la que muestra, no menor, *Pierres de Provenza y la Linda Magalona* con la historia del príncipe Camaralzamán y la princesa Badura, en el incidente del cintillo de diamantes arrebatado por un gavilán, que determina la larga separación de los dos amantes. Y es cierto también que

---

[1] P. Rajna, *Per l'origine della novella proemiale delle «Mille e una notte»*. (En el *Giornale della Società Asiatica Italiana*, Florencia, 1899, t. XII, páginas 171-96).

Pavolini, *Di un altro richiamo indiano alla «cornice» delle «Mille e una notte»*. (En el mismo volumen del *Giornale*, pp. 159-62).

de la tradición oral, y no de ningún texto escrito, vino a Sercambi y al Ariosto el cuento de Yocondo y Astolfo, aunque no se tome por lo serio la aserción del poeta genovés que dice haberle aprendido de su amigo el caballero veneciano Juan Francisco Valerio, grande enemigo y detractor del sexo femenino.

Un solo cuento de los que hoy figuran en *Las mil y una noches* [1] se incorporó desde muy antiguo en la literatura popular castellana transmitido directamente del original árabe, y es por cierto uno de los que Galland no tradujo. Me refiero a la *Historia de la doncella Teodor*, que todavía figura entre los libros de cordel, aunque lastimosamente modernizada, y cuyas ediciones conocidas se remontan al año 1524 por lo menos. [2] El texto, publicado por

---

[1] Existen en lengua inglesa dos versiones muy autorizadas de *Las Mil y una noches*, a las cuales forzosamente tiene que recurrir el lector no arabista. La de Lane es más compendiosa y algo expurgada; la de Burton, literalísima.

The Thousand and One Nights, commonly called in England the Arabian Night's Entertainments. A new traslation from the arabic, with copious notes. By E. W. Lane (Londres, 1839-41).

A plain and literal traslation of the Arabian Nights' Entertainments, now entitled The book of the Thousand Nights and a Night. Benares, 1885.

La traducción francesa del Dr. Mardrus, de la cual van publicados doce volúmenes *(Le Livre des Mille et une Nuit; Traduction littérale et complète du texte arabe,* París, 1900 y ss.), goza de poco crédito entre los orientalistas.

[2] Las dos ediciones más antiguas de que hay memoria son las que se mencionan en el *Registrum* de don Fernando Colón (núms. 2.172 y 4.062), ambas sin fecha, pero seguramente anteriores a 1539, en que murió aquel célebre bibliófilo, y una de ellas a 1524, en que don Fernando la adquirió por seis maravedís en Medina del Campo.

Una de estas ediciones pudo ser la que tuvo Salvá (núm. 1.592 de su *Catálogo),* que la supone impresa hacia 1520. Vió otra de hacia 1535.

Don Pascual Gayangos (apud Gallardo, *Ensayo,* núms. 1.209-1.216), describe una de Zaragoza, por Juana Millán, viuda de Pedro Hardoyn a quince días del mes de mayo de 1540; otra de Toledo, en casa de Fernando de Santa Catalina, 1543; dos sin fecha, impresas, respectivamente, en Segovia y Sevilla, y existentes ambas en la Biblioteca Imperial de Viena. Todas estas ediciones son góticas, suelen constar de dos pliegos de impresión; llevan en el frontispicio tres figuras, que representan una doncella, un mercader y un rey sentado, y tienen, además, estampas intercaladas en el texto. Del siglo XVII existen, por lo menos, una de Alcalá de Henares, en casa de Juan Gracián, 1607; otra de Sevilla, por Pedro Gómez de Pastrana, 1642 *(La historia de la doncella Teodor, por Mossen Alfonso Aragonés),* y una de

Knust [1] con arreglo a dos códices del Escorial *(Capítulo que fabla de los ejemplos e castigos de Teodor, la doncella)*, tiene todos los caracteres del estilo del siglo XIV (si es que no pertenece a fines del XIII, en que se tradujeron tantas obras análogas) y en todo lo substancial conviene con los textos de *Las mil y una noches* modernamente impresos en Bulac y en Beirut, y con otro, al parecer más moderno, que Gayangos poseyó, atribuído a Abu Bequer Al-warrac, célebre escritor del segundo siglo de la Hégira *(Historia de la doncella Teodor, y de lo que le aconteció con un estrellero, un ulema y un poeta en la corte de Bagdad).* [2] [Cf. Ad. vol. II.]

Algunas ediciones del texto impreso castellano le atribuyen a un mossen Alfonso Aragonés, que ignoramos quién fuese, pues no puede pensarse ni en el autor de la *Disciplina Clericalis*, por demasiado antiguo, ni en el poeta morisco de fines del siglo XVI, autor de los romances contra la fe cristiana, por demasiado moderno. De todos modos, poco importa tal atribución, porque el texto impreso no es más que una corruptela del manuscrito. Daré un breve extracto de este cuento, que tiene importancia en nuestra literatura, no sólo por su constante popularidad, sino por haber dado argumento a una comedia de Lope de Vega, que lleva el mismo título que la novela.

«Havia en Babilonia un mercader muy rrico e bueno e muy

Valencia, por Jerónimo Vilagrasa, 1676, que se dice *nuevamente corregida e historiada y adornada por Francisco Pinardo.* En 1726, imprimió en Madrid Juan Sanz la *Historia de la doncella Teodor, en que trata de su grande hermosura y sabiduría.* En el siglo presente han continuado las ediciones de cordel, muy modernizadas en el lenguaje. La leyenda castellana fué traducida al portugués *(Historia da donzella Theodora,* por Carlos Ferreyra. Lisboa, años 1735-1758); pero la traducción debe ser anterior por lo menos en un siglo, si es que a ella se refiere la prohibición que el Índice Expurgatorio de 1624 hizo del *Auto da Historia de Theodora donzella.* T. Braga *(O Povo Portuguez,* Lisboa, 1886, t. II, p. 466), cita una continuación o imitación que en portugués se hizo con el título de *Auto de un certamen político que defendeu a discreta donzella Theodora no reino de Tunes; contém nove concusoes de Cupido, sentenciosamente discretas e rhetoricamente ornadas.*

[1] *Mittheilungen aus dem Eskurial von Hermann Knust.* Tübingen, año 1879 (publicada por la Sociedad Literaria de Sttutgart), pp. 307-517.

[2] Este manuscrito se conserva ahora en la Biblioteca de la Academia de la Historia, y de él dió noticia Gayangos en sus notas a Ticknor (edición castellana de 1851, tomo II, pp. 554-557).

linpio e oracionero en las cinco oraciones e fasedor de bondades
a los menesterosos e a las viudas, e había muchos algos e muchos
hermanos e muchos parientes, e non tenia fijo nin fija. E acaesció un dia que mercó una donsella, e dió por ella muchas doblas
e florines. E llevola a su casa e ensennole todas las artes e sabidu-
rias quantas pudo saber. E dende a poco llegó el mercader a grand
menester, e dixo a la donsella: «Sabed que me ha Dios traydo a
grand menester que nin he algo nin consejo, e non se me escusa
que vos non haya menester de vender, pues dadme consejo por
do habré mejoria e bien». E abaxó la donsella los ojos e la cabeça
contra la tierra, e despues alço los ojos arriba, e dixo: «Non havedes de rrescelar con la merced de Dios». E dixo: «Idvos agora a la
alcaceria de los boticarios, e traedme afeytamientos para muger
e nobles vestiduras, e llevadme al alcaçar del rrey Abomelique Al-
mançor. E cuando vos preguntare qué es vuestra venida, dezilde:
quiero vos vender esta donsella, e pedilde por mi dies mill doblas
de buen oro fino, e si dixere que es mucho, desilde: «sennor, si
conosciesedes la donsella non lo havriades por mucho». E fuesse
el mercader a la alcaceria de los boticarios, e fue a uno que desian
Mahomad, e saluolo. E el boticario le dixo: «Mercador, ¿que
havedes menester?» E el mercader le contó la razon por que venia,
e dixo: «Quiero que me dedes fermosas vestiduras e fermosos afeytamientos para mi donsella»... E el mercader tomolo todo, e lle-
volo a la donsella, e ella pagose dello, e dixo: «Estos vos serán
buen comienço con la ayuda de Dios». E levantose la donsella,
e adobose e afeytose muy bien, e dixo a su sennor: «Levantadvos,
e sobid conmigo al alcaçar del rey». E levantose su sennor, e fueronse al alcaçar del rey, e pedieron licencia que entrasen al rrey.
E el rrey mandoles que entrassen. E entraron... e quando el rey
los vido, començo a fablar con el mercador, e preguntole por su
venida, e que era lo que queria. E el mercader le dixo: «Sennor,
quiero vos vender esta donsella». E dixo el rrey: «¿Quanto es su
precio?» E dixo el mercador. «Sennor, quiero por ella dies mil
doblas de buen oro fino bermejo». E el rrey lo tomó por estranno
el prescio de la donzella, e dixo al mercador: «Mucho vos esten-
distes en su precio, e salistes de vuestro acuerdo, o la donsella se
alaba mas de lo que sabe». E respondiole el mercader e dixo:
«Sennor, no tengas por mucho el precio de la donsella, que yo la

crie de pequenna, e es moça, e costome muchos haveres fasta que aprendió todas las artes e los nobles menesteres. E esto non será celado a vos». E començó el rrey a fablar con la donsella, y ella abaxó el velo de verguenza, e el rrey alçó los ojos, e vido su fermosura que rrelunbrava commo el sol, que non havia en este tiempo mas fermosa que ella. E dixole el rrey: «Donsella, ¿commo havedes nonbre?» E rrespondió la donsella, e dixo: «Sabed, sennor, que a mi dicen Theodor». E dixo el rrey: «Donsella, ¿qué aprendistes de las artes?» E dixo la donsella :«Sennor, yo aprendi la ley e el libro, e aprendi mas los quatro vientos e las siete planetas e las estrellas e las leyes e los mandamientos e el traslado e los prometimientos de Dios e las cosas que crió en los cielos, e aprendi las fablas de las aves e de las animalias e la fisica e la logica e la filosofia e las cosas probadas, e aprendi mas el juego de axedres, e aprendi tanner laud e canon e las treynta e tres trobas, e aprendi las buenas costunbres de leyes, e aprendi baylar e sotar e cantar, e aprendi labrar pannos de seda, e aprendi texer pannos de peso, e aprendi labrar de oro e de plata, e aprendi todas las otras artes e cosas nobles». E cuando el rrey oyó estas palabras de la donsella fisose muy maravillado, e mandó llamar los mayores sabios de la corte, e dixoles que probasen aquella donsella».

Aquí comienza un ridículo y pedantesco certamen, al cual en puridad se reduce toda la novela. Los examinadores son tres: un «alfaquí sabidor de justicias e de leyes», un físico y «un sabidor de la gramática, de la logica e de la buena fabla». En el original de *Las mil y una noches,* los exámenes son nada menos que siete: 1º, de Derecho; 2º, de Ascética; 3º, de lecturas alcoránicas, gramática y lexicología; 4º, de Medicina; 5º, de Astronomía y Astrología; 6º, de Filosofía; 7º, de todas las ciencias, sosteniendo la discusión Abraham el polemista. La sabia doncella triunfa de todos sus adversarios; no sólo responde a todas las preguntas, sino que les dirige otras que quedan sin contestación, y a medida que los va venciendo, el Califa los despoja de las insignias de su grado académico y se las pone a la doncella.

Recorrida toda la enciclopedia de las ciencias musulmanas, se presentan los más hábiles jugadores de ajedrez, dados y tablas, y la doncella les gana todas las partidas. Vence finalmente a todos los tañedores de instrumentos músicos. Asombrado de tal sabiduría, exclama el Califa: «Bendígate Dios y a quien te enseñó». La doncella se postra en tierra. El Califa manda traer dinero; entrega al mercader 100.000 dinares, y no satisfecha todavía su generosidad, devuelve la esclava a su dueño, obsequiándola con un presente de otros 5.000 dinares.

Ya en el texto de Gayangos, que es una especie de compendio o refundición abreviada, están reducidos los exámenes a cinco, y se prescinde del despojo de las insignias académicas y de la investidura de la doncella. Mucho más abreviado está todo en la versión castellana, donde naturalmente se han suprimido casi todas las preguntas alcoránicas y de jurisprudencia musulmana, quedando sólo las de Física, Medicina, Historia natural, Astronomía y Moral práctica. La mayor parte de estas preguntas son de una candidez increíble, y no dejan muy bien parada la sabiduría de la doncella ni la de los examinadores. El último es el sabio universal Abrahén el *trovador* (el *polemista* de *Las mil y una noches*), y su derrota da pie a un incidente grotesco. Conciertan Abrahén y Teodor que el que fuere vencido cederá al otro sus vestiduras. La doncella vencedora exige hasta los paños menores, y el polemista, para no verse en tal vergüenza delante del Califa y de tan lucido concurso, consiente en pagar a la doncella 10.000 doblas de oro bermejo.

Es patente la analogía de algunas de las preguntas y respuestas de la doncella Teodor con las de otro libro, muy popular en la Edad Media, cuyo contenido se encuentra sustancialmente en la *Crónica general* de Alfonso el Sabio,[1] en el *Speculum historiale*, de Vicente de Beauvais (lib. XI, cap. 70) y en un antiguo texto griego publicado por Orelli.[2] Knust ha impreso una versión suelta que se halla en un códice escurialense juntamente con los *Bocados de oro*. Titúlase *Capítulo de las cosas que escribió por rrespuestas el filósofo Segundo a las cosas que le preguntó el emperador Adriano*.[3] A pesar de lo clásico de los nombres y de algunas de las sentencias, esta novelita parece de origen oriental, y tiene cier-

---

[1] Fols. 126 y 127 de la 2ª ed. del texto de Ocampo (Valladolid, 1604).
[2] *Opuscula Graecorum veterum sententiosa et moralia*, edidit J. C. Orellius, tomo 1º, pp. 208-213, y con más comodidad en los *Fragmentos philosophorum graecorum* de Mullach (París, Didot, 1860, pp. 512-517).
[3] *Mitteilungen aus dem Eskurial...*, pp. 498-506.

ta semejanza con el *Sendebar*, aunque el motivo del silencio del protagonista es otro, y a la verdad, bien repugnante. Nunca se ha expresado con más grosería el espíritu de aversión y desprecio a la mujer, que domina tanto en esta casta de ficciones.

«Este Segundo fue en Athenas muy sesudo en tiempo de Adriano, emperador de roma, e fue grand filósofo, e nunca quiso fablar en toda su vida, e oyd por qual rrason. Quando era ninno, enviaronlo al escuela. E duró allá mucho tiempo, fasta que fue muy grant maestro. E oyó allá desir que non havia muger casta. E despues fue acabado en todo el saber de la filosofia, e tornose a su tierra en manera de pelegrino con su esclavina e con su esportilla e con su blago, e todos los cabellos de la cabeça muy luengos, e la barba muy grande. E posó en su casa misma. E non le conosció su madre nin ninguno que ahi fuese. E quiso él probar lo que le dixeran en las escuelas de las mugeres. E llamó la una de las sirvientas de casa, e prometiole que le daria dies libras de oro, e que guisase commo yoguiese con su madre. E la sirvienta tanto fiso que lo otorgó la madre, y demandó que se lo llevase de noche. E la mancebilla fisolo asy. E la duenna cuydando que yaseria con ella metiole la cabeça entre las tetas, e dormiose cerca de ella toda la noche bien como cerca de su madre. E quando veno la mannana levantose para yr su via, e ella trabó dél, e dixole: «¿Commo, por me probar fesiste esto?»... E dixo: «Yo so Segundo tu fijo». E ella quando le oyó començo a pesar tanto que non pudo sofrir el su grand confondimiento, e cayó en tierra muerta. E Segundo que vio por su fabla muriera su madre diose de pena por si mismo e pensó en su coraçon de nunca fablar jamás en toda su vida. E fue para Athenas a las escuelas, e viviendo alli e fasiendo buenos libros e nunca fablando.

»E fue el emperador Adriano a Athenas, e sopo de su fasienda e envió por él. Desy saludóle el emperador, e Segundo calló, e non le quiso fablar ninguna cosa. E el emperador Adriano dixole: «Fabla, filosofo, e aprenderemos algo de ti».

El filósofo no consiente en hablar, ni con amenazas de muerte ni con tormentos, y tiende serenamente la cerviz sobre el tajo, aguardando el hacha del verdugo. Maravillado el emperador de tan increíble resistencia, le da una tabla para que escriba, y con ella se entienden por preguntas y respuestas, siendo por lo común las segundas explanación metafórica del concepto de las primeras, más bien que verdaderas definiciones. Sirvan de ejemplo las siguientes: «¿Qué es la tierra?»—«Fundamento del cielo, yema del mundo, guarda e madre de los frutos, cobertura del infierno, madre de los que nascen, ama de los que viven, destruymiento, de todas las cosas, cillero de vida».—«¿Qué es el omne?»—«Voluntad encarnada, fantasma del tiempo, asechador de la vida, sello de la muerte, andador del camino, huesped del lugar, alma lazrada, morador del mal tiempo». «¿Qué es la fermosura?»—«Flor seca, bienandança carnal, cobdicia de las gentes».

Tanto *La doncella Teodor* y *El filósofo Segundo* como las mismas colecciones de apólogos orientales trasladados a nuestra habla vulgar, cuando todavía estaba en la cuna, tienen estrecho parentesco con otro género literario que desde el siglo XIV al XV floreció en España con más fecundidad que en ninguna otra parte de Europa. Me refiero a aquel género de sabiduría práctica que se formulaba en colecciones de sentencias y aforismos, ya para educación de los príncipes, ya para utilidad y enseñanza del pueblo, viniendo a formar una especie de catecismos políticos y morales, dignos de atención, no sólo por la cándida pureza y gracia de su estilo, sino por la profundidad y acierto de algunas máximas, aunque se presenten desligadas, como es propio del saber popular y precientífico. La mayor parte de estos libros, que han sido admirablemente ilustrados por el docto filólogo Hermann Knust, proceden de fuente oriental, y los más importantes están traducidos de compilaciones árabes conocidas. El *libro de los buenos proverbios* está sacado, como demostró Steinschneider, de las *Sentencias morales de los filósofos,* escritas por Honein ben Ishak (809 - 875), y el mismo texto castellano lo declara al principio: «Este es el libro de los buenos proverbios que dixieron los philosophos e los sabios antiguos, e de los castigos que castigaron a los sus discipulos e a los otros que quisieron aprender. E trasladó este libro Yoanicio, fijo de Isaac, de griego a arabigo, e trasladamosle nos agora de arabigo a latin». El *Bonium* o *Bocados de Oro,* que tantas veces reprodujo la imprenta en los siglos XV y XVI, son las *Sentencias* de Abul - Wefa- Mobachir ben Fátik (siglo XII). Otros, como el *Libro de los doce Sabios* y las *Flores de Philosophia,* que generalmente se colocan en el reinado de San Fernando, y el *libro de la Saviesa,* compuesto en catalán por el glorioso rey don Jaime el Conquistador, no tienen dependencia tan estricta de un texto determinado, pero la mayor parte de las máximas son del mismo origen y hasta suelen estar expresadas en los mismos términos, sin que por eso falten otras de sentido cristiano o derivadas de los moralistas clásicos. Pero el colorido, el sello asiático (árabe, sirio, persa, indio), es el que predomina en esta sabrosa y familiar doctrina, que por haber sido estudio predilecto de insignes monarcas de la Edad Media, y haber descendido del trono al pueblo para hacer patriarcalmente la educación política de las muchedumbres, ha sido calificada gráfica y expresivamente de filosofía regia.

Patentes son las relaciones de esta infantil literatura didáctica con las primeras producciones de la literatura novelesca, con la cual se enlazan por sus orígenes, por su tendencia, por muchos de sus elementos y hasta por la continua invasión de la una en la otra. No sin fundamento pudo juntarlas Amador de los Ríos bajo la denominación algo enfática, pero exacta en el fondo, de *género didáctico simbólico*. Cuál más, cuál menos, suelen estos libros contener apólogos, y algunos de ellos, comienzan con una fábula general que presta cierta unidad a sus capítulos, repitiéndose mucho la del consejo de sabios o filósofos que se reparten la tarea de la doctrina. En algunos, la parte de ficción es mayor. El *libro de los buenos proverbios*, que se abre con la relación del «avenimiento que avino a Anchos el propheta y el versificador» (que es el cuento de las grullas de Ibyco), describe largamente y con detalles pintorescos las juntas que hacían los filósofos gentiles, y se extiende en los dichos y hechos de Sócrates, Diógenes y otros tales, copiando varias anécdotas. Intercalada en este libro va una fabulosa y extensa biografía de Alejandro: «Estos son los ensennamientos de Alixandre, fijo de Philipo... al qual dizien el señor de los dos cabos (el *Dulcarnain* de los orientales).» La retórica de los árabes, heredera indirecta en este caso de la de los sofistas y gramáticos griegos, brilla y lozanea en las dos elocuentes cartas de Alejandro a su madre, en la descripción de las exequias del héroe, en las palabras que los sabios de Babilonia pronunciaron sobre su ataúd y en la carta consolatoria de Aristóteles, trozos en que la prosa castellana, rompiendo las ligaduras de la infancia, se muestra ya inspirada, solemne y grandiosa. Alejandro también, pero no ya sólo el coronado discípulo del Estagirita, el que por haber tenido tal preceptor era contado entre los filósofos y los sabios, sino el poderoso conquistador, el gran rey del mundo antiguo, ocupa con sus hechos fabulosamente amplificados el capítulo XIV (que es el más largo) del *Bonium* o *Bocados de Oro*. Este mismo libro empieza con un apólogo: «de commo Bonium, rey de Persia, fue a las tierras de India por buscar el saber», que es imitación evidente del preliminar de *Calila y Dimna*, en que se narra el viaje a la India del médico persa Barzuyeh. Finalmente, tan juntos vivieron ambos géneros novelesco y didáctico, y tanto se nutrió cada uno de la savia del otro, que el autor de *El Caballero Cifar*, rara conjunción de elementos literarios, intercaló casi al pie de la letra en su libro todo el texto de las *Flores de Philosophia*.

De un modo harto rápido, porque no permiten otra cosa las condiciones del presente estudio ni nuestra precaria erudición en tan difíciles materias (que sólo los especialistas en lenguas orientales pueden tratar con verdadera competencia, aunque a todos nos interesen sus descubrimientos y conclusiones), hemos enumerado las principales direcciones que el género de la narración poética en prosa siguió entre árabes y hebreos, fijándonos especialmente en aquellas obras, que, o por haber sido escritas en nuestra Península o por haberse incorporado en nuestra literatura nacional desde sus primeros pasos, tienen especial interés para el historiador de la novela española. La herencia es ciertamente cuantiosa, no tanto por lo que aportasen los árabes de su propio fondo, puesto que la parte de invención en sus libros va pareciendo cada día más exigua, sino por la misión histórica que tuvieron y cumplieron de poner en circulación una cultura anterior, debida en gran parte a pueblos del tronco ario, cuya afinidad remota y misteriosa con los pueblos clásicos explica la facilidad con que arraigaron estas ficciones en Occidente, pues teniendo bastante de exóticas para sorprender y encantar la imaginación, encerraban al mismo tiempo una doctrina humana, y a veces profunda, envuelta en símbolos de fácil interpretación, aun para hombres de diversas religiones y separados entre sí por el abismo de muchos siglos. La misma transmutación que estos apólogos y cuentos habían ido experimentando al pasar del panteísmo indostánico al dualismo de los adoradores del fuego, y de éste al fiero y rígido monoteísmo del Islam, los había despojado de su contenido religioso, reduciéndolos a puras lecciones de moral. Por tal modo se habían tornado inofensivos; más de un apólogo budista pasó a enriquecer los libros de ejemplos de la predicación cristiana, y los mismos cuentos que habían servido para recrear a los califas de Bagdad, a los monarcas Sasanidas y a los contemplativos solitarios de las orillas del Ganges, distrajeron las melancolías de Alfonso el Sabio, acallaron por breve plazo los remordimientos de don Sancho IV y se convirtieron en tela de oro bajo la hábil e ingeniosa mano de don Juan Manuel, prudente entre los prudentes.

Pero antes de mostrar cómo se cumplieron estas evoluciones debemos acompañar hasta su tumba a la literatura hispano-oriental, que, olvidando su lengua, pero no sus tradiciones religiosas y poéticas, prolongó su vida oscura y degenerada hasta principios del siglo XVII, entre los restos de la morisma española, que con los nombres sucesivos de mudéjares y moriscos vivieron en los reinos cristianos de la Península a la sombra de pactos y capitulaciones mejor o peor cumplidas. Los mudéjares propiamente dichos, los moros de más antigua conquista, cuya condición social y jurídica fué siempre mucho más honrosa y tolerable que la de los moriscos, influyeron por muy notable modo en el arte y en las industrias artísticas de la España cristiana, y se asociaron desde muy temprano al cultivo de la lengua y poesía castellana, como lo prueba el célebre poema aljamiado de Yusuf, que puede ser del siglo XIII y que seguramente no es posterior al XIV. La adopción del metro de los clérigos, la *cuaderna vía*, para escribir una leyenda coránica, indica pretensiones cultas en el autor, y todo lo que conocemos en verso castellano de otros moros de la Edad Media, como el anónimo autor de las alabanzas de Mahoma, y el maestro Mahomat el Xartosí, físico de Guadalajara, uno de los poetas del *Cancionero de Baena*, comprueba el fenómeno de la aproximación de ambas razas en prácticas de estilo y versificación. El principal resultado del trato familiar con los cristianos fué el abandono creciente de la lengua propia, a lo menos en el uso vulgar, y la adopción del romance castellano, que los musulmanes decían *achamí* o extranjero, de donde *alchamía* y *aljamiado*. Pero como los árabes, y en general los pueblos semíticos, miran con cierto género de supersticiosa devoción su alfabeto, prosiguieron escribiendo con letras arábigas, lo cual les daba la ventaja de ocultar a los profanos las materias escritas bajo aquellos caracteres. Así se formó la *literatura aljamiada*, que si entre los mudéjares de la Edad Media no fué muy rica, a juzgar por las pocas muestras que de ella se han publicado, fué en cambio abundantísima entre los moriscos del siglo XVI, y se enriquece cada día con el hallazgo de nuevos códices, que suelen encontrarse en aldeas y villorrios de Aragón y Valencia, al derribar paredes de casas viejas, en cuyos nichos o huecos los dejaron enterrados y ocultos sus poseedores antes de abandonar aquellos reinos en cumplimiento del edicto de expulsión de 1610. El descubrimiento (bien puede decirse así) de esta singular literatura no es el menor entre los innumerables servicios que a la erudición española prestó el inolvidable don Pascual de Gayangos, a quien acompañaba en estas aficiones el ameno y castizo escritor don Serafín Estébanez Calderón, conocido por el seudónimo de *El Solitario*. La historia crítica y el inventario completo de los códices aljamiados hoy existentes, es tarea que realizó magistralmente don Eduardo Saavedra, persona versada con eminencia en los estudios más diversos.[1] Tanto Gayangos como Saavedra, Guillén Robles, Ribera y otros arabistas españoles, juntamente con los extranjeros lord Stanley y Marcos José Müller, han publicado gran número de textos aljamiados, en prosa y en verso,[2] y hoy puede decirse que la mayor parte de los

---

[1] Véase su discurso de entrada en la Academia Española, 1878, reimpreso en el tomo 6º de las *Memorias* de dicha Academia.

[2] Todavía en el siglo XVIII se desconocía hasta tal punto el carácter de estos libros aljamiados, que algunos los creyeron persas o turcos. Casiri los juzgó obra de renegados de África, pero Conde trasladó ya algunos manuscritos de los caracteres árabes a los comunes. Silvestre de Sacy habló de otros en las *Notices et extraits des mss. de la Bibliothèque Nationale de París*, tomo IV. Finalmente, Gayangos, primero en un artículo de la *British and Foreign Review*, núm. 15, y luego con la publicación de algunos poemas de Mohamad Rabadán en el tomo IV de la traducción española del *Ticknor*, y de parte de la *Historia de Alejandro* en los *Principios elementales de escritura arábiga*, que anónimos estampó en 1861, puso en moda la literatura aljamiada, siguiéndole lord Stanley, que imprimió los *Discursos de la luz* en el *Journal of the Royal Asiatic Society*, 1868, y J. Müller, que en 1860 dió a conocer, en los *Sitzungsberichte der Akademie der Wissenschaften zu München*, tres poemas anónimos y muy antiguos, sacados de un códice del Escorial.

artículos de esta bibliografía, antes tan misteriosa, son accesibles a todo el mundo en ediciones de fácil lectura. La poesía está representada por los largos y fáciles romances de Mahomad Rabadán, que vienen a constituir una especie de poema cíclico en alabanza del Profeta, y por los versos de polémica anticristiana del ciego Ibrahim del Bolfad y del aragonés Juan Alfonso. Abundan los libros de recetas y de conjuros, supersticiones e interpretación de sueños, como el de *las suertes de Dulcarnain*. Muchos códices se reducen a extractos del Alcorán, rezos muslímicos, ceremonias y ritos, compendios de la *Sunna* para «los que no saben la algarabía en que fué revelada nuestra santa ley... ni alcanzan su excelencia apurada, como no se les declare en la lengua de estos perros cristianos, ¡confúndalos Alá!» La filosofía religiosa lanza sus postreras llamaradas en las obras del Mancebo de Arévalo, secuaz de las doctrinas místicas de Algazel y narrador de los infortunios de sus hermanos. Con los devocionarios y libros de preces alternan los pronósticos, *jofores* y *alguacías*, llenos de esperanzas de futura gloria, reservada para tiempos en que los moriscos no sólo se harán libres y dominarán a España, sino que irán a Roma y «derribarán la casa de Pedro y Pablo, y quebrarán los dioses y ídolos de oro y de plata y de fuste y de mármol, y el gran pagano de la cabeza raída será desposeído y disipado».

La amena literatura de los moriscos está representada por un número bastante crecido de tradiciones, leyendas, cuentos y fábulas maravillosas, traducciones casi todas de originales árabes conocidos. Ya decía el P. Bleda en su *Crónica de los moros*, que los moriscos «eran muy amigos de burlerías, cuentos y novelas». Algo hay que rebajar, sin embargo, del fervor y entusiasmo de la primera hora, con que don Serafín Calderón anunciaba en 1848, desde su cátedra de árabe del Ateneo, la importancia de este ramo de la novelística. «El que quiera entrar por regiones desconocidas sin dejar de ser españolas, hallando fuentes inagotables de ideas nuevas, de pensamientos peregrinos y de maravillas y portentos semejantes a *Las mil y una noches,* no tiene más trabajo que el abrir, por medio de las nociones del árabe, las ricas puertas de la literatura aljamiada. Ella es, por decirlo así, las Indias de la literatura española, que están casi por descubrir y que ofrecen grandes riquezas a los Colones primeros que las visiten».[1]

El éxito no ha correspondido del todo a tan risueñas esperanzas. En los tres tomos de *Leyendas Moriscas*[2] recogidas y doctamente ilustradas por don Francisco Guillén Robles, hay muchas que por referirse únicamente a las creencias muslímicas, tienen más interés en la historia religiosa que en la literatura general, y hablando con toda propiedad no puede decirse que fueran novelas a los ojos de quien las escribía, o por mejor decir, las traducía literalmente del árabe, considerándolas como escritos edificantes. Así, las que se refieren a la infancia de Jesús, conforme a la tradición de los evangelios apócrifos seguida por Mahoma; el *Recontamiento de Isa y la calavera,* que contiene una descripción del infierno; las relativas a Job, Moisés y otros personajes del Antiguo Testamento; el gran ciclo de las tradiciones relativas al falso profeta Mahoma, con la leyenda de su ascensión a los cielos, y las primeras batallas de los apóstoles del Islam, especialmente del califa Omar. Pero no hay inconveniente alguno en clasificar dentro del género de imaginación las caballerescas leyendas que cuentan las proezas de Alí ben Abí Talib, tales como el *Alhadits del alcázar de oro y la estoria de la culebra* y el *Alhadits de Alí con las cuarenta doncellas.*

Singular entre todas las historias moriscas, por ser un tema de *folk-lore* universal, que tiene innumerables formas en todas las literaturas de Europa, y acaso explica los orígenes de nuestro romance de *Silvana* o *Delgadina,* uno de los más populares y vulgarizados en toda la Península a pesar de lo ingrato y repugnante de su argumento, es el *Recontamiento de la donzella Carcayona, hija dal rey Nachrab con la paloma.* Un rey gentil de la India, llamado Aljafre, que adoraba *una ídola de oro,* se enamora brutalmente de su hija como el Antíoco del libro de Apolonio. La doncella Arcayona se resiste a sus incestuosos deseos, y el rey manda cortarla las manos, como en la leyenda de la hija del rey de Hungría y en muchas similares, y abandonarla en un monte

---

[1] En el *Semanario Pintoresco Español* de 1848.
[2] *Leyendas Moriscas sacadas de varios manuscritos por F. Guillén Robles* (tres tomos de la *Colección de Escritores Castellanos).* Madrid, 1885-1886.

fragoso, donde se le aparece una hermosa y blanca cierva que la guía a su cueva y la regala y conforta, al modo que en la leyenda de Santa Genoveva de Brabante. El príncipe de Antioquía, andando un día de caza, persigue a la cierva, que se refugia en la cueva y se arroja a los pies de la doncella. Enamórase de ella el príncipe y se casa con ella. La aborrece su madrastra, como en el romance de *Doña Arbola*, y aprovechando una ausencia del Príncipe, la hace exponer en un monte juntamente con su hijo recién nacido. La desvalida princesa hace un acto de fe musulmana pronunciando las sacramentales palabras *La illaho il-la Allah*, y al despertar del dulce sueño que Allah infunde en ella, se encuentra otra vez con las lindas manos que la habían cortado y es recogida amorosamente por el príncipe su esposo, que la conduce en triunfo a la ciudad. Seguramente esta conseja no es árabe en cuanto a sus elementos novelescos, y ya lo indica el poner la escena en la India, y la mención que luego se hace de Antioquía y de las orillas del río de Alfirat o Eufrates; pero está fuertemente islamizada mediante la intervención de la maravillosa paloma que instruye a la doncella en el islamismo, y le revela las delicias del paraíso y los tormentos del infierno.

Muy curioso es también el *Alhadiz de Musa* (Moisés) *con Jacob el carnicero*, que tiene por objeto inculcar la piedad filial con un ejemplo muy semejante al que sirve de eje a nuestro admirable drama teológico *El condenado por desconfiado*. La profunda y sagaz erudición de don Ramón Menéndez Pidal, ha perseguido hasta las últimas raíces de esta leyenda, y hoy sabemos a ciencia cierta que tanto ese cuento árabe como otro hebreo muy análogo y las versiones cristianas, que son en gran número, tienen su primer tipo en un episodio del inmenso poema *Mahabharata* y en uno de los relatos de la colección también india que se designa con el nombre de *Çukasaptati* o *Cuentos del Papagayo*. [1]

El *Recontamiento muy bueno de lo que aconteció a una partida de sabios zelihes* (santones), tiene también un fin religioso y aun ascético. Trátase de la caída de un anacoreta musulmán, que enamorado locamente de una mujer cristiana llega a abjurar de su

---

[1] Discursos leídos ante la Real Academia Española, en la recepción pública de don Ramón Menéndez Pidal, el 19 de octubre de 1902.

fe y se degrada hasta guardar una piara de animales inmundos; pero haciendo luego áspera penitencia con terribles ayunos y maceraciones, logra no sólo el perdón de Allah, sino la conversión al mahometismo de la mujer adorada. Parece que hay varias versiones de esta anécdota, popular todavía entre los musulmanes de Africa.

Entre los personajes de la Biblia, ninguno tiene entre los árabes una historia fabulosa tan desarrollada y peregrina como el sabio rey Salomón, a quien los orientales atribuyen mil conocimientos peregrinos, además de los que la Escritura le concede, suponiendo, entre otras cosas, que tenía a sus órdenes los vientos y podía ser trasladado por ellos en breve espacio de un lugar a otro; que entendía el canto de las aves, el susurro de los insectos y el rugir de las fieras; que veía a enormes distancias; que le obedecían sumisos los leones y las águilas; que poseía incalculables tesoros y un sello mediante el cual conocía lo pasado y lo porvenir, y dictaba sus órdenes a los genios, para que le construyesen templos y alcázares, etc. Verdad es que de poco le sirvió tanta prosperidad y tanta ciencia, porque habiéndose dejado arrastrar del orgullo, le reprobó Allah, y tuvo Salomón que peregrinar cuarenta días, demandando su sustento de puerta en puerta, mientras que los genios, libres ya de la servidumbre en que los tenía, se apoderaron de su sello y penetrando en su palacio forzaron a todas sus esclavas. Esta y otras cosas estupendas se refieren en varios libros árabes y aljamiados, de los cuales es muestra el *Recontamiento de Sulaimen nabi Allah* (profeta de Dios), *cuando lo reprobó Allah en quitarle la onrra y andó cuarenta días como pobre demandando limosna en servicio de Allah*. Pero falta en lo que conocemos hasta ahora de la literatura de los moriscos, la más interesante y poética de las leyendas relativas a Salomón, la de sus amores con la reina de Saba, Balquis, *la de pie de cabra,* aunque este cuento oriental (que todavía en nuestros días ha contado deliciosamente Anatolio France) arraigó muy temprano en España, y ya en el siglo XIV se encuentra en el *Nobiliario* del Conde don Pedro de Barcellos, aplicado a don Diego López de Haro, para explicar la genealogía de los señores de Vizcaya.

Posee la literatura aljamiada dos extensas narraciones en prosa, que con buen acuerdo ha separado el señor Guillén Robles de las restantes.[1] Una es la de *José y Zelija,* asunto también del más antiguo poema mudéjar conocido. Ni este poema ni la leyenda en prosa tienen por única fuente la Sura XII del Corán, sino que están enriquecidas con todos los peregrinos pormenores que en tiempo del Califato de Omar inventó o puso en circulación un judío del Yemen, converso al islamismo, cuya autoridad invoca continuamente nuestra leyenda en prosa, llamándole *Caab el historiador,* y a quien cita también y toma por guía el gran poeta persa Firdusi en su poema de *Yúsuf y Zuleija.* Ni estos textos ni el que la *Grande et general Estoria* copió del libro genealógico el Rey de Niebla, están conformes en todos los detalles, pero en ninguno faltan las principales adiciones de Caab: el episodio del lobo que habla a Jacob para excusarse de la muerte de José que le achacan sus hermanos, el llanto de José en el sepulcro de su madre, la carta de venta de José, el palacio que Zalija adornó de pinturas licenciosas para triunfar de la castidad del mancebo, la medida mágica que servía a éste para descubrir las verdades y las mentiras; atavíos todos de una fantasía opulenta, aunque desquiciada por el mal gusto.[2]

No menos interés ofrece la lectura del *Recontamiento del Rey Alixandre,* llamado por los árabes *Dulkarnain.* La historia fabulosa del conquistador macedonio, elaborada ya en la antigüedad por el Pseudo Calístenes, Julio Valerio, Quinto Curcio y otros retóricos y sofistas, se prolongó triunfalmente en la Edad Media occidental, siguiendo las etapas que marcan entre otras muchas obras la *Alexandreis,* de Gualtero de Chatillon; el *Román d'Alexandre,* de Lambert Li Tors, y nuestro poema de *mester de clerecía,* cuyo autor tenido antes por leonés, resulta ahora ser Gonzalo de Berceo, si hemos de dar fe al testimonio de un códice recientemente hallado. Un desarrollo análogo, pero mucho más prolífico y monstruoso, habían recibido en Oriente estas ficciones

---

[1] *Leyendas de José y de Alejandro Magno, sacadas de dos manuscritos moriscos de la Biblioteca Nacional de Madrid,* por F. Guillén Robles, Zaragoza, 1888. (En la *Biblioteca de Escritores Aragoneses).*

[2] Vid. *Poema de Yúsuf; Materiales para su estudio,* por R. Menéndez Pidal *(Revista de Archivos, Bibliotecas y Museos, 1902).*

griegas, que ya en el siglo v estaban traducidas al armenio y que la poesía persa del siglo x inmortalizó en el *Xah-Nameh*, de Firdusi, trasunto de otra crónica en prosa intitulada *Bastán Nameh* o *Syur al muluc*. La literatura persa influyó, como de costumbre, en la árabe, y el *Iskender-Dulkarnain* (Alejandro el de los dos cuernos), apareció totalmente islamizado y convertido en brazo de Dios y propagandista del dogma de su unidad. El Alejandro de la leyenda aljamiada no se contenta con menos que con «ligar sus caballos al signo del Buey y arrimar sus armas a las Cabriellas»; y el fin de sus conquistas no es otro que dilatar la religión de Allah, y quebrar los ídolos y confundir a sus adoradores. Cuantos prodigios de pueblos fabulosos, con un solo ojo, con cabeza de perro, con orejas que le dan sombra; cuantas aves y animales prodigiosos; cuantas virtudes escondidas en los metales y en las piedras pueden hallarse en las leyendas griegas y persas de Alejandro, otras tantas se ven reunidas en esta prodigiosa historia.

Particular elogio ha merecido de la crítica el fantástico *Recontamiento de Temim Addar* (uno de los compañeros de Mahoma), en que la intervención de genios buenos y malos, los viajes maravillosos por tierra y mar a regiones incógnitas, y por decirlo así suspendidas en el límite entre el mundo de la realidad y el de los sueños, y las visiones místicas del protagonista, forman un conjunto más extraño que bello, pero de rica invención al cabo.

Es tan raro encontrar en la literatura de los moriscos (gente piadosísima a su manera) ningún cuento enteramente profano, que sólo por esta circunstancia merecería ya atención el *Alhadiz del baño de Zarieb*, novelita cordobesa del género de *Las mil y una noches*, recomendable además por lo sencillo y gracioso de la fábula, reducida al inocente ardid con que una doncella logra salvarse de las manos de un libertino y tahur, en cuya casa había entrado por equivocación buscando el baño de Zarieb. Pero el verdadero interés de esta novela consiste en su carácter semihistórico y en los curiosos pormenores que da acerca de la vida doméstica de los árabes andaluces en los años de mayor esplendor y prosperidad del califato, puesto que la acción se coloca en tiempo de Almanzor *el Victorioso*. El Zarieb mismo que da el nombre al baño, es aquel famoso músico de Bagdad, *arbiter elengantiarum* en la corte de Abderramán II e inventor de la quinta cuerda del laúd. La descripción del baño merece citarse, no sólo por la curiosidad arqueológica, sino como muestra del raro lenguaje en que están compuestos estos libros.

«Yo querría fazer un baño con cuatro casas, y que haya debaxo de la tierra cañones de cobres y de plomo frío, que entre el agua fría a la casa caliente y que salga el agua caliente a la casa fría. Y en somo de cada cañón figuras con ochos (ojos) de vidrio bermecho, y otras figuras de alatón de aves, que lançen el agua fría por sus picos, y otras figuras de vidrio, que lançen el agua caliente por sus picos. Y en las partes clavos de plata blanca. Y sea todo el baño con tiles *(sic)* de oro y de plata con escripturas fermosas. Y que sean las piedras mármoles, puestas macho con hembra y que haya en medio del baño un *assehrech* (balsa o estanque) con figuras de pagos (¿pavos?) y de gacelas, y leones de cobre y de mármol colorado, que lançen el agua caliente dentro en la *assehrech*, y otros que lançen el agua fría, y que puedan sacar agua sutilmente de la *assehrech*, y que sean los lugares de *l'alguado* (ablución) de vidrio colorado, y las cosas de *l'aguado* pintadas y debuxadas con ladrillos y con oro y plata y *azarcón* (minio) y clavos de *archén* (plata), de manera que se trobe en el baño de todas figuras de animales del mundo, y que haya en el baño mançanas roldadas de oro y de perlas preciosas y xafires y esmeraldas. Y que haya allí un cruzero de bóveda con estrellas archentadas y el campo de azul cárdeno. Y que haya una gran sala y muy alta con *finestraches* de cuatro partes y con grandes *perchadas*».[1]

De *Las mil y una noches* sólo un cuento figura hasta ahora en las colecciones moriscas, y éste seguramente no procede de aquella colección, sino de fuentes mucho más antiguas, puesto que conserva más puro el rastro de las tradiciones fabulosas relativas a la pérdida de España. Refiérome a la *Estoria de la ciudad*

---

[1] *El Baño de Zarieb* fué publicado en parte por don Eduardo Saavedra en *El Mundo Ilustrado* de Barcelona (tomo IV, pág. 490, primera serie), valiéndose de un códice incompleto de la colección Gayangos. El texto íntegro fué hallado después en un códice descubierto en Aragón y forma parte de la *Colección de textos aljamiados*, dada a luz por don Julián Ribera y don Pablo Gil (Zaragoza, 1881, en edición litografiada). Transcrito en caracteres vulgares y doctamente anotado por el canónigo de Valencia don Roque Chabas, se publicó después en *El Archivo, Revista de Ciencias Históricas*, tomo 3º (Denia, 1888 y 1889), págs. 156-165, 169-174.

de *Alatón* y de *los alcancames,* o vasijas, en que *Sulaymén* (Salomón) tenía encerrados los diablos.[1] Las maravillas de esta encantada ciudad, de latón o azófar, a cuyos habitantes encontró Muza como aletargados o sorprendidos por repentina muerte, colócalas todavía el narrador aljamiado en España, al paso que el compilador de *Las mil y una noches* las lleva al centro de África.

Finalmente, como solitaria muestra de que no fueron enteramente desconocidas a los míseros descendientes de la grey musulmana las obras de ficción y pasatiempo compuestas por los cristianos, debe citarse el extenso fragmento de la novela caballeresca, de origen provenzal, *París y Viana,* traducida, al parecer del catalán, por un morisco aragonés.[2]

La prosa de los moriscos vale siempre más que sus versos, y suele tener un dejo muy sabroso de antigüedad y nativa rustiqueza, libre de afectaciones latinas e italianas, aunque enturbiada por gran número de arabismos inadmisibles. Gente, al fin, de pocas letras, no curtida en aulas ni en palacios, que decía sencilla y llanamente lo que pensaba, claro es que había de mostrar, a falta de otros méritos, el de la ingenuidad y sencillez. Voces hay, en estos libros aljamiados, de buen sabor y buena alcurnia, felices, pintorescas y expresivas, que ya en aquel entonces rechazaban como plebeyas los doctos; pero que el pueblo usaba y aun usa, y que los moriscos, gente toda plebeya y humilde, no tenían reparo en escribir.

Sirven además estos libros para fijar la mutua transcripción de los caracteres árabes y los comunes, tal como en España se hacía, y por lo tanto, para resolver muchas cuestiones de pronunciación hasta ahora embrolladas. Y son, finalmente, rico tesoro del dialecto aragonés, en que casi todos fueron compuestos, percibiéndose en algunos, como *el Baño de Zarieb,* gran número de voces y modismos valencianos.

---

[1] *La historia de la ciudad de Alatón* ha sido publicada por don Eduardo Saavedra en el tomo V de la *Revista Hispano-Americana* (Madrid, 1882), páginas 321-343.
[2] Publicada por don Eduardo Saavedra en la *Revista Histórica* de Barcelona, febrero de 1876.

III

Influencia de las formas de la novelística oriental en la literatura de nuestra península durante la Edad Media. — Raimundo Lulio. — Don Juan Manuel. — Fray Anselmo de Turmeda. — El arcipreste de Talavera.

A las traducciones de libros orientales de apólogos, cuentos y sentencias, siguió muy pronto la aparición de obras originales vaciadas en el mismo molde, siendo quizá la primera el *Libro de los Castigos e documentos* que don Sancho el Bravo compuso para educación de su hijo don Fernando, terminándole en 1292,[1] en medio de los cuidados del cerco de Tarifa.

Este importante catecismo político moral parece compuesto a la traza de los libros árabes del mismo género, tales como el *Solwan*, del siciliano Aben Zafer, y el *Collar de Perlas*, del rey de Tremecen Abuhamu, si bien éste es posterior a don Sancho. En el uno como en los otros, se confirma la doctrina con gran copia de ejemplos históricos, anécdotas de varia procedencia, y algunos cuentos propiamente tales. Muchas de las fuentes a que don Sancho acudió pertenecen a la literatura cristiana, siendo tan frecuentes las citas de la Sagrada Escritura y de los Santos Padres y escritores eclesiásticos, San Agustín, San Gregorio, San Isidoro, San Bernardo, Pedro Lombardo, etc., que ha podido sospecharse que intervino la mano de un obispo o clérigo en la reunión y preparación de estos materiales, aunque no en el pensamiento y estilo

---

[1] Esta fecha consta al principio del libro mismo. «El qual libro fizo e acabó el noble rey el año que ganó a Tarifa».

El *Libro de los Castigos* fué publicado por don Pascual de Gayangos en el tomo de *Escritores en prosa anteriores al siglo XV*.

del libro, que tiene carácter muy personal y nada impropio del monarca cuyo nombre lleva al frente, príncipe de gran cultura, según lo acreditan el *Lucidario* y otros libros que mandó compilar o traducir, como digno continuador de las empresas científicas de su padre. Aparte de los elementos recibidos de la cultura bíblica y eclesiástica (sin exceptuar los libros apócrifos, como el tercero de Esdras, que cita con el título de *Sorobabel*), y las menciones de algunos *sabios antiguos,* como Cicerón, Séneca y Boecio, hay en el *Libro de los Castigos* curiosas narraciones tomadas de nuestra poesía épica e historia nacional, como la de la muerte del conde don García a manos de los Velas; algunas leyendas piadosas, entre las cuales sobresale, por lo fantástica y bien contada, la de la monja herida y castigada por un crucifijo cuando iba a huir del convento en pos de su amante, y algún cuento de la *Disciplina Clericalis*, como el de la prueba de los amigos. Pero aunque no pueda negarse que este libro pertenece a la didáctica oriental por su forma, el contenido tiene mucho más de latino que de árabe, siendo Valerio Máximo uno de los autores cuyos *ejemplos* gusta más de citar el rey don Sancho. La sintaxis del libro tampoco muestra el carácter acentuadamente semítico que tienen las versiones literalísimas del *Calila y Dimna*, del *Sendebar*, del *Bonium*, y, en general, todas las que se hicieron en el reinado de Alfonso el Sabio.

Oriental es también en fondo y forma la inspiración de los libros catalanes de Ramón Lull (Raimundo Lulio), en medio de la potente originalidad de su carácter y de la transcendencia de su pensamiento filosófico, que voló con alas propias a la región más alta del realismo metafísico de los tiempos medios. Saben todos los que han saludado sus escritos que uno de los medios más eficaces de su exposición y propaganda doctrinal, y una de las notas más populares de su escuela, fué el empleo de procedimientos artísticos, desde los esquemas gráficos (círculo, triángulo y cuadrángulo) hasta el símbolo, la alegoría, la parábola en prosa y la poesía lírica en muy varias combinaciones de metros y rimas. Hasta la lógica pretendió exponerla en verso. Muchos de sus libros, escritos originalmente en lengua vulgar, en su materna lengua catalana, mezclan la exposición didáctica, aun de las materias más áridas, con efusiones poéticas y místicas que son trasunto de su alma ardiente y enamorada de la Belleza Suma y del Bien Infinito. No son pocos, especialmente entre los de controversia, los que adoptan la forma semidramática del coloquio y disputa con adversarios reales o ficticios, o comienzan con una introducción en que el filósofo, perdido por un espeso bosque cuya descripción suele hacer con poético hechizo, encuentra a algún venerable ermitaño a quien confía sus cuitas y el desaliento que a veces le invade viendo menospreciado su *Arte* por los doctores escolásticos y desoídos sus proyectos de cruzadas por reyes y pontífices. Estas lamentaciones, continuamente repetidas, logran su forma más bella en la admirable elegía del *Desconort*.

Otra de las formas elementales de la pedagogía luliana es el apólogo puramente didáctico, sin verdadera determinación en forma artística y reducido a ser tenue veladura de superiores enseñanzas, tal como le encontramos en el *Arbol Exemplifical*, que es una de las ramas del *Arbol de la Ciencia*.[1]

Pero este arte simbólico, infantil y rudo, que apenas traspasa los límites del enigma paremiológico, ni parece inventado con otro fin que el de presentar a la inteligencia fáciles semejanzas y analogías que aviven la atención y fortalezcan el recuerdo, aparece sometido en otros tratados de la enciclopedia luliana a una concepción artística superior, que se encarna en las aventuras de un personaje o en el desarrollo de una situación culminante. Domina siempre el propósito de enseñanza, porque el arte de Ramón Lull nunca es enteramente desinteresado; pero su vigorosa imaginación constructiva, que hace de él un gran poeta de la metafísica, dotado de singular virtud para revestir de forma sensible todas las abstracciones; su extraño concepto y visión del mundo, interpretado por él de una manera vagamente teosófica; sus mismas alucinaciones, que son a veces relámpagos de genio; su ascetismo, más misericordioso que ceñudo, son elementos altamente poéticos que animan con vida intensa y desordenada pero profunda y humana, estas raras creaciones, medio científicas, medio fantásticas, del Doctor Iluminado. Cuatro de las obras de R. Lulio, que afortu-

---

[1] *Árbol de la Ciencia, de el iluminado Maestro Raymundo Lulio. Nuevamente traducido y explicado por el teniente de Maestro de Campo general D. Alonso de Zepeda y Andrada... En Bruselas, por Francisco Foppens...* año 1663, pp. 323-378. *Árbol Exemplifical o de Exemplos.*

nadamente han llegado a nosotros en su texto original lleno de gracia y candidez, y no en bárbaras interpretaciones latinas, el *Libro del Gentil y de los tres sabios*, el *Libro del Orden de la Caballería*, el *Blanquerna* y el *Libro Félix o de las Maravillas del Mundo*, realizan, aunque de un modo muy primitivo, las condiciones de la novela filosófica, y deben contarse, especialmente las dos últimas, entre los monumentos más curiosos de la literatura de la Edad Media. En todas ellas dejó algún reflejo el sol de Oriente, pues sabido es que el beato misionero mallorquín tenía en todas las exterioridades de su persona y doctrina grandísima semejanza con los *sufíes* y filósofos contemplativos que en Persia, en Siria y en España florecieron bajo la dominación musulmana; se había amamantado en la doctrina de Algazel, cuya *Lógica* tradujo, y hablaba y escribía el árabe como segunda lengua propia, usándola de continuo en sus controversias con los doctores mahometanos y en sus predicaciones al pueblo de África, que le valieron por fin la palma del martirio.

En árabe compuso primitivamente R. Lulio el *Libre del Gentil e los tres Savis*,[1] una de sus obras más antiguas, y una de las que tuvieron más difusión y boga en el siglo XIV, siendo traducida al hebreo, al latín, al francés y al castellano en 1378, por el cordobés Gonzalo Sánchez de Uceda.[2] El modelo literario que nuestro filósofo tuvo presente fué un *Barlaam* árabe o más probablemente

---

[1] El texto catalán, inédito hasta ahora, puede leerse en el tomo I de la excelente edición de las *Obras de Ramón Lull*... textos originales, publicados e ilustrados con notas y variantes por don Jerónimo Roselló: Prólogo y Glosario del Dr. M. Obrador y Bennasar (Palma de Mallorca, 1901). El original árabe existía todavía a fines del siglo XV, según resulta de los documentos relativos a la escuela luliana de Barcelona, que ha publicado don Francisco de Bofarull (Barcelona, 1896).

[2] La traducción francesa del siglo XIV fué publicada en 1831 por Reinaud y Francisco Michel, al fin del *Roman de Mahomet*. La existencia de la hebrea consta por la nota final de la francesa. La latina *(Liber de gentili et tribus sapientibus)* está en el tomo II de la grande edición maguntina dirigida por Ivo Salzinger (1722). De la castellana se conservan dos códices: uno en la Biblioteca Nacional y otro en el Museo Británico. «(Este libro sacó e trasladó de lenguaje catalan en lenguaje castellano, en la cibdat de Valencia, del señorio del Rey de Aragon, Gonzalo Sanchez de Useda, natural de la cibdad de Cordova, de los Regnos de Castilla. Acabólo de escrevir lunes XXIX dias del mes de março de la era de mil e quatrocientos e dies e seys años (de C. 1378)».

el *Cuzari* de Judá Leví,[1] pues aunque no consta que estuviese versado en la literatura rabínica, aquella obra, compuesta también en lengua arábiga y manejada de continuo por hombres de las tres religiones, debía de serle familiar. El plan de ambos libros es análogo, pero naturalmente muy diverso el sentido religioso, y más profundo y transcendental el de Lull, aun haciendo abstracción, si posible es, de su fe cristiana. Hay también más riqueza de pormenores dramáticos en el libro catalán que en el judío, es más pintoresca la introducción, más vivo y animado el diálogo, más hábil la presentación de los interlocutores, y eso que Ramón Lull no tenía por apoyo de su tratado una anécdota tan interesante como la de la conversión del rey de los Cazares. Algunas líneas del prólogo mostrarán el sencillo cuadro novelesco y la apacible y hechicera suavidad con que está dibujado e iluminado.

«Por ordenamiento de Dios sucedió que en una tierra había un gentil muy sabio en filosofía, y consideró en su vejez y en la muerte, y en las bienandanzas de este mundo. Aquel gentil no tenía conocimiento de Dios, ni creía en la resurrección, ni que después de la muerte hubiera ninguna cosa. Y mientras hacía estas consideraciones, sus ojos se llenaban de lágrimas, y su corazón de suspiros y de tristeza y de dolor, porque tanto agradaba al gentil esta vida mundana, y tan horrible cosa era para él el pensamiento de la muerte y el recelo de que no hubiera nada detrás de ella, que no podía consolarse ni abstenerse de llorar, ni desterrar de su corazón la tristeza. Estando el gentil en esta consideración y en este trabajo, le vino voluntad de partirse de aquella ciudad e irse a tierra extraña, para ver si por ventura podría encontrar remedio a su aflicción, y poniendo en ejecución tal pensamiento, llegó a una gran floresta, la cual era abundosa de muchas fuentes y de muy bellos árboles frutales, que podían dar al corazón nueva vida. En aquella selva había muchas bestias y muchas aves de diversas maneras. Por todo lo cual resolvió detenerse en tan ameno y solitario paraje, para ver y oler las flores, y con la belleza de los árboles, y de las fuentes y de las yerbas,

---

[1] «Seguint la manera del libre arabich del *Gentil*», es la frase, harto concisa, que emplea Lulio. Puede aludir a la primera redacción que hizo de su libro en árabe; pero no por estas palabras, sino por razones intrínsecas, es evidente la filiación del libro.

dar alguna tregua y refrigerio a los graves pensamientos que muy fuertemente le atormentaban y trabajaban. Cuando el gentil estuvo en el gran bosque, y vió las riberas, y las fuentes, y los prados, y que en los árboles cantaban muy dulcemente pájaros de diversas castas, y bajo los árboles había cabras monteses, gamos, gacelas, liebres, conejos y muchas otras bestias agradables de ver, y que los árboles estaban cargados de flores y frutos de diversas maneras, de donde salía muy agradable olor, se quiso consolar y alegrar con lo que veía y oía y olfateaba, pero le sobrevino el pensamiento de su muerte y de la aniquilación de su ser, y se cubrió su corazón de dolor y tristeza, y se multiplicaron sus tormentos. Pensó volver a su tierra, pero desistió de tal pensamiento, considerando que la tristeza en que estaba acaso podría salir de su corazón con algún encanto o aventura que la suerte le deparase. Y así prosiguió andando de monte en monte, y de fuente en fuente, y de prado en ribera, para probar y tentar si había alguna cosa tan placentera de ver y oír que le quitase el pensamiento que le angustiaba. Pero cuanto más andaba y más bellos lugares encontraba, más fuertemente le perseguía el pensamiento de la muerte. Cogía flores el gentil y comía frutos de los árboles, pero ni el olor de las flores ni el sabor de los frutos le daban ningún remedio. Estando el gentil en este trabajo, y no sabiendo qué partido tomar, hincó las rodillas en tierra, y levantó las manos y los ojos al cielo, y besó la tierra, y dijo estas palabras, llorando y suspirando muy devotamente: «¡Ay mezquino, en qué ira y en qué dolor has caído cautivo! ¿por qué fuiste engendrado ni viniste al mundo, pues no hay quien te ayude en los trabajos que padeces, ni hay ninguna cosa que tenga en sí tanta virtud que te pueda ayudar?»

»Cuando el gentil hubo dicho estas palabras, empezó a caminar por el bosque como hombre fuera de sentido, hasta que salió a un ancho y hermoso camino. Y aconteció que mientras el gentil andaba por aquella vía, tres sabios se encontraron a la salida de una ciudad. El uno era judío, el otro cristiano, el tercero sarraceno. Saludáronse afablemente, y después de haberse informado con mucha cortesía de su salud y estado, determinaron ir de paseo para recrear el ánimo que tenían muy trabajado del estudio que hacían. Iban hablando los tres sabios, cada uno de su creencia y de la doctrina que mostraban a sus escolares, cuando llegaron a un hermoso prado, donde una bella fuente regaba los cinco árboles que al principio de este libro van figurados.[1] Junto a la fuente encontraron a una hermosísima doncella, muy noblemente vestida, que cabalgaba en un palafrén al cual daba de beber en la fuente. Los sabios, que vieron los cinco árboles y aquella dama de tan agradable semblante, se acercaron a la fuente para saludarla, y ella respondió cortésmente a su saludo. Preguntáronle su nombre, y ella les dijo que era la Inteligencia. Entonces los sabios la rogaron que les declarase la naturaleza y propiedad de los cinco árboles y lo que significaban las letras que estaban escritas en cada una de sus flores.»

No nos detendremos en esta exposición alegórica, que está repetida en otros muchos libros del beato mallorquín y que pertenece a la parte más conocida y externa de su sistema.

«Cuando la dama hubo dicho estas palabras a los tres sabios, se despidió de ellos y alejóse. Quedaron los tres sabios en la fuente, y uno de ellos comenzó a suspirar y a decir: «¡Ay Dios, ¡Cuán gran bienaventuranza sería si por medio de estos árboles pudieran reducirse a una sola ley y creencia todos los hombres que hoy son, y que no hubiese entre los humanos rencor ni mala voluntad por ser diversas y contrarias sus creencias y sectas, y así como hay un Dios tan solamente, padre y creador y señor de todo cuanto es, que así todos los pueblos se uniesen para formar un pueblo solo, y que aquéllos estuviesen en vía de salvación, y que todos juntos tuviesen una fe y una ley, y diesen gloria y loor a nuestro señor Dios! Considerad, señores, cuántos son los daños que se siguen de tener los hombres diversas sectas, y cuántos son los bienes que resultarían si todos tuviesen una fe y una ley. Siendo esto así, ¿no os parecería bien que nos sentásemos bajo estos árboles, a la vera de esta apacible fuente, y que disputásemos sobre lo que creemos, y puesto que con autoridades no nos podemos convencer, tratásemos de avenirnos por medio de razones demostrativas y necesarias?» Cada uno de los sabios tuvo por bueno lo que el

---

[1] Alude a los conocidos árboles simbólicos de la filosofía luliana, que efectivamente se hallan dibujados en los códices y en las ediciones de esta obra.

otro decía, y alegráronse, y comenzaron a mirar las flores de los árboles, y a recordar las condiciones y palabras que la dama les había dicho. Y cuando comenzaban a mover cuestiones el uno contra el otro, he aquí que comparece el gentil que andaba perdido por el bosque. Gran barba tenía y largos cabellos, y venía como hombre cansado, flaco y descolorido por el trabajo de sus pensamientos y por el largo viaje que había hecho; sus ojos eran un torrente de lágrimas, su corazón no cesaba de suspirar ni su boca de plañir. Por la gran angustia de su trabajo tenía sed, y quiso ir a beber en la fuente, antes que pudiese hablar ni saludar a los tres sabios. Cuando hubo bebido, y su aliento y espíritu recobraron alguna virtud, el gentil saludó en su lenguaje, según su costumbre, a los tres sabios. Y los tres sabios contestaron a su saludo, diciendo: «Aquel Dios de gloria, que es padre y señor de cuanto es, y que ha creado todo el mundo, y que resucitará a buenos y malos, sea en vuestra ayuda y os valga en vuestros trabajos.»

»Cuando el gentil hubo oído la salutación que los tres sabios le hicieron, y vió los cinco árboles y leyó en las flores, y vió el extraño continente de los tres sabios y sus raras vestiduras, maravillóse muy fuertemente de las palabras que había oído y de lo que veía. «Buen amigo (le dijo uno de los tres sabios), ¿de dónde venís y cómo es vuestro nombre? Asaz trabajado me parecéis y desconsolado por alguna cosa. ¿Qué tenéis y por qué habéis venido a este lugar? ¿En qué os podemos consolar o ayudar? Sepamos vuestra intención.» El gentil respondiendo dijo que venía de luengas tierras, y que era gentil, y andaba como hombre fuera de sentido por aquel bosque, y que la casualidad le había traído a aquel lugar. Y contó el dolor y la pena en que estaba sumergido. Y añadió: «Como vosotros me habéis saludado, diciéndome que me ayude Dios que creó el mundo, y que resucitará a los hombres, me he maravillado mucho de esta salutación, porque en ningún tiempo oí hablar de ese Dios que decís, ni tampoco de la resurrección oí hablar nunca. Y quien pudiera significarme y mostrarme por vivas razones la resurrección, podría desterrar de mi alma el dolor y tristeza en que está.» «¿Cómo, buen amigo (dijo uno de los tres sabios), no creéis en Dios ni tenéis esperanza de la resurrección?» «Señor, no (dijo el gentil); y si podéis explicarme alguna cosa por donde mi alma pueda tener conocimiento de la resurrección, os ruego que lo hagáis, porque veo que la muerte se acerca, y después de la muerte no sé que haya ninguna cosa.» Cuando los tres sabios oyeron y entendieron el error en que estaba el gentil, entró gran piedad en sus corazones, y determinaron probar al gentil la existencia de Dios, y la bondad, grandeza, eternidad, poder, sabiduría, amor y perfección que en él había.»

Gustosos hemos dilatado la pluma en la traducción de este delicioso idilio, que sirve de proemio a la más serena y amplia discusión teológica que puede imaginarse. Uno de los tres sabios demuestra al gentil la existencia de Dios y la resurrección. Extraordinaria es su alegría cuando comienzan a disiparse las nieblas de su conciencia. Pero un nuevo conflicto estalla en su alma al saber la existencia de las *tres leyes* o religiones que dividen a los tres sabios. Entonces comienza cada uno a exponer los fundamentos de su creencia, hablando primero el judío, por ser su ley la más antigua, luego el cristiano y por último el sarraceno. No hay verdadera disputa entre ellos, pues mientras uno habla los demás callan (excepto el gentil para pedir aclaraciones), porque «la contradicción (dice Raimundo Lulio) engendra mala voluntad en el corazón de los hombres, y la mala voluntad turba la recta operación del entedimiento».

No menos original que esta declaración en pro de la *tacita cognitio*, tan opuesta a la vocería de las escuelas, en tiempos del más batallador y agresivo escolasticismo, no menos sorprendente que la mansedumbre filosófica de las exposiciones y el profundo y detallado conocimiento que Lulio muestra de la teología mahometana y de las tradiciones sarracenas, es el final, lleno de unción y caridad, en que los tres sabios se despiden amistosamente, pidiéndose mutuamente perdón si alguna palabra ofensiva se les ha escapado contra la ley respectiva de cada uno de ellos. Esta tolerancia llega hasta el extremo de dejar en suspenso la conversión del gentil, limitándose a poner en sus labios una fervorosísima oración en que loa y magnifica la grandeza, bondad y justicia de Dios. Pero mucho erraría quien imaginase que ésta era la verdadera solución dada por Raimundo Lulio al conflicto religioso que plantea. Ni un punto solo cruzó por su mente la idea de fundir en un sincretismo las tres religiones monoteístas, ni tampoco el pensamiento de una teología meramente natural, que afirmando los

5 — Orígenes de la novela. - Tomo I.

dogmas en que ellas concordaban, dejase libre e indiferente la profesión de las divergencias. El ardiente proselitismo cristiano del beato Ramón, sellado con su sangre, excluiría por de contado tal hipótesis, que repugna además al fondo de su sistema, caracterizado por el empeño de demostrar con razones naturales todas las verdades de la teología católica y aun los misterios mismos Cuando Lulio, después de haber conducido al gentil hasta los umbrales de la creencia, deja a la consideración de sus lectores el averiguar «*qual lig lur es semblant quel gentil haja triada per esser agradable a Deu*», usa de un inocente artificio literario para llamar la atención sobre otros libros suyos que son indispensable complemento de éste y que se hallan a continuación de él en la edición de Maguncia. En el *Liber de Sancto Spiritu,* donde volvemos a encontrar el árbol simbólico y la dama Inteligencia, un griego y un latino disputan en presencia de un sarraceno sobre la procesión del Padre y del Hijo, según los artículos de su Iglesia respectiva. En el *De quinque sapientibus,* el círculo de la controversia se agranda, interviniendo, además de los tres doctores citados, un nestoriano y un jacobita, probando contra el primero, por razones que llama *de equivalencia,* la unidad de persona en Cristo; contra el segundo, las dos naturalezas divina y humana, y contra el sarraceno, la Trinidad y la Encarnación. El *Libro del Tártaro y del Cristiano* es una nueva variante del *Gentil.* Un tártaro, que aunque vive en la ceguedad de la idolatría, se inquieta de la vida futura, quiere consultar a los doctores de las tres leyes; pero al salir de su tienda piensa en su mujer, en sus hijos, en la vida libre y deliciosa que disfrutaba, y desiste de su propósito. Más adelante, el espectáculo de la muerte de un caballero amigo suyo hace en él el mismo efecto que en Barlaam, y vuelve a su primer designio de procurar la salvación de su alma, consultando sucesivamente a un judío, a un sarraceno y a un ermitaño cristiano. Fácilmente destruye las razones de los dos primeros. El ermitaño se confiesa ignorante, y le remite a otro anacoreta llamado *Blanquerán* que hacía penitencia en un desierto. *Blanquerán,* que no es otro que el propio Raimundo Lulio, le expone los artículos de la fe valiéndose del método de su *arte general y demostrativa.* El tártaro queda convencido; va a Roma, se hace bautizar por el Papa, y vuelve a su tierra con letras apostólicas para propagar la fe y convertir al rey de los tártaros. Las reminiscencias del *Cuzari* son quizá más visibles en este tratado que en el del *Gentil*. [1]

Todos estos diálogos, cuya contextura es casi idéntica, apenas pueden calificarse de ficciones poéticas, siendo más bien una nueva y amena forma de enseñanza teológica; pero no sucede lo mismo con el *Libre del Orde de Cauayleria*, [2] que es uno de los pocos relativamente profanos que pueden encontrarse en la enorme masa de las obras de Lulio. Es un doctrinal del perfecto caballero, muy interesante porque completa el ideal pedagógico desarrollado por el autor en el *Blanquerna* y en otras obras suyas, y por las noticias de costumbres caballerescas que incidentalmente nos da y que pueden servir para la historia social de la Corona de Aragón en los siglos XIII y XIV. No es menos curioso el cuadro novelesco del libro, que tuvo la fortuna de ser imitado sucesivamnete por don Juan Manuel y por el autor de *Tirante el Blanco*. A semejanza de lo que hicimos con el libro del *Gentil*, traduciremos íntegro este prefacio, porque un extracto en prosa moderna no puede dar idea de la candorosa gracia de estos relatos, que recuerdan las tablas de los artistas llamados *primitivos:*

«En una tierra aconteció que un sabio caballero que por largo tiempo había mantenido la orden de caballería con la nobleza y fuerza de su alto corazón, y a quien sabiduría y ventura habían acompañado en guerras y en torneos, en asaltos y en batallas, eligió vida de ermitaño cuando vió que sus días eran breves y que su naturaleza le desfallecía por vejez para usar de armas. Entonces desamparó sus heredades, y las dió a sus hijos, y en un bosque muy abundoso de aguas y árboles frutales hizo su habitación, y huyó del mundo para que el menoscabo y desmedro de su cuerpo, traídos por la vejez, no le deshonrasen en aquellas cosas en que sabiduría y ventura por tanto tiempo le habían honrado; y púsose a meditar en la muerte y en el tránsito de este siglo al otro, y en la sentencia perdurable que sobre él había de caer. En aquel bosque donde el caballero moraba había un árbol muy grande car-

---

[1] Todos estos libros figuran, traducidos al latín, en los tomos II y IV de la edición maguntina.

[2] Véase la lindísima edición elzeviriana de don Mariano Aguiló y Fúster en la *Bibliotteca d'obretes singulars del bon temps de nostra llengua materna estampades en letra lemonisa* (Barcelona, Verdaguer, 1879).

gado de fruta, y debajo de aquel árbol corría una fontana muy bella y clara, que regaba abundosamente el prado y los árboles que le estaban en torno. Y el caballero tenía costumbre de venir todos los días a aquel lugar a adorar y contemplar a Dios, al cual daba gracias y mercedes por el grande honor que le había hecho en todo el curso de su vida en este mundo. En aquel tiempo, a la entrada del gran invierno, sucedió que un gran Rey muy noble y de buenas costumbres y poderoso había pregonado Cortes, y por la gran fama que en todas las tierras corrió, un arriscado escudero, montado en su palafrén, caminaba enteramente solo hacia la corte, con intención de ser armado caballero. Y por el trabajo que había tenido en su cabalgar, quedóse dormido sobre el palafrén. En aquella hora el caballero que en el bosque hacía su penitencia había venido a la fuente a contemplar a Dios y a menospreciar la vanidad de este mundo, según tenía por costumbre cada día. Y mientras el escudero caminaba así, su palafrén salió del camino y se entró por el bosque y anduvo por él a la ventura, hasta que llegó a la fuente donde el caballero estaba en oración. El caballero que vió venir al escudero dejó la oración y se sentó en el verde prado a la sombra del árbol, y comenzó a leer un libro que tenía en su falda. El palafrén llegando a la fuente bebió del agua, y el escudero que sintió entre sueños que su palafrén no se movía ni se despertaba, abrió los ojos y vió delante de sí al caballero, que era muy viejo, y tenía gran barba y largos cabellos, y rotas las vestiduras de puro viejas, y estaba flaco y descolorido por la penitencia que hacía, y por las lágrimas que solía derramar estaban sus ojos anublados, y tenía aspecto de varón de muy santa vida. Mucho se maravillaron el uno del otro, porque el caballero había estado largo tiempo en su ermita sin ver a ningún hombre, después que había desamparado el mundo y el ejercicio de las armas. El escudero se apeó de su palafrén, saludando agradablemente al caballero, y el caballero le acogió lo más cortésmente que pudo, y sentáronse en la verde yerba uno junto a otro. El caballero que conoció que el escudero no quería hablar antes que él, por respeto, habló primeramente y dijo: «Buen amigo, ¿cuál es vuestra voluntad, y adónde vais y por qué habéis venido así?» «Señor (dijo el escudero), fama es por luengas tierras que un Rey muy sabio ha pregonado Cortes, y que él mismo se armará caballero, y después hará caballeros a otros barones de su reino y de los extraños; por eso yo voy a aquella corte para ser novel caballero, y mi palafrén, mientras yo me dormía por el trabajo que he tenido de las grandes jornadas, me ha traído a este lugar». Cuando el caballero oyó hablar de caballería y lo que pertenece al oficio de caballero, lanzó un suspiro y empezó a cavilar, recordando el honroso estado que por tanto tiempo había mantenido.»

El escudero le pregunta la causa de su cavilación. El caballero se la declara. El escudero ruega al anciano que le instruya en el orden y regla de la caballería. El caballero le entrega el libro que estaba leyendo y le hace la siguiente recomendación: «Amable hijo, yo estoy cerca de la muerte y mis días están contados; este libro ha sido compuesto para restaurar la devoción y la lealtad y el buen ordenamiento que el caballero debe tener en su orden; por tanto, hijo mío, hacedme el favor de llevar este libro a la corte adonde vais, y mostrádselo a todos los caballeros noveles... Y cuando estéis armado caballero, volved por este lugar y decidme quién son aquellos caballeros que no hayan sido obedientes a la doctrina de caballería.» El caballero dió su bendición al escudero, y el escudero tomó el libro, y se despidió muy devotamente del caballero, y montó en su palafrén, y prosiguió su camino alegremente.

La obra, al parecer, no está completa en ninguno de los dos códices existentes, puesto que falta la vuelta del escudero y el cumplimiento de su promesa. No así en el libro de don Juan Manuel, donde el escudero vuelve y recibe las instrucciones del caballero anciano, y asiste a su muerte, y le da devota sepultura.

El caballero ermitaño, que no es otro que Raimundo Lulio mismo, el cual por la descripción que hace de su persona física parece un precursor del ingenioso hidalgo, lo es también por su doctrina noble, generosa, cándidamente optimista y de una pureza moral intachable. Nunca ha sido interpretada la caballería con más alto e ideal sentido. Consta el libro de siete partes, en significación de los siete planetas; discurre la primera sobre el origen de la caballería, que nació, según Lulio, de una especie de pacto social. «Habían desfallecido en el mundo la caridad, la lealtad, la justicia y la verdad, comenzando a imperar la enemistad, la deslealtad, la injuria y la falsedad, y de aquí nació gran trastorno en el pueblo cristiano. Y como el menosprecio de la justicia había sido causado por falta de caridad, fué menester que la justicia tornase a ser honrada por temor; y para eso, todo el pueblo fué repartido en millares, y de cada mil fué elegido un hombre más amable, más sabio, más leal, más fuerte, dotado de más noble valor, de más experiencia y más perfecta crianza que los restantes. Y se buscó entre todas las bestias cuál era la más hermosa, y la más ligera y corredora, y la más sufridora de trabajos, y la más digna de servir al hombre. Y como el caballo es la bestia más noble, por eso fué elegido y entregado al hombre que había sido preferido entre los mil, y por eso a este hombre se le llamó caballero.» La segunda parte trata del cficio de caballería. La tercera, del examen que ha de hacerse al escudero que quiere entrar en la orden de caballería. La cuarta, de la manera de armar caballeros. La quinta, de lo que significan las armas. La sexta, de las costumbres que pertenecen al caballero. La séptima, del honor que debe tributársele.

Al fin de este tratado se refiere el autor a otro análogo que había compuesto sobre el *orden de clerecía.* No ha sido descubierto hasta ahora, pero la materia sobre que debía versar, está tratada extensamente en el *Blanquerna,* una de las obras capitales de R. Lull, bajo el concepto literario, y que merece con toda propiedad el título de novela social y pedagógica. Los doctos autores de la *Historia Literaria de Francia*[1] van todavía más allá, y suponen que esta larga historia de un joven que buscando la felicidad y la perfección recorre diversos estados y condiciones del mundo,

---

[1] *Histoire Littéraire de la France. Ouvrage commencé par des religieux bénédictins de la Congregation de St.-Maur et continué par des membres de l'Institut (Académie des Inscriptions et Belles-Lettres).* Tomo 29. París, Imprenta Nacional, 1885, pág. 347

Sabido es que en esta obra monumental figuran, no solamente los escritores nacidos en Francia, sino todos los que por algún concepto han influído en la cultura francesa de los tiempos medios. R. Lulio no podía faltar, como jefe de una escuela famosa que tuvo en Francia numerosos partidarios. La monografía que le concierne y ocupa la mayor parte de este volumen, fué redactada en su mayor parte por Littré y terminada por Hauréau. Trabajo excelente y utilísimo desde el punto de vista de la erudición literaria, no satisface de igual modo las exigencias de la crítica filosófica, por la estrechez e intransigencia del criterio positivista y nominalista en que se informa, el menos adecuado para penetrar en el alma de un teólogo, de un metafísico y de un místico del siglo XIV.

matrimonio, religión, prelacía, sumo pontificado, y acaba por hacerse ermitaño, reconociendo que la vida contemplativa es superior a todas, puede considerarse, aunque muy remotamente, como una especie de preparación anticipada de las novelas biográficas, cuyo primer modelo había de producir España más adelante, y que con tendencia moral infinitamente menos ascética hacen atravesar igualmente a su héroe todas las situaciones sociales, sirviéndose de esta ocasión para pintar la sociedad contemporánea bajo los aspectos más diversos. Tal semejanza, si existe, es ciertamente de las más lejanas, y no puede imaginarse más raro precursor de Lazarillo de Tormes y de Guzmán de Alfarache que el contemplativo ermitaño Blanquerna, autor de las divinas efusiones del *Cántico del Amigo y del Amado*.

De todos modos, el plan biográfico del *Blanquerna*, aunque parece tan natural y sencillo, era enteramente original y creaba un nuevo tipo en la novela moderna. El *Barlaam* pudo sugerir a R. Lulio la idea de un relato largo y piadoso, entremezclado de apólogos, ejemplos y reflexiones morales y ascéticas, pero el plan de la leyenda budista, y el del *Blanquerna* son enteramente diversos. Además, el *Blanquerna* tiene mucho de memorias personales: la vida que el protagonista hace en el yermo es la de Raimundo en Miramar y el monte Randa; la censura, a veces acerba, de las imperfecciones del clero secular y regular, y de los vicios que la opulencia engendraba en la poderosa burguesía de las ciudades marítimas y mercantiles de Levante, está dictada por una larga experiencia de la vida, y demuestra un espíritu observador, fino y penetrante, que no pierde de vista la tierra hasta cuando parece que más se aleja de ella en sus ensueños místicos y en sus construcciones transcendentales. Este realismo literario de algunas partes del libro no es lo que menos sorprende.

Fué el beato Ramón una naturaleza mixta de pensador y poeta, de tal manera, que ni su arte dejó de ser didáctico nunca, ni las ideas se le presentaban primeramente en forma especulativa y abstracta, sino de un modo figurativo y arreadas con los colores de la poesía simbólica. Pensaba con la imaginación antes de pensar con el entendimiento, o más bien, en su intuición maravillosa, iban mezcladas la idea y la forma inseparablemente. Y así como el mito y la ironía son elementos perpetuos y esenciales en la filosofía platónica, así lo son en la filosofía luliana la alegoría, el apólogo y las representaciones gráficas en forma de árboles y de círculos. El carácter popular de la doctrina estaba de conformidad con esto, y puede decirse que el bienaventurado mártir filosofaba por colores y figuras. Sus mismas aficiones cabalísticas, y las misteriosas virtudes que parece reconocer en los números y en los nombres, encierran un elemento estético, aunque de orden inferior: el elemento combinatorio. El *árbol de la ciencia* es un paso más, y dependientes de aquel vasto, aunque sencillo, simbolismo, aparecen ya los apólogos, si bien subordinados a un fin de prueba y enseñanza, y dotados por lo común de más virtud silogística que eficacia estética. Del apólogo, aun concebido así, no era difícil el tránsito a la novela docente, representada en la vasta biblioteca luliana por el *Libro de Maravillas* y el *Blanquerna*: el primero, más ameno y curioso por la variedad de materias; el segundo, muy superior por la grandeza de la concepción, por el plán lógico y bien ordenado y por tener intercaladas las páginas más bellas que en prosa escribió su autor; el *Cántico del Amigo y del Amado,* joya de nuestra poesía mística, digna de ponerse al lado de los angélicos cantos de San Juan de la Cruz.

Es el *Blanquerna* una novela utópica, pero no fantástica y fuera de las condiciones de este mundo, como lo son, por ejemplo, la *República,* de Platón; la *Utopía,* de Tomás Moro; la *Ciudad del Sol,* de Campanella; la *Oceana,* de Harrington, o la *Icaria,* de Cabet. Al contrario, Raimundo Lulio, tenido comúnmente por entusiasta y aun por fanático, aparece en este libro suyo hombre mucho más práctico y de más recto sentido que todos los moralistas y políticos que se han dado a edificar ciudades imaginarias. No hay una sola de las reformas sociales, pedagógicas o eclesiásticas propuestas por Ramón Lull, cuyo fondo no esté dado en alguna de las instituciones de la Edad Media y de su patria catalana, ninguna de las cuales él intenta destruir, sino avivarlas por la infusión del espíritu cristiano, activo y civilizador. Es cierto que a través de las peripecias y episodios de la novela, y mezclados con sus raptos y efusiones místicas y con la exposición popular de su teodicea, va persiguiendo el beato Ramón los propósitos y preocupaciones constantes de su vida: la liberación de Tierra Santa; la enseñanza de las lenguas orientales; la polémica con los averroístas, y el querer probar por razones naturales los dogmas de la fe. Pero todo esto, que, con ser más o menos aventurado e irrealizable, pertenece, sin duda, a la esfera más alta de la especulación y de la actividad humana, es, en cierto sentido, independiente de la utopía social y de la fábula novelesca, la cual, a decir verdad, está cifrada en los ejemplos de perfección que en sus respectivos estados nos dan Evast y Aloma y su hijo *Blanquerna.*

No será bien que abra tal libro quien busque solamente en lo que lee un frívolo y pasajero deleite. No se enfrasque en su lección quien no tenga el ánimo educado para sentir lo primitivo, lo rústico y lo candoroso. Nunca se vió mayor simplicidad de palabras cubriendo más peregrinos conceptos y magnánimos propósitos. Todo es natural y llano; todo plática familiar y desaliñada, en cuyos revueltos giros fulguran de vez en cuando las iluminaciones del genio. Si la lengua que el autor usa conserva todavía algún dejo y resabio de provenzalismo,[1] y no es con toda pureza la lengua del pueblo de Cataluña en el siglo XIII, es, con todo eso, lengua eminentemente popular, no tanto por las palabras y por los giros, como por el jugo y el sabor villanesco: verdadero estilo de fraile mendicante, avezado a morar entre los pobres y a consolar a los humildes.

---

[1] El verdadero texto catalán del *Blanquerna* no se ha impreso todavía, aunque existen de él dos o tres códices más o menos completos. De uno de ellos, perteneciente a M. E. Piot, publicó extractos el señor Morel-Fatio, en el tomo VI de *la Romania* (1877).

La edición de Valencia, 1521, por Juan Joffre, es un *rifacimento* de Mosen Juan Bonlabii, como ya lo anuncia la portada: *Traduit y corregit ora novament dels primers originals, y estampat, en llengua Valenciana.*

De ella proviene, pero no exclusivamente, la traducción castellana del siglo XVIII, impresa en Mallorca:

Blanquerna, Maestro de la perfección cristiana en los estados de Matrimonio, Religion, Prelacia, Apostolico Señorio y Vida Eremítica. Compuesto en lengua lemosina por el iluminado Doctor, Martir invictissimo de Iesu-Christo y Maestro universal en todas Artes y Ciencias, B. Raymundo Lulio... Traducido fielmente ahora de el valenciano y de un antiguo Manuscrito Lemosino en lengua castellana. 1749. Mallorca, imp. de la Viuda de Frau. 4º

Hay una reimpresión de Madrid, 1881-1882, dos volúmenes en 8º con un breve prólogo mío.

Un breve pero atinado estudio sobre el *Blanquerna* hay en el libro de Adolfo Helfferich, *Raymond Lull und die Anfänge der catalonischen Litteratur* (Berlín, J. Springer, 1858), pp. 114-118.

Y era el alma del autor tan hermosa, y de tal modo, a pesar de su triste experiencia mundana, había vuelto, por auxilio de la Divina Gracia, a la bienaventurada simplicidad de los párvulos y de los pobres de espíritu, que nadie, al leer una buena parte de sus capítulos, recuerda al gran filósofo sintético, llamado por alguien, con frase audaz, el *Hegel cristiano de los siglos medios,* sino que la primera impresión que se siente es que tal libro hubo de brotar del espíritu de un hombre rudo y sin letras, pero amantísimo de Dios y encendido en celestiales y suprasensibles fervores. Y sin embargo, ¡cuánta doctrina! Pero toda ella popular y acomodada al entendimiento de las muchedumbres, para quien este prodigioso varón escribía. Aquí está el último fondo del *Arte Magna* y del *Libro del ascenso y descenso del entendimiento;* pero no en la forma aceda, conveniente a paladares escolásticos, sino todo en acción, en movimiento, en drama.

Y este drama tiene para nosotros otro valor, el valor histórico, como que puede decirse que todo el siglo XIII va desfilando a nuestra vista. Aquí penetramos en el cristiano hogar a Aloma, y asistimos a las castas y reposadas pláticas de los padres de *Blanquerna,* y a su conversión a Dios entera y heroica, fecundísima en frutos de buen ejemplo. Aquí, en la delicadísima figura de Cana, la monja y la abadesa, renace con todos sus místicos esplendores y suavísimas consolaciones el huerto cerrado de las esposas de Cristo. Aquí el caballero feudal, robador y tirano, aparece domado por la cruz y las parábolas del monje y del ermitaño. Aquí vemos poblarse de anacoretas las benditas soledades de Miramar y de Randa, y es tal el encanto de realidad contemporánea que el libro tiene, que a ratos nos parece recorrer las plazas de alguna ciudad catalana de los siglos medios, y mezclarnos en el tráfago de mercaderes, juglares y menestrales, y a ratos acompañar el séquito de los Cardenales por las calles de Roma, y oír en el Consistorio la voz del Papa *Blanquerna,* repartiendo las rúbricas del *Gloria in excelsis.*

Hay en el *Blanquerna* algunos versos intercalados pero lo más poético, ya lo hemos dicho, es el *Cántigo del Amigo y del Amado,* que está en prosa, si bien partida en versículos, que contienen ejemplos y parábolas, tantos en número como días tiene el año, formando el conjunto un verdadero *Arte de contemplación.* Pero de este admirable diálogo, que fácilmente puede separarse del *Blanquerna,* y varias veces ha sido impreso aparte como libro de devoción, [1] ya he escrito bastante otras veces, y su estudio incumbe a la historia del misticismo español y de la poesía lírica. Unicamente recordaremos, porque explica en parte la forma poética del *cántico* (de ningún modo su espíritu), lo que el mismo Lulio dice de la ocasión que tuvo para componerle: «Acordóse Blanquerna de que siendo Papa le refirió un moro que entre los de su ley había algunas personas religiosas, las cuales son muy respetadas y estimadas sobre las demás, y se llaman *sofíes* o *morabitos,* que suelen decir algunas palabras de amor y breves sentencias que inspiran al hombre gran devoción, pero necesitan ser expuestas y por la exposición sube el entendimiento más arriba de su contemplación, y con él asciende la voluntad y se multiplica más la devoción. Después de haber considerado todo eso, resolvió Blanquerna componer su libro según el dicho método, para multiplicar el fervor y devoción de los ermitaños.»

Escrito el *Blanquerna* en 1283, según plausible conjetura del P. Pascual, antecedió en tres años a otra larguísima novela titulada *Libre de Maravelles,* o más propiamente, *Libre apellat Felix de les maravelles del mon,* que el beato Ramón terminó en París el día de la Natividad de 1286. [2] El lazo entre ambas narraciones es manifiesto, puesto que el ermitaño Blanquerna es uno de los personajes de la segunda. La fábula general tiene mucho menos interés en el *Libro Félix,* y puede contarse en dos palabras. Un

---

[1] En este mismo año de 1903 se ha reimpreso en Madrid la traducción castellana de este librito, por diligencia del insigne escritor mallorquín don Miguel Mir.

[2] El texto catalán fué publicado por don Jerónimo Roselló, en dos volúmenes de la *Biblioteca Catalana,* dirigida por don Mariano Aguiló. Carece todavía de portada y preliminares, como los demás de tan preciosa colección.

Estando ya en prensa este pliego, recibo de Mallorca el tercer volumen de las obras lulianas, donde aparece nuevamente el *Libro Félix,* con un bello prólogo de don Mateo Obrador.

Son raros en las colecciones lulianas los códices de esta obra. Seis únicamente menciona la *Histoire Littéraire.* Poseo otro del siglo XVII, que me legó don José María Quadrado, de buena y gloriosa memoria.

Al castellano fué traducido por un lulista anónimo, acaso el mismo que interpretó el *Blanquerna (Libro Felix o Maravillas del Mundo. Compuesto en lengua lemosina por el Illuminado Doctor, Maestro y Martyr el Beato Raymundo Lulio Mallorquin, y traducido en Español por un Discipu-*

hombre llamado Félix va por el mundo, *maravillándose* de todas las cosas que encuentra al paso (de aquí el título del libro) y sacando de la consideración de todas ellas fundamentos y razones para loar y glorificar continuamente a Dios. Así como el *Blanquerna* es el primer *specimen* de novela biográfica en las literaturas occidentales de la Edad Media, el libro de las peregrinaciones de Félix es el más antiguo tipo de la novela episódica que los franceses llaman *á tiroirs*. Cada una de las personas que Félix va encontrando en su viaje, sea pastor, ermitaño o filósofo, hombre de cualquier estado o condición, cuenta diversas historias, ejemplos y parábolas, para responder a las continuas preguntas de aquél. [Cf. Ad. vol. II.]

Dos cosas son de considerar en el *Libro Félix*, y explican la predilección con que la crítica le ha mirado: lo enciclopédico de su contenido y la presencia de elementos profanos, de sumo interés para la historia general de la novelística, y que en ninguna otra de las producciones de su autor aparecen. En cuanto a lo primero, el *Félix* es un tratado popular, no sólo de moral y teología, sino de ciencias físicas y naturales, y en algunos puntos contiene importantes ideas que no están desenvueltas, a lo menos con tanta claridad, en ningún otro libro luliano; sirvan de ejemplo la clarísima descripción de las propiedades del imán y de la aguja náutica (en que tanto hincapié hizo el P. Pascual para atribuirle, bien gratuitamente, su descubrimiento), las ideas acerca de la generación de los metales y la reprobación paladina del arte vana e irrisoria de la alquimia, entre cuyos adeptos se pretendió luego afiliar al beato Ramón, inventándose multitud de libros apócrifos con su nombre, siendo así que él negaba en redondo la posibilidad de la transmutación artificial de las sustancias metálicas.[1]

---

lo; puestas algunas notas para su mas facil inteligencia) (Mallorca, 1750, imprenta de la Viuda Frau), 2 ts. 4º. Se atribuye esta versión al P. Luis de Flandes. Sobre una traducción francesa del siglo xv, que permanece inédita en un lujoso códice de la Biblioteca Nacional de París, puede consultarse la *Historia Literaria de Francia* (t. XXIX, pp. 345-362), que da algunos extractos.

[1] Véanse los excelentes trabajos de don José R. de Luanco, *Ramón Lull, considerado como alquimista* (Barcelona, 1870), y *La Alquimia en España* (Barcelona, 1889-1897).

En diez libros o partes, de muy desigual extensión, trata Lulio sucesivamente de la existencia de Dios, de la Unidad de su esencia y Trinidad de personas, de la Creación, de la Encarnación, del pecado original, de la Virgen Nuestra Señora, de los Profetas, de los Apóstoles, de los ángeles, del cielo empíreo y del firmamento; expone la teoría cosmológica de los cuatro elementos, su composición, corrupción y movimiento; explica las nociones meteorológicas sobre el rayo, el relámpago, el trueno, las nubes, la lluvia, la nieve, el hielo, los vientos y las estaciones del año; discurre alegóricamente sobre las plantas y los minerales; sustituye la zoología con el grande apólogo que examinaremos después; escribe un largo tratado de antropología y ética, en que es digno de especial atención el estudio de los efectos y pasiones, de las virtudes y de los vicios, y dedica los dos últimos libros a cuestiones de teología popular sobre el Paraíso y el Infierno.

Ya hemos dicho que toda esta enciclopedia está expuesta en forma de diálogos y corroborada con innumerables ejemplos e historietas: hasta 365, según la división favorita de su autor. Muchos de estos apólogos, como inventados por él con puro fin de enseñanza, carecen de verdadero contenido poético y rayan en secos y triviales, lo mismo que otros que hay sembrados en el *Blanquerna*. Pero con ellos se mezclan algunos de origen popular o de tradición literaria, ora procedan de sermonarios y repertorios de ejemplos para los predicadores (como el de la dama que por extraña manera, difícil de ser expuesta en términos limpios, curó de su loca pasión a un Obispo,[1] anécdota que luego, muy adecentada y poetizada, atribuyó la tradición al mismo Lulio y a una dama genovesa), ora, y es caso más frecuente, tengan sus paradigmas en algún apólogo oriental, como el del gallo y el zorro, tratado también por Lafontaine, o el del ciego, que enterró un tesoro y vién-

---

[1] «Era un bisbe luxurios que amaua una dona qui molt amaua castedat. Moltes vegades hac pregada lo bisbe la dona que faes sa volentat, e la dona li deya totes les vegades ques partis de ella, e que no volgues donar a menjar al lop les ouelles que li eren comanades. En tan gran cuyta tenia lo bisbe la dona, que ella ne fo enujada, e secretament feu lo bisbe venir tot sols a la sua cambra, e en presencia de dues donzelles de la dona e de un seu nebot, despullas denant lo bisbe, e romas en sa camisa que era sutza de sutzetat vergonyosa a nomenar e a tocar. Com la bona dona li

dose burlado luego por un infiel vecino suyo encontró hábil e ingeniosa manera para hacer que el mismo ladrón volviera a poner en el escondite las mil libras que le había robado.

Pero el verdadero interés literario del *Libro Félix* consiste en la parte 7ª, que sin dificultad puede aislarse de las restantes, como lo hizo Conrado Hofmann, publicándola con el título algo pomposo de *Thierepos*, o sea, epopeya animal.[1] En el original se llama *Libre de les Besties*, y hay indicios para creer que R. Lulio le compuso antes de pensar en escribir el *Félix*, donde aparece violentamente intercalado.

El *Libre de les Besties* es un vasto apólogo con honores de poema satírico en prosa, dentro del cual se intercalan muchos apólogos cortos. Comienza el relato con la elección de rey de los animales que recae en el león, y descríbense luego las intrigas de la corte de éste, en que principalmente interviene el zorro, representación de la astucia.

No cabe controversia ni sobre el origen de la ficción principal ni sobre los apólogos accesorios. Pudo creerse al principio que teníamos aquí la única forma española conocida del ciclo satírico de *Renart*. No era enteramente desconocida esta creación poética para R. Lulio, puesto que de ella tomó el nombre de su protagonista, a quien designa siempre, no con el genérico de *volp*, sino con el propio y peculiar de *Na Renart*, siendo de notar la sustitución del género femenino al masculino que este animal tiene en las versiones francesas.

Pero a esto se reduce toda la decantada influencia, puesto que las demás semejanzas que una lectura superficial pudiera sugerir como verosímiles entre ambas obras, no son más que las muy vagas y remotas que existen entre el *Renart* y el verdadero modelo que R. Lulio tuvo a la vista, el cual no es otro que el fa-

---

hac mostrada sa camisa, puxes sa despulla e mostras a ell tota nua, e dix li que si hauia uyls que guardas per qui perdia castedat e Deu, e auilaua lo cors de Ihesuchrist com lo sacrifficaua, e que guardas per que la volia fer venir en ira de Deu, e de son marit, e de sos amichs, e en blasme de les gents, e que fos enemiga de castedat e sotsmesa a luxuria. Hac lo bisbe gran vergonia e contriccio, e marauellas desa gran follia, e de la gran castedat e virtut de la dona, e fo puxes hom just e de santa vida». (Tomo II de la ed. de Roselló y Aguiló, pp. 54-55).

[1] *Ein katalanisches Thierepos von Ramon Lull* (Münich, 1872).

moso libro árabe de *Calila y Dimna*, del cual imitó el cuadro de la fábula y también muchos de los cuentos, pero todo ello con tan notables y sustanciales diferencias, que, a no suponerlas nacidas de su propio ingenio y capricho, indican que no tenía el original a la vista, aunque recordaba los principales puntos de él. Desde luego es original de Raimundo la grande escena de la elección del rey de los animales, el apoyo que al león presta el zorro, la oposición del buey y del caballo, que ofendidos se entregan al hombre. Le pertenece también el importante episodio de la embajada que el rey de los animales envía al rey de los hombres por medio del leopardo y de la onza, llevándole como presentes el gato y el perro. La descripción de la corte del rey de los hombres da pretexto a nuestro autor para censurar la licencia y deshonestidad de los cantos y músicas de los juglares. Otro episodio enteramente nuevo y propio de un libro de caballerías, es el combate singular entre la onza y el leopardo, a quien el león había robado tiránicamente su mujer. De los dos chacales o lobos cervales del texto árabe no ha conservado más que uno, convirtiéndole en zorra, lo mismo que el traductor latino, Juan de Capua. Todo lo restante de la primera parte del *Calila y Dimna* está imitado con la misma libertad, pasando a veces a formar parte del cuadro general de los que en el libro árabe eran apólogos sueltos recitados por varios animales y atribuyéndose a unos las aventuras de otros. El animal, verbigracia, que por necia confianza se sacrifica para aplacar el hambre del león, no es aquí el camello, sino el buey. La conspiración del zorro contra el rey, descubierta por el elefante, y el castigo y suplicio del pérfido consejero, difieren en gran manera del relato análogo del *Calila*.

Los apólogos sueltos están imitados con más fidelidad y conservan mejor las líneas generales. Entre ellos figuran el de la rata convertida en mujer, el del cuervo y la serpiente; el de la garza y los pescados, el terrible cuento budista del hombre ingrato y las bestias agradecidas, que ya Ricardo Corazón de León contaba en 1195 y que todavía encontramos en el *Criticón*, de Baltasar Gracián, el del zorro y los dos machos cabríos. Dos o tres no menos curiosos hay en el *Libro Félix* que no proceden del *Calila*, pero que se encuentran en otras colecciones novelescas de la misma familia; por ejemplo, el de la mujer curiosa y el gallo, que está en la introducción de *Las mil y una noches*. Acaso estos cuentos estarían intercalados en el *Calila* que vió Ramón Lull, o llegarían a él por tradición oral de los musulmanes, que es lo más probable. Todos ellos están narrados con facilidad y gracia; pero cuando los autores de la *Historia Literaria* conceden a Lulio el mérito de haber traído por primera vez la mayor parte de estos apólogos a una lengua vulgar, parecen olvidar la traducción castellana del *Calila*, que es de 1261 por lo menos, al paso que el *Libro Félix* tiene la fecha de 1286. La diferencia es muy pequeña, como se ve, y siempre le queda a Lulio la ventaja de haber dado a sus ejemplos una forma relativamente original, acaso porque escribía de memoria.

La influencia de R. Lulio en las obras didácticas de don Juan, hijo del infante don Manuel, ha sido exagerada en los términos;[1] pero es innegable respecto de un libro, y puede presumirse racionalmente respecto de otro. El libro *del caballero et del escudero*, que el nieto de San Fernando compuso «en una manera que dicen en Castiella fabliella», tiene por modelo en sus primeros capítulos el *Libre del orde de cavayleria*, y el mismo don Juan Manuel confiesa esta imitación, aunque sin nombrar a Lulio: «Yo don Johan, fijo del Infante don Manuel, fiz este libro, en que *puse algunas cosas que fallé en un libro*, et si el comienço dél [es] verdadero o non, yo [non] lo sé, mas que me paresció que las razones que en él se contenían eran muy buenas, tove que era mejor de las scrivir que de las dexar caer en olvido. E otrosi puse y algunas

---

[1] Particularmente, en los curiosos estudios del malogrado profesor don Francisco de Paula Canalejas, que tuvo el mérito de llamar por primera vez la atención sobre estas semejanzas y relaciones de Raimundo Lulio y don Juan Manuel *(Revista de España*, mayo y octubre de 1868).

También pecó de exageración el inolvidable don Mariano Aguiló en estas palabras de su prólogo al *Libre del Orde de Cauayleria:* «En lo catorzen segle la gentil ploma de don Juan Manuel, gran saltejadora de les obres de Ramon Lull, se apodera dest tractat y feusel seu sens anomenar a son autor».

Más imparciales están aquí los autores de la *Histoire Littéraire:* «Le Livre du Chevalier et de l'Ecuyer, de D. Juan Manuel, diffère beaucoup du traité de Lulle, et comme on peut s'y attendre de la part d'un tel auteur, est bien autrement original» (T. 29, p. 364). La frase, sin embargo, parece demasiado desdeñosa para Lulio, que es tan original como el que más, y el mismo Littré reconoce que el principio del libro fué fielmente reproducido, tanto por don Juan Manuel como por el autor del *Tirante*.

otras razones, que fallé scritas, et otras algunas que yo puse, que pertenescian para seer y puestas». En efecto, la sencillísima fábula novelesca es casi la misma en ambas obras, si bien debe advertirse que habiéndose perdido un enorme trozo del libro castellano (desde el capítulo III al XVII), no es posible apreciar las variantes de detalle que pudo introducir el nieto de San Fernando, lo que tenemos del principio se reduce a lo siguiente: «Dise en el comienço de aquel libro que en una tierra avia un Rey muy bueno et muy onrado et que fazia muchas buenas obras, todas segun pertenescia a su estado... Acaescio una vez que este Rey mandó fazer unas cortes, et luego que fué sabido por todas las tierras, vinieron y de muchas partes muchos omnes ricos et pobres. Et entre las otras gentes venia y un escudero mancebo, et commo quier que él non fuese omne muy rico, era de buen...».[1] Aquí queda interrumpido el relato, y cuando volvemos a encontrar al caballero y al escudero es en plena plática sobre el oficio y orden de la caballería. En estas instrucciones doctrinales hay mucha semejanza, pero no identidad ni mucho menos, y aun don Juan Manuel cita otra fuente: «Pero si vos quisierdes saber todo esto que me preguntastes de la cavallería conplidamente, leed un libro que fizo un sabio que dizen *Vejecio*, et y lo fallaredes todo.»

En el prólogo de Raimundo Lulio nada se dice de lo que aconteció al escudero en las justas, ni de su vuelta a la ermita, ni de las nuevas lecciones que recibió del caballero anciano, ni de la muerte y entierro de este último. Todas éstas son adiciones de don Juan Manuel para dar más interés y atractivo a la novela y poder intercalar en ella nuevos elementos didácticos. Las enseñanzas que contiene esta segunda parte del libro, que es la más larga, no pertenecen ya al doctrinal caballeresco, sino que constituyen una pequeña enciclopedia, en que sucesivamente se trata de Dios, de los ángeles, del Paraíso y el Infierno, de los cielos, de

---

[1] Don Juan Manuel, *El Libro del Cauallero et del Escudero. Mit Einleitung, Anmerkungen und einem Anhang über den Sprachgebrauch Don Juan Manuels, nach der Handschrift neue herausgegeben von S. Gräfenberg*... Erlangen, 1893, p. 449.

En esta correcta edición (tirada aparte de los *Romanische Forschungen*) debe leerse el *Libro del Caballero et del Escudero*. Para el *de los Estados* hay que recurrir todavía al tomo de *Escritores en prosa anteriores al siglo XV*, en la Biblioteca de Rivadeneyra.

los elementos, de los planetas, del hombre, de las bestias, aves y pescados, de las yerbas, árboles, piedras y metales, de la mar y la tierra. El plan es, con corta diferencia, el del *Libro Félix*, y me parece seguro que don Juan Manuel le conoció, pero en su exposición nada hay que recuerde el peculiar tecnicismo luliano ni los procedimientos dialécticos a que nunca renunciaba el Doctor Iluminado, y que dan tanta originalidad *formal* a su doctrina hasta cuando no hace más que exponer las nociones vulgares del saber de la Edad Media. Tal sucede en el caso presente, y la misma vulgaridad de estas nociones hace difícil la investigación precisa de sus fuentes, pues lo mismo que en R. Lulio pudo encontrarlas el Príncipe castellano en las *Etimologías* de San Isidoro, en el *Speculum* de Vicente de Beauvais, en las obras de su propio tío Alfonso el Sabio o en el *Lucidario* de su primo el rey don Sancho. Cuando habla por su propia cuenta, como al tratar de las aves, bien se ve al gran cazador y al observador entusiasta, que enriquece su estilo con admirable caudal de rasgos pintorescos.

Tan pagado quedó don Juan Manuel del *Libro del caballero et del escudero* (que debió ser el primero que compuso), que al citarle años después en el *Libro de los Estados,* no pudo menos de elogiarse a sí mismo candorosamente: «Et como quier que este libro fizo D. Johan en manera de fabliella, sabed, señor infante, que es muy buen libro et muy provechoso, et todas las razones que en él se contienen son dichas por muy buenas palabras et por los muy fermosos latines que yo nunca oí decir en libro que fuese fecho en romance.» Este singular cuidado del estilo, esta preocupación literaria, tan rara en la Edad Media, aleja notablemente el arte reflexivo de don Juan Manuel de la espontaneidad abandonada y genial de Ramón Lull. Don Juan Manuel era un escritor aristocrático y refinado; R. Lulio un predicador popular, un asceta sublime, un iluminado. Entre dos naturalezas tan diversas pudo haber contacto fortuito, pero no verdadera compenetración. R. Lulio influyó en don Juan Manuel como tratadista enciclopédico y como autor de apólogos y *fabliellas,* pero su misticismo y su doctrina de la ciencia le fueron extraños siempre; no así sus razones de teología popular, que acepta y da por buenas en varios pasajes de sus obras.

El *Libro de los Estados,* que es la más extensa, aunque no la más importante de las obras del egregio sobrino del Rey Sabio, tiene notoria semejanza con el *Blanquerna* en cuanto ofrece una revista completa de la sociedad del siglo XIV en todas sus clases, condiciones y jerarquías, así de clérigos como de laicos. Pero en don Juan Manuel esta revista es puramente expositiva, al paso que en el filósofo mallorquín está toda en acción y es el fondo mismo de la novela. Con el *Libro del Gentil y de los tres Sabios* conviene el de los *Estados* en incluir una breve comparación de las tres leyes. Pero ni este tratado, ni el *Blanquerna*, ni el *Félix*, ni mucho menos el *Poema de Perceval*, como alguien ha supuesto, explican los verdaderos orígenes de la ficción de don Juan Manuel, que se deriva directamente de la tradición oriental representada por un libro de los más conocidos y famosos.

El *Libro de los Estados* es, sin disputa, un *Barlaam y Josafat*, el más antiguo y el más interesante de los que tenemos en nuestra lengua. Pero ofrece tales divergencias respecto del *Barlaam* cristiano atribuído a San Juan Damasceno y vulgarizado en todas las literaturas de la Edad Media, que para mí no es dudoso que fué otro libro distinto, probablemente árabe o hebreo, el que nuestro príncipe leyó o se hizo leer, y arregló luego con la genial libertad de su talento, trayendo la acción a sus propios días y enlazándola con recuerdos de su propia persona. En una palabra, creemos que el *Libro de los Estados*, aunque en el fondo sea un *Barlaam*, en su forma es una nueva y distinta adaptación cristiana de la leyenda del reformador de Kapilavastu. Hasta el nombre de *Johas*, que don Juan Manuel le da, parece mucho más próximo que el *Josaphat* griego a la forma *Joasaf*, usada por los cristianos orientales, la cual a su vez era corruptela de *Budasf*, como ésta de *Budisatva*; explicándose tales cambios por la omisión en árabe de los puntos diacríticos. Además, en don Juan Manuel, los tres encuentros de Buda están reducidos a uno solo, y éste es precisamente el que falta en el *Barlaam y Josaphat*, aunque sea el más capital de todos en el *Lalita Vistara*. En don Juan Manuel, el Príncipe no ve al ciego, ni al leproso, ni al viejo decrépito, sino solamente *el cuerpo del ome finado*, y por eso es más grande y dramática la forma de su única iniciación en el misterio de la muerte (cap. VII).

«Et andando el infante Johas por la tierra, así como el Rey su padre mandara, acaesció que en una calle por do él pasaba, tenían el cuerpo de un home muy honrado que finara un día antes, et sus parientes et sus amigos et muchas gentes que estaban y ayuntados, facían muy grant duelo por él. Et cuando Turin, el caballero que criaba al Infante, oyó de lueñe las voces, et entendió que facían duelo, acordóse de lo que el rey Morován, su padre del infante, le demandara, et por ende quisiera muy de grado desviar el Infante por otra calle do non oyese aquel llanto, porque hoviese a saber que le facían porque aquel home muriera. Mas porque al logar por do el Infante quería ir era más derecho el camino por aquella calle, non le quiso dexar pasar, et fué yendo fasta que llegó al logar do facían el duelo, et vió el cuerpo del home finado que estaba en la calle, et cuando le vió yacer et vió que había facciones et figura de home, et entendió que se non movia nin facia ninguna cosa de lo que facen los homes buenos, maravillose ende mucho... Et porque el Infante nunca viera tal cosa nin lo oyera, quisiera luego preguntar a los que estaban qué cosa era; mas el grant entendimiento que había le retuvo que lo non feciese, ca entendió que era mejor de lo preguntar más en puridad a Turin, el caballero que lo criara, ca en las preguntas que home face se muestra por de buen entendimiento o non tanto... A Turin pesó mucho de aquellas cosas que el Infante viera, e aun más de lo que él le preguntara, et fizo todo su poder por le meter en otras razones et le sacar de aquella entencion; pero al cabo, tanto le afincó el Infante, que non pudo excusar dél decir alguna cosa ende, et por ende le dixo: «Señor, aquel cuerpo que vos allí viestes era home muerto, et aquellos que estaban en derredor dél, que lloraban, eran gentes que le amaban en cuanto era vivo, et habían grant pesar porque era ya partido dellos, et de alli adelante non se aprovecharían dél. E la razón porque vos tomastes enojo et como espanto ende, fué que naturalmente toda cosa viva toma enojo y espanto de la muerte, porque es su contraria, et otrosi de la muerte, porque es contraria de la vida...»

Coincide el *Libro de los Estados* con el de *Barlaam y Josafat* en la disputa de las religiones, en la conversión del rey, padre de Joas, y en otros pormenores, pero no en el motivo del encerramiento del Príncipe, que aquí no se funda en un vaticinio de los astrólogos, ni en el recelo de que se convirtiera a la nueva fe, sino en el motivo puramente humano, aunque quimérico, de ahuyentar de él la imagen del dolor y de la muerte. «Este rey Morován por el grant amor que había a Johas su fijo el Infante, receló que si supiese qué cosa era la muerte o qué cosa era pesar, que por fuerza habría a tomar cuidado et despagamiento del mundo, et que esto sería razón porque non viviese tanto ni tan sano.»

El libro de don Juan Manuel, aunque curiosísimo históricamente y tan bien escrito como todas sus obras, no corresponde del todo a tan soberbia portada. Desde la conversión y bautizo del Infante pierde todo interés novelesco. Las instrucciones morales y políticas que el ayo Julio da a Joás se leen con gusto por la gracia de la expresión y por el fino sentido práctico que caracteriza a nuestro moralista, pero carecen de la profundidad dogmática y del inefable hechizo que tienen las ascéticas parábolas del *Barlaam*.

Y llegamos a la obra capital de don Juan Manuel, a la obra maestra de la prosa castellana del siglo XIV, a la que comparte con el *Decamerón* la gloria de haber creado la prosa novelesca en Europa, puesto que ni las *Cento novelle antiche* en Italia, ni en España las obras que hasta aquí van enumeradas, son productos de arte literario, maduro y consciente, sino primera materia novelística, elementos de *folk-lore*, obra anónima y colectiva, o bien parábolas y símbolos, puestos, como en el caso de R. Lull, al servicio de una enseñanza moral o teológica. El cuento por el cuento mismo, como en Boccaccio; el cuento como trasunto de la varia y múltiple comedia humana, y como expansión regocijada y luminosa de la alegría de vivir; el cuento sensual, irreverente, de bajo contenido a veces, de lozana forma siempre, ya trágico, ya profundamente cómico, poblado de extraordinaria diversidad de criaturas humanas con fisonomía y afectos propios, desde las más viles y abyectas hasta las más abnegadas y generosas; el cuento rico en peripecias dramáticas y detalles de costumbres, observados con serena objetividad y trasladados a una prosa elegante, periódica, cadenciosa, en que el remedo de la facundia latina y del número ciceroniano, por lo mismo que se aplican a tan extraña materia, no dañan a la frescura y gracia de un arte juvenil, sino que le realzan por el contraste, fué creación de Juan Boccaccio, padre indiscutible de la novela moderna en varios de sus géneros y uno de los grandes artífices del primer Renacimiento.

En 1335, trece años por lo menos antes de la composición del *Decamerón* (puesto que la peste de Florencia, con cuya descripción empieza, acaeció en 1348), había terminado don Juan Manuel la memorable colección de cuentos y apólogos que lleva el título de *Libro de Patronio,* y más comúnmente el de *Conde Lucanor.* No puede haber dos libros más desemejantes por el temperamento de sus autores, por la calidad de las narraciones, por el fondo moral, por los procedimientos de estilo, y sin embargo, uno y otro son grandes narradores, cada cual a su manera, y sus obras, en cuanto al plan, pertenecen a la misma familia, a la que comienza en la India con el *Calila y Dimna* y el *Sendebar* y se dilata entre los árabes con *Las mil y una noches.* El cuadro de la ficción general que enlaza los diversos cuentos es infinitamente más artístico en Boccaccio que en don Juan Manuel; las austeras instrucciones que el conde Lucanor recibe de su consejero Patronio no pueden agradar por sí solas como agradan las instrucciones de Boccaccio, cuyo arte es una perpetua fiesta para la imaginación y los sentidos. Además, el empleo habitual de la forma indirecta en el diálogo comunica cierta frialdad y monotonía a la narración; en este punto capital, Boccaccio lleva notable ventaja a don Juan Manuel y marca un progreso en el arte. Y sin embargo, el que lee los hermosísimos apólogos de don Illán, el mágico de Toledo; de Alvar Fáñez y doña Vascuñana; de los burladores que hicieron el paño mágico; del mancebo que casó con una mujer áspera y brava y llegó a amansarla; del conde Rodrigo el Franco y sus compañeros; de la prueba de los amigos; de la grandeza del alma con que el Sultán Saladino triunfó de su viciosa pasión por una buena dueña, mujer de un vasallo suyo, no echa de menos el donoso artificio del liviano novelador de Certaldo, y se encuentra virilmente recreado por un arte mucho más noble, honrado y sano, no menos rico en experiencia de la vida y en potencia gráfica para representarla e incomparablemente superior en lecciones de sabiduría práctica. No era intachable don Juan Manuel, especialmente en lo que toca a la moralidad política, y su biografía ofrece hartos ejemplos de mañosa cautela, de refinada astucia, de inquieta y tornadiza condición, y aun de verdaderas tropelías y desmanes que la guerra civil traía aparejados en aquella edad de hierro. Pero, con todo eso, fué quizá el hombre más humano de su tiempo, y lo debió en parte al alto y severo ideal de la vida que en sus libros resplandece, aunque por las imperfecciones de la realidad no llegara a reflejarle del todo en sus actos. Criado a los pechos de la sabiduría oriental, que adoctrinaba en Castilla a príncipes y magnates, fué un moralista filósofo más bien que un moralista caballeresco. Sus lecciones alcanzan a todos los estados y situaciones de la vida, no a las clases privilegiadas únicamente. En este sentido hace obra de educación popular, que se levanta sobre instituciones locales y transitorias, y conserva un jugo perenne de buen sentido, de honradez nativa, de castidad robusta y varonil, de piedad sencilla y algo belicosa, de grave y profunda indulgencia y a veces de benévola y fina ironía. El triunfo que Boccaccio consigue muchas veces adulando los peores instintos de la bestia humana, lo alcanza no pocas don Juan Manuel dirigiéndose a la parte más elevada de nuestro ser. Hay en su libro, como en todas las colecciones de apólogos, algunas lecciones que pueden parecer dictadas por el egoísmo o por el principio utilitario, pero son las menos, y ni una sola hay en que se haga la menor concesión a los torpes apetitos que sin freno se desbordan en la parte inhonesta del *Decamerón*, que es por desgracia la más larga. Esta virtud, que lo sería en cualquier tiempo, lo es mucho más en un autor de la Edad Media, laico por añadidura y nada ascético, que pasó su vida en el tráfago mundano como hombre de acción y de guerra. Para no escribir en el siglo XIV como Boccaccio o como el Arcipreste de Hita, se necesitaba una exquisita delicadeza de alma, una repugnancia instintiva a todo lo feo y villano, que es condición estética, a la par que ética, de espíritus valientes, como el de Manzoni por ejemplo, y que nada tiene que ver con los ñoños escrúpulos de cierta literatura afeminada y pueril.

La vida doméstica está concebida en el *Conde Lucanor* como rígida disciplina de la voluntad, pero no como lazo de sumisión servil. La mujer aparece en condición dependiente e inferior, si se compara con las vanas y adúlteras quimeras del falso idealismo provenzal o bretón, que profanaron el tipo femenino en son de apoteosis; pero ejerce dentro del hogar su tierna y callada influencia, ya con ingeniosa sumisión, como doña Vascuñana, ya con bárbaro heroísmo, como la mujer de don Pedro Núñez. Hay que retroceder a las canciones de gesta para encontrar en las Aldas,

Jimenas y Sanchas, los verdaderos prototipos de las heroínas de don Juan Manuel, que en esta como en otras cosas es continuador de la poesía épica.

Porque entre los varios aunque no discordes elementos que entraron en la composición del *Libro de Patronio,* no fué el último ciertamente la tradición castellana, ya oral, ya cantada, que revive en las anécdotas relativas al conde Fernán González, vencedor en Hacinas; al prudente y sagaz Alvar Fáñez y a las hijas de don Pedro Ansúrez; al Adelantado de León Pero Meléndez de Valdés, el de la pierna quebrada; al conde Rodrigo del Franco, último señor de las Asturias de Santilana, que murió de la lepra en Palestina, y a los tres fieles compañeros de armas que le siguieron en su postrera y dolorosa peregrinación, asistiéndole con caridad heroica y transportando sus huesos a Castilla; a los adalides de la conquista de Andalucía, Garci Pérez de Vargas y Lorenzo Suárez Gallinato, el que descabezó en Granada al capellán renegado; a Garcilaso de la Vega, el que *cataba mucho en agüeros,* y a otros personajes no legendarios, sino históricos, que se mueven en estos lindos relatos con la misma bizarría y denuedo que en las Crónicas, pero al mismo tiempo con cierto gracioso y familiar desenfado.

Otras historietas como aquellas, en que suenan los nombres de Saladino y Ricardo Corazón de León, nos transportan al gran ciclo de las Cruzadas, cuya popularidad era grande en España y está atestiguada por la traducción de la *Gran conquista de Ultramar.*

El conocimiento que don Juan Manuel tenía de la lengua arábiga y no sólo de la vulgar que como Adelantado del reino de Murcia debió de usar con frecuencia en sus tratos de guerra y paz con los moros de Granada, sino también de la literaria, como ya lo indica el *Libro de los Estados,* se confirma en *El Conde Lucanor* con ejemplos como el de los caprichos de la reina Romayquia, mujer del gran poeta y desventurado rey Almotamid de Sevilla (que se encuentra narrado de igual modo en la gran compilación histórica de Al-Makari); el del *añadimiento* o perfección que el rey Alhaquime (Al-Hakem II de Córdoba) introdujo en el instrumento músico llamado albogón, y el de la mora que quebrantaba los cuellos de los muertos; en todos los cuales se encuentran palabras de aquella lengua transcritas con toda puntualidad. Hemos de creer, por consiguiente, que, además de los libros de cuentos que ya corrían traducidos al castellano, como el *Calila,* o al latín, como la *Disciplina Clericalis,* manejó don Juan Manuel otras colecciones en su lengua original. Por ejemplo, la novela fantástica, a la par que doctrinal, del mágico de Toledo, que es por ventura la mejor de la colección, se encuentra también en el libro árabe de *Las cuarenta mañanas y las cuarenta noches.* [1] Pero don Juan Manuel, como todos los grandes cuentistas, imprime un sello tan personal en sus narraciones, ahonda tanto en sus asuntos, tiene tan continuas y felices invenciones de detalle, tan viva y pintoresca manera de decir, que convierte en propia la materia común, interpretándola con su peculiar psicología, con su ética práctica, con su humorismo entre grave y zumbón. Tan fácil es alargar indefinidamente, como lo han hecho Knust respecto del *Conde Lucanor* y Landau respecto del *Decamerón,* la lista de los paralelos y semejanzas con los cuentos de todo país y de todo tiempo, como difícil o imposible marcar la fuente inmediata y directa de cada uno de los capítulos de ambas obras. Ni don Juan Manuel ni Boccaccio tienen un solo cuento original; este género de invención se queda para las medianías; pero el cuento más vulgar parece en ellos una creación nueva.

Con ser tan reducido el número de cuentos del *Libro de Patronio,* pues no pasa de cincuenta, [2] la mitad exactamente que los

---

[1] Cuentos análogos remotamente a éste se hallan en las *Novelas Turcas,* traducidas por Pétis de Croix; en el *Libro de los cuarenta visires* (Historia del jeque Chehabedin); en el *Meshal-ha-Quadmoni* de Isaac-ben-Salomon-ben-Sahula, traducido por Steinschneider *(Manna,* Berlín, 1847); en la historia de Kandu, traducida del sánscrito *(Journal Asiatique,* I, 3). Se derivan del cuento de don Juan Manuel, *La Prueba de las Promesas,* comedia de don Juan Ruiz de Alarcón; un cuento del abate Blanchet, *Le Doyen de Badajoz,* puesto luego en verso por Andrieux; la comedia de Cañizares, *Don Juan de Espina en Milán,* y hasta cierto punto la comedia italiana traducida por D. M. A. Igual, con el título de *Sueños hay que lecciones son,* y *El Desengaño en un sueño,* drama fantástico del Duque de Rivas. Basta este solo ejemplo para comprender la riqueza y variedad de comparaciones literarias que sugiere cualquiera de los capítulos de *El Conde Lucanor.*

[2] Cuarenta y nueve en la edición de Argote, porque suprimió el ejemplo que es 28 de la edición Gayangos: «De lo que aconteció a D. Lorenzo Suárez Gallinato, cuando descabezó al capellán renegado». El códice S-34 de la Biblioteca Nacional añade un apólogo, pero no es seguro que perte-

del *Decamerón*, y mucho más breves por lo general, hay en ellos variedad extraordinaria, y no sería temerario decir que en esta parte aventaja al novelista florentino, si se tiene en cuenta que nuestro rígido moralista no admitió una sola historia libidinosa, y hasta prescindió sistemáticamente de las aventuras de amor (pues nadie dará tal nombre a la victoria moral de Saladino), ni abrió la puerta tampoco al elemento antimonástico y anticlerical, que en la obra de Boccaccio tiene tanta parte. Hay en el *Conde Lucanor* fábulas esópicas y orientales, como la del raposo y el cuervo; la de la golondrina cuando vió sembrar el lino; la de doña Truhana, que vertió la olla de miel por distraerse en pensamientos ambiciosos y vanos; la de los dos caballos y el león; la del raposo y el gallo; la de los cuervos y los buhos; la del león y el toro (que se encuentra, como la anterior, en el *Pantschatantra* y en el *Hitopadesa*); la del raposo que se hizo el muerto (contada también por el Arcipreste de Hita); la del falcón sacre, el águila y la garza, que es una anécdota de caza acontecida a su propio padre el Infante don Manuel. Otras son sencillas parábolas, como la de las hormigas; la del corazón del avaro lombardo, que se encontró después de su muerte en el fondo del arca de sus caudales, o las palabras que dijo un genovés moribundo a su alma. Otras son alegorías bastante desarrolladas, como la del Bien y el Mal y la de la Mentira y la Verdad. Abundan, como hemos visto, los ejemplos de la historia patria y de las ajenas, y los casos y escenas de la vida familiar. El cuento maravilloso está dignamente representado, aunque por muy pocos ejemplares, como el sabrosísimo de don Illán y el del hombre que se hizo amigo y vasallo del diablo, a quien invocaba con el nombre de don Martín. Son cuentos de profundísima intención satírica, el del paño mágico y el del alquimista. Finalmente, parece imposible reunir en tan corto espacio tantas fuentes de interés diversas. No es maravilla que al repasar las hojas

---

nezca a don Juan Manuel. Es la interesante leyenda del emperador soberbio (tomada del *Gesta Romanorum*), que dió argumento a una pieza anónima de nuestro teatro primitivo, *Auto del Emperador Juveniano*, y a la comedia de don Rodrigo de Herrera, *Del cielo viene el buen Rey*. En el códice que fué de los condes de Puñonrostro, hay otros dos apólogos que seguramente no pertenecen al *Conde Lucanor*: uno de ellos (el de *El durmiente despierto* de *Las Mil y una noches*) está incompleto al fin.

de tan ameno libro nos salgan al paso a cada momento asuntos que nos son familiares. *El Salto del Rey Richarte de Inglaterra* es una leyenda análoga a la de *El Condenado por desconfiado*, aunque don Juan Manuel la trata más caballeresca que teológicamente. El apólogo de los dos sabios en *La Vida es sueño* se titula en *El Conde Lucanor*: «*De lo que aconteció a un home que por pobreza et mengua de otra vianda comia atramuces*». El mismo Calderón, y antes de él Lope de Vega, en su comedia *La Pobreza Estimada*, dramatizaron el caso del conde de Provenza y el consejo que le dió Saladino respecto del matrimonio de su hija. *La Fiera Domada*, de Shakespeare *(Taming of the shrew)*, tiene el mismo argumento que la historia, deliciosamente contada, del «mancebo que casó con una mujer muy fuerte et muy brava». El apólogo del filósofo que fingiendo entender la lengua de las cornejas corrigió al Príncipe de cuya educación estaba encargado, pasó al *Gil Blas*, donde se atribuye equivocadamente a Bildpay. El cuento de los tres burladores que labraron el paño mágico (cuya idea fundamental es la misma de *El retablo de las Maravillas*, de Cervantes) se encuentra todavía en los cuentos daneses de Andersen, por imitación directa del *Lucanor*. Bastan estas sucintas indicaciones para comprender la importancia que el *Conde Lucanor* tiene en la tradición literaria y en la novelística universal, en la cual figura acaso como el primer libro original de cuentos en prosa, puesto que el *Novellino* italiano del siglo XIII es cosa tan descarnada, tan seca, tan poco literaria, que deja atrás la sequedad de Pedro Alfonso y del compilador del *Gesta Romanorum*.[1]

Porque la grande y verdadera originalidad de don Juan Manuel consiste en el estilo. No puede decirse que creara nuestra prosa narrativa, porque de ella había admirables ejemplos en la *Crónica general*; pero aquella prosa tenía el carácter de las construcciones anónimas, participaba de la impersonalidad de la poesía épica, y en muchos casos era una continuación, una derivación suya, era la misma epopeya desatada y disuelta en prosa. En sus elementos léxicos y en su sintaxis, la lengua de don Juan Manuel no difiere mucho de la de su tío; es la misma lengua, pulida y cor-

---

[1] *Gesta Romanorum herausgegeben von Hermann Oesterley* (Berlín, año 1872).

tesana ya, en medio de su ingenuidad, en que se escribieron las *Partidas* y se tradujeron los libros *del saber de Astronomía;* lengua grave y sentenciosa, de tipo un tanto oriental, entorpecida por el uso continuo de las conjunciones. Nada tiene de la redundante y periódica manera con que halaga los oídos la prosa italiana de Boccaccio, pero en cambio está libre de todo amaneramiento retórico. Don Juan Manuel era extraño al renacimiento de los estudios clásicos, que tenían en Boccaccio uno de sus más ilustres representantes; nada innovó en cuanto a las condiciones externas de la forma literaria, pero, dotado de una individualidad poderosa, la trasladó sin esfuerzo a sus obras y fué el primer escritor de nuestra Edad Media que tuvo *estilo* en prosa, como fué el Arcipreste de Hita el primero que lo tuvo en verso. Hay muchos modos de contar una anécdota: reducida a sus términos esquemáticos, como en la *Disciplina Clericalis* o en el *Libro de los enxemplos,* no tiene valor estético alguno. El genio del narrador consiste en saber extraer de ella todo lo que verdaderamente contiene; en razonar y motivar las acciones de los personajes; en verlos como figuras vivas, no como abstracciones simbólicas; en notar el detalle pintoresco, la actitud significativa; en crear una representación total y armónica, aunque sea dentro de un cuadro estrechísimo; en acomodar los diálogos al carácter, y el carácter a la intención de la fábula; en graduar con ingenioso ritmo las peripecias del cuento. Todo esto hizo don Juan Manuel en sus buenos apólogos, que son todos aquellos en que la materia no era de suyo enteramente estéril. Toma, por ejemplo, el cuento oriental de la prueba de las promesas; le naturaliza en Castilla; aprovecha la tradición de las escuelas de nigromancia de Toledo para dar color local al sabroso relato; describe con cuatro trazos firmes y sobrios el aula mágica («et entraron amos por una escalera de piedra muy bien labrada, et fueron descendiendo por ella muy grand pieza, en guisa que parescian tan bajos que pasaba el río Tajo sobre ellos; et desque fueron en cabo de la escalera fallaron una posada muy buena en una cámara mucho apuesta que y habia, do estaban los libros et el estudio en que habían de leer»); copia de la realidad contemporánea un deán de Santiago y un sabio de Toledo, que ciertamente no han pasado por Bagdad ni por el Cairo; les atribuye ambiciones y codicias enteramente propias de su estado y condición; prepara hábilmente los cinco rasgos de ingratitud, y no deja traslucir hasta el fin la clave fantástica envuelta en el convite de las perdices. Todo esto en un cuento que apenas tiene tres páginas. El que con tanta habilidad combina un plan y con tanta gracia mueve los resortes de la narración en la infancia del arte, bien merece ser acatado como el progenitor de la nutrida serie de novelistas que son una de las glorias más indisputables de España. [1]

Era tan inclinado don Juan Manuel a la forma del apólogo,

---

[1] *El Conde Lucanor. Compuesto por el excelentissimo principe don Juan Manuel, hijo del Infante don Manuel y nieto del sancto rey don Fernando. Dirigido por Gonçalo de Argote y de Molina, al muy Ilustre Señor Don Pedro Manuel, Gentil hombre de la Camara de su Magestad, y de su Consejo. Impreso en Seuilla, en casa de Hernando Diaz. Año de 1575.*

De esta edición son copias la de Madrid, por Diego Díaz de la Carrera, 1642; la de Stuttgart, 1840, dirigida por Keller, y la de Barcelona, 1853, con un prólogo de Milá y Fontanals.

Ninguno de los tres códices que Argote tuvo presentes para su edición ha llegado a nuestros días. Pero existen otros cinco: el de la Biblioteca de la Academia de la Historia, tres de la Biblioteca Nacional (incluyendo el que fué de Gayangos), y uno que, después de haber pertenecido a la casa de los Condes de Puñonrostro, vino últimamente a poder del ilustrado editor y tipógrafo suizo Eugenio Krapf, tan benemérito en la erudición española, a la cual había comenzado a prestar grandes servicios, lastimosamente interrumpidos por su repentina muerte.

En el tomo de *prosistas anteriores al siglo XV* (B. Rivadeneyra) insertó Gayangos *El Conde Lucanor*, corrigiendo y completando el texto de Argote con el códice que él poseía. Sobre la base de ambos textos, el de Argote y el de Gayangos, hizo Krapf en Vigo su primera edición popular de *El Conde Lucanor* en dos pequeños volúmenes. El mismo Krapf reprodujo, en 1902, el texto del códice de Puñonrostro, en elegantísima edición, salida también de sus prensas de Vigo.

De intento hemos reservado para el final la edición que debe consultarse con preferencia a todas. La dejó preparada el malogrado filólogo Hermann Knust, a quien debemos las mejores investigaciones sobre nuestros moralistas de los tiempos medios, y ha visto la luz pública después de su muerte. Su título es:

Juan Manuel. El Libro de los Enxiemplos del Conde Lucanor et de Patronio. Text und Anmerkungen aus dem Nachlasse von Hermann Knust. Herausgegeben von Adolf. Birch-Hirschfeld. Leipzig, Dr. Seele et co. 1900.

Tomó Knust por base de su edición el códice S-34 de nuestra Biblioteca Nacional, que es el más autorizado, y contiene, además, del *Lucanor*, todas las obras conocidas de don Juan Manuel, y apuntó las principales variantes

que lo usó hasta en el prólogo general de sus obras, donde intercala el del trovador de Perpiñán y el zapatero que le estropeaba sus versos. Esta anécdota, que se encuentra también, atribuída a Dante con un herrero, en uno de los cuentos de Sacchetti, hizo sospechar a don Manuel Milá que acaso las novelas rimadas de los provenzales, de las cuales es una muestra dicho apólogo, pudieran contarse entre las fuentes posibles del *Conde Lucanor*. Aunque el caso sea aislado, la sospecha no parece inverosímil, si se considera que don Juan Manuel conocía la literatura catalana, tan emparentada con la provenzal, e imitó alguna vez a Ramón Lull. Además, en la poesía provenzal, propiamente dicha, uno de los principales representantes del género narrativo era español de nacimiento, aunque intransigente purista en cuanto al empleo de la lengua clásica de los trovadores: el gramático y preceptista Ramón Vidal de Besalú, que visitó la corte de Alfonso VIII de Castilla, donde supone recitada su liviana novela del *Castia - gilós* (castigo o amonestación de celosos), una variante del eterno tema del marido burlado, apaleado y contento.[1] Pero de la novela en verso prescindimos en este estudio, aunque una sola excepción hemos de hacer tratándose del gran monumento poético que comparte con las obras de don Juan Manuel la mayor gloria del in-

---

de los demás códices y de los impresos. Dan gran valor al comentario de Knust las amplias referencias a las fuentes y cuentos similares, pero en esta parte hay algo que añadir y mucho que expurgar.

El Conde Lucanor ha sido traducido al alemán por Eichendorff (1840), al francés por Puibusque (1854) y recientemente al inglés, por James York, con el título de *The Tales of Spanish Boccaccio* (1896).

[1] Acerca de Ramón Vidal y sus lindos cuentos o narraciones métricas, *En aquell temps... Unas novas... Abril issi' e mays intruva...* véanse *Los Trovadores en España*, de Milá y Fontanals (tomo II de sus *Obras*, página 333 y ss.). Visitó este trovador todas las cortes poéticas de España y del Mediodía de Francia, y es muy interesante la descripción que hace de la de Alfonso VIII de Castilla, «el rey más sabio que hubo de ninguna ley, coronado de prez, de sentido, de valor y de proeza»:

«Unas novas vuelh contar
Que auzi dir a un joglar
En la cort del pus savi rey
Que anc fos de neguna ley,
Del rey de Castela N'Anfos
E qui era condutz e dos

genio castellano en el siglo XIV. Suprimir enteramente al Arcipreste de Hita sólo porque usó la forma métrica sería dejar sin explicación genealógica futuras formas de la novela, precisamente las que mejor caracterizan las tendencias del genio nacional.

No es mi intento rehacer el largo estudio que hace años dediqué a este poeta. Sólo recordaré algo que importa a mi objeto actual, e insistiré en algún punto que entonces traté de pasada.

Escribió el Arcipreste en su libro multiforme la epopeya cómica de una edad entera, la *Comedia Humana* del siglo XIV; logró

Sens e valors e cortesia
E engenhs e cavalairia
Qu' el non era ohns ni sagratz
Mas de pretz era coronatz
E de sen e de lialeza
E de valor e de proeza».

En los fáciles versos de Ramón Vidal revive a nuestros ojos aquella brillante corte que oyó la novela del *Castiá-gilós*, y se levanta la gentil figura de Leonor de Inglaterra, «ceñido el manto rojo de ciclatón con listas de plata y leones de oro».

Los versos de Ramón Vidal ilustran la historia de la poesía provenzal más que su propia *Poética*. Por él conocemos la vida errante de los juglares, ocupados en llevar de una parte a otra versos y canciones, *novas*, saludos, cuentos y *lays*. Aunque suele lamentarse de la decadencia en que por falta de protección y mengua de liberalidad en los grandes señores comenzaba a verse en sus días la poesía lírica, nunca le faltaron Mecenas, como el caballero catalán Hugo de Mataplana, de cuyo castillo y de las fiestas que en él se daban hay una linda descripción en cierto poemita de R. Vidal, donde se presenta un arbitraje algo parecido al de las Cortes de Amor reales o ficticias. (Vid. Mahn, *Gedichte der Troubadours in Provenzalischer Sprache*, II, página 23 y ss. *En aquell temp...*)

Hay que recurrir a la incómoda edición de Mahn (donde el texto está escrito como prosa), porque Milá no quiso publicar íntegras ni éstas ni las otras narraciones de Ramón Vidal, por escrúpulos morales bastante fundados. Tenía nuestro poeta una casuística amorosa algo pedantesca y no poco laxa, basada principalmente en las sentencias de antiguos trovadores, tales como Bernardo de Ventadorn, Giraldo de Borneil, Arnaldo Maruelh, etcétera. De ellos conserva la ligereza de tono y la falta de sentido ético; pero tanto en el fondo como en la forma, es visible la preocupación retórica de quien afectaba ser preceptista, así de urbanidad y buen tono cortesano como de gramática, mostrándose en lo uno y en lo otro nimio hasta el exceso e intransigente celador de las tradiciones aristocráticas de los *finos amantes* y los *donadores valientes y corteses*.

reducir a la unidad de un concepto humorístico el abigarrado y pintoresco espectáculo de la Edad Media en el momento en que comenzaba a disolverse y desmenuzarse. Se puso entero en su libro con absoluta y cínica franqueza, y en ese libro puso además todo lo que sabía (y no era poco) del mundo y de la vida. Es, a un tiempo, el libro más personal y el más exterior que puede darse. Como fuente histórica vale tanto, que si él faltara ignoraríamos casi totalmente un aspecto de la vida castellana de los siglos medios, así como sería imposible comprender la Roma imperial sin la novela de Petronio, aunque Tácito se hubiese conservado íntegro. Las *Crónicas* nos dicen cómo combatían nuestros padres, los fueros y los cuadernos de Cortes nos dicen cómo legislaban; sólo el Arcipreste nos cuenta cómo vivían en su casa y en el mercado, cuáles eran los manjares servidos en sus mesas, cuáles los instrumentos que tañían, cómo vestían y arreaban su persona, cómo enamoraban en la ciudad y en la sierra. Al conjuro de los versos del Arcipreste se levanta un enjambre de visiones picarescas que derraman de improviso un rayo de alegría sobre la grandeza melancólica de las viejas y desoladas ciudades castellanas: Toledo, Segovia, Guadalajara, teatro de las perpetuas y *non sanctas* correrías del autor. Él nos hace penetrar en la intimidad de truhanes y juglares, de escolares y de ciegos, de astutas Celestinas, de *troteras y danzadoras* judías y moriscas, y al mismo tiempo nos declara una por una las confituras y golosinas de las monjas. No hay estado ni condición de hombres que se libre de esta sátira cómica, en general risueña y benévola, sólo por raro caso acerba y pesimista. El Arcipreste es uno de los autores en quien se siente con más abundancia y plenitud el goce epicúreo del vivir, pero nunca de un modo egoísta y brutal, sino con cierto candor, que es indicio de temperamento sano y que disculpa a los ojos del arte lo que de ningún modo puede encontrar absolución mirado con el criterio de la ética menos rígida. Apresurémonos a advertir que las mayores lozanías de Juan Ruiz todavía están muy lejos de la lubricidad del *Decameron*. Más que a Boccaccio se asemeja el Arcipreste a Chaucer, tanto por el empleo de la forma poética cuanto por la gracia vigorosa y desenfadada del estilo, por la naturalidad, frescura y viveza de color, y aun por la mezcla informe de lo más sagrado y venerable con lo más picaresco y profano.

¿Qué valor autobiográfico puede darse al *Libro de buen amor* del Arcipreste? ¿Podemos tomar al pie de la letra todo lo que nos cuenta, no en los innumerables episodios traducidos o imitados de diversas partes, sino en lo que manifiestamente es original y se refiere a su propia persona? Por nuestra parte, creemos que el fondo de la narración es verídico, como lo prueba su misma simplicidad y llaneza y la ausencia de orden y composición que en el libro se advierte. Algún mayor artificio habría si se tratase de una mera novela, por rudo que supongamos entonces el procedimiento narrativo. Pero también parece evidente que sobre un fondo de realidad personal ha bordado el Arcipreste una serie de arabescos y de caprichosas fantasías en que no se ha de buscar la nimia fidelidad del detalle, sino una impresión de conjunto. Sus poesías son, pues, sus Memorias, pero libre y poéticamente idealizadas. Lo soñado y lo aprendido se mezcla en ellas con lo realmente sentido y ejecutado. Las aventuras amorosas, aunque generalmente coronadas por algún descalabro, son tantas y tan varias, que aun para don Juan parecerían muchas. Hay también evidentes inverosimilitudes, y algunos pasos en que la alegoría se mezcla de un modo incoherente y confuso con la realidad exterior.

Prescindiendo de los elementos líricos, sacros y profanos, de la sátiras, de las digresiones morales, de la parodia épica o poema burlesco sobre la *Batalla de Don Carnaval y Doña Cuaresma,* de la paráfrasis del *Arte de Amar* de Ovidio y de todo lo que en el libro del Arcipreste no es puramente narrativo, encontramos, sirviéndole de centro, una novela picaresca, de forma autobiográfica, cuyo protagonista es el mismo autor; una colección de *enxiemplos,* esto es, de cuentos y fábulas, que suelen aparecer envueltos en el diálogo como aplicación y confirmación de los razonamientos, y finalmente, una comedia de la baja latinidad, imitada o más bien parafraseada, pero reducida de forma dramática a forma novelesca, no sin que resten muchos vestigios del primitivo diálogo. El Arcipreste confiesa llanamente el origen de este episodio, que forma por sí solo una quinta parte de su obra:

Si villanías he dicho, haya de vos perdón,
que lo feo de la storia dis *Pánfilo* e *Nasón.*

¿Y quién era este *Pánfilo,* cuyo nombre se encuentra aquí tan inesperadamente asociado al de Ovidio? Un imitador suyo muy tardío, un poeta ovidiano de la latinidad eclesiástica, cuyas obras llegaron a confundirse con las de su maestro, si bien vemos que el Arcipreste las distinguía ya perfectamente. La edad del *Pamphilus* [1] es muy incierta, ni tampoco puede fijarse el país en que tuvo su cuna, aunque es muy verosímil que se escribiese en algún monasterio del centro de Europa (Francia del Norte o Alemania rhenana), foco principal de este género de literatura en los tiempos medios. De todos modos, en la primera mitad del siglo XIII era conocida ya esta obra en Italia, puesto que la cita y copia un verso de ella el dominico genovés Juan de Balbi, compilador del famoso *Catholicon sive summa gramaticalis.* Pero ni esta

---

[1] *Pamphile ou l'Art d'être aimé. Comédie latine du X° siècle, précedée d'une étude critique et d'une paraphrase* por *Adolphe Baudouin.* París, Librairie Moderne, 1874.

Resulta de las investigaciones del señor Baudouin que se conservan manuscritos del *Pamphilus* (no anteriores al siglo XV) en las bibliotecas públicas de Basilea y Zurich, y que hubo otro en la de Strasburgo, el cual pereció en el incendio de 1870. Ediciones se citan hasta doce, todas de extremada rareza, impresas la mayor parte en los últimos años del siglo XV y primeros del XVI. La biblioteca de Basilea posee una que tiene escrita de letra antigua la fecha de 1473, pero parece por ciertos indicios que hubo otra anterior hecha en Auvergne hacia 1470. Brunet menciona las de Venecia, 1480; Roma, 1487; París, 1499; París, 1515; Roma, sin fecha, y otras dos sin lugar ni año.

En esta época, que fué la de gran boga del *Pamphilus,* muy olvidado después, se publicaron además una paráfrasis francesa en verso con el texto latino al margen (París, 1494; París, 1545) y una *Farsa di Pamphylo in lengua thosca* (toscana), Siena, 1520. En estas primitivas ediciones no hay división de actos ni escenas, pero el humanista Juan Prot, cuyo *Comento familiar,* escrito para acompañar a la primera edición, se reprodujo en la de 1499 (fuente de la del señor Baudouin), notó ya el carácter dramático de la pieza y marcó perfectamente la división, aunque no la introdujese en su libro. Fué, pues, un retroceso, tanto en esta parte como en la pureza del texto, la edición que en Francfort, 1610, hizo Melchor Goldasto en un centón de obras eróticas falsamente atribuídas a Ovidio en la Edad Media *(Ovidii Erotica et Amatoria opuscula... nunc primum de vetustis membranis et mss. codicibus deprompta et in lucem edita, diversa ab iis quae vulgo inter eius opera leguntur).* Goldasto dividió caprichosamente el *Pamphilus* en 63 elegías.

He reimpreso el *Pamphilus,* con una advertencia, en el segundo tomo de la elegante edición de *La Celestina,* publicada por E. Krapf en Vigo, 1900.

mención, ni la que, según testimonio del bibliógrafo Ebert, se halla en el *Compendium Moralium notabilium* de un cierto Hieremías que falleció en 1300, nos autorizan para dar a esta comedia la remota antigüedad que su último editor (A. Baudouin) quiere asignarla. La comedia de Pánfilo, obra de pura imitación, obra enteramente impersonal, mero ejercicio de estilo de un monje desocupado y algo libidinoso que había leído los dísticos de Ovidio y procuraba remedar su versificación y su estilo, no tiene color local ni carácter de época. Pudo haber nacido en cualquier siglo de la Edad Media, porque nunca faltaron enteramente cultivadores de esta retórica. El poemita es pagano de pies a cabeza, pero con cierto paganismo artificial y contrahecho; carece a un mismo tiempo del sentido de la vida clásica y del ambiente de la vida moderna. Los interlocutores son figuras yertas, casi abstracciones; sólo en la escena lúbrica del final cobra alguna animación el estilo.

Pero si, juzgando por comparación con otras piezas análogas, hubiéramos de señalar fecha probable al *Pamphilus*, no nos remontaríamos, en verdad, al siglo x, como quiere Mr. Baudouin, que emplea para ello el cómodo aunque ingenioso procedimiento de comparar frases de esta comedia con frases del poema de Gualterio de Aquitania *(Waltarius)* y otras obras de aquella centuria, enteramente distintas de ésta por su carácter y espíritu; argumento que, en fuerza de probar mucho, nada prueba, tratándose de producciones artificiales, escritas en una lengua muerta y con un vocabulario aprendido en los libros. Nos fijaríamos más bien en aquellas comedias de fines del siglo XII y principios del XIII, compuestas en hexámetros y pentámetros como ésta; tanto o más desvergonzadas que ella, aunque menos dramáticas, y con las mismas pretensiones de estilo ovidiano. Y si nos fuera permitido tener opinión en materia tan oscura, diríamos que el *Pamphilus* debe de ser contemporáneo de la *Comedia Lydia* y de la *Comedia Milonis*, de Mateo de Vendôme; de la *Comedia Alda*, que es del mismo tiempo y acaso del mismo autor, aunque algunos la atribuyan a Guillermo de Blois, [1] y de otros cuentos en verso con forma

---

[1] Vid. *Histoire Littéraire de la France*, tomo XXII, pp. 39-61, y el tercer tomo de la colección de Du-Méril, *Poésies inédites du Moyen Age*... 1854 (páginas 350-445).

elegíaca, varios de los cuales repiten argumentos de comedias clásicas. Así, el *Geta y Birria*, de Vital de Blois *(Vitalis Blessensis)* es un remedo del *Amphitruo*, de Plauto, y su *Querolus* lo es, no de la *Aulularia*, sino del antiguo *Querolus* en prosa, escrito, al parecer, en las Galias y en el siglo IV. En este grupo de obras creo que ha de colocarse el *Pamphilus*, aunque el estilo parezca más sobrio y la latinidad menos mala.[1]

Esta pieza, tan seca, desnuda y elemental como es, tiene la importancia de ser la primera comedia exclusivamente amorosa que registran los anales del teatro. Por lo mismo que no procede de Plauto ni de Terencio, no calca sus intrigas, y en ella viene a ser principal lo que en la comedia clásica es accesorio. La única fuente del poeta es Ovidio: se ve por sus máximas eróticas, por su estilo, por el metro que usa y por los versos y frases que íntegramente copia de su modelo. La novedad está en haber dramatizado hasta cierto punto lo que en Ovidio se presenta con aparato didáctico; es decir, la teoría de la seducción, encarnándola en una fábula simplicísima, que viene a ser la comprobación práctica del *Arte de Amar*. Y como desgraciadamente este fondo, aunque bajo y ruin, es de todos tiempos, el desconocido autor, pudo, sin gran esfuerzo, dar a su obra un interés general, que la hizo adaptable a tiempos y civilizaciones muy diversas. Pero él

---

[1] Para evitar confusiones en que yo mismo he incurrido antes de ahora, debo advertir que el *Pamphilus* nada tiene de común con otro poema estrafalario titulado *De Vetula*, que en la Edad Media se atribuyó a Ovidio, suponiéndole encontrado en su sepulcro de Tomos, y que también figura en la colección de Goldasto. Esta obrilla, cuyo verdadero autor, según recientes investigaciones, fué Ricardo de Furnival, maestrescuela de la Catedral de Amiens en el siglo XIII, se divide en tres libros de carácter muy enciclopédico, con interesantes digresiones sobre los juegos, sobre la aritmética y la alquimia, sobre la natación, la pesca y la caza, en todo lo cual dice el autor que se ejercitaba Ovidio, después que renunció al amor, a consecuencia del tremendo chasco que le dió una vieja (de donde el título del poema), haciéndose pasar en la oscuridad de una cita amorosa por la dama a quien Ovidio cortejaba y de quien ella había sido nodriza. Este ridículo poema fué traducido al francés en el siglo XIV por Juan Lefevre (Vid. *La Vieille ou les derniers amours d'Ovide. Poëme français du XIVe siècle, traduit du Latin de Richard de Fournival par Jean Lefevre. Publié pour la première fois et précedé de recherches sur l'auteur du Vetula par Hippolyte Cocheris*, París, 1861).

no encontró más que la primera materia, tratándola con rudeza suma. La forma, es decir, la verdadera creación artística, pertenece únicamente a los grandes ingenios españoles que después de él se apoderaron de este argumento.

Si alguna prueba necesitáramos del prodigioso talento poético del Arcipreste de Hita, tan manifiesto en cualquiera de los episodios de su múltiple novela rimada, nos la daría la mágica transformación que hizo de la pobre comedia latina, trocándola en un cuadro de la vida castellana, rico de luz, de alegría y de color. Todo el *Pamphilus* está traducido, parafraseado o, por mejor decir, *transfundido* en los versos del Arcipreste; pero las figuras, antes rígidas, adquieren movimiento; las fisonomías, antes estúpidas, nos miran con el gesto de la pasión; lo que antes era un apólogo insípido, a pesar de su cinismo, es ya una acción humana, algo libre sin duda, pero infinitamente más decorosa que el original, y esto no sólo porque el Arcipreste, a pesar de su decantada licencia, retrocedió ante las torpezas de la última escena, sino por haber infundido en todo el relato un espíritu poético, que insensiblemente realza y ennoblece la materia y los personajes. La candorosa pasión del mancebillo don Melón de la Huerta es algo más que apetito sensual: hay en él rasgos de cortesía, de caballerosidad y hasta de puro afecto. El carácter de Doña Endrina, la noble viuda de Calatayud, vale todavía más; está tocado con suma delicadeza, con una apacible combinación de señoril bizarría, de ingenuo donaire, de temeridad candorosa, de honrados y severos pensamientos que se sobreponen a su flaqueza de un momento, traída por circunstancias casi fortuitas, e inmediatamente reparada. Con mucho arte va notando el Arcipreste cómo el amor se insinúa blandamente en su alma, hasta llegar a dominarla. Doña Endrina es muy señora en cuanto dice y hace; casi nos atreveríamos a tenerla por abuela de la *Pepita Jiménez* de un gran escritor, contemporáneo nuestro, que en vida ha alcanzado la categoría de los clásicos.

Creación también del Arcipreste es el tipo de *Trotaconventos*, comenzando por la intensa malicia del nombre. La *anus* de la comedia de Pánfilo no tiene carácter: es un espantajo que no hace más que proferir lugares comunes. *Trotaconventos* muestra ya los principales rasgos de Celestina: el tono sentencioso, reforzado con proverbios y ejemplos de los que tan sabrosa y lozanamente contaba el Arcipreste; el arte de la persuasión diabólica, capaz de encender lumbre en la honestidad más recatada; el fondo de filosofía mundana y experiencia de la vida, malamente torcido a la expugnación de la crédula virtud. Hasta en las astucias exteriores, en el modo de penetrar la vieja en casa de Melibea, so pretexto de vender joyas y baratijas, se ve que Fernando de Rojas tuvo muy presente la obra de su predecesor.

Pero es inútil proseguir un cotejo que está al alcance de todo el mundo [1] y en el cual habría que reconocer a cada momento rastros de costumbres, ideas y supersticiones enteramente ajenas al *Pamphilus*. Hasta en los casos en que la imitación del Arcipreste es más directa, hasta cuando va más ceñido al texto latino, le traduce con tal brío que parece original. La semejanza con la *Celestina* es mucho más general y remota. El *Pamphilus* no es más que el esqueleto de la tragicomedia de *Calixto y Melibea*, que no le debe ninguna de sus inmortales bellezas trágicas y cómicas. En rigor, aun puede dudarse que el bachiller Rojas le conociera; lo que de seguro tuvo presente fué el *Libro de buen amor* del Arcipreste, donde encontró a Trotaconventos con todo su caudal de dulces razones, de trazas y ardides pecaminosos.

Entre los apólogos que esmaltan el libro del Arcipreste, la mayor parte proceden sin duda de las colecciones esópicas, pero algunos pueden venir de fuente oriental. El Arcipreste sabía árabe: consta por el mensaje de Trotaconventos a la mora; por la declaración de los instrumentos que convienen a los *cantares de arábigo*; por el hecho de haber compuesto danzas para las *troteras y cantaderas* moriscas, y finalmente, por el número no exiguo de palabras de dicha lengua que con gran propiedad usa en sus poesías. Pero, ¿cómo y hasta qué punto lo sabía? ¿Por uso puramente familiar o por doctrina literaria? En otros términos, ¿era capaz de entender un texto en prosa o en verso y de imitarle? Para nosotros, la cuestión es dudosa; por lo menos hasta ahora no se ha señalado ninguna imitación directa y positiva. Basta con los libros que ya

---

[1] El texto del Arcipreste debe leerse únicamente en la edición crítica de J. Ducamin (*Libro de buen amor*, Tolosa de Francia, 1891).

corrían traducidos en romance para explicar el origen árabe de algunos apólogos; el color enteramente oriental con que aparecen otros que pueden hallarse también en la tradición clásica, como el horóscopo *del nacimiento del fijo del rey Alcarás,* y hasta la semejanza exterior que en su forma descosida y fragmentaria, pero con una historia central que sirve de núcleo, presenta el libro con las producciones de la novelística oriental ya examinadas.

Menos discutible es el influjo de la poesía francesa en el Arcipreste, pero ha sido grandemente exagerado. Todo lo que en la parte narrativa de su obra puede considerarse como imitación de los *troveros* franceses, y aun esto no siempre con seguridad, se reduce a cinco o seis cuentos: el de la disputa entre el doctor griego y el *ribaldo* romano, que Rabelais tomó también de antiguos *fabliaux* para tejer la chistosa controversia por señas entre Panurgo y Thaumasto; el de los dos perezosos que querían casar con una dueña; el del garzón que quería casar con tres mujeres; el del ladrón que hizo carta al diablo de su ánima; el del ermitaño, que se embriagó y cayó en pecado de lujuria; el de D. Pitas Payas, pintor de Bretaña, que lleva indicios de su origen hasta en ciertos galicismos; verbigracia: «*monsennor, volo* ir a Flandes», «*portar muita dona*», «*volo* facer en vos una buena figura», «*fey arditamente* todo lo que *vollaz*», «*petit corder*»; que no pertenecen a la lengua habitual del Arcipreste, y que sin duda están puestos en boca de personajes franceses para el efecto cómico.

La que no tomó de ninguna parte fué la forma autobiográfica en que expuso la novela de su vida. En este punto es inútil la indagación de orígenes; esa forma debió presentársele naturalmente como el marco más amplio y holgado para encajar todos sus estudios de costumbres, todos sus rasgos líricos, todas sus sátiras. La idea de un personaje espectador de la vida social en sus distintos órdenes y narrador de sus propias aventuras no fué desconocida de los antiguos. Dos novelas de la decandencia latina, el *Satyricon* y el *Asno de Oro* (sin contar con el *Asno* griego de Luciano o de Lucio de Patras), presentan ya esta forma enteramente desarrollada, aunque en ella no se identifican el autor y el protagonista, que es la gran novedad del Arcipreste. Pero el libro de Petronio parece haber sido ignorado en España durante la Edad Media, y de todos modos, no hubiera sido entendido, tanto por lo refinado y exquisito de su latinidad cuanto por lo monstruoso de las escenas que describe; y en cuanto a Apuleyo, que era más celebrado en aquellos siglos como filósofo y taumaturgo que como cuentista, hasta el punto de tomarse al pie de la letra la transformación en asno y confundirle con su héroe, no creemos que el Arcipreste le hubiera leído, puesto que, de conocerle, algunos cuentos hubiera sacado de su rica galería de fábulas milesias. Tenemos por seguro que estos modelos no influyen hasta el Renacimiento, y aun entonces nuestras primeras novelas picarescas son el producto enteramente espontáneo de un estado social, sin relación alguna con la novela clásica, ni tampoco con el arte oriental que en las *Makamas* de Hariri (tantas veces imitadas en árabe, en hebreo y en persa) nos ofrece en las transformaciones del medigo Abu-Zeid, algo remotamente parecido a las andanzas de nuestros Lazarillos y Guzmanes.

Las *fabliellas* métricas del Arcipreste de Hita no tuvieron imitadores por de pronto. El arte no menos personal de don Juan Manuel en la prosa, tampoco los tuvo en rigor, porque no estimamos como tales a los autores de algunos libros de apólogos y ejemplos, en que la intención doctrinal o satírica se sobrepone con mucho al interés de la narración, y que, por otra parte, suelen ser meras compilaciones fundadas en textos latinos.

Tal acontece con el *Espéculo de los legos*, obra interesante de moral ascética, de la cual existen varios códices, pero que todavía aguarda editor. En cada uno de sus noventa y un capítulos se intercalan, para confirmar la doctrina, anécdotas y parábolas, tomadas de la Sagrada Escritura, de las obras de los Santos Padres, de las vidas de los Santos, de las historias romanas, con algunos apólogos orientales que conocemos ya por otras colecciones, como el del *hijo del home bueno que tenía muchos amigos*, tomado de Pedro Alfonso, y el *de la falsa beguina*, que se encuentra también en *El Conde Lucanor*.

Mucho más importante, por ser una colección copiosísima, es el *Libro de Exemplos* o *Suma de exemplos por A. B. C.*, obra que, conocida imperfectamente al principio por un manuscrito de la Biblioteca Nacional, al cual faltan las primeras hojas donde debía constar el nombre del autor, ha corrido como anónima y atribuída a la literatura del siglo xiv,[1] hasta que el señor Morel-Fatio dió razón de otro códice íntegro, que empieza con una dedicatoria de Clemente Sánchez, arcediano de Valderas en la iglesia de León, a Juan Alfonso de la Barbolla, canónigo de Sigüenza.[2] Clemente Sánchez, bastante conocido como autor de una especie de manual litúrgico, titulado *Sacramental,* que tuvo varias ediciones en los siglos xv y xvi, hasta que la Inquisición le puso en sus índices, escribió esta segunda obra por los años de 1421 a 1423. No es imposible que la *Suma de exemplos,* que no tiene fecha, pertenezca a los últimos años del siglo xiv, pero parece más natural ponerla en el xv.

La colección, como queda dicho, es de las más ricas: 395 cuentos tiene el manuscrito de Madrid, 72 más el de París. A cada uno de ellos procede una sentencia latina, traducida en dos líneas rimadas que quieren ser versos, y que contienen la moralidad del apólogo; procedimiento que parece imitado de *El Conde Lucanor,* y que es viejísimo, pues se encuentra ya en el *Hitopadesa.*

El carácter no recreativo, sino doctrinal, del *Libro de exemplos* salta a la vista y está indicado al fin de la dedicatoria: «*Exempla enim ponimus, etiam exemplis utimur in docendo et praedicando ut facilius intelligatur quod dicitur*». Se trata, pues, de un repertorio para uso de los predicadores, dispuesto por orden de abecedario para mayor comodidad en su manejo. ¿Pero cuál es la parte personal que podemos atribuir a Clemente Sánchez en ese trabajo? El dice que «propuso de *copilar* un libro de *exemplos por a. b. c. e despues reducirle* en romance». Parece, pues, que no sólo el trabajo de la traducción, sino el de la compilación, es suyo, y que no se limitó a traducir cualquiera de los *Alphabeta exemplorum* o *Alphabeta narrationum,* que en gran número se escribieron durante el siglo xiii. Ninguno de los que se han citado hasta ahora, incluso el de Esteban de Besanzón, convienen con nuestro texto, aunque algunos ejemplos se repitan en todos. Las narraciones del

---

[1] Hállase en el tomo de *Escritores en prosa anteriores al siglo XV,* y como producción de aquella centuria, le estudia también Amador de los Ríos en el tomo IV de su *Historia de la literatura Española,* pp. 305 y ss.

[2] *El Libro de Enxemplos por A. B. C. de Clemente Sánchez de Vercial. Notice et extraits par Alfred Morel Fatio* (tomo VII de la *Romania,* páginas 481-526).

arcediano de Valderas pertenecen al fondo común, y él mismo indica las fuentes de muchas de ellas; pero estas fuentes ¿las consultó por sí mismo? En algunos casos nos parece que sí. La *Disciplina Clericalis* de Pedro Alfonso está íntegra y fielmente traducida en el *Libro de exemplos*. No hemos hecho igual comparación con los *Diálogos* de San Gregorio, que cita a cada momento; con las *Vidas y colaciones de los Santos Padres*; con los *Hechos y dichos Memorables*, de Valerio Máximo; con la *Ciudad de Dios*, de San Agustín; con la enciclopedia de Bartolomé Anglico, *De proprietatibus rerum*; pero nos parece seguro que todas estas obras, de tan vulgar lectura en la Edad Media, le eran familiares, y las explotó directamente. Otras citas pueden ser de segunda mano, y en cambio, hay muchos cuentos tomados del *Gesta Romanorum*, obra que no cita nunca. El estilo nada tiene de particular, aunque es puro y sencillo: la narración es tan somera y rápida como en las *Cento novelle antiche*, pero el libro es de inestimable valor para la literatura comparada y merece un largo comentario, que todavía no ha obtenido,[1] menos feliz en esto que la colección italiana, magistralmente estudiada por Alejandro de Ancona.

Acompaña al *Libro de los exemplos*, en el manuscrito de nuestra Biblioteca Nacional y en la edición de Gayangos, otra colección de cincuenta y ocho exemplos que llevan el título enigmático de *Libro de los Gatos*, no justificado por el contexto, pues aunque casi todos los apólogos son de animales, sólo en seis o siete de ellos interviene el gato. Acaso el autor entendía figuradamente por *gatos* a los que son blanco predilecto de su sátira. Porque en este libro, mucho mejor escrito que el de los *Exemplos* y que todos los de su género, exceptuando los de don Juan Manuel, lo que importa menos es el apólogo, que a veces no pasa de una ligera comparación o semejanza, sino la sátira enconada, acerba, feroz, que recuerda el espíritu y aun los procedimientos del *Roman de Renart* en sus últimas formas. Esta sátira, no blanda y chistosa como la del Arcipreste, sino armada de fuego y disciplinas, recae sobre las más elevadas condiciones sociales: sobre los magnates y ricos hombres tiranos, robadores y opresores de los pobres; sobre la corrup-

---

[1] Véanse, sin embargo, las indicaciones copiosas y útiles del Conde de Puymaigre *(Les Vieux Auteurs Castillans,* 2ª edición, 1890, pp. 107-116).

ción y venalidad de los alcaldes y merinos reales, pero muy especialmente sobre los vicios de la clerecía secular y regular. Véase alguna muestra de estas invectivas, que reflejan fielmente el desorden moral del siglo XIV, bien conocido por otros documentos: «Debedes saber que son muchas maneras de moscas; hay unas moscas que fieren muy mal e son muy acuciosas por facer mal, e otras que ensucian, e otras que facen gran roido. La mosca que muerde se entiende por algunos clérigos que han beneficios en las iglesias, e mantiénense con ello commo avarientos, e non lo quieren dar a los pobres, antes allegan dineros, e todo su cuidado e todo su entendimiento es puesto en tomar dineros de sus clérigos, e en allegar grand tesoro, commo quier que ellos tienen asaz de lo suyo; aquestos tales son moscas que fieren. Otrosí, algunos son que viven lujuriosamente, e tienen barraganas e fijos, e expenden cuanto han de la iglesia; en aquestos es la mosca que ensucia. Otrosí hay otras maneras de clérigos que tienen muchas compañas e muchos escuderos e muchos caballeros; aquellos son semejantes a la mosca que face roido, e a postremas viene un grand viento que todo lo lieva. El gran viento es la hora de la muerte, etc.». [Cf. Ad. vol. II].

Nada hallamos de peculiarmente español en el *Libro de los Gatos,* que parece traducción bien hecha de algún *Liber Similitudinum* escrito en latín. Su sátira es tan general que puede aplicarse a cualquier nación de la Edad Media, y la irreverencia de algunos cuentos recuerda las canciones de los *goliardos,* o los episodios de la burlesca epopeya, francesa o flamenca, cuyo protagonista es el zorro. El *exemplo 46 de la muerte del lobo* llega hasta la parodia sacrílega. Citaremos alguno más mesurado de tono; sea el XIX *(exemplo del lobo con los monjes)*: «El lobo una vegada quiso ser monje e rogó a un convento de monjes que lo quisiesen y recebir, e los monjes ficiéronlo ansí, e ficieron al lobo la corona e diéronle cugula e todas las otras cosas que pertenecen al monje, e pusiéronle a leer *Pater noster.* Él en lugar de decir *Pater noster,* siempre decía «Cordero o carnero», e decíanle que parase mientes al crucifijo e al cuerpo de Dios. Él siempre cataba al cordero o al carnero. Bien ansí acaesce a muchos monjes, que en logar de aprender la regla de la Orden, e sacar della casos que pertenescen a Dios, siempre responden e llaman «carnero», que se entiende por las buenas viandas, e por el vino, e por otros vicios deste mundo.»

Algunos de los ejemplos del *Libro de los Gatos* son fábulas esópicas de las más conocidas, como el Galápago y el Águila; el Lobo y la Cigüeña; el de los dos ratones, ciudadano y campesino. La del cazador y las perdices se halla también en el *Conde Lucanor*, aunque con variantes y distinta aplicación. Cuentos propiamente dichos, y de alguna extensión, no hay más que las parábolas de los dos compañeros que apostaron el uno a decir verdad y el otro a mentir, y la «de un ome que había nombre Galter», tomada del capítulo CI del *Gesta Romanorum*. No fueron ciertamente las únicas obras que se compusieron o tradujeron al castellano en aquella primera edad de nuestra literatura. En esos mismos libros encontramos mencionados otros cuyos títulos excitan sobremanera la curiosidad. ¿Qué sería el *Libro del Oso*, alegado en el de *los Gatos*? ¿Qué el *libro de las trufas de los pleytos de Julio César*, citado por el compilador del *Libro de los Exemplos*?

Repertorios de anécdotas con fin ascético y predicable hubo también en las demás literaturas de la Península. Los portugueses poseen el *Orto do Sposo*, de Fr. Hermenegildo Tancos, monje cisterciense de Alcobaza, que escribía en el siglo XIV.[1] En catalán existe, por lo menos, un *Recull de exemplis e miracles, gestes e faules e altres ligendes ordenades per A. B. C.*,[2] texto del siglo XV que está evidentemente traducido del castellano,[3] pero no de la *Suma de Exemplos* de Clemente Sánchez, aunque sigue el mismo plan alfabético y tiene muchos cuentos comunes. Libros por el estilo debía de haber en casi todos los monasterios. La colección catalana es de las más copiosas, pues llega a la enorme cifra de 712 ejemplos, incluyendo algunos que no suelen figurar en otras colecciones, como el de los dos leales amigos Amico y Amelio, héroes de un poema francés de la Edad Media, transformado luego en el libro de caballerías de *Oliveros de Castilla y Artus de Algabe*. A las

---

[1] Casi todos sus ejemplos han sido publicados por J. Cornu (*Vieux textes portugais* en la *Romania*, tomo XI) y por Teófilo Braga, en sus *Contos tradicionaes do Povo Portuguez*, t. II, pp. 36-60.

[2] *Recull de exemplis e miracles, gestes e faules e altres ligendes ordenades per A. B. C., tretes de un manuscrit en pergami del començament del segle XV, ara per primera volta estampades* (son dos tomos de la *Biblioteca Catalana* de Aguiló, que carecen todavía de portada y preliminares).

[3] Lo demostró don Cayetano Vidal y Valenciano en un artículo inserto en *Lo Gay Saber*, Barcelona, 15 de mayo de 1881.

autoridades alegadas en el *Libros de los Exemplos* se añaden otras, como Jacobo de Vitry, Cesario (de Heisterbach), Helinando, Pedro Damiano, Juan el Limosnero y la *Leyenda Lombárdica*. De Cesáreo o de Helinando debe de proceder, aunque en esta ocasión no los cita, el curioso ejemplo 493 de los escolares suecos que fueron a aprender nigromancia a Toledo.

Ni el satírico autor del *Libro de los Gatos*, ni menos los compiladores de libros de *exemplos*, que no se proponían ningún fin literario, pueden ser considerados como discípulos de don Juan Manuel. Raimundo Lulio tuvo en su propia lengua un solo imitador, pero de tan pronunciada originalidad y espíritu tan diverso del suyo, que casi puede considerarse como su antítesis, a pesar del misterioso lazo que en algún modo los une. Mallorquín como él, franciscano, como él (si bien Lulio perteneció sólo a la Tercera Orden), Fr. Anselmo de Turmeda, popular todavía en Cataluña por el libro de sus *Consejos* métricos, que hasta muy entrado el siglo XIX ha servido de texto en las escuelas, poeta didáctico y *paremiológico*, astrólogo y profeta, cuyos oscuros vaticinios, semejantes a los del zapatero Bandarra en Portugal o a los de Nostradamus en Provenza, sirvieron para alentar la resistencia de los parciales del Conde de Urgel contra el Infante de Antequera, y aun fueron invocados en otras contiendas civiles posteriores; renegado no sólo de su orden, sino de la fe cristiana, prosélito del mahometismo, en defensa del cual compuso en árabe un largo tratado, que recientemente ha sido impreso,[1] intérprete o tru-

---

[1] *Le Present de l'homme lettré pour réfuter les partisans de la Croix*, par Abd Alláh ibn Abd-Alláh, le drogman. Traduction française inedite. Paris, Ernest Leroux, editeur, 1886.

La apostasía de Fr. Anselmo ha sido puesta en duda por algunos de sus biógrafos (vid. especialmente el trabajo de don Estanislao Aguiló en el *Museo Balear*, Mallorca, 1884); pero no sólo tiene en su apoyo la tradición franciscana *(Crónica de la Santa Provincia de Cataluña*, del P. Jaime Coll, Barcelona, 1738, t. I, lib. VI, cap. X) y la de los cronistas benedictinos que trataron de Fr. Pedro Marginet, compañero de Fr. Anselmo (véase especialmente a Finestres, *Historia del Real Monasterio de Poblet*, III, página 272); no sólo tiene apoyo en antiguas ediciones del *Libro de los Consejos* (por ejemplo, la que don Fernando Colón adquirió en Medina del Campo en 1524), donde se dice del autor que «por su desventura fué cautivado de moros y llevado a Túnez, donde con diversos tormentos o temor dellos fué forzado renegar la santa fe católica», sino que ha recibido irrecusable confir-

chimán de la Aduana de Túnez y gran escudero del Rey Maule Brufred por los años 1417 a 1418, en que compuso su libro de *El Asno,* presenta tales enigmas y contradicciones en su vida y en sus obras, que bien puede decirse que la crítica apenas comienza a dilucidarlas. Por desgracia, nos falta el texto catalán de su obra más importante, y mientras la buena suerte de algún bibliófilo no llegue a dar con algún ejemplar salvado de la proscripción que fulminó el Santo Oficio, habrá que contentarse con la versión francesa (así y todo rarísima), cuya primera edición es de Lyon, 1548. [1] Titúlase este libro *Disputa del Asno contra Fr. Anselmo de Turmeda sobre la naturaleza y nobleza de los animales,* y consta al

---

mación con el hallazgo en el Archivo general de la Corona de Aragón de un salvoconducto dado a Turmeda por Alfonso V en 23 de septiembre de 1423, donde textualmente se lee: «quatenus non obstantibus quod *fidem christianam, ut percepimus adnegasti, et propterea crimina plurima et enormia commississti».* Del mismo documento se infiere que el renegado mallorquín vivía entregado a la poligamia, puesto que el salvoconducto se extiende a sus mujeres, hijos e hijas: «Affidamus et assecuramus vos dilectum filium nostrum *fratrem Entelmum Turmeda, alias Alcaydum Abdalla,* ita quod libere et secure et absque impedimento, novitate et detrimento cujuscumque, cum quibus vis navibus, galeis, bergantinis et aliis fustibus marinis, tam christianorum quam sarracenorum, et tam nobis amicorum quam inimico rum, possitis et libere valeatis, *una cum uxoribus, filiis et filiabus,* servitoribus et servitricibus sarracenis et christianis... recedere a civitate seu portu Tunici». Ha publicado este importantísimo documento el joven y erudito presbítero D. P. M. Bordoy Torrents en la *Revista Ibero-Americana de Ciencias Eclesiásticas* (octubre de 1901).

Lo que añade la tradición, y no resulta confirmado hasta ahora, es que habiéndose arrepentido Fr. Anselmo y confesando en altas voces la fe católica que profesaba, el Rey de Túnez le descabezó por su propia mano. De todas suertes, el año de su martirio no pudo ser 1419, como dicen Torres Amat y otros, puesto que el salvoconducto de Alfonso V es de 1423.

[1] La que poseo, y de la cual me valgo para este ligero análisis, lleva el título siguiente:

La dispute d'un asne contre Frere Anselme Turmeda, touchant la dignité, noblesse et preeminence de l'homme par deuan les autres animaux. Utile, plaisante et recreative à lire et ouyr. Il y a aussi una prophetie du dit Asne, de plusieurs choses qui sont advenues et aduienent encor iournellement en plusieurs contrées de l'Europe, dez l'an 1417, auquel temps ces choses ont esté escrites en vulgaire Espagnol, et depuis traduites en langue Françoise. Tout est reueu et corrigé de nouueau. A Pampelune, par Guillaume Brisson, 1606.

Esta portada es evidentemente falsa, y el libro debe de estar impreso en Lyon, como lo persuade la conformidad del apellido del impresor y la

final que fué acabado en la ciudad de Túnez el 15 de septiembre de 1418. El cuadro en que se desenvuelve la *Disputa del Asno* recuerda inmediatamente el *Libro de las Bestias*, de R. Lull, y también el *Calila y Dimna*, en el cual entrambos tienen su primer modelo. Perdido Fr. Anselmo por una floresta, encuentra congregados a los animales en torno del león, a quien acaban de elegir por su rey. Un conejo advierte su presencia, y le delata en estos términos: «Muy alto y poderoso señor, aquel hijo de Adán que está sentado a la sombra de aquel árbol es de nación catalán, natural de la ciudad de Mallorca, y tiene por nombre Fr. Anselmo de Turmeda; es hombre muy sabio en toda ciencia, y mayormente en Astrología, y es oficial de Túnez por el grande y noble Maule Bufred, y gran escudero del dicho Rey.» Acusado Fr. Anselmo de profesar y defender en sus discursos y predicaciones la opinión de la mayor excelencia y dignidad del hombre sobre todos los

---

semejanza de los tipos con los de esta otra edición, que también he visto:

La disputation de l'asne contre frere Anselme Turmeda sur la nature et noblesse des animaux, faicte et ordonnée par le dit frere Anselme en la cité de Tunnies l'an 1417... Traduicte de vulgaire hespaygnol en langue françoyse A Lyon par Laurens Buysson, 1548.

No habiendo podido comparar los ejemplares que cita Brunet de Lyon, sin año, *chez Jaume Jaqui* y de Lyon, 1540, *chez D. Arnoullet*, no puedo afirmar si son realmente distintos o sólo varían en la portada. El mismo Brunet dice que la fecha del segundo es apócrifa, y hecha a mano en el ejemplar que fué del Duque de La Vallière. La dedicatoria del traductor G. Lasne está firmada en 7 de octubre de 1547. Todo induce, pues, a creer que no hubo edición anterior a esa fecha.

En contra de este libro, salió otro titulado *La revanche et contre dispute de frere Anselme Turmeda contre les bestes, par Mathurin Maurice* (París, año 1554).

El original catalán no ha sido descubierto hasta ahora, pero consta que don Fernando Colón poseyó un ejemplar impreso (Nº 3867 del *Registrum*). *Disputa del Ase contra frare Enselm Turmeda, sobre la natura et nobleza dels animals, ordenat per lo dit Enselm... Imp. en Barcelona, año de 1509. Costó en Lérida 29 maravedís, año de 1512, por junio.*

No puede afirmarse la existencia de una traducción castellana. La prohibición del Índice Expurgatorio puede referirse al original o a la traducción francesa. El *vulgar español* de que ésta se hizo, no ha de entenderse del castellano, sino del catalán. Son terminantes las palabras del traductor en el prólogo: «*Aussi que le dit libre est escrit en vraye langue cathaluine, qui est fort barbare, estrange et eloignée du vray langage castillan, par moy quelquefois practiqué.*

animales, se ratifica en ella con gran altanería, y ofrece defenderla en pública disputa. El campeón designado para contradecirle es, con gran humillación suya, un asno de ruin y miserable catadura, sarnoso y sin rabo, tal que no hubiera valido diez dineros en la feria de Tarragona. Entáblase la controversia, en la cual, además de los principales interlocutores, toman alguna parte el piojo, la pulga, la chinche y otros todavía más repugnantes insectos. Pero el asno es quien verdaderamente se luce, pulverizando todos los argumentos de Fr. Anselmo, demostrando la superioridad de los animales, ya en la perfección de los sentidos corporales, ya en las obras maravillosas del instinto, y haciendo la crítica más acerba y el más cruel proceso del género humano, de sus vanidades, torpezas y locuras, con un género de escarnio que recuerda a veces la amarga misantropía de los *Viajes de Gulliver.* Sólo la consideración de que Dios quiso hacerse hombre y vestir carne mortal detiene la pluma de Turmeda para no dar terminantemente la victoria al asno en este litigio. La disputa está sostenida con mucho ingenio y agudeza, con viva y fresca imaginación; pero no es lo más curioso que el libro de Turmeda contiene. Lo que le presta más originalidad y le hace más interesante para la historia, es lo que contiene de sátira social, y muy especialmente los cuentos que ingiere al tratar de los siete pecados capitales. Estos cuentos, que no sé si han sido estudiados o citados hasta ahora (tan peregrino es el volumen en que se hallan), compiten con los más libres de Boccacio, no sólo en la liviandad de las narraciones, sino en el espíritu laico o irreverente que los informa, puesto que todos, sin excepción, tienen por tema las relajadas costumbres del clero secular y regular, ensañándose sobre todo con las órdenes mendicantes, y en especial con las de San Francisco, que Fr. Anselmo persigue con rencores de apóstata.[1] La acción de algunos de

---

[1] Sin llegar, ni mucho menos, a tan feroces demasías, asoma de vez en cuando en el mismo *Libre de bons ensenyaments,* la tendencia satírica de Fr. Anselmo contra sus cofrades:

...«no t'fies massa de vestiment
qui burell sia.

....
Ço que ohirás dir farás

estos cuentos pasa en Cataluña y Mallorca, con indicación muy precisa de nombres y pormenores locales; otros no ocultan su origen italiano, como los dos que se suponen acaecidos en Perugia. La manera de contar de Fr. Anselmo, tal como puede adivinarse al través de una traducción, parece muy suelta y picante; su tono socarrón y malicioso contrasta en gran manera con la mística y amable fluidez del estilo de R. Lull, y aun con la grave ironía de don Juan Manuel, pero tampoco parece modelada sobre el tipo clásico de Boccaccio; más bien recuerda la abundancia fácil y desvergonzada de los cuentistas franceses del siglo XV, de las *Cent Nouvelles nouvelles*, por ejemplo.

El más brutal de los cuentos de Turmeda es, sin duda, el primero, cuyo argumento apenas puede indicarse honestamente. Juan Juliot, franciscano de Tarragona, prevalido de la necia simplicidad de su hija de confesión Tecla, mujer de Juan Stierler, abusa torpemente de ella so pretexto de cobrarla el diezmo.

Carácter muy distinto, y en alta manera trágico, tiene el *ejemplo* o anécdota que castiga el pecado del orgullo. Un abad, que en nombre de la Iglesia tiranizaba el señorío de Perusa, había convertido su castillo feudal en guarida de malhechores, cometiendo a porfía él y otros clérigos y religiosos de su séquito, todo género

> E ço qu'els fan squivarás,
> Daycells ho dich qu'han lo cap ras
> Hoc e la barba.
>
> ....
>
> Diners alegran los infants,
> E fan cantar los capellans
> E los frares carmelitans
> A les grans festes.
> Diners, donchs, vulles aplegar
> Si'ls pots haver nols leixs anar,
> Si molts n'haurás porás tornar
> Papa de Roma.

Por otra parte, la doctrina de los *Consejos* dista mucho de ser irreprochable. En uno de ellos, se recomienda sin ambajes el empleo de la mentira.

> Vulles tostemps dir veritat
> De ço que serás demanat
> Mas de cas de necessitat
> Pots dir falçía.

de desmanes contra los inermes vasallos, robándoles y deshonrándoles sus hijas y mujeres. Las cosas llegaron a punto de abandonar un canónigo los oficios de Viernes Santo para introducirse en casa del noble ciudadano Micer Juan Ester, aprovechando su ausencia, con intento de forzar a su mujer, bella y honestísima, que yacía en cama enbarazada de ocho meses. Para salvarse de su horrible lascivia, se arroja la mujer por la ventana, malpare de resultas del golpe y muere poco después, revelando todo el caso a su marido. Éste acude al Abad, quien menosprecia sus quejas y le amenaza fieramente. Entonces él, recogiendo en una pequeña vasija los restos de la criatura muerta, para irlos mostrando por donde pasa y excitar lástima y furor en cuantos oyen la dolorosa historia, va a buscar apoyo para su venganza en la república de Florencia, que se hallaba a la sazón en guerra con el Papa. Los florentinos se ponen de su parte y le dan recursos para sublevar la tierra perusina, que se levanta como un solo hombre contra sus tiranos. Más de doscientos lugares se emancipan del dominio eclesiástico. El Abad tiene que encerrarse en su castillo; pero los perusinos, ayudados por gentes de armas, le obligan a capitular, y el gobierno comunal queda restablecido en Perusa.

A la misma ciudad se refiere el episodio siguiente, que conviene en gran manera con una de las más sabidas justicias de nuestro Rey don Pedro de Castilla, la del zapatero y el prebendado. El rector de la parroquia de San Juan de Perusa persigue con sus pretensiones amorosas a una bella y devota mujer, llamada Marroca. Su marido va a querellarse al Obispo, y éste, qué adolecía de la misma liviandad de costumbres que el Párroco, le manda llamar, y le impone la blandísima penitencia de no entrar en la iglesia durante tres días. Malcontento el ofendido esposo se alza en querella ante el *Podestá* de Perusa, Messer Filippo de la Isla, y éste le da por consejo que, llevando consigo dos hombres bien armados, propine al clérigo una tremenda paliza, hasta dejarle medio muerto, y se retire tranquilamente a su casa, sin inquietarse para nada de las consecuencias. Así lo ejecuta, y el escándalo es enorme. El Obispo llama a capítulo toda su clerecía y al frente de ella comparece en el palacio del *Podestá*, pidiendo justicia contra el vengador marido. Pero el magistrado se limita a imponerle la pena del talión, prohibiéndole entrar tres días en la taberna.

Si el clero secular sale mal parado de las pecadoras manos de Fr. Anselmo, no es, con todo, el blanco predilecto de sus iras, las cuales más bien se ceban en los regulares, como si aquel fraile cínico y renegado se complaciese en asociarlos a su propia deshonra, pintándolos como los más viles y corrompidos de los mortales. Si de avaricia se trata, nos referirá la burla que un marinero mallorquín hizo al dominico catalán Juan Oset, que le prometía la absolución por un florín. Si de ira es el discurso, nos contará que dos franciscanos de Mallorca, cuyos nombres da, mataron de una paliza a su hermano de hábito el francés Aimerico de Grave. Si de gula, nos informará de la sutil estratagema que usó un fraile predicador de Tarragona para hincar los dientes en el pastel de congrio que tenía escondido el ama del cura de Cambrils. Aun en el sabido cuento del envidioso y el codicioso, ha de hacer por fuerza dominico al que pide el doble de lo que den al otro, y franciscano al que se contenta de buen grado con recibir doscientos palos, a condición de que toque doble paliza a su amigo.

Estos cuentos son medianos y algo pueriles; pero no sucede lo mismo con el de *Nadalet*, que está contado con ligereza y chiste y tiene algunos toques de carácter muy bien dados, más en la fina manera de Chaucer que en la de Boccaccio. Francisco Citges, fraile conventual de Mallorca, famoso predicador y hombre avaro, reúne en poco tiempo mil reales y se los da a guardar a una monjita de su orden y muy especial amiga suya, Sor Antonieta, de quien se hace picaresca descripción. Un rufián, llamado Nadalet, que había dado de puñaladas a una francesa a quien tenía por su cuenta en el burdel de la villa, toma asilo en el convento de San Francisco, y oculto debajo del altar de San Cristóbal oye la conversación del fraile con Sor Antonieta, a quien reclama el dinero para hacer un viaje a Roma y lograr el nombramiento de Obispo *in partibus*. Nadalet estafa a la monja haciéndose pasar por el mercader de Barcelona Luis Regolf, encargado por el fraile de recoger el dinero.

Abundan de tal manera las sátiras anticlericales en los siglos XIV y XV, que llegan a constituir un lugar común, del cual poco o nada puede inferirse sin temeridad acerca de los verdaderos propósitos y tendencias de sus autores. Pero las de Fr. Anselmo tienen un sello peculiar de violencia que delata al fraile corrompido, al vicioso apóstata cuya conciencia fluctúa entre la ley mahometana, que exteriormente profesa y defiende; el cristianismo, al cual en el fondo de su alma no renunció nunca, y ciertas ráfagas de incredulidad italiana o averroísta, que le llevan a insinuar por boca del asno mal veladas dudas nada menos que sobre la inmortalidad del alma.[1]

Para que nada falte en tan extraño y abigarrado libro, hay en él algunos trozos poéticos y una larga profecía del asno: nueva muestra de la superstición astrológica de Fr. Anselmo, o más bien del charlatanismo con que explotaba el crédito que le había granjeado esta falsa ciencia después de su famoso pronóstico del año 1407, que tan graves consecuencias políticas tuvo, acalorando la ambición materna de Margarita de Montferrato para armar en hora aciaga el brazo de su hijo Jaime el Desdichado y lanzarlo a la desigual lucha en que sucumbió sin gloria y sin fortuna.

Considerada la *Disputa del Asno* como creación novelesca, aunque muy elemental, es el primer libro de su género que revela influencias italianas, lo cual no nos maravilla en Fr. Anselmo, cuyo libro más popular, el de los *Consejos,* citado mil veces como fiel trasunto del buen sentido y de la filosofía práctica del pueblo catalán, es en gran parte imitación y a veces traducción de un libro italiano, *La Dottrina dello Schiavo di Bari.* No he encontrado hasta ahora el original de ninguno de los cuentos de Fray Anselmo, pero basta leer dos de ellos para sospechar su procedencia. Es, por consiguiente, Turmeda el primer cuentista español influído directamente por los italianos, lo cual no quita que sea un autor profundamente catalán por el modo de expresión. Ojalá llegue a descubrirse el texto genuino de su libro, que seguramente contendrá un caudal riquísimo de dicción familiar y muchas frases dignas de convertirse en proverbios, como han llegado a serlo

---

[1] «Car vous liset l'Escriture, et ne l'entendez. Vous sçavez bien, que Salomon, qui a esté le plus sage que iamais ait esté entre les fils d'Adam dit en son Eclesiaste chap. 3. Qui est celuy qui sçait si les ames des fils d' Adam montent en haut, et les ames des iumens et autres animaux descendent en bas? Comme s'il vouloit dire: nul ne le sçait, si non celuy que les a creé. Et vous asseure, frere Anselme, que vostre parler est peu sage en cela. Voulez-vous determiner ce que Salomon met en doute, parlant sagement?» (p. 84).

gran parte de los *amonestaments*, incorporados desde antiguo en el *folk-lore* o saber popular del Principado.

La traducción francesa, que tuvo varias ediciones, prueba que la *Disputa del Ase* no estaba olvidada todavía en el siglo XVI, y que había salvado los límites de España. En algún tiempo sospeché que Nicolás Macchiavelli pudo inspirarse en ella para el capítulo octavo de su poema satírico *Dell' asino d'oro*, en cuyo capítulo octavo se introduce una disputa del puerco con el hombre, algo semejante a la de Turmeda con el asno, excepto en el final, que es mucho más pesimista y desesperado en Maquiavelo, puesto que el cerdo queda triunfante ponderando las delicias del hediondo cenagal en que se revuelve, y aventajándolas con mucho a la condición humana.

> E se alcuno infra gli uomin ti parve
> Felice e lieto, non gli creder molto;
> Che' n questo fango più felice vivo
> Dove senza pensier mi bagno e volto.

Pero examinando más despacio el asunto, me parece que tal imitación es inverosímil, puesto que nada, en las obras del secretario de Florencia, revela conocimiento alguno de la literatura española en general ni de la catalana en particular. Lo que seguramente imitó Maquiavelo fué el diálogo de Ulises y Grilo, en Plutarco.

La literatura castellana del siglo XV nos ofrece un singular escritor, que, sin ser novelista ni haber cultivado el apólogo más que ocasionalmente, influyó como pocos en el desarrollo de la literatura novelesca, transformando el tipo de la prosa, sacándola de la abstracción y aridez didáctica, de que sólo don Juan Manuel, aunque por diverso camino, había acertado a librarse, vigorizando los lugares comunes de moral con la observación concreta y pintoresca de las costumbres, y derramando un tesoro de dicción popular en el cauce de la lengua culta. La lengua desarticulada y familiar, la lengua elíptica, expresiva y donairosa, la lengua de la conversación, la de la plaza y el mercado, entró por primera vez en el arte con una bizarría, con un desgarro, con una libertad de giros y movimientos que anuncian la proximidad del grande arte realista español. El instrumento estaba forjado: sólo faltaba que el autor de la *Celestina* se apoderase de él, creando a un tiempo el diálogo del teatro y de la novela. La obra del Arcipreste de Talavera fué de las más geniales que pueden darse; no tiene más precursor en Castilla que el Arcipreste de Hita, a quien algunas veces cita y en cuyo estudio parece empapado;[1] pero con ser tantas las analogías de humor entre ambos preclaros ingenios, resultando justificado el ingenioso dicho de don Tomás A. Sánchez: «Fué tan buen Arcipreste el de Talavera en prosa como el de Hita en verso», todavía establece entre ellos gran diferencia el fin de sus obras y el material artístico que emplearon. Se parecen, sin duda, en lo opulento y despilfarrado del vocabulario, en la riqueza de adagios y proverbios, de sentencias y *retraheres*, en la fuerza cómica y en la viveza plástica, en el vigoroso instinto con que sorprenden y aprisionan todo lo que hiere los ojos, todo lo que zumba en los oídos, el tumulto de la vida callejera y desbordada. La intensidad de la concepción poética, la fuerza creadora de personajes y escenas, la continua invención de felices detalles, la amplitud del cuadro y la variedad y complejidad de elementos y temas literarios es mucho mayor en el Arcipreste de Hita, que hizo obra de arte libre, y no obra que, en la intención a lo menos, debía ser de doctrina y represión moral como la del Arcipreste de Talavera. Pero la frase del Arcipreste de Hita, aunque parece que tiene alas, no llega a romper el duro caparazón de los *tetrástrofos* alejandrinos, al paso que la del Arcipreste de Talavera, suelta de toda traba, se dilata impetuosa por los campos del discurso vulgar, rompiendo lo mismo con la pausada y patriarcal manera de nuestros prosistas primitivos, atentos a la enseñanza más que al deleite, que con el intemperante y pedantesco latinismo de los que en la corte de don Juan II se empeñaron en remedar torpemente el hipérbaton latino. De este crudo y prematuro ensayo de

---

[1] Hay, entre otras reminiscencias, el nombre de *Trotaconventos:* «Llámame a Trotaconventos, la vieja de mi prima, que vaya de casa en casa buscando la mi gallina rubia» (p. 120). Le cita expresamente en el cap. IV de la primera parte (p. 18): «E un exemplo antiguo es, el qual puso el Arcipreste de Fita en su tractado», y en el VIII de la tercera parte (p. 213), «Dice el Arcipreste: Sabyeza temprano callar, locura demasiado fablar».

El caso es digno de notarse, porque las citas del Arcipreste de Hita son rarísimas en los autores de la Edad Media. Sólo recuerdo la del Marqués de Santillana en su *Prohemio*, pero de paso y sin calificación alguna.

Renacimiento ningún contagio llegó al Arcipreste de Talavera, por más que fuera hombre cultísimo y muy versado en los escritos de Petrarca y de Boccaccio.[1] Le salvaron su buen instinto y la directa y frecuente comunicación en que parece haber vivido con el pueblo. Mentira parece que las páginas de su *Corvacho,* tan frescas hoy como cuando nacieron, sean contemporáneas de los descoyuntamientos y tropelías con que estropearon y atormentaron nuestra sintaxis don Enrique de Villena y sus secuaces.

Si de algo peca el estilo del Arcipreste de Talavera es de falta de parsimonia, de exceso de abundancia y lozanía. Su vena es irrestañable, su imaginación ardiente y multicolor apura los tonos y matices; pero tanta acumulación de modos de decir, por chistosos y peregrinos que sean; tantas repeticiones de una misma idea, tantos refranes y palabras rimadas, pueden fatigar en una lectura seguida. Así y todo, ¿quién no le perdona de buen grado sus interminables enumeraciones, sus diálogos y monólogos sin término? ¿Quién no se deja arrastrar por aquel raudal de palabras vivas, que no son artificial trasunto de la realidad, sino la realidad misma trasladada sin expurgo ni selección a las hojas de un libro? Oíd las lamentaciones de una mujer a quien se le ha perdido su gallina:

«Item si una gallina pierden, van de casa en casa conturbando toda la vezindat. ¿Do mi gallina la rubia, de la calza bermeja, o la de la cresta partida, cenicienta escura, cuello de pavo, con la calza morada, ponedora de huevos? ¿Quién me la furtó? Furtada sea su vida. ¿Quién menos me fizo della? Menos se le tornen los días de la vida. Mala landre, dolor de costado, rabia mortal comiese con ella; nunca otra coma; comida mala comiese, amen. ¡Ay, gallina mia, tan rubia. Un huevo me dabas tú cada día; aojada te tenía el que te comió, asechándote estaba el traidor; desfecho le vea de su casa a quien me comió; comido le vea yo de perros ayna; cedo sea, veanlo mis ojos, en non se tarde. Ay gallina mia gruesa como un ansaron, morisca, de los pies amarillos, crestibermeja, mas avia en ella que en dos otras que me quedaron! ¡Ay triste! aun agora estaba aqui, agora salió por la puerta, agora salió tras el gallo por aquel tejado. El otro día, triste de mi, des-

---

[1] Del segundo se hablará más adelante. Del Petrarca cita dos veces el *Tratado de remediis utriusque fortunae* (pp. 139 y 162).

aventurada, que en ora mala nascí, cuytada, el gallo mio bueno cantador, que así salían dél pollos como del cielo estrellas, atapador de mis menguas, socorro de mis trabajos, que la casa nin bolsa, cuytada, él vivo, nunca vacía estaba. La de Guadalupe señora, a ti lo acomiendo; señora, non me desampares, ya triste de mí, que tres días ha entre las manos me lo llevaron. ¡Jesús cuánto robo, cuánta sinrazón, cuánta injusticia, ¡Callad, amiga; por Dios; dexadme llorar, que yo sé qué perdí e qué pierdo hoy!... Rayo del cielo mortal e pestilencia venga sobre tales personas, espina o hueso comiendo se le atravesase en el garguero, que Sant Blas non le pusiese cobro... ¡O Señor, tanta paciencia e tantos males sufres; ya, por aquel que tu eres, consuela mis enojos, da lugar a mis angustias, synon rabiaré o me mataré o me tornaré mora!... Hoy una gallina e antier un gallo, yo veo bien mi duelo, aunque me lo callo. ¿Cómo te fiziste calvo? Pelo a pelillo el pelo levando. ¿Quién te fizo pobre, María? Perdiendo poco a poco lo poco que tenía... ¿Dónde estades, mozas? Mal dolor vos fiera... Pues corre en un punto, Juanilla, ve a casa de mi comadre, dile si vieron una gallina rubia de una calza bermeja. Marica, anda, ve a casa de mi vecina, verás si pasó allá la mi gallina rubia. Perico, ve en un salto al vicario del Arzobispo que te de una carta de descomunión, que muera maldito e descomulgado el traidor malo que me la comió; bien sé que me oye quien me la comió. Alonsillo, ven acá, para mientes e mira, que las plumas no se pueden esconder, que conocidas son. Comadre, vedes qué vida esta tan amarga, yuy, que agora la tenía ante mis ojos. Llámame, Juanillo, al pregonero que me la pregone por toda esta vecindad. Llámame a Trotaconventos, la vieja de mi prima, que venga e vaya de casa en casa buscando la mi gallina rubia. Maldita sea tal vida, maldita sea tal vecindad, que non es el hombre señor de tener una gallina, que aun no ha salido del umbral que luego non es arrebatada. Andémonos, pues, a juntar gallinas, que para esta que Dios aquí me puso cuantas por esta puerta entraren ese amor les faga que me fazen. ¡Ay gallina mía rubia, Y, ¿adónde estábades vos agora? Quien vos comió bien savía que vos quería yo bien, e por me enojar lo fizo. Enojos e pesares e amarguras le vengan por manera que mi ánima sea vengada Amen. Señor, así lo cumple tú por aquel que tú eres; e de cuantos milagros has hecho en este mundo, faz agora éste porque sea sonado».[1]

Así hablan las mujeres del Arcipreste, y así hablaban sin duda las de Toledo y Talavera en su tiempo. Nadie antes que él había acertado a reproducir la locuacidad hiperbólica y exuberante, los vehementes apóstrofes, los revueltos y enmarañados giros en que se pierden las desatadas lenguas femeninas. Cuando a la gracia de los diálogos se junta el primor de las descripciones, que en el Arcipreste nunca están hechas por términos vagos sino concretos y eficazmente representativos, el efecto cómico es irresistible. Véase, por ejemplo, el cuadro de la salida a paseo de la mujer *vanagloriosa* y *lozana*.

---

[1] *Arcipreste de Talavera (Corvacho o Reprobación del Amor Mundano), por el Bachiller Alfonso Martínez de Toledo. Lo publica la Sociedad de Bibliófilos Españoles.* Madrid, 1901, pp. 118-120.

Esta edición dirigida por el insigne erudito don Cristóbal Pérez Pastor, tiene por base el códice *iij-h-10* de la Biblioteca del Escorial, copiado por Alfonso de Contreras en 1466; pero como su texto no es intachable ni mucho menos, se han añadido las variantes de las dos primeras ediciones entre las seis antiguas que hasta ahora se conocen. Digo seis y no siete, porque la que se cita de Sevilla, 1495, sólo es conocida por una vaga mención, acaso equivocada, de Panzer. Las restantes son: *a)* Sevilla, por Meynardo Ungut Alemán y Stanislao Polonio, 1498; *b)* Toledo, por Pedro Hagembach, 1499; *c)* idem, por el mismo impresor, 1500; *d)* Toledo, 1518, por Arnao Guillén de Brocar; *e)* Logroño, por Miguel de Eguía, 1529; *f)* Sevilla, por Andrés de Burgos, 1547; todas en folio, a excepción de la última, que es en octavo y sumamente incorrecta.

La fecha en que el Arcipreste compuso su obra consta en el encabezamiento del códice escurialense: *Libro compuesto por Alfonso Martínez de Toledo, Arcipreste de Talavera, en hedat suya de quarenta annos, acabado a quince de Março, anno del Nascimiento de Nuestro Salvador Ihesu Xº de Mil e quatrocientos e treynta e ocho años.*

Sobre el donoso pasaje de las lamentaciones del huevo y la gallina hizo Rodrigo de Reinosa unas coplas, que se imprimieron en un pliego suelto gótico, y son nuevo testimonio de la popularidad del Arcipreste: «*Síguense unas coplas que hablan de cómo las mujeres, por una cosa de nonada, dizen muchas cosas; en especial, una mujer sobre un huevo con su criada*».

Hay buenos extractos del Arcipreste en Lemcke, *Handbuch der Spanischen Literatur* (Leipzig, 1855), t. I, pp. 105-117), que es el primer crítico que concedió a este autor la importancia debida. Véase también Wolf, *Studien zur Geschichte der Spanischen und Portugiesischen Nationalliteratur* (Berlín, 1859), pp. 232-235, y Puymaigre, *La Cour littéraire de Don Juan II* (París, 1873), tomo I, pp. 155-166.

«Dice la fija a la madre, la mujer al marido, la hermana a su hermano, la prima a su primo, la amiga a su amigo: ¡Ay, como estó enojada, dueleme la cabeza, sientome de todo el cuerpo; el estomago tengo destemprado estando entre estas paredes; quiero ir a los perdones, quiero ir a San Francisco, quiero ir a misa a Santo Domingo; representación facen de la Pasión al Carmen; vamos a ver el monesterio de Sant Agustín. ¡O qué fermoso monesterio! Pues pasemos por la Trenidad a ver el casco de Sant Blas; vamos a Santa María; veamos como se pasean aquellos gordos ricos e bien vestidos; vamos a Santa María de la Merced, oiremos el sermon... E lo peor que algunas non tienen arreos con que salgan, nin mujeres nin mozas con que vayan, e dizen: Marica, veme a casa de mi prima que me preste su saya de grana. Juanilla, veme a casa de mi hermana que me preste su aljuba, la verde, la de Florencia. Inesica, veme a casa de mi comadre que me preste su crespina e aun el almanaca. Catalinilla, ve a casa de mi vecina que me preste su cinta e sus arracadas de oro. Francisquilla, ves a casa de mi señora la de Fulano, que me preste sus paternostres de oro. Teresuela, ve en un punto a mi sobrina que me preste su pordemas el de martas forrado. Mencingüela, corre en un salto a los alatares o a los mercaderes, traeme soliman e dos oncillas cinamomo, o clavo de girofre para levar en la boca... E sy a caballo quieren ir, la mula prestada, mozo que le lieve la falda, dos o tres, o cuatro hombres de pie en torno della que la guarden non caiga, e ellos por el lodo fasta la rodilla e muertos de frío, o sudando en verano, como puercos, de cansancio, trotando tras su mula e par della e teniendola, e ella faciendo desgaires como se acuesta e que se lleguen a tenella la mano al uno en el hombro e la otra mano en la cabeça del otro; sus brazos e alas abiertos como clueca que quiere volar; levantándose en la silla a do ve que la miran; faciendo de la boca gestos doloriosos, quexandose a veces, doliendose a ratos, diziendo: Avad, que me caigo; ¡yuy qué mala silla, yuy qué mala mula! el paso lieva alto, toda vó quebrantada, trota e non ambla; dueleme la mano de dar sofrenadas; cuitada; molida me lieva toda, ¡qué será de mí! E va faciendo plant como de Magdalena. E si algun escudero le lieva de la rienda e hay gente que la miren, dice: ¡ay amigos, adobadme esas faldas, enderesçadme este estribo; yuy, que la silla se tuerce; e esto a fin que esten allí un poquito con ella e que sea mirada». [1]

Salvo algunos textos históricos, cuya excelencia es de otra índole, no hay prosa del siglo XV que ni remotamente pueda compararse con la sabrosa y castiza prosa del *Corbacho*. Castiza he dicho con toda intención, porque en sus buenos trozos no hay vestigio alguno de imitación literaria, sino impresión directa de la realidad castellana. Es el primer libro español en prosa picaresca: la *Celestina* y el *Lazarillo de Tormes* están en germen en él.

El Bachiller Alfonso Martínez de Toledo (que tal era el nombre del Arcipreste) [2] se propuso ser moralista, y realmente el primer libro de su tratado es un largo sermón contra la lujuria, inspirado al parecer en un opúsculo de Gersón sobre el amor de Dios y la reprobación del amor mundano. [3] Pero en la segunda parte, dedicada toda a tratar de los vicios, tachas y malas artes y condicio-

---

[1] Páginas 165 y 167.

[2] Quedan muy pocas noticias de él. Consta por una escritura que vivía aún en 1466. Por varias referencias de sus libros, sabemos que hizo larga residencia en la Corona de Aragón, especialmente en Barcelona, donde estuvo dos años. Habla como testigo de vista de los terremotos de 1421 y 1428. Además de la obra que vamos examinando, escribió una compilación histórica llena de curiosidades que se titula *Atalaya de las Crónicas*, y unas *Vidas de San Isidro y San Ildefonso*, ilustradas con traducciones de algunos opúsculos de uno y otro Santo. Fué curioso colector de libros, y todavía existen algunos que le pertenecieron y llevan su autógrafo, entre ellos, el *Libro de las Donas*, que citaré después, y el hermoso ejemplar de la *Crónica Troyana*, que hoy posee la Duquesa de Alba, y tiene la siguiente anotación: «*Et ego Alfonsus Martini, archipresbyter talaverensis domini nostri regis Joannis capelanus in decretis bachalaureus ac porcionarius ecclesiae Toletanae eadem oriundus civitate capelanus idemque capelae regis sancii dictae ecclesiae librum hoc scribi feci tempore supra scripto* (alude a la fecha de 20 de mayo de 1448 que se estampa antes) *propter dulcissimam latini sui ac stili necnon nobilissimi seriem et suavitatem. Deo gratias. A. Talaverensis porcionarius Toletanus*.

[3] *Gerson* dice en el texto impreso, *Juan de Ausim* en el manuscrito, pero creo se trata de la misma persona: «Tomé algunos notables dichos de un doctor de París, por nombre de Juan Ausim, que ovo algund tanto scripto del amor de Dios y de reprobación del amor mundano de las mujeres» (p. 3). Y más adelante: «Tomando, como dixe, algunos dichos de aquel doctor de París que en un su breve compendio ovo de reprobación de amor compilado para información de un amigo suyo, hombre mancebo que mucho amaba, veyendole atormentado e aquexado de amor de su señora» (p. 5).

nes de las mujeres, no es más que un satírico mundano, entre cáustivo y festivo, que aparenta más indignación de la que siente, se divierte y regocija con lo mismo que censura, y demuestra tal conocimiento de la materia, tan rara pericia en las artes indumentarias y cosméticas, que él mismo llega a recelar que parezca excesiva y pueda ser materia de escándalo y aun de mala enseñanza para las mujeres: «Non lo digo porque lo fagan, que de aqui non lo aprenderan si de otra parte non lo saben, por bien que aquí lo lean; más dígolo porque sepan que se saben sus secretos e poridades.» Pero ciertamente, que ni el más consumado *arbiter elegantiarum* del tiempo de don Álvaro de Luna supo tanto de atavíos y afeites mujeriles como manifiesta saber el capellán de don Juan II, ni hay documento alguno tan importante como su libro para juzgar del extremo a que habían llegado el lujo y las artes del deleite en el siglo xv. La extraordinaria opulencia del vocabulario del Arcipreste de Talavera nunca se explaya más a gusto que en estas descripciones de trajes y modas:

«¡Yuy, y cómo iba Fulana el domingo de Pascua arreada, buenos paños de escarlata con forraduras de martas finas, saya de florentin con cortapisa de veros trepada de un palmo, faldas de diez palmos rastrando forradas de camocan, un pordemas forrado de martas cebellinas con el collar lanzado fasta medias espaldas, las mangas de brocado, los paternostres de oro de doce en la onza, almanaca de aljofar, de ciento eran los granos, arracadas de oro que pueblan todo el cuello, crespina de filetes de flor de azucena con mucha argentería, la vista me quitaba. Un partidor tan esmerado e tan rico que es de flor de canela de filo de oro fino con mucha perlería, los moños con temblantes de oro e de partido cambray, todo trae trepado de foja de figuera, argentería mucha colgada de lunetas e lenguas de páxaro e retronchetes e con randas muy ricas; demas un todo seda con que cubría su cara, que parescía a la Reina Sabba por mostrarse mas fermosa; axorcas de alambar engastonadas en oro, sortijas diez o doce, donde hay dos diamantes, un zafir, dos esmeraldas, luas forradas de martas para dar con el aliento luzor en la su cara e revenir los afeytes. Reluzía como un espada con aquel agua destilada, un texillo de seda con tachones de oro, el cabo esmerado con la hebilla de luna muy lindamente obrada, chapines de un xeme poco menos en alto pintados de brocado, seis mujeres con ella, moza para la falda, moscadero de pavón, todo algaliado, safumada, almizclada, las cejas algaliadas, reluciendo como espada. Piénsase Mari Menga que ella se lo meresce.» [1]

Pero ésta es la parte exterior y pomposa del arreo femenil. La penetrante y algo indiscreta curiosidad del Arcipreste nos revela cosas mucho más íntimas; se complace en descerrajar y abrir los cofres y arcas de las mujeres, y nos pone de manifiesto todas sus baratijas de tocador, sin perdonar detalle ninguno sobre sus más recónditos usos: «Espejo, alcofolera, peyne, esponja con la goma para asentar cabello, partidor de marfil, tenazuelas de plata para algund pelillo quitar si se demostrare, espejo de alfinde para apurar el rostro... Pero después de todo esto comienzan a entrar por los ungüentos, ampolletas, potecillos, salseruelas donde tienen las aguas para afeytar, unas para estirar el cuero, otras destiladas para relumbrar, tuétanos de ciervo e de vaca e carnero; destilan el agua por cáñamo crudo e ceniza de sarmientos, e la reñonada (de ciervo) retida al fuego echanla en ello cuando face muy recio sol, meneandolo nueve veces al dia una hora fasta que se congela e se faze xabon que dicen napoletano. Mezclan en ello almisque e algalia e clavo de girofre remojados dos días en agua de azahar, o flor de azahar con ella mezclado, para untar las manos que se tornen blancas como seda. Aguas tienen destiladas para estirar el cuero de los pechos e manos a las que se les facen rugas; el agua tercera, que sacan del soliman de la piedra de plata, fecha con el agua de mayo, molida la piedra nueve veces e diez con saliva ayuna, con azogue muy poco despues cocho que mengue la tercia parte, fazen las malditas una agua muy fuerte que non es para screvir, tanto es fuerte; la de la segunda cochura es para los cueros de la cara mudar; la tercera para estirar las rugas de los pechos e de la cara. Fazen más agua de blanco de huevos cochos estilada con mirra, cánfora, angelores, trementina con tres aguas purificada e bien lavada que torna como la nieve blanca. Rayces de lirios blancos, borax fino; de todo esto fazen agua destilada con que reluzen como espada, e de las yemas cochas de los huevos azeyte para las manos...

---

[1] Páginas 124-125.

»Toda estas cosas fallareys en los cofres de las mujeres: Horas de Santa María, syete salmos, estorias de santos, salterio en romance, nin verle del ojo; pero canciones, decires, coplas, cartas de enamorados e muchas otras locuras, esto sí; cuentas, corales, aljofar enfilado, collares de oro e de medio partido e de finas piedras acompañado, cabelleras, azerafes, rollos de cabellos para la cabeza, e demas aun azeytes de pepitas o de alfolvas, mezclando simiente de niesplas para ablandar las manos, almisque algalia para cejas e sobacos, alambar confacionado para los baños, que suso dixe, para ablandar las carnes, cinamomo, clavos de girofre para la boca. Destas e otras infinidas cosas fallarás sus arcas e cofres atestados, que seyendo bien desplegado, una gruesa tienda se pararía sin vergüenza.»[1]

Basta con las muestras transcritas para estimar en su justo precio el talento dramático y el talento descriptivo del Arcipreste de Talavera, sin que haya encarecimiento alguno en estimar su libro como la mejor pintura de costumbres anterior a la época clásica. Con menos garbo y desenvoltura están escritos los cuentos bastante numerosos con que sazona su libro, tomados algunos de ellos de la *Disciplina Clericalis*, de *Calila y Dimna*, del *Sendebar*, y vulgarísimos casi todos en la rica galería de las astucias y malicias femeninas, sin que falten por de contado el de la mujer encerrada que sirve de argumento a la farsa de Molière, *Georges Dandin*, ni el del tonel, que aquí es un caldero, ni el de *tijeretas han de ser*, ni el de la otra mujer porfiada que disputaba sobre si el pájaro era tordo o tordillo, hasta que su marido la dejó manca de un garrotazo. El Arcipreste relata todos estos cuentos de un modo algo seco y por decirlo así esquemático, dejándolos reducidos a sus elementos simplicísimos. Ninguno de ellos puede ni remotamente compararse con los de don Juan Manuel. Aun sus propios recuerdos personales, los terroríficos excesos y crímenes de mujeres que dice haber presenciado en Barcelona, Tortosa y otras partes de Cataluña, donde al parecer residió algún tiempo, están medianamente contados y no pueden figurar entre las buenas páginas de su libro. Indudablemente sus facultades de narrador eran inferiores a las que tenía como pintor de costumbres. Sabía

---

[1] Páginas 129-132.

trazar un cuadro satírico, pero no combinar el plan de una fábula por sencilla que fuese.

Débilmente enlazadas con el propósito general del libro están las partes tercera y cuarta, en que respectivamente se discurre sobre las *complisiones de los hombres* y la disposición que tienen para amar o ser amados, y se impugna, sin venir muy a cuento, la creencia vulgar en hados, fortuna, horas menguadas, signos y planetas. El interés literario de estas partes es menor también; pero en la viva y pintoresca descripción de los temperamentos y en el curiosísimo pasaje que enumera las trapacerías y embustes de los hipócritas llamados *begardos* y *fratricellos*, volvemos a encontrar al maligno observador y al ardiente y vigoroso satírico.

Todavía no hemos dado el verdadero título de la obra heterogénea y abigarrada del Arcipreste, y es porque en realidad no le tiene. El autor, por una de sus genialidades, no quiso ponérsele: «Sin bautismo sea por nombre llamado Arcipreste de Talavera donde quier que fuere levado». A pesar de tan terminante declaración, los impresores le rotularon cada cual a su manera: «El Arcipreste de Talavera que fabla de los vicios de las malas mujeres et complexiones de los hombres»; «Tratado contra la mujeres que con poco saber, mezclado con malicia, dicen e facen cosas non debidas»; «Reprobación del loco amor»; «Compendio breve y muy provechoso para información de los que no tienen experiencia de los males y daños que causan las malas mujeres»; y finalmente, *Corbacho*, que fué el título que prevaleció, sin duda por más breve, aunque puede inducir a error sobre el origen y carácter del libro de Alfonso Martínez, amenguando su indisputable originalidad.

Generalmente, se le clasifica en el grupo numeroso de libros compuestos durante el siglo XV, ya en loor, ya en vituperio del sexo femenino, inspirados todos evidentemente por dos muy distintas producciones de Juan Boccaccio, que en las postrimerías de la Edad Media era muy leído en todas sus obras latinas y vulgares, y no solamente en el *Decameron*, como ahora acontece. Estos dos libros son *Il Corbaccio o Laberinto d'Amore*, sátira ferocísima, o más bien libelo grosero contra todas las mujeres para vengarse de las esquiveces de una sola, y el tratado *De claris mulieribus*, primera colección de biografías exclusivamente femeninas que registra la historia literaria. Tan extremado es en este segundo libro el encomio (aunque mezclado no rara vez con alguna insinuación satírica) como extremada fué la denigración en el primero. Uno y otro tratado, recibidos con grande aplauso en Castilla, alcanzaron imitadores entre los ingenios de la brillante corte literaria de don Juan II, dividiéndolos en opuestos bandos.

Pero basta comparar cualquiera de estos libros con la *Reprobación del amor mundano* para comprender que pertenece a otra escuela y a un género muy diverso. Tómese, por ejemplo, el *Triumpho de las donas*, de Juan Rodríguez del Padrón, escrito con el deliberado propósito de refutar «el maldiciente et vituperoso *Corbacho*, del non menos lleno de vicios que de años Boccaccio», y se verá que, salvo un curioso pasaje sobre las modas afeminadas de los galancetes de su tiempo, aparta los ojos de la realidad contemporánea para probar en forma escolástica, y nada menos que con cincuenta razones y grande aparato de autoridades *divinas, naturales y humanas*, la mayor excelencia de la mujer sobre el hombre. Otros apologistas del sexo femenino acuden al arsenal de los ejemplos históricos, como lo hacen Mosén Diego de Valera en su *Defensa de virtuosas mujeres*, y más metódicamente don Alvaro de Luna, en su *Libro de las virtuosas e claras mujeres*, donde por un escrúpulo de inoportuna galantería nada quiso decir de sus contemporáneas, prefiriendo discurrir en elegante prosa acerca de las mujeres del antiguo Testamento, las santas del Martirologio y las heroínas de las edades clásicas de Grecia y Roma. El Arcipreste de Talavera nada tiene que ver con estas apologías y polémicas. En realidad tampoco es un escritor *misogino;* su libro, en el propósito a lo menos, no debía ser una invectiva contra las mujeres, sino un preservativo contra las locuras del amor mundano. Digo que esto debía ser; pero no afirmo que esto sea, porque la condición picaresca y maleante del Arcipreste, la cínica libertad con que escribió y el desenfado con que se burla de sí propio y de los demás, echan a perder de continuo todo el fruto de sus pláticas y exhortaciones, y hasta nos hacen dudar de la sinceridad de su celo por las buenas costumbres. Parece que encuentra más curioso y divertido el espectáculo de las malas. Ya receló él que muchos capítulos parecerían poco *serios,* como ahora suele decirse: «Consejuelas de viejas, patrañas o romances, e algunos entendidos, reputarlo han a fablillas e que non era libro para la plaza». ¿Qué pensar, por ejemplo, del extraño epílogo, donde después de referir un sueño en que se le aparecen las mujeres para vengarse de él, martirizándole con «golpes de ruecas e chapines, puñadas e remesones», acaba por pedirlas perdón, y cierra el volumen con esta nota de picante humorismo: «Dios lo sabe, que quisiera tener cabe mí compañía para me consolar. ¡Guay del que duerme solo!... ¡Guay del cuitado que siempre solo duerme con dolor de axaqueca, e en su casa rueca nunca entra todo el año: este es el peor daño.»[1] ¡Digno remate para un libro de filosofía moral!

Por su temperamento literario, el Arcipreste no podía menos de gustar de las obras de Juan Boccaccio, y en efecto le cita varias veces y hasta le traduce en el largo debate entre la Fortuna y la Pobreza, que ocupa buen espacio en la parte cuarta de la obra del Bachiller Martínez.[2] También le menciona al tratar de los afeites femeniles, aunque se precia, y con razón, de haber profundizado la materia mucho más que él: «E aun desto fabló Juan Boccaccio de los arreos de las mugeres e de sus tachas e cómo las encubren, *no tan largamente.*» Pero comparados entre sí el *Corbacho* italiano y el castellano, no se advierte entre ellos más que una semejanza vaga y genérica, a lo sumo cierto aire de familia. Boccaccio emplea la forma alegórica, evoca el espectro del marido de la dama que le había desdeñado y le hace prorrumpir en una odiosa y repugnante invectiva contra su consorte, siendo esta venganza particular el principal objeto del libro. La sátira del Arcipreste es mucho más general y desinteresada, y por lo mismo más amena, regocijada y chistosa: emplea la forma directa, sin mezcla de visiones ni alegorías. «El *Corbaccio* del novelista de Certaldo (según

---

[1] Página 330.
[2] «Otra razon te diré la qual Juan Bocacio prosygue, de la qual pone un exemplo tal. Dize que él, estando en Nápoles oyendo un dia lición de un grand filosofo natural maestro que ally tenia escuela de estrologia, el qual avia nombre Andalo de Nigro, de Genova cibdadano, leyendo la materia que los cielos en sus movimientos facen e de los cursos de las planetas e sus influencias, dixo esta razon: non deve poner culpa a las estrellas, signos e planetas cuando el causador busca su desaventura e es causador de su mal; e pone un enxemplo para probanza desta razon, el qual queriendolo entender alegoricamente, tiene en sy mucha moralidad, quien en él bien pensare, aunque a primera vista paresca patraña de vieja. E el ensemplo es este...» (Páginas 285-317).

acaba de escribir un crítico italiano) parte de un hecho individual; expone con profundo análisis psicológico una batalla interna de amor, es un libro de sentimiento que no ha prestado absolutamente nada a la obra de Alfonso Martínez. Lo único que puede ser materia de comparación, es decir, la sustancia de las acusaciones contra las mujeres, se deriva en el uno y en el otro del fondo común de la Edad Media.»[1] Tampoco hay relación ninguna directa entre los dos *Corbachos* y la sátira valenciana de Jaime Roig contra las mujeres *(Libre de les dones)*, que si tiene algún modelo conocido es el poemita latino de Matheolus. [Cf. Ad. vol. II].

Quizá más que Boccaccio influyó en la parte doctrinal de la *Reprobación del amor mundano* el enciclopédico escritor catalán Fr. Francisco Eximenis. No puede dudarse que el Arcipreste de Talavera conocía su *Libro de las Donas*, puesto que el códice de tal obra existente en El Escorial fué de su propiedad y en él estampó su firma, aunque en fecha posterior a la de la composición del *Corvacho*.[2] Pero esto no es obstáculo para que le hubiese leído antes en otro ejemplar, y realmente es notable la semejanza en algunos pasajes, como el que citó Amador de los Ríos acerca de las galas de las mujeres.[3]

Tales consideraciones en nada menoscaban el arranque genial de la obra del Arcipreste de Talavera. Es el único moralista satí-

---

[1] *I primi influssi di Dante del Petrarca e del Boccaccio sulla Letteratura Spagnuola*... Saggio di Bernardo Sanvisenti, Milán, 1902, pág. 318.

[2] «Este libro es de Alonso Martínez, arcipreste de Talavera, racionero en la iglesia de Santa María de Toledo, comprado en xxvj d'agosto de 48 años de mas de mil CCCC en Toledo. Quinientos maravedis, et otro libro, Alfonsus Talaverensis, porcionarius Toletanus».

[3] «¿Qué diremos de las mugeres presentes, que se fasen desir *mujeres del tiempo, mujeres de la guisa, mujeres de la ventura e mujeres de la arte?* Que van con nuevos tajos de vestiduras e con enamorados gestos, que vuelven los ojos acá et allí, van juntas brazo por brazo et se muestran todas las joyas, si bien no es dia de mercado; que cuando se muestran, colean et cabecean más espesso que la sierpe, et fasen a todos los maridos bestias et más que locos... et traen las cejas pintadas en arco, et coloradas con catorce colores; que de cabeza a pies son remifadas, et non les fallesce solo vn chaton; que todas van enjoyadas, todas almiscadas et con olores de tunique; solamente de punta tocan en el suelo, quando van, et los chapines con polaynas, et de verano guantes dorados en las manos...» (Cap. XXIV del tratado 3º de la primitiva versión castellana del *Libro de las Donas*, distinta de la que

rico, el único prosista popular, el único pintor de costumbres domésticas en tiempo de don Juan II. Su libro, inapreciable para la historia, es además un monumento de la lengua. Le faltó arte de composición, le faltó sobriedad y gusto, pero tuvo en alto grado el instinto dramático, la sensación intensa de la vida, y adivinó el ritmo del diálogo. El Bachiller Fernando de Rojas fué discípulo suyo, no hay duda de ello; puede decirse que la imitación comienza desde las primeras escenas de la inmortal tragicomedia. La descripción que Pármeno hace de la casa, ajuar y laboratorio de Celestina parece un fragmento del *Corbacho*. Cuando Sempronio quiere persuadir a su amo de la perversidad de las mujeres y de los peligros del amor, no hace sino glosar los conceptos y repetir las citas del Arcipreste. En el uno como en el otro, para probar *cómo los letrados pierden el saber por amar*, se alegan los ejemplos de David, Salomón, Aristóteles y Virgilio el Mago.[1] El *Corbacho* es el único antecedente digno de tenerse en cuenta para explicar-

---

luego se imprimió con el título de *Carro de las Donas*. *Apud* Amador de los Ríos, *Historia de la literatura española*, t. VI, p. 283).

Curioso es, sin duda, el pasaje de Eximenis, pero ¡qué frío y seco parece al lado de los atrevidos toques y ardientes pinceladas del Arcipreste de Talavera! Éste era un poeta a su modo; Eximenis, un moralista.

Una cita de su *Vita Christi* hallamos también en el *Corbacho*, nuevo argumento de lo familiares que eran a Alfonso Martínez las obras del franciscano catalán: «segund en el libro de *Vita Christi* dixo maestre Francisco Ximenes, frayle menor» (pág. 235).

[1] El cuento de Aristóteles enamorado procede, como es sabido, de un *fabliau* francés *(Lai d'Aristote)*. Véase cómo lo aprovecha el Arcipreste: «E demas Aristotyles, uno de los letrados del mundo e sabidor, sustentó ponerse freno en la boca e silla en el cuerpo, cinchado como bestia asnal, e ella, a su coamante, de suso cavalgando, dándole con unas correas en las ancas. ¿Quién non debe renegar de amor sabiendo que el loco amor fizo de un tan grand sabio, sobre cuantos fueron sabios, bestia engrenada andando a cuatro pies?»

La leyenda de Virgilio es todavía más famosa; pero copio la versión del Arcipreste, porque no la cita más que por referencia Comparetti en su admirable libro *Virgilio nel Medio Evo*:

«¿Quién vido Vergilio, un hombre de tanta acucia e ciencia, cual nunca de mágica arte nin ciencia otro cualquier o tal se sopo nin se vido nin falló, *segund por sus fechos podrás leer, oyr e veer*, que estuvo en Roma colgado de una torre a una ventana, a vista de todo el pueblo romano, solo por dezir e porfiar que su saber era tan grande que mujer en el mundo non le

nos de algún modo la perfección de la prosa de la *Celestina*. Hay un punto, sobre todo, en que no puede dudarse que Alfonso Martínez precedió a Fernando de Rojas y es en la feliz aplicación de los refranes y proverbios que tan exquisito sabor castizo y sentencioso comunican a la prosa de la *tragicomedia de Calixto y Melibea*, como luego a los diálogos del *Quijote*.

Puede decirse que el Arcipreste de Talavera, a la vez que abrió las puertas de un arte nuevo, enterró el antiguo género *didáctico-simbólico*. Raras veces aparece durante el siglo XV, y nunca puro: se combina con elementos caballerescos y acaso con la novelística

---

podía engañar? E aquella que le engañó presumió contra su presuncion vana cómo le engañaría, e así como lo presumió lo engañó de fecho: que non ha maldad en el mundo fecha nin por facer que a la mujer mala deficile a ella sea de esecutar e por obra poner... Pero non digamos de los engaños que ellas rescibieron, resciben e rescibirán de cada dia por locamente amar. pues el susodicho Virgilio sin penitencia non la dexó que mucho bien pagó a su coamante, que apagar fizo en una hora, por arte mágica, todo el fuego de Roma, e vinieron a encender en ella todos fuego, que el fuego que el uno encendia non aprovechaba al otro, en tanto que todos vinieron a encender en ella fuego en su vergonçoso logar e cada cual para sí; por venganza de la desonrra que fecho avia a hombre tan sabio» (págs. 49-53).

Más adelante trae otra variante de la misma leyenda, atribuyéndosela a un personaje español, al almirante don Bernardo de Cabrera:

«Mas te diré, que yo vi en mis dias enfinidos hombres, y aun fembras sé que vieron a un hombre muy notable, de casa real e cuasi la segunda persona en poderío en Aragon, mayormente en Çezylia, por nombre mosen Bernard de Cabrera, el cual estando en cárceles preso por el rey e reyna, porque facia en Çeçilia mucho mal e daño al señor rey, por cuanto tenia por sí muchos castillos e logares fuertes e non andaba a la voluntad del rey, fue preso; e por lo aviltar e desonrrar fizieron con una mujer que él amaba que le aconsejase que se fuese e se escolase por una ventana de una torre do preso estaba, para ir a dormir con ella, e despues que se fuese e fuseye desde su casa; esto por enduzimiento del rey, e ella que le plogo de lo facer. E él creyendo la mujer, pensando que le non engañaría creyola e tomó una soga que le ella envió. E el que le guardaba dióle logar a todo e dexóle limar el cerrojo de la ventana, e començo a descender por la torre abaxo e enmedio de la torre tenía una red de esparto gruesa, abyerta, que allá llaman xábega, con sus arteficios. E cuando fue dentro en la red, cerráronla e cortaron las cuerdas los que estaban dalto en la ventana, e asi quedó alli colgado fasta otro dia en la tarde que le levaron de alli sin comer nin beber. E todo el pueblo de la çibdad e de fuera della, sus amigos e enemigos, le vinieron a ver allá, donde estaba en jubon como Virgilio, colgado».

italiana en el extraño mosaico de *El Caballero Cifar,* de que hablaremos luego; entra como elemento accidental en algunos libros morales, como los *Castigos et doctrinas de un sabio a sus fijas;* [1] pero las pocas ficciones morales y políticas que en la segunda mitad de aquel siglo pueden encontrarse, tienen ya carácter marcadamente clásico, y denuncian la acción eficaz de otros modelos muy diversos de las colecciones orientales.

Tal acontece, por ejemplo, con dos opúsculos del cronista Alfonso de Palencia, uno de los primeros obreros del Renacimiento en España, traductor de Plutarco y de Josefo, historiador más sañudo que elegante de las cosas de su tiempo, autor del primer vocabulario latino-hispano que vió Castilla, oscurecido muy pronto por el de Antonio de Nebrija; varón, en suma, cuyos conatos fueron útiles, y que contribuyó en gran manera a ensanchar los dominios de la lengua patria y a darla majestad y nervio. Tales cualidades son las que principalmente recomiendan su novelita alegórica *Batalla campal de los perros y lobos* y su *Tratado de la perfección del triunfo militar.* Con decir que estas obrillas fueron compuestas primeramente en latín y traídas luego por su autor a nuestro romance, como ejecutó con otras suyas, puede sospecharse ya que se trata de ejercicios de estilo, sospecha que se confirma con la declaración del propio Palencia, que dice haberlas compuesto para «experimentar por estas fablillas cuánto valdría mi péñola en la historial composición de los hechos de España». No sin fundamento se ha sospechado, y el autor mismo parece insinuarlo, que es la *Batalla campal* una sátira política disfrazada. Si algo hay de esto, hemos perdido la clave; de todos modos, no puede referirse al período más turbulento del reinado de Enrique IV, puesto que fué compuesta muy a los principios de él en 1457, cuando la guerra civil no había estallado ni era de temer aún. Leída sin prevención, la *Batalla de los lobos* es un grande apólogo, que, por su generalidad, puede aplicarse a cualquier batalla y contienda humana, y que da pretexto al autor para ejercitar la pluma

---

[1] Publicado por Knust en la colección de los Bibliófilos Españoles *(Dos obras didácticas y dos leyendas),* 1878, págs. 249-295. Contiene la historia de Griselda, pero no tomada de la última novela del *Decameron,* sino de uno que llama «libro de las cosas viejas», donde sin duda estaba muy abreviada.

en describir consejos militares, ardides y astucias de guerra, y poner pulidas arengas en boca de los animales, adiestrándose así para la narración histórica que iba a emprender en sus *Décadas.* Creemos que el valiente lobo *Harpaleo,* el rey *Antarton* y su esposa *Lecada;* el fuerte *Halipa,* capitán de los perros, y los demás personajes de esta fábula, no encierran misterio alguno en sus hechos ni en sus dichos. La raposa *(Calidina)* interviene en el libro como embajadora y va a notificar la guerra a los perros como faraute; pero no parece de la misma casta que la diabólica zorra de los poemas franceses, y es asimismo independiente de la tradición del *Calila y Dimna* seguida por Ramón Lull. Los elementos que combina Alonso de Palencia pertenecen todos a la fábula esópica, y quizá tuvo presente también la *Batracomiomaquia,* que cita al principio: «Fizo lo semejante el muy artificioso y muy grande Homero, sabidor en todas las artes, el cual antes que començase escribir la *Iliada,* muy fondo piélago de grandes y maravillosas batallas, compuso la guerra de las ranas y mures, sin dubda contienda entre animales viles, mas no con vil péñola escrita. E yo, cobdiciando seguir, o muy valeroso varón (su amigo Alfonso de Herrera, a quien dedica el tratado), el camino y doctrina de tan gran cabdillo, antes que pusiese la péñola en escribir los fechos de España, quise someter a tu sabia enmienda lo que sobre la guerra cruel entre los lobos y perros habida compuse.»

A esta novelita de animales siguió dos años después (1459) otra *fablilla* más importante por algunas curiosidades históricas que contiene y también por ser uno de los más antiguos ejemplares de la literatura militar española, que tanto había de florecer en la centuria décimasexta. Partiendo del principio de que los españoles brillan más por el valor que por la disciplina, y son «más aptos para exercitar las armas que sometidos a orden y obediencia, de donde proceden muchos inestimables daños e quizá menguas», personifica la milicia española en un mancebo llamado *Exercicio,* que va a buscar la enseñanza y la *perfección del triunfo* en Italia, y acaba por asistir en Nápoles a la gloriosa entrada de Alfonso V de Aragón (disfrazado con el nombre de *Gloridoneo)* en 26 de febrero de 1443. El libro, a pesar de la frialdad que pudiera recelarse de la continua presencia de figuras alegóricas, tales como la *Discreción,* la *Prudencia,* la *Obediencia* y el mismo *Triunfo,* es de amena y fácil lectura, y tiene todo el interés de un viaje por comarcas que el mismo Alonso de Palencia había recorrido y cuyas costumbres había observado sagazmente. Notable es bajo este aspecto la descripción de Barcelona, que «resplandece por un increíble aparato sobre las otras cibdades de España», aunque se encontraba entonces en cierta decadencia comercial, y un ciudadano le dijo que *retenía solamente* una faz *afitada* de lo que había sido. Así y todo, comparándola con la anarquía y postración de Castilla, no puede contener su entusiasmo y exclama: «Oh buen Dios, yo agora miro una çibdad situada en una secura, y en medio de la esterilidad es muy abundosa, y veo los cibdadanos vencedores sin tener natural apareio, y el pueblo poseedor de toda mundanal bienandanza por sola industria. Por cierto estos varones consiguen los galardones de la virtud, los cuales, por ser bien condicionados, poseen en sus casas riquezas; y por el mundo, fasta más léxos que las riberas del mar asiático, han extendido su nombre con honra, y con todo no piensan agora vevir sin culpa, mas afirman que su república es enconada de crímenes. La semeiante criminacion procede de una *sed de bien administrar;* mas nosotros, demonios muy oscuros, demandamos guirlanda de loor viviendo en espesura de aire corrompido, y porfiamos perder todas las cosas que nos dio complideras la natura piadosa, desdeñando los enxemplos de los antepasados y aviendo por escarnio lo que es manifiesto. Et por ende siguiendo este camino, me ha causado una cierta mezcla de cuyta y de alegría, ca tanto se me representa la oscuridad de los nuestros cuanto me deleyta mirar el resplandor de los otros.»[1] Esta imparcial y generosa apreciación de los catalanes por uno de los castellanos más ilustres del siglo XV, es sin duda página histórica digna de recogerse, y muy propia del experto político que tan eficazmente trabajó después en la feliz unión de las dos coronas y en la regeneración política de Castilla bajo el cetro de los Reyes Católicos.

Prosiguiendo el *Exercicio* su viaje llega a París, donde queda encantado de la alegría y cordialidad de los franceses, describiendo su oficiosa y zalamera hospitalidad con vivísimos colores que parecen robados a la paleta del Arcipreste de Talavera. La misma

---

[1] Páginas 41-42 de la reimpresión.

rapidez en el diálogo, la misma fuerza expresiva en las palabras del huésped: «Sa, sa, *Colin, Guillaume, Jacotin,* fiebre cuartana te pueda luego matar, *Guillaume,* perezoso, tragón, piélago de vino, ¿por qué no corres? toma la rienda, ves aquí el caballo del señor. Vos, familiares embriagos, ¿por qué no levais dentro las cabalgaduras destos caballeros? El rodado ponedlo a la man derecha del establo porque es rifador, y el morzillo ponlo do quisieres, estará quedo. Tú, bestia campesina, por qué no traes del vino? Trae, trae de aquel vino plazible, ¿sabes cuál digo? el colorado; lava prestamente los vasos; vé tú, trae lardo a la cocina, por cierto rancioso es... Veyste aquí los capones, veyste aquí las perdices, aquí tienes los palominos caseros muy gruesos, carnero castrado, ternera, y las tripas dél aparéialas con gran diligencia muy presto... ya el tiempo del yantar requiere la diligencia de los muy buenos *familios* (?); veys aquí especias. O señores, ¿sabe bien el vino? razonable creo que es. Trae, Colin, de aquello que a ninguno he mostrado, ¿sabes? en la cubilla, ya me entiendes, en la pequeña, que está a la man derecha de la bodega; grueso es, o mis señores, grueso, amable, sin dubda su nombre es amable, no burlo; esto es. Ves aquí otro más delicado, de lo que más quisierdes mientras se apareia el maniar. *O rosa bela,* tú, Rogier, lieva el tenor; *Jaques,* guarda la contra, y yo lievo la voz del canto, *o rosa bela...* yo bebo a *vus,* o alegre caballero de España.» [1]

De Francia pasa el *Exercicio* a Lombardía y Toscana, y le sorprenden las maravillas del arte del Renacimiento, alegóricamente compendiadas en el palacio que la *Discreción* tenía a la falda del Apenino, morada no sólo de recreación, sino que contenía además estudios de diversas disciplinas. Florencia, Siena, Perusa y Rímini son etapas de su camino. Los despedazados restos de la grandeza romana mueven a admiración y duelo su alma de humanista. «Iba quasi fuera de su sentido por las carreras, afeadas por miserable caida, en las cuales daban no pequeño empacho a los viandantes los pedazos rotos de muy grandes colunas y montones que de una parte y de otra estaban fechos de muros destroydos. Ya llegó delante del Capitolio, donde no vió, segund se falló escripto, aquella maiestad de la antigüedad y dignidad del se-

---

[1] Páginas 44-47.

ñorío. Mas lo que había aun remanescido de las pobrezas caidas se podia juzgar cuerpo de edificio muerto y afeado con llagas...».[1]

No nos detendremos en la parte militar del libro; baste decir que el autor tenía puestos los ojos en la legión romana, como era de esperar de sus estudios y aficiones, y aunque extraño al ejercicio de las armas, obedecía a aquel grande impulso que en los albores de la Edad Moderna iba a transformar el arte de la guerra con el ejemplo vivo de las campañas del Gran Capitán y con los preceptos de Maquiavelo.

Salvo algún ligero resabio de afectación retórica, el *Tratado de la perfección del triunfo militar* es uno de los libros mejor escritos del siglo xv. Alonso de Palencia vacía su frase en el molde latino; pero no desatentadamente y sin gusto, como lo habían hecho el traductor del *Omero romanzado* y el autor de los *Trabajos de Hércules,* sino con cabal conocimiento de ambas lenguas y con el tino suficiente para no romper a tontas y a locas el organismo gramatical de la nuestra. Educado por el obispo don Alonso de Cartagena, que conservó cierta sobriedad en el latinismo, y familiarizado luego en Italia con la cultura clásica de primera mano, discípulo de Jorge de Trebisonda y familiar del cardenal Bessarión, llegó a adquirir una idea noble y alta del estilo, y si en sus obras latinas, no llegó a realizarla, no fueron infelices sus conatos para imprimir en la lengua nativa un sello grave y majestuoso, una especie de dignidad romana, bastante bien sostenida. Y como al mismo tiempo era hombre de lozana fantasía, venció con talento las dificultades del género alegórico, amenizando sus razonamientos, que se deslizan con suave corriente y largos rodeos, a estilo ciceroniano. Páginas hay en el *Triunfo* y en la *Batalla de los lobos y perros* dignas de cualquier prosista clásico del tiempo del emperador Carlos V. Los Olivas, los Guevaras, los Valdés, tienen en él un precursor muy digno, aunque con las imperfecciones anejas al primer ensayo.[2]

---

[1] Página 102.

[2] Las primeras ediciones de estos opúsculos de Alonso de Palencia, impresas en caracteres góticos a fines del siglo xv, sin año ni lugar de impresión, son de extremada rareza. De la *Batalla campal de los perros y lobos* no se conoce más ejemplar que el de la Biblioteca de Palacio, procedente de la Mayansiana. El original latino de la *Perfección del triunfo militar*

Anterior a los opúsculos de Alonso de Palencia, es la *Visión delectable de la filosofía y artes liberales,* compuesta por el Bachiller Alfonso de la Torre para instrucción del príncipe de Viana; pero creemos que esta obra, una de las más notables que produjo el ingenio español en el siglo XV, no entra en el cuadro de la novela, aunque ofrezca cierta composición artística, del mismo modo que no se incluyen en la historia de la novela latina el libro de Marciano Capella, *De nuptiis Mercurii et Philologiae,* ni el *De consolatione* de Boecio, que parecen ser los dos modelos que el bachiller La Torre tuvo presentes. Su obra es una enciclopedia de carácter primordialmente científico, por más que se desarrolle en forma de coloquios entre la Verdad, la Razón, el Entendimiento, la Sabiduría y la Naturaleza, y aparezcan personificadas todas las virtudes y todas las artes liberales. El fin didáctico se sobrepone al estético, y la obra entera merece figurar en los anales de la filosofía española más bien que en los de la ficción recreativa. Como texto de lengua científica, no tiene rival dentro del siglo XV; la grandeza sintética de la concepción infunde respeto; algunos trozos son de altísima elocuencia, y la novedad y atrevimiento de algunas de sus ideas merecen consideración atenta, que en lugar más oportuno pensamos dedicarlas.[1]

Tampoco creemos que debe incluirse entre las novelas, sino entre los diálogos político-morales, el impropiamente llamado *Libro de los pensamientos variables,*[2] que su autor, de quien sólo sabemos, por lo que él dice, que era «un pobre castellano con

---

se guarda en un códice de la Biblioteca Capitular de Toledo. De la versión castellana hay un ejemplar impreso en la Biblioteca Nacional y otro poseyó Salvá. Ambos tratados fueron reimpresos en la colección de *Libros de antaño* (tomo V, 1876) por el docto y malogrado académico don Antonio María Fabié, con un buen estudio biográfico y un glosario.

[1] Por ejemplo, su teoría de profetismo, muy semejante a la de Maimónides; sus ideas sobre el entendimiento agente, más afines a las de Avempace y Algazel que a las de los escolásticos; su doctrina de las tres vidas del hombre, que reaparece en muchos místicos; sus ideas sobre la música, que para él es una especie de metafísica latente, como para Schopenhauer; su clasificación de las lenguas en guturales, paladiales y dentales; sus ideas sobre la palabra, que son las de la escuela tradicionalista, etc.

[2] Hállase en un códice de la Biblioteca Nacional (S. 219), y fué publicado por Amador de los Ríos en los apéndices al tomo VII de su *Historia*

algo de portugués», dedicó a la Reina Católica con el loable fin de poner a sus ojos la opresión y servidumbre en que yacían los villanos y campesinos y excitar su celo justiciero contra los tiranos y robadores que habían estragado a Castilla en el infeliz reinado de Enrique IV. Valiéndose el anónimo escritor de una ficción que recuerda otras de los cuentos orientales e italianos, y que andando el tiempo inspiró a Lope de Vega su bellísima comedia *El villano en su rincón,* imitada en todos los teatros del mundo, presentaba a un rey perdido en la caza, que se encuentra con un rústico, de cuyos labios oye durísimas verdades. Es notable el atrevimiento de las ideas de este diálogo, que llega hasta discutir, por boca del rústico, el fundamento del derecho de propiedad y predicar una especie de colectivismo anárquico. «Los hombres, en este mísero mundo venidos todos, fueron igualmente señores de lo que Dios, antes de su formación, para ellos había criado, e desta manera, si honestamente dezir se puede, gran enemiga debemos haber e tener los tales como yo con los altos varones, pues forzosamente, habiéndose usurpado el señorío, nos han hecho siervos. E puesto que su magestad diga que aquesta larga e gran costumbre es ya vuelta en naturaleza, sepa que por aquellas leyes por donde lo dicho se principió, querríamos el contrario rehacer, porque toda cosa que con fuerza se haze, con fuerza deshazer se tiene». Verdad es que en la controversia con el Rey se templan mucho estas proposiciones, viniendo a parar todo en una inofensiva declamación contra las vejaciones y tropelías de que era víctima la clase labradora y contra el insolente lujo de los cortesanos. Puede creerse que el *Rústico* interlocutor de este diálogo sirvió de modelo para el *Villano del Danubio,* a quien hizo prorrumpir Fr. Antonio de Guevara en tan vehementes invectivas contra la tiranía del Imperio Romano.

Ignoramos el actual paradero de cierta novela alegórico-política, al parecer extensa y dividida en doce libros, compuesta en 1516 por autor anónimo, con el título de *Regimiento de Príncipes o gobierno del rey Prudenciano en el reino de la Verdad.* [1] De este libro,

---

crítica, pp. 578-590. El extraño título con que se le designa en los antiguos índices se debe al encuadernador, y sólo tiene relación con las primeras frases del tratado, que realmente es acéfalo.

[1] Existió el manuscrito en la Biblioteca de San Isidro hasta 1838, en

dedicado al futuro Emperador Carlos V, sólo conocemos el curiosísimo pasaje relativo a la Inquisición, que publicó Llorente en los apéndices de su *Historia*[1] y que tiene trazas de estar muy modernizado en el lenguaje. Traslúcese que el autor era cristiano nuevo, y aunque no ataca de frente el Santo Oficio, pone de manifiesto sus abusos y propone algunas reformas e innovaciones para asimilar sus procedimientos a los de los tribunales ordinarios.

La tradición de esta clase de libros de política recreativa y de enseñanza de príncipes no se interrumpió durante el siglo XVI, pero cada vez se hizo más fuerte en ellos la influencia clásica quedando enteramente anulada la oriental. Tal acontece en el *Marco Aurelio* del obispo Guevara, visiblemente imitado de la *Cyropedia* de Xenefonte. Pero como el *Relox de Príncipes,* además de su intención pedagógica, tiene caracteres de novela histórica, reservamos para más adelante el dar razón de su contenido.

---

que desapareció misteriosamente con todos los demás del mismo establecimiento, trasladados de Real Orden al Congreso, para la Biblioteca de Cortes que había empezado a formar don Bartolomé J. Gallardo. Consta con el núm. 89 en el *Índice* de dichos códices, publicado en el tomo VI de la *Revista de Archivos, Bibliotecas y Museos* (1876), pág. 32.

[1] *Histoire critique de l'Inquisition d'Espagne...* París, 1817, t. IV, pp. 389-412. Según advierte Llorente, el manuscrito de San Isidro había pertenecido a un jesuíta llamado Enríquez.

IV

Breves indicaciones sobre los libros de caballerías. — Su aparición en España. — Ciclo carolingio («Turpin», «Maynete», «Berta», «Reina Sevilla», «Fierabrás», etc.). — Influencia de los poemas italianos («Reinaldos de Montalbán», «Espejo de Caballerías», etc.). — Asuntos de la antigüedad clásica («Crónica Troyana»). — Novelas greco-orientales («Partinuplés», «Flores y Blancaflor», «Cleomedes y Clarimonda», «Pierres y Magalona», etc.). — Novelas varias («Oliveros de Castilla y Artús de Algarbe», «Roberto el Diablo», etc.). — El ciclo de las Cruzadas en la «Gran conquista de Ultramar» («El Caballero del cisne»). — Otras novelas de los siglos xiv y xv. — El ciclo bretón en España («Tristán», «Lanzarote», «Demanda del Santo Grial», «Baladro del Sabio Merlín», «Tablante y Jofre»). — Carácter exótico de toda esta literatura.

Nadie espere encontrar en el presente bosquejo de nuestra primitiva novela un tratado completo y formal sobre los libros de caballerías. Esta materia vastísima y sobremanera compleja debe ser estudiada aparte y con toda la extensión que su importancia requiere. La investigación comenzada por Gayangos en 1857 va a ser continuada en dos o tres volúmenes de la presente *Biblioteca* por un joven erudito, de grande ingenio y saber, a quien sus primeros trabajos han dado ya muy honorífico puesto entre los cultivadores de nuestra historia literaria. De buena voluntad hubiese dejado yo enteramente intacta la materia caballeresca para que dignamente la ilustrara el señor don Adolfo Bonilla y San Martín, si no me detuviese la consideración de que, omitiendo por completo esta enorme masa de libros, quedaría incompleta la historia de la novela en uno de sus puntos capitales, y nos faltaría la clave para explicar sus transformaciones posteriores. Pero como no gusto de meter la hoz en mies ajena, y menos cuando ha de ser tan bien espigada, procederé aquí muy rápidamente, trazando sólo las líneas generales del cuadro, sin entrar en una exposición detallada ni en un examen crítico, que aquí serían de todo punto imposibles. Lo que procuraré establecer con claridad es la clasificación y deslinde de los diversos ciclos y grupos de novelas, la época precisa de su aparición en España y la cronología de su desenvolvimiento.

Los libros de caballerías, a pesar de su extraordinaria abundancia, que excede con mucho a todas las demás novelas juntas de la Edad Media y del siglo XVI, no son producto espontáneo de nuestro arte nacional. Son una planta exótica que arraigó muy tarde y debió a pasajeras circunstancias su aparente y pomposa lozanía. Muchos de ellos son traducciones, otros imitaciones muy directas; pero es cierto que en el *Amadís*, en el *Tirante*, en los dos *Palmerines*, el género se nacionalizó mucho, hasta el punto de parecer nuevo a las mismas gentes que nos le habían comunicado y de imponerse a la moda cortesana en toda Europa durante una centuria. Una reacción del genio hispano, encarnándose en su hijo más preclaro, mató y enterró para siempre tan enorme balumba de fábulas; la misma facilidad con que desaparecieron y el profundo olvido que cayó sobre ellas indican que no eran verdaderamente populares, que no habían penetrado en la conciencia del vulgo, aunque por algún tiempo hubiesen deslumbrado su imaginación con brillantes fantasmagorías. Había, con todo, en algunos de esos libros una parte de invención española, de originalidad y creación, aunque fuese subalterna. El autor de *Amadís*, sobre todo, digno de ser cuidadosamente separado de la turba de sus satélites, hizo algo más que un libro de caballerías a imitación de los poemas del ciclo bretón: escribió la primera novela idealista moderna, la epopeya de la fidelidad amorosa, el código del honor y de la cortesía, que disciplinó a muchas generaciones. Fué, sin duda, un hombre de genio, que combinando y depurando elementos ya conocidos y todos de procedencia céltica y francesa, creó un nuevo tipo de novela más universal que española, que en poco o en nada recuerda el origen peninsular de su autor, pero que por lo mismo alcanza mayor transcendencia en la literatura del mundo, a la par que es gloria de nuestra raza el haberle impuesto a la admiración de las gentes con una brillantez y una pujanza que ningún héroe novelesco logró antes de Don Quijote.

No hay para qué entrar en inútiles disquisiciones sobre el origen de la literatura caballeresca. No procede de Oriente ni del mundo clásico, por más que puedan señalarse elementos comunes y hasta creaciones similares. Nació de las entrañas de la Edad Media, y no fué más que una prolongación o degeneración de la poesía épica, que tuvo su foco principal en la Francia del Norte, y de ella irradió no sólo al Centro y al Mediodía de Europa, sino a sus confines septentrionales: a Alemania, a Inglaterra y a Escandinavia, lo mismo que a España y a Italia. Pero esta poesía, aunque francesa por la lengua (muy lejana por otra parte del francés clásico y moderno), era germánica unas veces y otras céltica por sus orígenes, y más que la poesía particular de una nación cuya unidad no estaba hecha, fué la poesía general del Occidente cristiano durante los siglos XII y XIII. Independientes de ella, pero recibiendo su influjo, florecieron otras epopeyas como la de Alemania y de Castilla; se vigorizaron en todas partes las tradiciones heroicas; se despertó el genio poético de algunas razas que parecían próximas a desaparecer de la historia; germinaron en confuso tropel los símbolos de olvidadas mitologías, convertidos en personajes y acciones humanas; la fecunda dispersión del mundo feudal se tradujo en el enmarañado cruzamiento de ciclos y subciclos, y en medio de tal anarquía, un ideal común de vida guerrera brilló en medio de las tinieblas de la Edad Media. Esta gran poesía narrativa tuvo por primer instrumento la forma métrica, asonantada al principio y rimada después; pero en los tiempos de su decadencia, desde la segunda mitad del siglo XIII, y mucho más en el XIV y en el XV, cuando el instinto creador había huído de los juglares, cuando la amplificación verbosa y la mala retórica habían suplantado a la poesía, cuando las narraciones no se componían ya para ser cantadas sino para ser leídas, cuando se había agrandado en demasía el público sin mejorarse la calidad de él, y a la vez que la aristocracia militar, avezada ya a los refinamientos cortesanos y a los artificios del lirismo trovadoresco y de las escuelas alegóricas, volvía desdeñosamente la espalda a las gestas nacionales, comenzaba la burguesía a apoderarse de los antiguos relatos, imprimiéndoles un sello vulgar y pedestre; la Musa de la Epopeya se vió forzada a descender de su trono, calzó el humilde sueco de la prosa, y entonces nacieron los libros de caballerías propiamente dichos. No hay ninguno entre los más antiguos, ni del ciclo carolingio, ni del ciclo bretón, ni de los secundarios, ni de las novelas aisladas, ni de las que toman asuntos de la antigüedad o desarrollan temas orientales y bizantinos, que no sea transformación de algún poema existente o perdido, pero cuya existencia consta de una manera irrecusable.

De esta ley se eximió la epopeya castellana, que por su carácter hondamente histórico no engendró verdaderas novelas (a excepción de la *Crónica del Rey Don Rodrigo*, que examinaremos más adelante), sino que se disolvió en cantos breves o se perpetuó en la forma histórica directa, penetrando en la prosa de las Crónicas y siendo tenida en concepto de historia real aun por los analistas más severos: tal era de verídico y sencillo su contexto, tal su penuria de elementos maravillosos y tan llana y sincera la representación de la vida. Los romances, por una parte, y por otra las grandes compilaciones históricas, a partir de la de Alfonso el Sabio, recogieron el tesoro de los *Cantares de Gesta*, muy pocos de los cuales poseemos en su forma primitiva, y le salvaron en cuanto a la integridad y a la sustancia. Fué una transformación análoga, pero no igual, a la que experimentaron los poemas franceses. Hubo con el tiempo breves crónicas para uso del pueblo, verdaderos libros de cordel sobre Bernardo, Fernán González, los Infantes de Lara y el Cid, que todavía corren en manos de nuestro vulgo; pero no añaden circunstancias novelescas al relato, son meros extractos torpemente sacados de las crónicas más amplias. Bajo este aspecto, la crónica popular del Cid no representa un libro distinto de la impresa por Belorado. Sólo en Portugal, y muy tardíamente (¡en el siglo XVIII!), se prologó con cierto desarrollo novelesco la leyenda de Bernardo, por capricho particular de un escritor.[1]

---

[1] *Verdadeira terceira parte da historia de Carlos-Magno, em que se escreven as gloriosas açoes e victorias de Bernardo del Carpio. E de como venceo em batalha os Doze Pares de França, con algunas particularidades dos Principes de Hispanha, seus poovadores e Reis primeiros*, escrita por *Alexandre Caetano Gomes Flaviense*... Lisboa, 1745, 8º Llámase *tercera parte* porque se cuenta como primera la traducción portuguesa del *Fierabrás* castellano.

Después de los temas nacionales, ningunos más divulgados en la vieja literatura española que los del ciclo carolingio, como lo atestiguan los numerosos romances, algunos bellísimos, que nos cuentan las andanzas de sus principales héroes, muy españolizados a veces y tratados con tanto amor como si fuesen compatriotas. Estos romances en su forma actual, no son anteriores al siglo XV, pero el grado de elaboración que en ellos alcanza la materia épica, la gran distancia a que se encuentran de sus originales ultrapirenaicos, hasta el punto de ser difícil reconocerlos, hace evidente que descansan en una poesía anterior, en verdaderos *Cantares de Gesta,* compuestos libremente en España sobre temas traídos por los juglares franceses o provenzales.

Había entre nosotros particulares motivos para que fuese en algún tiempo grata la canción épica de los franceses. Su sentido era religioso y patriótico. Hablaba de empresas contra infieles, y el más antiguo y más bello de sus poemas tenía por teatro la misma España, aunque muy vaga e imperfectamente conocida. En el centro de esta floresta épica de tan enmarañada vegetación descollaba, como majestuosa encina entre árboles menores, la figura del grande Emperador, que por varios conceptos había sonado en nuestra historia y cuyo nombre aparece enlazado desde muy antiguo con la leyenda compostelana. Las *nuevas* de Roncesvalles y de las empresas de Carlomagno llegaron a nuestra Península por dos caminos, uno popular, otro erudito, pero derivados entrambos de la poesía épica de allende el Pirineo, cuyas narraciones eran ya muy conocidas en España a mediados del siglo XII. La *Chanson de Rollans,* o alguna de sus variedades, fué de seguro entonada mucho antes por juglares franceses y por devotos romeros, que precisamente entraban por Roncesvalles para tomar el camino de Santiago, cuya peregrinación era el lazo principal entre la España de la Reconquista y los pueblos del centro de Europa, que así empezaron a comunicarnos sus ideas y sus artes. Aquel gran río que periódicamente se desbordaba sobre la España del Norte, tenía en Galicia su natural desembocadura, y en Galicia

---

o *Historia de Carlomagno,* de Nicolás del Piamonte, y por segunda, una continuación muy curiosa del médico Jerónimo Moreira de Carvalho, traductor de la primera.

hemos de buscar los primeros indicios de la tradición épica francesa, algo españolizada ya. Precisamente en Santiago, y entre los familiares de la curia afrancesada de los Dalmacios y Gelmírez, se forjó, según la opinión más corriente, la *Crónica* de Turpín, que es uno de los libros apócrifos más famosos del mundo, y sin género de duda el primer libro de caballerías en prosa, aunque no vulgar, sino latina y de clerecía.

Los dos sabios críticos que de un modo más cabal y satisfactorio han tratado de este libro [1] convienen, aunque en otras cosas estén discordes, en distinguir en él dos partes de muy diverso contenido y carácter, ninguna de las cuales, por supuesto, puede ni remotamente ser atribuida al Arzobispo de Reims, Turpín, muerto hacia el año 800, sino a dos falsarios muy posteriores. Los cinco o seis primeros capítulos poco o nada tienen que ver con las narraciones épicas; es cierto que hablan del sitio de Pamplona, cuyos muros se derrumban ante Carlomagno, como los de Jericó al son de las trompetas de Josué; pero el Emperador, más bien que como guerrero aparece con el carácter de pío y devoto patrono de la iglesia de Santiago, cuyo camino abre y desembaraza de paganos, movido a tal empresa por la visión de la Vía Láctea tendida desde el mar de Frisia hasta Galicia y por sucesivas apariciones del mismo Apóstol. El autor insiste mucho en las iglesias que Carlos fundó y dotó, en los infieles que hizo bautizar, en los ídolos que derribó, dando sobre el de Cádiz noticias que concuerdan, como ha advertido Dozy, con las de los escritores árabes. Fundándose en los conocimientos geográficos, bastante extensos, aunque no muy precisos, que el autor demuestra de la Península, creyó Gastón París que estos capítulos podían ser de un monje compostelano del siglo XI; pero Dozy, no solamente los juzga posteriores en más de ochenta años a tal fecha, fundándose en varias circunstancias históricas, y entre ellas en la frecuente mención de los almoravides con el nombre de *moabitas*, sino que tiene por imposible que el autor fuese español, en vista del desprecio que manifiesta por todas las cosas del país y los vituperios que dice de los na-

---

[1] *De Pseudo Turpino* (tesis latina de Gastón París). París, Franck, 1865. Dozy, *Le Faux Turpin* (en el tomo II, tercera edición de las *Recherches*, 1881, páginas 372-431, y XCVIII y CVIII).

turales, hasta contar, entre otras fábulas no menos absurdas, que casi todos los gallegos habían renegado, y que tuvo que rebautizarlos el Arzobispo Turpín, a excepción de los contumaces, que fueron decapitados o reducidos a esclavitud. Si con esta denigración se compara el entusiasmo ciego del autor por la gente francesa, «*optimam scilicet, et bene indutam et facie elegantem*», resulta más y más confirmado el parecer de Dozy; es a saber: que los primeros capítulos del *Turpín* fueron compuestos por un monje o clérigo francés residente en Compostela, el cual formaba de la rudeza española el mismo petulante juicio que los tres canónigos biógrafos de Gelmírez, por ejemplo.

Desde el capítulo VI en adelante, la *Crónica de Turpín* cambia de aspecto. No faltan en ella reminiscencias de los libros históricos de la Biblia, y hasta una controversia en forma teológica entre Roldán y el gigante Ferragut; no falta tampoco el obligado panegírico de la Iglesia de Compostela, para la cual el osado falsario reclama la primacía de las Españas, que le supone otorgada por Carlomagno en un concilio. Pero lo que predomina es el elemento épico, derivado de las gestas francesas, aunque transformado conforme al gusto de la literatura latino-eclesiástica. Reaparecen, pues, en el *Pseudo-Turpín*, y le debieron su crédito entre los letrados, la traición del rey Marsilio y de Ganelón; la sorpresa de los 20.000 hombres de la retaguardia «por haberse entregado al vino y a las mujeres»; el cuerno de Roldán; la roca herida por su espada *Durenda*; la muerte de Roldán y su apoteosis, celebrada por coros de ángeles que conducen al Paraíso su alma; el sangriento desquite de la derrota, con tres días de matanza, en que el sol permaneció inmóvil; el castigo de Ganelón... y en suma, casi toda la materia de la *Chanson de Rollans* o de otra más antigua que ella, y más antigua también que el *Carmen de proditione Guenonis*, compuesto en dísticos latinos sobre el mismo argumento. Recogió además el *Turpín* ciertas tradiciones locales relativas a las sepulturas de los héroes en varias ciudades del mediodía de Francia.

¿Quién fué este segundo e imprudente fabulador que llega a tomar el nombre de Turpín y poner en su boca la narración, lo cual nunca hace el primero? Gastón París atribuyó estos capítulos a un monje de Viena del Delfinado, pero Dozy manifiesta opinión muy contraria. Que este nuevo Turpín era también francés no tiene duda, como tampoco que le interesaban mucho las pretensiones de Compostela, donde probablemente escribía, y donde se ha conservado su libro, formando parte del célebre códice calixtino. Esta compilación, dividida en cinco libros (de los cuales el último era como el manual o guía del peregrino en Santiago), fué donada por Aimerico Picaud, del Poitou, a la Iglesia de Santiago por los años de 1140 (fecha que no puede ser muy posterior a la de su primitiva redacción, en que acaso intervino el mismo Aimerico), y copiada luego en todo o en parte por los peregrinos, es la que mayormente extendió por Europa el conocimiento del *Pseudo-Turpín*, a la vez que entre los *clérigos* españoles autorizó el principal tema de la epopeya carolingia. Las más antiguas obras históricas francesas son traducciones del *Turpín*; hay nada menos que cinco, hechas a fines del siglo XII y principios del XIII.[1]

En España, aunque el *Turpín* fuese muy leído, especialmente por los gallegos, a quienes halagaba con el panegírico de la Iglesia de Santiago, y pasasen algunas de sus fábulas a la Crónica de don Lucas de Tuy, hubo de suscitar muy pronto impugnaciones y protestas fuera del círculo en que imperaban las ideas galicanas y cluniacenses. Las fabulosas conquistas de Carlomagno en España encontraron muchos incrédulos, y el sentimiento nacional herido, no sólo protestó por boca del monje de Silos y del Arzobispo don Rodrigo, sino que, invadiendo los campos de la épica nacional, que estaba entonces en su período de mayor actividad y pujanza, españolizó la leyenda en términos tales, que más que imitación o continuación fué protesta viva contra todo invasor extraño. Un personaje enteramente fabuloso, pero en cuya fisonomía pueden encontrarse rasgos de otros personajes históricos, apareció primero como sobrino de Carlomagno y asociado a sus triunfos; después como sobrino del Rey Casto y como único vencedor de Roncesvalles. La creación de Bernardo del Carpio se levanta en algún modo sobre el carácter local de la epopeya castellana, y la engrandece en el sentido de la patria española, ha-

---

[1] A las antiguas ediciones de la *Crónica de Turpín*, por Sichardo (1566, Francfort, en los *Germanicarum rerum vetustiores chonographi*), y de Ciampi (Florencia, 1822) ha sustituído la de M. Castets, profesor de Montpellier, más correcta que las precedentes.

ciendo combatir mezclados, bajo la enseña de Bernardo, a castellanos, navarros y leoneses, a infieles y cristianos juntamente.

Pero la misma vehemencia de la reacción patriótica prueba lo muy vulgarizados que estaban los relatos poéticos franceses. El cantor del sitio de Almería, y cronista del Emperador Alfonso VII, los recordaba como cosa notoria a todos, para sacar de ellos comparaciones en honor de su héroe favorito, Alvar Fáñez:

> Tempore Roldani si tertius Alvarus esset,
> Post Oliverum, fateor sine crimine verum,
> Sub juga Francorum fuerat gens Agarenorum,
> Nec socii chari jacuissent morte perempti.

El *Poema de Fernán González*, compuesto en el siglo XIII, contiene una enumeración de personajes carolingios, tomada del *Turpín* (copla 350). Y la *Crónica General* o *Estoria d'Espanna*, mandada compilar por Alfonso el Sabio, encierra ya prosificado un tema de este ciclo, que había dado materia a un cantar de gesta. La leyenda de *Maynete y Galiana*, sea o no francesa de origen, se naturalizó muy pronto en España, y de las versiones extranjeras sólo una puede creerse anterior a la nuestra, que difiere de todas en muy singulares circunstancias. Extractaremos rápidamente lo que hace poco hemos escrito sobre este asunto.

En 1874, Mr. Boucherie descubrió seis fragmentos (en total unos 800 versos) de cierto poema francés del siglo XII en versos alejandrinos, intitulado *Mainet*, al cual Gastón París dedicó largo estudio en la *Romania* del año siguiente. Véase, en brevísimo resumen, el contenido de esta leyenda. El joven Carlogmano, perseguido por sus hermanos bastardos, «los hijos de la sierva», viene a pedir hospitalidad a Galafre, rey moro de Toledo; le presta en la guerra la ayuda de su poderoso brazo y de los caballeros franceses que le acompañan, venciendo y matando sucesivamente a varios reyes paganos, y entrando triunfante en la ciudad de Monfrín, que sus enemigos disputaban a Galafre. Éste le honra y agasaja mucho, y Carlos vive disimulado en su corte bajo el nombre de Maynete. La hija del Rey, que en el poema francés se llama *Orionde Galienne,* se enamora de él. Su padre consiente en la boda y en dar a Maynete una parte de sus estados, aunque son nada menos que treinta los príncipes que pretenden el honor de llegar a ser yernos suyos. Entre ellos, el más ofendido es el terrible Bramante, que declara la guerra a Galafre para vengar su ofensa. El héroe se compromete a traer la cabeza de Bramante; se arma con su famosa espada *Joyosa*, y como era de suponer mata a su rival, se apodera de su espada *Durandal* y vuelve vencedor a Toledo. Pero Marsilio, hermano de Galiana, envidioso de la gloria del forastero, urde una trama contra él. Galiana se la descubre a su padre. Galafre toma al principio la defensa de Maynete, y amenaza a su hijo con desheredarle; pero habiendo llegado a persuadirle los traidores que Maynete conspiraba contra él, ayudado por un banda de sirios, a quienes había hecho bautizar, tiende asechanzas a la vida del príncipe franco, que hubiera perecido infaliblemente en la emboscada si Galiana, que era muy sabia en las artes mágicas y había leído en los astros la suerte que amenazaba al joven, no le hubiese salvado con un oportuno aviso. Huye Maynete de Toledo, se embarca para Roma con sus sirios, entra por el Tíber muy a tiempo para salvar al Papa de un ejército innumerable de sarracenos, a quienes derrota en campal batalla, y aquí termina la parte conservada del poema.[1]

Las lagunas que el texto ofrece pueden completarse con ayuda de una refundición de los primeros años del siglo xiv, el *Carlomagno* de Gerardo de Amiens, obra desprovista de todo valor poético y enormemente prolija, puesto que consta nada menos que de 23.320 versos, distribuídos en tres libros.

Esta rapsodia, insignificante y soporífera, no tuvo popularidad alguna, siendo independiente de ella todos los demás textos que fuera de Francia popularizaron la leyenda de Galiana.[2] Los principales son las *Infancias de Carlomagno* o el *Karleto* (manuscrito del siglo xiii en la Biblioteca de San Marcos, de Venecia), canción anónima en decasílabos épicos, compuesta por un juglar italiano, que acomoda un texto francés al oído e inteligencia de su pú-

---

[1] Véase el estudio de Gastón París sobre estos fragmentos, publicado en la *Romania* (julio a octubre de 1875).

[2] El mejor análisis de todos ellos es el que se halla en la admirable *Histoire poétique de Charlemagne*, de G. París (1865), pp. 230-246, y en el artículo de la *Romania* antes citado. Nada sustancial añade León Gautier, *Les Epopées françaises*, segunda edición, 1880, III, pp. 30-52, y aun parece que no examinó directamente las versiones españolas y alemanas.

blico;[1] el libro VI de la gran compilación italiana, en prosa, *I Reali di Francia,* obra del florentino Andrea da Barbarino, que vivía a fines del siglo XIV o principios del XV;[2] el *Karl Meinet,* alemán, de Stricker (1230), reproducción de otro *Meinet* neerlandés que, según Bartsch, pertenece a la segunda mitad del siglo XII; un segundo *Karl Meinet,* alemán, de principios del siglo XIV, y otros que parece inútil citar, atestiguándose además la popularidad del tema por las alusiones que se hallan en varios cantares de gesta franceses, tales como el *Renaus de Montauban* y el *Garin de Montglane,* y en algún poema provenzal como el de la *Cruzada contra los Albigenses.*

Una narración poética como ésta, cuyo teatro era España, debió de ser de las primeras del ciclo de Carlomagno que en España tuviesen acogida, y es cierto que se difundió tan rápidamente como la de Roncesvalles. Ya a mediados del siglo XII tenía conocimiento de ella el autor de la segunda parte del falso Turpín. En el capítulo XII dice que el Emperador había aprendido la lengua sarracena cuando en su juventud estuvo en Toledo, y en el XX se excusa de referir menudamente los hechos de Carlomagno, contando entre ellos su destierro en la corte toledana de Galafre y su victoria contra el alto y soberbio Rey de los sarracenos Bramante. Falta, como se ve, el nombre de Galiana; pero ya le consigna el Arzobispo don Rodrigo, añadiendo que la infanta mora se convirtió a la fe de Cristo, y que Carlomagno edificó para ella palacios en Burdeos. Estos palacios son los que la leyenda transportó más adelante a Toledo, donde ya estaban localizados a fines del siglo XIII o principios del XIV. La forma poco precisa en que don Rodrigo se expresa en cuanto al origen de estas noticias *(fertur... fama est)* no nos permite afirmar resueltamente si tuvo a la vista algún cantar o se apoyó tan sólo en la tradición oral; pero más verosímil parece lo primero, puesto que el poema castellano debía de existir ya, y dentro del mismo siglo XIII le encontramos reducido a prosa en la *Crónica General,* pero conservando gran número de asonancias y aun versos enteros, que dejan fuera

---

[1] Analizado por P. Rajna en la *Romania,* 1873.
[2] Sobre las fuentes de este famoso libro, todavía popular en Italia, y cuya primera edición se remonta a 1491, es magistral y definitivo el trabajo de Rajna, *Ricerche intorno a I Reali di Francia,* Bolonia, 1872.

de duda cuál era la lengua en que estaba escrito, porque lo indica la naturaleza de las terminaciones asonantadas; nunca en su texto francés la palabra equivalente a *ciudad* hubiera podido concertar con los nombres propios *Durante* y *Morante*.

Esta ingeniosa observación de Milá y Fontanals [1] es concluyente; pero ¿no se la podría llevar todavía más lejos, viendo en el *Maynete* de la *General* un poema más indígena de lo que se ha creído e independiente, a lo menos en parte, de las gestas francesas?

Ante todo hay que advertir que la leyenda, tal como la presenta el Rey Sabio, sólo en lo sustancial concuerda con las demás versiones, pero en los detalles varía tanto que no puede decirse emparentada con ninguna. No hablemos del poema franco-itálico de Venecia, en que Galafre es rey de Zaragoza y no de Toledo, variante que se repite en los *Reali di Francia*. Pero aun limitándonos a los fragmentos del primitivo poema francés, descubiertos por Boucherie, y al *rifacimento* de Gerardo de Amiens, es patente que faltan en el nuestro la rivalidad de los hermanos bastardos de Carlomagno (Heudri y Hainfroi); el envenenamiento, perpetrado por ellos, del rey Pipino y de la reina Berta; la descripción de la fiesta en que Carlos y sus amigos se disfrazan de locos, y en que el príncipe hiere a su falso hermano con un asador de cocina que le proporciona su fiel Mayugot; el viaje de Carlos y su confidente David a Burdeos y Pamplona; el sitio de la ciudad de Monfrín y las primeras hazañas de Carlos, que se presenta como un aventurero, montado en un mal caballo y armado con una estaca; los vencimientos y muertes sucesivas de los reyes Caimante, Cayter y Almacu; la oferta de soberanía que los ciudadanos de Monfrín hacen a Carlos y él rechaza; la conspiración del rey Marsilio; el bautizo de los 10.000 sirios catequizados por Solino, capellán de Maynete; la noche de orgía que pasan los franceses con sus amigas en el campo sarraceno, y en la cual sólo guarda continencia Maynete, que se abstiene de tocar a Galiana «porque todavía era pagana»; el viaje a Italia y la defensa del Papa. Estos personajes, lances y aventuras, muchos de ellos extravagantes y pueriles, se buscarían inútilmente en el relato, tan sobrio y ra-

---

[1] *De la Poesía heroico-popular castellana*, Barcelona, 1874, pp. 330-341.

cional, pero al mismo tiempo tan interesante y poético, de la *Estoria d'Espanna*, y, por el contrario, llenan los dos poemas franceses, encontrándose ya todos en los fragmentos conservados del primero, al cual se asigna la muy respetable antigüedad del siglo XII. En ventajosa compensación de todo este fárrago, tiene nuestra *Crónica* la bella, la delicada escena de amor entre Carlos y Galiana, que Gastón París, al encontrarla en otro poema francés muy posterior *(Jourdain de Blaives)*, declara ser una de las más felices inspiraciones de la poesía de la Edad Media, inclinándose a creer que procede de un *Maynete perdido.*[1] ¿Y por qué no del nuestro?

¿Qué resta, por tanto, de común entre los dos poemas franceses y el cantar de gesta utilizado por la *Crónica?* Sólo el fondo del argumento, es decir, el refugio de Carlomagno en Toledo y su boda con Galiana. Y aun aquí hay profundas diferencias, puesto que la *General* nada dice de los *hijos de la sierva*, hermanos de Carlomagno, y el destierro de éste se atribuye a disensiones con su padre, a quien se supone vivo durante todo el curso de la leyenda. Por el contrario, ninguna de los poemas franceses menciona la estratagema de herrar los caballos al revés, ni la salida de Galiana por el caño, ni las demás circunstancias de la fuga de Maynete, que en uno y otro, parte de Toledo al frente de su ejército de sirios y sin la compañía de la princesa sarracena, la cual sólo mucho después va a reunirse con él en Francia.

Si es ley constante en la poesía épica que lo más natural, sencillo y humano preceda siempre a lo más artificioso y novelesco, tenemos derecho a afirmar que la canción española, disuelta en la prosa de la *Crónica General*, representa una forma primitiva de la leyenda, y que los fragmentos del poema francés, sean o no del siglo XII, corresponden a una elaboración épica posterior.

Admitir influjo de nuestra poesía épica en la francesa en tiempo tan remoto, y en que son raros los documentos y noticias de la primera, parecerá, sin duda, aventurado e inverosímil. Los dos casos análogos que pueden recordarse son harto posteriores: el *Anseis de Cartago*, que reproduce la leyenda de don Rodrigo y la Cava, es del siglo XIII, y el *Hernaut de Belaunde*, que imita uno

---

[1] *Histoire poétique de Charlemagne*, 239, nota.

de los principales episodios del *Poema de Fernán González*, es del xiv. Pero son tantos los elementos históricos que se vislumbran en la leyenda de Maynete, y tan localizada y arraigada quedó entre nosotros (como lo prueba hoy mismo la tradición toledana), que cuesta trabajo admitir que nada de español hubiera en su origen, sobre todo, cuando se repara en los anacronismos de las canciones de gesta y en el imperfecto conocimiento que de las cosas del Centro y Mediodía de España tenían los mismos autores del *Turpín*, aunque escribiesen en Galicia, según la opinión más probable. La estancia de Carlomagno en Toledo es seguramente fabulosa, pero el rey Galafre pudo muy bien ser identificado, conforme a la discreta conjetura de Quadrado,[1] reproducida por Milá,[2] con el emir Yusuf el-Fihrí, que efectivamente dominaba en aquella ciudad y en gran parte de la España árabe en la fecha que se supone. Bramante es de seguro Abderrahmán I, cuya larga lucha con Yusuf duró desde el año 747 hasta el 758, si bien con resultado enteramente contrario al que la leyenda supone, puesto que Yusuf fué el vencido y Abderrahmán el vencedor. Pero tales transmutaciones son frecuentísimas en la poesía épica, y ésta no basta para invalidar (no obstante el parecer del doctísimo Rajna)[3] el extraño y curioso sincronismo de la leyenda, porque, efectivamente, Carlomagno tenía diez y seis años cuando terminó la lucha entre Yusuf y Abderrahmán. Algún trabajo cuesta suponer en juglares franceses tan puntual conocimiento de lo que pasaba entre los moros de España, de cuya historia interna se muestran tan ignorantes en todas las demás canciones.

Por otro lado, es grande la semejanza entre los casos fabulosos de Maynete y las tradiciones históricas concernientes a la estancia de Alfonso VI en la corte del rey Alimaymón de Toledo, sin que falten ni el buen acogimiento del moro, ni el proyecto de fuga, ni siquiera la estratagema de herrar los caballos al revés, sugerida a don Alonso por su consejero el conde Peransúrez, que corresponde exactamente al don Morante del poema; así como en

---

[1] En el tomo de *Castilla la Nueva*, de los *Recuerdos y bellezas de España*, página 229.
[2] *De la Poesía heroico-popular*, pág. 334.
[3] *Le Origini del l'Epopea Francese indagate da Pio Rajna* (Florencia, 1884), pp. 222 y ss.

Galiana (llamada en otra versión *Halia*) pudiera reconocerse a Zaida, la hija del Almotamid de Sevilla, cuya boda con Alfonso VI cuenta la *Crónica General* [1] con circunstancias novelescas análogas a las del enamoramiento de la princesa toledana.

Si no está aquí el germen de la leyenda del *Maynete*, confieso que pocas conjeturas se presentan con tanto grado de probabilidad como ésta, indicada ya por el conde de Puymaigre.[2] Zaida se declara a Alfonso VI, como Galiana a Maynete; se convierte a la fe cristiana lo mismo que ella, y se une al rey de Castilla como *mujer velada* y no como *barragana*, según frase textual de la *Crónica*. Y siendo Zaida personaje histórico e histórico su matrimonio con Alfonso VI, del cual tuvo al infante don Sancho, muerto en la batalla de Uclés, lo natural es creer que la historia haya precedido a la fábula.

No quiero disimular que contra esta solución se presentan dificultades muy graves, pero no insolubles. ¿Cómo admitir que en el breve período comprendido entre 1099, en que murió Zaida (según la cronología del P. Flórez),[3] y 1140, que es la fecha más moderna que hasta ahora se ha asignado a los últimos capítulos del *Turpín*, naciese, creciese y se desarrollase toda esta historia, y pasara los Pirineos, y se verificase la extraña metamorfosis de un monarca casi contemporáneo, como Alfonso VI, en el gran emperador de los francos? Aunque la fantasía épica iba muy de prisa en la Edad Media, parecen poco cuarenta años para tan complicada elaboración. Pero obsérvese que el *Turpín* no dice una palabra de Galiana; sólo menciona a Galafre y a Bramante. ¿Habría, por ventura, un cantar de gesta que tuviese por único tema el vencimiento y muerte de este rey pagano, y al cual se añadiese luego el episodio de amor, que ya se cantaba en Provenza en 1210, fecha del poema de la *Cruzada contra los Albigenses:*

> Ara aujatz batalhas mesclar d'aital sensblant
> C'anc non ausitz tan fera des lo temps de *Rotland*,
> Ni del temps Karlemaine que venquet Aigolant,
> Que comquis *Galiana* la filha al rei *Braimant*
> En Espanha de *Galafre*, lo cortes almirant
> De la terra d'Espanha?

---

[1] Fol. 245 de la edición de Valladolid, 1604.
[2] *Les Vieux Auteurs Castillans*, primera edición, 1861, I, 441.
[3] *Reinas Católicas*, I, 215.

De este modo se gana un siglo en el proceso cronológico, pero todavía quedan en pie dos reparos a que no encuentro salida. Uno, es la existencia de los fragmentos del poema francés, que la crítica más autorizada coloca en el siglo XII, y en los cuales la leyenda aparece, no ya enteramente formada, sino groseramente degenerada. Otro, es la dificultad de suponer que un poeta castellano, tratándose de hechos no muy remotos, atribuyese a Carlomagno los que eran propios de un héroe nacional como Alfonso VI. Tal hipótesis parece que contradice al carácter dominante en nuestra epopeya, y además vemos que en tiempo de Alfonso *el Sabio* coexistían independientes la leyenda de Zaida y la de Galiana, puesto que es la *Crónica General* quien nos transmite una y otra. Quede, pues, indecisa esta cuestión, que acaso nuevos descubrimientos vengan a resolver el día menos pensado.

Mucho menos nos detendrá, a pesar de su extensión desmedida, el segundo texto castellano del *Maynete;* es a saber: el que se encuentra embutido, como otras fábulas caballerescas que iremos enumerando, en la enorme compilación historial relativa a las Cruzadas, que se tradujo en tiempo, de don Sancho *el Bravo* con el título de *La gran conquista de Ultramar*.[1] Aunque el original francés de este libro no ha sido descubierto hasta ahora, todo induce a creer que las intercalaciones de carácter novelesco no fueron hechas por el intérprete castellano con presencia de los poemas de los troveros, sino que las encontró ya reunidas en una crónica en prosa que, por otra parte, tradujo con cierta libertad, introduciendo nombres de la geografía de España y mostrando algún conocimiento de la lengua arábiga.

La narración de Maynete, que según el sistema general de *La gran conquista* aparece con ocasión de la genealogía de uno de los cruzados, a quien se suponía descendiente de Mayugot de París, supuesto consejero de Carlomagno, va precedida de la historia de

---

[1] Reimpresa por Gayangos en la *Biblioteca de Autores Españoles,* tomo XLIV. Las leyendas carolingias están en el libro II, cap. XLIII. Vid. en el tomo XVI de la *Romania* el importante estudio de G. París, *La Chanson d'Antioche provençale et La Gran Conquista de Ultramar,* y en *Les Vieux Auteurs Castillans,* del Conde de Puymaigre (segunda edición, año 1890), el cap. VII del tomo II, que trata extensamente de la *Gran Conquista* y de sus relaciones con la literatura francesa.

Pipino y Berta, hija de Flores y Blancaflor (que en los relatos franceses son reyes de Hungría y aquí reyes de Almería), y seguida de la indicación más rápida de otros dos temas, también del ciclo carolingio: el de la falsa acusación de la reina Sevilla, a quien el autor de la *Crónica* identifica con Galiana, y el de la guerra contra los sajones, cantada en un poema de Bodel de fines del siglo XIII.

Los relatos de *La gran conquista* se derivan (mediatamente, según creemos) de poemas franceses más antiguos que los conocidos, lo cual puede comprobarse no sólo en el caso de la *Canción de los sajones*, sino en el de la historia de Berta, cotejándola con la que escribió el trovero Adenés. Respecto del *Maynete* puede decirse que ocupa una posición intermedia entre la sobriedad de la *Crónica General* y la compilación de los poemas franceses, no ya del de Gerardo de Amiens y del *Karleto* de Venecia, sino de los mismos fragmentos primitivos, con los cuales tiene alguna relación, especialmente al principio. Cuando comienza la acción ya ha muerto Pipino; la causa del destierro de Carlos es la rivalidad de los hijos de la falsa Berta, cuyos nombres aparecen ligeramente desfigurados, llamando al uno Eldois y al otro Manfre. Aunque Carlos «era muy pequeño, que non había de doce años arriba, empero era tan largo de cuerpo como cada una de sus hermanos, y porque creciera tan bien e tan aina pusiéronle nombre Maynete». El primer ensayo que hace de sus fuerzas es herir a Eldois con un asador el día que se celebraba el juego de la *tabla redonda* y se hacían los *votos del pavón*. Carlos y sus partidarios no se dirigen inmediatamente a España, como en la *Crónica General*, sino que se refugian primero en las tierras del duque de Borgoña y del rey de Burdeos, que en *La conquista de Ultramar* es moro, y no lo sería probablemente en el texto francés. El redactor castellano altera casi todos los nombres para darles fisonomía más oriental o acercarse más a la que él creía verdadera historia. Al rey de Toledo no le llama Galafre, sino Hixem, del linaje de Abenhumaya; Galafre, o más bien Halaf, queda reducido a la categoría de un simple alguacil suyo. En cambio, Bramante asciende a rey de Zaragoza con el nombre de Abrahim. Galiana se convierte en *Halia*, pero su nombre se conserva al tratar de sus palacios, por cierto con detalles locales dignos de consideración: el conde Morante y los treinta caballeros que le acompañan son aposentados por el rey «en el alcázar menor que llaman agora los palacios de Galiana, que él entonces había hecho muy ricos a maravilla, en que se tuviese viciosa aquella su hija Halia, e èste alcázar e el otro mayor de tal manera fechos, que la infanta iba encubiertamente del uno al otro cuando quería». Algún otro rasgo parece también añadido por el traductor, verbigracia, el encarecimiento de la ciencia mágica de las moras, «que son muy sabidas en maldad, señaladamente aquellas de Toledo, que encadenaban a los hombres y hacíanles perder el seso y el entender». En algunos puntos sigue muy de cerca a la *General,* y tiene de común con ella los nombres topográficos de Cabañas y Valsomorián, y la estratagema de herrar los caballos al revés, que falta, según creo, en todas las demás versiones; pero al final se aparta de ella, inclinándose a las enmarañadas aventuras de los textos franceses y acabando por confundir la leyenda de Galiana con la de la reina Sevilla.

Ya hemos indicado que *La gran conquista de Ultramar* contiene también la leyenda de Berta, madre de Carlomagno, suplantada por una sierva que fué madre de dos bastardos y reconocida al fin por su esposo Pipino a consecuencia de un defecto de conformación que tenía en los dedos de los pies. El relato castellano es conforme en lo substancial al poema del trovero Adenés (último tercio del siglo XIII), pero las variantes de detalle indican que el traductor o compilador castellano se valió de un texto más antiguo, y distinto también a la versión italiana, representada por un libro del siglo XIV, *I Reali di Francia.*

La gran conquista de Ultramar, que mirada sólo en sus capítulos novelescos es el más antiguo de los libros de caballerías escritos en nuestra lengua, no tuvo por de pronto imitadores; pero a fines del siglo XIV y en todo el siglo XV fueron puestas en castellano otras novelas del mismo ciclo, siendo probablemente la primera el *Noble cuento del Emperador Carles Maynes de Rroma e de la buena Emperatriz Sevilla, su mujer,* que Amador de los Ríos halló en un códice de la Biblioteca Escurialense,[1] y difiere en gran ma-

---

[1] «Códice en folio mayor, escrito en pergamino, a dos columnas, a fines del siglo XIV o principios del XV, y señalado con el título de *Flos Sanctorum;* tiene la marca h. j. 12». Lo de *Flos Sanctorum* se le puso sin duda porque comienza con una *Vida de Santa María Magdalena* y otra de *Santa María*

nera de un libro de caballerías posterior sobre el mismo argumento,[1] aunque uno y otro se deriven remotamente de un mismo poema francés, que también sirvió de base a un libro popular holandés, según las investigaciones de Wolf.[2] Como de la primitiva canción sólo quedan fragmentos, tienen interés estas versiones en prosa, además del que encierra la historia misma, que es de apacible lectura, aunque pertenece ya a la degeneración novelesca de la epopeya. Tanto la dulce y resignada emperatriz perseguida por el traidor Macaire y acusada falsamente de adulterio, como el buen caballero Auberí de Mondisdier, que muere en su defensa, y el valiente y honrado villano Varroquer, que la toma bajo su protección, son nobilísimas y simpáticas figuras; pero el héroe más singular de la novela es un perro fiel, que combate en el palenque contra Macaire y le vence y obliga a confesar sus crímenes, yendo luego a dejarse morir de hambre sobre la tumba de su señor.

Al ciclo carolingio pertenece también la *Historia de Enrrique fi de Oliva, rey de Iherusalem, emperador de Constantinopla*,[3] personaje caballeresco que ya era conocido en Castilla a principios del siglo xv, puesto que le cita Alfonso Alvarez de Villasandino en unos versos del *Cancionero de Baena*, que por cierto aluden a una aventura no contenida en el libro que hoy tenemos:

> Desque Enrique, fi de Oliva,
> Salga de ser encantado.

De uno de los personajes de esta novela hizo memoria Cervantes en el cap. XVI, parte primera, del *Quijote*: «¡Bien haya mil veces el autor de *Tablante de Ricamonte* y aquel del *otro libro donde se cuentan los hechos del conde Tomillas*, y con qué puntualidad lo

---

Egipciana. Contiene además otras leyendas, que se especificarán más adelante.

[1] *Historia de la Reyna Sebilla*. Eds. de Sevilla, por Juan Cromberger, año 1532, y Burgos, por Juan de Junta, 1551 [Cf. Ad. vol. II].

[2] *Ueber die Wiederaufgefundenen Niederländischen Volksbücher von der Königin Sibille und von Huon von Bordeaux*, Viena, 1857.

[3] Reimpresa por la Sociedad de Bibliófilos Españoles en 1871, con un excelente prólogo de don Pascual Gayangos. La rarísima edición incunable que sirvió de texto (Sevilla, 1498) se guarda en la Biblioteca Imperial de Viena. Hay otras de Sevilla, 1533, 1545, etc.

describen todo!» Aunque el elogio parece de burlas, como tantos otros que Cervantes hace de autores y de libros, pues no hay tal puntualidad en la narración, que es, por el contrario bastante rápida y seca, no puede dudarse que se trata del mismo libro y que Cervantes se acordó del conde Tomillas, personaje secundario en la novela, porque el nombre de este traidor se había hecho popular, pasando a los romances de Montesinos. Los primeros capítulos del *fi de Oliva* ofrecen mucha semejanza con la historia de la reina Sevilla; hay también una gran señora, doña Oliva, hermana del rey Pepino y duquesa de la Rocha, víctima de las malas artes y calumnias de don Tomillas, y obligada a probar su inocencia «metiéndose desnuda y en carnes en una gran foguera». Lo restante del libro contiene las proezas de su hijo Enrique como caballero andante en tierras de Ultramar, donde conquista a Jerusalén y a Damasco, venciendo innumerables huestes de paganos; salva a Constantinopla, asediada por los turcos; se casa con la infanta Mergelina, heredera del imperio bizantino, y volviendo a Francia disfrazado de palmero, prende al alevoso Tomillas, entregándoselo a su madre, que con ferocidad inaudita manda descuartizarle por cuatro caballos salvajes. El original en prosa de este libro no ha sido señalado aún, que yo sepa; pero basta fijarse en los nombres de personas y lugares, y en la frecuencia de galicismos, para comprender que el traductor no puso nada de su cosecha. El original remoto es la canción de gesta de *Doon de la Roche*,[1] que se atribuye a fines del siglo XII. De todos modos, este libro vulgarísimo, plagado de todos los lugares comunes del género, apenas merecería citarse, a no ser tan escasas en España las obras impresas de este ciclo, cuya flor se llevaron los romances. [Cf. Ad. vol. II.]

Por raro capricho de la fortuna, bien desproporcionado a su mérito, obtuvo, sin embargo, extraordinaria popularidad, que ha llegado hasta nuestros días, puesto que todavía se reimprime como libro de cordel y sirve de recreación al vulgo en los rincones más olvidados de la Península, lo mismo que en las ciudades populosas, el *Fierabrás* francés, disfrazado con el nombre de *Historia de Carlo Magno y de los doce Pares*, del cual se cita ya una edición

---

[1] Vid. su análisis en Gautier, *Les Epopées françaises*, II, 260.

de 1525, aunque seguramente las hubo anteriores.[1] Nicolás de Piamonte, cuyo nombre suele figurar al frente de este libro, no hizo más que traducir la compilación en prosa, hecha a instancias de Enrique Balomier, canónigo de Lausana, impresa en 1478; basta comparar los prólogos y la distribución de los capítulos para reconocer la identidad. «Y siendo cierto que en la lengua castellana no hay escriptura que de esto faga mención, sino tan solamente de la muerte de los doce Pares, que fué en Roncesvalles, paresciome justa y provechosa cosa que la dicha escriptura y los tan notables fechos fuesen notorios en estas partes de España, como son manifiestos en otros reinos. Por ende, yo, Nicolás de Piamonte, propongo de trasladar la dicha escriptura de lenguaje francés en romance castellano, sin discrepar, ni añadir, ni quitar cosa alguna de la escriptura francesa. Y es dividida la obra en tres libros: el primero habla del principio de Francia, de quien le quedó el nombre, y del primer rey cristiano que hubo en Francia; y descendió hasta el rey Carlomagno, que después fué emperador de Roma; *y fué trasladado del latin en lengua francesa.* El segundo habla de la cruda batalla que hubo el conde Oliveros con Fierabrás, rey de Alexandría, hijo del gran Almirante Balán, *y éste está en metro francés muy bien trovado.* El tercero habla de algunas obras meritorias que hizo Carlomagno, y finalmente de la traición de Galalon, y de la muerte de los doce Pares; y fueron sacados estos libros de un libro bien aprobado, llamado *Espejo historial.*» [Cf. Ad. vol. II.]

El *Speculum historiale* de Vicente de Beauvais, el poema francés de *Fierabrás,* y acaso un compendio de la *Crónica de Turpín,* son las fuentes de este librejo, apodado por nuestros rústicos *Carlomano,* que, a pesar de su disparatada contextura y estilo vulgar y pedestre, no sólo continúa ejercitando nuestras prensas populares y las de Épinal y Montbelliard en Francia, no sólo fué puesto

---

[1] *Hystoria del emperador Carlomagno y de los doze pares de Francia; e de la cruda batalla que hubo Oliveros con Fierabras, Rey de Alexandria, hijo del grande Almirante Balan...* Colofón: «Fue impressa la presente hystoria... en la muy noble e muy leal cibdad de Sevilla por Jacobo Cromberger aleman. Acabose a veynte e cuatro dias del mes de abril. Año del nacimiento de nuestro Salvador Jesuchristo de mill e quinientos XXV» (ejemplar que poseyó don José Salamanca).

en romances de ciego por Juan José López, sino que inspiró a Calderón su comedia *La Puente de Mantible*.

La epopeya feudal, que tanta parte ocupa en el ciclo carolingio, tenía para nosotros menos interés que la *gesta del Rey*, y por la diferencia de costumbres y condición social hubo de penetrar muy tardíamente en Castilla, donde ni siquiera está representada por narraciones de directo origen francés, sino por imitaciones de poemas italianos. Por tal camino entró en nuestra literatura uno de los más célebres temas carolingios, *Renaus de Montauban*, que pertenece al grupo de los que narran las luchas de Carlomagno con sus grandes vasallos. La versión más arcaica que hasta ahora se conoce de tal leyenda, es de fines del siglo XII o principios del XIII, y ha sido atribuída con poco fundamento a Huon de Villeneuve. La primitiva inspiración puede ser anterior, aunque en las más antiguas *gestas* no se encuentre mencionado ninguno de los personajes de este ciclo, que parece haberse desarrollado con independencia de los restantes. Pero con el tiempo vino a suceder lo contrario: difundida esta leyenda de Reinaldos y sus hermanos por toda Europa, y especialmente en Italia, su héroe llegó a ser uno de los más famosos; rivalizando con el mismo Roldán en los poemas caballerescos italianos, y ocupando tanto lugar en la historia poética de Carlomagno, que algunos llegaron a considerarle como centro de ella.

Quien desee conocer en todos sus detalles el antiguo cantar de los hijos de Aimon, puede acudir al tomo XXII de la *Historia literaria de Francia*,[1] donde Paulino París hizo un elegante análisis de él y de sus continuadores, o al prolijo y siempre redundante León Gautier, que en el tomo III de sus *Epopeyas*[2] le dedica cerca de cincuenta páginas, emulando con su irrestañable prosa la verbosidad de los antiguos juglares. A nuestro propósito basta una indicación rapidísima.

Aimon de Dordonne tenía cuatro hijos, Reinaldos, Alardo, Ricardo y Guichardo. Cuando entraron en la adolescencia los llevó

---

[1] *Histoire Littéraire de la France; ouvrage commencé par des Religieux Bénédictins de la Congrégation de Saint-Maur, et continué par des Membres de l'Institut (Académie des Inscriptions et Belles Lettres).* Tomo XXII *(suite du treizième siècle).* París, 1852. Páginas 667-700.

[2] *Les Epopées Françaises,* t. III, pp. 190-241.

a París y los presentó en la corte del Emperador, quien los armó caballeros y les hizo muchas mercedes, obsequiando a Reinaldos con el caballo *Bayardo*, que era hechizado. Jugando un día Reinaldos a las tablas con Bertholais, sobrino de Carlomagno, perdió éste la partida, y, ciego de rabia, dió un puñetazo a Reinaldos, el cual fué a quejarse de esta afrenta al Emperador; pero Carlos, dominado por el amor a su sobrino, no quiso hacerle justicia. Entonces Reinaldos, cambiando de lenguaje, recuerda a Carlomagno otra ofensa más grande y antigua que su familia tiene de él: la muerte de su tío Beuves de Aigremont, inicuamente sentenciado por el Emperador cediendo a instigaciones de traidores.

Semejante recuerdo enciende la ira del Monarca, que responde brutalmente a Reinaldos con otro puñetazo. Reinaldos vuelve a la sala donde estaba Bertholais y le mata con el tablero de ajedrez. Los cuatro Aimones logran salvar las vidas abriéndose paso a viva fuerza; se refugian primero en la selva de las Ardenas y luego en el castillo de Montauban, y allí sostienen la guerra contra el Emperador, haciendo vida de bandoleros para mantenerse, y llegando el intrépido Reinaldos a despojar al propio Carlomagno de su corona de oro. Finalmente, ayudados por las artes mágicas de su primo hermano Maugis de Aigremont (el *Molgesí* de nuestros poetas), que con sus encantamientos infunde en Carlos un sueño letárgico y le conduce desde su tienda al castillo de Montauban, llegan a conseguir el indulto; y la canción termina con la peregrinación de Reinaldos a Tierra Santa y su vuelta a Colonia, donde muere oscuramente trabajando como obrero en la construcción de la catedral y víctima de los celos de los aprendices.

Tal es el esqueleto de la leyenda. Hay mil peripecias, que por brevedad omito, recordando sólo las escenas de miseria y hambre en que se ven obligados a devorar las carnes de sus propios caballos, a excepción del prodigioso *Bayardo*, de quien Reinaldos se apiada cuando le ve arrodillarse humildemente para recibir el golpe mortal; el encuentro de Reinaldos con su madre Aya, que le reconoce por la cicatriz que tenía en la frente desde niño; la recepción de los cuatro Aimones en la casa paterna; la carrera de caballos que celebra Carlomagno con la idea de recobrar a *Bayardo*, y en que viene a quedar él mismo vergonzosamente despojado por la audacia de Reinaldos y la astucia de Malgesí, y otras mil aventuras interesantes, patéticas e ingeniosas, a las cuales sólo faltaba estar contadas en mejor estilo para ser universalmente conocidas y celebradas.

El Norte y el Mediodía de las Galias se disputan el origen de esta leyenda, inclinándose los autores de la *Historia literaria* a suponer que las primeras narraciones proceden de Bélgica o de Westfalia, más bien que de las orillas del Garona y del castillo de Montauban, lo cual tienen por una variante provenzal muy tardía. Según esta hipótesis, la historia de los cuatro hijos de Aimon hubo de correr primero, en forma oral, por los países que bañan el Mosa y el Rhin, y de allí transmitirse, con notables modificaciones, a las provincias del Mediodía. Los manuscritos del siglo XIII presentan huellas de una triple tradición, flamenca, alemana y provenzal, que a lo menos en parte había sido cantada.

A principios del siglo XV, la leyenda francesa fué refundida por autor anónimo en un poema de más de 20.000 versos, donde aparecen por primera vez los amores de Reinaldos con Clarisa, hija del rey de Gascuña. Y siguiendo todos los pasos de la degeneración épica, este poema fué cincuenta años después, monstruosamente amplificado y convertido en prosa por un ingenio de la Corte de Borgoña en un enorme libro de caballerías que consta de cinco volúmenes o partes, de las cuales sólo la última llegó a imprimirse. No nos detendremos en otras redacciones prosaicas, bastando citar la más famosa de todas, la que hoy mismo forma parte en Francia de la librería popular, de lo que allí se llama *bibliothéque bleue* y entre nosotros *literatura de cordel*. Sus ediciones se remontan al siglo XV. La más antigua de las góticas que se citan no tiene lugar ni año; las hay también de Lyon, 1493 y 1495; de París, 1497... Las posteriores son innumerables, y llevan por lo general el título de *Histoire des quatre fils Aymon*. Se ha reimpreso con frecuencia en Épinal, en Montbelliard, en Limoges, etc., exornado con groseras aunque muy características figuras, entre las cuales nunca falta el caballo *Bayardo* llevando a los cuatro Aimones. El estilo ha sido remozado, especialmente en algunos textos,[1] pero sus-

---

[1] Esta refundición lleva por título *Les quatre fils d'Aymon, histoire héroïque, par Huon de Villeneuve, publiée sous une forme nouvelle et dans le style moderne, avec gravures* (París, 1848. Dos pequeños volúmenes). Esta versión es distinta de la que se expende con el título de *Histoire des*

tancialmente el cuento corresponde al del siglo XV y éste es bastante fiel a la canción de gesta del XIII. La popularidad del tema se explica no sólo por su interés humano, sino por su carácter más novelesco que histórico; por la conmiseración que inspira a lectores humildes el relato de la pobreza y penalidades de los Aimones; por la mezcla de astucia y valor en las empresas de estos héroes; por cierto sello democrático que marca ya la transformación de la epopeya. Lo cierto es que de todas sus gloriosas tradiciones épicas, ésta es casi la única que conserva el pueblo francés, harto desmemoriado en este punto.

No importan a nuestro propósito las versiones inglesas y alemanas, pero no debemos omitir los poemas italianos, especialmente *La Trabisonda*, de Francesco Tromba (1518); la *Leandra innamorata* (en sexta rima), de Pedro Durante da Gualdo (Venecia, 1508); el *Libro d'arme e d'amore cognominato Mambriano*, de Francesco Bello, comúnmente llamado *il cieco da Ferrara* (1509), y otros, a cual más peregrinos, cuyas numerosas ediciones pueden verse registradas en las bibliografías de Ferrario y Melzi [1] sobre los libros caballerescos de Italia; terminando toda esta elaboración épica con *Il Rinaldo*, de Torquato Tasso, cuya primera edición es de 1562. Téngase en cuenta además la importancia del personaje de Reinaldos en los dos grandes poemas de Boyardo y del Ariosto. Fuera de Orlando, no hubo héroe más cantado en Italia; pero en las últimas composiciones de los ingeniosos e irónicos poetas del Renacimiento, apenas quedó nada del fondo tradicional del cuento de los hijos de Aimon.

De esta corriente italiana, y no de la francesa, se derivan todas las manifestaciones españolas de este ciclo. No hay que hacer excepción en cuanto a los tres romances que Wolf admitió en su *Primavera* (núms. 187 - 189). Los dos primeros proceden, como

---

quatre fils Aymon, très nobles, très hardis et très vaillants chevaliers. (Vid. C. Nisard, *Histoire des livres populaires ou de la littérature du colportage,* t. II, pp. 448 y siguientes).

[1] *Bibliografia dei romanzi e poemi remanceschi d'Italia,* que sirve de apéndice y tomo cuarto a la obra del Dr. Julio Ferrario, *Storia ed annalisi degli antichi romanzi di cavalleria* (Milán, 1829). Melzi, *Bibliografia dei romanzi e poemi cavallereschi italiani. Seconda edizione* (Milán, 1838).

demostró Gastón París, de la *Leandra innamorata;* el tercero, de la *Trabisonda historiata.*

Los libros de caballerías que más expresamente tratan de las aventuras y proezas de Reinaldos son dos compilaciones de enorme volumen. La primera estaba en la librería de don Quijote. «Tomando el barbero otro libro, dijo: Este es *Espejo de Caballerías.* Ya conozco a su merced, dijo el cura; ahí anda el señor Reinaldos de Montalbán con sus amigos y compañeros, más ladrones que Caco, y los doce Pares, con el verdadero historiador Turpin; y en verdad que estoy por condenarles no más que a destierro perpetuo, siquiera porque tienen parte de la invención del famoso Mateo Boyardo.» En efecto, el *Espejo de caballerías, en el cual se tratan los hechos del conde don Roldán y del muy esforzado caballero don Reynaldos de Montalbán y de otros muchos preciados caballeros,* consta de tres partes, y es, por lo menos la primera, una traducción en prosa del *Orlando innamorato* de Boyardo. Lo restante tampoco debe de ser original, puesto que se dice «traducido de lengua toscana en nuestro vulgar castellano por Pedro de Reinosa, vecino de Toledo.»[1] [Cf. Ad. vol. II.]

Hubo otra compilación todavía más rara, la cual contiene traducidos varios poemas italianos y consta de cuatro partes. El *Libro primero del noble y esforzado caballero Renaldos de Montalbán, y de las grandes prohezas y estraños hechos de armas que él y Roldán y todos los doce pares paladines hicieron;* y el *Libro segundo... de las grandes discordias y enemistades que entre él y el Emperador Carlos hubieron, por los malos y falsos consejos del conde Galalon,* son traducción, hecha por Luis Domínguez, del libro toscano intitulado *Innamoramento di Carlo Magno.*[2] *La Trapesonda, que es tercero libro de Don Renaldos, y trata cómo por sus caballe-*

---

[1] La más antigua edición que se cita de la primera parte del *Espejo* es de 1533, de 1536 la de la segunda y de 1550 la de la tercera, todas de Sevilla. Hállanse juntas las tres en la de Medina del Campo, por Francisco del Canto, 1586, que parece haber sido la última. La traducción no es enteramente de Reinosa; al fin de la segunda parte, consta que trabajó en ella Pero López de Santa Catalina.

[2] Este origen está confesado en el encabezamiento del primer libro: «Aquí comiençan los dos libros del muy noble y esforçado caballero D. Renaldos de Montalban, llamado en lengua toscana *El enamoramiento del emperador Carlos Magno...* Traducido por Luys Dominguez». La edición más

rías alcanzó a ser emperador de *Trapesonda*, y de la penitencia e fin de su vida es la ya mencionada *Trabisonda historiata* de Francesco Tromba;[1] y la tercera, de la cual no se conoce más que un ejemplar existente en la biblioteca de Wolfembuttel, debe de ser, a juzgar por la descripción que hace Heber de sus preliminares y portada, el famoso y curiosísimo poema macarrónico de Merlín Cocayo *(Teófilo Folengo).*[2] [Cf. Ad. vol. II.]

En Italia habían encontrado los relatos del ciclo carolingio segunda patria, supliendo la falta de una epopeya indígena. Cantados primero en francés y luego en una jerga franco-itálica, antes de serlo definitivamente en italiano, pasaron como materia ruda e informe a manos de los grandes poetas del Renacimiento, Pulsi, Boyardo, Ariosto, que les dieron un nuevo género de inmortalidad, tratándolos con espíritu libre e irónico. La España del siglo XVI adoptó por suyos todos estos libros. El *Morgante maggiore* estaba ya traducido en 1533 y su continuación en 1535.[3] Del *Orlando enamorado*, además de la traducción en prosa ya citada, pusieron en verso algunos cantos Francisco Garrido de Villena y Hernando de Acuña. El *Orlando furioso* tuvo tres traductores, a cual

---

antigua que cita Gayangos es de Toledo, por Juan de Villaquirán, «a doze días del mes de Octubre de mil e quinientos y veinte y tres años; la última de Perpiñán, 1585.

[1] *Trabisonda historiata con le figure a li suoi canti, nella quale si contiene nobilissime battaglie, con la vita et morte di Rinaldo, di Francesco Tromba da Gualdo di Nocera. In Venetia, per Bernardino Veneziano di Vidali, nel, 1518, a di 25 de Otobrio.* 4º Cítanse otras ediciones de 1535, 1554, 1558, 1616 y 1623. La *Trapesonda* castellana estaba ya impresa en 1526, ed. de Salamanca, citada en el *Registrum* de don Fernando Colón.

[2] El único ejemplar conocido de este libro pertenece a la Biblioteca de Wolfembuttel: *La Trapesonda. Aqui comiença el quarto libro del esforçado caballero Reynaldos de Montalban, que trata de los grandes hechos del invencible caballero Baldo, y las graciosas burlas de Cingar. Sacado de las obras del Mano Palagrio en nuestro común castellano.* Sevilla, por Domenico de Robertis, a 18 de noviembre de 1542.

[3] *Libro del esforçado gigante Morgante y de Roldan y Reinaldos, hasta agora nunca impresso en esta lengua* (Colofón)... «*Acabose el presente libro del valiente y esforçado Morgante en la insigne ciudad de Valencia, al moli de la Rovella. Fue impresso por Francisco Diaz Romano, a diez y seis dias del mes de Setiembre. Año de mil y quinientos y treynta y tres*»...

Libro segundo de Morgante... Valencia, por Nicolás Durán de Salvaniach, año 1535, (Trata de «las faceciosas burlas de Margute y las hazañosas vic-

más infelices, Hernando de Alcocer, el capitán Jerónimo de Urrea y Diego Vázquez de Contreras, sin contar a Gonzalo de Oliva, cuyo trabajo, muy superior al parecer, quedó inédito.[1] Otros poemas italianos de menos nombre ejercitaron también la paciencia de algunos intérpretes: así, *El nacimiento y primeras empresas del conde Orlando,* de Ludovico Dolce, castellanizado por el regidor de Valladolid Henríquez de Calatayud en 1594. Varios ingenios españoles intentaron proseguir la *materia de Francia,* tal como la habían entendido y tratado los poetas ferrareses. En tal empresa fracasaron el valenciano Nicolás de Espinosa, que quiso continuar al Ariosto en una *Segunda parte de Orlando* (1558); el aragonés don Martín de Bolea y Castro, que escribió una continuación del poema de Boyardo con el título de *Orlando determinado* (1578); Francisco Garrido de Villena, autor de *El verdadero suceso de la famosa batalla de Roncesvalles, con la muerte de los doce Pares de Francia* (1583), y Agustín Alonso, que compuso otro *Roncesvalles* con las *Hazañas de Bernardo del Carpio* (1585). Pero luego cayó el asunto en mejores manos, y fueron verdaderos poetas los que celebraron las *Lágrimas* y la *Hermosura* de Angélica, y el inspirado Obispo de Puerto Rico, que hizo resonar de nuevo el canto de guerra de Roncesvalles, dando fantástica inmortalidad al héroe de nuestras antiguas gestas en un poema que es el mejor de su género en castellano y quizá la mejor imitación del Ariosto en cualquier lugar y tiempo. Libros de caballerías son todos estos, pero la circunstancia de estar escritos en verso y contener muchos ma-

---

torias de Morgante; el fin de la guerra de Babilonia, con muchas otras grandes y valerosas empresas de Reinaldos y Roldán y de todos los doze pares, con los sabrosos amores del señor de Montalván», y es traducción del *Marguttino* o *Morgante Minore).* El traductor de la segunda parte fué, según N. Antonio, Jerónimo de Auner, poeta valenciano. No consta el de la primera.

Ambas partes fueron reimpresas en Sevilla, 1552.

[1] Le menciona Clemencín en sus notas al *Quijote* (t. I, pág. 121), diciendo que había visto «el original en folio escrito de mano del mismo Oliva, con sus enmiendas interlineales, y firmado en Lucena a 2 de agosto del año 1604. «Oliva (añade) evitó los numerosos defectos de Urrea: tradujo fielmente; su versificación es fácil, armoniosa, y su libro, a pesar de algunos pequeños lunares, harto más digno de ver la luz pública que los de otros muchos traductores de su tiempo». Sobre los demás poemas citados en el texto, véase el *Catálogo* de Gayangos y nuestras bibliografías generales.

teriales de origen clásico, propios de la poesía culta del siglo XVI y ajenos a la épica de la Edad Media, los excluye de nuestro análisis, bastando notar que en algunos de ellos reaparece y domina la versión española del tema carolingio tomada de las crónicas o de los romances, pero se la trata de un modo novelesco y arbitrario, aunque a veces muy ingenioso, atendiendo sólo a recrear la imaginación y el oído con fáciles versos y peregrinas invenciones, de las que Horacio llamaba *speciosa miracula*. Todo esto no pasó de la poesía erudita; el pueblo se contentó con leer el *Fierabrás*, y ni siquiera parece haber conocido el libro popular italiano *I Reali di Francia*, que sólo muy tardíamente explotó Lope de Vega para una comedia, *La Mocedad de Roldán*, y el navarro Antonio de Eslava para algunas de sus *Noches de invierno*, no impresas hasta 1609, fuera, por consiguiente, del período que ahora estudiamos. En la literatura portuguesa no tuvo representación alguna este ciclo, como no se tenga por tal una traducción muy moderna del *Carlomagno* castellano seguida de dos extravagantes continuaciones. El gusto de aquel pueblo, inclinado con preferencia a las ficciones de la Tabla Redonda, puede explicar este vacío; pero es muy singular que se note también en la literatura catalana, contra lo que pudiera esperarse de las antiguas relaciones de la Marca Hispánica con el Imperio carolingio y de la parte que tomaron los francos en la reconquista del Principado. Verdad es que en aquella privilegiada porción de España no parece haberse despertado el genio épico durante la Edad Media, dominando solas la poesía lírica, la literatura didáctica y la historia.

 Antes de pasar al ciclo bretón, que comparte con el carolingio los vastos dominios de la literatura caballeresca de los tiempos medios, diremos dos palabras acerca de otras novelas no pertenecientes a dichos ciclos, algunas de las cuales pueden considerarse como de transición entre el uno y el otro. No incluiremos entre ellas las pocas que tratan asuntos de la antigüedad clásica, porque es patente su carácter erudito y su derivación literaria de obras compuestas en la decadencia greco-romana. Tal sucede con la historia fabulosa de Alejandro, que ya en el siglo II de nuestra era circulaba en Alejandría a nombre del falso Calístenes, y que antes de la mitad del siglo IV había sido traducida al latín por Julio Valerio, de cuya obra se hizo en tiempo de Carlomagno un

Epítome que sirvió de base a los poemas franceses del siglo XII (Alberico de Besanzón, imitado en alemán por el clérigo Lamprecht, Simón, Lamberto Li Tort y sus continuadores).[1] En España (prescindiendo de las versiones aljamiadas, cuyo origen es persa), este ciclo está representado exclusivamente por un poema de *clerecía* del siglo XIII, que, si hemos de atenernos al testimonio de un códice recientemente hallado, hay que contar entre las obras de Gonzalo de Berceo. Su erudito autor, fuese quien fuese, conoció y explotó en gran manera dos de los poemas franceses, pero tomó por fuente principal de su obra y tradujo casi íntegramente un poema latino de fines del siglo XII, la *Alexandreis* de Gualtero de Châtillon, que representa con mucha más pureza la tradición clásica, puesto que es por lo común una paráfrasis de Quinto Curcio. El poeta castellano parece haber consultado además el *Liber de praeliis* (nueva traducción del pseudo-Calístenes hecha por el Arcipreste León en el siglo X), y acaso la epístola fabulosa de Alejandro a Aristóteles sobre las maravillas de la India.[2] Resultó, por consiguiente, el *Alejandro* castellano una producción de carácter mixto, en que se combinan los elementos medioevales con los clásicos, y que tiene además carácter enciclopédico por el gran número de digresiones geográficas, astronómicas y morales que contiene.

Uno de los episodios más extensos del *Alejandro* es el pasaje relativo a la guerra de Troya (estancias 299-716), que aquí por primera vez aparece en nuestra literatura y que luego tuvo numerosas versiones en prosa. Bajo el título común de *Crónica Troyana* se han confundido obras diversas, que importa deslindar aunque sea rápidamente. Cuando en los tiempos de la decadencia greco-latina comenzó a perderse el culto y hasta el sentido de la poesía homérica, pulularon miserables rapsodias de sofistas que pretendían suplir lagunas de la narración, corregir errores, añadir

---

[1] Todo lo relativo a las versiones francesas del ciclo de Alejandro, está magistralmente expuesto en la obra de Pablo Meyer: *Alexandre le Grand dans la littérature française du moyen âge* (París, Vieweg, 1886).
El primer tomo contiene los textos y el segundo la historia de la leyenda.

[2] Véase el precioso estudio de Alfredo Morel-Fatio, *Recherches sur le texte et les sources du «Libro de Alexandre»* (Romania, t. IV, 1875).

circunstancias ignoradas por el padre de la poesía. Entonces se forjaron los dos insípidos libros que llevan los nombres de Dares frigio y Dictis cretense,[1] supuestos héroes de la guerra de Troya y testigos de su ruina, aunque en opuestos campos. Todo mueve a creer que estas crónicas fabulosas se escribieron primeramente en griego, pero no las tenemos más que en latín. La de Dares se dice encontrada y traducida por Cornelio Nepote y dedicada por él a Salustio; embrollo y ficción pura, que se desmiente por lo bárbaro del estilo, indigno de la era de Augusto. En la obra de Dictis, que está mejor escrita, comienza la novela desde el prefacio. Un temblor de tierra dejó patente, en tiempo de Nerón, el sepulcro del guerrero cretense cerca de Gnoso; en él pareció una caja de plomo, que contenía, escritas en caracteres fenicios, sus memorias sobre el sitio de Troya; un tal Eupraxidas las tradujo al griego, y las puso en latín Lucio Septimio. Pero la crítica más benévola no concede a esta falsificación mayor antigüedad que la del siglo IV. El libro atribuído a Dares es un epítome sumamente descarnado, en que apenas ofrece interés otra cosa que el episodio de los amores de Polixena y muerte de Aquiles. En general, se aparta menos que Dictis de la tradición homérica; el falso griego demuestra más talento de invención que el falso troyano. Personajes secundarios de la antigua epopeya, como Palamedes, Troilo, tienen aquí una leyenda muy desarrollada.

Olvidado Homero en la Edad Media o sustituído a lo sumo con el epítome del pseudo-Píndaro tebano, los poetas en lengua vulgar y aun los *clérigos* que cultivaban exclusivamente la latina, se lanzaron ávidamente sobre las novelas de Dictis y Dares, que afectaban gran puntualidad histórica, y en la cándida ignorancia de aquellos tiempos pasaban por libros auténticos y mucho más fidedignos que la *Ilíada*, a cuyo autor se tachaba de mentiroso y mal informado.[2] Un poeta de Turena, Benito de Sainte-More,

---

[1] *Dictys Cretensis sive Lucii Septimi Ephemerides belli Troiani... Accedit Daretis Phrygii de excidio Troiae historia... Bonnae, impensis. E. Weberii*, 1837.

[2] «Todos aquellos que verdaderamente quisieredes saber la estoria de Troya (dice la traducción castellana del poema de Benoit de Sainte-More) non leades por un libro que Omero fiso; et desirvos he por qual rason. Sabet que Omero fue un gran sabidor et fiso un libro, en que escrivio toda la estoria de Troya, assi commo el aprendio; et puso en el commo fuera cercada

compuso por los años de 1160 y dedicó a la reina de Inglaterra Leonor de Aquitania un *Roman de Troie* [1] en más de treinta mil versos pareados de nueve sílabas (para los franceses de ocho), forma que desde principios del siglo XVI había sustituído al antiguo metro épico en las narraciones que se destinaban, no al canto, sino a la lectura. Amplificó prodigiosamente y con fácil estilo las dos narraciones fabulosas que tenía a la vista; añadió como introducción la historia de los Argonautas; aduló la vanidad nacional con el supuesto parentesco entre los Francos y los Troyanos; transportó al mundo feudal los héroes pelasgos y aquivos; modificó a su guisa los caracteres y las costumbres con muy gracioso anacronismo, y tuvo el mérito de inventar, entre otros episodios, uno de amor que tuvo grande éxito, el de Troilo y Briseida, que inspiró sucesivamente a Boccaccio en su poema *Filostrato*, a Chaucer en el suyo *Troilus and Crisseida* y a Shakespeare en su tragedia del mismo nombre.

El poema de Benito de Sainte-More fué traducido al alemán y a otros idiomas y compendiado en prosa francesa; pero todavía más que en su lengua primitiva corrió por Europa en la refundición latina que hizo Guido delle Colonne, juez de Messina, con el título de *Historia Troiana* (comenzada en 1272, terminada en 1287), callando maliciosamente su verdadero original, refiriéndose sólo a Dictys y Dares y dando al libro una pedantesca apariencia histórica que contribuyó a su crédito entre los letrados. [2]

Todas las variantes, así italianas como españolas, que se conocen de la *Crónica Troyana* se fundan o en la *Historia de Guido*

---

et destroyda et que nunca despues fuera poblada. Mas este libro fiso el despues mas de cient annos que la villa fue destroyda; et por ende non pudo saber verdaderamente la estoria en commo passara. Et fue despues este libro quemado en Atenas. Mas leet el de Dytis, aquel que verdaderamente escrivio estoria de Troya en commo passaua, por ser natural de dentro de la cibdad, et estudo presente a todo el destruymiento, et veya todas las batallas et los grandes fechos que se y fasian, et escrivia siempre de noche por su mano en qual guisa el fecho pasaua». (Apud Amador de los Ríos, *Historia Crítica*, t. IV, p. 346).

[1] Fué publicado por A. Joly *(Benoist de Sainte-More et le Roman de Troie*... París, A. Franck, 1870). Vid. sobre el poema de Benoit. *Romania*, XVIII, 70.

[2] Sobre el desarrollo de este ciclo en Italia, véase la introducción de E. Gorra a sus *Testi inediti storia di trojana* (Turín, 1887).

de Columna o en el poema de Benito de Sainte-More. Nuestros antiguos eruditos, y el mismo Amador de los Ríos, que dió abundantes noticias de los códices de este ciclo, confundieron ambos grupos o familias, que comenzó a distinguir el docto profesor Adolfo Mussafia, en una Memoria publicada en 1871.[1] Para deslindarlas completamente sería precisa la comparación de todos los textos que hoy se conocen: tarea que no hemos podido realizar aún, y que, por otra parte, sería impropia de este lugar. Daremos noticia sólo de las principales versiones, prescindiendo de la del poema de Alejandro que está tomada a medias de Guido de Columna y de la *Ilíada* del pseudo Píndaro tebano.

Del enorme *Roman de Troie*, de Benoit de Sainte-More, tenemos dos traducciones castellanas hechas del francés y otra gallega hecha del castellano. Su respectiva filiación, así como el tiempo en que se tradujeron y las personas para quien los códices se escribieron, constan en las suscripciones finales de una y otra. «Este »libro mandó faser (dice la castellana) el muy alto e muy noble »e muy escelent rey don Alfonso, fijo del muy noble rey don Fer»nando e de la Reyna doña Constanza. E fue acabado de escribir »e de estoriar en el tiempo que el muy noble rey don Pedro su »fijo regnó all cual mantenga Dios al su servicio por muchos tiem»pos et bonos. Et los sobredichos donde él viene sean heredados »en el regno de Dios. Amen. Fecho el libro postremero dia de di»ziembre. Era de mill et trecientos et ochenta et ocho años. Ni»colas Gonçales, escriban de los sus libros, lo escribí por su man»dado».

El códice gallego más completo de los dos que se han conservado[2] traduce la suscripción del *escribán* castellano y añade: «Este liuro foy acabado VIII dias andados do mes de Janeyro, era »de mill e quatroçentos et once años». El que escribió en parte y dirigió en lo demás la copia de este códice fué, según consta en

---

[1] *Ueber die Spanischem Versione der Historia Troiana, Von Dr. Adolf Mussafia.* Viena, 1817.

[2] Es el que perteneció a la librería del Marqués de Santillana y existe hoy en la Biblioteca Nacional, procedente de la de Osuna. Otro códice bilingüe (gallego y castellano) figura en mi bibioteca de Santander. De uno y otro precede la correcta edición recientemente publicada por el señor Martínez Salazar.

otra suscripción, el clérigo Fernán Martis (¿Martínez?), capellán de Fernán Pérez de Andrade. Es inestimable el valor lingüístico de esta versión (que parece hasta ahora el monumento más antiguo de la prosa literaria gallega); pero ha de tenerse en cuenta que es traducción de traducción, y que abunda por tanto en formas castellanas y francesas. Publicada ya con estricto rigor paleográfico, gracias a los desvelos de don Andrés Martínez Salazar,[1] ofrece abundante y novísima materia al estudio de los filólogos.

Del Canciller Pero López de Ayala dijo Fernán Pérez de Guzmán en sus *Generaciones y semblanzas* que «por causa dél son conocidos algunos libros que antes no lo eran», contando entre ellos la *Historia de Troya*. No parece que esto pueda entenderse del poema de Benoit de Sainte-More *(Beneyto de Santa María* que dijo el intérprete castellano), puesto que ya estaba traducido en 1350 (era 1388), cuando el futuro Canciller no pasaba de los diez y siete años, sino que debe referirse a la crónica latina de Guido de Columna, lo cual también está más de acuerdo con el género de estudios y aficiones propios de Ayala; pero siendo varias las versiones manuscritas de este libro, no parece fácil determinar en cuál de ellas pudo intervenir el Canciller, ni realmente dice su biógrafo que él hiciese la traducción, sino que dió a conocer el libro en Castilla. Pero, de todos modos, no fué obstáculo para que el *Roman de Troie* volviese a ser traducido por autor anónimo de fines del siglo XIV, que intercaló algunos trozos en verso (a la manera de los *lays* que se leen en el *Tristán* y en otras novelas bretonas), dejando con esto marca indeleble del origen poético del libro.[2] Proceden, por el contrario, de la *Crónica* de Guido de Columna la traducción catalana del protonotario Jaime Conesa,

---

[1] *Crónica Troyana. Códice gallego del siglo XIV de la Biblioteca Nacional de Madrid, con apuntes gramaticales y vocabulario*, por D. Manuel R. Rodríguez. Publícalo a expensas de la Excelentísima Diputación de esta provincia Andrés Martínez Salazar. La Coruña, Imprenta de la Casa de Misericordia, 1900. Dos tomos 4º grande.

[2] Códice de la Biblioteca Nacional de Madrid, procedente de la de Osuna. Don A. Paz y Meliá ha publicado en la *Revue Hispanique* (núm. 17, primer trimestre de 1899) las poesías y algunos extractos de la prosa de esta *Crónica*.

terminada en 18 de junio de 1367,[1] y la castellana de Pedro de Chinchilla, emprendida a instancias del primer conde de Benavente, don Alonso Pimentel, en 1443.[2] La *Crónica Troyana*, varias veces impresa en el siglo XVI con el nombre de Pedro Núñez Delgado,[3] toma a Guido por principal fuente en lo que toca a la leyenda troyana, pero añade otras fábulas mitológicas sacadas de diversos autores.[4] Es probable que utilizase una compilación ya existente análoga al *Recueil des histoires de Troye*, de Raoul Lefèvre.

Aun hay otras pruebas de la extraordinaria difusión del ciclo troyano en España. El conde don Pedro recuerda en su *Nobiliario* las «grandes *fazendas e grandes cavallarias*» que hubo en Troya «assy como falla na sa estorea». El cronista de don Pedro Niño, Gutierre Díaz de Gámez, tomó de un libro que llama *de la Conquista de Troya* un largo episodio sobre Bruto, supuesto progenitor de los ingleses, y la reina de Armenia, Dorotea, que no está en ninguna de las versiones conocidas y difiere mucho del relato de Godofredo de Monmouth, al cual se conforma la crónica impresa. Ultimos ecos de esta vivaz leyenda fueron, en pleno siglo XVI, el poema de las *Guerras de Troya*, de Ginés Pérez de Hita,[5] y los

---

[1] Ms. de Osuna, hoy en la Biblioteca Nacional. Otro posee don Pablo Gil en Zaragoza, y otro, falto de bastantes hojas, vimos estos últimos años.

[2] Poseo un códice que parece el mismo que el autor presentó al Conde de Benavente. Es en gran folio, papel fuerte, escrito a dos columnas; consta de 174 hojas. Dice el traductor en el *prohemio* que antes se habían hecho otras versiones, pero menguadas en algunas cosas, y ofrece en la suya no añadir ni quitar nada «segunt Guido de Colupnia *(sic)* en su volumen en lengua latina copiló».

[3] *Crónica Troyana, en que se cōtiene la total y lamentable destruycion de la nombrada Troya. En Medina. Por Francisco del Canto. M. D. L. XXXVII. A costa de Benito Boyer, mercader de libros.*

No he visto edición posterior a ésta. La más antigua parece ser la de Pamplona, por Arnao Guillen de Brocar, sin año, citada en el *Registrum* de don Fernando Colón.

[4] Entre estas adiciones son notables las relativas a Hércules, Eneas y Bruto. La fabulosa historia de este último procede de la *Historia Britonum*, de Godofredo de Monmouth.

[5] *Los diez y siete libros de Daris del Belo Troyano, agora nuevamente sacado de las antiguas y verdaderas ystorias, en verso, por Ginés Pérez de Hita, vecino de la ciudad de Murcia. Año 1596.* (Ms. de la Biblioteca Nacional rubricado en todas sus planas para la impresión).

dos de Joaquín Romero de Cepeda, *El infelice robo de Elena, reyna de España, por Paris Infante Troyano,* [1] *y La antigua memorable y sangrienta destruición de Troya... a imitación de Dares, troyano, y Dictis, cretense griego.* [2] Los romances semipopulares y relativamente viejos de la reina Elena, de la reina de las Amazonas y de la muerte que dió Pirro a la muy linda Policena, son reminiscencias de la *Crónica Troyana,* en la cual también se inspiró bizarramente la musa lírica para el *Planto de la reina Pantasilea,* bella composición atribuída, no sé si con fundamento, al Marqués de Santillana.

Por medio de la escuela erudita del *mester de clerecía* había penetrado en el siglo XIII la novela bizantina de *Apolonio de Tiro,* cuyo original griego se ha perdido, pero que tuvo en su forma latina extraordinaria boga, sobre todo, después que fué incorporada en el *Gesta Romanorum.* Menos afortunada entre nosotros que en Inglaterra, donde, después de la *Confesio amantis* de Gower, suscitó el drama *Pericles, príncipe de Tiro,* atribuído a Shakespeare, quedó enterrada en el viejo poema en versos alejandrinos, que no carece de expresión y gracia narrativa, y sólo a fines del siglo XVI reapareció en el *Patrañuelo,* de Juan de Timoneda.

La fábula de Psiquis (cambiando el sexo del protagonista), no tomada, según cremos, de Apuleyo, sino del fondo primitivo y misterioso de los cuentos populares, donde permanece viva aún, sirve de principal argumento a la linda novela francesa del siglo XII *Partinopeus de Blois.* Traducida al castellano, probablemente en el siglo XV, y del castellano al catalán, ha sido muchas veces impresa como libro de cordel en ambas lenguas, y es uno de los mejores relatos de su género, de los más racionalmente compuestos y de los más ingeniosos en los detalles, aunque por acaso no de los

---

[1] Este poema en quintillas y en diez cantos se halla en el rarísimo tomo de *Obras de Ioachin Romero de Cepeda* (Sevilla, Andrés Pescioni, año 1582).

[2] *La antigua, memorable y sangrienta destruicion de Troya. Recopilada de diversos autores por Ioachin Romero de Cepeda... A imitacion de Dares, troyano, y Dictis, cretense griego... Ansimismo son autores Eusebio, Strabon, Diodoro Siculo. Repartida en diez narraciones y veinte cantos. Toledo, Pero Lopez de Haro,* 1583, 8º. Las narraciones están en prosa, y los que llama cantos son veinte romances.

más honestos.[1] En todo el cuento se advierte un color clásico muy marcado, y siendo la escena en Constantinopla, puede presumirse que la narración oral fuese recogida allí por algún cruzado. El poemita francés pertenece al siglo XII.

Otro tanto puede decirse de la interesante historia de *Flores y Blancaflor,* sencilla y tierna novela de dos niños, hijo el uno de un rey sarraceno e hija la otra de una esclava cristiana. El amor que nace en ellos desde la infancia, las peripecias que los separan, sus largas peregrinaciones, el encerramiento de Blancaflor en la torre del emir de Babilonia, donde consigue penetrar el enamorado Flores escondido en una cesta de rosas; el peligro en que se ven los dos amantes de perecer juntos en la hoguera (patética situación análoga a la de Olindo y Sofronia en el episodio del Tasso), forman un conjunto sobremanera agradable, que recuerda, sin exagerarlos, los procedimientos de la novela bizantina de viajes y aventuras; pero con una delicadeza moral que en ella no suele encontrarse, salva la excepción de Heliodoro. Dos poemas franceses del siglo XII, publicados el uno por Bekker y el otro por Du Méril, desarrollan con notables variantes este argumento, del cual es también bellísima imitación la novelita *(chantefable)* de *Aucassin y Nicolette,* escrita parte en prosa, parte en versos trocaicos asonantados. En todas las literaturas tuvo grandísimo éxito esta ficción;[2] prestó a Boccaccio argumento para su primer libro en prosa italiana *Il Filocolo,* y entre nosotros era ya conocida a fines del siglo XIII, puesto que la *Gran Conquista de Ultramar* no sólo la menciona, sino que la presenta ya enlazada con el ciclo carolingio. «Flores libró al rey de Babylonia de mano de sus enemigos

---

[1] *Libro del esforçado cauallero conde Partinuples, que fue emperador de Constantinopla.* La más antigua edición que Gayangos cita es de Alcalá de Henares, por Arnao Guillen de Brocar, 1513.

De la catalana no se conoce impresión anterior a la de Tarragona, 1588, *(Açi comença la general historia del esforçat cauciller Partinobles compte de Bles. Novamement traduyda de llengua castellana en la nostra catalana. Estampat en Tarragona por Felip Roberte, estamper. Any 1588. A costa de Llatzer Salon, llibrater).*

[2] Véase el eruditísimo estudio que precede a la edición de Du Méril: *Floire et Blanceflor. Poèmes du XIII*ᵉ *siècle. Publiés d'après les manuscrits, avec une introduction, des notes et un glossaire, par M. Edelstand du Méril.* París, Jannet, 1865.

quando le dió a Blancaflor por mujer... Estos fueron los mucho enamorados que ya oistes hablar... Según su ystoria lo cuenta». Estas referencias, como tomadas de un libro francés de origen, no prueban que la novela estuviese ya traducida; pero al ver que en la *Gran Conquista* Flores y Blancaflor (fabulosos abuelos de Carlomagno) son calificados de reyes de *Almería,* hay que reconocer que había comenzado a españolizarse la leyenda. También la conocía el Arcipreste de Hita:

Ca nunca fue tan leal Blancaflor a Flores,

dice en la *cantiga de los clérigos de Talavera.* Para Micer Francisco Imperial y otros poetas del *Cancionero de Baena,* Flores y Blancaflor son prototipo de leales amadores, como otras parejas célebres, *Paris y Viana, Tristán e Iseo, Oriana y Amadis.* La traducción, varias veces impresa en el siglo XVI, y de la cual es vil extracto el libro de cordel que todavía se expende, debió de hacerse en el siglo XV, como casi todas las de su género, y los nombres son casi los mismos que en el *Filocolo* de Boccaccio, con el cual tiene también otras semejanzas, que Du Méril explica por una fuente común y no por imitación de la novela italiana. Pero no se limita a ella la popularidad de este sabroso cuento en nuestra literatura, pues aunque falta este tema en las antiguas colecciones de romances abundan los nombres de Blancaflor y el conde Flores en la tradición oral de la Península, como lo prueban las muchas versiones recogidas en Portugal, Asturias, Montaña de Santander, Cataluña, Andalucía, en la isla de Madera, en las Azores y hasta en el Brasil. Es cierto que estos romances, designados por los coleccionistas con los varios nombres de *Reina y cautiva, Las dos hermanas,* etc., conservan sólo una vaga impresión de la leyenda primitiva. Pero sin duda suponen otros más antiguos, en que la fidelidad al tema novelesco sería mayor. [Cf. Ad. vol. II.]

De origen oriental parecen otros dos libros populares que la literatura francesa comunicó a la nuestra, y que todavía siguen reproduciéndose en miserables compendios, al paso que las ediciones góticas se cuentan entre las joyas más preciadas de la bibliografía. Una de ellas es la *Historia del muy valiente y esforzado caballero Clamades, hijo del rey de Castilla, y de la linda Claramon-*

da, hija del rey de Toscana, cuyo original francés en prosa, indicado recientemente por el señor Foulché-Delbosc,[1] es *Le livre de Clamades, filz du roy despaigne et de la belle Clermonde...* impreso en Lyon por los años de 1480, el cual, como todos los de su especie, procede de un antiguo poema que aquí es *Li Roumans de Cleomades,* del famoso trovero Adenet le Roi. Gastón Paris considera posible que la fuente inmediata de Adenet haya podido ser española. Se trata, en efecto, de un cuento árabe, que lo mismo pudo entrar por España que por Oriente. Nuestro vulgo le designa con el nombre de *historia del caballo de madera,* fijándose en el episodio más saliente, que tiene su paradigma en *el caballo mágico* de *Las mil y una noches,* y fué parodiado por Cervantes en el episodio de Clavileño. Otro poema francés, el *Méliacin,* de Gerardo de Amiens, trata el mismo argumento.

Más moderna es la famosa novela caballeresca de *Pierres de Provenza y la linda Magalona,* compuesta en provenzal o en latín por el canónigo Bernardo de Treviez, y tan celebrada en tiempo del Petrarca, que se dice que este gran poeta y humanista empleó algunas horas de su juventud, cuando en Montpellier estudiaba Derecho, en corregirla y limar su estilo.[2] El texto francés actualmente conocido es del siglo XV; ha sido impreso innumerables veces[3] y de él proceden las versiones italiana, alemana, flamenca, danesa, polaca, castellana y catalana, y hasta una griega en versos

---

[1] *Revue Hispanique,* 1902, p. 587.

[2] *Pétrarque* (dice el más antiguo historiador municipal de Montpellier) *fit son cours en droit à Montpellier pendant quatre ans, comme lui-mesme le témoigne, et pour se delaser et divertir en cette sérieuse estude, il polit et donna des grâces nouvelles, aux heures de sa récreation, a l'ancien roman de Pierre de Provence et de la belle Maguelone, que Bernard de Treviez avait fait couler en son temps parmi les dames, pour les porter plus agréablement à la charité et aux fondations pieuses.*

(*Idée de la ville de Montpellier, par Pierre Gariel,* p. 113, segunda parte. Citado por Fauriel, *Histoire de la Poésie Provençale.* París, 1846. Tomo III, página 507. Vid. también el discurso de Víctor Le Clerc *Sobre el estado de las letras en el siglo XIV,* en el tomo XXIV de la *Histoire Littéraire de la France,* p. 563).

[3] Brunet describe cuatro ediciones incunables, sin fecha. En una de ellas, que al parecer salió de las prensas de Lyon por los años de 1478, consta la fecha en que fué escrita la redacción actual de la novela (1453).

políticos. [1] *Pierras y Magalona* continúa siendo libro *de cordel* en Francia y en España, pero ya muy refundido y modernizado en el estilo, como lo está también el *rifacimento* galante que hizo el conde de Tressan para la *Bibliothéque Úniverselle des Romans* (1779).

Esta novelita es, sin duda, de las mejores de su género; las aventuras, aunque inverosímiles, no son excesivamente complicadas; los dos personajes principales interesan por su ternura y constancia, y la narración tiene en los textos viejos una gracia y frescura que contrasta con la insipidez habitual de los libros de pasatiempo del siglo XV y con las ridículas afectaciones de sus refundidores modernos. Expondremos en dos palabras su argumento para amenizar algo la aridez de esta enumeración:

Pedro, hijo del conde de Provenza, acababa de ser armado caballero, y deseando dar muestras de su valor y gentileza, se encamina a la corte de Nápoles, llevado por la fama de la bella Infanta Magalona, cuya mano iban a disputarse en unas justas los príncipes más ilustres y bizarros de Europa. Al partir le entrega su madre tres anillos. Como es de suponer, el novel caballero sale vencedor de todos sus rivales en el torneo; pero, a consecuencia de un juramento que había hecho, oculta constantemente su nombre y su linaje, con lo cual es claro que el rey no le concede la mano de su hija, pero le admite en su corte, donde muy pronto conquista el amor de Magalona, siendo medianera de su trato lícito y honesto la nodriza de la Princesa. El Caballero de las Llaves (que así se hacía llamar Pierres) da a su amada en prenda los anillos de su madre y la declara su verdadero nombre. Conciertan y emprenden los dos amantes la fuga, y al caer el sol llegan a un valle cercado de ásperas montañas. Magalona, rendida por la fatiga del camino, se duerme en el regazo de Pierres. Baja un gavi-

---

[1] La edición más antigua de que hay noticia entre las castellanas es la siguiente, mencionada en el *Registrum* de don Fernando Colón: *Historia de la linda Magalona, hija del rey de Nápoles, et del esforçado cauallero Pierres de Provencia. Burgos, 1519, a 26 de julio.* Del mismo año, con fecha de 10 de diciembre, hay otra de Sevilla, por Jacobo Cromberger.

De la versión castellana proceden una portuguesa que se imprimió en Lisboa, 1783, 4º, y otra más antigua catalana: *La historia del Cauáller Pierres de Provença, fill del conde de Provença y de la gentil Magalona, filla del rey de Nápoles, traduyda de llengua castellana en la llengua catalana, por Honorat Comalda. Barcelona, en casa de Sebastián Cormellas,* 1650, 4º

lán y arrebata de encima de una piedra el cendal rojo que contenía los tres anillos. Pierres se lanza en persecución del gavilán, que vuela de roca en roca, hasta salir del valle y llegar a la orilla del mar, de donde pasa a una isla desierta que distaba próximamente doscientos pasos. Pierres no desiste de seguir al ave de rapiña, y viendo amarrada una barca a la ribera, entra en ella, empuña el timón y se dirige hacia la isla. De pronto se desencadena un viento furioso que arrastra la embarcación a alta mar, donde es asaltada por una nave de corsarios sarracenos, que llevan cautivo a Pierres a la corte del Soldán de Alejandría, y allí permanece tres años.

Entretanto, Magalona, abandonada en el bosque y próxima a la desesperación, había sido recogida por una peregrina, que cambió con ella de vestidos y la puso en camino de Roma. Aquí comienza la parte devota de la leyenda, que fué quizá la causa principal de que el piadoso canónigo Bernardo de Treviez la consignase por escrito. Magalona, después de muchas oraciones, penitencias y austeridades, y de recorrer varias tierras en hábito humilde, recogiendo limosnas, funda un hospital de peregrinos cerca del Puerto de Aguas muertas, y cobra gran fama de santidad en todo el Mediodía de Francia, mereciendo especial protección del Conde y la Condesa de Provenza, que lloran muerto a su hijo Pierres desde el día en que unos pescadores hallaron en el vientre de un monstruoso cetáceo el tafetán con los tres anillos. Fácil es adivinar el desenlace de esta historia. Pierres, libre del cautiverio, llega un día al hospital de Magalona; los dos amantes se reconocen, y la novela termina con sus bodas, que se celebran en Marsella, con gran regocijo de sus padres.

A pesar de la pía intención con que parece haberse escrito esta novela, no falta en ella algún cuadro de graciosa sensualidad, digno de la pluma de Boccaccio, ni es maravilla, por lo tanto, que nuestro rígido moralista Luis Vives la incluyese en el severo anatema que lanza contra las fábulas deshonestas, en el cap. V., lib. I, de su tratado *De institutione christianae feminae*, haciendo muy curiosa enumeración de las que eran más leídas y celebradas en su tiempo. [1]

---

[1] *Tum et de pestiferis libris, cuiusmodi sunt in Hispania:* «*Amadisus*», «*Splandianus*», «*Florisandus*», «*Tirantus*», «*Tristanus*», *quarum ineptiarum nu-*

El episodio del pájaro que arrebata los anillos se encuentra también en un poema francés del siglo XIII, *L'Escoufle* (el milano), y debe de ser de procedencia oriental, puesto que se halla también en un cuento de *Las mil y una noches* (historia del príncipe Camaralzamán y la princesa Badura).

Al mismo grupo de novelas erótico-caballerescas en que figuran *Flores y Blanca Flor* y *Pierres y Magalona*, puede reducirse la *Historia de Paris y Viana*, libro de origen provenzal, traducido al francés en 1487 y del francés al castellano.[1] Hay una traducción catalana, al parecer independiente de ésta, y fragmentos de una redacción aljamiada.[2] Como todos los demás libros de su género hubo de tener primitivamente forma poética. Ya a principios del siglo XV era conocida en Castilla, según lo acreditan unos versos de Micer Francisco Imperial compuestos en 1405, con ocasión del nacimiento de don Juan II:

Illus est finis; quotidie prodeunt novae: «Coelestina» laena, nequitiarum parens, «Carcer Amorum»: in Gallia «Lancilotus a Lacu», «Paris et Vienna», «Ponthus et Sydonia», «Petrus Provincialis et Magvelona», «Melusina, domina inexora, bilis»: in hac Belgica «Florius et Albus Flos», «Leonella et Canamorus»- «Curias et Floreta», «Pyramus et Thisbe»; sunt in vernaculas linguas transfusi ex latino quidam, velut infacetissimae «Facetiae Poggii», «Euryalus et Lucretia», «Centum fabulae Boccatii», quos omnes libros concripserunt homines otiosi, male feriati, imperiti, vitiis ac spurcitiae dediti; in queis miror quid delectet, nisi tam nobis flagitia blandirentur». (Vivis opera, t. IV de la ed. de Valencia, p. 87).

[1] *La Istoria d'l noble cauallero Paris e d'la muy hermosa doncella Viana Comiença la historia de Paris e Viana: la qual es muy agradable e placentera de leer y especialmēte para aquellas personas que son verdaderos enamorados: segun que se sigue en la presente obra.* (Al fin) *Fue impresso el presente libro de Paris e Viana en la muy noble e mas leal ciudad de Burgos por Alonso de Melgar. Acabose a VIII dias del mes de Noviembre. Año de nuestro Salvador jesu christo de mil e quinientos e XXIIII años* (Museo Británico).

De la traducción catalana poseyó un ejemplar, falto de hojas, el insigne erudito y poeta don Mariano Aguiló *(Historia de las (sic) amors e vida del cavaller Paris: e de Viana, filla del dalfí de França.* Conjeturaba Aguiló que la edición era de Barcelona, por Diego de Gumiel, hacia 1497, por ser muy semejante a la que este impresor hizo del *Tirant lo Blanch* en el referido año.

[2] Publicados por don Eduardo Saavedra *(Revista Histórica,* de Barcelona, febrero de 1876).

> Todos los amores que ovieron Archiles
> Paris et Troilos de las sus señores,
> Tristan, Lançarote, de las muy gentiles
> Sus enamoradas e muy de valores;
> Él e su muger ayan mayores
> Que *los de Paris e los de Vyana*
> E de Amadis e los de Oryana,
> E que los de Blancaflor e Flores.

Se ha querido ver en esta novelita una alegoría histórica, la anexión del Delfinado a Francia, cumplida al mediar el siglo XIV; pero aunque los nombres de los personajes induzcan a sospecharlo, el argumento se reduce a una sencillísima fábula de amor constante y perseguido, amenizada con los habituales recuerdos de las Cruzadas y el obligado cautiverio en Palestina.

No hay duda en cuanto al origen de la *Historia de la linda Melosina, mujer de Remondin, la qual fundó a Lezinan y otras muchas villas y castillos por extraña manera: la qual ovo ocho hijos: los quales dellos fueron reyes y otros grandes señores por sus grandes proezas*, libro impreso en Tolosa en 1489; porque los mismos impresores Juan Paris y Esteban Clebat, alemanes, declaran que «con gran diligencia le hizieron pasar de francés en castellano», y en efecto es traducción del libro de Juan de Arras, impreso en Ginebra en 1478. Hay textos del siglo XIV, en prosa y en verso, sobre el mismo asunto. Es un cuento de hadas localizado en Francia, pero que tiene grandes analogías con los del ciclo bretón y acaso procede de tradiciones célticas consignadas en algún *lai*.

No hemos tenido ocasión de leer el rarísimo libro *Del Rey Canamor y del infante Turian su fijo*;[1] pero a juzgar por el largo romance juglaresco que sobre motivos de esta novela compuso Fernando de Villarreal,[2] relatando el rapto de la infanta Floreta por el príncipe Turián, le creemos del mismo género y procedencia que los anteriores, sin ningún carácter español. A mayor abun-

---

[1] Hubo por lo menos cinco ediciones, la primera de Sevilla, por Jacobo Cromberger, 1528.

[2] Falta en el *Romancero* de Durán y en la *Primavera* de Wolf. Le publicó el mismo Wolf en su importante memoria *Ueber eine Sammlung Spanischer Romanzen in fliegenden Blättern auf der Universitäts-Bibliothek zu Praga*, año 1850 (P. 251). Por otro texto que parece menos antiguo se reprodujo en el primer tomo del *Ensayo* de Gallardo (I, 1215-1219).

damiento tenemos el testimonio de Luis Vives, que cita entre los libros más leídos en Bélgica el de *Leonella et Canamorus;* Leonela es el nombre de la reina, mujer de Canamor y madre de Turián. [Cf. Ad. vol. II.]

Casi todos los libros que vamos citando convienen en ser novelas de amor, contrariado al principio y triunfante al fin, más que de caballerías y esfuerzo bélico, y seguramente eran destinados al solaz y pasatiempo de la sociedad más culta y aristocrática, especialmente de las mujeres. Compuestos al principio en el ligero metro narrativo de nueve sílabas y reducidos luego a cortos libros en prosa, hasta por su tamaño contrastaban con los cantares de gesta y con las grandes compilaciones historiales, formadas, en buena parte, de materiales poéticos. Pero al lado de estas frívolas y galantes narraciones, donde las aventuras de mar y tierra; las escenas de esclavitud y de naufragio, y a veces (como en *Partinuples* y en *Melusina*) los encantamientos y las tranformaciones mágicas, sólo servían para hacer resaltar la invencible pasión de los amantes, hubo otras de tendencia moral y religiosa, consagradas a enaltecer el heroísmo de la virtud o la eficacia del arrepentimiento. Dos obras muy importantes de este género forman todavía parte de nuestra biblioteca de cordel. Una es el *Oliveros de Castilla y Artús de Algarbe,* cuya más antigua edición conocida (Burgos, 1499) acaba de ser espléndidamente reproducida por el bibliófilo norteamericano Mr. Archer Huntington.[1] Es traducción del texto francés impreso en Ginebra, 1492, y reproduce hasta los cuarenta grabados que le exornan.[2] En el preámbulo se declara lisa y llanamente la historia de este libro, que sin razón alguna ha estado pasando por español entre los bibliófilos nacionales y forasteros: «Entre las quales ystorias fue fallada una en las corónicas del reyno de Inglaterra que se dize la ystoria de Oliveros de Castilla e de Artus d'Algarbe su leal compañero y amigo... E fué la dicha ystoria por excelencia levada en el reyno de Francia e venida en poder del generoso e famoso cavallero don Johan

---

[1] *La historia de los nobles caualleros Oliveros de Castilla y Artus dalgarbe.* (Al fin) *Fue acabada la presente obra en la muy noble e leal cibdad de Burgos a.XXV. dias del mes de mayo. Año de nuestra redempcion mil. CCCC. XCIX (Printed in facsimile at De Vinne Press from the copy in the library of Archer M. Hungtinton nineteen hundred and two).*

[2] Vid. R. Foulché Delbosc, *Revue Hispanique,* p. 587.

de Ceroy, señor de Chunay: el qual deseoso, del bien común, la mando volver en comun vulgar francés... y la trasladó al honrrado varon Felipe Camus, licenciado *in utroque*. Y como viniese a noticia de algunos castellanos discretos e desseosos de oyr las grandes cavallerías de los dos cavalleros y hermanos en armas pescudaron y trabajaron con mucha diligencia por ella, a cuyo ruego y por el general provecho *fué trasladada de francés en romance castellano* y empremida con mucha diligencia y puesto en cada capítulo su ystoria, porque fuesse más fructuosa y aplacible a los lectores y oydores». Felipe Camus es, pues, el autor o traductor francés, y no al castellano, como creyó Nicolás Antonio y han repetido otros muchos.

En *Oliveros de Castilla y Artús de Algarbe* hay combinación de dos temas poéticos diversos: uno es el de *Amis y Amile (Amicus et Amelius)*, dos perfectos amigos y compañeros de armas, cuya mutua y heroica adhesión se acrisola con las más extraordinarias pruebas, llegando el uno a degollar a sus hijos para curar de la lepra al otro llevándole con la sangre de ellos, encontrándolos luego milagrosamente resucitados. Un cantar de gesta del siglo XIII, que fué refundido y amplificado en el XIV y en el XV; una leyenda latina en prosa y otra en versos hexámetros; un *milagro* o pieza dramática, y otras varias formas más o menos antiguas acreditan el vasto desarrollo de esta fábula.[1] Con ella entrelazó el autor del *Oliveros* otra igualmente popular y antiquísima, la del *Muerto agradecido,* fundada en la antigua costumbre jurídica de la privación de sepultura a los deudores.[2] El muerto, cuyo cadáver había rescatado Oliveros de manos de sus acreedores, se le aparece en las situaciones más críticas, y le saca triunfante de todos los peligros y de las más temerarias empresas. Nuestra literatura vulgar se apoderó de este argumento en los romances de *La Princesa cautiva,* y sobre él construyeron Lope de Vega sus dos comedias de *Don Juan de*

---

[1] Vid. *Histoire littéraire de la France,* t. XXII, pp. 288-300.
Contribuyó mucho a la popularidad de esta leyenda al haberla insertado Vicente de Beauvais en su *Speculum Historiale* (lib. XXIII, caps. 162-166 y 169).

[2] Vid. sobre esta bárbara costumbre la magistral monografía de don Eduardo de Hinojosa, en sus *Estudios sobre la historia del Derecho español* (Madrid, 1903), pp. 144-177.

Castro o *hacer bien a los muertos*, y Calderón la suya, *El mejor amigo el muerto*.[1]

Del libro francés, popular todavía, *La vie du terrible Robert le diable*, publicado en 1496, procede *La espantosa y admirable vida de Roberto el diablo, assi al principio llamado: hijo del duque de Normandía: el cual despues por su sancta vida fué llamado hombre de Dios*, impresa en Burgos, 1509,[2] cuento fantástico y devoto en que la inagotable misericordia divina regenera a un monstruoso pecador, engendrado por arte diabólica en castigo del temerario y sacrílego ruego de su madre. La terrible penitencia que un ermitaño le impone, obligándole a permanecer mudo, a pasar por loco y a no probar alimento alguno sin arrancarle antes de la boca de un perro, es el episodio más original y famoso de esta leyenda, que no sólo penetró en nuestro teatro, sino que en el siglo XVII recibió nueva forma novelesca en *El Conde Matisio*, de don Juan de Zabaleta.

En la enumeración que precede no hemos seguido orden cronológico, porque es imposible establecerle entre obras cuya fecha precisa se ignora. Creemos, sin embargo, que la mayor parte de los libros extranjeros de caballerías fueron traducidos durante el siglo XV. Algunos hay, sin embargo, de fecha positivamente an-

---

[1] Sobre las innumerables versiones de la leyenda de *El Muerto agradecido*, debe consultarse el libro de Simrock, *Der gute Gerhard und die dankbaren Toten* (Bonn, 1856), y las demás fuentes indicadas por Alejandro de Ancona en su estudio sobre *Il novellino*. Hállase también en Straparola (noche XI, novela 2ª) y en un cuento catalán publicado por Maspons y Labrós (*Rondallayre*, II, 34).

Comparetti (*Prefazione alla novella di Messer Dianese*, Pisa, 1868) cree de origen clásico esta fábula y busca sus orígenes en Cicerón, *De Divinatione*, I, 27, y Valerio Máximo, I, 7, 3. Benfey la deriva de la literatura india y Simrock de la mitología germánica.

En la literatura francesa aparece, antes del *Oliveros*, en *Richars li Biaus*, poema del siglo XIII.

Véase, finalmente, sobre este tema, *Romanía*, XVIII, 197.

[2] «*Aqui comiẽça la espantosa y admirable vida de Roberto el Diablo. Burgos a XXI dias del mes de junio de mil quinientos e nueve años*» (En el *Registrum* de don Fernando Colón). Continúa reimprimiéndose todavía, aunque muy abreviada y estropeada, como todos los libros de cordel. Hay una traducción portuguesa de Jerónimo Moreira de Carvalho: *Historia do grande Roberto, duque de Normandia e emperador de Roma*... Lisboa, 1733, 4º [Cf. Ad. Vol. II.]

terior, que hemos reservado para este lugar por su mayor analogía con los del ciclo bretón.

Las más antiguas ficciones de este género que pueden leerse en castellano son sin duda las que contiene la *Gran Conquista de Ultramar,* vasta compilación histórica relativa a las Cruzadas, que ya hemos tenido ocasión de mencionar tratando del ciclo carolingio. No sabemos a punto fijo si el compilador tuvo a la vista algunos poemas franceses o si (como parece más verosímil) los encontró ya incorporados en una crónica en prosa, aunque ninguna de las que se conocen hasta ahora en francés corresponde exactamente con la nuestra. En torno de la primera Cruzada se había formado un ciclo épico, dividido en cinco ramas: la *Canción de Antioquía,* la de *Jerusalén,* los *Cautivos, Helías* y la *Infancia de Godofredo de Bullón.* Algunos de estos poemas eran esencialmente históricos; otros, por el contrario, habían nacido de libre invención de los juglares o eran antiguas fábulas mitológicas transformadas en leyendas heráldicas. Tal acontece con la del *Caballero del Cisne* (supuesto antepasado de Godofredo), a quien se dedican en la *Gran Conquista* más de cien capítulos,[1] que impresos aparte formarían un libro de caballerías, no de los más breves y seguramente de los más poéticos y entretenidos. En cuentos populares se encuentran esparcidos muchos de los rasgos de esta bellísima historia. La infante Isomberta, embarcándose a la ventura en un batel que encuentra amarrado a un árbol, y dejándose ir por el mar sin velas ni remos, aporta a una ribera por donde andaba de caza el conde Eustacio. «Los canes de la caza, que andaban delante del conde, aventaron la doncella e fueron yendo hacia do ella estaba, e desque la vieron fueron contra ella, ladrando muy de recio. La infanta, con el gran miedo que hobo de los canes, metió-

---

[1] Desde el 47 en adelante, anunciándose la intercalación de este modo: «Agora deja la hestoria de fablar una pieza de todas las otras razones, por contar del caballero que dijeron del Cisne, cúyo fijo fué e de cuál tierra vino, e de los fechos que fizo en el imperio de Alemania, de cómo casó con Beatriz, e de cómo lo llevó el cisne a la tierra de su padre, donde lo trajiera, e de la vida que despues fizo la duquesa su mujer con su fija Ida, que fué casada con el conde de Tolosa, de que hobo un fijo a que dijeron Gudufre, que fizo muchos buenos fechos en la tierra santa de Ultramar, ansi como la hestoria lo contará de aquí adelante». (PP. 26-94 de la edición de Gayangos).

se en una encina hueca que falló allí cerca; e los canes que la vieron cómo se metía ahí, llegaron a la encina e comenzaron a ladrar en derredor della. El conde, cuando vió los canes latir e ladrar tan de apriesa e tan afincadamente, creyó que algun venado tenian retraído en algun lugar, e fuese para allí do los oia; e cuando llegó, oyó las voces que la infanta daba dentro en el tronco de la encina, con el gran miedo que había de los canes que la moderian de mala gana e la comerian...» Esta situación recuerda mucho el principio del célebre romance de la *Infantina*. El encuentro del caballero y la bella infanta para en matrimonio, como era de suponer; pero el odio de una madrastra (tema común de *folk-lore*, que inspiró los romances de *Doña Arbola*) viene muy pronto a emponzoñar su ventura. Da a luz Isomberta, en ausencia de su esposo que había partido para la guerra, siete niños de un parto,[1] a quienes un ángel va colocando sendos collares de oro en los cuellos conforme nacen. Pero la maligna suegra hace creer a Eustacio, con un falso mensaje, que su mujer ha parido siete podencos adornados con collares de oropel o alquimia. Y no satisfecha con este embuste, manda matar secretamente a la infanta y a los siete recién nacidos. El fiel caballero Bandoval, que tenía en custodia a Isomberta, no puede resolverse a tal atrocidad y deja abandonados a los niños en un monte, donde son criados por una cierva y amparados por un ermitaño. Aun en aquel escondido asilo los descubre el odio vigilante de su madrastra, que llega a apoderarse de seis de ellos y ordena a dos escuderos, Dransot y Frongit, que los maten. Pero al tiempo de quitarles los collares se convierten en hermosísimos cisnes y desaparecen volando. La vieja condesa irritada manda a un platero hacer una copa con todos los collares para evitar que pueda deshacerse el encanto. Pero el platero, asombrado con la cantidad de oro que logra fundiendo uno de los collares, éste solo emplea en la copa, reservando los otros cinco para sí. Entretanto, los niños transformados en cisnes habían llegado a un lago *muy grande e muy fondo,* cerca de la ermita donde vivía el único her-

---

[1] También este género de parto monstruoso con el número simbólico de siete, es un lugar común en los cuentos populares. Véase lo que sobre ello escribió don Ramón Menéndez Pidal en su admirable libro *La leyenda de los Infantes de Lara* (1895), y lo que yo mismo expuse al ilustrar la comedia de Lope de Vega, *Los Pórceles de Murcia*.

mano suyo que conservaba forma humana. Tanto él como el ermitaño se quedan asombrados del extraño cariño que les manifiestan las hermosas aves nunca vistas en aquel estanque, y se deleitan y solazan con ellas amorosamente.

A la sazón había vuelto de la guerra el conde Eustacio, y su mujer, acusada de adulterio, esperaba afrentoso suplicio en la fortaleza de Portemisa si no presentaba algún campeón que combatiese en su defensa. Sólo faltaban dos días para terminar el plazo, cuando la Providencia intervino milagrosamente en socorro de la inocencia calumniada y perseguida. Un ángel reveló en sueños al ermitaño el peligro de Isomberta y le intimó que fuese su hijo a libertarla. Así lo ejecuta el mozo, entrando al día siguiente en el palenque y venciendo y cortando la cabeza al caballero retador. Este episodio es un lugar común de todos las novelas caballerescas de decadencia, y sin ir más lejos ya le hemos encontrado en la *Reina Sevilla*. Más interesante es lo que se refiere al desencanto de los príncipes, que, como es de suponer, se realiza mediante los cinco collares que había reservado el artífice, pero quedando siempre encantado en forma de cisne el sexto, que se convierte desde entonces en guía y protector de su hermano.

¡Qué melancólica y dulce poesía tiene todo esto en el trozo de la crónica novelesca que vamos siguiendo!

«E este cisne, desque vió su madre, fuéle besar las manos con su pico, e comenzó a ferir de las alas e facer gran alegría e subirle en el regazo, e nunca todo el día se quería partir della; e era tan bien acostumbrado, que nunca comía sino cuando ella, e nunca se quitaba de los hombres, e todo el día quería estar con ellos, e no le menguaba otra cosa para ser hombre sinon la palabra a el cuerpo, que no había de hombre, ca bien tenía entendimiento. E aquel mozo que lidió por su madre hobo esta gracia de nuestro Señor Dios sobre todas las otras gracias que él le ficiera: que fuese vencedor de todos los pleitos e de todos los rieptos que se ficiesen contra dueña que fuese forzada de lo suyo o reptada como no debia; y aquel su hermano que quedó hecho cisne, que fuese guiador de le levar a aquellos lugares do tales rieptos o tales fuerzas se facían a las dueñas, en cualquier tierra que acaesciese; e por eso hobo nombre el Caballero del Cisne, e asi llamaban por todas las tierras do iba a lidiar, e no le dician otro nombre sino el Caballero del Cisne... E cuando este cisne lo levaba iban en un batel pequeño, e levábanlo en esta guisa: tomaban aquel batel e levábanlo a la mar, que era muy cerca de aquella tierra do habia el condado su padre, e desque era en la mar ataban al batel una cadena de plata muy bien fecha, e demás desto ponían al cisne un collar de oropel al cuello, e tomaba el caballero su escudo e su fierro de lanza e su espada, e un cuerno de marfil a su cuello, e desta guisa le levaba el cisne por la costera de la mar, fasta que llegaba a cualquier de aquellos rios que corriese por aquellas tierras do él hobiese a lidiar.»

El resto de la historia narra largamente las proezas del Caballero del Cisne, especialmente el desafío que tuvo en Maguncia con el duque de Sajonia Rainer, sosteniendo el reto de la duquesa de Bullón y de Lorena (asunto que Pedro del Corral transportó a Toledo en su fabulosa *Crónica de Don Rodrigo*), y el matrimonio que contrajo con Beatriz, hija de esta duquesa, «con tal condición que nunca le preguntase cómo había nombre ni de cuál tierra era». El interés romántico mengua mucho en esta última parte de la novela, que es algo cansada y prolija; pero se reanima con la indiscreta curiosidad de la condesa, que cual otra Psiquis quiere averiguar el nombre de su incógnito esposo y se ve castigada de igual manera, y lo que es peor, sin esperanza de redención, pues aun el hechizado cuerno de marfil que su esposo le había entregado como prenda de cariño al abandonarla, «en que había tres cercos de oro con muchas piedras preciosas e de gran virtud», tuvo el desconsuelo de vérsele arrebatar por el cisne, en pena de no haberle guardado tan limpiamente como debiera del contacto de manos profanas, «poniéndolo con los otros que estaban allí para cuando fuesen sus hombres a caza». Enciéndese a deshora un gran fuego en su palacio: los burgueses y la gente de la villa corren en tumulto a apagarle, y «cuando ellos estaban así mirando, vieron venir un cisne muy grande a maravilla volando por el aire, tan albo como una nieve. E cuando llegó al lugar del fuego voló tres veces derredor, e dió una muy gran voz, e cogió las alas, e dejóse meter por medio de la puerta del palacio, por do salía la llama mayor, e entró así, que sola una péñola no se le quemó, ni le embargó el fuego, ni le fizo ningún pesar en cosa; e tomó el cuerno de marfil con el pico por los colgadores, e salió con él por medio de la puerta muy desembargadamente e sin ningún peligro, e comenzóse a alzar e ir volando así con él hasta que le perdieron de vista». También de este pasaje hubo de acordarse Pedro del Corral para contar la destrucción de la Casa encantada de Toledo y la aparición del ave fatídica entre sus cenizas. No puede dudarse que la *Gran Conquista* dejó huella en nuestros libros indígenas de caballerías: Gayangos ha señalado frases idénticas en la historia del Caballero del Cisne y en el *Amadís de Gaula*, y Puymaigre sospechó que el episodio de Amadís y Briolanja pudo tener su tipo en el *gran ofrecimiento* que de su persona hizo al joven Gudufre de Bullón la doncella cuyas tierras había rescatado de la tiranía de Guión de Montefalcone: «Cuando la doncella vió que por Gudufre de Bullon había la tierra cobrado, cayó a los pies e pidióle merced que della e de cuanto había feciese a su voluntad; e él respondió que gelo gradescía mucho, mas que aquella lid no tomara él por amor de mujer ni por cobdicia de haber nin de tierra, salvo tan solamente por Dios e por el derecho que él creía firmemente que ella tenía. Mas pues que ella había cobrado su tierra no demandaba él más, e con aquello era él pagado». (Lib. I, cap. CLI).

No es el poema del Caballero del Cisne el único del ciclo de las Cruzadas que entró en el vasto cuadro de la *Crónica de Ultramar*. Al mismo género pertenecen la historia de *Corbalán* (Kerbogan, sultán de Mossul) y de su madre la profetisa *Halabra*; la de *Baldovin* y la *sierpe*; la del conde Harpin de Bourges y su combate con unos ladrones, etc. Pero ninguna está contada tan extensamente ni con tanta independencia del asunto principal de la *Gran Conquista* como la del *Caballero del Cisne*, a la cual tampoco iguala ninguna en valor legendario ni en atractivo estético. Aunque localizada por los troveros en el ducado de Cleves, la tradición mitológica en que se funda es mucho más antigua, y se la encuentra en otras partes: en una saga islandesa se supone que el Caballero del Cisne era hijo de Julio César. En Alemania hizo su triunfante aparición en 1200 con el nombre de *Lohengrin*, y ha sido renovado con inmensa gloria por el genio ardiente y profundo de Ricardo Wagner.

Siguen en antigüedad a las novelas contenidas en la *Gran Conquista de Ultramar* las que halló Amador de los Ríos en un códice de la Biblioteca del Escorial, ya citado al hablar del *Noble Cuento del emperador Carlos Maynes*. Los restantes son (prescindiendo de cuatro vidas de santos) la *Estoria del rey Guillerme de Inglaterra*, el *Cuento muy fermoso del emperador Ottas et de la infanta Florencia su fija et del buen caballero Esmere*, el *Fermoso cuento de una sancta emperatriz que ovo en Roma et de su castidat* y la *Estoria del cavallero Plácidas, que fué después cristiano e ovo nombre Eustacio*.

La primera y la última han sido publicadas con excelentes ilustraciones por el malogrado filólogo alemán Herman Knust, que ha dicho sobre sus orígenes cuanto puede decirse y averiguarse.[1] La *Estoria del rey Guillerme* no está traducida del poema francés de Cristián ¿de Troyes? (siglo XII), sino de otro texto (probablemente en prosa) que se apartaba de él en algunos detalles. Versión distinta y muy amplificada es la que en el siglo XVI se imprimió con el título de *Chronica del rey don Guillermo rey de Inglaterra e duque de Angeos: e de la reina doña Berta su muger: e de como por revelación de un angel le fue mandado que dexasse el reyno e ducado e anduviesse desterrado por el mundo: e de las extrañas aventuras que andando por el mundo le avino*.[2] Por el título puede colegirse ya que se trata de un libro de caballerías *a lo divino*, tanto que podría, si tuviera algún fundamento histórico, figurar entre las leyendas hagiográficas. Está escrita con talento y apacible sencillez, pero es mucho menos fantástica y atrevida que la de Roberto el Diablo, y el narrador abusa en demasía de las monótonas peripecias por separación y reconocimiento, de tal modo, que su libro pudiera llevar, como las *Clementinas*, el subtítulo de *Recognitiones*. Aunque puesta en Inglaterra la acción de este piadoso libro, ninguna semejanza tiene con los del ciclo bretón, y parece producto de la caprichosa fantasía de algún clérigo o poeta culto.

Todavía más profundamente hagiográfica es la *Estoria del caballero Plácidas*, puesto que se reduce a una traducción de la famosa leyenda de San Eustaquio, mencionada ya por San Juan

---

[1] *Dos obras didácticas y dos leyendas sacadas de manuscritos de la Biblioteca de El Escorial. Dalas a luz la Sociedad de Bibliófilos Españoles.* Madrid, año 1878.

[2] La ha reimpreso Knust al fin del volumen mencionado en la nota anterior, tomando por texto la edición de Toledo, de 1526.

Damasceno en el siglo VIII, inserta en el *Menologio Griego* del emperador Basilio en el X, y divulgada en Occidente por el *Speculum Historiale* de Vicente de Beauvais, por la *Legenda Aurea* de Jacobo de Voragine y por el *Gesta Romanorum*. [1]

Adolfo Mussafia, editor del *Fermoso cuento de una santa emperatriz que ovo en Roma*, [2] ha probado que se deriva del poema francés de Gautier de Coincy (1177 - 1235) sobre la emperatriz Crescentia.

De carácter mucho más profano que las historias anteriores es el *cuento del emperador don Ottas, de la infanta Florencia y del caballero Esmere* [3], enmarañada selva de aventuras en que fácilmente se pierde la atención y el hilo. Su fuente es una narración poética francesa, *Florence de Rome*, [4] de la cual existen varias redacciones, aunque se haya perdido la primitiva, que es acaso la que mediata o inmediatamente sirvió de guía a nuestro traductor, puesto que su relato difiere bastante del de los poemas franceses del siglo XIV. Algún episodio de este cuento se halla en otras colecciones novelísticas. La *Patraña* 21ª de Juan de Timoneda reproduce varias de sus peripecias, pero no están sacadas del viejo cuento, sino del *Pecorone* de Ser Giovanni Fiorentino (novela Iª de la 10ª jornada).

Traducidas o imitadas entre nosotros las ficciones del ciclo carolingio y las que podemos llamar novelas *esporádicas* o independientes, no podía dilatarse mucho la invasión de los poemas del ciclo bretón, de los cuales ya en el siglo XIII pueden encontrarse en España bastantes indicios, aunque la época de su relativo apogeo fué el siglo XIV. Aquella nueva y misteriosa literatura que de tan extraña manera había venido a renovar la imaginación occidental, revelándola el mundo de la pasión fatal, ilícita o qui-

---

[1] Esta leyenda no ha sido de las más populares en España. Fuera del texto antiguo, apenas puede citarse otra cosa que una mala comedia de fines del siglo XVII o principios del XVIII, *Las cuatro Estrellas de Roma, y el Martirio más sangriento de San Eustachio*, de un ingenio de Talavera de la Reina.
[2] *Eine altspanische Darstellung der Crescentiasage*. En los *Sitzungsberichte der K.K Akademie der Wissenschaften: Philos. Histor. Classe*, vol. 53. Viena, 1867. Páginas 508-562.
[3] Publicado por Amador de los Ríos, *Historia crítica*, t. V. pp. 391-468.
[4] Vid. el análisis de *Florence* en el tomo XXVI de la *Histoire littéraire de la France*, 335-350.

mérica, del amoroso devaneo y del ensueño místico; el mundo tentador y enervante de las alucinaciones psicológicas y del sensualismo musical y etéreo, de la vaga contemplación y del deseo insaciable; el mundo de los mágicos filtros que adormecen la conciencia y sumergen el espíritu en una atmósfera perturbadora, no tenía sus raíces ni en el mundo clásico, aunque a veces presente extraña analogía con algunos de sus mitos, ni en el mundo germánico, que engendró la epopeya heroica de las gestas carolingias. Otra raza fué la que puso el primer germen de esta poesía fantástica, ajena en sus orígenes al cristianismo, ajena a las tradiciones de la Edad Media, poesía de una raza antiquísima y algún tiempo dominante en gran parte de Europa, pero a quien una fatalidad histórica llevó a ser constantemente vencida y a mezclarse con sus vencedores, siendo muy pocos los puntos en que conservó su nativa pureza, su lengua y el confuso tesoro de las leyendas y supersticiones de su infancia. Los celtas de las Galias y de España fueron asimilados por la conquista romana, pero no aconteció lo mismo en la Gran Bretaña, donde tal conquista fué muy incompleta, y hasta se abandonó del todo en los últimos días del Imperio, recobrando su independencia del elemento indígena y afirmándola en terribles luchas con los invasores sajones, que sólo al cabo de sesenta años (450 - 510) llegaron a prevalecer en la antigua provincia romana, obligando a emigrar a una parte de los bretones insulares, los cuales, atravesando el canal de la Mancha, fueron a establecerse en la parte occidental de la península de Armórica, que tomó desde entonces el nombre de Bretaña, y rechazando el resto de la población céltica a las comarcas de Oeste y Sudoeste de la isla (país de Gales y de Cornwal). A este período belicoso y heroico, en que se afirmó el sentimiento de la nacionalidad céltica, por lo mismo que estaba próxima a sucumbir para siempre, se atribuye la primera explosión del genio épico de los bretones, prescindiendo de más oscuros y remotos orígenes, en que han fantaseado grandemente los celtistas, así galeses e irlandeses como franceses.[1] A esta primitiva epopeya, que hubo de apropiarse

---

[1] Por nuestra absoluta incompetencia nos abstenemos de penetrar en esta oscurísima región de los orígenes célticos. Pueden consultarse, entre otras obras famosas:

The Mabinogion, from the Llyfr Coch o Hergest, and other ancient Welsh

la poesía mitológica que antes existiera y transformarla en histórica según el natural proceso del género, se remonta el nombre del rey Artús o Arturo, vencedor de los sajones en doce batallas, mencionado ya en un libro latino del siglo x, la *Historia Britonum*, que lleva el nombre de Nennio.

La conquista de Inglaterra por los normandos vino a vengar a los bretones de sus antiguos opresores y a ponerlos en contacto con un nuevo pueblo, brillante e inteligente, amigo de cuentos y canciones y que poseía ya una epopeya nacional en plena eflorescencia. La rota o arpa pequeña de los cantores irlandeses resonó muy pronto en los festines de los barones venidos de Francia, y como acontece siempre, la música sirvió de vehículo a la poesía, despertando en los oyentes el deseo de conocer el sentido de las palabras. Establecida cierta especie de fraternidad entre bretones y normandos, gracias al odio común contra los sajones, quisieron los segundos conocer las tradiciones de los primeros, y muy

---

Manuscripts, with an english translation and notes, by lady Charlotte Guest. London and Llandovery, 1837-1849. Los *Mabinogion,* nombre que se daba en el país de Gales a este género de relatos fabulosos, han llegado a nuestros días en dos principales manuscritos: uno del siglo XIII y otro del XIV. Sobre el texto de este último, conocido con el nombre de *Libro Rojo de Hergest,* y perteneciente al colegio de Jesús de Oxford, ha hecho su edición Lady Guest.

Esta colección fué traducida en parte al francés por M. de la Villemarqué *(Contes populaires des anciens Bretons,* 1842); libro refundido después en otro más importante, que se titula *Les Romans de la Table Ronde et les contes des anciens Bretons* (París, Didier, 1859). Villemarqué, crítico muy ameno e ingenioso, pero que concedía a la imaginación más parte de la que en estas investigaciones le corresponde, popularizó esta rica e interesante materia en los libros titulados *Mirdhin ou l'enchanteur Merlin, Les Bardes Bretons, poèmes du sixième siècle, La Légende Celtique et la poesie des cloitres en Irlande, en Cambrie et en Bretagne,* obras deliciosas, pero que conviene leer con precaución al decir de los inteligentes, porque propenden a exagerar la antigüedad y el carácter indígena de los fragmentos y relatos de la poesía céltica.

De aquí el desdén acaso excesivo con que hablan de él los celtistas modernos, por ejemplo, J. Loth, nuevo traductor de los *Mabinogion* y colaborador de d'Arbois de Jubainville en el *Cours de littérature celtique* (París, Thorin, 1883 y ss.). El segundo tomo de esta obra (1884) contiene el estudio del ciclo mitológico irlandés y la mitología céltica. En el tercero (1889) da principio la versión de los *Mabinogion.*

pronto aparecieron en lengua latina obras de supuesto carácter histórico, pero llenas en realidad de ficciones poéticas, las cuales se suponían traducidas de antiquísimos libros gaélicos, y en mucha parte por lo menos debían de fundarse en cantos populares y en tradiciones no cantadas. Jofre de Monmouth, obispo de San Asaph († 1154), fué el principal creador de esta pseudohistoria, y por decirlo así el Turpin de esta nueva epopeya.

Suya parece haber sido la invención del personaje de Merlín y de sus profecías amplificando las predicciones de un cierto Ambrosio, citadas por el supuesto Nennio, y aprovechando el nombre mitológico de un antiguo poeta, y encantador, llamado por los celtas *Myrdhin*. Pero el héroe principal de su *Historia regum Britanniae* es el rey Artús, hijo de Uterpendragón, cuyas hazañas habían venido acrecentándose monstruosamente de boca en boca, y que aquí aparece ya, no sólo como vencedor de los sajones y dominador de toda Inglaterra, sino también de Escocia, Irlanda, Noruega y otros muchos países combatidos y allanados por sus invencibles caballeros, que hasta de la misma Roma se hubieran hecho dueños a no ser por la traición de Morderete, sobrino de Artús, que se rebeló contra él durante su ausencia y quiso usurparle su corona. Trábase sangrienta lid entre Morderete y Arturo, y sucumbe el primero; pero el segundo, mortalmente herido también es trasladado por las hadas a la isla de Avalón, donde permanece oculto hasta el día en que volverá a rescatar su pueblo y a llenarle de gloria. Extraño *mesianismo* céltico, que en nuestra Península vemos reproducido en la creencia popular portuguesa relativa al rey don Sebastián.

Considerada la *Crónica* de Jofre de Monmouth como un libro histórico, y tenidas por auténticas las profecías de Merlín que su inventor hizo llegar hasta 1135, continuaron haciéndose de ellas aplicaciones a los sucesos contemporáneos, y los oscuros vaticinios del profeta cámbrico fueron consultados por muchas almas crédulas y supersticiosas con la misma fe que los oráculos de las Sibilas. El trabajo del obispo de San Asaph no es la fuente inmediata de los poemas franceses del ciclo bretón, que en su mayor parte se derivan de la tradición popular y no de la erudita; pero de ésta procede otro género de narraciones métricas, como el *Bruto* de Roberto Wace (1155), que no son sino la propia *Histo-*

ria regum Britanniae puesta en verso francés. El número y variedad de estas traducciones indica la celebridad del libro, siendo de notar además que la leyenda bretona se va enriqueciendo con nuevos elementos poéticos al pasar por estos intérpretes y refundidores. Así, la *Tabla Redonda*, de que Monmouth no habla todavía, está ya en el *Bruto* de Wace.

Pero el verdadero camino por donde penetraron en el arte vulgar las fábulas de los bretones fué aquel género de poesía lírica, conocida con el nombre de *lays de Bretaña*, que conservaban no sólo las melodías, sino los temas de las antiguas canciones célticas, aunque estuviesen ya redactados en lengua francesa, que era la lengua oficial y cortesana de Inglaterra después de la conquista normanda. Sobre ellos dejaremos hablar al crítico más profundo y mejor informado de la literatura de Francia en la Edad Media, porque su hábil resumen caracteriza con pocos rasgos estos interesantes poemas. [1]

«Tenemos unos veinte *lays* en versos de ocho sílabas (para nosotros de nueve), de los cuales quince por lo menos fueron compuestos por una mujer, María de Francia, que habiéndose establecido en Inglaterra, donde aprendió el bretón o por lo menos el inglés (puesto que estos *lays* de Bretaña parecen haber sido adoptados ya por los sajones), puso en versos amables y sencillos algunos de estos dulces relatos durante el reinado de Enrique II (Plantagenet). Son fábulas de aventuras y de amor, en que intervienen con frecuencia hadas, maravillas, transformaciones; se habla más de una vez del país de la inmortalidad, a donde las hadas conducen y retienen cautivos a los héroes; se menciona a Artús, en cuya corte suele ponerse la escena, y también a Tristán. Pueden descubrirse allí vestigios de una antigua mitología, por lo común mal comprendida y casi imposible de reconocer; reina en general un tono tierno y melancólico, al mismo tiempo que una pasión desconocida en las canciones de gesta; por otra parte, los personajes de los cuentos célticos aparecen transformados en caballeros y damas. Los más célebres o los más bellos de los *lays* de María son los de *Lanval* (un caballero amado por un hada,

---

[1] G. París, *La littérature française au moyen âge*, 2ª ed. París, 1890. Páginas 91-92.

que acaba por llevarle a sus misteriosos dominios), de *Iwenec* (que viene a ser el cuento de *El Pájaro Azul)*, del *Fresno* (emparentado con la historia de Griselidis), de *Bisclavret* (que es una historia de *licantropía)*, de *Tidorel* (amores de una reina con un misterioso caballero del lago), de *Eliduc* (doble amor de un caballero, resurrección de una de sus dos amigas y resignación de la otra), de *Guingamor* (estancia de un caballero en el país de las hadas, donde trescientos años se le pasan como tres días), de *Tiolet* (historia del matador de un monstruo, a quien un rival quiere arrebatar por fraude el premio de su victoria; relato ya conocido en la epopeya griega), de *Milón* (combate de un padre contra su hijo), etc. Entre los *lays* que no son de María (algunos más antiguos que los suyos) citaremos *Graelent* (el mismo asunto que *Lanval), Melion* (asunto semejante al de *Bisclavret), Guiron e Ignaura* (que desarrollan el tema del marido celoso que hace comer a su esposa el corazón de su amante), el *Cuerno* en que no podían beber más que los maridos de las mujeres fieles (encantador poemita, en la forma rara de versos de seis sílabas (siete), compuesto en el siglo XII por el anglonormando Roberto Biket; el cuento del *manto corto* es una variante del mismo tema, rimada más tarde en Francia), etc.»

Aunque en tesis general no puede dudarse que los *lays* de Bretaña son la célula lírica de los poemas del ciclo de la Tabla Redonda, es cierto que con los *lays* existentes ahora no se explica ninguno de los grandes ciclos: hay que suponer otros muchos cantos que se perdieron. Ya en 1150 estaba formada y al parecer completa la leyenda de Tristán, sobre la cual se compuso en Inglaterra el poema de Béroul, del cual se conservan fragmentos, que en muchas cosas difieren de la versión alemana hecha en 1175 por Eilhart de Oberg, lo cual demuestra que éste se valió de un original distinto. Como otros muchos héroes de la epopeya céltica, Tristán de Leonís tiene orígenes mitológicos, y es patente la semejanza de algunas de sus aventuras con las que atribuyeron los griegos a Teseo. Así como éste triunfó del Minotauro que infestaba el Atica exigiendo tributo de mancebos y doncellas, así Tristán combate al monstruo irlandés (el *Morhout)* que exigía igual tributo del país de Cornualles. Por una funesta equivocación del piloto de la nave de Teseo, que trocó la vela blanca por la negra, se precipita su padre Egeo en las ondas del mar a que dió su nombre; por una equivocación semejante de Tristán, engañado por su celosa mujer, se extingue en él el aliento vital que a duras penas conservaba, y expira antes que Iseo llegue al puerto. Ni son estas solas las semejanzas clásicas: el rey Marco tiene orejas de caballo, como Midas orejas de asno, y el secreto del primero es revelado por su enano, como el del segundo por su barbero. El arco de Tristán es infalible y no yerra nunca el blanco, como el de Céfalo. Y hasta la muerte de Iseo sobre el cadáver de Tristán recuerda la de Enone sobre el cadáver de Paris en circunstancias muy análogas. Tan extraordinarias analogías no pueden explicarse de ninguna manera por una comunicación literaria que sería enteramente inverosímil, ni acaso tampoco por la simple transmisión oral, que tantos casos de *folklore* resuelve, sino que es preciso recurrir a la antigua pero todavía no arruinada hipótesis que reconoce un fondo común de mitos y tradiciones en la raza indoeuropea antes de la separación de helenos y celtas.

Pero muchos de estos elementos son adventicios y ninguno es esencial en la leyenda. Sea o no Tristán un dios solar; sean o no las dos Iseos representación simbólica del día y de la noche, o del verano y del invierno (según la cómoda y pueril teoría que por tanto tiempo sedujo y extravió a los cultivadores de la mitología comparada), lo que importa en él es la parte humana de la leyenda: su amor y sus desdichas; el filtro mágico que bebió juntamente con la rubia Iseo y que determinó la perpetua e irresistible pasión de ambos, mezcla de suprema voluptuosidad y de tormento infinito; la vida solitaria que llevan en el bosque; la herida envenenada que sólo Iseo podría curar; la apoteosis final del amor triunfante sobre los cuerpos exánimes de los dos amantes enlazados en el postrer abrazo y no separados ni aun por la muerte, puesto que se abrazan también las plantas que crecen sobre sus sepulturas.

«En el concierto de mil voces de la poesía de las razas humanas (ha dicho admirablemente Gastón París), el arpa bretona es la que da nota apasionada del amor ilegítimo y fatal, y esta nota se propaga de siglo en siglo, encantando y perturbando los corazones de los hombres con su vibración profunda y melancólica... Una concepción del amor, tal como no se encuentra antes en ningún pueblo, en ningún poema; del amor ilícito, del amor soberano, del amor más fuerte que el honor, más fuerte que la sangre, más poderoso que la muerte; del amor que enlaza dos seres con una cadena que todos los demás y ellos mismos no pueden romper; del amor que los sorprende a pesar suyo, que los arrastra al crimen, que los conduce a la desdicha, que los lleva juntos a la muerte, que les causa dolores y angustias, pero también goces y delicias incomparables y casi sobrehumanas; esta concepión dolorosa y fascinadora nació y se realizó entre los celtas en el poema de Tristán e Iseo.» [1]

Hemos dicho que nada subsiste de los textos primitivos de esta leyenda; pero la rudeza de algunos detalles y la ausencia de todo rasgo de cristianismo permiten atribuirla remota antigüedad, inclinándose el mismo G. París a creer que recibió su última forma céltica en el siglo X. Los poetas franceses del siglo XII no le prestaron más que la lengua, y hasta parece seguro que se inspiraron en poemas ingleses intermedios; el nombre mismo de *Lovedranc*, dado a la fatal bebida, indica este origen, confesado además por el traductor anglo-normando del poema *Waldef*. Aunque nada quede de los *lais* de Tristán, consta no sólo que existieron y que eran tenidos por los mejores, sino que se atribuían al mismo Tristán, a quien la tradición proclamaba el más diestro tañedor de arpa y de rota, al mismo tiempo que el primer corredor y luchador, el primer esgrimidor de espada y tirador de arco, el más diestro de los cazadores y el más hábil en cortar y preparar la carne de las bestias muertas en la caza. En inglés estaba el *lai* del *gotelef* que recogió María de Francia, y en que el mismo Tristán compara su amor y el de Iseo con el indestructible entrelazamiento de la madreselva y el avellano, comparación poética que acaso explica uno de los episodios más bellos entre los que fueron sobreponiéndose al núcleo de la leyenda. Otros dos *lais*, al parecer posteriores, contienen en germen el episodio de la locura de Tristán. Fuese únicamente por Inglaterra, fuese también por la Bretaña

---

[1] *Poëmes et Légendes du moyen âge*, pp. 117 y 139-40.

Los trabajos críticos de estos últimos años han renovado por completo el estudio del *Tristán*. Véanse especialmente los tomos XV, XVI y XVII de la *Romania*, donde aparecieron varios de ellos y se da cuenta de los restantes.

francesa y por medio de los cantores de la península armoricana (lo cual es verosímil, pero no se ha probado hasta ahora), al siglo XII hay que referir la plena eflorescencia de esta historia de amor y su difusión universal, atestiguada no sólo por los poemas franceses, sino por las referencias de los trovadores provenzales y por las traducciones en alemán y noruego. Hemos mencionado ya los fragmentos del poema de Béroul y la imitación alemana de su texto perdido; tampoco se conserva el poema de Cristián de Troyes, que fué el más fecundo de los autores de este período. Pero existe, y es la obra más bella de este ciclo y una de las más bellas de la poesía de la Edad Media, el poema del anglo-normando Tomás, que dice fundarse en el relato de un bretón, llamado Breri. El poema de Tomás, aunque escrito en francés (como era de rigor entonces) representa lo que G. París llama la versión inglesa en oposición a la francesa, a la cual pertenecen no sólo los textos citados hasta ahora, sino la prolija novela en prosa, amplificada y refundida varias veces durante el siglo XIII, y hasta las representaciones frecuentes de episodios de este ciclo en obras de la escultura y de las artes decorativas, especialmente en cofres y espejos. Pero el poema de Tomás, aunque menos divulgado, tiene un valor estético muy superior por el profundo sentimiento que en él rebosa, y ha logrado una fortuna, si menos popular, no menos envidiable. Ninguno de los cinco manuscritos que se conservan de él ofrece un texto completo; pero conocemos íntegra su materia poética por la traducción en prosa noruega que hizo en 1226 el monje Roberto para uso del rey Hakon; por otra en verso inglés del siglo XIV, y sobre todo por el poema alemán de Gotfrido o Gotofredo de Strasburgo, en el cual se inspiró el genio sombrío y tempestuoso de Ricardo Wagner para la obra inmortal que con más fascinador y penetrante hechizo consagra las nupcias del amor y la muerte. En el enorme libro de caballerías francés (al cual sirvió de base el poema perdido de Cristián), la historia de Tristán es una anécdota galante y liviana, propia para entretener los ocios de una sociedad culta y mal avenida con la rigidez de los deberes conyugales; la melancólica leyenda céltica se reduce casi a un *fabliau*, más tierno y menos picante que otros, envuelto en ciertas nubes de galantería equívoca, esbozándose ya los convencionales tipos del perfecto amador y de la perfecta dama. En

Tomás y sus imitadores la parte trágica de la leyenda recobra su dolorosa eficacia, que en el arte místico-sensual de Wagner llega hasta los linderos de la conmoción patológica: escollo inevitable en la profunda inmoralidad del asunto, que es, dicho sin ambajes, no sólo la glorificación del amor adúltero y de la pasión rebelde a toda ley divina y humana, sino la aniquilación de la voluntad y de la vida en el más torpe y funesto letargo, tanto más enervador cuanto más ideal se presenta.

Además de esta febril poesía del delirio amoroso, trajeron a la literatura moderna los cuentos de la *materia de Bretaña* un nuevo ideal de la vida que se expresa bien con el dictado de *Caballería andante*. Los motivos que impulsaban a los héroes de la epopeya germánica, francesa o castellana, eran motivos racionales y sólidos, dadas las ideas, costumbres y creencias de su tiempo; eran perfectamente lógicos y humanos, dentro del estado social de las edades heroicas. Los motivos que guían a los caballeros de la Tabla Redonda son, por lo general, arbitrarios y fútiles; su actividad se ejercita o más bien se consume y disipa entre las quimeras de un sueño; el instinto de la vida aventurera, de la aventura por sí misma, los atrae con irresistible señuelo; se baten por el placer de batirse; cruzan tierras y mares, descabezan monstruos y endriagos, libertan princesas cautivas, dan y quitan coronas, por el placer de la acción misma, por darse el espectáculo de su propia pujanza y altivez. Ningún propósito serio de patria o religión les guía; la misma demanda del Santo Grial dista mucho de tener en los poemas bretones el profundo sentido místico que adquirió en Wolfram de Eschembach. La acción de los héroes de la Tabla Redonda es individualista, egoísta, anárquica. Aunque la corte del rey Arturo sirva materialmente de centro, esta agrupación es exterior y ficticia; al principio cada uno de estos *lais* gozaba de vida independiente. El caballero de los leones, el de las dos espadas, Erec, Fergus, Ider, Guinglain, hijo de Gauvain, y tantos otros tenían cada uno su biografía aparte, pero no todas llegaron al punto de desarrollo que la de Tristán, la de Perceval y la de Lanzarote. [1] En todas ellas se describe un mundo caballeresco y

---

[1] El tomo XXX de la *Histoire littéraire de la France*, publicado en 1888, contiene el análisis hecho por Gastón París de todas las novelas en verso

galante, que no es ciertamente el de las rudas y bárbaras tribus célticas a quienes se debió el germen de esta poesía, pero que corresponde al ideal del siglo XII, en que se escribieron los poemas franceses, y al del XIII, en que se tradujeron en prosa; mundo ideal, creado en gran parte por los troveros del Norte de Francia, no sin influjo de las cortes poéticas del Mediodía, donde floreció antes que en ninguna parte la casuística amatoria y extendió su vicioso follaje la planta de la galantería adulterina. Pero si era cosa corriente entre los trovadores y las grandes damas de Provenza la teoría del *amor cortés* y su incompatibilidad con el matrimonio, y es cierto que esta liviana tendencia se asoció de buen grado a las narraciones bretonas, en que casi siempre ardía la llama del amor culpable, nunca esos frívolos devaneos pueden confundirse con la intensa y desgarradora pasión que sólo el alma céltica parece haber poseído en el crepúsculo de las nacionalidades modernas. Lo accesorio, lo decorativo, el refinamiento de las buenas maneras, las descripciones de palacios, festines y pasos de armas, la representación de la corte del rey Artús, donde toda elegancia y bizarría tiene su asiento, es lo que pusieron de su cuenta los imitadores, y lo que por ellos trascendió a la vida de las clases altas, puliéndola, atildándola y afeminándola del modo que la vemos en los siglos XIV y XV. Los nuevos héroes diferían tanto de los héroes épicos como en la historia difieren el Cid y Suero de Quiñones. Y aun vinieron a resultar más desatinados en la vida que en los libros, porque los paladines de la postrera Edad Media no tenían ni la exaltación imaginativa y nebulosa, ni la pasión indómita y fatal, ni el misterioso destino que las leyendas bretonas prestaban a los suyos, y de que nunca, aun en las versiones más degeneradas, dejan de encontrarse vestigios.

El más fecundo de los poetas que en Francia explotaron durante el siglo XII la materia de Bretaña fué Cristián de Troyes, que además de su *Tristán*, ya citado, y de otros poemas como *Erec*,

---

del ciclo bretón, con referencias a las que habían sido analizadas en tomos anteriores, y es hasta la fecha el trabajo capital sobre el asunto.

Como obra amena e instructiva de vulgarización conserva siempre su valor el libro de Paulino París, *Les Romans de la Table Ronde mis en nouveau langage et accompagnés de recherches sur l'origine et le caractère de ces grandes compositions* (Paris, Techener, 1868-77, cinco volúmenes).

Cliges, Ivain o *el caballero del León,* compuso por los años de 1170 el *Cuento de la carreta* o de *Lancelot* (Lanzarote), cuyo asunto le había comunicado la condesa María de Champagne, hija del rey de Francia Luis VII y de la reina Leonor de Poitiers, y en 1175, *Perceval* o el *Cuento del Graal,* valiéndose de un libro anglonormando que le había prestado Felipe de Alsacia, conde de Flandes. Ambas ficciones se cuentan entre las más célebres y capitales de este ciclo, y no contribuyó poco a vulgarizarlas el talento de estilo con que las refirió Cristián, que pasa por el mejor poeta francés de su tiempo.

Perceval, así en los cuentos bretones y anglonormandos como en el poema de Cristián de Troyes, que terminó después de él Godofredo de Lagni, distaba mucho de tener el sentido religioso y la transcendencia que luego alcanzó, especialmente en el gran poema que los alemanes se atreven a colocar muy cerca de la *Divina Comedia.* En uno de los *mabinogion* gaélicos, el de Peredur, hay ciertamente una lanza misteriosa, de la cual manan tres gotas de sangre, y una vasija o plato grande en que nada la cabeza ensangrentada de un hombre; pero estos fúnebres objetos, cuya declaración se hace sólo al final de la leyenda, no envuelven ningún enigma religioso; con la lanza fué herido un tío de Peredur, y la cabeza era la de uno de sus primos, inmolado por las hechiceras de Kerlow. En un poema inglés del siglo XIV, *Sir Percivall,* derivado probablemente de otro anglonormando mucho más antiguo, no hay el menor rastro del plato ni de la lanza y la historia es mucho más sencilla. Perceval, educado por su madre lejos del mundo y en la ignorancia de la vida caballeresca, para librarle de la triste suerte de su padre, muerto en un torneo por su émulo el caballero *Rojo,* monta un día en pelo una yegua salvaje, y armado de una azagaya o dardo escocés de los más rudos se dirige a la corte del rey Artús, toma venganza del matador de su padre, y después de extraordinarias aventuras se casa con una princesa a quien había libertado de sus enemigos, y rescata a su madre aprisionada por las artes de un maligno encantador. El *Perceval* inglés es un poema biográfico, y todo el interés consiste en la pintura del campeón salvaje y su repentina aparición en la corte de Artús, con circunstancias que recuerdan algo las mocedades de Roldán en leyendas carolingias muy tardías.

Cristián de Troyes siguió una versión mucho más parecida al *mabinogion* céltico, pero no sabemos lo que pensaba hacer con el plato y la lanza que Perceval encontró en el castillo del rey Pescador, el cual no podía ser curado de su dolencia mientras un novel caballero no le interrogase sobre el sentido de aquellos objetos. Perceval, que debía de ser muy poco curioso, no le preguntó nada, y como Cristián de Troyes no acabó su poema, dejó abierto el campo a todas las continuaciones posibles. Hubo una de autor anónimo, que más que historia de Perceval es historia de *Gauvain* (Galván), sobrino del rey Artús. Otra, de Gaucher de Dourdan, quedó incompleta también y recibió nada menos que tres finales diferentes, entre los que obtuvo la preferencia de los lectores el de un poeta llamado Mennesier, que por los años de 1220 dedicó su trabajo a la condesa Juana de Flandes. Unidas estas continuaciones a otra de Gerberto de Montreuil, llegan en algunos manuscritos al enorme número de 63.000 versos. En estos rapsodas que prosiguieron la obra de Cristián de Troyes se presenta, aunque no enteramente desarrollada, la interpretación religiosa del santo Graal. Perceval encuentra en Viernes Santo una compañía de piadosos varones, que le exhortan a hacer penitencia de sus pecados y vida mundana; se confiesa con un ermitaño, que resulta ser su tío materno, y siguiendo sus instrucciones vuelve al castillo del rey Pescador, que, contestando a sus preguntas, le declara todas las maravillas de la lanza sangrienta y del plato misterioso. Muere a poco tiempo, y Perceval hereda tan prodigiosos objetos, con los cuales se retira a una ermita, donde hace austera penitencia, hasta que el día mismo de su muerte son arrebatados milagrosamente a los cielos la lanza y el *Graal*, sin que después se los haya vuelto a ver en la tierra. La leyenda dió un paso más cuando uno de los autores e interpoladores de la primera continuación identificó la lanza con la de Longinos, y afirmó que el *Graal* era el vaso en que José de Arimatea había recogido la sangre del Crucificado. De aquí procedían todas sus virtudes milagrosas: tenía el don de curar las heridas, de llenarse de los manjares más exquisitos a voluntad de su dueño, y finalmente, procuraba todos los bienes de la tierra y del cielo; pero para acercarse a él era menester estar en gracia, y sólo un sacerdote podía declarar sus maravillas. En el pensamiento de los troveros el *Graal* parece haber sido un símbolo eucarístico. La caldera mágica de los bretones nada tiene que ver con ella, ni es posible admitir la hipótesis de Villemarqué, repetida por Renán, según los cuales el *Graal* primitivo era una supervivencia de la antigua mitología, una especie de símbolo francmasónico, que se conservó en el país de Gales mucho tiempo después de la predicación del Evangelio y que luego se fué cristianizando lentamente dentro de la misma raza kímrica. Porque la verdad es que ni los *mabinogion* bretones ni los más antiguos poemas franceses presentan indicios de semejante transformación, ni encierran nada que no sea esencialmente profano. La metamorfosis de Perceval en caballero espiritual no se cumplió hasta principios del siglo XIII, y no puede contarse entre las creaciones originales del genio céltico, mientras no se pruebe mejor que lo ha sido hasta ahora la existencia de una visión sobre José de Arimatea y el plato de la Cena, escrita en el siglo VIII por un ermitaño bretón.

El desarrollo completo de la leyenda del Santo Graal se encuentra en una especie de trilogía compuesta por Roberto de Borón, poeta del siglo XIII, nacido en el Franco-Condado. En la primera parte *(José de Arimatea)* narra el origen, consagración y prodigiosas virtudes de la santa reliquia; en la segunda *(Merlin)* convierte un verídico profeta a este hijo del diablo y le hace anunciar las maravillas futuras; en la tercera refiere cómo *Perceval* hizo la demanda y conquista del plato sagrado, y cómo éste fué transportado al cielo después de su muerte. Se ha perdido el tercero de estos poemas y gran parte del segundo, pero queda de todos ellos una redacción en prosa. Lo mismo sucede con otra Demanda del *Santo Graal,* de autor anónimo, en que intervienen, además de Perceval, Gauvain y Lanzarote, sin que ninguno de ellos, por sus aventuras mundanas, pueda alcanzar la posesión de la sagrada reliquia, reservada sólo para la pureza de Perceval. Pero no faltó quien lo despojase de esta palma en favor de Galaad, hijo de Lanzarote, y hubo una nueva *demanda del Santo Graal,* falsamente atribuída a Roberto de Borón, y de la cual tendremos que volver a hablar, porque fué traducida al portugués y se incorporó también con el *Lanzarote* castellano, y uno y otro con el *Merlín.*

De intento hemos prescindido del poema de Wolfram de Eschembach, porque fué enteramente desconocido fuera de los países germánicos y por ser obra de altísima y soberana originalidad en todo lo que no es imitado o traducido de Cristián de Troyes, único modelo francés que parece haber tenido presente, puesto que el provenzal Kyot, a quien cita, puede ser un personaje imaginario. Wolfram se apoderó del cuento céltico para transformarlo, creando una epopeya mística, que es sin duda, una de las más poderosas inspiraciones de la poesía cristiana, y sea cual fuere la rudeza de la forma, una de las pocas obras de la Edad Media que tienen valor perenne y universal. Parece indudable que en la milicia que custodiaba el Santo Graal en el Castillo de Montsalvatge, quiso representar el poeta alemán la Orden de los Templarios; pero el simbolismo de la obra es mucho más transcendental y solemne, puesto que abarca la totalidad del destino humano, con los misterios del pecado original, de la Redención y de la presencia real de Cristo en la Eucaristía. El poeta, lleno a la vez de pavor y reverencia, no toca directamente tan altas materias; huye de exponer el dogma teológico; sus representaciones, figuras y alegorías pertenecen al mundo corpóreo, pero aparecen bañadas por un reflejo de aquella luz sobrenatural que Perceval vió en el castillo del rey Amfortas salir de un disco formado de una sola piedra preciosa, más rutilante que el sol. Sólo en las profundidades del alma germánica, sedienta siempre de lo infinito, pudo renovarse así y florecer con tal espléndida primavera poética lo que en su origen había sido poco más que un cuento de hechicerías. La influencia grave religiosa del poema de Wolfram de Eschembach, que fué muy leído y admirado por los románticos alemanes, no fué indiferente en la reacción religiosa del primer tercio del siglo XIX; penetró en sus imitadores, hasta en los menos ortodoxos, y puso su sello en la última de las obras de Wagner, que es, sin duda, la menos pesimista y la más luminosa y serena de todas las suyas: el drama de *Parsifal,* expresión artística de su doctrina de la regeneración.

El tercero de los grandes temas de la epopeya bretona fué el de *Lanzarote* y Ginebra. Las raíces de esta leyenda se ocultan en el subsuelo de la mitología céltica como las del *Tristán*. Lanzarote del Lago *(Lancelot)*, libertando a la reina Ginebra, robada por «el rey del país de donde nadie vuelve», es decir, por el rey de los muertos, y teniendo que atravesar para ello un río de fuego, sobre un puente tan estrecho como el filo de una espada, recuerda en seguida el rapto de Proserpina por Plutón, el descenso de Teseo y Piritoo a los infiernos. Pero ese sentido se borró muy pronto, y Lanzarote quedó convertido en un personaje enteramente humano, uno de tantos héroes de la Tabla Redonda, criado por una hada o *dona del lago,* de quien tomó el nombre. Un poema anglonormando, del cual sólo se conoce una traducción alemana hecha a fines del siglo XII por Ulrico de Zatzikhoven, contó sus aventuras en las ciudades de Limors y Chadilimort y sus amores con las bellas princesas Ada e Iblis, sin mentar para nada a la reina Ginebra. Esta debió su celebridad a Cristián de Troyes, que en su *Roman de la Charrette,* comenzado en 1190, y que terminó Godofredo de Lagni, concedió largo espacio a la relación de aquellos adúlteros amores. El título del poema se funda en el célebre episodio de haber subido Lanzarote a una carreta para ir en seguimiento de la reina, siendo tal género de vehículo deshonroso desde el punto de vista caballeresco. La novela de Lanzarote en prosa francesa, compuesta a principios del siglo XIII, tiene por base el poema de Cristián de Troyes, pero muy amplificado con ayuda de la crónica latina de Monmouth y con otros libros, hasta formar una historia seguida de la Tabla Redonda, que termina con la última batalla en que desapareció el rey Artús y con el hundimiento de su reino y corte poética. En 1220 este *Lanzarote* prosaico fué refundido e incorporado con el *Merlín* y con una de las *Demandas del Santo Grial,* aquella en que el protagonista es Galaad, hijo de Lanzarote, soldándose así, de un modo artificial, ambos temas, que eran de todo punto independientes al principio. Esta redacción es la que en algunos manuscritos lleva el nombre del célebre arcediano de Oxford Gualtero Map, a quien también se han atribuído, con más o menos fundamento, gran número de poesías latinas rítmicas, del género satírico y goliárdico. Pero en cuanto a los libros de caballerías citados, todo induce a creer que fueron escritos en Francia y no en Inglaterra, y en fecha muy posterior a Gualtero Map, que murió a fines del siglo XII.

Mencionaremos, finalmente, por la rara circunstancia de haberse perdido el texto francés y conservarse sólo una versión española, que citaremos luego, el *Baladro del sabio Merlín (conte du brait)* atribuído a un tal Elías de Borón. Toma su nombre este libro del baladro o grito espantoso que dió Merlín al encontrarse encantado y encerrado en un espino por las malas artes de su amada Viviana.

Puede decirse que toda esta enorme literatura estaba completa a mediados del siglo XIII y empezaba a ser organizada en vastas compilaciones. Por los años de 1270, el italiano Rusticiano, de Pisa (de quien es una de las redacciones del viaje de Marco Polo), hizo en prosa francesa un extracto de todos los poemas de este ciclo, la cual fué muy pronto traducida al italiano. El entusiasmo con que fueron recibidos allí igualó al que antes habían despertado la epopeya del Norte de Francia y la poesía lírica de Provenza:

Versi d'amore e prose di romanzi...

Dante *(De vulgari eloquentia)* alega como privilegio de la «fácil, deleitable y vulgar lengua de *oil*», el cultivo de la prosa y lo mucho que en ella se había traducido, así las gestas de Romanos y Troyanos como las bellísimas aventuras *(ambages pulcherrimae)* del rey Artús.[1] Su maestro Bruneto Latini tomaba del Tristán ejemplos de estilo. Finalmente, el efecto trastornador de la muelle y lánguida poesía de dichos libros, no en vano mirados con recelo por los antiguos moralistas, quedó consignado para la inmortalidad con rasgos de fuego en el episodio de Francisca de Rímini:

*Noi leggevamo un giorno per diletto
di Lancilotto come amor lo strinse...
Per più fiate gli ochi ci sospinse
quella lettura e scolorocci 'l viso...
Quando leggemmo il disiato riso
Esser baciato da cotanto amante...
Galeotto fu il libro e chi lo scrisse:
quel giorno più non vi leggemmo avante.*

Menos rápida que en Italia, y mucho menos, por supuesto, que en el centro de Europa, fué la introducción de estas ficciones en España. Oponíanse a ello, tanto las buenas cualidades como los

---

[1] *Allegat ergo pro se lingua «oil», quod propter sui faciliorem, ac delectabiliorem vulgaritatem, quicquid redactum, sive inventum est ad vulgare prosaicum, suum est: videlicet biblia cum Trojanorum Romanorumque gestibus compilata, et Arturi regis ambages pulcherrimae, et quam plures aliae historiae ac doctrinae (De vulgari eloquio, lib. I, cap. X).*

defectos y limitaciones de nuestro carácter y de la imaginación nacional. El temple grave y heroico de nuestra primitiva poesía; su plena objetividad histórica; su ruda y viril sencillez, sin rastro de galantería ni afeminación; su fe ardiente y sincera, sin mezcla de ensueños ideales ni resabios de mitologías muertas (salvo la creencia, no muy poética, en los agüeros), eran lo más contrario que imaginarse puede a esa otra poesía, unas veces ingeniosa y liviana, otras refinadamente psicológica o peligrosamente mística, impregnada de supersticiones ajenas al cristianismo, la cual tenía por teatro regiones lejanas y casi incógnitas para los nuestros; por héroes, extrañas criaturas sometidas a misterioso poder; por agentes sobrenaturales, hadas, encantadores, gigantes y enanos, monstruos y vestiglos nacidos de un concepto naturalista del mundo que nunca existió entre las tribus ibéricas o que había desaparecido del todo; por fin y blanco de sus empresas, el delirio amoroso, la exaltación idealista, la conquista de fantásticos reinos, o a lo sumo la posesión de un talismán equívoco, que lo mismo podía ser instrumento de hechicería que símbolo del mayor misterio teológico. Añádase a esto la novedad y extrañeza de las costumbres, la aparición del tipo exótico para nosotros del caballero cortesano; el concepto muchas veces falso y sofístico del honor, y sobre todo esto el nuevo ideal femenino: la intervención continua de la mujer, no ya como sumisa esposa ni como reina del hogar, sino como criatura entre divina y diabólica, a la cual se tributaba un culto idolátrico, inmolando a sus pasiones o caprichos la austera realidad de la vida; con el perpetuo sofisma de erigir el orden sentimental en disciplina ética y confundir el sueño del arte y del amor con la acción viril.

Las precedentes observaciones se aplican, no solamente a Castilla sino a Cataluña, donde tampoco arraigó esta alambicada y galante caballería, a pesar de ser conocidos allí desde antiguo los asuntos del ciclo bretón, gracias a la poesía de los trovadores provenzales, algunos de los cuales tuvieron a Cataluña por patria. Basta recordar la célebre poesía de Giraldo de Cabrera, dirigida al juglar Cabra por los años 1170 (reinado de Alfonso II de Aragón), en la cual se enumeran las narraciones poéticas más en boga, para encontrar, a la vez que alusiones a la música de los Bretones:

> Non sabz finir
> Al mieu albir,
> A tempradura de Breton,

xpresamente designados, varios temas de este ciclo: el de *Erec*, ue conquistó el gavilán:

> Ni sabz d'Erec
> Con conquistec
> L'espervier for de sa rejon...

l de Tristán e Iseo:

> Ni de Tristan
> C'amava Iceut a lairon...

l de Gauvain:

> Ni de Gauvaing
> Qui ses conpaing
> Fazia tanta venaison...

probablemente el de Lanzarote, aunque está menos claro:

> Ni d'Arselot la contençon... [1]

Pero a pesar de estas y otras varias referencias, tanto en la oesía provenzal como en la catalana propiamente dicha, y a esar de la frecuencia con que los libros franceses de la materia e Bretaña se encuentran registrados en los inventarios de las ibliotecas de los príncipes, pues vemos que el rey don Martín oseía las *Profacies de Merlin* en francés (núm 71 de su catálogo) el Príncipe de Viana un *Sangreal* y un *Tristán de Leonis* (núeros 36 y 38) en la misma lengua, apenas se conoce traducción atalana de ninguno de ellos, aunque consta que las hubo por este asaje terminante de la novela de *Curial y Guelfa*, escrita en el iglo XV: «En aquest libre se fa mencio de cavallers errants, jatsia que es mal dit errants, car deu hom dir caminants. Empero yo vull la manera de *aquells cathalans qui trasladaren los libres de Tristán*

---

[1] Milá y Fontanals, *De los Trovadores en España* (Barcelona, 1861), áginas 269-277.

»e de Lançarote e tornaren los de la lengua francesa en lengua cath[alana]
»lana, e tots temps digueren cavallers errants.» [1] [Cf. Ad. vol. I[

Había, no obstante, una región de la Península donde, ya p[or]
oculta afinidad de orígenes étnicos, ya por antigua comunicació[n]
con los países celtas, ya por la ausencia de una poesía épica naci[o]-
nal que pudiera contrarrestar el impulso de las narraciones ven[i]-
das de fuera, encontraron los cuentos bretones segunda patri[a]
y favorecidos por el prestigio de la poesía lírica, por la moda cort[e]-
sana, por el influjo de las costumbres caballerescas, despertaron [el]
germen de la inspiración indígena, que sobre aquel tronco, que p[a]-
recía ya carcomido y seco, hizo brotar la prolífica vegetación d[el]
Amadís de Gaula, primer tipo de la novela idealista español[a.]
Fácilmente se comprenderá que aludo a los reinos de Galicia [y]
Portugal, de cuyo primitivo celticismo (a lo menos como element[o]
muy poderoso de su población, y también de la de Asturias y Ca[n]-
tabria) sería demasiado escepticismo dudar, aunque de ningú[n]
modo apadrinemos los sueños y fantasías que sobre este tópi[co]
ha forjado la imaginación de los arqueólogos locales. Si no se a[d]-
mite la persistencia de este primitivo fondo, no sólo quedan s[in]
explicación notables costumbres, creencias y supersticiones viv[as]
aún, y casos de atavismo tan singulares como el renacimiento d[el]
mesianismo de Artús en el rey don Sebastián, sino que resulta eni[g]-
mático el proceso de la literatura caballeresca, que tan profund[a]

---

[1] Varnhagen, en su ligero opúsculo *Da litteratura dos livros de cavallari[a]* (Viena, 1872), cita de pasada un códice de la Ambrosiana, de Milán, escri[to] en 1380, que contiene la última parte del *Lanzarote* en *valenciano* (?); pe[ro] debe de haber algún error en cuanto a la lengua, porque ninguno de los q[ue] han tratado *ex professo* de literatura catalana le menciona, ni siquiera A. M[o]rel-Fatio en la muy esmerada reseña inserta en la colección de Gröber, *Grundi[ss] der Romanischen Philologie*.

Los textos novelísticos en catalán son sumamente escasos. Aun de cue[n]tos devotos apenas pueden citarse otros que la conocida leyenda del pa[dre] de Santa Isabel *(Romania, V, 453)* y la *Historia de la filla del rey de Hu[n]gría* (asunto del célebre poema la *Manekine*, compuesto en el siglo XIII p[or] Felipe de Beaumonoir), del cual se han impreso dos versiones, la una en [el] tomo XIII de *Documentos del Archivo de Aragón* (pp. 53 y ss.) y otra en P[al]ma, 1873, por don Bartolomé Muntaner. En un códice sustraído con otr[os] de la Biblioteca Colombina, y que para actualmente en la Nacional de Pa[rís] (fondo español núm. 475), hay otra variante del mismo tema con el títu[lo] de *La istoria de la filla del emperador Constantí*.

nente arraigó allí, que conquistó sin esfuerzo las imaginaciones
como si estuviesen preparadas para recibirla y que fué imitada
con tanta originalidad a la vuelta de algunas generaciones.

También fué allí la poesía lírica el vehículo de las tradiciones
galesas y armoricanas. Existía en la región galaicoportuguesa una
escuela lírica que por cerca de dos siglos impuso sus formas y hasta
su lengua, no sólo a los trovadores del Noroeste, sino a los del
centro de la Península. Son raras en estos poetas las alusiones literarias, pero hay algunas al ciclo bretón, y han sido recogidas ya
varias veces. Nuestro rey Alfonso el Sabio citaba a Tristán al
lado de Paris para ponderar el exceso de su pasión:

> Ca ja Paris
> D'amor non foi tan coitado,
> Nen Tristan
> Nunca soffreu tal afan,
> Nen soffren quantos son nen seerán.

Su nieto D. Diniz comparaba uno de sus innumerables amores
con el de Tristán e Iseo, a la vez que con el de Flores y Blanca
flor:

> ... e o mui namorado
> Tristan sei ben que non amou Iseu
> Quant eu vos amo, esto certo sei eu.

Su escribano, o secretario de la poridad, Esteban de la Guarda, hablaba de la muerte de Merlín y de las grandes voces que dió
al sentirse encantado.

> A tal morte de qual morreu Merlin,
> O dara voces fazendo sa fin...

Gonzalo Eannes de Vinhal habla de los cantares de Cornoalha.

Pero nada de esto importa tanto como la existencia de cinco
composiciones líricas, de cinco *Lays de Bretanha,* con los cuales
se abre uno de los dos grandes cancioneros galaico-portugueses de
Roma: el apellidado *Colocci - Brancuti,* por los nombres de sus
poseedores, antiguo y moderno.[1] Tres de estos *lays* son traduccio-

---

[1] *Il Canzoniere Portoghese Colocci-Brancuti pubblicato nelle parti che
completano il codice Vaticano 4803 da Enrico Molteni.* Halle, Nieemeyer,
año 1880, pp. 6-9.

nes libres del francés, como ha probado con admirable pericia crítica y filológica Carolina Michaelis de Vasconcellos;[1] En los otros dos puede afirmarse igual origen, aunque la imitación no sea tan directa. Trátase de dos sencillas *baladas* (canciones de baile), que, a no ser por las rúbricas que las acompañan, no se distinguirían mucho de otras poesías semipopulares del mismo género que en gran número figuran en los cancioneros gallegos. Pero la primera, puesta en boca de cuatro doncellas que la cantaban para burlarse de Marot de Irlanda (el raptor *Morhout*, vencido por Tristán), se dice expresamente que fué «*tornada em lenguagem* (esto es, en portugués) *palavra por palavra:*»

> O Marot aja mal grado,
> Porque nos aqui cantando
> Andamos tan segurando
> A tan gran sabor andando!
>   Mal grado aja! que cantamos
> E que tan en paz dançamos...

La antigüedad de este *lai* debe de ser grande, puesto que el compilador del cancionero portugués, dice: «*esta cantiga é a primeira que achamos que foi feita*». La otra balada, que comienza:

> Ledas sejamos ogemais!
> E dancemos! Pois nos chegou
> E o Deos con nosco jontou,
> Cantemos-lhe aqueste lais!

y tiene por estribillo:

> «Ca este escudo e do melhor
> Omen que fez Nostro Senhor»,

se refiere a la historia de Lanzarote y Ginebra: «Este lai hicieron las doncellas a don Ansaroth (sic) cuando estaba en la isla de la Alegría; cuando la reina Ginebra le halló con la hija del rey Peles y le prohibió que volviese a comparecer delante de ella.»

De los otros tres *lais* existen los originales franceses en varios manuscritos de *Tristán*, pero se ve que en todos ellos el traductor

---

[1] *Lays de Bratanha. Capitulo inedito do Cancioneiro da Ajuda*, Porto, año 1900 (tirada aparte de la *Revista Lusitana*, VI).

procedió con gran libertad, amplificando unas veces, abreviando otras, cambiando los versos de nueve sílabas en versos de ocho y amoldando las estrofas al tipo lírico de los trovadores peninsulares. Estos lais se ponen en boca del mismo Tristán: «*Don Tristán o Namorado fez esta cantiga*»: — «*Este lais fez Elis o Baço, que foi »duc de Sansonha, quando passou aa Gran Bretanha, que ora cha- »man Inglaterra. E passou la no tempo de rei Artur, pera se com- »bater con Tristán, porque lhe matara o padre en ūa batalha. E an- dando un día en su busca, foi pela Joyosa-Guarda u era a Rainha »Iseu de Cornoalha. E viu a tan fremosa que adur lhe poderia omen »no mundo achar par. Enamourouse enton d'ela e fez por ela este lais».*

El haber sido traducidos dentro del siglo XIII [1] estos poemitas líricos, que apenas podían ser comprendidos sin la lectura de las novelas en prosa, donde fueron primitivamente intercalados, prueba hasta qué punto era familiar a los trovadores gallegos y portugueses la *materia de Bretaña*. Por otro camino lo comprueban las tradiciones que el conde don Pedro de Barcelos, hijo bastardo del rey don Dionis, de Portugal, recogió a mediados del siglo XIV en su famoso *Nobiliario*, que pasa comúnmente por el más antiguo de la Península, si bien fué precedido por otros dos más breves, y también portugueses: el llamado *Libro Velho* y el fragmento que anda unido al *Cancioneiro de Ajuda*. [2]

El libro de don Pedro, como todos los nobiliarios, ha llegado a nosotros estragadísimo; aun en el famoso códice de la Torre do Tombo, que no es más que de principios del siglo XVI. Herculano llega a decir que el *Libro de Linajes*, en su estado actual, tiene tanto del conde don Pedro como de diez o veinte sujetos diversos, de cuyos nombres se duda, y que en varias épocas le enmendaron, acrecentando y disminuyendo, para servir intereses y vanidades

---

[1] No antes, porque el *Tristán* francés en prosa fue compuesto entre 1210 y 1230, y no empezó a vulgarizarse por Europa antes de 1250.
[2] Todos ellos están reunidos en los *Monumenta Portugalliae Historica a saeculo octavo usque ad quintumdecimum jussu Academiae Scientiarium Olisiponensis edita*.—*Scriptores*, vol. I (Lisboa, 1860).
Esta publicación, dirigida por Alejandro Herculano, ha hecho inútiles las antiguas ediciones de Lavaña y Faria y Sousa, aunque todavía tienen estimación bibliográfica.

de las familias.[1] Pero esta falsificación interesada de nombres y apellidos no es verosímil que trascendiese ni a las importantes y características anécdotas históricas que el *Nobiliario* contiene, y que arrojan inesperada y siniestra luz sobre la vida doméstica de los tiempos medios, ni a las consejas fabulosas que son harto poéticas para haber nacido de la pedestre y mercenaria musa heráldica. Hay algunas leyendas que parecen indígenas, y son acaso páginas preciosas del *folk-lore* peninsular. Dos de ellas, la de *la dama pie de cabra* y la de la *mujer marina*, localizadas una y otra en el Norte de España, son de carácter fantástico y guardan acaso vestigios de supersticiones antiquísimas. Trae la primera el conde don Pedro, al tratar del origen de los señores de Vizcaya; la segunda en la genealogía de los caballeros Mariños de Galicia.

Todo el mundo conoce la primera en la forma elegante y romántica que la dió Alejandro Herculano. Los elementos de esta fábula son simplicísimos, y no es difícil encontrarle paradigmas en otras historias de demonios íncubos y de caballos alados. Si la fantasía popular localizó tales prodigios en Vasconia, es porque se la consideraba como tierra clásica de brujerías, y lo era aún a principios del siglo XVII, aunque más bien allende que aquende los puertos. Muy semejante a esta leyenda, pero menos desarrollada y sin intervención diabólica, es la de la sirena o doncella marina. Otras narraciones del *Libro de Linajes* tienen carácter marcadamente épico. Anterior al libro del Conde, puesto que se halla contenida ya, aunque más sucintamente, en el segundo de los fragmentos de nobiliarios primitivos, que publicó Herculano,[2] es la leyenda del rey don Ramiro II y de la infanta mora, que se enlaza con la topografía y los orígenes de la ciudad de Oporto, aunque la acción se suponga en tiempos muy anteriores a la separación del Condado portugués. Esta sabrosa historia conserva todavía rastros de forma poética, y pudo muy bien servir de argumento a un cantar de gesta.

El conde don Pedro, cuya expresiva y pintoresca prosa parece una feliz imitación del estilo de las obras históricas de don Alfonso

---

[1] *Memoria sobre a origem provavel dos Livros de Linhagens* (Apud *Scriptores*, p. 133).
[2] *Scriptores*, pp. 180-181.

el Sabio, imitó también sus procedimientos de compilación, transcribiendo íntegros los relatos que tenía a la vista. Sus noticias sobre el ciclo bretón (en el título II del *Nobiliario*) están tomadas de la *Historia Britonum*, de Monmouth. Traza la genealogía del rey Artús; hace mención de *Lanzarote del Lago*, de *Galván*, de *Merlín* y de la isla de *Avalón*, y cuenta rápidamente la historia del rey Lear; todo según la misma fuente erudita:

«Cuando hubo muerto el rey Balduc el Volador, reinó su hijo, que tenía por nombre Leyr. Y este rey Leyr nunca tuvo hijo, pero sí tres hijas hermosas a maravilla, y las amaba mucho. Y un día tuvo sus razones con ellas y las mandó que dijesen con verdad cuál de ellas le amaba más. Dijo la mayor, que no había cosa en el mundo que tanto amase como a él, y dijo la otra, que le amaba tanto como a sí misma, y dijo la menor, que le amaba tanto como debe amar hija a su padre. Y él quísola mal por esto y determinó no darla parte en el reino. Y casó la hija mayor con el duque de Cornualla, y casó la otra con el rey de Tortia, y no se curó de la menor. Mas ella, por su ventura, casóse mejor que ninguna de las otras, porque se prendó de ella el rey de Francia y la tomó por mujer. Y cuando su padre llegó a la vejez, tomáronle los otros yernos su tierra y hallóse malandante, y hubo de ponerse a merced del rey de Francia y de su hija la menor, a la cual no había querido dar parte en el reino. Y ellos recibiéronle muy bien y diéronle todas las cosas que le fueron menester, y le honraron mientras vivió, y murió en su casa. Y después combatió el rey de Francia con ambos cuñados de su mujer y quitóles la tierra. Y murió el rey de Francia sin dejar hijo vivo, y los otros dos a quien quitara la tierra hubieron sendos hijos y apoderáronse de la tierra toda, y prendieron a la tía, mujer que fuera del rey de Francia, y metiéronla en una cárcel y allí la hicieron morir.» [1]

---

[1] *Scriptores*, p. 238.
Las noticias relativas a los héroes de la Tabla Redonda se hallan más adelante (pp. 242-245). La narración de la batalla entre Artús y su sobrino *Mordech* en el monte de Camblet, termina así: «Aqui morreo Modrech »e todollos boos caualleros de huma parte e da outra. El rey Artur teve »o campo e foy malferido de tres lançadas e de huma espadada que lhe »deu Modrech, e fezesse levar a Isla Avalom por Saar. Daqui adiante nom »fallamos del se he vivo se he morto, nem Merlin non disse dell mais nem

De este modo se contaba en Portugal a mediados del siglo XIV uno de los futuros argumentos de Shakespeare. Tal interés alcanza en la historia literaria el *Libro de Linajes*, del conde Barcellos, por lo mismo que con tanta cautela debe ser manejado en la parte genealógica, a pesar del respeto que por su antigüedad infunde a muchos. Tan lleno está de patrañas y tan falto de cronología y discernimiento como casi todos los de su clase, pero estas patrañas tienen aquí un sello poético, una rudeza primitiva, un bárbaro candor que es indicio de muy nobles orígenes, y que no puede confundirse con las estúpidas fábulas forjadas para solaz de los necios por la raquítica fantasía de *Gracia Dei* y otros reyes de armas. Al recoger como verdadera historia tantas reliquias novelísticas, cediendo sin duda a su propensión a lo maravilloso, prestó el bastardo de don Diniz mayor servicio a la Península que con sus interminables, fatigosas y poco seguras listas de apellidos. Él pensaba sin duda, haber hecho una obra histórica, según el tono solemne que emplea en el proemio: «Por ende, yo don Pedro, hijo del muy noble rey don Dinis, busqué con gran trabajo por muchas tierras escrituras que hablasen de los linajes, y leyéndolas con grande estudio, compuse este libro para poner amor y amistad entre los nobles fidalgos de España.»

A fines del siglo XIV y principios del XV acrecentóse en Portugal el entusiasmo por la caballería de la Tabla Redonda, especialmente en la corte de don Juan I, a causa de la estrecha alianza de aquel monarca con los ingleses y su casamiento con doña Felipa de Lancaster. Fué moda cortesana el tomar por dechados a los paladines del rey Artús y hasta el adoptar sus nombres. El mismo condestable Nuño Álvarez Pereira, cuya pureza moral igualaba a su heroica resolución, había elegido por modelo al inmaculado Galaaz, conquistador del Santo Grial. El *Ala de los Enamorados,* que combatió en la batalla de Aljubarrota; la orden de los caballeros de la *Madreselva*, reminiscencia de uno de los *lays* de María de Francia; la aventura caballeresca de Magricio y los doce de Inglaterra, que inmortalizó Camoens en uno de los más bellos epi-

---

»eu nom sey ende mais. Os bretões dizem que ainda he vivo. Esta batalha »foy na era de quinhentos e oitenta annos.»

¡No difiere poco esta fecha de la era de 1042, propuesta por los *Anales Toledanos!*

sodios de su poema; y hasta los elementos del Tristán que pasaron a la leyenda histórica de doña Inés de Castro, son pruebas convincentes de esta influencia social. Todavía lo es más la abundancia de nombres de este ciclo entre los hidalgos portugueses, especialmente después de 1385. Se encuentran una doña Iseo Perestrello, otra doña Iseo Pacheco de Lima. No faltan los nombres de Ginebra y Viviana, y hay, sobre todo, gran cosecha de Tristanes y Lanzarotes: *Tristán* Teixeira, *Tristán* Fogaça, *Tristán* de Silva, *Lanzarote* Teixeira, *Lanzarote* de Mello, *Lanzarote* de Seixas, *Lanzarote* Fuas, sin que falte un *Percival* Machado y varios *Arturos*, de Brito, de Acuña, etc.[1] Por supuesto que en las bibliotecas de los príncipes nunca faltaban ejemplares de las codiciadas novelas. El rey don Duarte poseía un *Tristán*, un *Merlín*, y el *Libro de Galaaz* (núms. 29, 30 y 36 de su inventario).

Nada diré de la hipótesis probable, pero no comprobada hasta ahora, de un *Tristán* portugués del siglo XIII, en el cual estuviesen intercalados los *lays* que ahora vemos sueltos en el *Cancionero*. Pero del siglo XIV poseemos, aunque incompleta, una *Historia dos caballeiros da mesa redonda e da demanda do Santo Graal*, que según Gastón París corresponde a la *Quēte du Saint Graal*, cuyo protagonista es Galaaz y que se ha atribuído sin fundamento a Roberto de Boron. Habiéndose perdido el texto original francés de este libro en prosa, tiene más valor la traducción portuguesa que Varnhagen encontró en la Biblioteca de Viena y ha sido impresa después.[2] Es, según la descripción de aquel benemérito aunque ligero aficionado, un voluminoso códice de 199 folios en pergamino, escritos a dos columnas, y parece haber figurado como tercer tomo en una vasta compilación cíclica que abrazaría otros poemas análogos. Los caballeros de cuyos nombres se trata en la parte conservada son: Galaaz, Tristán, Erec, Perceval, Palamedes y Lanzarote.

Ignórase el paradero actual de otro manuscrito de este género que vió Varnhagen en Lisboa por los años de 1846.[3] Era copia

---

[1] T. Braga, *Curso de historia da litteratura portugueza*, 1885, p. 145.

[2] *A historia dos cavalleiros da Mesa Redonda e da demanda do Santo Graal*, ed. R. von Reinhardstoettner (Ber'.n, 1887).

[3] Varnhagen, *Cancioneirinho de Trovas antigas*, Viena, 1870, páginas 165-167.

hecha en el siglo XV de un códice datado de 1307 a 1313: *Libro de Josep ab Arimatia intitulado a primera parte da Demāda do Sāto Grial ata a presēte idade nunca vista treladado do proprio original por ho Doutor Manuel Avēz, corregedor da Ilha de Sā Miguel.* Al fin del códice original escrito en pergamino e iluminado constaba que le había mandado escribir Juan Sánchez, maestrescuela de Astorga, en el quinto año de la erección del estudio de Coimbra.

Mencionaremos finalmente la *Estoria do muy noble Vespasiano, emperador de Roma* (Lisboa, por Valentino de Moravia, 1496), que no sabemos si es original o traducción del libro castellano del mismo título, reduciéndose uno y otro a combinar los datos del *Josep de Arimatea* (primera parte del Graal) con el Evangelio apócrifo de Nicodemus.[1] Ni siquiera el Renacimiento clásico del siglo XVI bastó a borrar la devoción de los portugueses a este ciclo, como lo prueban las dos novelas de Jorge Ferreira de Vasconcellos, *Triunfos de Sagramor* y *Memorial das proezas da segunda Tavola Redonda,* impresas respectivamente en 1554 y 1569. En una y otra se intercalan muchos versos, entre ellos un *romance de la batalha que el Rei Artur teve con Morderet seu filho.*[2] ¿Y qué son las mismas trovas del zapatero Bandarra, extraño apocalipsis de los sebastianistas, sino una supervivencia de las de Merlín?

Hemos indicado que eran rarísimas antes del siglo XIV las alusiones a este ciclo en la literatura castellana. La más antigua que hasta ahora se ha señalado es esta de los *Anales Toledanos primeros,* que llegan hasta el año 1217: «Lidió el rey Citús (Artús) con Mordret en Camlec (Camlan) era 1080.»[3] Estas ficciones eran conocidas entre los eruditos por la crónica latina de Monmouth, de la cual tomó el Rey Sabio la leyenda de Bruto para su *Grande et General Estoria.*[4] En la *Gran Conquista de Ultramar* se cita de

---

[1] *Historia del rey Vespesiano* (Al fin). *Esta istoria hordenaron Yacop e Josep Abarimatia que a todas estas cosas fueron presentes, e Jafet que de su mano la escribió... Este libro fue emprimido en la muy noble e muy leal cibdad de Sevilla por Pedro Brun, savoyano, anno del Señor de mill CCCC. XC. VIII. a XXV dias de agosto.*

[2] Vid. *Floresta de varios romances colligidos* por Th. Braga. Porto, año 1896, pp. 36-38.

[3] *España Sagrada,* t. XXII, p. 381.

[4] «En la *Grande et General Estoria* se extractan de la crónica de Monmouth, a la que da el rey el título de *Estoria de las Bretañas,* todas las proe-

pasada *La Tabla Redonda, que fué en tiempo del rey Artús*, y algunos de los cuentos allí incluídos tienen mucha analogía con los de este ciclo, especialmente el del Caballero del Cisne, que en el *Lohengrin* alemán vino a enlazarse con el *Perceval*.

Sabida es la reminiscencia del Arcipreste de Hita en la *Cantiga de los clérigos de Talavera*, escrita en 1343:

> Ca nunca fue tan leal Blancaflor a Flores,
> Nin es agora *Tristan* con todos sus amores.

Don Juan Manuel, en el *Libro de la Caza* (escrito antes de 1325), menciona un falcón célebre que llamaban *Lanzarote*,[1] y otro que decían *Galván*, y había pertenecido al infante don Enrique (el famoso aventurero, conocido por *el Senador de Roma*, hermano de Alfonso X). En el *Poema de Alfonso XI*, de Rodrigo Yáñez, cuya primitiva redacción parece haber sido gallega, se nombra entre los instrumentos que tañían los juglares en la coronación del Rey en Burgos *la farpa de don Tristán* (copla 405), y en dos ocasiones distintas se hace aplicación de las profecías de Merlín a los acontecimientos de Castilla. La primera vez al contar el suplicio de don Juan el Tuerto (coplas 242-246):

> En Toro conplio ssu fin
> E derramó la ssu gente;
> Aquesto dixo Melrrin,
> El profeta de Oriente.
> Dixo: «el leon de Espanna
> De ssangre fará camino,
> Matará el lobo de la montanna
> Dentro en la fuente del uino».
> Non lo quiso mas declarar
> Melrrin el de gran ssaber,
> Yo lo quiero apaladinar,
> Commo lo puedan entender.
> El leon de la Espanna
> Fue el buen rey ciertamente,
> El lobo de la montanna
> Fue don Johan el ssu pariente.

---

zas atribuídas al hijo de Silvio, no olvidadas tampoco las historias de Corineo y Locrino, de doña Guendolonea y Mandon, Porex y Flerex, Belmo y Brenio, etc.»—Amador de los Ríos, *Historia Crítica*, V, p. 29.

[1] Ed. de Baist, p. 42.

> E el rey quando era ninno
> Mató a don Johan el tuerto,
> Toro es la fuente del vino
> A do don Johan fue muerto.

La otra profecía, que alude a la invasión de los Benimerines y a la victoria de los reyes de Castilla y Portugal en el Salado, es mucho más larga (coplas 1.808-1.841), y el poeta dice haberla traducido, pero no de qué lengua; probablemente es invención suya, a imitación de las que se leen en el libro 7º, de la historia de Jofre de Monmouth.

> Merlin fabló d'Espanna
> E dixo esta profecía,
> Estando en la Bretanna
> A un maestro que y avia.
> Don Anton era llamado
> Este maestro que vos digo,
> Sabidor y letrado,
> De don Merlín mucho amigo...
>   La profecía conté
> E torné en desir llano,
> Yo Ruy Yannes la noté
> En lenguaje castellano...

Hasta en los moros de Granada habríamos de suponer conocimiento de los vaticinios del adivino céltico, si hubiéramos de tener por auténtica la «carta que el moro de Granada sabidor que decían *Benahatin* (¿Ben Aljatib?) envió al rey don Pedro» y que leemos en la *Crónica* de Ayala (año 1369, cap. III). ¡Cuánto crece en la fantasía el prestigio pavoroso de la catástrofe de Montiel, con aquella especie de fatalidad trágica que se cierne sobre la cabeza de don Pedro hasta mostrar cumplida en su persona la terrible profecía «que fué fallada entre los libros e profecías que dicen que fizo Merlin» y sometida por el Rey a la interpretación del sabio moro! «En las partidas de occidente, entre los montes e la mar, nascerá un ave negra, comedora e robadora, e tal que todos los panares del mundo querrá acoger en sí, e todo el oro del mundo querrá poner en su estómago. E caérsele han las alas, e secársele han las plumas, e andará de puerta en puerta, e ninguno le querrá acoger, e encerrar ha en selva, e morirá y dos veces, una al mundo e otra ante Dios.»

El mismo canciller Ayala, que probablemente forjó, para insinuar su propio pensamiento político, esta sentenciosa carta, así como la otra *de muchos exemplos e castigos,* que atribuye al mismo Benahatín, se duele en su *confesión,* inserta en el *Rimado de Palacio,* de haber perdido mucho tiempo en la lectura de libros profanos, contando entre ellos el *Amadís* y el *Lanzarote:*

> Plógome otrosi oyr muchas vegadas
> Libros de deuaneos e mentiras probadas,
> Amadis, *Lanzalote* e burlas assacadas,
> En que perdí mi tiempo a muy malas jornadas.
>
> (Copla 162.)

Citan de continuo este género de libros los poetas del *Cancionero de Baena,* comenzando por Pero Ferrús, que es de los más antiguos:

> Nunca fue Rrey *Lysuarte*
> De rriquesas tan bastado
> Como yo, nin tan pagado
> Fué Rroldan con Durandarte...
> ....
> E qual quier que a mi dixiere
> Que *Ginebra* nin *Isseo*
> Fueron tales e quisyere,
> Presto sso para el torneo.
>
> (Núm. 301.)

decía ponderando la belleza de su amiga. Y contestando a Ayala, que se mostraba descontento de la vida de la sierra:

> Rey Artur e don Galás,
> Don Lançarote e Tristán,
> Carrlos Magno, don Rroldan,
> Otros muy nobles asaz,
> Por las tales asperezas
> Non menguaron sus proezas,
> Según en los lybros yas.
>
> (Núm. 305.)

Fray Migir, de la orden de San Jerónimo, capellán del obispo de Segovia don Juan de Tordesillas, llorando la muerte del rey don Enrique III, hacía pedantesca enumeración de personajes históricos y fabulosos, entre ellos

> Eneas e Apolo, Amadys aprés,
> Tristán e Galás, Lançarote de Lago,
> E otros aquestos, dezit me qual drago
> Tragó todo estos o dellos qué es?
>
> (Núm. 38.)

Micer Francisco Imperial, el introductor de la alegoría dantesca en nuestro Parnaso, cantaba en 1405 el nacimiento de don Juan II en un largo y artificioso *decir*, deseando al infante, entre otras aventuras,

> Todos los amores que ovieron Archiles,
> París e Troylos de las sus señores,
> *Tristán, Lançarote,* de las muy gentiles
> Sus enamoradas e muy de valores;
> Él e su muger ayan mayores
> Que los de *París* e los de *Vyana,*
> E de *Amadis* e los de *Oryana,*
> E que los de *Blancaflor* e *Flores.*
> E más que *Tristán* sea sabidor
> De farpa, e cante más amoroso
> Que la Serena...
>
> (Núm. 226.)

Un *decir* del comendador Ferrant Sánchez Talavera contra el Amor recuerda, después de los sabidos ejemplos de Virgilio y Sansón, el de Merlín y los caballeros del Santo Grial:

> Onde se cuenta qu'el sabio *Merlyn*
> Mostró a una dueña atanto saber,
> Fasta que en la tumba le fyzo aver fyn
> Que quanto había nol'pudo valer...
> En la *demanda de Santo Greal*
> Se lee de muchos que anduvieron
> Grant cuyta sufriendo, asás mucho mal.
> E nunca de ty jamás al ovieron.
> Muchos cavalleros e dueñas murieron,
> Tan bien esso mesmo fermosas donzellas;
> Non digo quien eran ellos nin ellas,
> Que por sus estorias sabrás quales fueron.
>
> (Núm. 533.)

No haremos especial mención de las compilaciones traducidas del francés, como el *Mar de Historias,* que lleva el nombre de Fernán Pérez de Guzmán; pero es imposible omitir el delicioso *Victorial* de Gutierre Díez de Gámez, que Llaguno mutiló impíamente al publicarle con el impropio título de *Crónica de don Pero Niño.* En la parte que conservó están, sin embargo, los consejos que daba a don Pero Niño su ayo, y en ellos un pasaje curiosísimo sobre Merlín: «Guardadvos non creades falsas profecías, nin ayades fiucia en ellas, así como son las de Merlin, e otras; que verdad vos digo, que estas cosas fueron engeniadas e sacadas por sotiles omes e cavilosos para privar e alcanzar con los Reyes e grandes señores... E si bien paras mientes, *como viene Rey nuevo, luego facen Merlin nuevo:* dicen que aquel Rey ha de pasar la mar, e destroir toda la morisma, e ganar la Casa Sancta, e ser Emperador; e después vemos que se face como a Dios place... Merlin fué un buen ome, e muy sabio. Non fue fijo del diablo, como algunos dicen: ca el diablo, que es esprito, non puede engendrar; provocar puede cosas que sean de pecado, ca esse es su oficio. Él es sustancia incorporea; non puede engendrar corporea. Mas Merlin, con la grand sabiduría que aprendió, quiso saber más de lo que le cumplía, e fué engañado por el diablo, e mostrole muchas cosas que dixesse; e algunas dellas salieron verdad: ca esta es manera del diablo, e aun de cualquier que sabe engañar, lanzar delante alguna verdad, porque sea creido... Así en aquella parte de Inglaterra dixo algunas cosas que fallaron en ellas algo que fué verdad; mas en otras muchas fallesció; e algunos que agora algunas cosas quieren decir componenlas e dicen que las falló Merlín.»[1]

Arrastrado el grave Llaguno por su odio a las ficciones caballerescas (muy natural en un golilla del tiempo de Carlos III), arrancó de cuajo nada menos que ocho enormes capítulos del *Victorial* (desde el XVIII al XXV), donde, con ocasión de explicar «cómo son los ingleses diversos e contrarios de todas las otras naciones de christianos», cuenta, refiriéndose a una *Crónica de los Reyes de Inglaterra,* que seguramente no es la *Historia Britonum* de Monmouth, y de una *Conquista de Troya,* que tampoco es la *Crónica Troyana,* puesto que se aparta en muchos puntos de una y otra, la fabulosa historia de Bruto, hijo de Silvio y nieto de Eneas, supuesto progenitor de los reyes de Inglaterra, e intercala personajes

---

[1] *Crónica de Don Pedro Niño, conde de Buelna, por Gutierre Diez de Games, su alferez. La publica D. Eugenio de Llaguno Amirola...* Madrid, Sancha, 1782, pp. 29-30.

y episodios enteramente nuevos, a lo menos para nuestra escasa erudición, relatando «cómo Néstor, fijo del rey Menelao, se alzó con el reino de Grecia contra su padre»; cómo hizo la guerra Bruto a Dorotea, tetrarca de Armenia, hija de Menelao; las cartas y mensajes que entre ellos mediaron; los razonamientos del *obispo* Pantheo, del conde Pirro y de Porfirio, que habla *en voz de la república,* aconsejando a la reina el casamiento con Bruto para evitar mayores daños; y cómo, después de hechas las bodas, «Bruto armó gran hueste de navíos e ayuntó muchas gentes de armas, e se fué por la mar, buscando ventura, quedando Dorotea muy cuitada y triste»; cómo aportó Bruto a Galicia, cuyo señor era del linaje de los troyanos, y le llevó consigo a la conquista de Inglaterra, habitada entonces por furibundos jayanes, que no tenían armas de hierro, sino de cuero o de cuerno; la lucha personal en que el agigantado Caballero gallego, enteramente desnudo y sin más armas que sus puños, triunfó del rey de Inglaterra y decidió el éxito de la contienda en favor de Bruto. Mientras estas cosas sucedían en las islas Británicas, la reina Dorotea, que «por la vida limpia que vivía fué tenida por deesa en aquel tiempo y fué una de las sebilas que fablaron ante de la venida de Jesu Christo», había triunfado en campal batalla de su hermano Menelao, y armando una gran flota con naves de Tarso y Constantinopla, se había hecho a la mar en demanda de su marido, había vencido en el estrecho de Gibraltar a una escuadra africana, valiéndose de su arte *matemática y nigromántica,* y finalmente llegaba a reunirse con su esposo, que la recibió con gran triunfo. Quede para más desocupado y sagaz investigador el deslindar y poner en su punto los elementos españoles que al parecer contiene esta leyenda, en cuyos pormenores curiosísimos no puedo detenerme ahora.[1]

---

[1] Para esta sucinta indicación de una de las partes inéditas de la llamada crónica de D. Pedro Niño, me valgo de un códice del siglo XVI que poseo. (Este libro ha nombre el Victorial, y fabla en él de los quatro Príncipes que fueron mayores en el mundo, quién fueron, y de algunos otros breuemente por enxiemplo a los buenos cauallleros y fidalgos que han de usar officio de armas y arte de cauallería, trayendo a concordia de fablar de un noble cauallero, al qual fin este libro fice.)

La traducción francesa de los condes de Circourt y de Puymaigre *(Le Victorial,* París, Palmé 1867), está completa, conforme al manuscrito de la Academia de la Historia. Mengua es que el original castellano de tan ameno

En pocos, pero bellísimos romances, más artísticos que populares y más líricos que narrativos, dejó su huella el ciclo de la Tabla Redonda. Sólo tres admitió Wolf en la *Primavera* y escasamente puede añadirse algún otro. Uno de estos romances, el primero de Lanzarote *Tres hijuelos había el rey*, era ya calificado de antiguo, en tiempo de los Reyes Católicos, por el Maestro Antonio de Nebrija; los otros dos son del mismo estilo y deben de ser del mismo tiempo (principios del siglo xv o fines del xiv a lo sumo); pero aunque tienen algo de peregrino y exótico en su factura, y domina en ellos un melancólico y vago lirismo, no hay razón para suponerlos derivados directamente de ningún *lay* bretón o francés. Lo natural es que hayan salido de los libros de caballerías en prosa. El que comienza «Ferido está don Tristán—de una muy mala lanzada» se conforma con la versión del Tristán castellano en prosa, y omite, como él, el episodio de la vela negra. El final de este romance, perdiendo con el tiempo su carácter legendario, ha persistido en la tradición popular hasta nuestros días. Los romances de *Doña Ausenda*, tan divulgados en Asturias y Portugal, atribuyen a cierta planta la misma virtud generadora que el antiguo poeta asignaba a la azucena que creció regada con las lágrimas de Tristán e Iseo:

>Júntanse boca con boca—cuanto una misa rezada;
>Llora el uno, llora el otro—la cama bañan en agua;
>Allí nace vn arboledo—que azucena se llamaba,
>Cualquier mujer que la come—luego se siente preñada.

El segundo romance de Lanzarote «Nunca fuera caballero—de damas tan bien servido», célebre por la cita de Cervantes, parece una imitación libre y general de las aventuras de este ciclo; pero el que comienza *Tres hijuelos había el rey*, cuyo origen no pudo descubrir Milá en los poemas que en su tiempo se conocían, tiene el mismo argumento que el poema neerlandés (flamenco u holandés) de *Lanzarote y el ciervo del pie blanco*, que procede, sin duda alguna, de un texto francés perdido, y sólo en francés pudo ser accesible a nuestro juglar. [1]

---
e interesante libro no haya sido impreso en su integridad todavía. Esperamos que en alguno de los tomos sucesivos de la presente Biblioteca ha de subsanarse la falta.

[1] Vid. t. XXX de la *Histoire littéraire de la France*, pp. 113-118.

Al primer tercio del siglo XIV pertenece, en la opinión de buenos jueces, un fragmento del *Tristán* castellano, en prosa, contenido en un códice de la Biblioteca Vaticana, del cual ha publicado un facsímile Ernesto Monaci. Y la misma antigüedad alcanza otro pequeño fragmento que acaba de hallar en las guardas de un manuscrito de nuestra Biblioteca Nacional el señor don Adolfo Bonilla, que ha de publicarle muy pronto. [Cf. Ad. vol. II.]

En los inventarios de las bibliotecas del siglo XV es corriente la mención de estos libros, bastando citar uno solo, porque es acaso donde menos se esperaría encontrarla. La Reina Católica poseía, entre los libros de su uso que estaban en el alcázar de Segovia, a cargo de Rodrigo de Tordesillas, en 1503, los tres volúmenes siguientes:

«Núm. 142. Otro libro de pliego entero de mano escripto en romance, que se dice de *Merlin*, con coberturas de papel de cuero blancas, e habla de *Jusepe ab Arimathia*.

Núm. 143. Otro libro de pliego entero de mano en romance, que es la *tercera parte de la demanda del Santo Greal*; las cubiertas de cuero blanco.

Núm. 144. Otro libro de pliego entero de mano en papel de romance, que es la *historia de Lanzarote*, con unas coberturas de cuero blanco.» [1]

La imprenta madrugó mucho para difundir este género de libros. Ya en 1498 había salido de las prensas de Burgos *El Baladro del sabio Merlín con sus profecías*. [2] Según resulta de las investigaciones de Gastón París (que no son definitivas, sin embargo, puesto que sólo conoció de este libro algunos extractos y la tabla de los capítulos), el *Baladro* contiene no sólo el *Merlín* de Roberto de Borón y parte de la continuación de autor anónimo, sino

---

[1] Clemencín, *Elogio de la Reina Católica*, en el tomo VI de *Memorias de la Academia de la Historia*, p. 458.

[2] Libro rarísimo, del cual no se conoce más ejemplar que el que perteneció a don Pedro José Pidal y conservan sus herederos. Al fin dice: «Fue impresa la presente obra en la muy noble e más leal cibdad de Burgos, »cabeça de Castilla, por Juan de Burgos. A diez dias del mes de febrero del »año de nuestra saluacion de mill e quatrocientos e noventa e ocho años.»

Los preliminares, la tabla de capítulos y el final de este *Baladro* se hallan reproducidos en la publicación de Gastón París, de que doy cuenta en la nota que sigue.

que los dos últimos capítulos parecen ser traducción del episodio capital del *Conte du Brait,* de Elías, cuyo original francés se ha perdido. [1]

Hay otro *Baladro* distinto de éste, a lo menos en parte, y adicionado con una serie de profecías, el cual se imprimió varias veces juntamente con la *Demanda del Santo Grial.* [2]

Y hubo finalmente un *Tristán de Leonís,* ya impreso en Valladolid en 1501, [3] que seguramente es traducción de una de las últimas novelas francesas en prosa. Al señor Bonilla, que muy pronto nos dará reimpresos estos rarísimos libros, toca apurar las semejanzas y diferencias que ofrecen con sus prototipos, y lo hará sin duda como de su mucha erudición y recto juicio se espera.

A pesar del gran interés novelesco y sentimental de estas peregrinas historias, fueron muy pronto arrolladas por la furiosa avenida de los libros indígenas de caballerías que aparecieron después del *Amadís de Gaula.* Ninguno de los del ciclo *arturiano* parece haber sido reimpreso después de la mitad del siglo XVI.

---

[1] *Merlin, roman en prose du XIIIe siècle, publié avec la mise en prose du Poème de Merlin, de Robert de Boron... par Gaston Paris et Jacob Ulrich.* París, Didot, 1886. Publicado por la *Société des anciens textes français.* Páginas LXXIII-XCI.

[2] «*Aquí se acaba el primero y el segundo libro de la Demanda del Sancto Grial con el Baladro del famosísimo poeta e nigromante Merlin con sus profecias. Ay, por consiguiente, todo el libro de la Demanda del Sancto Grial, en el qual se contiene el principio e fin de la Mesa Redonda, e acabamiento e vidas de ciento e cinquenta caballeros compañeros della. El qual fue impreso en la muy noble y leal ciudad de Seuilla, y acabose en el año de la Encarnacion de Nuestro Redemptor Jesu Christo de mil e quinientos e treynta e cinco años. A doce dias del mes de octubre*» (Biblioteca Nacional). En el Museo Británico existe otra edición anterior, de Toledo, por Juan de Villaquirán, 1515.

[3] No hemos manejado más edición que la de Sevilla, 1534, por Dominico de Robertis, con el título de *Crónica nuevamente emendada y añadida del buen caballero don Tristan de Leonis y del rey don Tristan de Leonis, el joven, su hijo.* Contiene, en efecto, una segunda parte, de autor español desconocido, que comienza en la corte del rey Artús, pero que tiene a España por teatro de la mayor parte de las aventuras. Los nombres geográficos de Pamplona, Logroño, Burgos, Nájera y la Coruña; los apellidos de Velasco, Guzmán, Mendoza y Torrente; la intervención del Miramamolín de África, enamorado de la hermosura de la infanta Doña María, no dejan duda sobre el carácter indígena de esta ficción, que, por lo demás, vale poco y no sale de los lugares comunes propios de la decadencia del género caballeresco.

Ninguno de ellos estaba en la librería de don Quijote, el cual, sin embargo, hizo donosa conmemoración de este ciclo en el capítulo XIII de la *Primera Parte:* «¿No han vuestras mercedes leído los anales e historias de Inglaterra donde se tratan las famosas hazañas del Rey Arturo, que comúnmente en nuestro romance castellano llamamos el Rey Artús, de quien es tradición antigua y común en todo aquel reino de la Gran Bretaña que este Rey no murió sino que por arte de encantamientos se convirtió en cuervo, y que andando los tiempos ha de volver a reinar y a cobrar su reino y cetro, a cuya causa no se probará que desde aquel tiempo a éste haya ningún inglés muerto cuervo alguno? Pues en tiempo de este buen Rey fué instituída aquella famosa orden de caballería de los Caballeros de la Tabla Redonda, y pasaron sin faltar un punto los amores que allí se cuentan de don Lanzarote del Lago con la reina Ginebra, siendo medianera dellos, y sabidora aquella tan honrada dueña Quintañona, de donde nació aquel tan sabido romance y tan decantado en nuestra España de:

> Nunca fuera caballero
> De damas tan bien servido,
> como fuera Lanzarote
> Cuando de Bretaña vino;

con aquel progreso tan dulce y tan suave de sus amorosos y fuertes fechos.»

Un solo libro de esta familia caballeresca citó nominalmente Cervantes, y es también el único que muy abreviado forma todavía parte de la biblioteca de cordel. Es la *Crónica de los nobles caballeros Tablante de Ricamonte y Jofre, hijo de D. Asson, e de las grandes aventuras y hechos de armas que uvo yendo a libertar al conde don Milian, que estaba presso, la cual fué sacada de las crónicas e grandes hazañas de los caballeros de la Tabla Redonda.* [1] «¡Bien haya mil veces el autor de *Tablante de Ricamonte* (exclamó Cervantes...) y con qué puntualidad lo describe todo!» (Parte 1ª, capítulo XVI). Pero el elogio debe ser tan irónico como el que

---

[1] La más antigua edición parece ser la de Toledo, por Juan Varela de Salamanca, a 27 días de julio de 1513. En algunas ediciones del siglo XVII (Alcalá, 1604; Sevilla, 1629), se da por autor de ella a Nuño de Garay, que a lo sumo sería refundidor. [Cf. Ad. vol. II.]

allí mismo hace del autor que escribió *Los hechos del Conde Tomillas* (el *Enrique Fi de Oliva*), pues el *Tablante* es muy corto y muy seco en la narración, a pesar de las aventuras que en él se acumulan, y cuyo verdadero héroe es Jofre, hijo del conde don Asón. Él es quien vence a un enano, hijo del Diablo; él quien allana la torre encantada de Montesinos; él quien mata al Malato, poniendo en libertad a una doncella y trescientos niños que tenía encarcelados para degollarlos; él quien obliga a todos los caballeros andantes que va venciendo a ir a la Corte de Camelot a prestar homenaje a la reina Ginebra; él, finalmente, quien triunfa en singular batalla del feroz Tablante, y pone en libertad al conde don Milián, a quien aquél se complacía en azotar públicamente dos veces al día para afrentar a su rey Artús y a la reina Ginebra.

El original remoto de esta novela es un poema provenzal del siglo XIII, *Jaufre e Brunesent*, publicado por Raynouard.[1] Brunesentz (*Brunessen* en el texto castellano) es el nombre de la sobrina del conde don Milián, con quien se casa Jofre después de su victoria. *Taulat de Rugimon* es el nombre que Tablante tiene en este poema, dedicado a un rey de Aragón, que no puede ser don Pedro II, como creyó Fauriel,[2] sino don Jaime el Conquistador, como han probado Bartsch y Gastón París.[3] Pero el libro de caballerías español no procede inmediatamente de este poema, sino de una redacción en prosa francesa, atribuída, según era costumbre en esta clase de libros, al *honrado varón Felipe Camus*, cuyo nombre debía de ser muy popular en España, puesto que tantas novelas se le adjudicaron además del *Oliveros de Castilla* (que realmente tradujo) y hasta se puso su nombre en una edición de *Tristán de Leonís*.

Independientes de la Tabla Redonda, pero enlazadas con otro género de leyendas bretonas, aparecen las fabulosas narraciones relativas al Purgatorio de San Patricio, que tienen en nuestra literatura tan varia y rica representación, comenzando por el apócrifo viaje del caballero Ramón de Perellós en 1398, cuyo original catalán se ha perdido, pero del cual restan una traducción pro-

---

[1] En el tomo I de su *Lexique Roman*, con el título de *Roman de Jaufre* (páginas 48-173).
[2] *Histoire Littéraire de la France*, t. XXII, pp. 224-234.
[3] *Histoire Littéraire de la France*, t. XXX, pp. 215-217.

venzal del siglo XV, recientemente impresa,[1] y una latina del XVII. El autor de esta relación, fuese Perellós u otro que tomó su nombre, no hizo más que apropiarse el viaje al otro mundo que se suponía hecho en 1153 por el caballero irlandés Owenn (el *Ludovico Enio* de Calderón). La *Visio Tungdali*, otra forma más conocida de dicha leyenda, fué puesta dos veces en catalán, llamando *Tutglat* al protagonista;[2] otras dos veces se tradujo al portugués con el nombre de *Tungulu*,[3] y en castellano fué impresa con el rótulo de *Historia del virtuoso caballero don Tungano, y de las grandes cosas y espantosas que vido en el infierno y en el purgatorio y el parayso.*[4] Pero ni de estos libros ni de la nueva forma que dió a la leyenda el doctor Juan Pérez de Montalbán en su *Vida y purgatorio de San Patricio* (1627), fuente única de la comedia de Lope de Vega, *El mayor prodigio*, y de la famosa de Calderón, *El Purgatorio de San Patricio*, nos incumbe tratar aquí, porque este géne-

---

[1] *Voyage au Purgatoire de St. Patrice. Visions de Tundal et de St. Paul. Textes languedociens du quinzième siècle, publiés par A. Jeanroy et A. Vignaux.* Toulouse, 1903.
La traducción latina se halla en el raro libro del irlandés O'Sullivan, *Historiae Catholicae Iberniae Compendium* (Lisboa, 1621), fols. 15-31.

[2] La primera de estas versiones fué publicada por don Próspero Bofarull en el tomo XIII de la *Colección de Documentos inéditos del Archivo de la Corona de Aragón* (pp. 81-105); la segunda por Baist *(Zeitschrift für romanische Philol.*, IV, pp. 318-329).

[3] *Estoria d'hun cavaleyro a que chamavã Tungulu, ao qual forom mostradas visibilmente e nõ per outra revelação todas as penas do inferno e do purgatorio. E outrosi todos os beẽs e glorias que ha no sancto parayso, andando sempre hu angeo cõ el. Esto lhe foy demostrado por tal que se ouvesse de correger e emendar dos seus peccados e de suas maldades* (Ms. de la Biblioteca Nacional de Lisboa, procedente del monasterio de Alcobaza). En otro de la misma procedencia, existente en el Archivo de la Torre do Tombo, se lee una versión distinta de la misma leyenda. La primera se atribuye a Fr. Hilario de Lourinham; la segunda a Fr. Hermenegildo de Payopelle.

[4] *Historia del virtuoso cavallero dã Tungano: o de las grãdes cosas y espantosas que vido en el infierno: y en el purgatorio: y en el Parayso... Fue impressa la presente obra en la Imperial ciudad d' Toledo por Ramon de Petras. A tres dias del mes de Julio. Año de mil y quinientos y veynte y seys Años* (Nº 1.682 del Catálogo de Salvá). Sobre la *Visión de Tundal* véase el estudio de A. Mussafia *(Sitzungsberichter der Kais. Akad. der Wissensch.* Viena, 1871, pp. 157-206).

ro de temas no pertenece en rigor a la historia de la novela, sino a la de las leyendas hagiográficas, campo vastísimo que reclama para sí solo la labor de muchos investigadores. Por igual motivo prescindo de las leyendas, también de origen céltico, relativas a los viajes de San Brandán, de las cuales queda un reflejo en nuestra *Vida de San Amaro,* [1] y de los mitos geográficos que con ellas se enlazan, y que no estaban olvidados por cierto en la grande época de las navegaciones y los descubrimientos de portugueses y castellanos.

---

[1] *La vida del bienauenturado sant Amaro, y de los peligros que passó hasta que llegó al Parayso terrenal.* (Al fin). *Fue impressa la presente vida del bienauēturado sant Amaro en la muy noble y mas leal ciudad de Burgos. En casa de Juan de Junta a veynte dias del mes de febrero mil quinientos y LII años.* (Reproducido fotolitográficamente por el señor Sancho Rayón.) Continúa reimprimiéndose como libro popular. La tradición del purgatorio de San Patricio, juntamente con la leyenda italiana del paraíso de la Reina Sibila, se encuentra también en la célebre novela italiana *Guerino il Meschino,* compuesta por Andrea da Barberino en 1391 y que continúa siendo popular hoy mismo. Existe de ella una traducción castellana sumamente rara:

«*Cronica d'l noble cauallero Guarino mesquino. En la qual trata de las Hazañas y auenturas que le acontecieron por todas las ptes del mundo y en el purgatorio de Sant patricio, en 'l monte de Norça donde está la Sibila.* (Al fin). *Acabose la famosa historia d'l valiēte y muy virtuoso cauallero Guarino llamado Mesquino la qual se imprimio en la muy noble y muy leal cibdad de Seuilla en casa de Andres de Burgos. En el año de nr̄o. Señor jesu Xp̄o d' mil y quinetos e XLVIII a diez dias de mayo.*

El traductor fué, según en la dedicatoria se declara, Alonso Hernández Alemán, vecino de Sevilla. La primera edición es la de Sevilla, 1512, citada en el *Registrum* de don Fernando Colón.

Sobre la leyenda del Paraíso de la Reina Sibila, vid. Gastón París, *Légendes du Moyen Age,* París, 1903, pp. 66-111.

V

Aparición de los libros de caballerías indígenas. — «El Caballero Cifar». — Orígenes del «Amadís de Gaula. — Libros catalanes de caballerías: «Curial y Güelfa», «Tirante el Blanco». — Continuaciones del «Amadís de Gaula». — Ciclo de los Palmerines. — Novelas caballerescas sueltas. — Libros de caballerías a lo divino. — Libros de caballerías en verso. — Decadencia y ruina del género a fines del siglo XVI.

Aunque la opinión común, expresada ya por Cervantes en el donoso escrutinio de la librería de don Quijote, da por supuesto que fué el *Amadís de Gaula* el primer libro de caballerías que se escribió en España,[1] afirmación que puede ser verdadera si se refiere a los orígenes remotos de la célebre novela, hay que considerar que la época de la composición del *Amadís* es muy incierta y que hasta ahora el más antiguo libro de caballerías con fecha conocida es *El Caballero Cifar*, que pertenece sin disputa a la primera mitad del siglo XIV. En un largo prólogo que falta en la edición sevillana de 1512,[2] pero que se halla en los dos códices

---

[1] Propiamente lo que dice Cervantes es que fué el primero que se *imprimió*, y esto todavía parece más dudoso, porque del *Amadís* no se conoce edición anterior a 1508. Los dos libros de caballerías más antiguos que hasta ahora conocen los bibliógrafos, son el *Tirant lo Blanch*, de Valencia (año 1490), y el *Baladro del sabio Merlín*, de Burgos (1498).

[2] *Cronica del muy esforçado y esclarecido cavallero Cifar nuevamente impresa. En la qual se cuentan sus famosos fechos de cavallería. Por los quales e por sus muchas e buenas virtudes vino a ser rey del reyno de Menton. Assi mesmo en esta hystoria se contiene muchas e catholicas doctrinas e buenos enxemplos: assi para cavalleros como para las otras personas de cualquier estado. Y esso mesmo se cuentan los señalados fechos en cavalleria de Garfin, e Roboan hijos del cavallero Cifar. En especial se cuenta la historia de Roboan, el qual fue tal cavallero que vino a ser emperador del imperio de Tigrida.* (Al

de París y Madrid, únicos que se conocen de obra tan rara,[1] comienza el autor hablando del jubileo de 1300 y de la ida a Roma del arcediano Ferrand Martínez, que trasladó a Toledo el cuerpo del cardenal don Gonzalo García Gudiel, fallecido en 4 de julio de 1299. Por tratarse del primer cardenal que recibía sepultura en España, y por las dificultades que hubo que vencer en Roma para lograr la entrega del cadáver, se dió mucha importancia a este suceso, y el autor refiere muy prolijamente cómo salieron a recibirle en Burgos el rey don Fernando IV y su madre doña María, y en Toledo el arzobispo don Gonzalo Díaz Palomeque, sobrino del difunto. Entre otros personajes que va citando como asistentes a la traslación figura uno, el obispo de Calahorra don Fernando González, que murió antes de 1305. Con esto tenemos la fecha aproximada del fúnebre viaje, y también la de *El Caballero Cifar*, cuyo autor, que bien pudiera ser el mismo Ferrand Martínez, arcediano de Madrid en la iglesia de Toledo, tuvo el raro capricho de anteponer esta relación a la historia de aquel caballero, la cual suponía trasladada de caldeo en latín y de latín en romance. El impresor de Sevilla suprimió el prólogo, sin duda por considerarle impertinente al propósito de la fábula; pero recalca mucho la antigüedad de la obra, que con efecto se manifiesta en el lenguaje, contemporáneo del de don Juan Manuel, aunque mucho más rudo y pobre de artificio: «Puesto que el *stilo della sea antigo*, empero »no en menos deue ser tenida; que avnque tengan el gusto dulce

---

fin). «*Fue impressa esta presente historia en Seuilla por Jacobo Cromberger, aleman. E acabose a IX dias del mes de Junio año de mill. d. e xii años*». Fol., 100 hojas a dos columnas, letra de Tortis. Valiéndose del ejemplar probablemente único que de esta novela posee la Biblioteca Nacional de París, la reimprimió Enrique Michelant, en Tubinga, 1872 (tomo 112 de la *Bibliothek des Litterarischen Vereins* de Stuttgart). Pero esta reimpresión salió incorrectísima, en tal grado que parece que el editor ignoraba la lengua castellana y ni siquiera sabía disolver las abreviaturas. A cada paso se tropieza con formas tan monstruosas como *muchon* por *mucho*, *fechon* por *fecho* y otros desatinos semejantes. Esperamos que el señor Wagner publique pronto una edición crítica y esmerada de tan importante texto.

[1] Véase la descripción del primero en el *Catalogue des Manuscrits espagnols de la Bibliothèque Nationale de Paris* de A. Morel-Fatio (Nº 615). El de nuestra Biblioteca Nacional procede de la de Osuna. Sobre la relación entre los tres textos, véase a Wagner en la memoria que citaré inmediatamente.

»con el estilo de los modernos, no de vna cosa sola gozan los que
»leen los libros e historias....................................
»..
»Por donde las tales obras son traydas en vilipendio de los grosse-
»ros. Assi que si de *estilo moderno* esta obra carece, aprouechar
»se han della de las cosas hazañosas e agudas que en ella halla-
»rán, y de buenos enxemplos: e supla la buena criança de los dis-
»cretos... las faltas della e *rancioso estilo,* considerando que la in-
»tención suple la falta de la obra.»

El título verdadero y completo de tan peregrino libro es: *Historia del Cavallero de Dios que avia por nombre Cifar, el qual por sus virtuosas obras et hazañosas cosas fue rey de Menton.* Pero no sólo se cuentan sus hechos, sino también los de sus hijos Garfin y Roboán, el segundo de los cuales «vino a ser emperador de Tigrida». El título de *Caballero de Dios* parece que anuncia un libro de caballerías a *lo divino,* género que abundó tanto en la literatura del siglo XVI, pero no lo es enteramente el *Cifar,* aunque encierra «muchas e catholicas doctrinas e buenos enxemplos, assi »para cavalleros como para las otras personas de cualquier esta-»do». Contiene además elementos de procedencia hagiográfica, y el hecho mismo de hacer a Cifar natural de la India, revela la influencia de *Barlaam y Josafat,* que veremos confirmada luego en las parábolas. Pero en conjunto, el *Cifar* no es libro de caballerías espirituales, sino mundanas, si bien recargado en extremo de máximas, sentencias y documentos morales y políticos, que le dan una marcada tendencia pedagógica y le afilian hasta cierto punto en el género que Amador de los Ríos llamaba *didáctico simbólico.*

La composición de esta novela es extrañísima, y son tantos y tan heterogéneos los materiales que en ella entraron, no fundidos, sino yuxtapuestos, que puede considerarse como un *spécimen* de todos los géneros de ficción y aun de literatura doctrinal que hasta entonces se habían ensayado en Europa. Tiene, por tanto, capital importancia el estudio de sus fuentes, como acaba de mostrarlo en una excelente y erudita memoria el joven profesor norteamericano Carlos Felipe Wagner.[1]

---

[1] *The Sources of el Cauallero Cifar* (Revue Hispanique, tomo X, 1903).

Para orientarse en el enmarañado laberinto del *Cifar,* hay que distinguir tres cosas: la acción principal de la novela, la parte didáctica y *paremiológica* y los cuentos, apólogos y anécdotas que por todo el libro van interpolados.

La fábula principal, que es muy desordenada e incoherente, reproduce, aunque con notables variantes, una de las leyendas piadosas más populares en la Edad Media, la de San Eustaquio o Plácido, narración de origen griego, que, popularizada en Occidente por el *Speculum Historiale* de Vicente de Beauvais, por la *Legenda Aurea* y por el *Gesta Romanorum,* fué vertida desde el siglo XIII en todas las lenguas principales de Europa. Ya hemos tenido ocasión de mencionar la traducción castellana publicada por Knust, que probablemente es anterior a *El Caballero Cifar.* [1]

La historia de Plácido, aunque escrita con intento piadoso, pertenece al género de las novelas de aventuras y reconocimientos, cuyo más antiguo tipo cristiano son las *Clementinas.* Fácil era, por consiguiente, secularizarla cambiando los nombres de los personajes y algunas peripecias de la fábula, y esto fué lo que hizo el autor del *Cifar,* convirtiendo al Santo en caballero andante, pero sin borrar las huellas de la obra primitiva, que está recordada expresamente en el capítulo 42. Cuando el caballero Cifar se ve separado de su mujer y de sus hijos, hace una fervorosa oración, rogando a Dios que torne a reunirle con su familia, así como había reunido «a Eustachion e Teospita, su muger, e sus fijos Agapito e Teospito». Expondremos rápidamente la marcha de los acontecimientos.

Aunque el caballero Cifar era muy valeroso y de buen consejo, hubo de incurrir en la indignación del rey de la India por malas artes de los envidiosos, y por cierta mala estrella suya que hacía muy costosos sus servicios militares, pues tenía la rara desventura de no haber caballo ni bestia alguna que no se le muriese o desgraciase al cabo de diez días. Por tal razón, él, la buena dueña Grima, su mujer, y sus dos hijos vivían en gran pobreza y alejamiento de la corte, en la cual prevalecían tanto los malsines, que el rey dejó de llamarle para las guerras, a pesar de su grande esfuerzo y reco-

---

[1] A las obras allí citadas sobre este argumento, debe añadirse un curioso poema del siglo XVIII: «*El Eustaquio o la Religión Laureada. Poema Épico por el P. Fr. Antonio Montiel, Lector jubilado en su provincia de Menores Observantes de Granada.*» Málaga, 1796, 2 tomos.

nocida pericia. Cifar se afligía mucho con esto y su mujer procuraba consolarle. En recompensa de tal solicitud, se decide el caballero a confiarla un secreto que había recibido de su abuelo a la hora de la muerte; es a saber, que descendía de linaje de reyes, el cual había perdido su estado por la maldad de uno de ellos, y no le recobraría hasta que de su propia sangre naciese otro caballero tan bueno y virtuoso como perverso había sido el rey destronado. Parte por confiar en el cumplimiento de esta profecía, parte por la esperanza de que su abatida fortuna podría mejorarse en tierra extraña, determinan ambos cónyuges abandonar su país. Venden cuanto poseían, convierten sus casas en hospital y emprenden su peregrinación sin más compañía que la de sus dos hijos, de corta edad. A los diez días, precisamente cuando acababa de sucumbir, como era de rigor, el palafrén que Cifar montaba, llegan a la ciudad de Galapia, que estaba cercada a la sazón por el ejército del conde Roboán, señor de las Torres de Fesán, el cual, empeñado en hacer casar a un su sobrino con la señora de Galapia, la hacía guerra cruda por no querer consentir ella en tal matrimonio. El caballero Cifar se pone al frente de los sitiados, mata al sobrino del conde, hace levantar el cerco de la ciudad, derrota en batalla campal al ejército enemigo, deja mal ferido «al señor de la hueste» y hace prisionero a un hijo suyo que, como era «mancebo muy apuesto, e muy bien rrasonado e de buen lugar», cae en gracia a la señora de Galapia, y acaba por casarse con ella, trayéndola en dote la herencia de los estados de su padre. En los tratos y ajustes de la paz y de la boda interviene mucho con su prudente consejo el caballero Cifar, a quien todos colman de honores y agasajos, invitándole para que se quede a morar en aquella tierra. Pero él resueltamente se niega a permanecer más de un mes, y aun en tan breve tiempo todas las alegrías se le acibaran con la inevitable muerte de sus caballos dentro del plazo fatal de los diez días. Peores aventuras le aguardaban en la prosecusión de su jornada. Una leona le arrebata a su hijo mayor Garfin. El otro se le pierde en la ciudad de Falac. Unos marineros, con quienes había concertado el pasaje al reino de Orbin, roban a su mujer y se van mar adentro, dejándole abandonado en la ribera. En tan amargo trance le consuela una voz del cielo: «Caballero bueno, non desesperes, »ca tu verás de aqui adelante que por cuantos pesares e cuytas te

»vinieron, que te vernan muchos plaseres e muchas alegrias e
»muchas onrras; ca non tengas que has perdido la mujer e los
»hijos, ca todo lo cobrarás a toda tu voluntad.» Confortado con
estas palabras y encomendándose a Dios, el devoto caballero se
aleja de la ciudad, precisamente cuando entraba en ella para buscarle con inútil empeño durante ocho días un burgués de los más
ricos y poderosos, que yendo de caza había rescatado al niño robado por la leona, y después había recogido y prohijado también
al otro niño perdido en las calles de Falac. Entretanto Grima,
invocando el nombre de la Virgen Santísima, se libraba de la brutalidad de los marineros, que, entregados a un diabólico furor,
acabaron por matarse unos a otros en fiera contienda sobre su
posesión. Entonces la buena dueña «alçó los ojos arriba e vido la
»vela tendida e yva la nave con un viento el más sabroso que po-
»diese ser, e non yba ninguno en la nave que la guiase, salvo ende
»vn niño que vido estar encima de la vela muy blanco e muy
»fermoso, e maravillose como se podía tener atan pequeño niño
»encima de aquella vela; e este niño era Jhesu Christo que le vi-
»niera a guiar la nave por ruego de su madre Santa María, ca asy
»lo avia visto la dueña esa noche en visión. E este niño non se
»quitaba de la vela de día nin de noche, fasta que la pusso en el
»puerto do avia de arribar... E la dueña anduvo por la nave catan-
»do todas las cosas que eran en ella, e falló alli cosas muy nobles,
»e de grand precio e mucho oro e mucha plata e mucho aljofar
»e muchas piedras preciosas e otras mercaderías de muchas ma-
»neras, assy que un reyno muy pequeño se ternie por abondado de
»tal riqueza, entre las quales falló muchos paños tajados e guarni-
»dos de muchas guisas e muchas tocas de dueñas, segund las ma-
»neras de la tierra, e bien le semejó que avie paños e guarnimentos
»para dosientas dueñas, e maravilló que podrie esto ser, e por tan
»buena andança como esta alçó las manos al Nuestro Señor Dios
»gradesciendole quanta merced le fisiera, e tomó de aquella ropa
»que estava en la nave, e fizo su estrado muy bueno en que se
»posase, e vistiose un par de paños los mas onrrados que alli falló
»e asentose en su estrado e allí rogaba a Dios de noche e de dia
»que oviese merced della, e le diese buena cima a todo lo que avia
»començado». Dos meses anduvo sobre la mar, hasta que aportó
a la ciudad de Galapia, cuyos reyes la hicieron el más honroso aco-

gimiento, viéndola tan maravillosamente protegida por el auxilio celestial. Allí fundó un monasterio, donde permaneció nueve años, cumplidos los cuales pidió por merced al rey y a la reina que la dejasen tornar a su tierra. El niño Jesús volvió a guiar su nave, y la condujo prósperamente primero a la tierra del rey Ester y luego al reino de Mentón. De este reino era señor entonces el caballero Cifar, después de muchas y muy raras aventuras en que le había acompañado su fiel y sentencioso escudero Ribaldo, figura la más original del libro, en la cual insistiremos después. El rey de Mentón, cercado por el de Ester, había prometido la mano de su hija y la herencia de sus estados a quien hiciese levantar el cerco y le librase de su poderoso enemigo. Cifar lo consigue; parte por la fortaleza de su brazo, parte por las astucias del Ribaldo, mata en sendas lides a dos hijos y a un sobrino del rey de Ester, entra en la ciudad fingiéndose loco, conquista el afecto del rey y de la infanta, se pone al frente de los sitiados y alcanza la más espléndida victoria. Todos le aclaman y comienzan a llamarle «el caballero de Dios», título con que se le designa en todo lo restante de la novela. El rey le otorga la mano de su hija; pero como era «pequeña de días, la ovo él de atender dos años». Antes de cumplirse, muere el rey su suegro, y el caballero de Dios le sucede en el trono; pero acordándose muy a tiempo de su primera mujer y de sus hijos, hace creer a la Infanta que tenía hecho voto de castidad por dos años para expiar un gran pecado que había cometido. Fácil es adivinar cómo la *anagnórisis* de los dos esposos por tan largo tiempo separados viene a resolver tan difícil situación. Grima llega al reino de Mentón con propósito de fundar un hospital para «fijosdalgo viandantes». Cifar la reconoció en seguida «e demudosele toda la color, pensando que ella dirie cómo ella era »su mujer», lo cual no es indicio de gran ternura conyugal en el «Caballero de Dios». A ella le costó más trabajo reconocer a su marido «porque avie mudado la palabra e non fablava el lenguage »que solia, e le avie crescido mucho la barva»; pero cuando llegó a convencerse de que le tenía delante «non se osó descubrir, porque »el rrey non perdiese la honra en que estava». La buena dueña funda su hospital, protegida por la reina, que desde su primera entrevista en la iglesia la cobra entrañable afecto. «E la buena »dueña estava todo lo más del dia con la rreyna, que non queria

»oyr misa nin comer fasta que ella viniese; en la noche yvase para
»su ospital e todo lo mas de la noche estava en oracion en una
»capilla que alli avie, e rogava a Dios que antes que muriese le
»dexasse ver alguno de sus hijos, e señaladamente el que perdiera
»en la cibdad ribera de la mar; ca el otro que le levara la leona,
»non avie fiucia ninguna de lo cobrar, ca bien creye que se lo
»avrie comido».

La Providencia había dispuesto las cosas de otro modo, y el deseo de Grima iba a verse cumplido muy pronto, pero no sin exponerla a un nuevo y gravísimo peligro. Sus hijos, educados por el buen burgués que los prohijó, aventajaban a todos los de su edad en los ejercicios caballerescos, en el *bofordar,* en el tiro de la lanza, en la cetrería, en los juegos de tablas y ajedrez; eran de mucho esfuerzo y gran corazón, corteses y mesurados en sus palabras, y ardían en deseos de ser armados caballeros por el rey de Mentón, monarca tan famoso por sus triunfos bélicos como por su santa vida. Se dirigen, pues, a su corte, y son acogidos en el hospital de «fijosdalgo» que dirigía su madre, la cual los reconoce por ciertas palabras y señales, y queda casi amortecida con el gozo de verlos. Cuando torna en sí, comienza a referirse sus aventuras, y la sabrosa plática se alarga tanto que los tres quedan dormidos en la misma cámara hasta la hora de tercia. Así los sorprende el portero que viene de parte de la reina a llamar a Grima para que la acompañe a misa. Lleno de asombro, vuelve a contar a su señora lo que había visto. El rey sorprende a los dormidos, y con gran saña, como hombre fuera de seso, condena a los tres a la hoguera. Pero antes que la bárbara sentencia se cumpla quiere hablar con los dos mancebos, y por las explicaciones que le dan reconoce que son sus hijos. Él, por su parte, no les revela el secreto, pero los arma caballeros y les da tierras y vasallos. Su pobre mujer continúa al cuidado del hospital y no sabemos si alguna vez la hubiera reconocido, a no morirse muy oportunamente la reina pocos días antes de cumplirse el plazo del supuesto voto de castidad por dos años. Con esto se allana todo de la mejor manera posible; el caballero de Dios convoca a sus vasallos y les cuenta sus aventuras: todos aclaman a su mujer por reina y a su hijo mayor por heredero del trono.

Tal es, muy en esqueleto, la materia del primer libro de *El*

Caballero Cifar, descontadas las aventuras personales de Garfín y Roboán y del Ribaldo, que deben ser consideradas aparte. El fondo principal de este relato tiene carácter marcadísimo de novela bizantina, que saltaría a los ojos aunque no conociésemos sus precedentes. Las principales aventuras se reducen a viajes, naufragios, piraterías, pérdidas de niños y reconocimiento de padres, hijos y esposos. Salvo las escenas, harto insignificantes, de los dos sitios de Galapia y de Mentón, poco hay en esta parte del *Cifar* que anuncie le intemperancia belicosa de los libros de caballerías posteriores. Las empresas atribuídas al héroe no traspasan cierto límite que relativamente puede llamarse razonable. Las descripciones de batallas son muy pálidas, y se ve que el autor, que debía de ser hombre de iglesia, da más importancia a las virtudes pacíficas y a la piadosa aunque algo egoísta resignación del *caballero de Dios* que a los tajos y mandobles de su espada. Además, la novela es de una castidad perfecta, sólo comparable con la de *El conde Lucanor*.

En todos los puntos capitales (peregrinación de un caballero con su mujer e hijos, pérdida y encuentro de la una y de los otros, aventuras paralelas del marido y de la mujer) conviene el *Cifar* con la leyenda de San Eustaquio; pero no sólo difiere en el desenlace, que en la vida del santo es su martirio y el de su familia, y en la crónica del caballero su mayor ensalzamiento y prosperidad mundana, sino que mezcla, como ha mostrado Wagner, episodios y circunstancias de pura invención o tomados de otras fuentes novelescas. La mala estrella que persigue a los caballos de Cifar puede ser amplificación original del novelista sobre el sencillo dato de haber perdido San Eustaquio todos sus caballos en una pestilencia; pero la milagrosa intervención de la Virgen para libertar a Grima de los marineros parece imitada de la *Historia de una Santa Emperatriz que ovo en Roma* (Crescencia) o de una cantiga de Alfonso el Sabio. La situación de Cifar, marido de dos mujeres, pertenece a una leyenda muy conocida, cuya más bella expresión es el *Lai de Eliduc*, de María de Francia.[1] La promesa que un rey hace de la mano de su hija al vencedor en la guerra o en un

---

[1] En su precioso estudio sobre la leyenda del marido de dos mujeres no menciona Gastón París (*La Poésie du Moyen Age*, 2ª ser., 1885, pp. 109 y siguientes) la versión del Cifar.

torneo es lugar común que se repite en el *Fermoso cuento del Emperador Don Ottas,* y que por raro caso se halla también en la versión inglesa del *Gesta Romanorum,* [1] donde *Averroes,* emperador de Roma, pregona las justas en que sale vencedor el caballero Plácido (otra variante de San Eustaquio). Son innumerables las versiones del tema de la inocente mujer perseguida y condenada a la hoguera por falsos indicios; pero el cuento que tiene verdadera analogía o más bien identidad con el de Grima y sus hijos, es el 36 de *El conde Lucanor* «de lo que contesció a un mercadero, cuando falló a su muger e a su fijo durmiendo en uno».

Con la historia de los hijos de Cifar, Garfín y Roboán, que comienza en el capítulo XCVII del primer libro, penetramos en un mundo enteramente distinto, en el mundo encantado, fantástico y lleno de prestigios, en que se mueven los héroes del ciclo bretón. El contraste no puede ser más grande ni menos hábil la fusión de elementos tan discordes como el bizantino y el céltico. Sublévase el conde Nasón contra su señor el rey; van a combatirle los dos príncipes acompañados del Ribaldo, le vencen y llevan preso a la corte, donde es condenado por traidor, quemado y hecho polvos, los cuales son lanzados en un lago muy hondo. «E quando alli los
»lançaron, todos los que estavan alli oyeron las mayores boses del
»mundo que davan so el agua; mas non podien entender lo que se
»desie. E assy como començo a bullir el agua, levantose della un
»viento muy grande a maravilla; de guisa que todos quantos alli
»estavan cuydaron peligrar e que los derribarie dentro, e fuyeron
»todos e vinieronse para el rreal, e contaronlo al rey e a todos
»los otros que maravillaronse mucho dello. E sy grandes maravillas
»parescieron alli aquel dia, muchas mas parescen y agora, segund
»cuentan aquellos que las vieron, e disen que hoy día van muchos
»a ver aquellas maravillas, ca veen allí cavalleros armados lidiando
»derredor del lago, e veen cibdades e castillos muy fuertes, comba-
»tiendo los unos a los otros, e dando fuego a los castillos e las cib-
»dades. E quando se fasen aquellas visiones e van al lago, fallan
»que está el agua bulliendo tan fuerte que la non osan catar; e al
»derredor del lago, bien dos *migeros* (millas), es todo ceniza. E a
»las vegadas, parase allí una dueña muy fermosa en medio del lago,

---

[1] Vid. Knust, *Dos obras didácticas y dos leyendas,* p. 109.

»e faselo amansar, e llama a los que estan de fuera por los engañar,
»assi como acontesció a un cavallero que fue a ver estas maravi-
»llas, que fue engañado desta guisa.»

Y aquí comienza la peregrina y sabrosa historia de la Dama del Lago, de la cual, por ser la más antigua de su género escrita en nuestra lengua, daremos un extracto:

«Dise el cuento que un cavallero del rreyno de Panfilia oyó de-
»sir destas maravillas que parescien en aquel lago e fuelas a ver; e
»el cavallero era muy syn miedo e muy atrevido, ca non dubdara de
»provar las maravillas e aventuras del mundo e por esto avie
»nombre *el Cavallero atrevido*, e mandó fincar una su tienda cerca
»de aquel lago e alli se estava de dia e de noche, veyendo aquellas
»maravillas... Assi que un día paresció en aquel lago una dueña
»muy fermosa, e llamó al caballero, e el cavallero se fué para ella...
»E ella le dixo que el omen del mundo que ella mas querie e mas
»amava que era a él, por el grand esfuerço que en él avie, e que
»non sabie en el mundo cavallero tan esforçado como él. E el ca-
»vallero, quando estas palabras oyó, semejóle que mostrarie co-
»vardia sy non fisiese lo que ella quería: e dixole assi: «Señora, sy
»esta agua non fuese mucho mas fonda, llegaría a vos. — Non está
»fonda, dixo ella, ca por el suelo ando, e non me da el agua synon
»hasta el tovillo». E ella alçó el pie del agua e mostró gelo; e al
»cavallero semejole que nunca tan blanco ni tan fermoso ni tan
»bien fecho pie viera como aquel, e cuydando que todo lo al se
»siguie asy segund aquello que parescie, llegose a la orilla del lago,
»e ella lo fue tomar por la mano, e dio con él dentro en aquel
»lago, e fuelo a levar por el agua, fasta que lo abaxó ayuso, e metio-
»lo en una tierra muy estraña. E segund que a él le semejava, era
»muy fermosa e muy viciosa, e vido alli muy gran gente de ca-
»valleros e de otros muchos omes que andavan por toda aquella
»tierra muy extraña; pero que no le fablaba ninguno dellos, nin
»le desia ninguna cosa, por la qual razón él estaba muy maravi-
»llado (cap. CX)...
....

»Antes que llegasen a la cibdad, salieron a ellos muchos cava-
»lleros e otra gente a los recibir con muy grandes maravillas e ale-
»grias, e dieronles sendos palafrenes ensellados e enfrenados muy
»noblemente, en que fuesen; e entraron en la cibdad e fueronse

»a los palacios do morava aquella dueña, que eran muy grandes
»e muy fermosos; ca asy le parescieron aquel cavallero tan noble-
»mente obrados, que bien le semejava que en todo el mundo non
»podrien ser mejores palacios ni más nobles, nin mejormente
»obrados que aquellos; ca encima de las coberturas de las casas
»parescie que avie rrubies e esmeraldas e çafires, todos fechos
»a un talle o tan grandes como la cabeça de un ome, en manera
»que de noche asy alumbravan todas las cosas, que non avie ca-
»mara nin logar por apartado que fuese que tan lumbroso non
»fuese como sy estuviese lleno de candelas. E fueronse a posar el
»cavallero e la dueña en un estrado muy alto que les avien fecho
»de paños de seda e de oro muy nobles; e alli vinieron delante
»dellos muchos condes e muchos duques... e otra mucha gente,
»e fueron besar la mano al cavallero por mandamiento de la dueña;
»e rescibieronlo por señor. E de sy fueron puestas tablas por todo
»el palacio, e delante dellos fue puesta una mesa la mas noble que
»omen podie ver, ca los pies della eran todos de esmeraldas e de
»çafires e de rrubies; e eran tan altos como un cobdo o más, e toda
»la tabla era de un rrubi, e tan claro era que non parescia synon
»una brasa. E en otra mesa apartada avie y muchas copas e mu-
»chos vasos de oro, muy noblemente obrados e con muchas piedras
»preciosas, asy que el menor dellos non lo podrien comprar los
»mas ricos tres reyes que oviese en aquella comarca; e atanta era
»la baxilla que alli era, que todos quantos cavalleros comien en
»aquel palacio, que era muy grande, comien en ella. E los cavalle-
»ros que alli comien eran dies mil; e bien semejó al cavallero que
»sy él tantos cavalleros toviese en su tierra e tan bien guisados como
»a él parescien, que non avrie rey, por poderoso que fuese, que lo
»podiese sofrir, e que prodrie ser señor de todo el mundo. E alli
»les truxieron manjares de muchas maneras adobados, e trayan-
»los unas doncellas las mas fermosas del mundo e muy noblemen-
»te vestidas... pero que non fablavan nin desien ninguna cosa.
»E el cavallero se tovo por muy rico e por muy bien andante con
»tales cavalleros e con tanta rriquesa, que vido ante sy, pero tenia
»por muy estraña cosa non fablar ninguno, ca tan callando esta-
»van, que non semejava que en todos los palacios ome oviese; e
»por ende non lo pudo sofrir e dixo: «Señora, qué es esto? ¿por qué
»non fabla esta gente? — Non vos maravilledes, dixo la dueña,

»ca costumbre es desta tierra, ca quando alguno rresciben por
»señor, fasta siete semanas non han de fablar, e non tan solamente
»al señor mas uno a otro; mas deven andar muy omildosos delante
»de su señor, e serle mandados en todas las cosas del mundo quales
»les él mandare. E non vos quexedes, ca quando el plaso llegare,
»vos veredes que ellos fablaran mas de quanto vos querredes;
»pero quando les mandaredes callar, callarán, e quando les manda-
»redes fablar, fablarán, e asy en todas las otras cosas que quisie-
»redes. E de que ovieron comido, levantaron las mesas muy *toste*,
»e alli fueron llegados muy grand gente de juglares; e unos tocavan
»estrumentos e los otros saltavan; e los otros subian por el rrayo
»del sol a las finiestras de los palacios que eran muy altos, e des-
»cendien por él, asy como sy descendiesen por cuerda, non se
»fasien ningún mal. «Sennora, dixo el cavallero, ¿qué es esto que
»aquellos omes suben tan ligeramente por el rrayo de aquel sol
»e descienden?» Dixo ella: «Ellos saben todos los encantamentos
»para faser todas estas cosas e mas. E non seades tan quexoso
»para saber todas las cosas en una ora, mas ved e callad; asy po-
»dredes aprender mejor las cosas; ca las cosas que fueron fechas
»en muy grand tiempo e con muy grand estudio, non se pueden
»aprender en un dia (cap. CXII).

»De que fue ya anochecido, fueronse todos aquellos cavalleros
»de alli e todas las donsellas que alli servien, salvo dos; e tomaron
»por las manos la una al cavallero, e la otra a la señora, e levaron-
»los a una camara que estava tan clara como si fuese de dia por
»los rrubies que estaban alli engastonados encima de la camara;
»e echaronlos en una cama tan noble que en el mundo non podie
»ser mejor, e ssalieronse luego de la camara, e cerraron las puertas,
»asy que esa noche fue la dueña en cinta. E otro día, en la mañana
»fueron alli las donsellas, e dieronles de bestir, e luego en pos desto
»agua a las manos en sendos bacines amos a dos de finas esmeraldas
»e los aguamaniles de sendos rrubies; e de sy vinieronse para el
»palacio mayor, e asentaronse en rico estrado, e venien delante
»dellos muchos trasechadores que plantavan arboles en medio del
»palacio, e luego nacien e florecien e crecien e levaban fruta; del
»qual fruto cogían las donsellas, e trayan en sendos bacines dello
»al cavallero e a la dueña. E creye el cavallero que aquella fruta
»era la mas fermosa e la mas sabrosa del mundo. «¡Valme Nuestro

»Señor, qué extrañas cosas ay en esta tierra, dixo el cavallero.
»—Cierto sed, dixo la dueña, que más extrañas las veredes, ca
»todos los arboles de aquesta tierra e las yervas nacen e florecen
»e dan fruto nuevo de cada dia; e las otras reses paren a siete dias.
»—¿Cómo? dixo el cavallero, señora, puesto que vos soes en cinta,
»¿a siete dias avredes fruto? — Verdad es, dixo ella. — Bendita sea
»la tierra, dixo el cavallero, que tan ayna lieva fruto e tan abon-
»dada es de todas las cosas». E asy pasaron su tiempo muy vicio-
»samente, fasta los syete dias que parió la dueña un fijo, e dende
»a otros syete dias fue tan grande como su padre. «Agora veo, dixo
»el cavallero, que todas las cosas crecen aqui a desora; mas mara-
»villome por qué lo fase Dios más en esta tierra que en otra». E
»pensó en su coraçon de yr a andar por la cibdat por preguntar
»a otros qué podrie ser esto, e dixo. «Señora, sy lo por bien tovie-
»redes, cavalgariamos yo e este mi fijo comigo, e yriamos andar
»por esta tan noble ciudat por la mirar que tan noble es. — Mucho
»me place que vayades, dixo la dueña» (cap. CXIII).

En este paseo por la ciudad, el *Caballero atrevido* no sólo quebranta el juramento que había hecho a la dama del lago de no dirigir la palabra a ninguna dueña, sino que comienza a requerir de amores a una que le parece más hermosa que su señora. Al enterarse ésta de tal perfidia, «fue la mas sañosa cosa e la mas
»ayrada del mundo contra él; e asentose a un estrado e tenie el
»un braço sobre el conde Nason, al cual dio por traydor el rey de
»Menton, e el otro sobre su bisabuelo que fuera dado otrosy por
»traydor... E quando entraron el cavallero e su hijo por la puerta,
»en sus palafrenes, vieron estar en el estrado un diablo muy feo e
»muy espantable, que tenie los braços sobre los condes, e pares-
»cia que les sacava los coraçones e los comie. E dio un grito muy
»fuerte e dixo: «Vete, cavallero loco e atrevido, con tu fijo e sal
»de la mi tierra, ca yo soy la señora de la traycion». E fue luego
»fecho un gran terremoto que le semejó que todos los palacios e
»la ciudad se venien a la tierra; e tomó un viento torbellino al
»cavallero e a su fijo, que bien por alli por do descendio el cavallero
»por alli los subio muy de rresio, e dio con ellos fuera del lago,
»cerca de la su tienda. E este terremoto syntieron bien a dos jor-
»nadas del lago, de guisa que cayeron muchas torres e muchas
»casas en las cibdades e en villas e en los castillos» (cap. CXVI).

El maltrecho caballero y su diabólico hijo fueron recogidos por
sus escuderos en la tienda que habían plantado cerca del lago,
pero los dos palafrenes en que venían montados se sumergieron
en las pestilentes aguas de aquel mar muerto: «el uno en semejan-
»ça de puerco, e el otro en semejança de cabra, dando las mayores
»bozes del mundo». Al niño, que ya era mayor que su padre, «acor-
»daron de lo bautisar e pusieronle nombre *Alberte diablo,* e este
»fue muy buen cavallero de armas, e muy atrevido e muy syn
»miedo en todas las cosas, ca non avie en el mundo en que dubda-
»se e que non acometiese. E deste linaje hay hoy dia cavalleros en
»aquel reyno de Panfilia mucho endiablados e muy atrevidos en
»sus fechos» (cap. XCVII).

Alguna reminiscencia de la leyenda de *Roberto el diablo* puede
reconocerse en este final. En cuanto a la tradición de la Dama del
Lago pertenece al fondo común de la mitología céltica, y está emparentada con otras creencias supersticiosas que a cada paso
se encuentran en el *folk-lore* de toda Europa, sin excluir el de España (las *xanas* de Asturias, las moras encantadas, etc.). Las maravillas del sulfúreo lago recuerdan, por otra parte, el cuento del
joven sultán de las Islas Negras en *Las mil y una noches,* donde
se habla de una ciudad sumergida, cuyos habitantes se habían
convertido en pescados; y una leyenda de Frisia, en que se supone
que la ciudad de Staverne padeció el mismo castigo por su soberbia, y que cuando la mar está tranquila, se oye todavía el son de
sus campanas tocadas por los peces. Pero el pasaje más curioso,
porque en España fué escrito seguramente y a España se refiere,
es el del capítulo III del pseudo Turpin, que contiene una especie
de geografía de la Península, enumerando las villas y lugares que
según el fabuloso cronista conquistó Carlo-Magno. Entre ellas, se
cita una llamada Lucerna, situada *in valle viridi* (Valverde), la
cual por mucho tiempo se resistió a las armas del Emperador,
hasta que, invocando éste la protección de Dios y del Apóstol
Santiago, cayeron los muros por tierra y la ciudad quedó desola-
da hasta el día de hoy, ocupando su centro una gran laguna de
pestíferas aguas, llena de peces negros. [1]

---

[1] *Omnes praefatas urbes, quasdam scilicet sine pugna, quasdam vero
cum magno bello et maxima arte, Karolus tunc acquisivit, praeter praefatam
Lucernam, urbem munitam, quae est in valle viridi, quam capere usque ad*

Pero si en los pormenores de esta leyenda puede encontrarse algo que no corresponde peculiarmente al ciclo bretón, el colorido general de la historia del *Caballero atrevido* es el de los cuentos de la Tabla Redonda, y no hay duda posible respecto a la historia de Roboam, hijo menor de Cifar, que forma por sí sola el libro tercero de tan voluminosa novela. Sería fatigoso detallar las proezas que lleva a cabo en el reino de Pandulfa, en el condado de Turbia, y finalmente en el imperio de Tigrida, cuyo dominio obtiene con la mano de la emperatriz. Pasaremos por alto sus victorias sobre el rey de Grimalet y el de Bres en defensa de la infanta Seringa; la pasión, mal correspondida al principio, que por él siente esta dama, y las pláticas de honesta tercería en que interviene la discreta viuda Gallarda. Pero no podemos menos de mencionar el extraño episodio del emperador de Tigrida, que no se reía nunca, y a quien le preguntaba la causa de no reírse mandaba cortar la cabeza, si bien con Roboam mostró más clemencia, por el mucho amor que le tenía, contentándose con desterrarle. Baist ha conjeturado que este episodio, que se encuentra también en cuentos populares de varias naciones, puede proceder de un *lai* francés de *Tristán qui onques ne risi*, del cual sólo se conserva el título. Todo el fantástico relato de las *ínsulas dotadas* (es decir, *afortunadas*) entra de lleno en la materia de Bretaña, y el autor no disimula su origen. La emperatriz *Nobleza*, señora de aquellas ínsulas, había tenido por madre a «la *Señora de Parescer*, que fué a salvar e guardar »del peligro muy grande a *Don Juan*, fijo del rrey *Orian, segund* »*se cuenta en la su estoria*, quando *Don Juan* dixo a *la reyna Gi- »nebra* que él avie por señora una dueña mas fermosa que ella, »e ovose de parar a la pena que el fuero de nuestra tierra manda, »sy no lo provase, segund era costumbre del reino. ¿E quien fue »su padre? dixo el Infante.—Señor, *Don Juan* fue casado con ella, »segun podredes saber *por el libro de la su estoria, sy quisierdes leer* »*por él...* E la doncella lleuaba el libro de *la estoria de Don Juan*, »e começo a leer en él; e la donzella leye muy bien e muy apues-

---

ultimum nequivit. Novissime vero venit ad eam et obsedit eam, et sedit circa eam quatuor mensium spatio, et facta prece Deo et Sancto Jacobo ceciderunt muri eius, et est deserta usque in hodiernum diem.

(Véase el comentario geográfico que sobre este pasaje hace Dozy en la tercera edición de sus *Recherches*, II, 384-385).

»tamente e muy ordenadamente de guisa que entendie el infante
»muy bien todo lo que ella leye, e tomaua en ello muy grande pla-
»ser e grand solaz; ca çierta mente non ha omen que oye *la estoria*
»*de Don Juan* que non rresciba ende muy grand plazer por las
»palabras muy buenas que en él dise, e todo omen que quisiere
»aver solaz e plazer, e aver buenas costunbres, deue leer el libro
»de la *estoria de Don Juan*».

¿Cuál sería esta ponderada historia de Don Juan? Aunque este nombre parece corresponder al *Ivain* de la Tabla Redonda, la aventura que el autor del *Cifar* le atribuye no pertenece a él, sino a otro paladín bretón, *Lanval* (héroe de uno de los *lais* de María de Francia), según observan Baist y Wagner. Hay aquí, por tanto, una confusión, derivada quizá de que el autor citaba de memoria su fuente. Otra mención expresa de las novelas de este ciclo hace el Ribaldo en el capítulo CV del primer libro: «ca non se vido el »*rrey Artur* en mayor priesa con el *gato Paus* que nos vimos nosotros con aquellos malditos». El combate entre Artur y el monstruoso gato del Lago de Ginebra *(cath Palug)* está contado en una de las variantes del *Merlín*. Otro libro que no ha podido identificarse hasta ahora cita nuestro autor, y la cita no parece imaginaria: «De tal natura era aquel cauallo que non comie nin beuie; ca »este era el cauallo que ganó Belmonte, fijo del rrey Trequinaldus, »a Vedora quando se partio de su padre, segund se cuenta en »la *estoria de Belmonte:* e tenielo esta Emperatriz en su poder e »a su mandar por encantamiento» (cap. XXXVI del libro III).

Todo el cuento de las *ínsulas dotadas,* que es una de las mejores partes del libro, está tejido con reminiscencias de los poemas de la materia de Bretaña. El batel sin remos en que se aventura Roboam y que le conduce al país encantado donde le brinda con su amor la emperatriz *Nobleza,* tiene similares en el *lai* de María de Francia *Guigemer,* y en una novela que, sin pertenecer estrictamente a este ciclo, puede considerarse afín de él: el *Partinuplés de Blois.* El diablo que se presenta a Roboam en una cacería disfrazado de mujer «la mas fermosa del mundo», y para derribarle del feliz estado en que le veía le induce a pedir sucesivamente a la emperatriz su alano, su azor y su caballo, dones funestos que ella no podía negarle, pero que habían de traer la separación de los dos amantes, es un trasunto de las maléficas hadas o encantadoras de la leyenda céltica. En las quejas de la abandonada señora parece que hay un eco de las de Dido, pero, más afortunada que la mísera reina de Cartago, no la faltó un *parvus Aeneas* con quien consolarse. Llamáronle el *caballero Afortunado,* y sin duda el autor del *Cifar* pensó en escribir su historia, puesto que nos dice que hay un libro en caldeo, donde se cuentan «lo buenos fechos »que fiso, después que fue de edad, e anduvo en demanda de su »padre».

Hemos indicado que la parte didáctica ocupa largo espacio en *El caballero Cifar.* Todo el libro segundo, en que la narración se interrumpe por completo, está dedicado a los *castigos* y documentos morales que el rey de Mentón daba a sus hijos Garfín y Roboam. La mayor parte de estos *castigos* están tomados literalmente de las *Flores de Filosofía,* como ya demostró Knust, pero el autor parece haber aprovechado también, aunque de un modo menos servil, la *Segunda Partida,* y es evidente que manejó mucho el libro compuesto por don Sancho el Bravo, para la educación de su hijo.

Según costumbre general en esta clase de catecismos éticopolíticos, tan del gusto de la Edad Media, la enseñanza está corroborada con una serie de apólogos, cuentos y anécdotas, casi todos de fuente muy conocida. Unas son fábulas esópicas, como la del asno que quiso remedar los juegos y travesuras de un perrillo faldero, y la del lobo y las sanguijuelas; otras proceden de la novelística oriental, como el lindísimo apólogo del cazador y la calandria, más conocido por el de los tres consejos, en que el autor del *Cifar* parece haber seguido la versión del *Barlaam y Josafat,* con preferencia a la de la *Disciplina Clericalis,* aunque probablemente conocía las dos.[1] La alegoría del Agua, del Viento y de la Verdad no tiene fuente literaria señalada hasta ahora, pero ha dejado rastros en el *folk-lore* peninsular, y también en las *Noches de Straparola* (XI, 3). El cuento de la prueba de los amigos ha salido del fondo eternamente explotado de Pedro Alfonso, y ya sabemos que se encuentra también en el libro del Rey don Sancho, en *El conde Lucanor* y en el *Espejo de Legos,* para no hablar de

---

[1] Sobre las diferencias entre ambas versiones, vide G. París, *Le Lai de l'Oiselet (Légendes du Moyen-Age,* p. 225).

las innumerables versiones forasteras. A esta historia sirve de complemento en la *Disciplina,* y también en el *Cifar* y en el *Libro de los Enxemplos,* otra todavía más célebre, la de los dos constantes amigos, que pasó al *Decamerón* (novela de Tito y Gesipo), aunque notablemente ampliada en los pormenores. El cuento del alquimista es una variante muy curiosa del que traen don Juan Manuel en el *Libro de Patronio* y R. Lull en el *Felix.* Hay también algunas leyendas piadosas de las más conocidas, como la del niño salvado del horno. Fácil sería proseguir en el cotejo de otras leyendas, pero es trabajo que ya ha realizado Wagner satisfactoriamente.

El autor del *Cifar* cuenta bien todos estos ejemplos, con bastante riqueza de detalles, y aunque está a mucha distancia de don Juan Manuel, todavía lo está más de la seca y *esquemática* manera de la *Disciplina Clericalis* y del *Libro de los Enxemplos.* Para mí es evidente que merece el segundo lugar entre los cuentistas del siglo XIV.

Pero su mérito mayor no consiste en esto, ni tampoco en haber incorporado en nuestra literatura gran número de elementos extraños, sino en la creación de un tipo muy original, cuya filosofía práctica, expresada en continuas sentencias, no es la de los libros, sino la proverbial o *paremiológica* de nuestro pueblo. El *Ribaldo,* personaje enteramente ajeno a la literatura caballeresca anterior, representa la invasión del realismo español en el género de ficciones que parecía más contrario a su índole, y la importancia de tal creación no es pequeña, si se reflexiona que el *Ribaldo* es hasta ahora el único antecesor conocido de Sancho Panza. Cervantes, que tan empapado estaba en la literatura caballeresca y tantos libros de ella cita, no menciona *El caballero Cifar;* acaso le había leído en su juventud y no recordaría ni aun el título, pero no puede negarse que hay parentesco entre el rudo esbozo del antiguo narrador y la soberana concepción del escudero de don Quijote. La semejanza se hace más sensible por el gran número de refranes que el *Ribaldo* usa a cada momento en la conversación. Hasta sesenta y uno ha recogido y comentado Wagner, sin contar con los proverbios de origen erudito. Quizás no se hallen tantos en ningún texto de aquella centuria, y hay que llegar al Arcipreste de Talavera y a la *Celestina* para ver abrirse de nuevo esta caudalosa fuente del saber popular y del pintoresco decir. Pero el *Ribaldo* no sólo parece un embrión de Sancho en su lenguaje sabroso y popular, sino también en algunos rasgos de su carácter. Desde el momento en que, saliendo de la choza del pescador, interviene en la acción de la novela, procede como un rústico malicioso y avisado, socarrón y ladino, cuyo buen sentido contrasta las fantasías de su señor «el caballero Viandante», a quien, en medio de la cariñosa lealtad que le profesa, tiene por «desventurado e de poco recabdo», sin perjuicio de acompañarle en sus empresas y de sacarle de muy apurados trances, sugiriéndole, por ejemplo, la idea de entrar en la ciudad de Mentón con viles vestiduras y ademanes de loco. Él, por su parte, se ve expuesto a peligros no menores, aunque de índole menos heroica. En una ocasión le liberta el caballero Cifar al pie de la horca donde iban a colgarle, confundiéndole con el ladrón de una bolsa. No había cometido ciertamente tan feo delito, pero en cosas de menor cuantía pecaba sin gran escrúpulo y salía del paso con cierta candidez humorística. Dígalo el singular capítulo LXII (trasunto acaso de una *facecia* oriental), en que se refiere cómo entró en una huerta a coger nabos y los metió en el saco:

»«Ellos andudieron ese dia atanto fasta que llegaron a una vi-
»lleta pequeña que estava a media legua del real de la puente;
»e el cavallero, ante que entrasen en aquella villeta, vido una huer-
»ta en un valle muy fermosa; e avia alli un nabar muy grande, e
»dixo al Ribaldo: «Ay, amigo, qué de buen grado comeria de aque-
»llos nabos, si oviese quien me los sopiese adobar bien—Sseñor, dixo
»el Rribaldo, yo vos los adobaré, ca lo sé faser muy bien». E llegó
»con él a una alvergueria, e dexólo alli, e fuese para aquella huerta
»con un saco a cuestas; e falló la puerta cerrada, e subio sobre las
»paredes, e saltó dentro, e començó de arrancar de aquellos, e los
»mejores metiolos en el saco. E él estando arrancando los nabos,
»entró el señor de aquella huerta, e quando lo vido, fuese para él
»e dixole: «Don ladron, malo falso, vos yredes agora conmigo preso
»delante de la justicia, e dar vos han la pena que merescedes, por-
»que entraste por las paredes a furtar los nabos.—Ay, sseñor, dixo
»el Rribaldo, sy Dios vos dé buena ventura que lo non fagades,
»ca forçadamente entré aqui.—¿E cómo forçadamente? dixo el
»sseñor de la huerta, ca non veo en ti cosa porque ninguno te de-

»viese faser fuerça, si vuestra maldad non vos la fisiese faser.—
»Sseñor, dixo el Rribaldo, yo pasando por aquel camino, fizo un
»viento atan fuerte que me fizo levantar por fuerça de tierra, e
»lançome en esta huerta.—E pues ¿quién arrancó estos nabos?
»dixo el señor de la huerta.—Sseñor, dixo el Rribaldo, el viento era
»tan rresio e atan fuerte que me levantaba de tierra, e con miedo
»del viento que me non lançase en algund mal logar, traveme a las
»fojas de los nabos e arancavanse.—¿Pues quién metió estos nabos
»en este saco? dixo el hortelano.—Sseñor, dixo el Rribaldo, deso
»me fago yo muy maravillado.—Pues que tú te maravillas dixo
»el señor de la huerta, bien das a entender que non has culpa en
»ello, e perdonotelo esta vegada.—Ay sseñor, dixo el Rribaldo,
»¿e qué perdon ha menester el que está sin culpa? Mejor fariedes
»de me dexar levar estos nabos por el laserio que llevé en los
»arrancar; pero que lo fise contra mi voluntad, forçandome el
»grand viento.—Plaseme, dixo el señor de la huerta, porque tan
»bien te defiendes con mentiras tan fermosas, e toma los nabos, e
»vete tu carrera, e guardate de aqui adelante, que non te contesca
»otra vegada, si non tú lo pagarás». E fuese el Rribaldo con sus
»nabos muy alegre, porque tan bien escapara; e adobolo muy bien
»con buena cecina que falló a comprar, e dio a comer al cavallero,
»e comió él.»

Aunque en esta y en alguna otra aventura el Ribaldo parece precursor de los héroes de la novela picaresca, todavía más que del honrado escudero de don Quijote, difiere del uno y de los otros en que mezcla el valor guerrero con la astucia. Gracias a esto su condición social va elevándose y depurándose: hasta el nombre de Ribaldo pierde en la segunda mitad del libro: «Probó muy bien
»en armas e fizo muchas cavallerías e buenas, porque el rrey tovo
»por guisado de lo faser cavallero, e lo fizo e lo heredó e lo casó
»muy bien; e desianle ya el *Cavallero Amigo*».

Nos hemos dilatado tanto en el estudio del *Caballero Cifar*, no sólo por el interés que despiertan su remota antigüedad y lo abigarrado y curioso de su contenido, sino por ser obra casi enteramente ignorada en España, aunque muy estudiada fuera de aquí. Los historiadores de nuestra literatura han prescindido de ella casi por completo. Amador de los Ríos y Ticknor dan indicios de no conocer más que su título, y el mismo Gayangos parece considerarla como una de las imitaciones del *Amadís,* al cual puede ser anterior, a lo menos como ficción en prosa, y con el cual no tiene el menor punto de analogía. Creemos, por el contrario, que Baist [1] está en lo firme cuando califica el *Cifar* de la más antigua novela original castellana *(die älteste selbständige kastilische fiktion).* No es libro de caballerías puro, sino un libro de transición en que se combinan lo caballeresco, lo didáctico y lo hagiográfico. Esta rara combinación daña al efecto artístico, pero agrada al investigador curioso y hace menos fatigosa su lectura que la de otras obras de su género. Hasta la ranciedad y llaneza de su estilo le pone a salvo de la retórica amanerada y enfática que corrompió estos libros desde la cuna. Suponemos que la influencia del *Cifar* hubo de ser pequeña, puesto que una vez sola fué impreso, pero basta el que pueda contársele entre los precedentes remotos del *Quijote* para que ofrezca atractivo y novedad su estudio.

Mucho más importa, sin embargo, el *Amadís de Gaula,* obra capital en los anales de la ficción humana, y una de las que por más tiempo y más hondamente imprimieron su sello, no sólo en el dominio de la fantasía, sino en el de los hábitos sociales. Larga y enojosa disputa que ya debiera estar resuelta en cuanto a la sustancia, si no se hubiesen mezclado apasionamientos y prevenciones nacionales en el ánimo de los contendientes, apartándolos de la serena y justa estimación de los hechos, ha dividido a los eruditos portugueses, castellanos y franceses, que por distintos motivos reclaman para sus respectivas literaturas el honor de tan famosa composición. Otros literatos menos interesados en la querella, especialmente alemanes e ingleses, han terciado en favor de una u otra de las partes litigantes, y aunque el fallo ha quedado en suspenso, existe ya entre los jueces imparciales una poderosa corriente de opinión, que acaso se convertirá pronto en sentencia definitiva. Pero entiéndase que esta sentencia no podrá disipar todas las tinieblas que cercan la cuna de *Amadís.* Sólo el hallazgo de nuevos documentos, y sobre todo el de alguna de las redaccio-

---

[1] En su reseña de la literatura española, publicada en la colección de Gröber *(Grundiss der romanischen Philologie,* II, pp. 416 y 439, Strasburgo, 1898), Baist es el primer crítico que ha hecho plena justicia al *Cifar,* aunque algo había dicho el Conde de Puymaigre en *La Cour Littéraire de Don Juan II* (París, 1873, tomo I, p. 81).

nes primitivas de la novela, podría aclarar el misterioso problema de sus orígenes.

El texto actual de los cuatro libros del «esforzado et virtuoso caballero Amadis, hijo del rey Perion de Gaula y de la reina Elisena», está en lengua castellana, y su primera edición conocida es la de Zaragoza, por Jorge Coci, 1508,[1] descubierta en estos últimos años, no la de Roma de 1519, por Antonio de Salamanca, que hasta ahora ha venido pasando por tal en las bibliografías. Según se expresa en el encabezamiento del primer libro, «fue corregido y «emendado por el honrado e virtuoso caballero Garci Rodriguez

---

[1] *Los quatro libros del virtuoso cauallero Amadis de Gaula: Complidos.*
Colofón: «*Acabanse los quatro libros... Fueron emprimidos en la muy noble y muy leal ciudad de Çaragoça: por George Coci, Aleman... mil y quinientos y ocho años.*» Fol. gót.

El ejemplar que pasa por único de esta edición, desconocida hasta que en 1872 fué descubierta en Ferrara y adquirida por el barón Seillière en 10.000 francos, fué anunciado por el librero de Londres Quaritch, en su Catálogo de febrero de 1895, en 200 libras esterlinas. Ignoro quién sea su poseedor actual.

La edición de Salamanca, de 1510, es hipotética. No así la de Sevilla, año 1511, citada en el *Registrum* de don Fernando Colón.

Para las restantes, véase el catálogo de Gayangos, tal como lo reimprimió adicionado en el tomo I del *Ensayo de Gallardo.*

La más estimada por la corrección del texto es la de Venecia:
Los quatro libros de Amadis de Gaula nueuamete impressos e hystoriados, 1533.

(Al fin.) «Acabanse aqui los quatro libros del esforçado e muy virtuoso cauallero Amadis de Gaula, fijo del rey Perion y de la reyna Elisena: en los »quales se fallan muy por estenso las grādes aventuras y terribles batallas »que en sus tiēpos por el se acabaron e vencieron, e por otros muchos caua- »lleros assi de su linaje como amigos suyos. El qual fue impresso en la muy »ínclita y singular ciudad de Venecia por maestro Juan Antonio de Sabia, »impressor de libros a las espensas de M. Juā Batista Pedrezano e cōpanō, »mercadante de libros. Está al pie del puēte de Rialto, e tiene por enseña »una torre. Acabose en el año MDXXXIII, a dias siete del mes de Setiem- »bre... Fue reuisto, corrigiēdolo de las letras que trocadas de los impressores »erā por el Vicario del ualle de Cabeçuela Frācisco Delicado, natural de la peña de Martos.»

Las últimas ediciones antiguas del *Amadis* que citan los bibliógrafos son la de Sevilla, 1586, y la de Burgos, 1587. Modernamente ha sido reimpreso tres veces (Madrid, 1838; Barcelona, 1847-1848, en el *Tesoro de Autores ilustres,* de Oliveres; Madrid, 1857, en la colección de Rivadeneyra, siguiendo el texto de la edición veneciana). [Cf. Ad. Vol. II.]

»de Montalbo (en las ediciones posteriores *Garci-Ordóñez*), regidor
»de la noble villa de Medina del Campo, e corrigiole de los antiguos
»originales, que estaban corruptos e compuestos en antiguo es-
»tilo, por falta de los diferentes escriptores; quitando muchas
»palabras superfluas, e poniendo otras de más polido y elegante
»estilo, tocantes a la caballería e actos della; animando los corazo-
»nes gentiles de mancebos belicosos, que con grandísimo afecto
»abrazan el arte de la milicia corporal, avivando la inmortal
»memoria del arte de caballería no menos honestisimo y glo-
»rioso».

A primera vista pudiera creerse que esta declaración alcanza a los cuatros libros, y que la tarea de Montalvo fué meramente la de un corrector o a lo sumo la de un refundidor; pero basta leer con atención el prólogo para comprender que su parte fué mucho mayor, a lo menos respecto del libro cuarto, tan diverso en estilo y carácter de los tres primeros, al cual añadió después el libro quinto, o sea las *Sergas de Esplandián,* que son enteramente de su cosecha: «*Corrigiendo estos tres libros* de Amadis, que por falta
»de los malos escritores o componedores muy corruptos o vicio-
»sos se leian, y *trasladando y enmendando el libro cuarto* con las
»*Sergas de Esplandian,* su hijo, *que hasta aqui no es memoria de*
»*ninguno ser visto;* que por gran dicha parescio en una tumba de
»piedra que debajo de la tierra de una ermita cerca de Constanti-
»nopla fue hallado y traido por un hungaro mercader a estas
»partes de España, en la letra y pergamino tan antiguo, que con
»mucho trabajo se pudo leer por aquellos que la lengua sabian.
»Los cuales *cinco libros,* como quiera que hasta aqui más por pa-
»trañas que por coronicas eran tenidos, son, con las tales enmien-
»das, acompañados de tales ejemplos y doctrinas, que con justa
»causa se podrán comparar a los livianos y febles saleros de
»corcho, que con tiras de oro y de plata son encarcelados y guar-
»necidos».

Prescindiendo de la tumba de piedra y del mercader húngaro, que es una de las ficciones habituales en los proemios de este género de libros, cuyos autores pretenden siempre haberlos traducido de lenguas más o menos exóticas y remotas, y también de la manifiesta contradicción que las últimas palabras envuelven, puesto que si no había memoria de hombre que hubiese visto el libro cuarto, ni las *Sergas*,[1] no era fácil que fuesen calificados de patrañas ni de crónicas; lo que resulta claro es que el regidor de Medina establece una distinción entre los tres primeros libros, conocidos ya, y el cuarto con su secuela de las *Sergas*, o sea, «el ramo que de los cuatro libros de *Amadís de Gaula* sale».

Y en efecto, desde fines del siglo XIV era conocido y aun popular en España un *Amadís de Gaula* en tres libros. Cítale el llamado Pero Ferrús, cuyo verdadero nombre parece haber sido Pero Ferrandes, según recientes investigaciones del señor Rodríguez Marín. Ferrús o Ferrantes, que es uno de los más antiguos poetas del *Cancionero de Baena*, puesto que compuso versos a la muerte de don Enrique II, acaecida en 1379,[2] escribe en un *dezyr* al canciller Ayala, ponderando la vida de la sierra:

> *Amadys, el muy fermoso*,
> Las lluvias y las ventiscas
> Nunca las falló ariscas
> Por leal ser e famoso:
> Sus proezas fallaredes
> *En tres libros*, e diredes
> Que le dé Dios santo poso.
>
> (Núm. 305.)

El texto es terminante en cuanto al número de los libros, pero hay otra mención del *Amadís*, probablemente anterior: la del mismo Canciller Ayala en su *Rimado de Palacio*. Sea cualquiera la opinión que se adopte acerca de la fecha de la composición de este libro (rechazando por supuesto el falso epígrafe de uno de los códices que le supone escrito durante la breve prisión de Ayala después de la batalla de Nájera (1367) y en Inglaterra a donde no llegó a ir nunca), no hay duda que una parte considerable del

---

[1] Los que niegan a Montalvo la paternidad del libro cuarto, entienden que esta declaración se refiere sólo al *Esplandián;* pero la gramática no lo tolera, puesto que *visto* concierta con *libro* y no con *Sergas.*

[2] Basta leer estos versos *(Cancionero de Baena,* edición de Leipzig, tomo II, p. 320) para convencerse de que se refieren a Enrique II y no a Enrique III, como han supuesto algunos; Enrique II es el que guerreó treinta años continuos, el que murió de cincuenta y cinco años, el que estuvo casado con la reina doña Juana, el que dejó a su hijo casado con una infanta de Aragón. Nada de esto cuadra a Don Enrique *el Doliente.*

poema fué compuesta en el castillo de Oviedes, donde por quince meses le tuvieron en duro cautiverio los portugueses después de la batalla de Aljubarrota (1385), y que las 704 estrofas primeras, en que no hay alusión alguna a su prisión, deben ser anteriores, puesto que la última fecha que en ellas se cita es la de 1380. El *Rimado* empieza, como es sabido, con la confesión de Ayala, que entre sus pecados incluye la lectura de libros profanos:

> Plógome otrossi oyr muchas vegadas
> Libros de deuaneos e mentiras probadas,
> *Amadis, Lanzalote* e burlas asacadas
> En que perdi mi tiempo a muy malas jornadas.

(Copla 162.)

Ayala había nacido en 1332; no sabemos a qué época de su vida se refiere esta parte de la *Confesión*, pero tales lecturas parecen más propias de la mocedad alegre y frívola que de la edad madura de un tan grave hombre político, historiador y moralista como era el Canciller, aunque pagase no ligero tributo a las flaquezas de la carne, según insinúa su biógrafo Fernán Pérez de Guzmán.

Es digno de repararse que la mención del *Amadís* en nuestros poetas de los primeros reinados de la casa de Trastamara, va unida casi siempre con la de los héroes más populares del ciclo carolingio y bretón. Pero Ferrandes le cita al lado de Roldán, del rey Artús, de don Galaz, de Lanzarote y de Tristán. Con el mismo Lanzarote le equipara el canciller Ayala. En 1405 escribía Micer Francisco Imperial, celebrando el nacimiento del príncipe don Juan II en la ciudad de Toro:

> Todos los amores que ouieron Archiles
> Paris e Troylos de las sus señores,
> Tristán, Lançarote de las muy gentiles
> Sus enamoradas e muy de valores;
> Él e su muger ayan mayores
> Que los de Paris e los de Vyana,
> E de *Amadis* e los de *Oriana*
> E que los de Blancaflor e Flores.

(Núm. 226.)

Un año después (1406) el monje jerónimo Fr. Migir, capellán del obispo de Segovia don Juan de Tordesillas, en un *dezir* compuesto con ocasión de la muerte de don Enrique III, decía, enumerando varios personajes históricos y fabulosos:

> .... *Amadís* apres,
> Tristán e Galás, Lançarote del Lago,
> E otros aquestos decitme: quál drago
> Tragó todos estos, e d'ellos qué es?
>
> (Núm. 38.)

Citado siempre el *Amadís* en compañía de las novelas más célebres del ciclo de la Tabla Redonda, no cabe duda que era tan popular como ellas. Su contenido debía de ser sustancialmente el mismo que el de los tres primeros libros actuales; la heroína se llamaba Oriana, y entre los personajes secundarios figuraba Macandón, paje del rey Lisuarte, que a los sesenta años solicitó y logró ser armado caballero, con gran risa y algazara de damas y doncellas. A él aluden estos versos de un *dezir* de Alfonso Álvarez de Villasandino, dirigido al condestable Ruy López Dávalos:

> E pues non tengo otra rrenta,
> Quise ser con gran rrazon
> El segundo *Macandon*,
> Que despues de los sesenta
> Començo a correr tormenta,
> E fue cavallero armado;
> Mi cuerpo viejo cansado
> Dios sabe sy se contenta.
>
> (Núm. 72.)

El episodio a que se alude está en el libro II, cap. XIV del *Amadís* que hoy leemos, y al recordar Villasandino tan insignificante pasaje estaba seguro de ser entendido por toda la sociedad cortesana de su tiempo. Toda ella se deleitaba con aquellas *escripturas provadas,* a que se refiere Fernán Pérez de Guzmán en un *decir a la muerte,* inserto en el mismo *Cancionero de Baena:*

> Ginebra e *Oriana,*
> E la noble rreyna Iseo,
> Minerva e Adriana,
> Dueña de gentil asseo,
> Segunt que yo estudio é leo,
> En escripturas provadas
> Non pudieron ser libradas
> Deste mal escuro y feo.
>
> (Núm. 572.)

Comprobada de este modo la existencia y celebridad del libro a principios del siglo XV y aun antes, sería inútil allegar textos de poetas más modernos, como el Cartagena del *Cancionero General,* que llamó *Oriana* a su dama. Por otra parte, esta cita nada probaría, puesto que hoy está plenamente demostrado que el Cartagena trovador no fué ni pudo ser el celebérrimo Obispo de Burgos don Alonso de Santa María, sino un caballero de su mismo apellido y familia, que floreció en tiempo de la Reina Católica y cantó en elegantes metros sus virtudes. [1]

Aparte de la tradición literaria, [2] el *Amadís* dejó otros vestigios en la sociedad castellana del siglo XV. En el monumento sepulcral del Maestre de Santiago, don Lorenzo Suárez de Figueroa, muerto en 1409, que estaba antes en la iglesia de su orden y hoy está en la de la Universidad de Sevilla, a los pies de la estatua yacente del caballero se encuentra un perro que en el collar lleva escrito dos veces en letras góticas el nombre de *Amadís*. [3] Popular debía de ser en tiempo de don Juan II el héroe caballeresco, cuando su nombre se aplicaba hasta a los perros.

No es menos curiosa, sino acaso más, porque prueba que el tema de *Amadís* había pasado de la literatura al arte pictórica

---

[1] En la novela catalana de *Curial y Guelfa*, que pertenece probablemente a la segunda mitad del siglo XV, se cita (pág. 498) a *Amadís* y *Oriana* entre los famosos amadores, juntamente con Píramo y Tisbe, Flores y Blanca Flor, Tristán e Isolda, Lanzarote y Ginebra, Frondino y Brissona, Fedra e Hipólito, Aquiles y Pirro, Troilo y Briseyda, Paris y Viana.

Los primeros trovadores portugueses que citan el *Amadís* son Nuño Pereira y Francisco de Silveira, que en 1482 sostuvieron con otros poetas en los palacios de Santarem el certamen de *Cuidar y suspirar*, con que empieza el *Cancionero de Resende* (tomo I de la edición de Stuttgart, páginas 7-14):

> Se o disesse *Oryana*
> E Iseu allegar posso...
> Alegays-me vos Iseu
> E *Oriana* com ella,
> E falays no cuidar seu,
> Como que nunca ly eu
> Sospirar Tristán por ella...

[2] En la *Crónica del rey Don Rodrigo*, que Pedro del Corral compuso por los años de 1443, hay evidentes imitaciones del *Amadís*.

[3] Amador de los Ríos, *Sevilla Pintoresca*, 1844, p. 236.

cuando el arte español estaba en la cuna, la noticia que nos proporciona el sabio humanista, pintor y poeta Pablo de Céspedes en el *Discurso de la comparación de la antigua y moderna pintura y escultura* que en 1604 escribió a instancias de Pedro de Valencia: «Acuérdome haber visto en Nápoles unas sargas ya viejas en »la guarda-ropa de un caballero, que las estimaba harto, *hechas* »*en España*. La manera de pintar era gentilísima de algún buen »oficial *antes que se inventase la pintura al olio*, y todas las figuras »*(era la historia de Amadís de Gaula)* con sus nombres apuestos »en español, que también esto se usó cuando después de perdida »la pintura comenzaba a levantarse de sueño tan largo.»[1] La fecha más moderna que se asigna a la invención de la pintura al óleo por los flamencos es 1410. Júzguese por este dato de la antigüedad de las sargas.

Pero ese libro tan traído y llevado durante el siglo XV, ¿en qué lengua se leía? ¿En castellano, en portugués, en francés? Los textos no nos autorizan para afirmar nada, y sólo podemos proceder por conjetura razonable.

La tradición portuguesa sobre el origen del *Amadís* es antigua y tiene en su abono poderosas razones, aunque con ellas se hayan mezclado otras vanas y sofísticas, que tampoco faltan en los abogados de la parte castellana. No hay en los poetas portugueses del siglo XV alusiones al *Amadís* tan antiguas como en los poetas castellanos, lo cual se explica bien considerando que casi todo el caudal poético de la primera mitad del siglo XV ha desaparecido, quedando una gran laguna entre los cancioneros de la escuela galaica que propiamente terminan en el reinado del Alfonso IV y el *Cancionero* de Resende compilado en los primeros años del siglo XVI con obras líricas de autores que florecieron los más después de 1450 y aparecen enteramente dominados por la influencia de Castilla. Pero tenemos en cambio un libro en prosa, la *Cró-*

---

[1] *Diccionario histórico de los profesores de las Bellas Artes en España*, por don Juan Agustín Cean Bermúdez, Madrid, 1800, t. V, p. 299.

El mismo Cean Bermúdez, en su *Carta sobre la pintura de la escuela sevillana* (Cádiz, 1806, p. 19), da esta definición de la palabra *sargas:* «Llamaban sargas a unos lienzos crudos, en los que, sin aparejo alguno, usaban de colo-»res bien molidos con agua, y que después de secos mezclaban con agua »cola o con agua de engrudo, sirviéndoles de blanco el yeso muerto.»

nica del Conde don Pedro de Meneses, escrita en 1454 por Gomes Eannes de Azurara, donde terminantemente se dice que «el *Libro de Amadís* fué compuesto a placer de un hombre, que se llamaba Vasco de Lobeira, en tiempo del rey don Fernando, siendo todas las cosas del dicho libro fingidas por el autor». [1] En vano el doctor Braunfels, que es acaso el más ingenioso y hábil defensor de la originalidad castellana del *Amadís,* [2] quiere desvirtuar la autoridad de este pasaje, suponiéndole apócrifo e interpolado. Las razones que da no convencen, y el procedimiento crítico es de los más aventurados y peligrosos que pueden emplearse. Lo que importa es graduar el crédito que puede darse a la noticia de Azurara.

Desde luego, causa extrañeza que un libro compuesto por capricho individual en tiempo del Rey de Portugal don Fernando (1367-1383), cuando la literatura portuguesa apenas había producido obras en prosa y no influía en la España central más que

---

[1] «Estas cousas diz o Commentador, que primeiramente esta Istoria ajuntou e escreveo, vão assy escriptas pela mais chã maneira... jaa sea que muitos auctores cubiçosos de alargar suas obras, forneciam seus livros recontando tempos, que os Principes passavam em convites, e assy de festas e jogos, e tempos alegres, de que se nem seguia outra cousa se nom a deleitança d'elles mesmos, assi como som os primeiros feitos de Ingraterra, que se chamava Gram Bratanha, e assi o *Liuro d'Amadis, como que somente este fosse feito a prazer de um homem, que se chamava Vasco de Lobeira, em tempo d' el Rei Dom Fernando, sendo todas las cousas do dito livro fingidas do autor*» (Cap. LXIII).

(*Collecção de libros ineditos de historia portugueza... publicados de orden da Academia Real das Sciencias de Lisboa,* por José Corrêa da Serra, t. II, Lisboa, 1792, p. 422.)

[2] *Kritischer Versuch über den Roman Amadis von Gallien,* von Dr. Ludwig *Braunfels,* Leipzig, 1876. Sobre esta obra publicó un elegante artículo don Juan Valera en *La Academia* (1877), el cual fué reproducido en sus *Disertaciones y juicios literarios* (Madrid, 1878), pp. 319-347.

Entre los trabajos anteriores al de Braunfels merece especial consideración la tesis doctoral de Eugenio Baret: *De l'Amadis de Gaule et de son influence sur les moeurs et la littérature au XVIe et au XVIIe siècle, d'après la version espagnole de Garcia Ordoñez de Montalvo, avec une notice bibliographique, la seule complète, de la suite des «Amadis».* (París, 1853. Cf. la recensión de Teodoro Müller en los *Götting. gelehert. Anzeigen,* 1854). [Cf. Ad. vol. II.]

Wof cita con grande elogio las observaciones bibliográficas de Adalberto de Keller en su esmerada edición del primer libro del *Amadis* alemán (Stuttgart, 1857, 8º). No la conozco.

por el elemento lírico, se popularizase tan rápidamente que pudiera arrepentirse de su lectura el Canciller Ayala en versos que seguramente son anteriores a 1385. La inverosimilitud sube de punto si se atiende a los únicos datos positivos que tenemos de Vasco de Lobeira. Consta, en efecto, que este hidalgo, natural de Oporto, fué armado caballero por don Juan I el día de la batalla de Aljubarrota, y figura en la lista que trae Duarte Núñez de León en su *Crónica*. Según el rigor de las costumbres y prácticas caballerescas, la orden de caballería no se daba antes de los veintiún años; pero estas prácticas estaban harto relajadas en las postrimerías del siglo XIV, y más en trances tan solemnes y críticos como el de aquel día, en que el Maestre de Avís debía esforzarse a toda costa en honrar y alentar a todos sus partidarios. Admitiendo, no obstante, que Vasco de Lobeira hubiese cumplido la edad legal o pasase algo de ella, siempre resultaría que aquel escudero o doncel era un mozalbete, comparado con el Canciller Mayor de Castilla, que tenía cincuenta y tres años cuando cayó prisionero en aquella misma jornada. ¿Cómo es posible que la lectura del libro que acababa de componer aquel oscuro joven figurara ya en la lista de los pecados del viejo? Porque suponer que le leyó durante su cautiverio sería forzar demasiado los límites de la paradoja. Durante los quice meses que los portugueses le tuvieron en «jaula de hierro» hasta que pagó su rescate, no debía de estar templado el ánimo de Ayala para lecturas de pasatiempos; más graves pensamientos embargaban su espíritu, pensamientos de sátira social generosa y elevada, ardientes efusiones de devoción a la Virgen, lamentaciones sobre el estado de la Iglesia y los progresos del cisma, la poesía viril y austera que en el *Rimado de Palacio* se contiene y que es antítesis viva de los devaneos caballerescos. El imitador y traductor de los *Morales de Job* y de la *Consolación de Boecio*, estos libros y otros tales debió de tener por compañeros de su prisión, y por único solaz y refugio de su ánimo afligido y conturbado a un tiempo por el desastre nacional, por los recios huracanes que combatían la nave de San Pedro y por el duelo de la muerte de su padre.

    Algunos eruditos portugueses no han dejado de advertir la dificultad cronológica de que Ayala pudiera conocer la obra de Lobeira y han procurado eludirla con el peregrino recurso de suponerle muy viejo en 1385, tan viejo que pudo alcanzar la corte de Alfonso IV cuando todavía era infante, es decir, antes de 1325, y componer entonces el *Amadís* y hacer a instancias del príncipe la enmienda del episodio de Briolanja. ¡Buena edad tendría cuando fué armado caballero: ni el *Macandón* de la novela esperó tanto! Pero, además, el texto de Azurara es terminante y hay que tomarle como suena. Vasco de Lobeira, si escribió en todo o en parte el *Amadís*, lo escribió *en tiempo del rey don Fernando*.

Azurara fué el primero que consignó esta tradición, pero seguramente no la había inventado, porque otros la repiten en el siglo XVI sin tomarla de su crónica, que estuvo inédita hasta 1792 y sepultada en un solo códice. En 1549, componía el gran historiador Juan de Barros su *Libro das antiguidades e cousas notaveis de antre Douro e Minho*, que todavía permanece inédito, según creo. Entre los varones ilustres de Oporto hace esta conmemoración de Lobeira: «E d'aqui foi natural Vasco Lobeira, que fez »*os primeiros 4 libros de Amadis*, obra certo mui subtil e graciosa »e aprovada de todos os gallantes; mas como estas cousas se secam »en nossas mãos, os castelhanos lhe mudaran a linguagem, e atri- »buiram a obra a si».[1]

Azurara no había dicho en qué lengua escribió Lobeira; Juan de Barros da un paso más, y considera el texto castellano como traducción del portugués: «y como estas cosas se secan en nuestras »manos, los castellanos le mudaron el lenguaje, y se atribuyeron »la obra».

Vienen luego los dos sonetos que con afectación de lenguaje arcaico compuso el célebre poeta *quinhentista* Antonio Ferreira.[2] El primero puesto en boca del infante don Alfonso, exigiendo la famosa corrección del episodio de Briolanja (que trataremos aparte), empieza con estos versos:

---

[1] Ms. A-6-2 de la Biblioteca Pública de Lisboa, citado por Teófilo Braga, *Amadis de Gaula*, página 203.
[2] El diplomático brasileño F. A. Varnhagen, en su insustancial ensayo *Da litteratura dos livros de cavallarias, estudo breve e consciencioso* (Viena, 1872), todavía tuvo valor para atribuir al infante Don Alfonso y a Vasco de Lobeira estos sonetos, enmendando la plana al hijo de Ferreira y mostrando desconocer de todo punto la historia de las formas métricas en el Parnaso peninsular (p. 62).

Bom *Vasco de Lobeira,* e de grã sen
De prão que vos avedes bem contado
O *feito d' Amadís* o namorado
Sem quedar ende por contar hi ren...

El segundo soneto es una imitación del Petrarca, que nada tiene que ver con el *Amadís,* salvo el nombre de Briolanja. Es de suponer que Ferreira, como todos sus contemporáneos, leía el *Amadís* en castellano. De todos modos, no es él quien afirma la existencia del manuscrito original en el archivo de la casa de Aveiro. Esta problemática noticia la dió su hijo Miguel Leite Ferreira en una nota curiosísima [1] que puso en la edición póstuma de los *Poemas Lusitanos* de su padre (Lisboa, 1598, por Pedro Craessbeck); nota que, por estar algo escondida debajo de la fe de erratas, se ocultó a la erudición de don Pascual Gayangos, llevándole a negar su existencia. Es, por consiguiente, Miguel Leite Ferreira quien afirma, en 1598, que «el original del *Amadis* (no »dice en qué lengua, pero es de suponer que en portugués) *andaba* »*en la casa de Aveiro».*

Nada se sabe del paradero de tal manuscrito. Consta, sí, que entre los libros raros de la biblioteca del conde de Vimeiro, existía en 1686 un *Amadis de Gaula em portuguez.* Pero este libro invisible había desaparecido ya en 1726, puesto que el conde da Ericeyra, al dar cuenta a la Academia de Historia Portuguesa de los restos de aquella insigne librería, formada en gran parte con los impresos y manuscritos que habían pertenecido al erudito chantre de Coimbra Manuel Severim de Faria, no cita el *Amadís* más que con referencia al catálogo alfabético, del cual faltaban ya muchos artículos, ni da la menor indicación acerca de él. Después se pierde todo rastro de esta ave fénix de la bibliografía. «El »terremoto de 1755 (dice algo candorosamente T. Braga), en que

---

[1] «Os dous sonetos que vão ao fol. 24 fez meu pay na linguagem que se »acostumava neste Reyno en tempo del Rey Don Denis, que he a mesma »em que foi composta a historia de Amadis de Gaula por Vasco de Lobeira, »natural da cidade do Porto, *cujo original anda na casa de Aveiro.* Divulga- »rãose em nome do Inffante Don Affonso, filho primogenito del Rey Don »Dinis, por quã mal este princepe recebera (como se vê da mesma historia) »ser a fermosa Briolanja em seus amores maltratada» *(Poemas Lusitanos,* hoja 4ª sin numerar).

»ardieron las más ricas bibliotecas portuguesas, vino a poner un
»límite a las esperanzas de encontrar el original del *Amadís,* igno-
»rado desde 1686». [1] ¿Un límite? ¿Por qué? En estos casos no debe
desesperarse nunca. Pero la verdad es que toda esta vaga historia
de un códice perdido, sin que en tanto tiempo se le ocurriera
a nadie leerle ni describirle siquiera, trae a la memoria aquella
redondilla de don Antonio Solís:

> Amor es duende importuno
> Que revuelto al mundo tray.
> Todos dicen que le hay,
> Mas no le ha visto ninguno.

Además, cabe en lo posible que ese *Amadís* portugués fuese una
traducción más o menos antigua del castellano. La vaguedad con
que se habla de él abre la puerta a cualquier conjetura. El hijo de
Ferreira le califica de original, pero no sabemos con qué fundamento; ni siquiera dice haberle visto, sino sólo que «andaba en casa
de Aveiro».

Lo único digno de tenerse en cuenta que hemos encontrado
hasta ahora, es la antigua y persistente tradición acerca de Vasco
de Lobeira, recogida aisladamente por Azurara, Juan de Barros
y Antonio Ferreira. Los *Poemas* de éste, por la estimación en que
fueron tenidos, contribuyeron a difundirla, pero ya antes de escribirse, o a lo menos antes de publicarse el nombre de Vasco de
Lobeira, había traspasado los límites de Portugal, y había tenido
el honor de figurar en los *Diálogos de Medallas,* [2] del grande Arzobispo de Tarragona Antonio Agustín, el cual no dice, como Teó-

---

[1] *Historia das Novellas Portuguesas de Cavalleria, por Theophilo Braga. Formação do Amadis de Gaula.* Porto, 1873, p. 227. Hay del mismo autor otros tres escritos sobre el origen portugués del *Amadís,* coleccionados en sus *Questões da litteratura e arte portugueza* (Lisboa, sin año, pp. 98-122). En el segundo replica a la impugnación de Braunfels; en el tercero estudia la canción de Leonoreta, sobre la cual le llamó la atención Ernesto Monaci.

[2] La traducción latina de los *Diálogos de Medallas* es de Andrés Scotto. En el original castellano dice Antonio Agustín: «A los quales doy yo en esto »tanto crédito como a Amadis de Gaula, el qual dizen los portugueses que »lo compiló Vasco Lobera.» Y replica el otro interlocutor: «Esse es otro »secreto que pocos lo saben» *(Antonii Agustini Archiepiscopi Tarraconensis, Opera Omnia,* Luca, 1774, t. VIII, pp. 23-24).

filo Braga le achaca, que Vasco de Lobeira fué el primer autor del *Amadís*, sino que los portugueses se jactaban de que había sido el primer autor de este género de fábulas, lo cual es bastante diverso: «*quarum fabularum primum fuisse auctorem Vascum Lobeiram Lusitani iactant*».

Pero aunque esta tradición fuese la dominante, distaba mucho de ser única. Aun en Portugal se atribuía el libro a otras personas. Según don Luis Zapata, en su *Miscelánea*, «era fama en aquel reino que el infante don Fernando, segundo duque de Braganza, había compuesto el libro de *Amadís*.»[1] Nació este infante por los años de 1430, y con esto sólo basta para probar lo absurdo de tal especie, aunque Zapata la oyera de labios de la infanta doña Catalina, biznieta de don Fernando. Lope de Vega, al principio de su novela *Las Fortunas de Diana*, dice que «una dama portuguesa compuso el celebrado *Amadís*, padre de toda esta máquina» (de libros de caballerías).[2] Obsérvese que el nombre de Portugal va mezclado siempre en este negocio, al paso que nunca fué atribuído el *Amadís* a autor castellano determinado.

Muy divergente de todos los textos citados hasta ahora es el de Jorge Cardoso en su *Agiologio Lusitano* (Lisboa, 1652), porque no sólo cambia el nombre a Lobeira, sino que le rebaja a la condición de escribano de Elvas, y dice que *tradujo del francés* su libro por mandado del infante don Pedro, el famoso viajero de quien dice nuestro vulgo que anduvo las siete partidas del mundo.[3]

---

[1] «Y Don Hernando, segundo duque de Berganza (nieto del rey Don »Alonso de Portugal, de donde aquella Real Casa salió, y rebisabuelo del »gran Príncipe, duque Don Teodosio II, que hoy es), también como los de- »más fué escritor, que escribió a *Amadís de Gaula*, como lo supe yo de aque- »lla Real Casa y de su Alteza la señora doña Catalina su bisnieta; y bien creo »yo que tan alta y generosa composición había de ser de buena casta, que »hombre rudo no pudo hacerla; y así me alegré de lo saber, como fabulosa- »mente el mismo Doncel del Mar de se hallar hijo del Rey» *(Memorial Histórico Español*, t. XI, Madrid, 1859, p. 141).

[2] Acaso Lope recordaba confusamente que el *Palmerín de Oliva* y el *Primaleón* habían sido escritos por una dama, aunque no era portuguesa, sino de Ciudad-Rodrigo.

[3] «E por seu mandado trasladou de frances em a nossa lingua Pero »Lobeiro *(sic),* Tabalião d'Elvas, *o livro de Amadis* que (a parecer de varões »doctos) he o melhor que saiu a luz de fabulosas historias» *(Agiolog. Lusit.,* tomo I, p. 410, Lisboa, 1652). *Apud* T. Braga, *Amadís de Gaula,* 189.

Si la tradición portuguesa no tuviera mejores apoyos que estos vagos rumores, no se la podría conceder críticamente gran valor. Pero tiene en su abono razones mucho más fuertes que si no llevan la convicción al ánimo despreocupado, encierran, no obstante, una gran dosis de probabilidad.

Comencemos por el episodio de Briolanja, en que se fijó por primera vez Walter Scott,[1] y que luego ha tenido la rara fortuna de ser alegado, ya en pro del origen portugués, ya del origen castellano del libro. A nuestro entender no prueba ni una cosa ni otra, pero sí otras tres muy importantes: 1º, que en Portugal era conocido el *Amadís de Gaula* a principios del siglo XIV, lo cual nos hace adelantar casi una centuria en el proceso histórico de la famosa novela; 2º, que ya entonces fué refundida en un punto muy esencial, lo cual arguye la existencia de un texto anterior, y 3º, que los *antiguos originales* de que se valió Garci Ordóñez de Montalvo eran tres por lo menos, confirmándose así lo que él dice de *los diferentes escriptores*.

Todo el que haya leído el *Amadís* recordará el episodio en cuestión. Nuestro cortés e invencible caballero toma sobre sí la empresa de restituir a la «fermosa niña Briolanja» el reino de Sobradisa, del cual había sido despojada por su tío Abiseos, el mismo que había dado muerte a su padre. Briolanja se enamora locamente de él y quiere rendírsele a todo su talante y discreción, como suelen las andariegas y desvalidas princesas de estos libros. «Brio-
»lanja a Amadis miraba e pareciale el más fermoso caballero
»que nunca viera; e por cierto tal era en aquel tiempo, que no
»pasaba de veinte años, e tenia el rostro manchado de las armas;
»más considerando cuán bien empleadas en él aquellas mansillas
»eran, e cómo con ellas tan limpia e clara la su fama e honra hacía,
»mucho en su apostura y hermosura acrecentaba y en tal punto
»aquesta vista se causó, que de aquella muy fermosa doncella,
»que con tanta afición le miraba, tan amado fue, que por muy
»largos e grandes tiempos nunca de su corazón la su membranza
»apartar pudo; donde por muy gran fuerza de amor constreñida,
»no lo pudiendo su ánimo sofrir ni resistir, habiendo cobrado su

---

[1] En un artículo de la *Quarterly Review* citado por Baret, *De l'Amadis*, página 35, y por Gayangos en su *Discurso preliminar sobre los libros de Caballerías* (p. XXIV).

»reino, como adelante se dira, fue por parte della requerido que
»del y de su persona sin ningun entrevalo señor podia ser; mas esto
»sabido por Amadis, dio enteramente a conocer que las angustias
»e dolores, con las muchas lágrimas derramadas por su señora
»Oriana, no sin gran lealtad las pasaba, *aunque el señor infante
»don Alfonso de Portugal, habiendo piedad desta fermosa doncella,
»de otra guisa lo mandase poner. En esto hizo lo que su merced fue,
»mas no aquello que en efecto de sus amores se escribia.*

»De otra guisa se cuentan estos amores, que con más razon a ello
»dar fe se debe: que seyendo Briolanja en su reino restituida, fol-
»gando en él con Amadis e Agrajes, que llegados estaban, perma-
»neciendo ella en sus amores, fablando aparte en gran secreto
»con la doncella... demandóle con muchas lágrimas remedio para
»aquella su tan crecida pasión; y la doncella doliendose de aque-
»lla su señora, demandó a Amadis, para cumplimiento de su pro-
»mesa, que de una torre no saliese hasta haber un hijo o hija en
»Briolanja... e que Amadis, por no faltar su palabra, en la torre
»se pusiera, como le fue demandado, donde no queriendo haber
»juntamiento con Briolanja, perdiendo el comer e dormir, en gran
»peligro de su vida fue puesto. Lo cual sabido en la corte del rey
»Lisuarte cómo en tal estrecho estaba, su señora Oriana, porque no
»perdiese, le envió mandar que hiciese lo que la doncella le deman-
»daba e que Amadis con esta licencia, considerando no poder por
»otra guisa de alli salir ni ser su palabra verdadera, tomando *por
»su amiga aquella fermosa reina hobo en ella un fijo e una fija de
»un vientre. Pero ni lo uno ni lo otro no fue asi,* sino que Briolanja
»veyendo cómo Amadis de todo en todo se iba a la muerte en la
»torre donde estaba, que mandó a la doncella que el don le qui-
»tase (es decir, que le levantase el juramento o promesa que la
»habia hecho, y en virtud del cual le habia encarcelado) so pleito
»que de alli no se fuese fasta ser tornado don Galaor, queriendo
»que sus ojos gozasen de aquello que lo no viendo en gran tiniebla
»y escuridad quedaban que era tener ante sí aquel tan fermoso
»e famoso caballero. *Esto lleva más razón de ser creído*, porque esta
»fermosa reina casada fué con don Galaor, como el cuarto libro lo
»cuenta» (cap. XL del libro I).

Un poco más adelante, después de referir la descomunal batalla en que Amadís y Agrajes triunfaron de Abiseos y sus dos va-

lientes hijos, y la restauración de Briolanja en el reino de Sobradisa, añade Montalvo: «*Todo lo que más desto en este libro primero »se dice de los amores de Amadis e desta fermosa reina fue acrecen- »tado, como ya se os dijo; e por eso, como superfluo e vano se dejará »de recontar, pues que no hace al caso, antes esto no verdadero com- »tradiría lo que con más razon esta grande historia adelante os con- »tará*» (cap. XLII).

Montalvo, como todos los compiladores de la Edad Media, se mueve con cierta torpeza entre las versiones contrarias, pero su pensamiento se ve bastante claro. Conocía tres variantes del episodio de Briolanja. En la primera, que era de seguro la más antigua, la genuina la que él prefiere, Amadís se resistía a los halagos y solicitudes de la enamorada y desaforada doncella y conservaba íntegra su fidelidad a la señora Oriana. En la segunda, o sea, en la brutal corrección impuesta por el infante don Alfonso, Amadís sucumbía a la tentación y al fastidio del encierro y tomaba por amiga a Briolanja, en la cual «tuvo un fijo e una fija de un vientre». Había, finalmente, una variante atenuada de la segunda versión, en que la caída y flaqueza de Amadís se disculpaba con un mandamiento expreso de su señora Oriana.

Suponer que la extraña enmienda del infante don Alfonso fué impuesta al primitivo autor de la novela es inadmisible, porque hubiera sido lo mismo que anular la concepción fundamental de la obra. Amadís es el prototipo de los leales amadores: Oriana es la única señora de sus pensamientos; si falta en lo más mínimo a la fe jurada no podrá pasar el arco de los leales amadores que el sabio Apolidón dispuso en la Insula Firme. Sobre el arco había una estatua de cobre en actitud de tocar una trompa, y no lejos una inscripción que decía: «De aqui adelante no pasará ningun »hombre ni mujer si hobieren errado a aquellos que primero co- »menzaron a amar, porque la imagen que vedes tañerá aquella »trompa, con son tan espantoso e fumo e llamas de fuego, que los «fará ser tollidos, e asi como muertos seran de este sitio lanza- »dos; pero si tal caballero o dueña o doncella aqui vinieren que »sean dignos de acabar esta aventura, por la gran lealtad suya, »entrarán sin ningun entrevalo, e la imagen hará tan dulce son »que muy sabroso será de oir a los que le oyeren».

Esta aventura es tan esencial que sin ella no tendría sentido el *Amadís*. El que fué capaz de imaginar este dechado de idealismo caballeresco, esta imagen de perfección ideal, ¿iba a destruir groseramente su propia obra por el ridículo capricho de un príncipe? Y dado que se resignase a tal sacrificio, habría tenido que retocar, no solamente el episodio de Briolanja, sino otros muchos capítulos; hacer, en suma, una novela nueva con distinto plan y distintas aventuras, con un Amadís y una Oriana diversos de los que conocemos.

La consecuencia racional que de todo esto se saca es que la orden del infante don Alfonso fué dada a un mero traductor o refundidor, que interpoló toscamente el cuento de los amoríos de Briolanja, sin cuidarse de salvar la contradicción que envuelve con todo lo demás de la fábula.

Ahora conviene averiguar quién fué el infante don Alfonso que por tan rara manera se apiadó de Briolanja, porque esto importa mucho para la cronología de la novela. Sólo dos príncipes de este nombre hallamos en Portugal durante el siglo XIV y principios del XV. El segundo fué un hijo bastardo del Maestre de Avís (don Juan I), pero no sabemos que se le titulase infante, y además, habiendo nacido su padre en 1357, no es verosímil que le engendrase antes de los quince años, que sería bastante madrugar aun para aquellos tiempos. Admitido que naciera en 1372, sólo en los últimos años del siglo, es decir, cuando hay testimonios fehacientes de la popularidad del *Amadís* en Castilla, pudo enterarse y compadecerse del infortunio de la reina de Sobradisa.

El infante de quien se trata no puede ser otro (y en esto conviene todo el mundo) que don Alfonso IV, hijo primogénito del rey don Dionís, a quien sucedió en el trono en 1325, y que desde el 1297 tuvo casa y corte separada de la de su padre. Entre estas dos fechas hay que colocar la enmienda del episodio de Briolanja, y por consiguiente una versión del *Amadís*, que acaso estaría en lengua portuguesa, puesto que todavía no era moda en los naturales de aquel reino el escribir en castellano.

¿Pero quién sería este incógnito autor, traductor o refundidor? No puede pensarse en Vasco de Lobeira, ni tampoco en el Pedro Lobeira citado por Cardoso, puesto que el caballero de Aljubarrota vivió a fines del siglo XIV, y el escribano de Elvas debe de ser todavía posterior, puesto que se dice que fué protegido por el infante don Pedro, el cual nació en 1392.

Pero pudo ser, y probablemente fué, otro de su apellido, Juan Lobeira, trovador de la corte del rey don Dionís, y del cual se hallan en el *Cancionero Colocci Brancuti* (números 230 y 232) dos fragmentos de una canción portuguesa, cuyo estribillo es exactamente el mismo de otra canción inserta en el libro II, cap. XI, del *Amadís* castellano. La comparación es muy fácil. Empezaremos por transcribir el texto de Juan Lobeira, tal como lo ha restaurado Braga:

>   Senhor, senta mi tormenta
>   Voss' amor em guisa tal,
>   Que tormenta que eu senta
>   Outra non m' e ben nen mal,
>   Mays la vossa m' e mortal.
>   *Leonoreta fin rosetta,*
>   *Bella sobre toda fror,*
>   *Fin roseta non me metta*
>   *En tal coita vosso amor.*
>   Das que vejo non desejo
>   Outra senhor, se vos non;
>   E desejo tan sobejo
>   Mataria hum leom,
>   Senhor do meu coraçon.
>   *Leonoreta fin roseta,* etc.
>   Minha ventura em loucura
>   Me metteu de vos amar,
>   E loucura que me dura
>   Que me non posso en quitar,
>   Ay fremosura sem par.
>   *Leonoreta fin roseta,* etc.

La canción castellana no sólo reproduce el estribillo, sino el tipo de la estrofa, aunque escrito de diversa manera, y conserva con leve diferencia los principales pensamientos y expresiones:

>   *Leonoreta fin roseta,*
>   *Blanca sobre toda flor.*
>   *Fin roseta no me meta*
>   *En tal cuita vuestro amor.*
>   Sin ventura yo en locura
>   Me metí;
>   El vos amar es locura

Que me dura,
Sin me poder apartar,
¡Oh fermosura sin par,
Que me da pena e dulzor,
*Fin roseta no me meta
En tal cuita vuestro amor!*
De todas las que yo veo
No deseo
Servir otra sino a vos;
Bien veo que mi deseo
Es devaneo,
Do no me puedo partir,
Pues que no puedo huir
De ser vuestro servidor,
*No me meta fin roseta
En tal cuita vuestro amor.*

Esta canción o *villancico*, como la llama Montalvo, no constituye por sí sola un argumento decisivo e irrefutable en pro del origen portugués del *Amadís*, pero es indicio de mucha fuerza. Los versos son probablemente de fines del siglo XIII, a lo sumo de principios del XIV; ninguna poesía del *Cancionero* alcanza menos antigüedad. El nombre del autor *Juan Lobeira* nos pone sobre la pista de las confusas atribuciones que más adelante se hicieron del Amadís a personas del mismo apellido. No puede sospecharse interpolación, tanto porque los versos vienen traídos por la acción de la novela, cuanto por el olvido profundo en que yacía en tiempo de Montalvo la vetusta escuela de los trovadores gallegos y portugueses. La canción, por otra parte, tiene estrecha semejanza y parentesco métrico con los cinco *lays* de materia bretona que se hallan en el mismo *Cancionero Colocci*, y que hemos examinado en el capítulo anterior. La consecuencia más obvia que de todo esto parece deducirse, es que en tiempo del rey don Dionís existía ya un *Amadís* portugués en prosa con algún trozo lírico intercalado, según se acostumbraba en las novelas del ciclo bretón, y aun en obras de otro linaje, como alguna de las versiones de la *Crónica Troyana.*

Por documentos dignos de toda fe, consta que Juan Lobeira, a quien se califica de *miles*, es decir, de simple caballero, en oposición a rico-hombre de pendón y caldera, figuró en la corte portuguesa desde 1258 hasta 1285 por lo menos. Su apellido es gallego, de la provincia de Orense, pero no sabemos por qué razón lo llevaba, puesto que él era hijo de Pero Soares de Alvim.

Según toda verosimilitud, este Juan Lobeira fué el refundidor del *Amadís* a quien el infante don Alfonso impuso la corrección del episodio de Briolanja; pero autor original no cremos que lo fuese, por las razones ya apuntadas y que sería inútil repetir. El *Amadís* debía de existir antes. ¿En qué lengua? Dios lo sabe. La prosa gallega o portuguesa se había cultivado muy poco, y vivía principalmente de traducciones del castellano, como la *Crónica General*, las *Partidas* y la *Crónica Troyana*. La historiografía portuguesa propiamente dicha no nace hasta el siglo XV con Fernán López, evidente imitador de las crónicas de Ayala. Pero aunque la influencia castellana, como más vecina, fuese la predominante, no puede admitirse respecto de los libros de caballerías, que eran aquí muy poco populares en los siglos XIII y XIV, al paso que en Portugal (y probablemente también en Galicia) araigó mucho más aquella planta exótica, por las razones que en el capítulo anterior hemos indicado, y principalmente porque faltaba allí el contrapeso de una tradición poética indígena, a la vez que existía en plena eflorescencia una escuela lírica que fué terreno adecuado para la transplantación de los *lays* bretones. Estos vinieron seguramente de Francia, y con ellos o poco después las novelas en prosa, donde figuran a modo de *intermezzos* líricos.

En su profundo y penetrante estudio sobre los *Lays de Bretaña* se inclina Carolina Michaëlis a colocar el primer *Tristán* peninsular en el reinado de Alfonso III de Portugal y Alfonso X de Castilla, y añade las siguientes eruditísimas conjeturas:

«Como las redacciones francesas del *Tristán* datan la primera de 1210 a 1220 y la segunda de 1230, no sería de modo alguno »imposible que el Boloñés (es decir, Alfonso III, llamado así por »haber sido conde de Boulogne) y los que con él anduvieron en »Francia (a más tardar de 1238 a 1245) se aficionasen no sólo al »género de las pastorelas y canciones de baile, sino también a las »últimas novedades en prosa sobre *matiére de Bretagne*, predilec»ción que, propagándose, debía más tarde o más pronto, creo que »en la mocedad de don Dionis, conducir a la nacionalización de »los textos franceses.

»¿Por quién? ¿En la corte del Rey Sabio? ¿Por el portugués

»don Gonzalo Eannes do Vinhal, el de *los Cantares de Cornoalha*.
»o por el clérigo Ayres Nunes de Santiago, que poetizaba en lengua
»provenzal y cuyo nombre aparece en el *Cancionero de Santa
»María*? ¿En la corte portuguesa, donde la influencia francesa fué
»superior a la de Provenza? ¿Por don Pedro, el cantador de *lays*,
»que había venido de Aragón? ¿Por don Juan de Aboim, el intro-
»ductor de la pastorela artística? ¿Por Fernán García Sousa, el
»único rico hombre a quien oímos citar versos franceses? ¿Por
»don Alfonso Lopes de Bayam, que da muestras de haber co-
»nocido los cantares de gesta de *Roland*? ¿Por Mem García de Eixo,
»que también se sirvió de la lengua provenzal? ¿Por Juan Lobeira,
»hijo y sobrino de privados del Boloñés y supuesto autor del primer
»*Amadís*? ¿O por algún oscuro escribano de las cancillerías regias?
»No lo sé ni nadie lo sabe.»[1]

Imitando la sabia parsimonia de tan docta maestra, sólo podemos afirmar que ya en tiempo de Alfonso el Sabio se imitaban en su corte *los sones de los cantares de Cornoalha*, como lo prueba el ejemplo de Gonzalo Eannes do Vinhal, portugués de origen y de lengua, pero vasallo del rey de Castilla, como tantos otros trovadores del *Cancionero* nacidos en diversas partes de la península. De la imitación de *los sones*, es decir, de la música, se pasó naturalmente a la de los *lays*, y no debió de retardarse mucho la traducción de las novelas en prosa.

El insigne profesor de Freiburg G. Baist, en su corto pero sustancioso resumen de la primitiva literatura castellana,[2] niega en absoluto a los portugueses prioridad alguna en este género, y aun toda clase de originalidad en el cultivo de la prosa, tanto histórica y didáctica como novelesca. Cuanto poseen en este género es traducción textual y tardía de redacciones castellanas. En el primer tercio del siglo XIV, según conjetura muy verosímil, se tradujo el *Tristán*; pero esta traducción, de la cual todavía existe un fragmento, estaba en prosa castellana. El traductor, siguiendo la moda lírica de su tiempo, usaría para los trozos líricos la lengua de los trovadores peninsulares, la lengua galaico-portuguesa, y éstos son los *lays* del *Cancionero Colocci*. Lo mismo haría el autor

---

[1] *Lais de Bretanha*, p. 27.
[2] *Grundriss*, de Gröber, II b, pp. 416-438-441.

del *Amadís,* obra que debió de ser castellana desde su principio, y así se explica la canción del Leonoreta, que también puede ser una interpolación tardía en el texto del Montalvo.

No son débiles estos argumentos, pero en algunos se afirma demasiado o se procede por mera conjetura. La fecha asignada al *Tristán* del Vaticano es caprichosa; el primero que cita esta novela en Castilla es el Arcipreste de Hita en 1343, y pudo haberla leído en francés. No hay ejemplo de intercalación de poesías portuguesas en textos castellanos en prosa; las que hay en una de las versiones de la *Crónica Troyana* están en castellano, aunque muy agallegadas, lo cual se explica suficientemente por el influjo de la tradición lírica.

Lo que alguna vez se encuentra son códices bilingües, en que alternan fraternalmente la prosa gallega y la castellana: así es el de la *Estoria de Troya,* que yo poseo, y así uno de los de la *Crónica General.* La promiscuidad en que entonces vivían ambas lenguas es un hecho indudable, y no lo es menos la inferioridad de la prosa portuguesa en cantidad y calidad, que es el más sólido apoyo en que Baist funda sus razonamientos.

Sin decidir este punto lingüístico, que en el actual estado de los estudios no puede resolverse por falta de datos, lo único que podemos tener por averiguado es la existencia de un *Amadís* peninsular a fines del siglo XIII.

Y dejando aquí este curioso pleito entre Portugal y Castilla (no entre España y Portugal, como anacrónicamente dicen algunos, porque no había en los siglos XIV y XV *reino de España,* sino varios reinos españoles, uno de los cuales era Portugal), entremos en otra cuestión mucho más grave y todavía más oscura que la precedente. ¿El *Amadís* es original en todo o en parte? ¿Tiene fuentes conocidas en la literatura general de la Edad Media y particularmente en la francesa? Si pudiéramos contestar categóricamente a estas palabras, si conociésemos las fuentes del libro, tendríamos la clave para penetrar en el misterio de su concepción y apreciar su peculiar carácter. Pero a pesar de ensayos prematuros y temerarios, es muy poco lo que puede decirse con certeza.

Lo primero que llama la atención en el *Amadís,* sea cualquiera la opinión que se tenga sobre el punto de la Península en que apareció, es (como ya advirtió sagazmente Fernando Wolf) la ausencia de toda base nacional y legendaria, de «todo fundamento vivo »e histórico que se refleje en la concepción».[1] El *Amadís*, bajo este respecto, no es ni castellano ni portugués, ni de ninguna otra parte de España: es una creación enteramente artificial, que pudo aparecer en cualquier país y que se desarrolla en un mundo enteramente fantástico. No es obra nacional, es obra humana, y en esto consiste el principal secreto de su popularidad sin ejemplo.

Pero salta a la vista que su autor estaba muy versado en la literatura caballeresca de la materia de Bretaña, y que le eran familiares todas las narraciones que los cantores gaélicos habían enseñado a los troveros anglo normandos. Todos los nombres de lugares y personas tienen este sello exótico. Perion, rey de *Gaula* (esto es del país de Gales); Garinter, rey de la pequeña Bretaña, y su hija Elisena; Languines, rey de Escocia; Gandales y Gandalin, Urganda la Desconocida, el clérigo Ugán el Picardo. Lisuarte,[2] rey de la Gran Bretaña y padre de Oriana; don Galaor, hermano de Amadís; el encantador Arcalaus, Agrajes, Grimanesa y otros muchos serán acaso nombres de pura invención, pero inventados a imagen y semejanza de los nombres que suenan en el *Lanzarote* o en la *Demanda del Santo Grial*. En otros, la derivación francesa se ve patente; comenzando por el mismo nombre de Amadís *(Amadas,* como veremos luego), y lo mismo Brian de Mongaste, Bruneo de Bonamar, Androian de Serolís (Charolais), el encantador Arcalaus *(¿Arc-á-l'eau?),* Briolanja *(Brion l'ange),* Angriote de Estravaus *(Andrieux des Travaux),* Guillan *(Guillaume),* Mabilia *(Mabille).* La manera de hacer los diminutivos, por ejemplo Leonoreta y Darioleta, revela el mismo origen. La geografía es también inglesa o francesa: Norgales *(North Wales),* Vindilisora *(Windsor),* Gravisanda *(Gravesend),* Mostrol *(Monteuil sur Mer),* etc.

Si de los nombres pasamos a la fábula, la imitación de los poemas del ciclo de Artús («el muy virtuoso rey Artur, que fué el mejor rey de los que en Bretaña reinaron») es patente desde los primeros capítulos, aun sin tener en cuenta las alusiones directas al *Tristán*, al *Lanzarote* y al *Santo Grial* que hay en el libro cuarto

---

[1] *Studien zur Geschichte der Spanischen und Portugiesischen National-litteratur,* Berlín, 1859, p. 174 y ss. En la traducción castellana de Unamuno, t. I, p. 197 y ss.

[2] Baret quiere derivar este nombre del bretón *Lych-warch*.

porque nos inclinamos a creer que este libro, de todos modos muy posterior a los tres primeros, es original de Montalvo. Ya Baret, Amador de los Ríos y otros críticos notaron las semejanzas entre el encantador Arcalaus y el Tablante de Ricamonte del *Román de Jaufre*; entre el episodio de Briolanja y el de la reina Corduiramor del *Perceval,* poema que también parece imitado en la escena del reconocimiento de Amadís y Galaor.

La influencia del *Tristán* es acaso la más profunda, aunque el concepto difiera mucho en ambas novelas y se purifique tanto en el *Amadís.* Pero cuando el autor se resbala, aunque ligeramente, en la parte erótica de su libro, es por la mala influencia de sus modelos.[1]

Aparte de estas imitaciones de pormenor, cuyo número podría ampliarse considerablemente,[2] pero que no tocan el pensamiento generador de la obra ni a su estructura orgánica, ¿tuvo el *Amadís* algún modelo francés más directo?

Ya en el siglo XVI, Nicolás de Herberay, señor des Essarts, célebre traductor del *Amadís* por orden del rey Francisco I de Francia, afirmó que había existido un libro *en langage picard,* del cual todavía quedaba fragmentos y que había sido el original de la novela castellana.[3] Esta pretensión, aunque renovada en el siglo XVII por el erudito obispo Huet y en el XVIII por el Conde de Tressan, que pretendía haber visto el manuscrito en la Biblioteca Vaticana, entre los libros que pertenecieron a la reina Cristina

---

[1] Aun en esta parte no le abandona la graciosa castidad de su estilo. Pero es evidente que aquel célebre pasaje del lib. I, cap. XXXV: «Assi que se puede bien decir que en aquella verde yerba, encima de aquel manto, más por gracia y comedimiento de Oriana que por la desenvoltura ni osadía de Amadís, fue fecha dueña la más fermosa doncella del mundo», procede en línea recta de estas palabras del Tristán: «*Fit sa volonté de la belle Iseult et lui tulut le dous nom de pucelle.*»

[2] Más adelante tendremos ocasión de apuntar otras. Convendría un estudio minucioso del *Amadís* en comparación con las novelas bretonas, especialmente con el *Lanzarote,* y un índice de personajes y lugares que facilitara el cotejo.

[3] «*Il est tant certain, qu'il fut* (el Amadís) *premier dans nostre langue françoise, estant Amadis Gaulois et non espagnol; et qu'ainsi soit, j'en ai trouvé encore quelques restes de un vieil livre escrit à la main en langage picard, sur lequel j'estime que les espagnols ont fait leur traduction.*»

de Suecia, no pasa de ser una afirmación destituída de pruebas, y por consiguiente sin valor crítico.

Puede conjeturarse que los fragmentos vistos por Herberay des Essarts (*«quelques restes escrits á la main en langage picard»*) correspondían al poema de *Amadas et Idoine*. Víctor le Clerc fué el primero que en su célebre *Discurso sobre el estado de las letras en Francia durante el siglo XIV* (1862) indicó que quizá de este poema francés, que ya en 1365 figuraba en la librería de un canónigo de Langres, y de los fragmentos de otro *Amadas* inglés, podrían sacarse nuevas luces para ilustrar los orígenes del *Amadís* peninsular.[1]

Nada más que esto dijo Le Clerc con su habitual sobriedad crítica, pero esto bastó para que Teófilo Braga, con el espíritu aventurero y temerario que suele comprometer y deslucir sus mejores investigaciones, inventase una completa teoría, que con grandes apariencias de rigor científico ocupa gran parte del volumen que dedicó al *Amadís de Gaula*.

El primer error de esta teoría consiste en aplicar a una composición enteramente subjetiva y aislada de todo ciclo, a una invención arbitraria que pudo nacer en cualquier parte, pero que nació seguramente de la fantasía de un solo individuo, los mismos procedimientos que se aplican a la reconstrucción de las epopeyas primitivas. Este falso concepto estético lleva al erudito portugués a señalar como orígenes del *Amadís* leyendas que no tienen ninguna conexión con la novela, como no se les haga extraordinaria violencia. Supone gratuitamente que el *Amadís de Gaula* tuvo: primero, un rudimento hagiográfico; segundo, la forma de cantilena anónima o de *lai*; tercero, la forma cíclica de gesta o poema de aventuras; cuarto, la forma actual de novela en prosa.

Veamos la poca consistencia de todo este proceso.

Empecemos por el *rudimento hagiográfico*. Al contar el naciciento de Amadís dice su historia: «La doncella (Darioleta) tomó tinta e pergamino e fizo una carta que decía: «Este es Amadís sin tiempo, fijo de rey». E sin tiempo decía ella, porque creía que »luego sería muerto; *y este nombre era alli muy preciado, porque »assi se llamaba un Santo a quien la doncella lo encomendaba».*

---

[1] Tomo XXIV de la *Histoire Littéraire de la France*, p. 540.

Según T. Braga, este santo es San Amando; admitamos la identidad, y pasemos a examinar en la leyenda de este santo, publicada por los PP. Bolandistas, los paradigmas que el crítico señala. San Amando huyó de casa de sus padres a los quince años y se escondió en la isla Ogia u Oge, de la Bretaña armoricana; Amadís salió de la corte de sus padres casi a la misma edad, y también se retiró en la Peña Pobre, a hacer vida de ermitaño con el nombre de Beltenebrós. Prescindiendo de que la huída al desierto es un lugar común que ocurre en las vidas de muchos santos, no hay paridad alguna entre las circunstancias y móviles de uno y otro. Amadís sale de su casa para buscar aventuras, y sólo después de haber cumplido muchas, entre ellas la espantable de la Tumba Firme, es cuando se retrajo una temporada en la ermita de la Peña Pobre, medio loco de amores, muy dolido de una carta de su señora Oriana. «La serpiente monstruosa que vió San Amando (continúa Braga) es la Gran Serpiente, en que andaba Urganda la Desconocida.» Y lo mismo puede ser cualquiera otra serpiente, dirá aquí el lector de recto juicio. Todos los argumentos son de la misma fuerza, y los hay extraordinariamente peregrinos. El espantoso monstruo que en la novela se llama el Endriago ¿por qué no ha de ser símbolo de un tal *Heridago*, presbítero, a quien Carlo Magno hizo donación del monasterio de Rotnasce, fundado por San Amando? ¿Por qué Oriana o Idoine, su prototipo según Braga, no ha de ser una discípula del Santo llamada *Aldegundis*? Con suponer *formas populares* que expliquen los cambios de letras, nadie puede dudar que estos tres nombres son casi el mismo, aunque a la vista de los profanos no lo parezca. A este tenor va explicando los demás: *Lisuarte* es *Sigeberto*, el encantador *Arcalaus* es *Erchenaldum*, uno y otro discípulos de San Amando. ¿Pero por qué mágica transformación pudieron convertirse estos piadosos anacoretas, el uno en rey de Bretaña y el otro en un maligno y desaforado encantador? Y esto baste en cuanto al *rudimento hagiográfico*.

El sistema de las cantilenas primitivas, que está ya casi abandonado aun tratándose de las epopeyas nacionales, lleva a Teófilo Braga a suponer que antes del *Amadís* prosaico, y aun del *Amadís* poético, existió un canto anónimo, breve, de carácter popular, y cree encontrarle en la que llama *chacona de Oriana*, y es ni más ni menos que la famosa canción de Gonzalo Hermínguez Traga-Mouros, inserta por el gran fabulador Fr. Bernardo de Brito en su *Crónica del Cister* (lib. VII, cap. I). Convienen los más severos críticos en tener por apócrifa tal canción, como otras supuestas reliquias de la más antigua poesía portuguesa (las canciones de Egas Moniz, el fragmento de la pérdida de España, etc.), sin que valga en contra la dudosa alegación del *Cancionero* del Dr. Gualter Antunes, que nadie, salvo Antonio Ribeiro dos Sanctos, declara haber visto. Los versos de esta canción, que comienza: «Tinhera-vos, non tinhera-vos», son oscurísimos y casi ininteligibles por el afán de remedar torpemente el lenguaje antiguo; pero aun admitiendo todas las correcciones de Ribeiro dos Sanctos y de Braga, nada hay en aquel insignificante fragmento que tenga que ver con el *Amadís*, salvo el nombre de la dama *Ouroana*, y para explicarlo no hay que recurrir a la Oriana de la novela, puesto que *Ouroana*, según los mismos portugueses reconocen, es mera corrupción del nombre de *Aurodonna*, muy frecuente en los diplomas de la Edad Media, así como la forma *Ouroana* abunda en los nobiliarios del siglo xiv. Se cita ya una *Aurodonna* en 1074,[1] antigüedad que nadie concederá al *Amadís*.

Es cierto que Fr. Bernardo de Brito, ora inventase esta canción, ora se dejase engañar por algún falsario, lo cual de su candidez es más presumible, quiso darla un sentido histórico, suponiendo que aludía al rapto que Gonzalo Hermínguez hizo de una hermosa mora de Alcázar de Sal, llamada Fátima, la cual después de bautizada tomó el nombre de Oriana y se casó con aquel valeroso caballero, el cual al perderla sintió tanto el dolor de la viudez que se hizo monje en Alcobaza. El rapto de la mora recuerda ciertamente el de Oriana, salvada por Amadís de las garras del encantador Arcalaus; pero no alcanzo a ver semejanza alguna entre el viudo que se retira al claustro y la transitoria penitencia que por despecho amoroso cumple Amadís en la Peña Pobre. Como quiera que sea, la *chacona* no dice una palabra de nada de esto, por mucho que se atormente su letra. Todo ello es pura fantasía de Brito o de cualquier otro cronista fabuloso, sugestionado acaso por la

---

[1] «*Aurodonna et filii quartam partem ecclesiae de Sozello Monasterio S. Joanni de Perdorada donant.*» (*Monumenta Portugalliae historica. Diplomata et chartae*, p. 315.)

lectura del *Amadís,* que todavía a principios del siglo XVII conservaba muchos aficionados en la Península.

Con el pomposo nombre de «forma cíclica de gesta» designa el erudito profesor de Lisboa el poema francés de *Amadas et Idoine,* y las dos versiones fragmentarias, escocesa e irlandesa, del *Sir Amadace.* Estas citas son mucho más importantes que las anteriores, pero no resuelven la cuestión del *Amadís* ni por asomos. El *Amadas et Idoine* es un poema francés del siglo XIII, escrito en versos de nueve sílabas, que llegan al número de 7.936. Existe en un gran códice de la Biblioteca Nacional de París, que contiene gran número de narraciones caballerescas, ya de asunto clásico, como las de Tebas, Troya y Alejandro, ya de la Tabla Redonda, como el *Román de Rou,* el de *Cliges,* el de *Erec y Enida,* ya novelas sueltas como las de *Guillermo de Inglaterra, Flores y Blanca-Flor* y otras análogas. La copia del *Amadas* fué acabada de escribir en 1288 por Juan de Mados, y ha sido impresa por C. Hippeau en 1863. No se conoce otro manuscrito de este poema y son raras las alusiones a él en la antigua literatura francesa, lo cual indica que no fué grande la celebridad que obtuvo. Es, en efecto, una muy mediana imitación de los poemas del ciclo bretón, con todos los caracteres y señales de la decadencia. Littré, que le estudió por primera vez en el tomo XXII de la *Historia Literaria de Francia,* no hubo de advertir en él ninguna semejanza con nuestro *Amadís,* puesto que nada dice. Si no fuera por el nombre del protagonista, quizá a nadie se le hubiese ocurrido la idea de establecer relación entre ambos textos. Uno y otro libro están destinados a hacer la apoteosis de la fidelidad amorosa, pero ¡por cuán distinto camino! *Amadas,* hijo de un simple senescal, cae enfermo de mal de amores por la hija del duque de Borgoña, Idoine y los físicos más sabios no aciertan a curarle. La doncella se muestra al principio desdeñosa, pero viéndole a las puertas de la muerte, se apiada de él, declara que desde entonces será su dama y le promete eterna felicidad, animándole a buscar prez y gloria con el noble ejercicio de la caballería. Amadas se hace armar caballero, sale a buscar aventuras, y en Francia, en Bretaña, en España, en Lombardía y en otras partes se distingue en guerras y torneos, cobrando fama no sólo de valeroso sino de cortés. Al volver a su patria, después de varios años de ausencia, se encuentra con la triste noticia de que su amada *Idoine* va a casarse con el conde de Nevers. Estas nuevas trastornan el seso del infortunado Amadas, que después de maltratar al mensajero corre por los bosques como loco, hasta que sus compañeros logran apoderarse de él y llevarle en cadenas al castillo de su padre, de donde consigue escaparse sin haber recobrado el juicio. Entretanto Idoine, deseando impedir aquel odioso matrimonio, consulta a tres hechiceras, que se introducen en el castillo de Nevers y anuncian al Conde que si consuma su matrimonio morirá. El Conde, aunque algo aterrado con tan lúgubre presagio, persiste en su resolución, y el matrimonio se realiza; pero Idoine consigue que la primera noche se abstenga el desposado de llegar a sus brazos, y finge luego una larga enfermedad, que llega a convertirse en real por la pena que le causa no tener noticias de Amadas. Éste, que seguía completamente loco, había ido a parar a Luca, donde servía de diversión a la gente menuda. Así le encontró un fiel servidor de la Condesa, que andaba por el mundo indagando el paradero de su amante. Apenas Idoine se entera de su triste estado, solicita y obtiene permiso de su marido para ir en peregrinación a Roma y pedir a San Pedro su curación. Encuentra en Luca a Amadas, que, dominado por su frenesí, no la reconoce al principio, pero apenas ella pronuncia en voz muy queda el nombre de *Idoine*, va volviendo en sí aquel infortunado, como si un mágico poder obrase sobre su razón. Esta escena es sin duda la más bella del libro. Juntos ambos amantes emprenden la peregrinación a Roma; allí se agrava la enfermedad de la Condesa, y temiendo que Amadas quiera acompañarla al reino de la muerte, se le ocurre la extraña idea de referirle falsamente que antes de ser amada por él había faltado a la castidad con otro hombre y cometido un pecado de infanticidio, para reparación del cual era preciso que él se quedase en el mundo y mandase hacer muchos sufragios por su alma. Amadas se resigna a ello, y la Condesa muere contenta por haberle salvado de la desesperación. El infeliz amante iba todas las noches a visitar su sepulcro. Una de ellas se encuentra con un caballero desconocido, que con risa y mofa le dice: «La dama cuyo cuerpo guardas fué mía: ella me entregó el anillo que tú la habías dado». Amadas, fuera de sí, desmiente al caballero, le provoca a singular combate, le postra y rinde. Encantado de su valor, el caballero incógnito le da la clave del enigma. Idoine no estaba muerta más que aparentemente; él había intentado robarla en el camnio de Roma, y había sustituído en su mano el anillo de Amadas por otro anillo *fadado* que producía un sueño profundo que se confundía con la muerte. Bastaba deshacer el trueco del anillo para que la dama resucitase. Él había pensado hacer esta resurrección en provecho propio y llevarse a la dama, pero el valor y la fidelidad amorosa de su rival le hacían arrepentirse de su mal pensamiento. Amadas, pues, resucita a Idoine y emprende con ella el viaje a Borgoña. La Condesa vuelve a engañar a su marido con el cuento de que San Pedro se le ha aparecido, anunciándole que morirá de fijo si consuma el matrimonio. El pobre Conde, aburrido ya de tantas dilaciones, logra que los obispos disuelvan su matrimonio, y entonces Idoine, con el consentimiento de su padre y de los barones de Borgoña, se casa con Amadas.[1]

Tal es, en sucinto extracto, este poema, en que nada hay tolerable más que la locura del héroe, manifiestamente imitada del *Tristán* y del *Lanzarote*. Todo el que haya leído el *Amadís de Gaula*, o tenga noticia, por superficial que sea, de su argumento, comprenderá el abismo que hay entre ambos libros. El autor español pudo conocer el poema de *Amadas*, porque conocía seguramente toda la literatura caballeresca, pero no le imita de propósito, como parece que imita otros libros que ya hemos mencionado y algunos que pueden añadirse: el *Frégus y Galiana*, donde hay una doncella Arundella, semejante a la doncella de Dinamarca; la *Gran Conquista de Ultramar*, que atribuye a Godofredo de Bullón una resistencia parecida a la de Amadís respecto de Briolanja; el *Partenopeus de Blois*, en que el héroe, habiendo caído del favor de su dama, se retira al bosque de las Ardenas, como Beltenebrós a la Peña Pobre; el *Meliadus de Leonnoys*, en que la pasión súbita y fatídica del protagonista por la reina de Escocia recuerda el principio de los amores de Amadís y Oriana, como ya apuntó Du-Méril.[2]

Las coincidencias que se han notado entre el poema francés y la novela española no son de gran bulto. La más importante es, sin duda, que Amadas, el hijo del senescal, sirve a la mesa a la infanta de Borgoña, así como el Doncel del Mar asiste al servi-

---

[1] *Histoire Littéraire de la France*, t. XXII, pp. 758-765.
[2] Introducción al poema de *Flores y Blanca-Flor*, p. CCIV.

cio de Oriana, hija del rey Lisuarte. Uno y otro piden al rey la merced de ser armados caballeros. Ambos se postran de hinojos ante sus respectivas damas para hacer la confesión de su amor, pero con resultado bien diverso, puesto que Idoine empieza por rechazar y desesperar al suyo, mientras que Oriana le toma desde luego por su caballero. Todo lo demás es diverso hasta lo sumo. El nombre de *Amadas* parece el mismo que el de *Amadís* y uno y otro variantes de Amadeo más que de Amando. Pero de *Idoine* no creo que haya podido salir Oriana, ni aun suponiendo la forma anterior *Idana*. T. Braga habla de una doña Idana de Castro, que vivía en tiempo de don Juan I; pero para explicar su nombre no hay que acudir a novela alguna, pues aún perseveran en la antigua Lusitania, al Occidente de Coria, las ruinas de *Idanha a Velha*, ciudad romana y sede episcopal con el nombre de *Egitania*, llamada antes *Igaeditania*, como se infiere de una de las inscripciones del soberbio puente de Alcántara.[1]

El *Amadas* francés pasó a la literatura inglesa en el siglo XIV con el título de *Sir Amadace*, y de esta versión o imitación se conocen dos textos diferentes: uno de la biblioteca del Colegio de Abogados de Edimburgo, publicado en 1810 por Weber en el tercer volumen de sus *Metrical Romances*, y el segundo en un manuscrito irlandés de Blackburne, dado a luz por John Robson en 1842. Pero no es de presumir que por este camino se tuviese conocimiento en nuestra Península del Poema de *Amadas e Idoine*, por más que se encuentre citado en la *Confessio Amantis*, de Gower, que fué el primero y único libro inglés traducido en el siglo XV, primero al portugués por Roberto Payno (Payne), canónigo de Lisboa, y luego al castellano por Juan de Cuenca, vecino de la ciudad de Huete. Las relaciones políticas entre Portugal e Inglaterra fueron bastante estrechas en tiempo de don Juan I y de sus hijos, pero la incomunicación literaria entre ambos pueblos era absoluta. Lo que en uno y otro y en todos los de la Edad Media se encuentra es el fondo común de la literatura caballeresca francesa.

A pesar de los malos y contraproducentes argumentos con que a veces ha sido defendida la originalidad portuguesa del *Amadís*,

---

[1] Flórez, *España Sagrada*, t. XIV, 1758, p. 136.

a mis ojos es una hipótesis muy plausible, y hasta ahora la que mejor explica los orígenes de la novela y su nativo carácter, y la que mejor concuerda con los pocos datos históricos que poseemos. Claro es que esta persuasión no se funda en argumentos tales como el que Braga deduce del estado político de Portugal, donde «el feudalismo no fué nunca una constitución orgánica de la so- »ciedad, sino una imitación nobiliaria, un prequijotismo»; porque esto mismo podría decirse de Castilla, país todavía más democrático que Portugal y regido por fueros y costumbres idénticas. Braga lleva su desconocimiento de nuestra historia y cuerpos legales hasta el punto de suponer que son *portuguesismos* en el *Amadís* las cortes del rey Lisuarte, los *ricos-hombres* y los *hombres buenos,* las *doncellas en cabellos* que se querellaban de sus forzadores y otras cosas por el estilo. Digo lo mismo de los supuestos portuguesismos de dicción que se han querido encontrar en la prosa de Montalvo. Todo libro portugués o castellano de cualquier tiempo, y mucho más de los siglos xiv y xv, puede ser literalmente trasladado de la una lengua a la otra sin cambiar la mayor parte de las palabras ni alterar la colocación de ellas. Las dos únicas voces que Braga cita como portuguesas, entre la innumerable copia de ellas que dice que hay en el *Amadís,* se vuelven contra su tesis. *Soledad,* en el sentido de melancolía que se siente por la ausencia de una persona amada o por el recuerdo del bien perdido, es palabra tan legítimamente castellana como es portuguesa *saudade;* se ha usado en todos tiempos, da nombre a un género especial de cantares andaluces, y nuestro Diccionario académico consigna esta voz como de uso corriente. *Fucia,* derivado del latino *fiducia,* es tan viejo en nuestra lengua como lo prueba el sabido refrán: «En fucia del conde, no mates al hombre». [Cf. Ad. vol. II.]

No por estas fútiles presunciones, sino por motivos algo más hondos, aun sin contar con los indicios históricos y documentales, se siente inclinado el ánimo a buscar en el Oeste o Noroeste de España la cuna de este libro. Domina en él un idealismo sentimental que tiene de gallego o portugués mucho más que de castellano: la acción flota en una especie de atmósfera lírica que en los siglos xiii y xiv sólo existía allí. No todo es vago devaneo y contemplación apasionada en el *Amadís,* porque la gravedad peninsular imprime su huella en el libro, haciéndole mucho más casto, menos liviano y frívolo que sus modelos franceses; pero hay todavía mucho de enervante y muelle que contrasta con la férrea austeridad de las gestas castellanas. Todo es fantástico, los personajes y la geografía. El elemento épico-histórico no aparece por ninguna parte, lo cual sería muy extraño en un libro escrito originalmente en Castilla, donde la epopeya reinaba como soberana y lo había penetrado todo, desde la historia hasta la literatura didáctica.

Resumiré, para mayor claridad, esta prolija indagación sobre la historia externa del *Amadís* [1] en las siguientes conclusiones

---

[1] Por parecerme demasiado absurdas no he hecho mención de algunas opiniones acerca del origen del *Amadís*. Así el abate Quadrio (*Della Storia e Ragione d'ogni Poesia*, IV, 520) menciona la de Luis Lollino, Obispo de Belluno, el cual sostenía «che fosse quest opera d'un incantatore di Mauritania, che sotto falso nome di christiano, essendo mahometano, e pieno di vanità magiche, lo componesse in lingua antica di Spagna».

El P. Sarmiento, en una disertación todavía inédita, que cita Gayangos «unas veces quiere que Lobeira sea gallego y no portugués (en esto no andaba del todo descaminado, puesto que de la provincia de Orense procedía), »otras que el *Amadís* sea la narración verídica de las amorosas aventuras »de un caballero natural de la Coruña, llamado Juan Fernández de Andeiro »(el que mató a puñaladas al Maestre de Avis en la corte del Rey Don Fernando); cuándo se le atribuye a Vasco Pérez de Camoens, poeta del siglo XIV; »cuándo al Canciller Ayala, y aun al Obispo de Burgos, D. Alonso de Cartagena». Esta última opinión apuntó don Bartolomé Gallardo varias veces, persuadido de que el Cartagena del *Cancionero General*, era el Obispo de Burgos y *Oriana* su dama. Para eludir el texto del Canciller Ayala, se empeñaba, con fútiles razones, en leer *Tristán*, donde los dos códices del *Rimado* dicen uniformemente *Amadís*.

Pero entre todas las conjeturas no puede negarse la palma del desatino a la de cierto abate Jacquin en unos *Entretiens sur les romans*, citados por Pellicer (*Discurso preliminar*, en su edición del *Quijote*, 1797, p. 44), donde se atribuye el *Amadís* a ¡Santa Teresa de Jesús! (nacida en 1515). Sin duda el abate francés había oído campanas y no sabía dónde, pues consta, por testimonio del P. Francisco de Ribera, biógrafo de la Santa (ampliando lo que ella misma dice en su *Vida*), que «se dio a estos libros con gran gusto, »y gastaba en ellos mucho tiempo, y como su ingenio era tan excelente, »ansí bebió aquel lenguaje y estilo, que dentro de pocos meses ella y su her- »mano Rodrigo Cepeda compusieron un libro de caballerías con sus aventu- »ras y ficciones, y salió tal, que había harto que decir después dél» (Lib. I, cap. V). No hay especie tan disparatada que no haya nacido de algo y no tenga algunas sombras y dejos de verdad.

No han faltado interpretaciones alegóricas del *Amadís*, para que aun

que doy sólo como provisionales y sujetas a la rectificación que puedan traer los nuevos descubrimientos literarios:

1ª El *Amadís* es una imitación libérrima y general de las novelas del ciclo bretón, pero no de ninguna de ellas en particular, y mucho menos de la de *Amadas et Idoine*, que es de las que menos se parecen, a pesar del nombre del protagonista y de la coincidencia acaso fortuita, de algunos detalles poco importantes. El *Tristán* y el *Lanzarote* parecen haber sido sus principales modelos.

2ª El *Amadís* existía ya antes de 1325, en que empezó a reinar Alfonso IV, que siendo infante había mandado hacer la corrección del episodio de Briolanja. Esta corrección hace suponer la existencia de otro texto más antiguo, que conjeturalmente puede llevarse hasta la época del rey de Portugal Alfonso III o de nuestro rey de Castilla Alfonso el Sabio, en cuya corte estaban ya de moda los *cantares de Cornualla*.

3ª El autor de la *recensión del Amadís*, hecha en tiempo del rey don Diniz, pudo muy bien ser, y aun es verosímil que fuese, el Juan Lobeira, *miles*, de quien tenemos poesías compuestas entre 1258 y 1286. Suya es, de todos modos, la canción de Leonoreta, inserta en el *Amadís* actual, y su apellido explica la atribución de la obra al Vasco y al Pedro de Lobeira, personajes muy posteriores.[1]

---

en esta desgracia fuese parecido al *Quijote*. Un erudito de Oporto, don José Gomes Monteiro, citado por T. Braga (*Amadís de Gaula*, p. 256), veía en el famoso libro una especie de poema simbólico de las Cruzadas. Amadís, Galaor y el Endriago eran Ricardo Corazón de León, Saladino y Santo Tomás de Cantobery.

El mismo Braga, que al principio patrocinaba estas fantasías, echó a volar, en 1869, otra todavía más estupenda, de la cual afortunadamente ha prescindido después. En una nota a los *Cantos populares do Archipelago Açoriano* (p. 405), dice, al parecer en serio: «La novela de *Amadís de Gaula* »es la historia de la persecución de los Albigenses o del partido democrático »del siglo XII.»

[1] La mención de la artillería en el *Amadís* («en señal de alegría fueron »tirados muchos tiros de lombardas»), no prueba, como creyó Clemencín, que la obra sea posterior a 1342, en que, con ocasión del cerco de Algeciras, hablan por primera vez nuestras crónicas de «pellas de fierro lanzadas con »los truenos», porque este detalle pudo añadirle Garci Ordóñez de Montalvo en su refundición.

4ª No tenemos dato alguno para afirmar en qué lengua estaba escrito el primitivo *Amadís,* pero es probable que hubiese varias versiones en portugués y en castellano, puesto que Montalvo no dice haber traducido, sino *corregido,* los tres primeros libros, únicos que aquí importan.

5ª El *Amadís* era conocido en Castilla desde el tiempo del Canciller Ayala, que probablemente lo había leído en su mocedad. Los poetas del *Cancionero de Baena,* aun los más antiguos, como Pero Ferrús, le citan con frecuencia. Este *Amadís* constaba de tres libros.

6ª La tradición consignada por Azurara respecto de Vasco de Lobeira merece poco crédito, siendo anterior la obra, como sin duda lo es, a la época del rey don Fernando, en que vivía el llamado Vasco.

7ª Es leyenda vaga e insostenible la del manuscrito portugués de la casa de Aveiro.

8ª La única forma literaria que poseemos del *Amadís* es el texto castellano de Garci Ordóñez de Montalvo, del cual no se conoce edición anterior a 1508 y que seguramente no fué terminado hasta después de 1492, puesto que en el prólogo se habla de la conquista de Granada como suceso reciente y que excita el entusiasmo del autor.[1] A los tres libros del *Amadís* que desde

---

[1] El *Amadís* y el *Esplandián,* como obras de larga composición, debieron de ocupar a Montalvo muchos años, según conjeturó Clemencín (*Quijote,* I, 107). Este pasaje del capítulo LII del libro IV no cuadra al tiempo de los Reyes Católicos, pero se ajusta maravillosamente al de Enrique IV:

«Pero ¡mal pecado! los tiempos de agora mucho al contrario son de los »pasados, según el poco amor e menos verdad que en las gentes contra sus »Reyes se halla; y esto debe causar la costelacion del mundo ser mas enveje- »cida, que perdida la mayor parte de la virtud, no puede llevar el fruto que »debia, así como la cansada tierra, que ni el mucho labrar ni la escogida »simiente pueden defender los cardos y las espinas con las otras yerbas de »poco provecho que en ella nacen. Pues roguemos a aquel Señor poderoso »que ponga en ello remedio; e si a nosotros como indinos oir no le place, »que oya aquellos que aun dentro en las fraguas sin dellas haber salido »se fallan, que los faga nacer con tanto encendimiento de caridad e amor, »como en aquestos pasados habia; e a los Reyes que, apartadas sus iras e sus »pasiones, con justa mano e piadosa los traten y sostengan.»

Ni en el *Amadís* ni en las *Sergas* se menciona acontecimiento ninguno

antiguo se conocían añadió Garci Ordóñez de Montalvo el cuarto, que es probablemente de su invención.

Este proceso crítico, que no tendría interés tratándose de un libro vulgar, es en alto grado interesante por referirse a una obra tan capital como el *Amadís*, que es una de las grandes novelas del mundo, una de las que más influyeron en la literatura y en la vida. Y aun puede añadirse que en el orden cronológico es la primera novela moderna, el primer ejemplo de narración larga en prosa, concebida y ejecutada como tal, puesto que las del ciclo bretón son poemas traducidos en prosa, amplificados y degenerados. Son, por consiguiente, una derivación inmediata, una corruptela de los relatos épicos cuya objetividad y fondo tradicional conservan, y por eso no aparecen aisladas, sino que se agrupan en vastos ciclos, y se entrelazan y sostienen unas a otras, formando todas juntas un mundo poético que no es creación particular de nadie, sino que surgió del contacto de dos razas, la céltica y la francesa. El caso del *Amadís* es muy distinto. A pesar del número prodigioso de aventuras y de personajes, que forman a veces enmarañado laberinto, es patente la unidad orgánica, no en el sentido cíclico, sino en el de norma y ley interna que rige todos los accidentes de una fábula sabiamente combinada. El *Amadís* es obra de arte personal, y aun de raro y maduro artificio. Forma, como ha dicho Wolf, «un todo cerrado en sí y por sí mismo»; camina, aunque por largos rodeos, a un fin determinado y previsto, al cual concurren los personajes secundarios y los episodios que pudieran tenerse por indiferentes. Se ve que el autor dispone con toda libertad de la materia que va elaborando, sin sujetarse a ninguna tradición escrita ni oral, creando él propio su leyenda en fondo y forma e infundiendo en ella, no el sentir común, sino

---

posterior a la conquista de Granada y a la expulsión de los judíos, que está expresamente recordada en la exclamación con que finaliza el cap. CII del *Esplandián*: «No reteniendo sus tesoros, echaron del otro cabo de las mares »aquellos infieles que tantos años el reino de Granada tomado y usurpado »contra toda ley y justicia tuvieron; y no contentos con esto, limpiaron de »aquella sucia lepra, de aquella malvada herejía que en sus reinos sembrada »por muchos años estaba.»

No es inverosímil, por consiguiente, que ambas novelas fuesen impresas dentro del siglo XV, aunque hasta ahora no hayan sido descubiertas tales ediciones.

su propia y refinada sensibilidad; no el modo de ver impersonal y sencillo propio de la épica, sino su manera individual de contemplar el mundo.

Los poemas de la Tabla Redonda habían sido *cantados* antes de ser *leídos;* la forma prosaica es lo que marca el principio de su decadencia y el advenimiento de un nuevo estado social. El *Amadís* fué escrito de primera intención para la lectura, y cada vez me convenzo más de que sólo ha existido como libro en prosa. Esta prosa no es poética, como la de las crónicas cuando refunden textos épicos, sino muy retórica y pulida, y aunque pueda suponerse que el regidor de Medina del Campo dejó el estilo como nuevo al corregir los antiguos originales y trasladarlos en la elegante lengua clásica que se hablaba en la corte de la Reina Católica (porque aquel tipo de prosa no pertenece en verdad al siglo XIII ni al XIV), la refundición no pudo ser tal que quitase a la obra todo sabor arcaico y la desnaturalizase por completo. Esa sabrosa mezcla de ingenuidad y artificio, de candor primitivo y de afectación galante que hay en el *Amadís* actual, y no es el menor de sus encantos, debía existir ya, a lo menos en germen, en la obra original. Montalvo, que era un prosista de mucho talento, pudo exagerar la retórica del *Amadís* conforme al gusto de su tiempo, pero no inventarla por completo. La obra, tal como salió de sus manos, tiene el delicioso carácter de aquellas construcciones en que el ojival florido combinó su propia y graciosa decadencia con las menudísimas labores del arte plateresco. Yo, por mí, no deploro que el Amadís nos haya llegado sólo en esta forma.

A pesar de lo mucho que el *Amadís* conserva de la literatura caballeresca anterior, puede decirse que con él empieza un nuevo género de caballerías. El ideal de la Tabla Redonda aparece allí refinado, purificado y ennoblecido. Sin el vértigo amoroso de Tristán, sin la adúltera pasión de Lanzarote, sin el equívoco misticismo de los héroes del Santo Graal, Amadís es el tipo del perfecto caballero, el espejo del valor y de la cortesía, el dechado de vasallos leales y de finos y constantes amadores, el escudo y amparo de los débiles y menesterosos, el brazo armado puesto al servicio del orden moral y de la justicia. Sus ligeras flaquezas le declaran humano, pero no empañan el resplandor de sus admirables virtudes. Es piadoso sin mogigatería, enamorado sin melindre, aunque un poco llorón, valiente sin crueldad ni jactancia, comedido y discreto siempre, fiel e inquebrantable en la amistad y en el amor. A las cualidades de los personajes heroicos de gesta junta una ternura de corazón, una delicadeza de sentir, una condición afable y humana, que es rasgo enteramente moderno. Por eso su libro adquirió un valor didáctico y social tan grande: fué el doctrinal del cumplido caballero, la epopeya de la fidelidad amorosa, el código del honor que disciplinó a muchas generaciones; y aun entendido más superficialmente y en lo que tiene de frívolo, fué para todo el siglo XVI el manual del buen tono, el oráculo de la elegante conversación, el repertorio de las buenas maneras y de los discursos galantes. Ni siquiera el *Cortesano* de Castiglione llegó a arrebatarle esta palma, precisamente porque el *Amadís* conservaba mucho del espíritu y de las costumbres de la Edad Media, no extinguidas aún en ninguna parte de Europa, mientras que los diálogos italianos estaban escritos para un círculo más culto y refinado, y por lo mismo más estrecho.

No todas eran ventajas, sin embargo, en el nuevo ideal caballeresco que el *Amadís* proponía a la admiración de las gentes. Por carecer la obra de toda base histórica, apenas entraban en ella los grandes intereses humanos, las grandes y serias realidades de la vida, o sólo aparecían como envueltos en la penunbra de un sueño. El carácter de Amadís es noble y digno de admiración si se le considera en abstracto, pero sus empresas llevan el sello de lo quimérico, su actividad práctica se gasta las más veces inútilmente y deslumbra más que interesa. Sin que lleguemos a decir, con el crítico alemán antes citado, que «la caballería en Amadís es una forma hueca, abortada, sin principio vivo ni fin transcendental», no dudamos en calificarla de forma de decadencia, sobre todo si se la compara con lo que fué la caballería histórica en sus grandes momentos y con la representación grandiosa que de ella hicieron los cantores de *gesta* franceses y castellanos. Mientras la caballería era una realidad social, no hubo necesidad de idealizarla; por eso son tan realistas, tan candorosos y a veces tan prosaicos sus verdaderos poetas, en quienes lo sublime alterna con lo trivial. Cuando la institución empezó a descomponerse, no fué posible ya esta infantil simplicidad. La caballería se hizo cortesana, y los poetas se trocaron de juglares en trovadores; no cantaron ya para el auditorio de la plaza pública, sino para lisonjear a los príncipes y para entretener el ocio de las damas en los castillos y residencias señoriales. La llama épica se fué extinguiendo; el amor, que en las canciones heroicas no tenía importancia alguna, se convirtió en el principal motivo de las acciones de los héroes; el elemento femenino invadió el arte, y Europa no se cansó de oír durante tres siglos los infortunios amorosos de la reina Ginebra, de la reina Iseo y de otras ilustres adúlteras.

En el *Amadís* predomina también lo eterno femenino, y Oriana es personaje tanto o más importante que Amadís. La pasión constante y noble de estos amantes no es de absoluta pureza moral [1] ni tal cosa puede esperarse de ningún libro de caballerías, conocida la sociedad que los engendró; pero lo más grave y lo que hizo sospechoso desde luego a los moralistas el *Amadís* con su innumerable progenie, fué la falsa idealización de la mujer, convertida en ídolo deleznable de un culto sacrílego e imposible, la extravagante esclavitud amorosa, cierta afeminación que está en el ambiente del libro, a pesar de su castidad relativa. Profundamente inmoral es la historia de Tristán e Iseo; pero hay en ella una grandeza de pasión, una fatalidad sublime, que en el *Amadís* no se encuentra. En *Amadís* el amor aparece como reglamentado y morigerado de

---

[1] No se ha de perder de vista, sin embargo, que el *Amadís* se escribió dos siglos antes de que el Concilio de Trento declarase nulos los matrimonios clandestinos. De este género es el de Amadís y Oriana, en que faltan los testigos, pero no la *forma esencial* del sacramento, que es el mutuo consenso por palabras de presente. El autor prefirió sin duda el matrimonio secreto por ser más novelesco, pero procede con toda la corrección canónica que su tiempo permitía, haciendo que el santo ermitaño Nasciano imponga a Oriana una penitencia por el pecado de *clandestinidad*, aunque reconociendo la validez del matrimonio. «Mas ella le dijo llorando cómo al tiempo »que Amadís la quitara de Arcalaus el encantador, donde primero la cono- »ció, *tenía dél palabra como de marido se podia e debia alcanzar*. Desto fue »el ermitaño muy ledo, e fue causa de mucho bien para muchas gentes... »Entonces *la absolvio, e le dio penitencia cual convenia*» (lib. III, cap. IX). Y en el libro IV, cap. XXXII, vuelve a confirmarlo el mismo ermitaño hablando con el rey Lisuarte: «Cuando esto fue oido por el Rey, mucho fue »maravillado e dijo: ¡Oh padre Nasciano! ¿es verdad que mi hija es casada »con Amadís?—Por cierto, verdad es (dijo él) que *él es marido de vuestra* »*fija*, y el doncel Esplandian es vuestro nieto.» Si esta doctrina no hubiese sido enteramente ortodoxa, la Inquisición no la hubiese dejado pasar, tratándose de materia tan delicada.

un modo didáctico y algo pedantesco. Es el centro de la vida, el inspirador de toda obra buena; pero a fuerza de querer remontarse a una esfera etérea, no sólo pierde de vista la realidad terrestre, sino que se expone a graves tropiezos y caídas; que también el espíritu tiene su peculiar concupiscencia, como la tiene la carne.[1] Pero en general es buena, es sana la tendencia moral del *Amadís*, y si en algo se conoce el origen español del autor es principalmente en esta especie de transformación y depuración ética que aplicó a las narraciones asaz livianas de sus predecesores. Aun las escenas más libres, como los amores de Perión de Gaula y Elisena, que dan principio a la obra y son antecedente necesario de ella, no reflejan una fantasía sensual, aunque estén presentadas casi sin velo, según la rústica simplicidad de aquellos tiempos. Y lo mismo puede decirse de la pintura del libertinaje de don Galaor,[2] personaje por otra parte tan bien dibujado como las dos figuras principales, y cuya ligereza e inconstancia, heredada de sus modelos bretones, forma tan ameno contraste con la devoción algo quimérica y empalagosa que el protagonista tributa a la señora Oriana, y que le hace decir a su escudero Gandalín: «Sábete que no tengo seso, ni corazón, ni esfuerzo, que todo es »perdido cuando perdí la merced de mi señora; que della e no de »mí me venía todo, e así ella lo ha llevado; e sabes que tanto valgo

---

[1] Dice el cínico Brantôme en su libro, demasiado conocido, *Les dames galantes*, que «quisiera tener tantos centenares de escudos en la bolsa como »mujeres, así seglares como religiosas, había pervertido la lectura del *Ama-»dis*». Aunque Brantôme no sea autoridad muy abonada en estas materias, su testimonio es curioso, porque concuerda con el de nuestros moralistas, del siglo XVI. Y, en efecto, la experiencia enseña que los libros más peligrosos para la gente moza e inexperta, suelen ser los que no lo parecen. La licencia brutal tiene atractivo para muy pocos; el *idealismo* que pudiéramos llamar *sensual*, con su aparente paradoja, es mayor escollo para las almas delicadas.

[2] Por lo general, Montalvo pasa como sobre ascuas por esta clase de escenas, y da a entender que los detalles le repugnaban; por ejemplo, en el capítulo XII del primer libro: «Galaor holgó con la doncella aquella noche »a su placer, e sin que más aquí os sea recontado, porque en los autos seme- »jantes, que a virtud de honestad no son conformes, con razon debe hombre »por ellos ligeramente pasar, teniendolos en aquel pequeño grado que merecen ser tenidos.» ¿Podrá indicar esta salvedad que suprimió algo del texto primitivo?

»para me combatir cuanto un caballero muerto» (Lib. II, cap. III).

Este concepto del amor tampoco puede confundirse con el idealismo platónico y petrarquista, que es otra quimera mucho más sutil, nacida de doctrinas filosóficas sobre el bien y la hermosura, las cuales no estaban al alcance del que escribió el primer *Amadís,* aunque algo pudieran influir en la refundición de Montalvo.[1] El amor, tal como en la novela española se decanta, implica no sólo el reconocimiento de la belleza sensible, sino el deseo de poseerla, y ya hemos visto que Amadís y Oriana no descuidan la primera ocasión que tienen para ser el uno del otro. Es, por consiguiente, muy humano su amor; pero lejos de extinguirse con la posesión, crece y se agiganta e invade del todo el corazón enamorado. «E Amadis siempre preguntaba por su señora Oriana, »que en ella eran todos sus deseos y cuidados, que aunque la tenía »en su poder no le fallecia un solo punto del amor que siempre le »hobo, antes agora mejor que nunca le fue sojuzgado su corazon, »e con mas acatamiento entendia seguir su voluntad, de lo cual »era causa que estos grandes amores que entrambos tovieron no »fueron por accidente, como muchos hacen, que más presto que »aman y desean aborrecen, mas fueron tan entrañables e sobre »pensamiento tan honesto e conforme a buena conciencia, que »siempre crecieron, asi como lo facen todas las cosas armadas e fun- »dadas sobre la virtud; pero es al contrario lo que todos general- »mente seguimos, que nuestros deseos son más al contentamiento »e satisfacción de nuestras malas voluntades o apetitos que a lo »que la bondad e razon nos obligan.» Estas palabras son ya del libro cuarto (cap. XLIX), escrito por Montalvo en tono más doctrinal que los anteriores y con notorio progreso en el concepto moral, pero con menos vida poética y menos lozanía de inspiración.

Así como el *Amadís* crea un nuevo tipo erótico, así también es nuevo, o a lo menos transfigurado, el orden social que en el libro

---

[1] Esta tesis sostuvo el malogrado profesor don Francisco de Paula Canalejas en su tratadito sobre *Los Poemas Caballerescos y los libros de caballerías* (Madrid, 1878), p. 196 y ss.

Sobre la psicología del amor en el *Amadís* formularon algunas ingeniosas observaciones St. Marc Girardín en el tomo III de su *Cours de Littérature Dramatique,* cap. XXXIX, y un crítico belga menos conocido de lo que merece, León de Monge, en el segundo tomo de sus *Etudes Morales et Littéraires. Epopées et romans chevaleresques* (Bruselas, 1889), pp. 256-275.

se representa. Los poemas de la Tabla Redonda habían sido esencialmente feudales, sin que el rey Artús fuese más que el primero entre sus pares. Lo habían sido también las gestas carolingias, que tantas veces exaltan y eligen por héroes a los vasallos rebeldes y poderosos. Nada de esto ha pasado al *Amadís*, escrito en tierra castellana o portuguesa, donde el feudalismo en su puro concepto no arraigó nunca. Es un libro lleno de espíritu monárquico, en que la institución real aparece rodeada de todo poder y majestad, sirviendo de clave al edificio social, y en el que los deberes del buen vasallo se inculcan con especial predilección. Amadís es fiel a su rey en próspera y en adversa fortuna, favorecido o desdeñado. Hay evidente antítesis entre este organismo político, representado por el rey Lisuarte y sus sabios consejeros, y la caballería andante, cuya característica es la expansión loca de la fuerza individual. En este punto, como en otros, el *Amadís* marca la disolución del ideal caballeresco y el advenimiento de un estado nuevo, la monarquía del Renacimiento. Ya veremos con qué grandiosa utopía coronó Garci Ordóñez de Montalvo todo este edificio.

No cabe en estas páginas, ni cuadraría a nuestro propósito, un análisis, por somero que fuese, de la enorme materia novelesca contenida en el *Amadís de Gaula*, obra accesible a todo el mundo en tres reimpresiones modernas, y especialmente en la que don Pascual Gayangos hizo en 1857 para la Biblioteca de Rivadeneyra. Pero no podemos menos de llamar la atención sobre algunos episodios capitales que atestiguan la fuerza creadora y el singular talento narrativo de su autor, a la vez que sirvieron de esquemas para todos los libros de caballerías posteriores.

En el *Amadís,* como en las grandes novelas de la Tabla Redonda y como en los poemas italianos de Boyardo y del Ariosto, hay una intrincada selva de aventuras que se cruzan unas con otras, se interrumpen y se reanudan conforme al capricho del narrador, manteniendo viva la curiosidad en medio de las más extraordinarias peripecias. Pero nuestro autor no pierde nunca el hilo de su cuento, y todos los innumerables personajes que introduce (más de trescientos) sirven como de triunfal cortejo al héroe, ya sean auxiliares y devotos suyos, como Galaor, Agrajes y Florestán, cuyas proezas, con ser grandes, quedan siempre eclipsadas por las del caballero de la Peña Pobre; ya sean descomedidos jayanes, como el príncipe del Lago Ferviente, o malignos encantadores, como Arcalaus, que ponen a prueba continua el recio temple de su alma y amenazan sumergirle en el abismo de la desdicha; ya hermosas princesas y doncellas que le persiguen con su amor y quieren hacerle quebrantar la fe jurada; ya misteriosos seres que le otorgan sobrenatural protección, como la gran sabidora Urganda la Desconocida. Porque todos ellos, hadas, encantadores, caballeros, damas, gigantes y enanos, monstruos y endriagos, siguen el carro de Amadís, o encadenados a él por la victoria o sometidos al incontrastable poderío de su belleza, que era como la de un ángel, de su ingenuidad verdaderamente heroica y del alto y justiciero espíritu que movía su invencible brazo. Todo concurre, pues, a la glorificación de Amadís, y la unidad del pensamiento es tan evidente en medio de la riquísima variedad del contenido, que no sé cómo ha podido sostenerse que el *Amadís* era amplificación o desarrollo de varios relatos poéticos que antes existían con independencia. Todo el libro puede decirse que está contenido en germen en el horóscopo de Urganda la Desconocida: «Dígote »que aquel que hallaste en la mar, que será flor de los caballeros »de su tiempo; éste hará estremecer los fuertes, éste comenzará »todas las cosas e acabará a su honra, en que otros fallescieron; »éste hará tales cosas que ninguno cuidaria que pudiesen ser co- »menzadas ni acabadas por cuerpo de hombre; éste hará los so- »berbios ser de buen talante; éste hará crueza de corazón contra »aquellos que se lo merecieron; e aun más te digo, que éste será »el caballero del mundo que más lealmente manterná amor e ama- »rá en tal lugar qual conviene a la su alta proeza; e sabe que viene »de reyes de ambas partes. E cree firmemente que todo acaescerá »como te lo digo.»

El libro primero es el que presenta carácter más arcaico, y probablemente el que fué menos refundido por Montalvo. En él se contienen la novelesca historia del nacimiento de Amadís, arrojado al río en una arca embetunada, con una espada y un anillo, que había de servir para su reconocimiento (leyenda que inmediatamente aplicó Pedro del Corral al rey don Pelayo en su *Crónica Sarracina*); la crianza de Amadís en casa del caballero Gandales de Escocia; el delicioso idilio de sus amores infantiles con la princesa Oriana, tratado con extraordinaria sobriedad y delicadeza; la ceremonia de armarse caballero, cuyo valor poético ha resistido aún a la parodia de Cervantes; las primeras empresas de Amadís; el reconocimiento por sus padres Perión y Elisena; el encantamiento de Amadís en el palacio de Arcalaus y la extraña manera como fué desencantado por dos sabias doncellas, discípulas de Urganda la Desconocida; el fiero combate entre los dos hermanos Amadís y Galaor, sin conocerse, inspirado evidentemente por el de Oliveros y Roldán en la isla del Ródano; las cortes que celebra en Londres el rey Lisuarte; la liberación de Amadís por Oriana y su voluntaria entrega amorosa; la reconquista del reino de Sobradisa y la aventura de Briolanja.

Hay en este libro más acción y menos razonamientos y arengas que en los otros. Se han notado reminiscencias, no solamente del ciclo bretón, sino del carolingio, además de la ya citada del *Gerardo de Viena*, en que parece verse el germen del paralelismo entre Amadís y Galaor, que hacen aquí el papel de Roldán y Oliveros. Las estratagemas y artificios mágicos de Arcalaus recuerdan análogos pasajes de *Maugis d'Aigremont* y *Renaud de Montauban*. En las descripciones de combates se repiten los lugares comunes épicos: «De los escudos caian en tierra muchas rajas, e de los arne- »ses muchas piezas, e los yelmos eran abollados e rotos; así que la »plaza donde lidiaban era tinta de sangre»... «El Doncel del Mar se »firio con Galain, que delante venía, y encontrole tan fuertemente, »que a él e al caballo derribó en tierra, e hobo la una pierna que- »brada, e quebró la lanza e puso luego mano a su espada, e dejose »correr a los otros como leon sañudo, faciendo maravillas en dar »golpes a todas partes.» En suma, este primer libro, por donde quiera que se le mire, es el que se conserva más fiel a sus orígenes.

No se disminuye la fertilidad de invención en el segundo, de cuya masa harto compacta se destacan dos episodios de gran valor: la concepción fantástico-simbólica de los encantamientos y palacios de la Ínsula Firme y del arco de los leales amadores, y el retiro y penitencia de Beltenebrós en la Peña Pobre. Aquí el buen sentido de nuestro poeta, que a fuer de español no podía menos de ser algo realista aun en medio del romantiscismo más desenfrenado, convierte en un pasajero acceso de melancolía lo que es frenético delirio amoroso en Tristán, Iwain y otros personajes de la Tabla Redonda.

Pero no obstante estas bellezas de pormenor, comienzan a sentirse en el segundo libro síntomas de cansancio. No era posible extender una fábula tan enorme sin caer en monotonía y repetir las situaciones. Como sabemos *a priori* que el héroe ha de triunfar siempre, vemos con cierta indiferencia sus estupendas victorias sobre «Famongomadán, el jayán del Lago Ferviente», y «Madanfabul su cuñado, el jayán de la Torre Bermeja», y «don Cuadragante, hermano del rey Abies de Irlanda», y «Lindoraque, hijo del gigante de la Montaña defendida», y otros caballeros y gigantes, de nombres igualmente revesados, todos los cuales hacen las mismas cosas y combaten de igual modo. Las cartas de Oriana son de una coquetería afectada, sin asomo de la cándida pasión que mostró al principio. Una peripecia desarrollada con cierto arte de composición, que sorprende en época tan ruda, cambia la situación de Amadís y da feliz remate a esta sección de la obra, presentándole bajo un nuevo aspecto. Dos envidiosos, Gandandel y Brocadán, logran enemistarle con el rey Lisuarte y hacerle caer de su gracia. La actitud del andante caballero y de sus parciales dalante del rey recuerda nuestras gestas heroicas, y especialmente la de Bernardo del Carpio,[1] con la capital diferencia de que tanto Amadís como sus clientes, que pasaban de quinientos, no eran

---

[1] Dice don Cuadragante, en nombre de los parciales de Amadís, al rey Lisuarte: «Qué mal os acordais de cuando vos sacó de las manos de Madan»fabul, de donde otro ninguno os sacar pudiera, y del vencimiento que os »hizo saber en la batalla del rey Cildadan, y de cuanta sangre él y sus her»manos e parientes alli perdieron, e cómo quitó a mí de vuestro estorbo... »y que todo esto se olvidase de vuestra memoria, habiendo mal galardon; »pues si estos que digo contra vos en aquella batalla fuéramos, e no fuera »Amadis de vuestra parte, mirad lo que dende vos pudiera venir» (Lib. II, capítulo XX).

Me parece indudable que el autor del *Amadís* se inspiró aquí en las palabras que a Bernardo atribuye la primera *Crónica General*, recordando él mismo sus servicios en ocasión idéntica, es decir, cuando va a dejar el servicio del rey Alfonso el Casto: «Et dixol Bernaldo: Sennor, por quantos ser»vicios vos yo fis, me devedes dar mio padre, ca bien sabedes vos de cómo »yo vos acorri con el mio cavallo en Venavente, quando vos mataron el »vuestro, e la batalla que ovistes con el moro Ores... Otrossi quando fuistes »desa ves lidiar con el moro Alchaman que yasie sobre Zamora, bien sabedes »lo que yo fiz por vuestro amor», etc.

Es la única derivación de la epopeya castellana que he creído notar en el *Amadís*.

vasallos naturales del rey de la Gran Bretaña, sino auxiliares y paniaguados suyos, por lo cual al retirarse de Londres y embarcarse para la Ínsula Firme, verdadero dominio del héroe, no cumplen un acto de desnaturamiento feudal, sino que recobran su libertad de acción para buscar nuevas aventuras. «E no me puedo »despedir de vasallo (dice Amadís) pues que lo nunca fui vuestro, »ni de ningun otro, sino de Dios. Mas despídome de aquel gran »deseo, que cuando vos plogo teníades que me facer honra y mer- »ced, y del gran amor que yo de lo servir e pagar tenía.»

También el libro tercero carece de la variedad de incidentes y rapidez de acción que son timbre característico del primero. Hay quien supone que en este libro comienza ya la invención de Montalvo, fundándose en que la historia del nacimiento de Esplandián parece imaginada para justificar las *Sergas* que luego escribió el buen regidor de Medina. Esta historia es, a la verdad, muy extravagante, y ofrece síntomas de degeneración. La princesa Oriana, que había incurrido en desgracia de su padre por la súbita partida de Amadís, parió en secreto un niño «que tenía deba- »jo de la teta derecha unas letras tan blancas como la nieve, e so »la teta izquierda siete letras tan coloradas como brasas vivas; »pero ni las unas ni las otras no supieron leer ni qué decían, por- »que las blancas eran de latin muy escuro e las coloradas en len- »guaje griego muy cerrado». Esplandián fué amamantado por una leona, y criado luego por una hermana del ermitaño Nasciano, que le recogió. El nombre Nasciano está tomado del *Santo Grial*, lo cual parece signo de antigüedad, pero no tenemos inconveniente en creer que todo el episodio sea una interpolación del refundidor para preparar las aventuras de Esplandián; y hasta puede verse en él una reminiscencia clásica de la historia de Rómulo y Remo, más propia que un escritor del Renacimiento que de un cuentista del siglo XIV. Otras novedades dignas de consideración hay en este libro, ora fuesen imaginadas por el autor primitivo, ora por Montalvo, ganoso de dar más variedad e interés al argumento. El escenario de las hazañas de Amadís se agranda: no se encierran ya en los límites de las Islas Británicas y de la península de Armórica, sino que se dilatan por Alemania y Bohemia, por Italia y Grecia y las islas del Mediterráneo. Amadís triunfa del emperador de Roma, y es recibido triunfalmente en Constantinopla, pero no ya con su nombre propio, sino disfrazándose sucesivamente con los de *«Caballero de las Sierpes»*, *«Caballero de la Verde Espada»* y *«Caballero del Enano»*; incógnito que no se rompe hasta que en el choque con la flota de los romanos que conducían para el tálamo de su emperador a la señora Oriana, lanzan los caballeros de la Ínsula Firme su acostumbrado grito de guerra y de victoria: «Gaula, Gaula, que aquí es Amadís».

El pasaje más interesante y romántico del tercer libro, y seguramente el mejor que toda la obra contiene en el orden de lo sobrenatural, maravilloso y fantástico, es la temerosa aventura a que dió cima el caballero de la Verde Espada en la Ínsula del Diablo, venciendo y matando al diabólico Endriago, nacido de incestuoso ayuntamiento del gigante Bandaguido con su hija. La descripción del monstruo, su horrible genealogía y la pintura del combate en que sucumbe son pasajes admirablemente escritos, en que la prosa castellana del siglo XV se ostenta con una fiereza y una potencia gráfica digna de los mejores escritores de la centuria siguiente. Los que no consideran a Garci Ordóñez de Montalvo más que como un retórico afectado pueden pasar la vista por el trozo siguiente:

«Tenía *(el Endriago)* el cuerpo y el rostro cubierto de pelo, »y encima había conchas sobrepuestas tan fuertes que ninguna »arma las podía pasar, e las piernas e los pies eran muy gruesos »e recios, y encima de los hombros había alas tan grandes que »fasta los pies le cobrían, e no de peñas *(plumas)*, más de un cuero »negro como la pez, luciente, velloso, tan fuerte que ningun arma »las podía empecer, con las cuales se cobría como lo ficiese un hom- »bre con un escudo, y debaxo de ellas le salían los brazos muy »fuertes, así como de leon, todos cobiertos con conchas más menu- »das que las del cuerpo, e las manos había de hechura de aguila, »con cinco dedos e las uñas tan fuertes e tan grandes que en el »mundo no podía ser cosa tan fuerte que entre ellas entrase que »luego no fuese desfecha. Dientes tenía dos en cada una de las »quixadas, tan fuertes y tan largos que de la boca un codo le salian, »e los ojos grandes e redondos muy bermejos como brasas, así que »de muy lueñe siendo de noche eran vistos, e todas las gentes »huian de él. Saltaba e corria tan ligero, que no habia venado que »por pies le podiese escapar; comia y bebia pocas veces, e algunos

»tiempos ningunas, que no sentia en ello pena ninguna; toda su
»holganza era matar hombres e las otras animalias vivas, e cuan-
»do fallaba leones e osos que algo se le defendían, tornaba muy
»sañudo y echaba por sus narices un humo tan espantable, que
»semejaba llamas de fuego, e dava unas voces roncas espantosas
»de oir, así que todas las cosas vivas huian ante él como la muerte;
»olia tan mal que no habia cosa que no emponzoñase. Era tan es-
»pantoso cuando sacudia las conchas unas contra otras, e facia
»crujir los dientes e las alas, que no parecia sino que la tierra facia
»estremecer, tal era esta animalia, Endriago llamado, como os
»digo (dixo el maestro Elisabat). E aun mas vos digo, que la fuerza
»grande del pecado del gigante e de su fija causó que en él entra-
»se el enemigo malo, que mucho en su fuerza e crueza acrecienta.» [1]

La lucha de Amadís con este espantable vestigio, símbolo del
infierno y del pecado; la victoria del mismo héroe sobre el emperador de Occidente, símbolo del mayor poder en lo humano; la
definitiva liberación y reconquista de Oriana, y el reposo de ambos
amantes en la Ínsula Firme, debían de ser la magnífica coronación

---

[1] Paréceme evidente que el autor del *Amadís* se inspiró para este retrato
en la descripción que hace la *Gran Conquista de Ultramar* (libro II, capítulo
CCXLII) de la sierpe que mató Baldovín, hermano de Godofredo de Bullón.
«Habia una muy gran sierpe... en aquella tierra del monte Tigris en una
»peña muy alta. E esta era una bestia fiera, muy grande e muy espantosa
»ademas, que estaba en una cueva. E tenia en el cuerpo treinta pies de largo
»e en la cola, que habia muy gorda, doce palmos, con que daba tan grande
»herida que no habia cosa viva que alcanzase que no la matase de un golpe;
»las uñas... de cuatro palmos, e cortaban como navajas, e eran tan agudas
»como alesnas... El su cuerpo era como concha, e tan duro que ninguna arma
»no gelo podria falsar... E avia cabellos luengos cuanto un palmo, e duros...
»la cabeza grande e ancha... e las orejas mayores que una adarga... E daba
»tan grandes voces que se podrian oir grandes dos leguas; e traia en la frente
»una piedra que relumbraba tanto, que podría hombre ver de noche a la su
»claridad a dos leguas e media; e no pasaba ninguno por aquel camino que
»della pudiese escapar a vida. E habia destruido esa tierra yerma aderredor
»tres jornadas.»

Si tuviéramos seguridad de que la historia del Endriago estaba ya en
el *Amadís* primitivo, y no fué una de las interpolaciones de Montalvo, tendríamos una fecha importante para circunscribir la época de la composición
del libro, puesto que sabemos con certeza que la *Gran Conquista de Ultramar* se tradujo entre 1284 y 1295, principio y fin del reinado de Don Sancho IV.

de la novela primitiva, que ya en tiempo de Pero Ferrús constaba de tres libros.

Pero Garci Ordóñez de Montalvo no creyó que la historia debía terminar aquí, y ora fuese porque él había creado (según toda apariencia) la figura del niño Esplandián, y quería dar razón de su destino, ora por atar varios cabos sueltos que en tan prolija narración quedaban, ora por el propósito didáctico y moralizador que muy a las claras regía su pluma, emprendió componer un libro cuarto, que, de acuerdo con la mayor parte de los críticos, creemos enteramente de su invención. El peculiar carácter de esta continuación lo expresa bien Francisco Delicado, corrector de la impresión de Venecia de 1533, en el epígrafe que la puso:

«En el qual libro cuarto os seran contadas cosas muy sabrosas
»de leer y entender con un orden muy maravilloso y muy deleitoso
»a los lectores, que con su dulce estilo los incitará a leerlo y tor-
»narlo a leer. Enseña asimismo a los caballeros el verdadero *arte*
«de caballería; a los mancebos a seguirla; a los ancianos a defen-
»derla. Otrosi aqui encerrado el *arte del derecho amor,* la lealtad
»y cortesía que con las damas se ha de usar, las defensas y derechos
»que a las dueñas los caballeros les deben de razón, las fatigas y
»trabajos que por las doncellas se han de pasar; assi que cuanto
»los caballeros y hombres buenos, condes, duques, marqueses,
»reyes, soldanes y emperadores deben ser obligados a las mugeres,
»aqui, por enxemplo, el muy sabido componedor de la sobre-
»dicha historia lo enseña, el cual maravillosamente cada cosa en
»su lugar y tiempo contó. Y destas tales historias no se notan salvo
»el arte del componer y aplicar las semejantes cosas a las virtu-
»des, que esto es lo que de aquí se ha de sacar; conviene a saber:
»tomar por enxemplo el modo, la virtud y bondad que de Amadis
»se cuenta, y de los otros muy valientes caballeros, para por aquel
»camino seguir; y si lo de los sobredichos no fue verdad, hacer
»cada uno que lo que él hiciere sea verdadero por dar ocasión
»a los cronistas que dél puedan escrebir el verdadero efeto, porque
»digo yo, a mi parecer, que la historia de Amadis puede ser apro-
»piada a todo buen caballero... Porque *el arte de la caballería* es
»muy alto, y el altísimo y soberano Señor la constituyó para que
»fuese guardada la justicia y la paz entre los hijos de los hombres,

»y para conservar la verdad, y dar a cada uno lo suyo con derecho.
»Asi que todos estos frutos sacarás de esta tan alta historia, la
»qual el Delicado, que fué corretor de la impresión, tanto le pareció
»divina como humana, por ser con tanta razón ordenada.»

Después de tales encarecimientos, que no dejan de ser singulares en el autor de *La Lozana Andaluza,* no hay que insistir mucho en los defectos y las cualidades de este libro cuarto, que evidentemente huelga dentro del plan novelesco, pero que constituye un doctrinal de caballeros, el más perfecto y cumplido que puede imaginarse. Por primera vez aparece un personaje español en el libro: don Brián de Monjaste, »hijo de Lidasán, rey de España». Montalvo, que no carecía de imaginación, como lo mostró después, hasta con exceso, en las *Sergas de Esplandián,* no abusa de ella en el libro cuarto, que es muy inferior bajo este respecto. La mayor parte de las aventuras son fastidiosa repetición de lugares comunes: las descripciones de combates interminables y pesadísimas. La manía oratoria del refundidor, que ya despuntaba en los libros anteriores, se desborda aquí sin traba ni freno en continuos razonamientos, arengas, embajadas y cartas mensajeras, plagadas de sentencias en que se ve el empeño de imitar a los historiadores y moralistas de la antigüedad. La acción es muy pobre, comparada con la vegetación riquísima que hemos contemplado hasta ahora. Puede decirse que se reduce a la guerra que Amadís y sus vasallos de la Ínsula Firme, ayudados por el rey Perión de Gaula, sostienen contra el rey Lisuarte de Bretaña, aliado con el emperador de Roma. Amadís triunfa, como era natural, pero usa con tal moderación de la victoria, que hace detenerse a sus tropas en medio de ella, y se reconcilia con el rey Lisuarte, mediante la intervención del ermitaño Nasciano, que llega muy oportunamente para aclarar el secreto del nacimiento de Esplandián. Y como en la batalla había muerto el emperador romano, a quien Lisuarte, ignorando los amores de su hija, había prometido su mano, no queda obstáculo para que los dos amantes celebren sus bodas y sean declarados herederos del reino de Bretaña. Quizá uno de los motivos que el honrado regidor de Medina tuvo para añadir este epílogo fué el casar a Amadís y Oriana en haz y en paz de la Iglesia, cosa de que el autor primitivo, que vivía en la atmósfera medio pagana de las leyendas célticas, no se habría cuidado para nada. Y tan allá lleva su furor matrimonial, que de una vez, y en una sola misa, casa el ermitaño Nasciano a todos los personajes de la novela que no lo estaban, correspondiéndole a Galaor la mano de la reina Briolanja.

Pero temeroso sin duda de que este final, aunque tan honrado y de buen ejemplo, no pareciese demasiado pedestre y casero para finalizar un libro de caballerías, recurrió al elemento maravilloso, que no emplea en lo restante del libro, e hizo salir de la mar a Urganda la Desconocida, la reina de «la Insula non Fallada», para hacer armar caballero a Esplandián y anunciar en magnífica profecía sus destinos. Las circunstancias de esta aparición son tan peregrinas, que no podemos menos de llamar la atención sobre ellas, porque parecen la adivinación genial de un gran descubrimiento.

«Los reyes se juntaron para dar orden en los casamientos cómo »se ficiesen con mucho placer, y se tornasen a sus tierras... Y es-»tando juntos debaxo de unos arboles cabe las fuentes que ya oistes, »oyeron grandes voces que las gentes daban de fuera de la huerta, »e sonaba gran murmullo, e sabido qué cosa fuese, dixeronles que »venia la más espantable cosa e más extraña por la mar de cuan-»tas habían visto. Entonces los reyes demandaron sus caballos, »e cabalgaron, e todos los otros caballeros, e fueron al puerto, »e las reinas e todas las señoras se subieron a lo más alto de la »torre, donde gran parte de la tierra y de la mar se parescia; e »vieron venir un humo por el agua más negro e más espantable »que nunca vieran. Todos estuvieron quedos fasta saber qué cosa »fuese, e dende a poco rato que el fumo se comenzo a esparcir, »vieron en medio dél una serpiente mucho mayor que la mayor »nao ni fusta del mundo; e traia tan grandes alas que tomaban »espacio de una echadura de arco, e la cola enroscada hacia arriba, »muy más alta que una gran torre; e la cabeza, e la boca, e los »dientes eran tan grandes, e los ojos tan espantables, que no habia »persona que lo mirar osase; e de rato en rato echaba por las nari-»ces aquel muy negro humo, que fasta el cielo sobia, y desque se »cubria todo daba los roncos e silbos tan fuertes e tan espantables. »que no parescia sino que la mar se queria fundir. Echaba por la »boca las gorgoradas del agua tan recio e tan lejos, que ninguna »nave, por grande que fuese, a ella se podria llegar que no fuese

»anegada. Los reyes e caballeros, como quiera que muy esforzados
»fuesen, mirabanse unos a otros, e non sabian qué decir; que a cosa
»tan espantable e tan medrosa de ver no fallaban ni pensaban que
»resistencia alguna podria bastar, pero estuvieron quedos. La gran
»serpiente, como ya cerca llegase, dio por el agua al traves tres
»o cuatro vueltas, faciendo sus bravezas, e sacudiendo las alas tan
»recio, que más de media legua sonaba el crujir de las conchas...
»Pues estando asi todos maravillados de tal cosa cual nunca oyeran
»ni vieran otra semejante, vieron cómo por el un costado de la
»serpiente echaron un batel cubierto todo de un paño de oro muy
»rico e una dueña en él, que a cada parte traia un doncel muy ri-
»camente vestidos, e sofriase con los brazos sobre los hombros de-
»llos, e dos enanos muy feos en extraña manera, con sendos remos,
»que el batel traían a tierra... En esto llegó el batel a la ribera,
»e como cerca fue, conoscieron ser la dueña Urganda la Descono-
»cida, que ella tovo por bien de se les mostrar en su propia forma,
»lo cual pocas veces facia; antes se demostraba en figuras extra-
»ñas, cuándo muy vieja demasiado, cuándo muy niña, como en
»muchas partes desta historia se ha contado» (cap. XLII).

Todo lo que se refiere a la intervención de Urganda en estos
últimos capítulos es de extraordinaria y poética belleza; sus vaticinios envuelven la más espléndida glorificación del linaje de
Amadís; su voz solemne y venida de lo alto rasga el velo de lo
futuro y da unidad a las aventuras cumplidas hasta entonces;
paz y reposo a los caballeros que ya han cumplido su misión en
el mundo; una nueva generación caballeresca se levanta; Amadís
se convierte de paladín andante en monarca justiciero, y quien
empuñe la ardiente espada será su hijo Esplandián, cuyos altos
hechos han de oscurecer los de su padre. «Vosotros, reyes y ca-
»balleros que aqui estais, tornad a vuestras tierras, dad holganza
»a vuestros espiritus, descansen vuestros ánimos, dexad el prez de
»las armas, la fama de las honras a los que comienzan a subir en
»la muy alta rueda de la movible fortuna; contentaos con lo que
»della fasta aqui alcanzasteis, pues que, más con vosotros que
»con otros algunos de vuestro tiempo le plogo tener queda e firme
»la su peligrosa rueda; e tú, Amadís de Gaula, que desde el dia que
»el rey Perion, tu padre, por ruego de tu señora Oriana, te fizo
»caballero, venciste muchos caballeros e fuertes e bravos gigan-

»tes, pasando con gran peligro de tu persona todos los tiempos
»fasta el dia de hoy, haciendo tremer las brutas y espantables
»animalias, habiendo gran pavor de la braveza de tu fuerte co-
»razon, de aqui adelante da reposo a tus afanados miembros...
»e tú que fasta aqui solamente te ocupabas en ganar pres de tu
»sola persona, creyendo con aquello ser pagada la deuda a que
»obligado eres, agora te converná repartir tus pensamientos e cuidados en tantas e diversas partes, que por muchas veces querrias
»ser tomado en la vida primera, y que solamente te quedase el
»tu enano a quien mandar podiesses; *toma ya vida nueva, con más
»cuidado de gobernar que de batallar cama fasta aqui feciste*; dexa
»las armas para aquel a quien las grandes vitorias son otorgadas
»de aquel alto Juez... que los tus grandes fechos de armas por el
»mundo tan sonados, muertos antes los suyos quedarán; ansí que
»por muchos que no saben será dicho que *el hijo al padre mató*
»mas yo digo que no de aquella muerte natural a que todos obliga-
»dos somos, salvo de aquella que, pasando sobre los otros mayores
»peligros, mayores angustias, gana tanta gloria que la de los pa-
»sados se olvide, e si alguna parte les dexa no gloria ni fama se
»puede decir, mas la sombra della» (cap. LII).

Esta *vida nueva,* este ideal del perfecto «gobernante» que hace todo derecho, que acalla y pacifica toda contienda, que desarma a sus enemigos con la clemencia, que se levanta como árbitro entre príncipes y pueblos, que ciñe con la corona imperial de Roma las sienes de Arquisil, no por ser el más noble, sino por ser el más honrado y virtuoso, es la nota más original que Garci Ordóñez de Montalvo puso en su continuación y es lo que la presta cierto interés para la historia de las ideas ético políticas, mostrándole imbuído en el espíritu filantrópico de los pensadores del Renacimiento, que tiene en Erasmo y en Luis Vives su expresión más alta.

Transformado de esta manera el primitivo cuento de Amadís, enriquecido con los despojos de toda la literatura caballeresca anterior y con el fruto de una varia si no muy selecta cultura que en el aliño algo redundante y en la majestad periódica del estilo se manifiesta: novela de amor y de aventuras juntamente, y que recopilaba casi todos los temas poéticos que en los libros de la Tabla Redonda andan esparcidos; obra que por sus raíces arrancaba del fondo más oscuro de la Edad Media, y que por el desarrollo amplio y brillante era muy digna de abrir la época clásica, el *Amadís* del regidor Montalvo, único que para la posteridad existe, se levanta como una de las columnas de la prosa española en tiempo de los Reyes Católicos y comparte con la *Celestina* la gloria de haberla fijado en aquel momento supremo.

¿Y qué sabemos del elocuente e incansable narrador que en las llanuras de Castilla la Vieja dió forma definitiva al mejor de los libros caballerescos? Poco más que lo que consta en los principios de su obra y lo que él quiso decirnos por boca de Urganda la Desconocida en el cap. XCVIII de las *Sergas de Esplandián*, consignando algunos rasgos de su carácter que, salvo lo que dice de su ignorancia, bien desmentida en sus escritos, deben de ser muy aproximados a la verdad. «Yo he sabido (le dice la sabia y profética »dueña) que eres un hombre simple, sin letras, sin ciencia, sino »solamente de aquella que así como tú los zafios labradores saben, »y como quiera que cargo de regir a otros muchos y más buenos »tengas, ni a ellos ni a ti lo sabes hacer, ni tampoco lo que a tu »casa y hacienda conviene. Pues dime, hombre de mal recaudo, »¿cuál inspiración te vino, pues que no sería del cielo, que dexan- »do y olvidando las cosas necesarias en que los hombres cuerdos »se ocupan, te quisiste entremeter y ocupar en una ociocidad tan »excusada, no siendo tu juicio suficiente, enmendando una tan »grande escriptura de tan altos emperadores, de tantos reyes y »reinas, y dueñas y doncellas, y de tan famosos caballeros?»...

Esta confesión tan ingenua confirma lo que ya por los enormes volúmenes del *Amadís* y del *Esplandián* podría sospecharse; es decir, que en el regidor de Medina del Campo la imaginación novelesca era la facultad predominante, y que debió de tener bastante descuidado su oficio municipal y el regimiento de sus convecinos, embebido como estaba siempre en las dulces quimeras que inventaba o hacía suyas por derecho de conquista. De otras palabras de Urganda, que no sabemos si se refieren al *Esplandián* sólo, sino también al *Amadís*, parece inferirse que escribía en edad muy madura y no la más propia para fábulas de amores, lo cual puede explicar la frecuencia e intemperancia de sus sentencias y digresiones morales. «¡Oh, loco, cuán vano ha sido tu pensamien- »to con creer que una cosa tan excelente que en muy gran número

»de escripturas caber no podría, en tan breves y mal compuestas
»palabras lo pensaste dexar en memoria, no temiendo en ella *ser*
»*tan contraria tu edad de semejantes autos* como el agua del fuego
»y la fría nieve de la gran celentura del sol, que en una tan extra-
»ña cosa como ésta no pueden nin deben hablar sino aquellos en
»quien sus entrañas son casi quemadas y encendidas de aquella
»amorosa flama.»

Sabemos también que era muy aficionado a la caza, ejercicio muy propio de un cronista de caballeros andantes y con el cual debía completarse su noble y poética ociosidad. En el cap. XCIX de las *Sergas* finge que en una de estas expediciones cinegéticas, cerca del lugar de Castillejo, le aconteció caer en una cueva donde tuvo la visión que allí describe. [1]

La historia póstuma del *Amadís* es tan curiosa e importante como el libro mismo; pocas obras del ingenio humano han tenido una posteridad tan larga, han influído tanto en literaturas distintas, han contado imitadores tan ilustres y han dado norma y tono al trato social por tanto tiempo. A pesar de su enorme volumen, que hoy retrae a los lectores impacientes, pero que entonces era obstáculo menos grave, porque las obras de imaginación no eran numerosas y se leían muy despacio, procurando cada cual prolongar su placer, los cuatro libros de *Amadís* tuvieron en el siglo XVI más de veinte ediciones castellanas, que hoy existen o de que se tiene segura noticia, y es de creer que hubiese otras, porque la más antigua no ha sido conocida hasta fecha muy reciente, y sabemos que fué grande la destrucción de estos libros cuando pasaron de moda, y se los miró con desprecio e indiferencia. [2] Añáda-

---

[1] «Pues que asi fue que saliendo un dia a caza, como acostumbrado »lo tengo, a la parte que del Castillejo se llama, que por ser la tierra tan »pedregosa y recia de andar, en ella más que en ninguna otra parte de caza »se halla; y alli llegado, hallé una lechuza, y aunque viento hacia, a ella mi »falcon lancé», etc.

[2] Para todo lo relativo a la bibliografía de los libros de caballerías en lengua castellana y portuguesa, es trabajo casi único el de Gayangos (adicionado por él mismo en el primer tomo del *Ensayo* de Gallardo); pero ya necesita ser refundido por completo, como sin duda lo hará el señor Bonilla en esta misma colección. Salvá, en su *Catálogo*, describe los que poseía, que no eran muchos, pero entre los cuales, había algunos de singular rareza. Para las traducciones extranjeras, deben consultarse los Manuales de Brunet y Graesse,

se a esto la masa enorme de las continuaciones, de que hablaremos después. Los descendientes de Amadís son legión: nadie se hartaba de leer las proezas de sus nietos, biznietos y tataranietos, y para orientarse la crítica en el laberinto de sus parentescos, ha habido que construir árboles genealógicos, como si se tratase de una familia histórica. No faltaban aficionados delirantes, precursores de Don Quijote, que la tuviesen por tal, extremándose en esto los portugueses, tan encariñados con este libro que estimaban como suyo. Don Simón de Silveira juraba sobre un Misal que todo lo que se contenía en el *Amadís* era verdad. En su curioso *Arte de Galantería* refiere don Francisco de Portugal la siguiente anécdota: «Vino un caballero muy principal para su casa, y halló a su »muger, hijas y criadas llorando; sobresaltose y preguntóles muy »congoxado si algun hijo o deudo se les havia muerto; respondieron »ahogadas en lágrimas que no; replicó más confuso: pues ¿por qué »llorais? Dixeronle: Señor, hase muerto Amadis.» [1]

---

y para las italianas en especial las bibliografías de novelas y poemas caballerescos de Ferrario y Melzi.

[1] *Arte de Galanteria. Escreuiola D. Francisco de Portogal. Offrecida a las Damas de Palacio por D. Lucas de Portogal, Comendador de la villa de Fronteira, y Maestresala del Principe nuestro Señor. En Lisboa, en la Emprenta de Ivan de la Costa. M. DC. LXX* (1670). Pág. 96.

De otros extremos de algunos apasionados, especialmente portugueses, por los libros de caballerías hace curiosa mención Francisco Rodríguez Lobo, en el primero de los diálogos de su *Corte na Aldêa*: «Un curioso en Ita-»lia (segun un autor de credito cuenta), estando con su muger a el fuego »leyendo al Ariosto, lloraron la muerte de Zerbino con tanto sentimiento, »que acudio la vecindad a saber la causa. Y en lo que toca a exemplo, un »capitan valeroso hubo en Portugal, que no le tuvo mejor el Imperio Romano, »que con la imitación de un cavallero fingido fue el mayor de sus tiempos »imitando las virtudes que dél se escribieron (alude, sin duda, al Condesta-»ble Nuño Álvarez Pereira, que había tomado por prototipo a Galaaz, el de »la *Demanda del Santo Grial*). Muchas doncellas guardaron extremos de fir-»meza y fidelidad, por haver leido de otras semejantes en los livros de cava-»llerias. En la milicia de la India, teniendo un Capitan Portugues cercada »una ciudad de enemigos, ciertos soldados camaradas, que albergavan jun-»tos, traian entre las armas un libro de cavallerias con que passaran el »tiempo: uno dellos, que sabia menos que los demas, de aquella lectura, »tenia todo lo que oia leer por verdadero (que hay algunos inocentes que les »parece que no puede aver mentiras impressas). Los otros, ayudando a su »simpleza, le decian que assi era; llegó la ocasión del assalto, en que el buen

La poesía lírica de metro y sabor popular, y la cortesana y erudita se apoderaron simultáneamente del episodio de la Peña Pobre. Hay tres romances de la primera mitad del siglo XVI referentes a Beltenebrós (números 335, 336 y 337 del *Romancero de Durán*). En el *Cancionero General* de Amberes, 1557, se halla un canto en octavas reales sobre el mismo argumento, que acaso tenga relación con el *Amadigi* italiano de Bernardo Tasso. Entre los poemas que se perdieron de Hernando de Herrera, menciona un *Amadís* Francisco de Rioja en la carta al Conde Duque de Olivares, que precede a las *Rimas* del patriarca de la escuela sevillana en la edición de 1619.

Amadís pisó muy pronto las tablas del teatro peninsular. Gil Vicente, el más poeta entre los dramaturgos de nuestros orígenes, fué el primero que comprendió que en los libros de caballerías había una brava mina que explotar y se internó por ella abriendo este sendero, como otros varios, al teatro español definitivo, al teatro de Lope, y aun pudiéramos decir al de Calderón, que todavía trató algunos temas caballerescos como brillantes libretos de ópera. La *tragicomedia de Amadís de Gaula*, compuesta por Gil Vicente en lengua castellana, es una dramatización de los amores de Oriana, especialmente del episodio de la Peña Pobre, que parece haber sido el predilecto de todos los imitadores. A fines del siglo XVI, Micer Andrés Rey de Artieda compuso otro drama de *Amadís de Gaula*, pero no queda más que su título, vagamente citado por los bibliógrafos valencianos. El *Amadís*, además de su éxito popular,

---

»soldado, invidioso y animado de lo que oia leer, se encendio en desseo de
»mostrar su valor y hacer una cavalleria de que quedasse memoria, y assi
»se metio entre los enemigos con tanta furia, y los comenzo a herir tan recia-
»mente con la espada, que en poco espacio se empeñó de tal suerte, que con
»mucho trabajo y peligro de los compañeros, y de otros muchos soldados,
»le ampararon la vida, recogiendolo con mucha honra y no pocas heridas;
»y reprehendiendole los amigos aquella temeridad, respondio: Ea, dexadme,
»que no hice la mitad de lo que cada noche leeis de cualquier caballero de
»vuestro libro. Y él dalli adelante fue muy valeroso.»

Corte en Aldea y Noches de Invierno, de Francisco Rodríguez Lobo. De Portugues en Castellano por Iuan Bautista de Morales. *En Valencia, en la oficina de Salvador Fauli. Año M. DCC. XCVIII.* Páginas 18-20. La primera edición portuguesa de esta obra es de 1619; la primera castellana, de Montilla, 1622.

fué obra altamente estimada por los más preclaros ingenios españoles de la áurea centuria. Es sabida, aunque no muy comprobada, la anécdota de don Diego de Mendoza, que al ir a su embajada de Roma, no llevaba más libros en su portamanteo que el *Amadís* y la *Celestina*.[1] Juan de Valdés, el más agudo crítico del reinado de Carlos V, pone en su habitual severidad algunos reparos al estilo y a la fábula del *Amadís*; pero no sólo le tiene por el mejor de los libros de su clase, sino que asiente a la común opinión que daba a su autor la primacía «entre los que han escrito cosas de sus cabezas». Por eso mismo y porque el *Amadís* estaba universalmente considerado como texto de lengua, se dilata en su censura más que en la de ningún otro, y termina con estas palabras: «y vosotros, »señores, pensad que aunque he dicho esto de *Amadis*, también »digo tiene muchas y muy buenas cosas, y que es muy dino de ser »leido de los que quieren aprender la lengua; pero entended que »no todo lo que en él halláredes, lo habeis de tener y usar por »bueno».[2]

---

[1] «Quando fue a Roma por Embaxador, lleuaua solamente, yendo por »la posta, en un portamanteo, *Amadis de Gaula y Celestina*, de quien dixo »*alguno* que la hallaua mas sustancia que a las Epistolas de San Pablo. »Estando un dia a la comida del Cardenal D. Henrique, que era inquisidor »general, le preguntó (sic) Ilulano: «¿affirmaos vos en aquello que haueis »dicho?, y él le respondio: «Señor, hay muchos dias que no me afirmo en »nada», que hay muchos que ni a la ley de Dios perdonan por parecer dis-»cretos» *(Arte de Galantería* de D. Francisco de Portugal, p. 49).

Muchas veces he visto citado este texto, pero suprimiendo siempre los últimos renglones, sin los cuales la Inquisición no hubiera dejado pasar el irreverente disparate de las Epístolas de San Pablo, puestas en cotejo con la *Celestina*. De todos modos, quien lo dijo no fué don Diego, sino un caballero anónimo, portugués por las señas.

[2] Todo el pasaje es muy interesante, como muestra de la crítica del siglo XVI, pero por abreviar omito las observaciones gramaticales, en las cuales se trasluce que el estilo del *Amadís* parecía ya arcaico en tiempo del Emperador, lo cual prueba el rápido cambio de la lengua. Del argumento dice lo siguiente:

«Cuando a las cosas, siendo esto asi, que los que escriben mentiras las »deben escribir de suerte que se alleguen, cuanto fuere posible, a la verdad, »de tal manera que puedan vender sus mentiras por verdades, nuestro autor »de *Amadis*, una vez por descuido y otras no sé por qué, dize cosas tan a la »clara mentirosas, que de ninguna manera las podeis tener por verdaderas. »Ignorancia es muy grande dezir, como dize al principio del libro, que aque-

Finalmente, y para no amontonar inútiles citas, baste por todas la de Cervantes, que no sólo le salvó de las llamas en el escrutinio de la librería del ingenioso hidalgo como a *único en su arte*, aludiendo infinitas veces a él y a su protagonista, que don Quijote llamaba «el norte, el lucero, el sol de los valientes y enamorados »caballeros a quienes debemos imitar todos aquellos que debajo de »la bandera del amor y de la caballería militamos», sino que parodió con benévola sonrisa algunas de sus principales escenas, dándoles la inmortalidad que el genio comunica a lo mismo que parece destruir.

Ningún héroe novelesco se ha impuesto a la admiración de las gentes con tanta brillantez y pujanza como se impuso el *Amadís* a la sociedad del siglo XVI. Hay que llegar a las novelas de Walter Scott para encontrar un éxito semejante, a la vez literario y mundano, para el cual no hubo fronteras en Europa. Una breve excursión por los anales literarios nos convencerá de ello.

Cuando tanto y con tanta razón se encarece la benéfica in-

»lla historia que quiere escribir, acontezió no muchos años despues de la »pasion de nuestro Redentor, siendo asi que algunas de las provincias de »que él en su libro haze menzion i hace cristianas se convirtieron a la fe »muchos años después de la Pasion. Descuido creo que sea el no guardar »el decoro en los amores de Perion con Elisena: porque no acordandose »que a ella haze hija de Rei, estando en casa de su Padre, le da tanta liber- »tad i la haze tan deshonesta, que con la primera plática, la primera noche, »se la trae a la cama. Descuidase tambien en que, no acordandose que aque- »lla cosa que cuenta era muy secreta, y pasaba en casa del padre de la Dama, »haze que el rey Perion arroje en tierra el espada y el escudo, luego que co- »noce a su señora, no mirando que al ruido que harian, de razon se habian »de despertar los que dormian zerca y venir a ver qué cosa era. También es »descuido dezir que el Rey miraba la hermosura del cuerpo de Elisena con »la lumbre de tres antorchas que estaban ardiendo en la camara, no acor- »dandose que habia dicho que no habia otra claridad en la camara sino la »que la de la luna entraba por entre la puerta; y no mirando que no hay »mujer, por deshonesta que sea, que la primera vez que se vee con un hom- »bre, por mucho que lo quiera, se deje ver de aquella manera. De la mesma »manera se descuida, haziendo que el Rey no eche menos el espada hasta la »partida, habiendosela hurtado diez dias antes; porque no se acordó que lo »haze con caballero andante, al cual es tan aneja la espada como al escriba- »no la pluma. Pues siendo esto asi, ¿n'os paresze que sin levantarle falso tes- »timonio se puede dezir que peca en las cosas?»

(*Diálogo de la Lengua*, ed. de Usoz, Madrid, 1860, pp. 185-187).

fluencia del gusto italiano en nuestra literatura del siglo XVI, suele olvidarse demasiado la influencia recíproca, que en algunos géneros fué muy notable. Tal acontece con los libros de caballerías. Desde 1546 a 1594 fueron impresos y traducidos en Venecia, no sólo los cuatro libros primitivos del *Amadís* y el quinto de las *Sergas de Esplandián,* sino todas las continuaciones españolas, a las cuales se añadieron otras italianas hasta completar la respetable cifra de veintitrés volúmenes, de veinticinco si se añaden, como acostumbran algunos, las dos partes de *Don Belianis,* que en rigor no pertenecen a este ciclo. Todos estos volúmenes fueron reimpresos varias veces: algunos alcanzaron hasta diez ediciones, y el gusto público no los abandonó hasta muy entrado el siglo XVII. Cuando ya el género estaba esteramente muerto en España, todavía las prensas venecianas reproducían en 1625 la obra de Moltalvo, en 1629 el *Amadís de Grecia* y el *D. Silves de la Selva,* en 1630 el *Lisuarte de Grecia.*

Pero mucho antes de leerse en toscano la célebre novela española, la manejaban los italianos en su lengua original, y de ello tenemos prueba gloriosa e irrecusable. El *divino* Ludovico Ariosto, uno de los mayores poetas que en el mundo han sido, no se desdeñó de entretejer en la riquísima tela del *Orlando Furioso* algunos retazos del *Amadís*; debiendo advertirse que estas imitaciones se encuentran ya en los 40 primeros cantos del poema, impresos en Ferrara en 1516, ocho años después de la publicación del texto castellano, si admitimos como primera edición la de Zaragoza de 1508.

Estas imitaciones han sido señaladas y discutidas por el sagacísimo crítico italiano Pió Rajna en su libro sobre «las fuentes del *Orlando Furioso*»,[1] que es uno de los monumentos de la erudición moderna. Entre estos vestigios del *Amadís* en el *Orlando,* es evidente y seguro el de la *aspra legge di Scozia* en la historia de Ginebra (cantos IV y V), imitada por otra parte de un episodio de *Tirante el Blanco,* como veremos luego. «En aquella sazón era por »ley establecido que cualquiera muger, por de estado grande e se-

---

[1] *Le fonti dell' Orlando Furioso. Ricerche e Studi di Pio Rajna. Seconda edizione correcta e acresciuta.* Florencia, 1900, pp. 155, 465, y en otros varios lugares que es fácil hallar por el índice.

»ñorio que fuese, si en adulterio se hallaba, no se podía en ninguna
»guisa excusar la muerte, y esta tan cruel costumbre e pesima duró
»hasta la venida del muy virtuoso rey Artur.» (Pág. 4, ed. Gayangos.)

El Ariosto traduce casi a las letras estas palabras:

> L'aspra legge di Scozia empia e severa,
> Vuol ch' ogni donna e di ciascuna sorte
> Ch' ad uom si giunga e non gli sia mogliera,
> S' accusata ne viene, abbia la morte.
>
> (IV, 59.)

Para que todo sea complicación de fuentes españolas en este episodio, todavía hay otra del *Grisel y Mirabella*, de Juan de Flores, de que nos haremos cargo más adelante.

La locura de Orlando procede evidentemente de la de Tristán, pero también a título de analogía menciona Rajna el estado de desesperación a que Amadís queda reducido por la carta de Oriana, que creyéndole infiel le prohibe verla. Amadís no se vuelve loco propiamente, pero el abandono de las armas, los lamentos a la margen de una fuente, son rasgos comunes a estas dos narraciones. Ya don Quijote en Sierra Morena había relacionado ambos pasajes, dudando si imitaría «a Roldán en las locuras desaforadas que hizo o a Amadís en las malencónicas».

La escena del canto 24, en que Zerbino recoge las armas que Orlando en su locura había sembrado por el suelo y hace con ellas un trofeo que suspende de un pino, se parece mucho a lo que hizo don Guilán con el escudo de que Amadís se había despojado para entregarse a vida penitente: «E quando Guilan vio el Escudo, hobo
»gran pesar, e descendiendo de su caballo, dixo que no era para es-
»tar asi el escudo del mejor caballero del mundo; e alzólo del suelo
»llorando de corazón, e pusolo en aquel brazo de aquel arbol, e di-
»xonos que lo guardassemos en tanto que él buscaba a aquel cuyo
»era» (libro II, cap. V). Pero como este pasaje es imitado del *Tristán*, no puede decirse con seguridad a cuál de los dos libros recurrió el Ariosto.

Juntos el *Tristán* y el *Amadís*, puesto que el poeta italiano aprovecha circunstancias de uno y otro, explican el paso honroso que en un estrecho puente defiende Rodamonte después de la muerte de Isabella (canto 29). Otro paso igual defiende el caballero Gandalod contra don Guilán que se encaminaba a la corte del rey Lisuarte (libro II, capítulo VII). «Y el agua era grande, e »había en él una puente de madera tan ancha como pudiese venir »un caballero e ir otro.» Finalmente, Rajna compara el papel de Urganda la Desconocida en el *Amadís* con el de Melisa en el *Orlando Furioso,* si bien puede explicarse por las relaciones comunes que ambas obras tienen con el ciclo bretón.

Un poeta inferior sin duda al Ariosto, pero que ocupa muy distinguido lugar entre los épicos y líricos italianos de segundo orden, Bernardo Tasso, a quien ha oscurecido en demasía la gloria de su hijo, emprendió en la corte española de Nápoles convertir en poema épico toda la materia novelesca del *Amadís,* alentándole en tal propósito el príncipe de Salerno Ferrante Sanseverino, el virrey don Pedro de Toledo, el Comendador Mayor de Alcántara, don Luis de Ávila y Zúñiga, y otros grandes señores que eran ornamento de aquella sociedad ítalohispana. El *Amadigi* del Tasso, comenzado en Sorrento por los años de 1539 y no terminado hasta 1557 en la corte de Urbino, tuvo en expectación durante tan largo plazo al mundo literario, fué leído a trozos por su autor en los círculos más elegantes y sometido por él a la censura de los poetas y humanistas que en toda Italia pasaban por mejores jueces: Giraldi, Varchi, Ruscelli, Bartolomeo Cavalcanti, Muzio, Veniero, Mocenigo, Antonio Gallo y otros muchos. El autor se sometió a las correcciones con una docilidad rara en los de su oficio; volvió su obra al yunque varias veces, y cuando definitivamente la hizo salir de las prensas de Venecia en 1560,[1] tuvo tan buena acogida que algunos críticos de aquel tiempo, como Sperone Speroni, llegaron a darle la palma sobre el *Orlando* mismo; enorme exageración que la posteridad ha reducido a sus justos límites, si bien reconociendo en Bernardo Tasso condiciones poé-

---

[1] *Amadigi del signor Bernardo Tasso. A l'invictissimo e cattolico Re Filippo. Con privilegio. In Vinegia, apresso Gabriel Giolito de Ferrari,* 1560, 4º Fué reimpreso en Venecia, 1581 y 1583, y en Bérgamo, 1755, cuatro volúmenes en dozavo, con la vida del autor y otras ilustraciones del abate Pierantonio Serassi.

Hay un larguísimo análisis del *Amadís* del Tasso en el tomo V de la *Histoire Littéraire de l'Italie,* de Ginguené (París, 1824), pp. 62-115, que habla con exagerado encomio de este poema.

ticas mucho mayores que en el Trissino, en Luis Alamanni y en otros autores de epopeyas tan celebrados entonces como olvidados hoy. El que al parecer no quedó muy satisfecho del *Amadigi* fué Felipe II, a quien el Tasso dedicó su poema, por consejo del Duque de Urbino, puesto que ni devolvió al poeta los bienes que se le habían confiscado en el reino de Nápoles cuando siguió en su defección a Sanseverino, ni siquiera se dió por entendido del ejemplar que recibiera por medio de su capitán general en Italia. Era el Rey Prudente más aficionado a otras artes que a la poesía, y no parece que se recreara mucho con la lectura de ficciones caballerescas. Además el Tasso había vacilado largo tiempo en cuanto a la dedicatoria, cambiándola al compás de las circunstancias políticas, puesto que al principio se la dirigía al todavía príncipe don Felipe, después (1547) al rey de Francia Enrique II, y, por último, en 1558 se la restituía a su primitivo dueño. Triste falta de sinceridad y de convicción de que la mayor parte de los poetas italianos del siglo XVI adolecen, y que solía ser pagada con el olvido o con el desdén de los mismos príncipes a quienes adulaban. Bernardo Tasso, que había acompañado al Emperador en la jornada de Túnez, estuvo dos veces en España, en 1537 y 1539, y conocía perfectamente nuestra lengua. Trabajaba sobre el texto original de Montalvo, del cual había empezado por hacer una traducción en prosa para su uso. Al principio pensó imitar la unidad de acción de las epopeyas clásicas, y por este camino llegó a componer hasta diez cantos. Pero muy pronto se convenció, por la frialdad con que los oyeron sus amigos, de que tal regularidad era incompatible con el argumento, acabando de abrirle los ojos el notable escrito de Giraldi sobre las novelas y los poemas romancescos que apareció en 1544. Determinó, pues, afiliarse resueltamente en la escuela del Ariosto, y seguirle en el agradable desorden del relato, así como en el metro, ya que por fortuna suya el príncipe de Salerno y don Luis de Ávila le habían disuadido de escribir su poema en verso suelto, con lo cual sería hoy tan ilegible como la *Italia Liberata* del Trissino.

El *Amadigi* de Bernardo Tasso es un poema en cien cantos, de unos quinientos a seiscientos versos cada uno. Comprende toda la materia de los cuatro libros del *Amadís de Gaula*, español, terminando como él con la aparición de Urganda la Desconocida.

Pero como el poema, aun siendo enorme, lo es mucho menos que la novela original, y además la narración poética no tolera tantos detalles como la prosaica, el poeta bergamasco abrevia muchas cosas y omite otras, aunque también pone de su cosecha algunas. Como si le pareciese todavía poco complicada la historia de los amores de Amadís y Oriana, añade otras dos parejas enamoradas, Alidoro y Mirinda y Floridante y Filidora. De este modo consiguió que su poema tuviese tres acciones, como el del Ariosto (sitio de París, locura y curación de Orlando, amores de Roger y Bradamanta), pero con la desventaja de ser las tres del mismo género y muy poco interesantes las dos que el Tasso inventó. En todo el poema se observa una irregularidad fría y calculada, que quiere simular el libre juego de la fantasía. La versificación es elegante, pero monótona, y lo mismo puede decirse del estilo, que es ampuloso, recargado de símiles y de lugares comunes. Son muchos los cantos que empiezan con una descripción del amanecer y terminan con otra de la noche. Al principio había pensado el Tasso que todos tuviesen este principio y este fin: ¡cien variaciones sobre el mismo tema! En conjunto, y aparte del mérito de algunos detalles y de la brillantez general, pero demasiado uniforme, de la ejecución, este compendio poético del *Amadís* se lee con más fatiga que el *Amadís* en prosa, y hace deplorar que su autor malgaste tanto tiempo y un talento poético nada vulgar en una obra tan inútil, la cual nosotros debemos agradecer, no obstante, como homenaje prestado a la literatura española por un insigne poeta de la edad clásica italiana. [1]

Si tal suerte logró el *Amadís* en Italia, donde las maravillas de Boyardo y del Ariosto tenían que hacer ruda competencia

---

[1] Torquato Tasso parece haber heredado la afición de su padre al *Amadís*, puesto que en la *Apología* de su *Jerusalém Libertada*, que escribió contestando a los reparos de la Academia de la Crusca, hace de él este magnífico elogio: «Sappiate dunque che essendo mio Padre nella Corte di Spagna, »per servizio del Principe di Salerno, suo padrone, fu persuaso da i prin- »cipali di quella Corte a ridurre in poema l'istoria favolosa dell'Amadigi, »la quale, per giudizio di molti, e mio particolarmente, e *la più bella che »si legga fra quelle di questo genere*, e forse la più giovevole; perchè nell' »affetto, nel costume si lascia addietro tutte l'altre, e nella varietà degli »accidenti non cede ad alcuna che da poi o prima sia stata scritta» (*Opere di Torquato Tasso*, tomo IV, Florencia, 1724, p. 178, col. 2ª). [Cf. Ad. vol. II.]

a cualquier invención forastera, mucho mayor debía ser, y fué en efecto, el triunfo del *Amadís* entre los franceses que, al trasladarle a su lengua, recobraban en cierta manera un género de invención poética cuyos primeros modelos les pertenecían, aunque ya comenzasen a olvidarlos. Fué menester que Francisco I, cautivo en Pavía, entretuviese los ocios de su prisión de Madrid con la lectura del libro de Garci Ordóñez de Montalvo —en la cual también se había recreado Carlos V—,[1] para que al volver a Francia ordenase a Nicolás Herberay, señor des Essarts, la traducción al francés del *Amadís de Gaula*, al cual pronto siguieron casi todas las fabulosas crónicas de los descendientes de Amadís, escritas por Feliciano de Silva y otros, y trasladadas a la lengua de nuestros vecinos por el mismo Herberay, por Gil Boileau y otros traductores que más adelante citaremos. La serie primitiva de estos *Amadises* forma doce libros o partes, publicadas desde 1540 a 1556, en espléndidos volúmenes en folio, con grabados en madera, edición lujosa y propia del público aristocrático al cual se dedicaba. Hubo reimpresiones más modestas, en las cuales, desde el año 1561, comenzaron a añadirse nuevos libros traducidos del español y del italiano, o compuestos por imitadores franceses,

---

[1] En una de sus cartas burlescas, fechada en octubre de 1513, dice el famoso bufón don Francesillo de Zúñiga: «El Emperador está mejor de su »cuartana, y fue por una purga que yo le ordené, que es la cosa más proba-»da y averiguada que para los cuartanarios se puede dar, y fue que le man-»dé que cuando le viniese el frío, *que le leyese el Amadís* el duque de Arcos, »porque tiene gentil lengua, y le contase cuentos el marqués de Aguilar» (*Curiosidades bibliográficas*, en la colección Rivadeneyra, p. 57, col. 2ª.)
Sobre lectura de libros de caballerías ante el Emperador, refiere esta curiosa anécdota don Luis Zapata en su *Miscelánea (Memorial Histórico Español*, tomo XI, pág. 116): «Doña Maria Manuel era dama de la Emperatriz »nuestra señora, y leyendo ante la Emperatriz una siesta un libro de caba-»llerias al Emperador, dijo: «Capítulo de cómo D. Cristobal Osorio, hijo del »Marqués de Villanueva, casaría con doña Maria Manuel, dama de la Empe-»ratriz y reina de España, si el Emperador para despues de los dias de su »padre le hiciese merced de la encomienda de Estepa.» El Emperador di-»jo: «Torna a leer ese capitulo, Doña Maria.» Ella tornó a lo mismo, de la »misma manera, y la Emperatriz añadió diciendo: «Señor, muy buen capi-»tulo y muy justo es aquello.» El Emperador dijo: «Leed más adelante, que »no sabeis bien leer, que dice: sea mucho enhorabuena.» Entonces ella besó »las manos del Emperador y a la Emperatriz por la merced.»

hasta que la serie de *Amadís* quedó completa en 24 volómenes, llevando los tres últimos la fecha de 1615.

Ya hemos dicho que Herberay procuró defender con malos argumentos el origen francés del *Amadís*, posición semejante a la que había de tomar nuestro P. Isla cuando tradujo el *Gil Blas*, restituyéndole, como él decía, a su lengua nativa. Erraban uno y otro en la argumentación, pero acertaban en el fondo, puesto que el *Amadís* es imitación, no de uno, sino de muchos poemas franceses, y el *Gil Blas* imitación, no de una, sino de muchas novelas y comedias españolas. Precisamente por lo mucho que la caballería bretona tiene que reclamar en el *Amadís*, fué tan prodigioso el éxito de esta traducción de Herberay entre los cortesanos franceses y aun en la imaginación popular. Añádese a esto que Herberay era un traductor de notable mérito, aunque no muy escrupuloso y fiel, que aderezó la obra al gusto de los franceses, aligerando la parte moral y didáctica y reforzando la erótica, especialmente en el personaje de don Galaor, ya tan francés de suyo. Trocado así el *Amadís* en obra más mundana y menos severa, no por eso perdió los caracteres de su estilo primitivo, y por ellos vino a influir notablemente en el desarrollo de la prosa francesa, entonces menos adelantada que la italiana y que la nuestra. Un crítico francés, más olvidado de lo que merece, dice sobre este punto lo siguiente:

«El número del período, y aun la elección de las palabras, deben mucho a Herberay-des-Essarts, que acertó a reproducir en su traducción algo de la armonía pomposa que caracteriza a la lengua española. Se le podría llamar, sin mucha audacia, el Balzac de su tiempo.[1] La lengua francesa, a pesar de los esfuerzos aislados de algunos espíritus eminentes, carecía aun de nobleza. Des-Essarts fué el primero que imitó la marcha grave y periódica de la frase castellana. Intentó algunos cambios no siempre afortunados, pero en él principia el cuidado de la armonía en el estilo, y de una cierta solemnidad en el pensamiento y en la expresión:

---

[1] Alúdese aquí, por supuesto, al antiguo moralista francés Juan Luis Guez de Balzac (nacido en 1594), autor del *Sócrates cristiano* y de otros libros tan famosos en su tiempo como poco leídos hoy, pero que tienen importancia en la historia de la prosa clásica del siglo XVII.

»cualidades mezcladas de defectos, pero muy útiles entonces por
»ser precisamente las que nos faltaban...

»Un estilo más florido y más pomposo que el de Calvino y
»Felipe de Comines, abundancia en las expresiones, una elegan-
»cia a veces demasiado prolija, justifican en parte el inmenso
»éxito de que la traducción del *Amadís* gozó por tanto tiempo.
»Los sabios que comenzaban a reconciliarse con su lengua ma-
»terna, miraron a d'Herberay como un legislador. Su obra pene-
»tró hasta en los conventos, según dice Brantôme. Los predicado-
»res fulminaron contra ella mil anatemas... Aquellos amores, aque-
»llos torneos, aquellos encantamientos hacían olvidar las cosas
»divinas, como si todos los espíritus estuviesen sujetos a los pres-
»tigios de algún encantador. [1]

»Los cortesanos, los jóvenes, las mujeres se entregaban sin
»freno a la lectura del *Amadís*.» [2]

Y no era leído solamente en la traducción. El estudio de la lengua española estaba tan de moda en Francia, que muchos preferían saborear directamente las bellezas del original. Miguel de Montaigne era de éstos. En el corto número de libros de su

---

[1] Es notable en este punto el texto del P. Possevino (*Biblioteca selecta*, 1603, pp. 397-398), citado en varias monografías sobre el *Amadís*:
«Inde igitur quo non intrarunt Lancelotus a Lacu, Perseforestus, Tristanus, Giro Cortesius, *Amadisius*, *Primaleo*, Boccaciique Decamero et Ariosti »poema? Ne hic enumerem aliorum ignobilliorum Poetarum carmina male »texta et caro vendita. Et plerisque igitur istis omnibus ut suavius venena »influerent, dedit de spiritu suo Diabolus, eloquentia, et inventione fabularum »ditans ingenia quae tam miserae supellectilis officinae fuerunt. In uno »*Amadisio* ista intueamur... Venerat hic liber aliena lingua in Gallias... »Sparserat enim eo in libro, quisquis ejus fuit auctor, amores foedos, inaudi- »tos congressus equestres, magicas artes. Sic his mentes illis corpora per- »traxit in nassam, in qua innumerae propemodum animae perierunt alternum. »Nam sic ablegata sunt studia sacrarum rerum, divinaeque historiae obli- »vioni sunt traditae atque horum loco *Pantagrueles* et ramenta quaeque »Tartari successerunt... Quin etiam visum est peccatum leve, atque adeo »festivum sapere si quis Magiam *Urgandae et Arcelai*, *Meliae*, magni *Apolli- »donis* passim recenseret; ut interim desideria sensim irreperent eadem ex- »periendi, Magosque accersendi qui novas ipsi humanarum mentium libarent »primitias, et homines ad ipsam imaginem Dei factos revocarent ab uno unius »Dei syncerissimo cultu.»

[2] Philarète Chasles, *Etudes sur le seizième siècle en France* (París, 1876), páginas 113-114.

biblioteca [1] que han llegado a nuestros días (unos 76, según sus más recientes biógrafos) no figuran más que dos novelas, el *Amadís* en su texto castellano y una traducción italiana de la *Cárcel de Amor*, de Diego de San Pedro. Una vez, por lo menos, se acuerda del *Amadís* en los *Ensayos*, citando la pomposa descripción de los palacios de *Apollidon* [2].

No es inverosímil, sino muy natural, que los *Amadises* influyesen en las novelas heroico sentimentales del siglo XVII francés, como el *Gran Ciro*, la *Clelia*, la *Casandra*, que libros de caballerías son aunque se dé en ellos más importancia a las sutilezas de la galantería y a los refinamientos seudopsicológicos que al tropel de las aventuras. La novela española estaba tan presente en la memoria de todos, que el mismo Luis XIV indicó al poeta Quinault este asunto para un libreto de ópera que puso en música el compositor Lully y fué representado en la Academia Real de Música el 15 de febrero de 1684 con éxito brillantísimo, sosteniéndose en el repertorio hasta mediados del siglo XVIII. Sirve de argumento a esta pieza, escrita con bastante ingenio y melodiosos versos, el doble amor del mágico Arcalaus y de su hermana Arcabona por Oriana y Amadís respectivamente, interviniendo en el desenlace Urganda la Desconocida. Hasta cinco parodias (una de ellas del célebre poeta cómico Regnard con el título de *El Nacimiento de Amadís*) atestiguan la popularidad que tuvo esta ópera.

Como la traducción de Herberay no podía menos de parecer anticuada y demasiado voluminosa para el gusto del siglo XVIII, fueron varios los que emprendieron la tarea de compendiarla y rejuvenecerla. De estos compendios el más antiguo es el de mademoiselle de Lubert (1750) en cuatro volúmenes, a los cuales añadió en 1751 otros dos que contienen las *Sergas de Esplandián*.

---

[1] Bonnefon, *Montaigne et ses amis* (París, 1808), tomo I, p. 248, y el estudio del mismo autor sobre la biblioteca de Montaigne en la *Revue d'Histoire littéraire de la France*, 1895, pp. 313-371.

[2] «Je ne sçais s'il en advient aux autres comme à moy, mais quand »j'oys nos architectes s'enfler de ces gros mots de *pilastre, architrave, corni-* »*ches, d'ouvrage corynthien et dorique* et semblables de leur jargon, que »mon imagination se saisisse incontinent du *palais d'Apollidon* et par effet »je treuve que ce son les chestives pièces de la port de ma cuisine» (*Essais*, libro I, cap. L).

Pero el más célebre es el del Conde de Tressan (1779), que desnaturalizó enteramente la obra, convirtiéndola en una novela galante y de salón, y afeminándola con todos los artificios de una sociedad caduca, frívola e insustancial. Todos los arreglos de la *Bibliothéque universelle des Romans* adolecen del mismo defecto, y en parte ninguna ha sido tan desconocida y falseada la poesía de la Edad Media como en esa curiosísima compilación de obras de pasatiempo, que tuvo, sin embargo, el mérito de renovar, aunque fuese desfigurándolas, una porción de narraciones antiguas, las cuales, despertando al principio un interés de curiosidad algo pueril, acabaron por ser materia de estudio serio.

Con esta misma renovación, poco formal, de los temas poéticos de los siglos medios, se enlaza el extenso poema de Creuzé de Lesser, poeta del primer Imperio, sobre *la Caballería,* dividido en tres partes, que juntas tienen cincuenta mil versos: *Roldán, Los Caballeros de la Tabla Redonda* y *Amadís de Gaula.* Esta última apareció en 1814 y todas yacen hoy en el más profundo olvido, a pesar de la facilidad demasiado fácil de la versificación y de cierta ironía mal imitada de Voltaire. Otro enorme poema de muy distinto carácter, puesto que está lleno de símbolos filosóficos y transcendentales y presenta encarnada en sus personajes una especie de teoría sobre las razas humanas, ha aparecido en 1887 con el título de *Amadís,* obra póstuma del Conde de Gobineau, diplomático y orientalista bien conocido por sus importantes estudios sobre la historia de Persia y sobre las religiones y las filosofías del Asia central. Conserva este autor los nombres de Amadís, de Oriana, de Briolanja, de Urganda, de Gaudalin, de Galaor, del rey Lisuarte, e imita, sobre todo en el primer libro, algunas de las aventuras, pero todo lo transforma e interpreta conforme a sus meditaciones de filosofía de la historia. Así, por ejemplo, Amadís y Oriana son los tipos de la humanidad superior, de la raza aria. Tal es la última y bien inesperada manifestación francesa de la leyenda de *Amadís.*

Por Francia había pasado en el siglo XVI a las literaturas del Norte. La traducción alemana publicada en Francfort, y la holandesa, de la cual ya se cita edición de 1546, aunque la más completa es la de 1619 a 1624, están hechas sobre la francesa de Herberay y sus continuadores, y contienen (por lo menos la alemana de 1569

a 1595) los mismos veinticuatro libros y por el mismo orden.[1]
El *Amadís* encontró en Alemania el mismo éxito mundano que en
Francia: fué el manual del buen tono, el repertorio de los *cumplimientos*, como decía Grimmelshausen. Todas las novelas heroicas
del siglo XVII llevan su huella, hasta por antítesis, puesto que algunos de sus autores, movidos por respetables escrúpulos morales
o por una tendencia didáctica, hacen al *Amadís* cruda guerra y
procuran sustituirle con fábulas más ejemplares. Así Buchholtz,
Lohenstein y el mismo Grimmelshausen, autor de la única novela
realista de aquel tiempo, el *Simplicissimus,* curiosa adaptación
alemana de nuestros libros picarescos, en la historia de *Proximus
y Limpida* lanza fiero anatema contra *Amadís* y todos los libros
de caballería andantesca, tachándolos de corruptores de las costumbres y de escollo en que naufragaba la castidad a cada momento.

Pasó con el siglo XVII la moda de las novelas caballerescas y
sentimentales en Alemania, que juntaban los dobles extravíos del
gusto francés y del español. Y cuando a fines del siglo XVIII, la
gran literatura alemana, que con razón llamamos clásica, pero que
fué al propio tiempo prerromántica, volvió los ojos a las leyendas
y temas poéticos de la Edad Media, fué Wieland el nuevo Ariosto
risueño y malicioso de la renovada caballería, y su primer ensayo
en este género, publicado en 1770, un *Nuevo Amadís,* seguido
muy pronto de otro poema, *Gandalín o el amor por el amor.* Gandalín es el nombre del escudero de Amadís, y en ambas obras se
ve el reflejo del *rifacimento* poco honesto y serio del Conde de
Tressan. Por lo demás, sus argumentos son enteramente diversos,
y aunque domina en ambos poemas de Wieland una fantasía harto
sensual, anuncian ya el delicioso talento que sobre otro relato
caballeresco mal traducido en prosa francesa creó la amenísima
fábula de *Oberon.*

Parecía natural que en Inglaterra, que durante todo el siglo XVI

---

[1] Sobre la bibliografía alemana de nuestros libros de caballerías, puede consultarse el libro del Dr. Adam Schneider, *Spaniens Anteil an der Deutschen Litteratur des 16 und 17 Jahrhunderts* (Strasburgo, 1898), páginas 165-205, y sobre la influencia, literaria las eruditas y penetrantes observaciones de Arturo Farinelli en su obra, desgraciadamente no terminada, *Spanien und die Spanische Litteratur im Lichte der deutschen Kritik und Poesie* (Berlín, 1892), parte 1ª, páginas 23-25.

vivió en continuas relaciones, ya amistosas, ya hostiles, con España, y en que tanta influencia ejercieron algunos prosistas nuestros, como Fr. Antonio de Guevara; en Inglaterra, donde pasan la mayor parte de las escenas del *Amadís*, según recordaban con tanta fruición los caballeros castellanos que acompañaron a Felipe II a Inglaterra en 1554,[1] fuese directo y no mediato el conoci-

---

[1] Hablando de los jardines del palacio de Winchester, dice Andrés Muñoz, autor de la más extensa de las relaciones de aquel viaje: «S. M. cerró »la puerta, y él con todos estos señores anduvieron un buen rato por las »praderias del jardin, que son muy hermosas, pasando por buenos puen- »tes, de arroyos y fuentes, que cierto *parescia que se hallaban en algo de lo* »*que habian leido en los libros de caballerias*, segun se les represento aquella »hermosura de fuentes, y maravillosos arroyos vertientes, y diversidad de olo- »rosas flores y arboles, y otras lindezas de verdura» (pág. 70).

Poco después los caballeros españoles no se encontraban tan a gusto en Inglaterra, según el mismo puntual cronista: «La vida que alli pasan los »españoles no es muy aventajada, ni se hallan tan bien como se hallaran en »Castilla; a esto algunos dicen que querrian más estar en los rastrojos del »reino de Toledo que *en las florestas de Amadis*» (pág. 78).

En otro pasaje hace Muñoz muy curiosa confusion de nuestro ciclo con el de la Tabla Redonda y con las fabulosas historias del *Roman de Brut*: «En esta tierra fueron las fabulas del *Rey Lisuarte* de la Mesa Redonda, »y las adivinanzas y pronosticos de Merlin, que nacio en esta tierra. Esta »fue poblada de gigantes, cuando la destruccion de Troya, a la cual vino »un capitan nombrado Bruto, con cierta gente desde Troya, y descendio en »ella, donde vencio a los gigantes y los echó del; y del nombre deste »Bruto se llamó Bretaña... De aqui fue el rey Artur, rey que fue de Ingla- »terra, famoso principe, y de los que la fama hace insignes, el cual florescio »cerca de los años de Cristo de quinientos... Hallóse matar él mesmo con su »mano cuatrocientos y cuarenta hombres de los enemigos en una sola bata- »lla, y asi se leen dél notables cosas. Este gran principe instituyó en la ciu- »dad de Canturbia (Canterbury) la *Tabla Redonda* para los caballeros que »fuesen conquistadores de los infieles. Finalmente, herido de sus enemigos, »murio, y fue traido a su isla a ser sepultado» (pág. 81).

En otra relación de autor anónimo y testigo presencial: «Fuimos a ver »la Tabla Redonda qu' está en el castillo deste lugar (Windsor), que fue del »rey Artus, que dicen que está alli encantado, y los doce Pares que comian »con él estan escritos sus nombres alrededor segun se asentaban» (pág. 97).

En carta asimismo anónima, escrita desde Richmond *(Rigamonte)* a 17 de agosto de 1554:

«El que inventó y compuso *los libros de Amadis* y otros libros de caba- »llerias desta manera, fingiendo aquellos floridos campos, casas de placer »y encantamiento, antes que los describiese debio sin dubda de ver primero »los usos y tan extrañas costumbres que en este reino se costumbran. Por-

miento de la obra de Garci Ordóñez de Montalvo, y sin embargo, no sucedió así: en Inglaterra, como en todo el Norte, las traducciones francesas sirvieron de intermedio. *The Treasurie of Amadis,* de Thomas Paynel (1568), está tomado de otro compendio que desde 1559 corría con el título de *Trésor de tous les livres d'Amadis de Gaule,* [1] en que el compilador había reunido con un fin retórico las epístolas, arengas y carteles de desafío que tanto abundan en este género de novelas. No gustó el epítome de Paynel, pero esto no fué obstáculo para que en 1589 Antonio Munday, traductor de otros libros de caballerías, emprendiese la versión de los cuatro libros de *Amadís,* conforme al texto de Herberay, si bien no aparecieron completos hasta 1619, a ruegos y expensas de una ilustre dama aficionada a estas lecturas. Tan larga dilación indica que los Amadises iban pasando de moda, y que no estaba lejano el tiempo de su completo abandono. Pero en el siglo XVIII tuvieron una especie de renacimiento erudito. Los ingleses, que se adelantaron a los españoles mismos en el estudio y comentario del *Quijote,* como lo prueba el excelente trabajo del Dr. Bowle, comprendieron la gran utilidad que estos libros podían prestar para la inteligencia de aquella fábula inmortal y se dieron a buscarlos

»que ¿quién nunca jamas vio en otro reino andar las mugeres cabalgando »y solas en sus caballos y palafrenes, y aun a las veces correrlos diestra»mente y tan seguras como un hombre muy exercitado en ello? Y ansi podra »vuestra merced muy bien creer que más hay que ver en Inglaterra que »en esos libros de caballerias hay escripto, porque las casas de placer que »estan en los campos, las riberas, montes, florestas y deleitosos pradales, »fuertes y muy hermosos castillos, y a cada paso tan frescas fuentes (de »todo lo cual es muy abundante este reino), es cosa por cierto muy de ver »y principalmente en verano muy deleitosa» (pág. 113).

(*Viaje de Felipe II a Inglaterra,* por Andrés Muñoz, impreso en Zaragoza en 1554, y *Relaciones varias relativas al mismo suceso,* Madrid, 1877. Es un tomo de la colección de los Bibliófilos Españoles, y fué doctamente ilustrado por don Pascual de Gayangos.)

Juan de Barahona, que también escribió una relación de dicho viaje dada a luz en la colección de *Documentos Inéditos para la Historia de España* (tomo I, p. 564 y ss.), al nombrar la isla de Wight, añade que «por otro nombre la llama Amadís *la Insula Firme*».

[1] Sobre todo lo relativo a las traducciones inglesas de libros españoles durante el siglo XVI, debe consultarse principalmente la docta tesis del joven norteamericano J. Garret Underhill, *Spanish Literature in the England of the Tudors* (Nueva York, 1899).

con ahinco, pagándolos a subido precio. Hubo algo de bibliomanía en esto, pero el elegante compendio del *Amadís* que en 1803 dió a luz el laureado poeta Roberto Southey, uno de los corifeos de la escuela de los lagos, brotó de un impulso artístico serio y es acaso la mejor traducción del *Amadís* en ninguna lengua.[1] ¡Qué distancia del impertinente *rifacimento* del Conde de Tressan a esta hábil refundición, donde está conservado el color poético del original y el noble decoro de su estilo!

En todas estas literaturas, y en otras más peregrinas, penetró el *Amadís*, que tuvo hasta el honor, quizá no logrado por ninguna otra novela moderna, de pasar a la lengua de los profetas. En hebreo o en rabínico estaba una traducción que Wolfio declara haber visto en la biblioteca de Oppenheimer.[2] [Cf. Ad. vol. II.]

La fortuna internacional del *Amadís* apenas tiene igual en los fastos de la novela, pero no ha de empezar a contarse desde el hipotético texto portugués, sino desde principios del siglo XVI, cuando la imprenta vulgarizó la que en gran parte, a lo menos, es creación de Montalvo. Durante el siglo XV fué enteramente ignorado fuera de España, y aun aquí apenas tuvo imitadores. En portugués no hay ningún libro de caballerías de esa centuria. En castellano, prescindiendo de la *Crónica del rey D. Rodrigo*, que por su especial carácter reservamos para las novelas históricas, sólo se citan otros dos que pueden llamarse originales, ambos inéditos y al parecer de poca importancia. Es el primero la *Crónica del Infante Adramón*, llamado también *el Príncipe Venturín* y *el Caballero de las Damas*, y se conserva entre los manuscritos de la Biblioteca Nacional de París.[3] Las aventuras del protagonista tienen por principal teatro el reino de Polonia, a cuyo monarca

---

[1] *Amadis of Gaul, by Vasco Lobeira, from the spanish version of Garci Ordoñez de Montalvo, by Robert Southey.* Londres, 1803, cuatro volúmenes en dozavo.

Del mismo año hay un poema inglés sobre Amadís, que no conozco:

Amadís de Gaul, a poem in three books; freely translated from the first part of the french version of N. de Herberay, sieur des Essars; with notes, by Will. Stewart Rose (Londres, 1803).

[2] Rodríguez de Castro, *Biblioteca Rabínico Española,* t. I, p. 639.

[3] Ochoa, *Catálogo de los mss. españoles de las Bibliotecas de París* (1844), página 537.—Morel-Fatio, *Catalogue des manuscrits espagnols de la Bibliothèque National* (1892), pág. 616.

se da el nombre portugués de D. Dionis, lo cual puede ser indicio de la patria del autor. Termina la acción en Roma, siendo proclamado el príncipe gonfalonier de la Iglesia.

Tampoco ha logrado los honores de la impresión, y probablemente no los merece, otra novela que forma parte de la colección de Salazar (biblioteca de nuestra Academia de la Historia): «*el libro del virtuoso y esforzado cavallero Marsindo, hijo de Serpio Lucelio, príncipe de Constantinopla*». Tiene trazas de ser fragmento de otra composición más larga, que comprendía las aventuras de Serpio, con las cuales se enlaza al principio, así como anuncia al final las del príncipe Paunicio, hijo de Marsindo, del cual al parecer había historia aparte: «e fizo tan extrañas cosas en armas, que yguñaló a la bondad de su padre, y aqui non vos lo contamos »como él las passó, porque en la su grande ystoria lo cuenta muy »complidamente». Amador de los Ríos [1] da bastante razón de esta novela, cuyo asunto son las proezas que Marsindo (llamado así por haber nacido en el mar) ejecuta en África y en Constantinopla, venciendo todo lo que se le pone por delante. Al parecer hay en este libro imitaciones del *Amadís*, pero pueden proceder del texto impreso, porque no es muy seguro que el *Marsindo* ni el *Adramón* sean anteriores a los primeros años del siglo XVI, a juzgar por la letra de los códices en que han llegado a nosotros, y que quizás serían los únicos que de estas anónimas y oscuras historias se escribiesen.

Mucha más importancia tienen dos libros de caballerías catalanes, que indisputablemente son del siglo XV: famoso el uno en la literatura novelesca, *Tirant lo Blanch;* casi ignorado el otro, *Curial y Guelfa*, hasta que recientemente le ha dado a luz en primorosa edición la Real Academia de Buenas Letras de Barcelona, con eruditas y oportunas observaciones de mi fraternal amigo y condiscípulo el profesor don Antonio Rubió y Lluch. [2]

---

[1] *Historia de la literatura española*, t. VII, pp. 382-385.

[2] *Curial y Guelfa; Novela catalana del quinzen segle, publicada a despeses y per encarrech de la «Real Academia de Buenas Letras» per Antoni Rubió y Lluch, soci numerari de dita corporació.* Barcelona, 1901.

Además de estos libros en prosa, se escribieron en catalán algunas narraciones en versos cortos pareados de nueve y de seis sílabas *(novas rimadas),* que por su forma especial corresponden a la historia de la poesía lírica. A este

Más que libro de caballerías propiamente dicho, el *Curial* es una novela erótico sentimental, influída por modelos italianos, y especialmente por la *Fiammeta* de Boccacio, de cuyas imitaciones españolas se tratará en el capítulo siguiente. La colocamos, sin embargo, en este lugar porque conserva en mayor grado que las otras el espíritu caballeresco, principalmente en el libro segundo, que está lleno de descripciones de combates. Sobre la plena originalidad de esta obra pueden caber algunas dudas. Luis Vives, en un importante pasaje que ya hemos citado, enumera entre los libros de entretenimiento que corrían *en Flandes,* y cuya lectura reprueba, uno que llama *Curias et Floreta.* ¿Tendría que ver con el nuestro? Si hubiese sido español, estaría citado por Vives con los demás de nuestra literatura que menciona; es a saber, el *Amadís,* el *Florisando,* el *Tirante,* la *Celestina* y la *Cárcel de Amor.* Parece, pues, que se trataba de un texto francés. En el *Curial* ha notado su diligente editor inscripciones y divisas en lengua francesa, alusiones continuas a los libros de *Tristán y Lanzarote,* algunos que parecen galicismos, como *armurers, mestre dostal, renarts burells* y otros, y sobre todo, un gran número de nombres y apellidos (históricos algunos) que son enteramente franceses.

Pero la influencia italiana es la que en el libro predomina, y se manifiesta de mil modos, ya en las frecuentes citas de Dante, de quien manejaba no sólo la *Commedia,* sino *Il Convito* y la *Vita nuova,* ya en el conocimiento que manifiesta de otras obras de aquella literatura, tan familiar entonces a los catalanes, domina-

---

género pertenece la *Faula* de Guillem de Torrella, publicada en parte por Milá (*Obras,* tomo III, págs. 364-378), composición agradable y llena de reminiscencias del ciclo de la Tabla Redonda, interviniendo en ella el propio rey Artús y el hada Morgana. Parece ser de la segunda mitad del siglo XIV. En cuanto al *Blandin de Cornouailles,* tanto Pablo Meyer como Milá y Fontanals, opinan que su autor fué un catalán que quiso escribir en provenzal. También es más provenzal que catalana, y al parecer traducida del francés a fines del siglo XIV o principios del XV, la *Storia del amat Frondino et de Brissona, on se contenen quatre libres d'amors ab alguns cansons en frances,* publicada por Meyer en la *Romania* (1891, tomo XX, págs. 599 y ss.). Es una novelita sentimental mezclada de prosa y verso, y tiene de curioso el empleo de la forma epistolar. *Frondino* y *Brissona* están citados en el *Curial* (pág. 498) como famosos amantes, al lado de *Amadís* y *Oriana.*

dores de Sicilia y de Nápoles y émulos de las repúblicas marítimas en el comercio de Levante. Así recuerda, como cosa que debía estar presente en la memoria de todos sus lectores, la trágica historia de Guiscardo y Guismunda, que es la novela primera de la jornada IV del *Decameron*. El fondo mismo del *Curial*, la sencilla historia de amor que le sirve de principal argumento, tiene su origen directo en una colección de cuentos italianos, *Il Novellino* o las *Cento novelle Antiche* (núm. 61 «*d'una novelle ch' avenne in Provenza alla corte del Po*»). Esta narración, como tantas otras había pasado de Provenza a Italia, y de Italia volvió a Cataluña, rota ya la hermandad entre provenzales y catalanes, y olvidada la antigua literatura occitánica que había sido común a ambos pueblos. Aun los rasgos que más localizan el cuento y dan testimonio de su origen, la mención del *Puig de Nostra Dona*, y el primer verso de la canción del trovador Barbassieu, «*Atressi cum l'olifans*» (que quizá fué el fundamento de toda la leyenda), están tomados del texto italiano. La anécdota es ingeniosa y del género de otras que se leen en las biografías de los trovadores. Una dama, gravemente ofendida por la indiscreción de su caballero, le previene que no volverá a admitirle en su gracia hasta que cien varones, cien caballeros, cien damas y cien doncellas griten todos a una voz *perdón*, sin saber a quién se lo piden. El ladino caballero, que era de gran saber en el arte de trovar, inventa las palabras y la melodía de una canción alegórica, y va a cantarla en el gran concurso poético del *Puis de Nostradame*. Apenas había terminado su canción, en que empezaba por compararse con el elefante caído, que no se puede levantar si no se le anima con gritos y voces, todos los circunstantes pidieron perdón por él, y la altanera dama consintió en perdonarle.[1]

El teatro de los amores de Curial y Guelfa es la corte de Monferrato (otro indicio de italianismo), pero se da a entender, aunque no está claro del todo,[2] que el padre del héroe era catalán,

---

[1] Vide Milá y Fontanals, *De los Trovadores en España*, 2ª ed., páginas 109-110.

[2] El libro comienza de esta suerte: «*Fonch ja ha lonch temps, segons jo he llegit, en Cathalunya, un gentil hom...*», etc. Según se ponga coma antes o después de Cataluña, resultará que el padre de *Curial* era catalán o que el autor había leído la historia en Cataluña.

y en los episodios de la novela intervienen, llevándose la prez en justas y torneos de Francia e Italia, varios caballeros catalanes y aragoneses de apellidos muy ilustres: Dalmau de Oluge, Pons d'Orcan, Aznar de Atrosillo, Galcerán de Mediona, Pere de Moncada, Ramón Folch de Cardona. El autor ha querido, con justo entusiasmo, que la acción de su novela coincidiese con el momento más glorioso y solemne de la historia de la corona de Aragón, es decir, con el reinado de don Pedro III el Grande, que es su héroe predilecto, a quien llama «*lo millor cavallero del mon sens tota falla*», aludiendo repetidas veces a su bizarra aventura del palenque de Burdeos y comentando aquel célebre verso que le dedicó Dante en el cap. VII del *Purgatorio*:

D' ogni valor portò cinta la corda.

Aun en esta glorificación del gran rey vencedor de los franceses se revela también el asiduo lector de los autores italianos, y no de Dante solo, sino de Boccaccio, que hizo a don Pedro héroe de una de sus más delicadas y gentiles narraciones.

Hay, pues, un elemento histórico e indígena en el *Curial*, pero el caso no es único en las novelas españolas del siglo XV. Aparte de *El Siervo Libre de Amor*, de Juan Rodríguez del Padrón, donde hay tantas reminiscencias geográficas e históricas de Galicia, ahí está la *Crónica Sarracina* de Pedro del Corral, escrita antes de 1450, la cual, más que libro de caballerías, es una verdadera novela histórica, en que se amplifican y desarrollan todas las tradiciones y consejas relativas a la pérdida de España y a los reyes don Rodrigo y don Pelayo.

La impresión que el *Curial* deja es la de una obra forastera, refundida por un catalán, más bien que concebida originalmente en Cataluña. Acaso fuese en su origen una breve historia de amor, escrita en italiano, que al pasar a nuestra Península se enriqueció no solamente con las alusiones históricas, con los apellidos ya citados y con algunos nombres geográficos como Barcelona, La Roca, Solsona, sino con gran número de aventuras y razonamientos intercalados con poco arte de composición. Todo lo que se refiere a las andanzas de Curial en Grecia y África tiene este carácter, y lo tiene muy especialmente el curiosísimo intermedio clásico del sueño de Curial en el Monte Parnaso, donde Apolo y las Musas le eligen por juez para sentenciar sobre la veracidad de Homero en cuanto a la guerra de Troya. Curial no desprecia al poeta griego, pero como era de suponer da la palma a Dictis y Dares: «Homero ha escrit libre que entre los homens de sciencia »man que sia tengut en gran estima: Ditis e Dares scriuiren la »veritat e axi ho pronuncie». Toda esta disputa es un pedantesco alarde del autor para mostrarse muy leído en la *Crónica* de Guido de Columna, a quien alega varias veces, como también la compilación llamada *Fiorita,* que Armannino, juez de Bolonia, compuso en 1325: una especie de *Eneida* anovelada al gusto de la Edad Media. Parece haber manejado también las *Metamorfosis* de Ovidio, que cita al principio del libro tercero.

Milá y Fontanals, primer crítico que se fijó en el *Curial,* aunque muy de paso, reconoció en él aquella singular mezcla de *gótico y renacimiento* que se encuentra en muchas obras artísticas y literarias del siglo XV y principios del XVI.[1] Tanto por esta mezcla, que para el gusto ecléctico y curioso de ahora no es desagradable, como por el interés que ofrece cualquier texto de lengua catalana, ya que son relativamente pocos los que han logrado salvarse del naufragio, merece el *Curial,* a pesar de la afectación y mal gusto de muchos trozos y del poco interés de la narración, la solicitud con que ha sido impreso y las investigaciones que se hagan sobre sus fuentes.

Pero no puede establecerse paridad alguna entre esta composición retórica y amanerada y la muy sabrosa, aunque demasiado larga y demasiado libre, historia valenciana de *Tirant lo Blanch,* que es uno de los mejores libros de caballerías que se han escrito en el mundo, para mí el primero de todos después del *Amadís,* aunque en género muy diverso.

El elogio que hace de él Cervantes en el escrutinio de la librería de don Quijote nunca me ha parecido irónico, sino sincero, aunque expresado en forma humorística: «¡Válame Dios, dijo el »cura dando una gran voz; que aquí está Tirante el Blanco! Dád- »mele acá, compadre, que hago cuenta que he hallado en él un »tesoro de contento y una mina de pasatiempos. Aquí está don

---

[1] *Obras completas del Dr. D. Manuel Milá y Fontanals. Tomo III. Estudios sobre historia, lengua y literatura de Cataluña* (pp. 485-492).

»Quirieleison de Montalbán, valeroso caballero, y su hermano
»Tomás de Montalbán y el caballero Fonseca,[1] con la batalla
»que el valiente de Tirante[2] hizo con el alano, y las agudezas de
»la doncella Placerdemivida y con los amores y embustes de la
»viuda Reposada, y la señora Emperatriz enamorada de Hipó-
»lito su escudero. Digovos verdad, señor compadre, que por su
»estilo es éste el mejor libro del mundo: aquí comen los caballe-
»ros y duermen, y mueren en sus camas, y hacen testamento antes
»de su muerte, con otras cosas de que todos los demás libros deste
»género carecen. Con todo eso os digo que merecía el que lo com-
»puso, pues no hizo tantas necedades de industria, que le echaran
»a galeras por todos los días de su vida.»

Cervantes señaló, entre burlas y veras, el carácter realista del *Tirante*, fijándose en detalles tales como la lucha del héroe con un perro, que es, en efecto, de lo menos caballeresco que puede imaginarse, aunque tiene precedente en la del rey Artús con un monstruoso gato; no olvidó la sensual pintura de los amores de la vieja emperatriz y del escudero Hipólito, ni las intrigas por todo extremo livianas y celestinescas en que intervienen la doncella *Placerdemivida* y la viuda *Reposada*: felicísimos nombres uno y otro, que acreditan la inventiva y buen humor de quien los discurrió. No se le pasó por alto el grotesco nombre de don Quirieleisón de Montalbán, digno del repertorio de Rabelais, y tan empapado se muestra en el libro de Martorell, que ni siquiera omite la insignificante mención del caballero Fonseca, a quien se nombra una sola vez en toda la novela.

No puede negarse que el final del pasaje sea oscuro, y confieso

---

[1] Es singular, y prueba la portentosa memoria de Cervantes (que no siempre ha de ser la memoria cualidad de los tontos), el que se acordase de este insignificante personaje, que sólo una vez está mencionado en el enorme libro del *Tirante* (cap. CXXXII): «Toda la gent se arma e pujaren »a cavall per partir. Primerament ixque la bandera del Emperador portada »por un cavaller qui era nomenat *Fonsequa*, sobre un gran e maravellos »cavall tot blanch.»

[2] *Detriante* dice la primera edición del *Quijote* y repitieron todas las sucesivas hasta la de Bowle, que escribió, como es debido, *de Tirante*. Pero el primero que propuso la enmienda fué el académico francés Fréret, autor del curioso prólogo que lleva la traducción francesa de aquel libro de caballerías hecha por el Conde de Caylus.

que no me satisface ninguna de las explicaciones que de él se han dado. Si hay errata, como se sospecha, podrá consistir en la adición del *no*, pues suprimiéndole, la frase hace sentido y puede interpretarse de esta suerte: «merecía el autor las galeras porque »siendo hombre de buen ingenio le dió mal empleo, poniéndose »*de industria,* es decir, de caso pensado, a escribir necedades». Por *necedades* entiende Cervantes las extravagancias caballerescas y eróticas del *Tirante*; que también hay necedad en los discretos. Muy duro parece el castigo de las galeras para tales pecados, pero la frase es humorística a todas luces. Y es lo cierto que las lozanías del *Tirante* pasan a veces de la raya, y explican la chistosa frase de Cervantes, la cual es a un tiempo elogio del ingenioso autor del libro y vituperio de las escenas lúbricas en que solía complacerse. [1]

El «*Libre del valeros e strenu caualler Tirant lo Blanch*», impreso por primera vez en Valencia, 1490, [2] tiene, a diferencia de otros

---

[1] Es un extremo forzada la interpretación que da a este personaje don Juan Calderón en su curioso y a veces atinado libro, *Cervantes vindicado en ciento y quince pasajes del texto del Ingenioso Hidalgo... que no han entendido, o que han entendido mal, algunos de sus comentadores o críticos* (Madrid, año 1854), pp. 19-27. Supone que la expresión *con todo eso* no tiene fuerza adversativa; que el verbo *merecía* está usado como neutro, y que la frase «que le echaran a galeras» es una oración incidente determinativa del sustantivo *necedades,* por lo cual debe omitirse la coma después de *industria.* Con todos estos desesperados recursos viene a resultar la siguiente frialdad indigna de Cervantes: «por todas estas razones os digo que el tal autor tenía mérito (merecía), puesto que de industria (esto es, sabiendo lo que traía entre manos) no hizo tantas necedades como otros dignos de ir a galeras por toda su vida». Para atormentar así los textos, vale más confesar lisa y llanamente que no se entienden.

[2] Es libro rarísimo, del cual existe un ejemplar en la biblioteca de la Universidad de Valencia y otro en el Museo Británico. Don José Salamanca poseyó otro procedente del colegio de la Sapiencia de Roma. Pero todavía es más rara la segunda edición de Barcelona, 1497, que puede verse descrita detalladamente en el tomo primero del *Ensayo* de Gallardo (núm. 1.218) con presencia del ejemplar que, procedente de la Biblioteca de Oporto, estuvo algún tiempo en poder del mismo Salamanca y no sabemos dónde se encuentra hoy. No menos peregrina es la traducción castellana impresa en Valencia, 1511, por Diego Gumiel, de la cual he visto un solo ejemplar, que perteneció al Marqués de Casa-Mena y posee actualmente el bibliófilo barcelonés don Isidro Bonsoms. Otro ejemplar, falto de hojas, se vendió en Lon-

muchos libros de caballerías, especialmente de los más antiguos, autor o, por mejor decir, autores conocidos, puesto que en el mismo consta que las tres primeras partes fueron escritas por el magnífico y virtuoso caballero *Mossen Johanot Martorell*, y que después de la muerte de éste, fué acabada la cuarta parte, a ruegos de la señora doña Isabel de Loris, por *Mossen Marti Johan de Galba*, que acaso fuera un notario, a juzgar por la forma curialesca en que redactó los testamentos de Tirante y la princesa Carmesina, a que alude Cervantes.

Sabemos además la fecha en que Martorell comenzó a escribir su libro: 2 de enero de 1460. Esta importante noticia consta al fin de la dedicatoria al infante don Hernando de Portugal, la misma persona a quien hemos mencionado ya como una de las varias a quien se atribuyó sin fundamento el *Amadís de Gaula*. En su carta dice Martorell que «la historia y actos de Tirante es-
»taban escritos en lengua inglesa, y que el infante le había rogado
»que los trasladase al portugués, entendiendo que por haber re-
»sidido Martorell algún tiempo en la isla de Inglaterra había de
»serle más familiar aquella lengua que a otros. Por lo cual él,
»obedeciendo a este ruego o más bien mandato del señor a cuyo
»servicio estaba, se había atrevido a traducir la obra no solamente
»de lengua inglesa en portuguesa, sino de portuguesa en vulgar
»valenciana, para que la nación de donde él era natural disfrutase
»de aquel beneficio». Y finalmente, disculpa los defectos que puedan hallarse, con la oscuridad de la lengua inglesa, cuyos vocablos es difícil entender bien algunas veces.

Generalmente, se ha hecho poco aprecio de estas declaraciones de Martorell, y como ni en inglés ni en portugués se encuentra rastro de tal libro, se ha creído que todo el prólogo era ficción pura, según la costumbre de los autores de libros de caballerías, que procuraban darles autoridad y crédito suponiéndolos traducidos de otras lenguas. Pero obsérvese que los que tal hacían afec-

---

dres, en 1854, en la subasta de la librería de Lord Stuart de Rothsay, antiguo ministro de Inglaterra en Lisboa.

El texto original del *Tirante*, conforme a la edición príncipe de Valencia, fué reimpreso con mucha corrección y elegancia por don Mariano Aguiló en cuatro tomos de su *Biblioteca catalana*, que, como casi todos los de la misma serie, carecen todavía de portadas y preliminares.

taban, por lo común, trasladar sus libros de lenguas sabias o muy remotas y peregrinas, como el griego, el hebreo, el caldeo y el húngaro, más bien que de las vulgares, y no recuerdo que ninguno de ellos quisiese autorizar su obra suponiéndola traída de una lengua tan de casa y tan familiar a los nuestros como era el portugués. Además, ¿qué objeto había de tener esta superchería, si el mismo Martorell es quien se reconoce autor de la versión portuguesa y de la valenciana, y así lo declara en un prólogo dirigido al infante de Portugal, en cuyo servicio estaba y que le había encargado la traducción? Si todo esto es invención, ¿qué podía ganar el libro con ello?

Para mí está fuera de duda que Juan Martorell, valenciano de nacimiento, pero residente en la corte de Portugal por los años de 1460, escribió primero en portugués y luego en su nativa lengua (que tratándose de aquel tiempo debe llamarse sin ambajes catalana) el libro de *Tirante el Blanco*, y que Micer Juan de Galba tradujo del portugués la cuarta parte, que en tono y estilo no difiere de las demás ni es adición pegadiza, sino desenlace natural y complemento necesario de la fábula, por lo cual hay que desechar el pensamiento de que sea labor suya y no del mismo Martorell.[1]

¿Pero será verdad lo que éste dice de un original *inglés?* Aquí la cuestión es mucho más problemática. No hay razón para negar el viaje de Martorell a Inglaterra, y leyendo atentamente su libro se notan indicios que nos persuaden que estuvo allí. En Inglaterra empieza la acción: las justas reales de aquel país y sus fiestas caballerescas están descritas con la minuciosidad de un testigo de vista; se cuenta muy a la larga el origen y estatutos de la Orden de la Jarretiera. Y prescindiendo, porque nada probarían, de las frecuentes imitaciones del ciclo bretón, y de la familiaridad que el autor muestra con los personajes más conocidos y vulgarizados de aquel ciclo, como el rey Artús, a quien hace intervenir en una

---

[1] Si algo puso de su cosecha Juan de Galba, sería en lo que toca a las hazañas de Tirante en Túnez y Tremecén, episodio ciertamente muy largo y no indispensable para la acción. Pero los últimos capítulos, que comprenden la vuelta de Tirante a Constantinopla, su casamiento y su muerte, no es verosímil que nadie sino Martorell los escribiera, porque son esenciales en el plan y propósito del libro.

aventura de que hablaré después, se encuentran en el *Tirante* otras narraciones que parecen tomadas de libros ingleses. La misma leyenda de dragón de Cos, más que aprendida en las playas del Mediterráneo, parece trasladada del libro fantástico de viajes de John de Mandeville.[1] La historia del conde *Guillem de Varoychi*, con que la obra comienza, es ni más ni menos que el antiguo poema de *Guy de Warwycke*, escrito al parecer por un trovero anglonormando en el siglo XII y traducido en verso inglés a principios del XIV. En él se narra cómo el conde, recién casado, se separó de su mujer para ir en peregrinación a Tierra Santa; cómo volvió, después de muchas aventuras, para arrojar de Inglaterra a los daneses, y cómo, finalmente, se hizo ermitaño.[2]

Pero al lado de estas reminiscencias, cuyo número es ciertamente muy escaso, hay en el *Tirante* innumerables cosas que denuncian el origen catalán de su autor y que no han podido ser escritas más que por algún súbdito de la corona de Aragón. Gran parte del primer libro, es decir, el encuentro del joven Tirante con el caballero ermitaño, y las instrucciones que éste le da sobre el oficio y deberes de la caballería, está calcada, puede decirse que servilmente, sobre un tratado de Ramón Lull que conocemos ya, el *Libre del orde de Cavaleyria*. El tema principal de la novela, las empresas de Tirante en Grecia y Asia, sus triunfos sobre el Gran Turco y el Soldán de Egipto, su entrada triunfal en Constantinopla, sus amores y desposorio con la hija del Emperador griego, su elevación a la dignidad de César y heredero del Imperio, y hasta la muerte que le sorprende en medio de la alegría de sus bodas, si bien traída por causa natural y no por el hierro de la traición, dan al *Tirante* cierto sello de novela histórica, donde se reconoce, no muy desfigurada (dentro de los límites que separan siempre la verdad de la ficción), la heroica expedición de catalanes y aragoneses a Levante y el trágico destino de Roger de Flor. Ninguno de los personajes de la novela es español; a Tirante se le supone francés, o por mejor decir bretón, pero antes de terminarse el libro primero, abandona por completo las regiones del

---

[1] Vide Dunlop-Liebrecht, *Geschichte der Prosadichtung*, p. 175, y G. París, *Histoire Littéraire de la France*, t. XXX, pp. 191-192.

[2] Véase el extenso análisis que de este poema hizo Littré en el tomo XXII de la *Histoire Littéraire de la France*, pp. 841-851.

centro y norte de Europa y se pone al servicio del rey de Sicilia, es decir, de un príncipe de la dinastía catalana. Los intereses políticos que le preocupan son los que en nuestro litoral mediterráneo tenían que ser primordiales: el socorro de Rodas, heroicamente defendida por los caballeros de San Juan, la competencia mercantil con los genoveses, la aspiración al dominio de la vecina costa africana, el peligro de Constantinopla, el creciente poderío de los turcos.

La materia episódica del *Tirante* puede estar y en efecto está tomada de fuentes muy diversas. Ya hemos mencionado la bellísima fábula de la doncella convertida en serpiente, que no sabemos si es bizantina o bretona de origen, puesto que se la encuentra lo mismo en el poema francés de *Guinglain* y en el italiano de *Carduino* que en la tradición oral de las islas del Archipiélago griego. Tal como la cuenta Martorell y Juan de Mandeville, en quien probablemente se inspiró nuestro autor, tiene todos los caracteres de un mito greco-oriental. El dragón de la isla de Cos (Lango) era la hija del sabio Hipócrates, encantada en aquella forma y que no podía recobrar la suya propia hasta que un joven se dejase besar por ella. Espercio, uno de los personajes secundarios del *Tirante,* es el que lleva a cabo la aventura, haciéndose con ella dueño de la hermosura de la doncella y de los tesoros de la isla. Se ha conjeturado que en la aplicación de esta leyenda al famoso médico griego hay una reminiscencia del papel que representaba la serpiente en el culto de Esculapio.

Otras anécdotas hay en el *Tirante,* cuyo origen es fácil señalar: por ejemplo, la estratagema de Zopiro, tomada, no de Herodoto, desconocido en la Edad Media, sino de cualquier compilador. Las fabulosas biografías de Virgilio y de Esopo le han prestado los dichos que pone en boca del filósofo a quien la princesa de Sicilia llama a su corte. Y aunque no se me alcanza de dónde pudo tomar el chistoso cuento del príncipe tonto don Felipe de Francia, cuyos desaciertos y necedades va remediando con tanta habilidad Tirante, para hacerle grato a los ojos de su prometida, bien se ve que esta historia de burlas es una intercalación y que antes hubo de existir aislada. El que se fiara de la vieja traducción castellana o de la francesa del Conde de Caylus podría creer que Martorell, además de los libros bretones, conocía el *Amadís de*

Gaula, puesto que en aquellos dos textos se encuentra el nombre de Urganda la Desconocida, aplicado a una hermana del rey Artús. Pero en el texto catalán no hay semejante cosa: la hermana de Artús, que va en demanda suya a Constantinopla y le desencanta por medio de un rubí de mágica virtud, no es Urganda, sino el hada Morgana. La pasión de la Emperatriz por el escudero Hipólito tiene mucha semejanza con la de la Emperatriz Athenais y el joven Párides en un poema francés de la segunda mitad del siglo XII, el *Éracles* de Gautier de Arras,[1] aunque el trovero francés es mucho más casto que nuestro novelista, que agotó en esta ocasión todos los recursos de su pincel voluptuoso.

Leído el *Tirante* con la atención que merece, salta a la vista que Juan Martorell conocía muchos libros de pasatiempo, de los cuales se valió para enriquecer y amenizar el suyo, pero que la concepción general le pertenece, tanto o más que al autor del *Amadís*. Pudo encontrar en Inglaterra uno o varios poemas que le diesen la primera idea del suyo, y quizá el nombre del héroe; acaso al principio se limitó a traducir o arreglar, y por eso el primer libro tiene un carácter más caballeresco, sin mezcla de pormenores vulgares ni escenas deshonestas; es también el único en que intervienen gigantes o a lo menos personajes muy agigantados, como don Quirieleisón de Montalbán y su hermano: el único en que las aventuras de Tirante se parecen algo a las de cualquier otro paladín. Pero en seguida cambió de rumbo, acaso por haberse trasladado desde las brumas de Inglaterra a las risueñas costas de Portugal: la musa del realismo peninsular le dominó por completo, y los ejemplos venidos de Italia, especialmente el de Boccaccio, cuyos libros estaban entonces en su mayor auge, hicieron que este realismo no fuese siempre tan sano y comedido como debiera, De todos modos, el *Tirant lo Blanch,* escrito en una lengua mucho más próxima a la popular que el *Curial y Guelfa,* resultó uno de los libros más catalanes que existen, con cierta indefinible nota de gracia y ligereza valenciana que le da un puesto aparte entre los prosistas de aquella literatura, como a Jaime Roig entre los poetas.

---

[1] Extensamente analizado en el tomo XXII de la *Histoire Littéraire de la France*, pp. 796-806.

No ha faltado algún excelente crítico [1] que considerase el *Tirante* como una parodia deliberada de los libros de caballerías, que en todo caso sería más parecida a la de Merlín Cocaio o a la de Rabelais, que a la fina ironía del Ariosto o a la grande y humana sátira de Cervantes. No faltan en aquella novela episodios que superficialmente considerados pudieran hacer verosímil esta opinión: desafíos tan ridículos como el de Tirante con el caballero francés Villermes, batiéndose los dos adversarios en paños menores con escudos de papel y guirnaldas de flores en la cabeza; bufonadas en que sacrílegamente se mezcla lo humano con lo divino (por ejemplo, el rezo de la Emperatriz en el capítulo CCXLV): un regocijo sensual bastante grosero y lo más contrario que puede haber al ideal caballeresco. Todo esto es verdad, y no obstante, considerado el *Tirante* en su integridad, no puede dudarse que fué escrito en serio, y que las empresas guerreras del héroe son las más serias que en ningún libro de esta clase pueden encontrarse. Lo son por su finalidad alta e histórica, y lo son por los medios muy racionales que el héroe emplea para llevar a cabo sus victorias y conquistas. No es un aventurero andante que consume su actividad en delirios y vanas quimeras, como la mayor parte de los paladines de Bretaña y sus imitadores, sino un hábil capitán, un príncipe prudente que pone su espada y su consejo al servicio de la cristiandad amenazada por los turcos. Las artes con que triunfa de ellos no deben nada al sobrenatural auxilio de magas y encantadores; vence, sí, y desbarata con fuerzas pequeñas innumerables ejércitos; pero esta hipérbole ha sido permitida siempre a los narradores épicos, y no podía menos de serlo cuando no se abstenían de ella los más graves historiadores.

No es el *Tirante* una parodia, sino un libro de caballerías de especie nueva, escrito por un hombre sensato, pero de espíritu burgués y algo prosaico, que no huye sistemáticamente del ideal, pero lo comprende a su manera. No sólo modifica el sentido del heroísmo, y en esto merece alabanza, sino que cambia radicalmente el concepto del amor, y aquí resbala de lleno en la más baja especie de sensualismo. También él ha querido hacer de Tirante y

---

[1] J. M. Warren, *A. History of the Novel previous to the seventeenth century* (Nueva York, 1895), pág. 175.

Carmesina una pareja modelo de leales enamorados, pero las situaciones en que los coloca no son más que un pretexto para cuadros lascivos. Mucho más honesta es Oriana, rindiéndose la primera vez que se encuentra a merced de su amador en el bosque, que la refinada princesa de Constantinopla, qu se complace en excitar brutalmente sus sentidos en repetidas entrevistas, y no cede del todo hasta la última parte del libro. Hay en todo esto una especie de *molinosismo* erótico sobremanera repugnante. Nada diremos de la senil pasión de la Emperatriz, que tan caro paga al joven Hipólito su complacencia amorosa, ni de la consumada maestría que en las artes de lenocinio muestran las doncellas Estefanía y Placerdemivida, que más bien que en palacios imperiales parecen educadas en la zahurda de la madre Celestina. Adviértase que Martorell describe todas estas escenas sin correctivo alguno, antes bien con especial fruición, y las corona escandalosamente con el triunfo de Hipólito, elevado nada menos que al trono imperial de Constantinopla por el desaforado capricho de una vieja loca.

Si todo esto indica la depravación de la fantasía del autor (la cual contrasta por otra parte con el tono grave y doctrinal de los razonamientos de que su libro está plagado), otras cosas de distinto género prueban en él la obsesión de la vida común, el amor al detalle concreto y preciso, el instinto que le llevaba a copiar la realidad, fuese o no poética. Tirante, saltando por una ventana de la habitación de Carmesina, se rompe una pierna; accidente muy natural, pero que ningún otro autor de este género de historias hubiese atribuído a un héroe suyo, ni menos hubiese insistido tanto en los detalles de la curación. La enfermedad de que muere es una prosaica pulmonía, y como ya notó Cervantes, hace en toda regla su testamento. Por lo demás, el final de la historia es tierno y patético. Tirante cayendo herido por la muerte cuando se ve a las puertas de la dicha mundana y Carmesina expirando de dolor, abrazada al cadáver de su esposo, pertenecen a la esfera ideal del arte y recuerdan el sublime desenlace de los amores de Tristán e Iseo.

El *Tirante*, aunque tan ingenioso y tan cargado de picantes especias, no parece haber tenido muchos lectores en España. Casi nadie le cita, fuera de Cervantes, cuyo voto vale por todos.

En su lengua original tuvo dos ediciones, ambas dentro del siglo XV; en castellano una sola, la de Valladolid de 1511. Las tres se cuentan entre los libros más raros del mundo. De la versión castellana proceden la italiana de Lelio di Manfredi, hecha por los años de 1514 a 1519, aunque no salió de las prensas de Venecia hasta 1538, y el galante *rifacimento* francés del Conde de Caylus (1737?), que vale un poco más que el compendio del *Amadís* hecho por el Conde de Tressan.[1]

Pero el original catalán del *Tirante* había penetrado en Italia antes que estuviese traducido en ninguna lengua. Ya en 1500 lo leía Isabel de Este, marquesa de Mantua, y un año después comenzaba a traducirlo, a instancia suya, Niccolo da Correggio.[2] Extraño libro parece el desvergonzadísimo *Tirante* para entretener los ocios de una princesa honesta y sabia; pero las costumbres de las cortes italianas lo autorizaban todo, y después de Boccaccio, a quien todo el mundo respetaba como un clásico, no había que escandalizarse de nada. La novela valenciana fué conocida y utilizada también por los dos grandes poetas de la escuela de Ferrara. Mateo Boyardo parece haber tomado de allí la leyenda del dragón de Cos, atribuyéndola al paladín Brandimarte en los cantos 25 y 26 del *Orlando Innamorato* (refundición del Berni). En cuanto al Ariosto, ya apuntó Dunlop, y ha confirmado Rajna,[3] que el núcleo del episodio de Ariodante y Ginebra (canto V del *Orlando Furioso*), tan importante en sí mismo, y además por haber sido el germen de una novela de Bandello, de la cual tomó Shakespeare el argumento de su comedia *Much ado about nothing*, está en los embustes de la viuda Reposada, que ardiendo en liviano amor por Tirante y deseando alejarle de los brazos de la princesa Carmesina, urde contra ésta una monstruosa intriga, haciendo creer al caballero que su dama le era infiel con un negro feísimo, hortelano de palacio, con cuyas vestiduras y máscara hace disfrazar a una de

---

[1] *Histoire du vaillant chevalier Tiran le Blanc, traduite de l'espagnol. A Londres.* Dos tomos en 8º sin año, que al parecer fueron impresos hacia 1737, y no en Londres, sino en París. Por lo licencioso del libro se le puso este pie de imprenta falso. Fué reimpreso en París, 1775; tres tomitos en 12º.

[2] Vide *Giornale Storico della letteratura italiana*, t. XXII, pp. 70-73.

[3] *Le fonti dell'Orlando Furioso*, 2ª ed., pp. 149-53. En Dunlop-Liebrecht, p. 172.

las doncellas de la princesa. La mayor alteración que el Ariosto introdujo en el relato, sin duda por el espíritu de galantería, que rara vez le abandona, consistió en hacer recaer la parte odiosa de la estratagema, no en una mujer, sino en un hombre, Polinesso, el rival de Ariodante. Conjetura también Rajna que la industria de que se vale un marinero, en el *Tirante,* para abrasar la nave capitana de los genoveses, que sitiaban a Rodas como auxiliares de los sarracenos, dió al poeta la idea del artificio de que Orlando se vale para arrastrar a la playa por medio de una gruesa cuerda el monstruoso cetáceo que guardaba a Olimpia (canto XI).

A pesar de haber tenido tales imitadores, *Tirante el Blanco* quedó *sporádico* y cayó muy pronto en olvido. Quizá su realismo demasiado prematuro para un libro de caballerías, aunque ya hubiese penetrado en otros géneros, le hizo poco grato a los lectores habituales de esta clase de obras. Acaso también su desenfrenada licencia en las pinturas eróticas fué obstáculo para que siguiera circulando, aunque la Inquisición no le puso nunca en sus índices. Pero antes de la mitad del siglo XVI ya la imprenta española había ido moderando mucho el verdor y lozanía de sus abriles y habían desaparecido del comercio vulgar las *Tebaidas,* las *Serafinas* y los *Cancioneros de burlas.* Aun la misma traducción de las *Cien novelas* de Boccaccio no se reimprimió después de 1543.

En cambio, el *Amadís* proseguía su carrera triunfal en España y en Europa, y a su buena sombra comenzaban a medrar una porción de descendientes suyos, que tenían más de bastardos que de legítimos. Así nació el ciclo de *Amadís,* ciclo enteramente artificial, sin lazo íntimo ni principio orgánico; sarta de continuaciones inútiles y fastidiosas, cada vez más extravagantes en nombres, personajes y acontecimientos, pero con una extravagancia fría y sin arte, que ni siquiera arguye riqueza de invención, puesto que todos estos libros se parecen mortalmente unos a otros. Nacieron de un capricho de la moda, alimentaron una curiosidad frívola, que pedía sin cesar aventuras más imposibles y descomunales, y se convirtieron en una industria y granjería literaria. Fueron acaso los primeros libros que dieron de comer y aun de cenar a sus autores. Su éxito puede compararse con el de las novelas de folletín a mediados del siglo XIX.

La mejor o la menos mala de estas secuelas del *Amadís* es la primera, compuesta por Garci Ordóñez de Montalvo con el título de las *Sergas de Esplandián* (del griego ἔργα, hechos). Fingió el regidor de Medina que este libro (el cual en la serie de los Amadises es el quinto) había sido compuesto en lengua griega por el maestro Elisabad, que en esta historia aparece con el triple carácter de clérigo de misa, cirujano y cronista; aquel *bellacón del maestro Elisabad,* sobre cuyo supuesto amancebamiento con la reina Madasima armaron tan brava pendencia en Sierra Morena Cardenio y Don Quijote. El cura del escrutinio de Cervantes no anduvo muy blando con el *Esplandián,* puesto que es el primero que condena a las llamas, sin que le valiera al hijo la bondad del padre. Rigor acaso excesivo si se compara no sólo con el hiperbólico elogio que allí mismo se hace del *Palmerín de Inglaterra* (obra de algún mérito al cabo), sino con la relativa misericordia que se otorga al disparatadísimo *Don Belianís de Grecia.*

Al cabo el *Esplandián* salió de la misma cantera que el cuarto libro de *Amadís,* y no podía menos de conservar algún rastro de tan buen origen. En el estilo no me parece tan inferior, como en el plan, que es desordenado, incoherente y confuso. Hay mucha riqueza de aventuras; pero denotan la imaginación ya cansada de un viejo, que se plagia a sí mismo y continúa explotando el fondo poético que acumuló en mejores días. El mayor defecto del *Esplandián* es venir después del *Amadís,* y suscitar a cada momento el recuerdo de la obra primitiva. Fué una idea infeliz presentar al hijo como vencedor del padre. Siendo Amadís el tipo del perfecto e invencible caballero no podía tener rivales, cuanto menos vencedores, aun dentro de su propia familia. Todo lo que hemos visto en la primera obra se reproduce en la segunda, siempre con menos brillo. Las apariciones de Urganda la Desconocida en la fusta de la Gran Serpiente se repiten hasta la saciedad, y ninguna hace el efecto que la primera. La mayor parte de las aventuras tienen por teatro Grecia y Asia. Se conoce que Montalvo había leído el *Tirante,* y hasta cierto punto le imita, huyendo de sus deshonestidades. Los amores del héroe con la princesa Leonorina, hija del Emperador de Constantinopla, no trasponen los límites del recato, y la intervención de la doncella Carmelia en nada participa del carácter rufianesco que tiene la desenvuelta y libidinosa Placerdemivida. Hay algunos episodios ingeniosos, como el del ejército de grifos, que combate por los aires en ayuda de Calafia, reina de las Amazonas; fábula de origen clásico. En resumen, el *Esplandián* debe ser tenido por una novela mediana, pero no de las peores y más monstruosas en su género, y es sin duda de las mejor escritas. Fué también de las más leídas. La primera edición de que se tiene noticia cierta es la de Sevilla, 1510, dos años después de la que pasa por primera del *Amadís*. Nueve veces, por lo menos, fué reimpresa en aquel siglo, y modernamente la ha reproducido el señor Gayangos, a continuación del *Amadís*. Con él figura en todas las antiguas traducciones hechas en francés, italiano y alemán, y en el compendio de mademoiselle de Lubert. [1]

Sin duda Montalvo pensaba continuar indefinidamente su historia, puesto que no se decide a matar a Amadís, ni a Galaor, ni a Esplandián, ni a ninguno de sus héroes predilectos, sino que los deja encantados en la Tumba Firme y envueltos en una especie de sueño letárgico, hasta que un caballero de su progenie venga a libertarlos. Al mismo tiempo, anunció cierto «libro muy gracioso y muy alto en toda orden de caballería, que escribió un muy »sabio en todos los países del mundo», donde había de tratarse de las proezas de Talanque, Maneli el Mesurado, Garinter y otros caballeros de poco nombre.

Pero Montalvo no llegó a escribir, o por lo menos a imprimir nada de esto, acaso porque se le adelantó un autor andaluz, de quien sólo sabemos que se llamaba Páez de Ribera, publicando en Salamanca el año 1510 (lo cual prueba que tiene que ser anterior a aquel año la primera edición del *Esplandián*) un *Sexto libro de Amadís de Gaula*, «en que se recuentan los grandes e ha-»zañosos fechos del muy valiente e esforçado cauallero *Florisan-»do*; príncipe de Cantaria, su sobrino, fijo del rey Don Florestan». El nuevo cronista tiraba nada menos que a desacreditar el *Esplandián*, como libro vano y mentiroso, «reprobando el antiguo »e falso decir que por las encantaciones e arte de Urganda fuessen »encantados el rey Amadis, e sus hermanos, e su fijo el empera-»dor Esplandian, e sus mujeres». Quizá por esta impertinencia, que venía a introducir confusión en tan verídica historia, el *Don*

---

[1] *Les hauts faits d'Esplandian. Suite d'Amadis des Gaules.* A Amsterdam, chez Jean-François Jolly, 1751. 2 ts. en 8º.

Florisando, especie de aventurero introducido de contrabando en la familia de los Amadises, no gustó; sólo fué impreso dos veces, y no alcanzó los honores de ser citado en el *Quijote.* Al francés no se tradujo, pero sí al toscano, de donde nuestro autor decía haberle tomado. [1]

El que en la colección de Herberay des Essarts hace veces de libro sexto es el que en España llamamos *séptimo,* o sea el *Lisuarte de Grecia* (Sevilla, 1514), que además de los hechos de este hijo de Esplandián y nieto de Amadís, contiene también los de su tío Perión de Gaula y sus amores con la infanta Gricileria, hija del emperador de Trapisonda. Este libro se enlaza directamente con el *Esplandián,* prescindiendo del intruso *Don Florisando.* Lisuarte es quien realiza el desencanto de Amadís y todos los personajes de su familia, los cuales vuelven a correr nuevas y cada vez más desatinadas aventuras. Pero, en cambio, Lisuarte y Perión quedan encantados al fin del libro, y sin desenlazarse ninguna de las historias pendientes, empieza a fraguarse otra, la del niño Amadís de Grecia, hijo de Lisuarte, a quien roban unos corsarios negros.

No se sabe a ciencia cierta el nombre del autor de esta rapsodia, que tuvo la osadía de dedicarla al insigne arzobispo de Sevilla Fr. Diego de Deza, para «pasar algun tiempo y trabajo de su mucho estudio»; lo cual indica que todavía los varones más respetables no miraban con ceño esta clase de libros, que tanto reprobaron más adelante. Algunos le han atribuído a Feliciano de Silva, pero en 1514 no debía de tener edad para escribir tales historias, pues la más antigua de las que se conocen suyas es de 1532. Las palabras del corrector del *libro noveno* de Amadís, afirmando que había salido de la misma pluma que el *séptimo,* deben entenderse no de Feliciano de Silva, que se daba por mero traductor,

---

[1] Como sólo trazo un bosquejo general de la novela, y no intento escribir una monografía del género caballeresco, empresa reservada (como dicho queda) a mejor pluma, no entraré en el análisis de ninguno de los libros secundarios de los diversos ciclos. De los argumentos de varios de ellos se da suscinta pero interesante noticia en la *History of fiction* de Dunlop, y en el discurso preliminar de Gayangos. Hay también compendios de algunos de ellos en la curiosa y enorme enciclopedia novelística que lleva el título de *Bibliothèque universelle des romans,* publicada en 112 volúmenes desde 1775 a 1789. Hubo una tentativa de continuación desde 1798 a 1805.

sino del fabuloso autor griego, que en ambos se suponía ser «el gran sabio de las Mágicas, Alquife», marido de Urganda la Desconocida, que moraba en la ínsula de los Gimios.

Como la manía de proseguir y amplificar sin término cualquier novela era todavía más desenfrenada en Francia y en Italia que en España, Herberay des Essarts no se contentó con traducir este primer *Lisuarte,* sino que le añadió una continuación con las hazañas de otro hijo de Esplandián, don Flores de Grecia, llamado el *Caballero de los Cisnes.*

Dejó en cambio sin traducir un segundo *Lisuarte* castellano, o sea, *el octavo libro de Amadís, que trata de las extrañas aventuras y grandes proezas de su hijo Lisuarte y de la muerte del ínclito Amadís* (Sevilla, 1526); obra del bachiller en Cánones Juan Díaz, que fingió haberla traducido del griego y toscano, y se la dedicó al Duque de Coimbra, don Jorge, hijo del rey don Juan II de Portugal, para que siempre anden envueltos los portugueses en este laberinto de los libros de caballerías. El segundo *Lisuarte,* que tuvo una sola edición, ni merecía más por su pesadísimo estilo, es un nuevo intruso en la serie de los *Amadises,* y realmente no debía llamarse *octavo,* sino *séptimo,* puesto que es continuación del *Don Florisando.* Sospechamos que el bachiller Díaz perdió todo crédito con sus lectores por la mala ocurrencia que tuvo de matar a Amadís de pura vejez, refiriendo prolijamente sus exequias y dándonos hasta el texto del sermón que se predicó en sus honras. A don Galaor y a Agrajes los hizo frailes, y a la viuda Oriana, abadesa en el monasterio de Miraflores.

Tan pacífico y ejemplar desenlace no satisfizo a nadie. Amadís tenía que continuar viviendo y asistir a las proezas de sus nietos hasta la sexta generación por lo menos, y el bachiller Díaz fué reprobado como un historiador falsario. Su libro se tuvo en cuenta para la numeración de los tomos, pero nadie hizo caso de él.

Entonces apareció el gran industrial literario, que por primera vez puso en España y quizá en Europa, taller de novelas, publicando por sí solo tres desaforados *Amadises,* divididos en varias partes, que el público de aquel tiempo aguardaba y devoraba con tanta avidez, como los innumerables lectores de Alejandro Dumas seguían el hilo de las continuaciones de *Los Tres Mosqueteros* o de cualquiera otra de sus más famosas novelas.

Era el sujeto a quien nos referimos un caballero de Ciudad Rodrigo, patria fecunda de novelistas de este jaez, pues también parece que se escribieron allí el *Palmerín de Oliva* y el *Primaleón*. Llamábase Feliciano de Silva y era antiguo servidor de la casa de Niebla, en cuyas crónicas se hace mención de él por haber salvado la vida a la Duquesa de Medinasidonia, doña Ana de Aragón, en cierto hundimiento de la puente de Triana en que se ahogaron catorce doncellas y dueñas suyas. Hombre de fácil pluma, de mediano ingenio, de fantasía superficial y desordenada, y de mucha aunque mala invención, dióse a imitar las producciones más en boga, siquiera fuesen entre sí tan desemejantes como la *Celestina* y el *Amadís*. En el remedo de la primera anduvo más afortunado, quizá porque la índole de su talento le llevaba más a lo picaresco que a lo heroico. Su *Segunda comedia de Celestina* está a muchas leguas del inaccesible modelo, pero así y todo es la única obra de Silva que hoy puede leerse sin mucha fatiga por los que no hacen profesión de estas erudiciones. Pero entre sus contemporáneos le dieron más reputación y dineros sus libros de caballerías, predilecta lectura de los ociosos. En cambio, le asaetaron con donosas e imperecederas burlas nuestros mayores ingenios. En la *Carta del Bachiller de Arcadia*, que desde antiguo, y creo que con fundamento, se atribuye a don Diego Hurtado de Mendoza, encárase el maleante censor con el capitán Pedro de Salazar, autor de cierta crónica de la campaña de Carlos V en Alemania, y le consuela irónicamente de no haber tenido tanta fortuna literaria como Feliciano de Silva y Fr. Antonio de Guevara, a quien con mucha injusticia equipara con el otro: «¿Paréceos, amigo que sabría »yo hacer, si quisiese, un medio libro de *D. Florisel de Niquea*, »y que sabría ir por aquel estilo de alforjas, que parece el juego »de «este es el gato que mató el rato», etc., y que sabría yo decir »la razón de la razón que tan sin razón por razón de ser vuestro »tengo para alabar vuestro libro»? Mi fe, hermano Salazar, todo »está en ventura... Veis ahí al Obispo de Mondoñedo que hizo, »que no debiera, aquel libro de *Menosprecio de corte y alabanza de* »*aldea*, que no hay perro que llegue a olerle. Veis ahí a Feliciano »de Silva, que en toda su vida salió más lejos que de Ciudad Ro- »drigo a Valladolid, criado siempre entre Nereydas y Daraydas, »metido en la torre del Universo, a donde estuvo encantado, segun

»dice en su libro, diez y ocho años; con todo eso tuvieron de comer
»y aun de cenar; y vos que habeis andado, visto, hecho y peleado,
»servido, escrito y hablado más que todo el ejercito junto que
»envió la Santidad de nuestro Señor el Papa a esa guerra, no te-
»neis ni aun de almorzar, y es menester que os andeis a inmorta-
»lizar a los hombres con vuestros escritos para que os maten la
»hambre.»[1]

¿Y quién no recuerda que a D. Quijote ningunos libros «le
parecian tan bien como los que compuso el famoso Feliciano de
»Silva, porque la claridad de su prosa y aquellas entrincadas ra-
»zones suyas le parecian de perlas; y más cuando llegaba a leer
»aquellos requiebros y cartas de desafios, donde en muchas partes
»hallaba escrito: «la razon de la sinrazon que a mi razon se hace,
»de tal manera mi razón enflaquece, que con razón me quejo de
»la vuestra fermosura»? Y también cuando leia: «los altos cielos
»que de vuestra divinidad divinamente con las estrellas os forti-
»fican, y os hacen merecedora del merecimiento que merece la
»vuestra grandeza». Con estas razones perdía el pobre caballero el
juicio, y desvelábase por entenderlas y desentrañarles el sentido,
que no se lo sacara ni lo entendiera el mismo Aristóteles, si re-
sucitara para solo ello. Son además numerosos los pasajes del
Quijote en que se parodian aventuras o se recuerdan lances de las
obras de Feliciano de Silva, como puede verse en los comentarios
de Bowle y Clemencín.

Lo primero que hizo Feliciano de Silva (suponiendo que su
trabajo comience en el *Amadís de Grecia)* fué resucitar a Amadís
de Gaula, alevosamente muerto por el bachiller Díaz, y volver
a tomar el hilo de la historia en el punto en que la dejó el incógnito autor del primer *Lisuarte,* manifestando alto desprecio para
el segundo: «y fuera mejor aquel octavo (libro) fenesciese en las
»manos de su autor y fuera abortivo, que no que saliera a luz a
»ser juzgado e a dañar lo que en esta grande genealogia escripto
»está; pues dañó asi poniendo confusion en la decendida e conti-
»nuacion de las hystorias».

Algún escrúpulo me queda en cuanto a la paternidad de *El*

---

[1] *Sales Españolas o Agudezas del ingenio nacional, recogidas por A. Paz
y Melia. Primera serie.* Madrid, 1890, pág. 80.

*noveno libro de Amadis de Gaula, que es la cronica del muy valiente
y esforçado Principe y cauallero de la Ardiente Espada Amadis de
Grecia, hijo de Lisuarte de Grecia, emperador de Constantinopla y
de Trapisonda, y rey de Rodas, que tracta de los sus grandes hechos
en armas y de los sus altos y extraños amores,* del cual se cita vagamente
una primera edición de 1530. Don Pascual Gayangos,
cuya pericia bibliográfica, y más en este género de libros, no hay
para qué encarecer, afirmaba que en algún ejemplar visto por él
estaba el nombre de Feliciano de Silva. Por mi parte no he podido
encontrar otro que el del sabio Alquife, fabuloso autor de tal
historia. Tampoco el estilo se parece mucho al de *D. Florisel*; es
mejor y sobre todo más llano, y recuerda algo el del primer *Lisuarte*,
no siendo imposible que ambas obras hayan salido de la
misma mano. Pero si cierto *Sueño de amor,* [1] compuesto por
Feliciano de Silva en prosa y puesto en verso por un apasionado
suyo (rarísima pieza gótica que vió Gayangos en Inglaterra), coincide
con otro *Sueño* sobre el mismo tema que se encuentra al fin
de la primera parte de *Amadís de Grecia,* la opinión de nuestro
doctísimo bibliógrafo podrá adquirir caracteres de evidencia.
Hasta entonces procede suspender el juicio y considerar el *Amadis
de Grecia* como anónimo. [Cf. Ad. vol. II.]

La historia de Amadís de Grecia, biznieto del de Gaula e hijo
de Lisuarte y Onoloria, llamado también el caballero de la Ardiente
Espada, «por haber nacido con una figura de espada ber-
»meja, que le cogía desde la rodilla izquierda hasta ir a darle en
»derecho del corazón la punta, y en ella se parescian unas le-
»tras blancas muy bien talladas», contiene algunos episodios interesantes
que prueban cierto grado de imaginación poética, como
los amores de la princesa de Tebas, Niquea, con el caballero de la
Ardiente Espada, y el encantamiento de esta princesa y de su

---

[1] *Sueño de Feliciano de Silva. En el qual le fueron Representadas las
excelencias del amor; agora nuevamente puesto de prosa en metro castellano
por un su cierto servidor que porque tan notable ficion fuesse mas manifiesta
a todos quiso tomar este pequeño trabajo. Con otro Romance en que la muerte
de Hector brevemente es contada; segun los mas verdaderos hystoriadores de
Troya affirman; hecho por el mesmo autor. Año* M. D. XLIIII (1544).

Pliego suelto en 4º, de ocho hojas a dos columnas (Núm. 4.498 de Gallardo).

hermano Anastarax en una cámara de cristal llamada *la Gloria de Niquea*. Pero lo más curioso que ofrece, bajo el aspecto literario, es la introducción de un nuevo elemento, el pastoril, con anterioridad a todas las novelas de este género publicadas en España, sin excluir *Menina e Moça*, que no es bucólica más que en parte y que de todas suertes no se imprimió hasta 1544. Tuvo pues, Feliciano de Silva o quien quiera que fuese el autor del *Amadís de Grecia*, la prioridad cronológica, sin que se le puedan señalar otros modelos que la *Arcadia* de Sannázaro y las églogas que a imitación de ella y de los bucólicos antiguos empezaban a componerse en Italia y en España.[1] Verdad es que la tentativa del cronista caballeresco fué infelicísima. Las cuitas amorosas de los pastores alejandrinos Darinel y Silvia, y la transformación en pastor también del infante Don Florisel, hijo de Amadís de Grecia y de Niquea, constituye uno de los más fastidiosos episodios del libro y justifica la indignación de Cervantes.

En 1532, y ya declarando el nombre de Feliciano, apareció en Valladolid *La coronica de los muy valientes e esforçados e invencibles cavalleros don Florisel de Niquea y el fuerte Anaxartes, hijos del muy excelente Principe Amadis de Grecia; emendada del estilo antiguo segun que la escriuio Cirfea, reyna de Argines... traduzida de griego en latin y de latin en romance castellano por el muy noble cauallero Feliciano de Silva*. Inútil es advertir que la reina Zirfea pertenece a la misma bibliografía fantástica que el Maestro Elisabad y el mago Alquife. Este libro, que en la serie de los *Amadises* es el *décimo*, abre al mismo tiempo una nueva serie, la de las aventuras de *D. Florisel* y su familia, que se dilataron hasta cuatro partes, de las cuales este volumen contiene sólo las dos primeras. ¡Qué abundancia tan ridícula y tan estéril! Aquí es donde se encuentra la aventura del *Palacio del Universo*, a que alude don Diego de Mendoza. Don Florisel vence aquel temeroso encantamiento en que yacían su tercer abuelo el sempiterno Amadís de Gaula y diez príncipes o reyes de su familia. El episodio pastoril continúa, y hay en la segunda parte una dis-

---

[1] También en su *Segunda comedia de Celestina*, cuya primera edición es de 1534, intercaló Feliciano de Silva un episodio pastoril, como veremos más adelante.

paratada historia de «la segunda Elena» y de las grandes guerras que por ella hubo en torno de Constantinopla, donde se trasluce el empeño de imitar a los autores de las crónicas troyanas.

Se cuenta como libro *onceno* de Amadís la *Parte tercera de la Crónica de D. Florisel de Niquea,* que más bien debiera llamarse *Don Rogel de Grecia,* puesto que de sus espantables hazañas trata principalmente, y también de las de otro caballero llamado Agesilao, hijo de don Falanges de Astra.

Pero todavía con este formidable volumen, impreso en Medina del Campo en 1535, no se agotó la vena de Feliciano de Silva, puesto que, viendo cada vez más celebrados sus disparates, vació el saco de ellos en una *Cuarta parte de D. Florisel* (Salamanca, 1551), donde principalmente trata de los amores del príncipe don Roger y de la muy hermosa Archisidea. Tanto en este libro como en el anterior prescinde ya de las crónicas de la reina Zirfea y alega otros dos historiadores no menos auténticos. Filastes Campaneo y el sabio Galersis. El tono de este libro, dedicado a la reina de Hungría Doña María, hija de Carlos V, es más grave y sentencioso que en los anteriores, porque, según dice el autor, así lo demandaba su edad; y aun da a entender en el prólogo que quiso aludir a las hazañas del emperador: «quiero en esta soberana ima-
»gen de la fortaleza cesarea tractar un poco de su dibujo, con los
»colores, oscuridades, claros y lexos que yo supiere, para dezir
»con lo menos algo de lo más».

Como ya la novela pastoril había aparecido con todos sus caracteres, entre ellos, el de intercalar gran número de poesías en la prosa, Feliciano de Silva dió gran desarrollo al intermedio pastoril tímidamente ensayado en el *Amadís de Grecia,* y quiso presentarse bajo un nuevo aspecto, el de poeta, tanto en los antiguos metros castellanos como en los italianos, y tan mal en los unos como en los otros, dicho sea de pasada. Estas son las églogas de que tanto se burla Cervantes: «Y quisiera yo (dice don Quijote
»a Cardenio) que vuestra merced le hubiera enviado, junto con
»*Amadís de Gaula,* al bueno de *Don Rogel de Grecia*; que yo sé
»que gustara la señora Luscinda mucho de Daraida y Garaya,
»y de las discreciones del pastor Darinel, y de aquellos admirables
»versos de sus bucolicas, cantadas y representadas por él con todo
»donaire, discreción y desenvoltura.»

Adviértese que Feliciano de Silva estaba muy atento a todas las modas literarias y cambios de gusto, como quien había convertido en oficio el arte de novelar. Era imposible que el público no comenzara a hartarse de un género que, en medio de su aparente complicación, era la monotonía misma. En la segunda mitad del siglo XVI, el cansancio se acentúa hasta el punto de que nadie se atrevió a continuar la fábula de *Amadís* después del *doceno libro,* «que trata de los grandes hechos en armas del esforzado caballero »*Don Silves de la Selva...* junto con el nascimiento de los príncipes »Espheramundi y Amadis de Astra, y assimismo de los dos esfor- »zados príncipes Fortunian y Astrapolo», obra que salió anónima de las prensas de Sevilla en 1546, pero de la cual se declara autor Pedro de Luján en la segunda parte del *Lepolemo*. Era Luján hombre de cultura clásica, secuaz de las doctrinas de Erasmo y mucho mejor prosista que Feliciano de Silva, como lo acreditan sus elegantes y sesudos *Colloquios Matrimoniales*. Pero *Don Silves de la Selva*, por bien escrito que estuviera, llegaba tarde; no fué reimpreso más que una vez, y ni siquiera el anuncio del nacimiento de Esferamundi y de los otros príncipes fué parte a excitar la curiosidad de nadie, por lo cual sus hechos hubieron de quedarse sin cronista español, aunque no italiano, puesto que Mambrino Rosseo los refirió, muy a la larga, en seis volúmenes o partes, que supuso traducidas de nuestro idioma y publicó en Venecia, desde 1558 a 1565.

A todo esto, Amadís de Gaula debía de tener más de doscientos años, aunque aparentaba muchos menos gracias a una confección que le había propinado la sabia Urganda. Por fin, el continuador italiano se decidió a librarnos de él, haciéndole morir a manos de dos gigantes en una batalla en que perecen también tres emperadores, varios reyes y hasta cincuenta y cinco mil caballeros cristianos: que no se requería menor hecatombe para los funerales de Amadís. Nicolás Antonio consigna también la noticia de un libro de caballerías portugués, *Penalva*,[1] en que *Amadís*

---

[1] *Anonymus, lusitanus, scripsit fabulan ex his unam, quibus otiosi homines superioribus saeculis valde gaudebant lectis, nempe:* «Penalva» *nuncupatam, in quo occisus magnus ille fabulosorum heroum Amadisius refertur heros: unde Castellani per iocum usurpare solebant, Lusitani tantum gladio tantum virum occumbere potuisse: quo Lusitanorum philautiae palpum obtruderent (Bibliotheca Hisp. Nova,* tomo II, pág. 404).

moría a manos de un caballero de aquella nación, por lo cual decían burlescamente los castellanos que sólo un portugués podía haber acabado con Amadís; pero nadie ha visto el tal *Penalva,* que parece invención chistosa, nacida de la antigua malquerencia entre ambos pueblos y de las pullas que en sus cuentos vulgares suelen lanzarse el uno al otro.

Sobre esta bastarda progenie de Amadís hay que estar al fallo inapelable del licenciado Pero Pérez, hombre docto, graduado en Sigüenza. «Este que viene (dijo el barbero) es *Amadis de Grecia,* »y aun todos los deste lado, a lo que creo, son del mismo linaje de »Amadis. Pues vayan todos al corral (dijo el Cura), que a trueco »de quemar a la Reina Pintiquiniestra y al pastor Darinel, y a sus »églogas y a las endiabladas y revueltas razones de su autor, que- »mara con ellos al padre que me engendró, si anduviera en figura »de caballero andante.»

Aquel auto de fe imaginario, seguido por ventura de otros más reales, cuando estos infolios cayeron en absoluto desdén y vilipendio, fué causa remota de que andando el tiempo lograsen el único género de perpetuidad que merecían, renaciendo, como el fénix, de sus cenizas, a impulsos de la curiosidad bibliográfica avivada por el cervantismo. Pero en el limbo bibliográfico se quedaron, y no hay fuerza humana que los resucite. ¡Triste y memorable ejemplo de lo efímeras que son las modas literarias, y más si se trata de obras de entretenimiento, destinadas a un pasatiempo fugaz, y no concebidas en las regiones superiores del arte! Porque se ha de tener en cuenta que el éxito de estos libros no fué exclusiva ni principalmente español, sino que la sociedad más culta y privilegiada de Europa se recreó por más de un siglo con las grotescas invenciones de Feliciano y con las bizarrías de *Don Silves,* que no sólo fueron traducidas y adaptadas al italiano, al francés, al alemán y a otras lenguas, sino que suscitaron nuevas e inacabables continuaciones, todavía peores que sus originales, y llegó a duplicarse la serie de los *Amadises;* resultando una maraña tan inextricable de personajes y aventuras, que un señor Du Verdier tuvo que emplear siete grandes volúmenes, publicados desde 1626 a 1629, con el título de *Le Roman des Romans,* en la absurda tarea de recoger todos los cabos sueltos de estas historias y dar a cada una de ellas el debido complemento y desenlace, lo que ejecutó también con *El Caballero del Sol* y con *Don Belianis de Grecia*; que a tanto llegaba su furor de continuarlo y acabarlo todo. Obsérvese que esto pasaba en Francia nueve años después de la muerte de Cervantes, y más de veinte después de publicada la primera parte del *Quijote*, que si en España consumó la ruina del género, ya muy decaído y postrado entonces, no tuvo por de pronto el mismo benéfico influjo en la novela de otros países, donde las corrientes realistas eran menos enérgicas.

Tales como son, los libros de Feliciano de Silva tuvieron, aun en el teatro y en la poesía lírica, menos ilustre descendencia en España que fuera de ella. Aquí sólo podemos citar alguna comedia mediana cuyo argumento esté tomado de esos libros, como *La Gloria de Niquea*, del conde de Villamediana, representada en el Palacio de Aranjuez a 8 de abril de 1622 con las novelescas circunstancias que son notorias; o el *Don Florisel de Niquea*, del doctor Juan Pérez de Montalbán; o el *Amadís y Niquea*, del poeta malagueño don Francisco de Leyva. En cambio Roberto Southey afirma que hay imitaciones del *Amadís de Grecia* en la *Arcadia* de Sidney, en la *Reina de las Hadas (Faery Queene)* de Spenser (episodio de la máscara de Cupido) y finalmente en el don Florisel que Shakespeare introduce en su comedia *Cuento de Invierno (Winter's Tale)*. Si todo es verdad, y debe serlo, puesto que lo afirma un inglés tan profundamente versado en ambas literaturas, ¡qué honor para el pobre caballero de Ciudad Rodrigo! No he estudiado bastante a Sidney y a Spenser para hacer la comparación; pero siendo el primero traductor e imitador de la *Diana* y de otros libros españoles, el caso es muy verosímil. En lo tocante al *Cuento de Invierno*, cuyo argumento principal se deriva, como es notorio, de la novela de Roberto Greene *Pandosto o el Triunfo del Tiempo* (1588), creo que tiene razón Southey, y que el personaje episódico de don Florisel, hijo de rey y enamorado de una pastora, es el mismo don Florisel del *libro nono* de *Amadís*, enamorado de la pastora Silvia.

Simultáneamente con la estirpe de los *Amadises* floreció en España otra familia caballeresca menos dilatada, que tiene con ella muy próximo parentesco: la de los *Palmerines*, que sólo ceden en antigüedad a las dos obras de Montalvo, puesto que la primera edición del *Palmerín de Oliva* es de 1511,[1] posterior sólo en tres años a la que pasa por primera del *Amadís de Gaula*, y en uno a la más antigua del *Esplandián*. ¡Bien madrugaba entonces la imitación literaria, aunque tengamos por muy verosímil que ambos libros corrían ya de molde desde el siglo anterior! Porque no hay duda que el *Palmerín de Oliva* carece de originalidad, y no es más que un calco servil de las principales aventuras de Amadís y de su hijo. El nacimiento secreto de *Palmerín de Oliva*, que se llamó así por haber sido expuesto entre palmas y olivos cerca de Constantinopla, tiene las mismas circunstancias que el de Amadís y el de Esplandián, salvo que éste fué recogido por un ermitaño y Palmerín por un colmenero. La historia amorosa de Palmerín y Polinarda reproduce punto por punto la de Amadís y Oriana. Si Amadís triunfa del endriago, Palmerín mata a la gran sierpe que guardaba la maravillosa fuente Artifaria. Si Amadís se resiste a los halagos de la reina Briolanja, Palmerín, no menos constante en amores, rechaza a Archidiana, hija del Soldán de Babilonia, y a la infanta Ardemia. Finalmente, Palmerín, lo mismo que Esplandián, llega a ser emperador de Constantinopla. En suma, el primer *Palmerín* es un calco mal hecho de un excelente original. Si alguna aventura añade, es del género más extravagante, como la lucha de Palmerín con tres leones, a quienes rinde y mata sin la menor dificultad (germen de un episodio de la segunda parte del *Quijote*). En cambio, le faltan todas las bellezas del *Amadís:* el estilo es pobre, el sentimiento ninguno. En las descripciones de batallas y desafíos es pesadísimo; en las escenas amorosas lúbrico por extremo,[2]

---

[1] Existe en la Biblioteca Imperial de Viena y Wolf lo describe minuciosamente en sus *Studien* (pp. 185-186).

[2] Lo mismo puede decirse del *Primaleón*, que tiene capítulos indecentísimos, en que las doncellas quedan *fechas dueñas* con la mayor facilidad del mundo. Nada de esto escandalizaba al maleante clérigo Francisco Delicado, y, en efecto, era un idilio en comparación de su *Lozana Andaluza*, uno de los libros más obscenos que se han escrito en lengua castellana. «Todo él (dice hablando del *Primaleon)* es un doctrinal de andantes caba-
»lleros, donde estos podran deprender, leyendo, a mantener justicia y ver-
»dad, *e mas la mesurada vida que han de tener con las dueñas y doncellas,*
»*la cortesia y crianza con las damas*, asi mesmo los atavios que han de usar
»asi de armas como de caballos, la gentil conversacion y el moderamiento
»de la ira, la observancia y religion de las armas.»

Fué Delicado, a pesar de su tendencia groseramente realista, muy afec-

aunque no iguala al *Tirante*. Este libro no tiene orígenes antiguos ni puede ser muy anterior a la fecha de su impresión. Se compuso seguramente poco después de la guerra de Granada, de la cual parece que conserva algunas reminiscencias. Gayangos hizo notar el gran número de personajes con nombres moros que andan en el libro, y apuntó la sospecha muy fundada de que la batalla en que Palmerín y Trineo hacen prisionero al Soldán de Babilonia (cap. CLXII) sea trasunto anovelado de la prisión del rey Boabdil por el conde de Cabra y el Alcaide de los Donceles. De este modo se confirma lo que dió a entender Francisco Delicado en el prólogo a la edición de Venecia de 1534. [1]

El *Palmerín de Oliva*, a pesar de su nulidad, gustó tanto, que tuvo inmediatamente un *libro segundo* (Salamanca, 1516), salido al parecer de la misma fábrica, pero algo mejor escrito. Uno y otro están dedicados a don Luis de Córdoba, hijo del Conde de Cabra don Diego, y en ambos (si hemos de creer al cordobés Delicado) se ensalza bajo nombres supuestos a los caballeros de este linaje, y al Gran Capitán entre ellos, aunque por mi parte no he llegado a percibir las alusiones históricas. El *Primaleón*, fábula más complicada que el *Palmerín*, tiene en realidad tres protago-

---

to a los libros de caballerías, que defiende con mucho brío en sus curiosos prólogos: «Algunos, fingiendo ser sabidos, menosprecian estas coronicas diziendo ser fablillas. Fablilla es ser el hombre ynorante, y no conoscer qué cosa sean los buenos amaestramientos de los caballeros que fueron mesurados, y leales mantenedores de derechos, y tenedores de fe; y, si como dizen que no fueron tales hombres que asi hayan obrado, seanlo ellos y deprendan a ser hazañosos en estos dechados, porque el caballero y el Rey y el Emperador no han juez: su juez es su palabra.»

[1] «Porque estas cosas que cuentan los componedores en la lengua española, si bien dizen que son fechos de estrangeros, dizenlo por dar más autoridad a la obra, llamandola Greciana por semejança de sus antiguos hechos. Mas componen los estraños acaecimientos de algunos caualleros de los Reynos de Spaña, como de aquellos que han fecho cosas estremadas, como lo fue el rey don Enrique e su fijo don Iuan el primero deste nombre, Rey de Castilla, que se asemejan a los fechos de Palmerin con el rey de Granada; y otro Primaleon como lo fue el Conde de Cabra, señor de Vaena, don Diego Fernandez de Cordoua; y a don Duardos fue semejante otro su pariente don Gonçalo Fernandez de Cordoua; y assi tomando de cada uno sus hazañas fizo esta Philosophia para los caualleros que seguirla quisieren, y fue tan marauillosamente fingida esta ystoria llena de doctrina pora (*sic* por *para*) los caualleros e amadores de dueñas.»

nistas: Primaleón mismo, su hermano Polendos (hijos uno y otro del de Oliva) y el príncipe de Inglaterra don Duardos, que es realmente el que interesa más por sus amores con la infanta Flérida, hija del emperador de Constantinopla. De este romántico episodio, en que el príncipe se disfraza de hortelano, sacó el gran poeta portugués Gil Vicente su tragicomedia castellana de *Don Duardos,* escrita en pulidas y gentiles coplas de pie quebrado. Toda la pieza es un delicioso idilio; pero como si al fin de ella hubiese querido Gil Vicente dar una muestra de lo más exquisito de su poesía lírica, hizo cantar al coro un romance incomparable, como apenas se hallará otro compuesto por trovador o poeta de cancionero: tan próximo está a la inspiración popular, y de tal modo la remeda, que casi se confunde con ella. No podemos menos de copiarlo íntegro, porque él basta para justificar y dar por bien empleada la existencia del *Primaleón,* del cual se deriva:

En el mes era de Abril,
De Mayo antes un día,
Cuando los lirios y rosas
Muestran más su alegría,
En la noche más serena
Que el cielo hacer podía,
Cuando la hermosa Infanta
Flérida ya se partía.
En la huerta de su padre
A los arboles decía:
   «Quedaos a Dios, mis flores,
Mi gloria que ser solía,
Voyme a tierras extranjeras
Pues ventura allá me guía.
Si mi padre me buscare,
Que grande bien me quería,
Digan que el Amor me lleva,
Que no fué la culpa mía;
Tal tema tomó conmigo,
Que me venció su porfía.
Triste, no se a donde vo
Ni nadie me lo decía.»
Allí hablara don Duardos:
«No lloréis, mi alegría;
Que en los reinos de Inglaterra
Más claras aguas había,

Y más hermosos jardines,
Y vuestros, señora mía.
Tenéis trescientas doncellas
De alta genealogía;
De plata son los palacios
Para vuestra señoría,
De esmeraldas y jacintos,
De oro fino de Turquía,
Con letreros esmaltados
Que cuentan la vida mía;
Cuentan los vivos dolores
Que me distes aquel día
Cuando con Primaleón
Fuertemente combatía.
Señora, vos me mataste,
Que yo a él no lo temía.»
Sus lágrimas consolaba
Flérida, que aquesto oía.
Fueronse a las galeras
Que don Duardos tenía.
Cincuenta eran por cuenta.
Todas van en compañía;
Al son de sus dulces remos
La princesa se adormía
En brazos de don Duardos,
Que bien le pertenecía.
Sepan cuantos son nacidos
Aquesta sentencia mía:
«Que contra muerte y amor
Nadie no tiene valía». [1]

Sin fundamento alguno, y generalizando malamente lo que sólo es verdad respecto del *Palmerín de Inglaterra*, se ha supuesto que también el *de Oliva* y el *Primaleón* eran de origen portugués. Uno y otro nacieron en Castilla, aunque muy cerca de la raya y uno y otro son de autor femenino, cuyo nombre no ha podido

---

[1] También el famoso predicador Fr. Hortensio Félix Paravicino, a quien llamaron el *Góngora del púlpito*, lo cual no sé si ha de entenderse como alabanza o como censura, pues confieso que no he leído sus sermones, aunque sí sus insípidas poesías, sacó del *Primaleón* el argumento de una comedia fantástica, a modo de libreto de ópera, con el título de *La Gridonia o cielo de amor vengado*, «invención real», como él la llama, por haber sido escrita en breve plazo por orden expresa de Felipe IV. Hállase en el tomo de sus *Obras posthumas, divinas y humanas*, donde se disimuló su nombre con el de don Félix de Arteaga (1641).

descubrirse hasta ahora. En la primera edición del *Palmerín*, hecha en Salamanca en 1511, se leen después del colofón unos versos latinos, sumamente bárbaros, de un Juan *Augur* de Trasmiera, que con su verdadero apellido *Agüero* (tan frecuente en aquella parte de las montañas de Santander) publicó algunos opúsculos de gran rareza. El tal Augur dice repetidas veces que la obra que recomienda ha sido escrita por una mujer:

>..........Collige flores
> Quos seruit, quos dat femina corde tibi.
> ....
> Hunc lege quo tractat femina multa sua.
> Quanto sol lunam superat, Nebrissaque doctos,
> Tanto ista hispanos *femina* docta viros
> ....

Pero hace la oportuna insinuación de que en la parte militar del libro, que en efecto está recargadísima, fué asistida la autora por un hijo suyo:

> *Femina composuit:* generosos atque labores
> *Filius* altisonans scripsit et arma libro.

En varias ediciones del *Primaleón*, tales como la de Medina del Campo, 1563; la de Lisboa, 1566, se hallan seis coplas de arte mayor en elogio de la obra. La última, cuyo verso final solía cambiarse según el punto de impresión, dice de esta manera:

> En este esmaltado e muy rico dechado
> Van esculpidas muy bellas labores,
> De paz y de guerra y de castos amores,
> *Por mano de dueña* prudente labrado;
> Es por exemplo de todos notado
> Que lo verisimil veamos en flor;
> Es de *Augustobriga* aquesta labor
> Que en Medina se ha agora estampado.

Augustobriga no es Burgos, como creyó Wolf, ni mucho menos ninguna población portuguesa,[1] sino el nombre que en la imper-

---

[1] La identificación que algunos eruditos del siglo XVI hicieron entre la Lusitania antigua y el Portugal moderno, confundiendo el todo con la parte, es tan absurda, que puede hacer pasar por portugués a cualquier vecino

fecta geografía histórica del siglo XVI solía darse a Ciudad Rodrigo, que el P. Flórez y la mayor parte de los modernos reducen a *Mirobriga.*

Pero es el caso, que en la edición sevillana del *Primaleón* (1524), y es de presumir que también en la primera de Salamanca, que no hemos visto, se dice que tanto este libro como el *Palmerín* fueron «trasladados de griego en nuestro lenguaje castellano, corregidos »y emendados *en la muy noble cibdad de Ciudarrodrigo (sic)* »por *Francisco Vázquez,* vecino de la dicha ciudad». Dejando aparte la ficción del origen griego, ¿este Francisco Vázquez sería sólo un corrector o tuvo alguna parte en la composición de ambas novelas? ¿Sería, por ventura, aquel *hijo altisonante* que colaboró con su madre en las escenas belicosas del *Palmerín,* según indica Juan Agüero? No nos atrevemos a afirmarlo, pero lo que parece fuera de duda es el origen femenino de la obra. Francisco Delicado, corrector de la edición veneciana de 1534, insiste en él varias veces, aunque confiesa que no sabía el nombre de la autora: «Avisandoos que cuanto más adelante va es más sabroso, porque »como *la que lo compuso era mujer,* y filando al torno se pensaba »cosas fermosas, que dezia a la postre, fué más enclinada al amor »que a las batallas, a las quales da corto fin». Y en la introducción al libro tercero de la obra: «Digo que es sabroso; más no sé quién »lo hizo, porque calló su nombre al principio y al fin... (Y es opi-»nión de personas que fue muger la que *lo compuso, fija de un car-* »*pintero*...» y defendiendo luego el libro de los defectos que se le achacaban: «Mas el defeto está en los impresores y en los merca-»deres que han desdorado la obra de la *señora Augustobrica* con »el ansia de ganar».

El autor del *Diálogo de la lengua,* que juzga con mucha severidad toda la literatura caballeresca, parece indulgente con el *Palmerín* y el *Primaleón,* aunque no da los motivos de su juicio, limitándose a decir que *por ciertos respetos* habían ganado crédito

---

de Mérida, de Salamanca o de Ávila. Hubo en Lusitania una población llamada *Augustobriga,* pero estaba, según el itinerario de Antonino, en el camino de Mérida a Zaragoza, y generalmente se la reduce a Villar del Pedroso, en los montes de Toledo. Otra había en el país de los Arevacos, al Oriente de Numancia, y era *mansión* en la vía romana de Astorga a Césaraugusta.

con él. En cambio Cervantes ni siquiera menciona el *Primaleón*, y manda que *la oliva* de Palmerín se haga «luego rajas y se queme, »que aun no queden della las cenizas». Nadie dirá que la sentencia sea injusta, pero contrasta con tan fiero y ejecutivo rigor el exorbitante panegírico que a renglón seguido hace del *Palmerín de Inglaterra:* «Esa palma de Inglaterra se guarde y se conserve como »a cosa unica, y se haga para ella otra caja como la que halló Ale- »jandro en los despojos de Darío, que la diputó para guardar »en ella las obras del poeta Homero. Este libro, señor compadre, »tiene autoridad por dos cosas: la una porque él por sí es muy »bueno, y la otra porque es fama que le compuso un discreto rey »de Portugal. Todas las aventuras del castillo de Miraguarda son »bonisimas y de grande artificio; las razones cortesanas y claras, »que guardan y miran el decoro del que habla con mucha propie- »dad y entendimiento.» [Cf. Ad. vol. II.]

A estas palabras debe su fortuna póstuma el *Palmerín de Inglaterra*, que en su tiempo no la tuvo muy grande, puesto que una sola vez fué impreso en lengua castellana. Aquí también nos encontramos con un problema de historia literaria, pero nos detendrá poco, porque a mi juicio está definitivamente resuelto en favor de los portugueses, y nada tengo que añadir a los argumentos que expusieron en dos curiosas monografías el brasileño Manuel Odorico Mendes,[1] y el agudo, aunque descarriado, comentador del *Quijote*, don Nicolás Díaz de Benjumea.[2] Claro es que si a las pruebas externas y bibliográficas se atendiera únicamente, tendrían razón Salvá y Gayangos, y el *Palmerín* castellano impreso en Toledo durante los años 1547 y 1548,[3] atribuído primero a

---

[1] *Opusculo acerca do Palmeirin de Inglaterra e do seu autor no qual se prova haver sido a referida obra composta originalmente em portuguez. Por Manuel Odorico Mendes, da Cidade de S. Luiz do Maranhao.* Lisboa, año 1860.

[2] *Discurso sobre el Palmerín de Inglaterra y su verdadero autor, presentado a la Real Academia de Ciencias de Lisboa, por Nicolás Díaz de Benjumea, académico correspondiente extranjero.* Lisboa, imprenta de la Real Academia de Ciencias, 1860.

Antes había publicado Benjumea otros trabajos sobre la misma materia, que están refundidos en éste.

[3] Este *Palmerín de Inglaterra* castellano es de la mayor rareza. No se conocen de él más ejemplares que el del Museo Británico y el que perteneció a Salvá (núm. 1.646 de su *Catálogo*), cuyo actual paradero ignoro.

Miguel Ferrer y luego a Luis Hurtado, sería el original, y el texto portugés de Francisco de Moraes, del cual no se conoce ejemplar anterior al de Évora de 1567, una mera traducción posterior a la francesa de Jacobo Vincent y a la italiana de Mambriano Roseo, que aparecieron en 1553.

Pero las pruebas intrínsecas que el mismo libro de Toledo, cotejado con el de Évora, suministra, nos llevan forzosamente a la conclusión contraria. Es traducción del portugués y traducción muy desaliñada, en que no han desaparecido los rastros de su origen, hasta el punto de llamarse Tejo al Tajo, forma inverosímil en un toledano. Por ningún concepto puede atribuirse la prosa del *Palmerín* al elegante escritor Luis Hurtado, que terminó la *Comedia Tibalda* del comendador Perálvarez de Ayllón, las *Cortes de la Muerte* de Miguel de Carvajal, y compuso con fecundo estro la *Égloga Silviana*, el *Teatro pastoril*, el *Hospital de necios*, el *Espejo de gentileza*, el *Hospital de galanes enamorados*, el *Hospital de damas heridas de amor*, los *Esponsales de amor y sabiduría* y otras ingeniosas obrillas; amén del inestimable *Memorial de las cosas de Toledo*, escrito en 1576 para contestar al célebre interrogatorio de Felipe II. En 1547, el futuro rector de la parroquia de San Vicente, que en su poema de las *Trecientas*, acabado en 1582, declaró haber cumplido cincuenta años, no podía tener más que diez y ocho, edad muy tierna para producir una obra que revela tanta madurez, cultura mundana y experiencia de la vida, como el *Palmerín de Inglaterra*. En las octavas acrósticas que van al fin de la dedicatoria de la primera parte, y juntando las letras iniciales, dicen *Lvys Hurtado Avtor al lector da salud*, dice bien claramente que la obra era ajena, y ni siquiera insinúa que la traducción fuese suya:

> *L*eyendo esta obra, discreto lector,
> *V*i ser espejo de hechos famosos,
> *Y* viendo aprovecha a los amorosos,
> *S*e puso la mano en esta labor.
> *H*allé que es muy digno de todo loor
> *U*n libro tan alto, en todo facundo;
> ....

Lo de *autor* (que se repite en el epígrafe de las octavas) ha de entenderse, para que no resulte contradicción, o en el sentido de autor de la composición poética laudatoria, o en la acepción vaga y general de escritor. No creo que quisiera apropiarse el *Palmerín* de un modo vergonzante, ni tampoco la *Tragedia Policiana*, impresa aquel mismo año, y en la misma oficina, con tres octavas del mismo corte, que bien leídas sólo indican que Hurtado fué el corrector de la edición y que pide perdón por las erratas que puedan encontrarse:

> Y si algún error hallases mirando,
> *Supla mi falta* tu gran discreción,
> *Pues yerra la mano* y no el corazón,
> Que aqueste lo bueno va siempre buscando.

El que, al parecer, quiso adjudicarse la paternidad del *Palmerín*, llamándole *fruto, trabajo y atrevimiento* suyo, fué el mercader de libros Miguel Ferrer, que en un enfático prólogo dirigido a su Mecenas, Galasso Rótulo, después de haber enumerado los grandes capitanes y excelentes artífices «que han sido aficionados a es- »crebir y en tiempos hurtados de sus trabajos han sacado ma- »ravillosas historias recreando sus animos en cosas delicadas, »dando a los que después dellos venimos doctrina y dechado», se pone modestamente en el número: «Todo esto he dicho a vues- »tra magnificencia para excusarme que siendo hombre que de- »prendi arte para sustentar la vida, ocupe mi tiempo en *escrebir* »*hystorias*.»

Si Miguel Ferrer no hubiera tenido otra intervención en el libro que la de pagar los gastos de la edición para especular con ella, habría razón para calificarle de imprudente plagiario, pero todo puede conciliarse suponiéndole traductor. Al cabo, la traducción era *fruto, trabajo y atrevimiento* suyo, y había empleado su tiempo en *escribir* con palabras castellanas aquella historia. Las expresiones son vagas de intento, y hay sin duda un conato vergonzante de apropiarse el libro; pero si omitió el nombre del autor original, fué acaso porque no le conocía. El *Palmerín* portugués que llegó a sus manos, impreso o manuscrito, y que tradujo con la rudeza y desmaño propios de un hombre inculto, estaba anónimo probablemente.

Pero en la misma obra revelaba el autor no solamente su patria portuguesa, sino hasta su historia personal e íntima. «Quien estudia el *Palmerín* (dice Odorico Mendes) reconoce a cada paso la complacencia con que se extiende en los loores de aquella tierra y la preferencia en que la tiene sobre todas las de España; reconoce que Moraes, tan abundante en las descripciones, se esmeró más en las de Portugal, y no perdió ocasión de exaltar a sus naturales, *tal vez con quiebra de los demás españoles.*» Miraguarda, una de las principales heroínas del libro, es portuguesa, y la predilección con que el autor la trata a pesar de su carácter soberbio, altivo, áspero y cruel, contrasta con las liviandades que atribuye a una pobre reina Arnalta de Navarra, y a las hijas del duque Calistrano de Aragón. No tienen término los elogios de la *belicosa Lusitania*, «provincia entonces poblada de muchos y muy esfor- »zados caballeros, donde, por virtud del planeta que la rige, los »hubo siempre muy famosos». Hay menudos detalles de topografía local muy significativos. El castillo de Miraguarda existe hoy mismo, con el nombre de castillo de Almourol, donde el autor le puso, cerca de Tancos y de Thomar. La leyenda que en el *Palmerín* se refiere acerca de este castillo y el de Cárdiga es de seguro un cuento popular.

Pero lo que pone el sello a la demostración son los capítulos CXXXVII a CXLVIII, en que se refiere cierta aventura de cuatro damas francesas apellidadas Mansi, Telensi, Latranja y Torsi, siendo castigada la soberbia y coquetería de esta última por el príncipe Floriano del Desierto, hermano de Palmerín, que emplea un procedimiento análogo al de *El desdén con el desdén*. Pues bien, la señora Torsi es personaje real, y si no la misma aventura, otras muy semejantes acontecieron con ella al hidalgo portugués Francisco de Moraes, que fué víctima de los desdenes de aquella presuntuosa doncella, por la cual había concebido una vehemente pasión cuando estuvo en París desde 1541 a 1543, como secretario del embajador don Francisco de Noronha, segundo conde de Linhares. Francisco de Moraes, en el discurso que tituló *Desculpa de huns amores*, [1] hace en forma directa una confesión, que nos

---

[1] *Desculpa de huns amores, que tinha em Pariz com hūa dama Francesa da Rainha Dona Leonor, per nome Torsi, sendo Portugues pella qual fez a historia das Damas Francesas no seu Palmeirim.*» (Al fin del tomo III de la edición portuguesa del *Palmerín de Inglaterra*, hecha en 1786, donde están reimpresos sus *Diálogos*, cuya primera edición (póstuma) es de Évora, 1624.)

da la clave de este episodio del *Palmerín.* Y como este episodio se halla, no sólo en la edición portuguesa de 1567, en que Moraes descubrió su nombre, sino en el texto castellano de 1547, donde también ocupa once capítulos, no es posible admitir que Ferrer ni nadie escribieran antes que él cosas tan íntimas suyas y que a él solo interesaban. La presencia de este elemento personalísimo en la novela quita toda duda sobre su autor, aunque no lo persuadiese el estilo, que en la versión castellana es muy flojo y en portugués de calidad superior, quizá la mejor prenda del libro.

Que apareciese la traducción antes que el original es caso raro, pero no único en los anales de la bibliografía; sin salir de estos pleitos castellanos y portugueses, le tenemos también en la *Nise lastimosa* de Fr. Jerónimo Bermúdez (1577), impresa antes que la *Castro* de Ferreira (1598). Nadie puede negar la posibilidad de que el manuscrito de Moraes llegase a Toledo, pero todo induce a creer que la edición de 1567 no es la primera del *Palmerín* portugués. El que reimprimió esta novela en 1786 dice en su prefacio: «En la copiosa librería del convento de San Francisco de esta »ciudad (Lisboa) se conserva, aunque muy estragada y falta, una »edición de esta obra en carácter entre gótico y redondo, *que da* »*algunas muestras de ser impresa fuera del Reino.*» Esta edición, que sin fundamento alguno da el prologuista por segunda, ¿no podría ser la primera hecha en París muy probablemente? No puede decirse con certeza, porque, al parecer, ese ejemplar ha perecido.

Pero el punto principal está fuera de litigio. De la vida de Francisco de Moraes se sabe muy poco, pues hasta se disputan el lugar de su nacimiento Lisboa, Braganza y otros pueblos. Dicen que murió asesinado en 1572 en la puerta del Rocío de la ciudad de Évora.

Pero si hay algo relativamente claro en su biografía, es el tiempo y circunstancias de su viaje a París, que es precisamente la época de la composición del *Palmerín de Inglaterra,* del cual es único e incontrastable autor, aunque, siguiendo la costumbre de sus colegas en este género de literatura, le supusiese traducido de antiguas crónicas. Dice así en el prólogo, dirigido a la infanta doña María, hija del rey don Manuel: «Yo me hallé en Francia los días »pasados, en servicio de don Francisco de Noronha, embajador

»del rey nuestro señor y vuestro hermano (don Juan III), donde
«vi algunas cronicas francesas e inglesas: entre ellas vi que las
»princesas y damas loaban por extremo la de don Duardos, que
»en esas partes (es decir en España) anda trasladada en castella-
»no y estimada de muchos. Esto me movió a ver si hallaría otra
»antigualla que pudiese trasladar, para lo cual conversé en Paris
»con Alberto de Renes, famoso cronista de este tiempo, en cuyo
»poder hallé algunas memorias de naciones estrañas, y entre ellas
»la cronica de Palmerín de Inglaterra, hijo de don Duardos, tan
»gastada por la antigüedad de su nacimiento que con asaz tra-
»bajo la pude leer.»

Desmintiendo una vez más el vulgar proverbio que afirma la inferioridad de las seguntas partes, escribió Moraes un libro que deja a larga distancia al *Palmerín de Oliva*, al *Primaleón* y a todos los de la misma familia: libro que para los portugueses es un texto de lengua de los mejores que tienen en prosa, aunque no deja de fatigarles a ellos mismos la cadencia algo monótona y acompasada de los períodos y la afectación retórica, que poco o nada se disimula, especialmente en las descripciones. De todos modos, sería gran temeridad decir como Clemencín, que «allá se van ambos Palmerines». El de Inglaterra tiene estilo, y de calidad no vulgar; el de Oliva, si no tan detestable como Cervantes da a entender, es por lo menos adocenado y pedestre, sin ningún género de estudio ni artificio de dicción. Y si el estilo no es la única prenda en una novela, nadie puede negar que sea parte muy principal, y que sirve de piedra de toque para distinguir las obras verdaderamente literarias de las que no lo son. Dentro de su elegancia un poco amanerada, Francisco de Moraes tiene trozos que pueden servir de modelo: en vano se buscarían en el *Palmerín de Oliva* descripciones tan pulidas y galanas como la del jardín de la *Insula Encubierta*; cuadros de tan brillante color como el incendio de la flota musulmana y los combates que se riñeron en el cerco de Constantinopla; invenciones fantásticas tan felices como el desencanto de Leonarda por el caballero del Dragón, o la aventura de la copa mágica donde estaban congeladas las lágrimas de Brandisia, esperando que viniese a liquidarlas la mano del caballero que más fiel y profundamente amase a su dama.

Pero si de los episodios interesantes, aunque no todos nuevos;

de los rasgos de ingenio, que no son escasos; de las páginas bien
escritas, que son muchas, se pasa a la fábula misma, es imposible
para un lector moderno suscribir el juicio encomiástico de Cervantes, cuya crítica, como genial e intuitiva que era, no podía
menos de tener los caprichos propios de la crítica de los grandes
artistas. Ni acierto a comprender cómo el brasileño Odorico Mendes, humanista de fino gusto y hábil intérprete de Virgilio, pudo
hacer tan desaforada apoteosis del *Palmerín de Inglaterra*, que
a sus ojos era un poema épico en prosa como el *Telémaco* y los
Mártires, atreviéndose a comparar a Moraes nada menos que con
el divino Ariosto. Ni en el plan, ni en los carácteres, ni en los afectos, ni en la máquina sobrenatural, ni en la mayor parte de los
lances y aventuras tiene el segundo *Palmerín* cosa alguna que no
se encuentre hasta la saciedad en todos los libros de su clase. Si
alguna originalidad se le concede, sólo puede consistir en los recuerdos personales y en cierto espíritu cáustico y desengañado
respecto de las mujeres, nacido quizá de los desvíos y burlas de la
señora Torsi. La relativa perfección y tendencia clásica del estilo
no trascienden a la composición, que es tan floja y descosida
como en cualquier obra de Feliciano de Silva. El interés se divide
entre una porción de caballeros, a cual más incoloros. En el protagonista se repite el eterno tipo de Amadís, como el de su hermano
Galaor en Floriano del Desierto, enamoradizo perpetuo e inconstante; como el del Florisel, disfrazado de pastor en Florimán.
El encantador Arcalaus tiene nueva encarnación en Dramusiando,
aunque por fin se convierte y hace cristiano. Urganda la Desconocida reaparece con todos sus prestigios. Florendos, el caballero
de las Armas Negras, resiste a los halagos de la reina Arnalta por
amor de Miraguarda, como Amadís a los de la reina Briolanja por
amor de Oriana. En suma, el *Palmerín de Inglaterra* yacería confundido entre el fárrago de libros de su género si no le salvase el
estilo y no le hubiese hecho famoso la recomendación de Cervantes. Así y todo, cuesta verdadero esfuerzo terminar la lectura de
los tres gruesos volúmenes de que consta en la edición portuguesa
más estimada. [1]

---

[1] *Cronica de Palmeirin de Inglaterra, primeira e segunda parte, a que se ajuntao as mais obras do mesmo autor.* Lisboa, 1786, tres tomos en 8º prolongado.

Como este segundo *Palmerín* se enlaza directamente con el *Primaleón* por medio del personaje de don Duardos, no he hecho mérito de las peregrinas historias de *Don Polindo* (1526) y del *caballero Platir* (1533), que algunos cuentan como libro tercero y cuarto de esta serie, aunque en rigor son novelas independientes. En lengua portuguesa continuaron el *Palmerín de Inglaterra* con poca fortuna Diego Fernandes, que escribió la *tercera y cuarta parte* (1587), y Baltasar Gonzales Lobato, a quien se deben la *quinta* y *sexta* (1604). En estos libros fastidiosísimos puede enterarse quien tenga valor para ello de las empresas de un segundo don Duardos, hijo de Palmerín, y de don Clarisel de Bretaña, su nieto.

Estas últimas partes portuguesas apenas circularon fuera de la Península, pero todas las demás crónicas de esta familia fueron puestas en italiano por el infatigable Mambrino Roseo (1544-1553), añadiendo todavía la historia del caballero *Flotir*, hijo de Platir, que dice traducida del castellano, pero que hasta ahora no se conoce en nuestra lengua. Al francés tradujo Juan Maugín, en 1546, el *Palmerín de Oliva*;[1] Francisco Vernassol y Gabriel Chapuis, el *Primaleón* (1550-1597), y Jacobo Vincent, en 1533, el *Palmerín de Inglaterra*. Sobre las traducciones francesas e italianas se hizo la inglesa que lleva el nombre de Antonio Munday,[2] aunque, según Southey, sólo en parte le pertenece (1581-1588-1589); siendo de notar que el traductor inglés alteró el orden de la serie, poniendo primero el *Palmerín de Inglaterra*. Si bien las novelas de este ciclo han sido menos leídas en todo tiempo que los

---

[1] Propiamente Juan Maugín no fué el autor, sino el corrector de esta versión, según declara la portada.

Le premier livre de Palmerin d'Olive, fils du roi Florendos de Macedone et de la belle Griane, fille de Remicius, empereur de Constantinople, histoire plaisante de singulière recreation; traduite iadis par un auteur incertain de Castillan en françoys, lourd et inusité, sans art ou disposition quelconque maintenant reueue et mise en son entier selon nostre vulgaire par Iean Maugin. Paris, de l'imprimerie de Ieanne de Marnef, vefue de Denis Ianot, 1546. Fol.

[2] Así lo afirma el señor Garrett Underhill, que ha hecho estudio especial de este fecundo traductor *(Spanish Literature in the England of the Tudors*, pág. 294 y ss.). Al parecer, el *Palmerín de Inglaterra* va adicionado con la tercera parte de Diego Fernandes, traducida del italiano por Mambrino Roseo. El *Primaleón* tiene también una secuela de origen italiano, *Darineo de Grecia*.

Amadises, todavía prestaron inspiración a algunas obras literarias. El fecundísimo poeta veneciano Ludovico Dolce, siguiendo el ejemplo de Bernardo Tasso en su *Amadigi,* versificó enteros el *Palmerín de Oliva* y el *Primaleón* en dos poemas en octavas reales, el primero de treinta y dos cantos y el segundo de treinta y nueve, que trabajó con celeridad increíble en el corto plazo de dos años (1561-62) y yacen hoy en el olvido más profundo.[1] Finalmente, el erudito poeta inglés Roberto Southey, que con tanto arte y buen gusto había compendiado el *Amadís de Gaula,* llevó a cabo la misma tarea con la obra de Moraes, tomando por base el texto portugués, cuya originalidad adivinó y defendió antes que nadie.[2]

No se agotó en los *Amadises* y *Palmerines* la fecundidad estéril de los forjadores de narraciones caballerescas. *Más de cien cuerpos* de libros grandes de este género tenía don Quijote, aunque en el escrutinio de su librería no se citan nominalmente más que quince, condenándose los demás en masa al brazo seglar del ama y de la sobrina. Seguramente no eran todos los que existían, y en el curso mismo de la inmortal novela están citados o aludidos algunos más, con los cuales debe contar el que aspire a reunir (empeño casi temerario) lo que suele llamarse la biblioteca de don Quijote. Pero los hay más peregrinos e inaccesibles todavía entre los omitidos por Cervantes, si bien la mayor parte de ellos no merecer salir de los limbos más oscuros de la bibliografía, a cuyo dominio pertenecen más que al de la historia literaria. Nada podré decir, puesto que nunca he tenido ocasión de leerlas, de las rarísimas historias del *caballero Arderique* (1517); de *Don Clarián de Landanis* (1518), que acaso tenga algún interés para la histo-

---

[1] *Il Palmerino di M. Lodovico Dolce. In Venetia appresso Gio. Battista Sessa, M. D. LXI.* 4º (reimpreso en 1597).

Primaleone figliuolo di Palmerino di messer Lodovico Dolce. In Venetia, appresso Gio. Battista et Marchio Sessa fratelli. M. D. LXII. 4º Existen ejemplares de esta misma edición con el título y el año cambiados.

L'Imprese et Torniamenti con gli illustri fatti d'arme di Primaleone figliuolo del invitto imperator Palmerino, et di molti altri famosissimi cavalieri del suo tempo. Ridotto in ottava rima da M. Lodovico Dolce di nuovo con diligentia ristampato. In Vinegia M. D. XCVII, appresso Giov. Bat. e Bernar. Sessa.

[2] *Palmerin of England, translated from the portuguese of Fr. de Moraes, by Rob. Southey.* Londres, 1807. Cuatro vols. en 12º.

ria de las leyendas nacionales, puesto que una de las aventuras del héroe es (según se encarece en la portada) «la muy espantosa »entrada en la gruta de Hercules (¿la de Toledo?), que fué un hecho »maravilloso que parece exceder a todas las fuerzas humanas»; de sus continuaciones *Floramante de Colonia* y *Lidamán de Ganayl* (1528); de *Don Floriseo,* llamado por otro nombre el *Caballero del Desierto,* «el qual por su gran esfuerzo y mucho saber al- »canzó a ser rey de Bohemia» (1517), obra del bachiller Fernando Bernal, que no debe de ser de los peores, a juzgar por el romance juglaresco que sobre él compuso Andrés Ortiz (núm. 287 de Durán); de *Don Reymundo de Grecia* (1524), que es del mismo autor de *Don Floriseo* y no menos inaccesible que él; de *Don Valerián de Hungría,* obra del notario valenciano Dionisio Clemente (1540); que, según se dice, contiene alusiones a los hechos de don Rodrigo de Mendoza, marqués del Zenete, durante la guerra de las Germanias; de *Don Florando de Inglaterra* y sus amores con la princesa Roselinda (1545). Con algún más fundamento podría hablar del *Don Florambel de Lucea,* puesto que poseo un ejemplar algo incompleto de sus tres primeras partes (Sevilla, 1548), pero confieso que todavía no he tenido valor para enfrascarme en su lectura.[1] [Cf. Ad. vol. II.]

Dos grandes y famosos historiadores, uno de las Indias Orientales y otro de las Occidentales, honran con sus nombres la bibliografía caballeresca, y prueban que no siempre eran ingenios baladíes los que en estas composiciones se ejercitaban. Gonzalo Fernández de Oviedo, que con el tiempo había de tronar contra la vana lección de los *Amadises,*[2] había dado principio a su carrera

---

[1] Tanto las cinco partes del *Florambel de Lucea* como el *Don Valerián de Hungría* pasaron inmediatamente al italiano, las primeras por obra del infatigable traductor Mambrino Roseo (1559-60), el segundo por diligencia de Pietro Lauro (1558). El lugar de impresión fué, como de costumbre, Venecia, que era el gran centro editorial para esta clase de libros.

[2] Son varios los pasajes de las *Quincuagenas* en que se consigna esta reprobación:

«Non relates cosas que inçiten a pecado; e tales son esas de los cavalle- »ros de la tabla rredonda, y otras que andan por este mundo, de Amadis, »e otros tractados vanos e fabulosos, llenos de mentiras, e fundados en amo- »res, e luxuria, e fanfarronerías, en que vno mata e vençe a muchos: e se »cuentan tantos e tan grandes disparates, como le vienen al vano çelebro

literaria publicando *El libro del muy esforçado et invencible caballero de la Fortuna propiamente llamado «Don Claribalte»* (1519) y Juan de Barros, antes de convertirse en el Tito Livio de las hazañas lusitanas en Oriente, imprimía en su lengua nativa la *Crónica do emperador Clarimundo* (1522), fabuloso antepasado de los Reyes de Portugal, la cual suponía haber traducido del húngaro. Pero contra lo que pudiera esperarse del nombre del autor, y aun del propósito declarado en el título, son muy raras en este libro las alusiones históricas y geográficas. [1]

_____

»del que los compone, en que haze desbariar e cogitar a los neçios que en »leellos se detienen, e mueven a esos e a las mugeres flacas de sienes a caer »en errores lividinosos, e incurrir en pecados que no cometieran si esas »liçiones no oyeran.» (Pág. 233.)

*Sancto consejo seria
que dexassen de leer
y tambien de se vender
esos libros de Amadis.*

«Razon muy grande es, sancto y provechoso, de mucha vtilidad y nes- »çessario seria dexar de leer esos libros de Amadis; y que essos ni otros seme- »jantes no se vendiesen, ni los oviese, porque es una de las cosas con que el »diablo enbauca, e enbelesa y entretiene los neçios y los aparta de las leçio- »nes honestas y de buen exemplo... Sçiençia, o mal saber, es la de esos li- »bros viçiosos, reprouada por los sabios varones e honestos; e alabada por »los vanos e aderentes a la poçilga de Venus... Ya el libro de Amadis ha »cresçido tanto y en tanta manera, que es un linaje el que dél en libros vanos »ha proçedido, que es más copiosa casta que la de los de Rojas, como sue- »len dezir que porque son muchos acostumbran dezir «mas son que los de »Rojas.» Y Amadis es tan acresçentado que tiene hijos y nietos, e tanta »moltitud de fabulosa estirpe, que paresce que las mentiras e fabulas grie- »gas se van passando a España, y asi van cresçiendo como espuma, e quanto »más cresçieren menos valor tienen tales fiçiones; aunque no para los libre- »ros e impresores, porque antes les compran esos disparates, e se los pagan, »que no los libros autenticos e provechosos de leçiones fructuosas e sanctas.» (Págs. 481-486).

(Las Quinquagenas de la nobleza de España por el capitán Gonzalo Fernandez de Oviedo y Valdés, alcayde de la fortaleza de Santo Domingo, publicadas por la Real Academia de la Historia... Madrid, 1880. Tomo I y único hasta ahora.)

[1] También Juan de Barros se arrepintió, andando el tiempo, de este pecado de su juventud, y como grave historiador condenó los libros de caballerías, según puede verse en estas líneas que traduzco de su *Espelho de Casados* (ed. de Tito Noronha, introd., p. IV): «Cuando los mancebos co- »mienzan a tener entendimiento del mundo, gastan el tiempo en libros inne-

Más notable es bajo este aspecto el «*Don Florindo*, hijo del
»buen Duque Floriseo de la Extraña Aventura, que con grandes
»trabajos ganó el castillo encantado de las Siete Venturas, en el
»qual se contienen differenciados riebtos de carteles y desafíos,
»juyzios de batallas, experiencias de guerras, fuerzas de amores,
»dichos de reyes, assi en prosa como en metro, y escaramuzas de
»juego e otras cosas de mucha utilidad para el bien de los lectores
»y plazer de los oyentes» (1530), obra del aragonés Fernando Basurto, de la cual hizo Gayangos un análisis extenso y suficiente.
Hay en ella episodios de las campañas de Italia, minuciosas descripciones de fiestas, torneos y pasos de armas, saraos y diversiones populares; reminiscencias de la *Crónica General*, como la noticia de los castillos levantados por los fabulosos reyes Ispan y
Pirrus, y lo que es más de notar, aventuras enteramente realistas,
del género de *Tirante el Blanco*. El personaje mismo de don Florindo dista mucho de realizar con pureza el ideal caballeresco, y
sobre todo se deja arrastrar y vencer constantemente por la pasión
del juego. Es, en suma, un héroe degenerado, un aventurero bastante vulgar y más bien un espadachín que un caballero andante.

Mención particular y muy honrosa debe hacerse de la extensa
novela que otro aragonés mucho más célebre, el capitán Jerónimo
de Urrea, infeliz traductor del *Orlando Furioso*, pero autor del
precioso *Diálogo de la honra militar*,[1] compuso con el título de

---

»cesarios y poco provechosos para sí ni para otros, como la fabulosa his-
»toria de *Amadis*, las patrañas del *Santo Grial*, las simplezas insulsas del
»*Palmerín*, *Primaleon* y *Florisando* y otros a este tenor, los cuales habían
»de ser totalmente exterminados porque de ninguna cosa sirven, habiendo
»tantos otros de que se puede sacar partido, asi como de San Agustin y de
»San Jeronimo y de Seneca, y para pasar el tiempo en mayores hazañas
»que las de *Esplandian*, lean a Livio, Valerio, Curcio, Suetonio, Eutropio
»y otros muchos historiadores, donde se hallarán mayores hazañas prove-
»chosas para los que desean saber, y ademas avisos y muy necesarias doctrinas.» Hay edición asequible y moderna del *Clarimundo* (Libros, 1790, cuatro tomos en 8º).

[1] Compuso además un poema inédito (y digno de estarlo), *El Victorioso Carlos V*, cuyo argumento es la guerra del Emperador contra los protestantes alemanes. Tradujo, como a su tiempo veremos, la *Arcadia* de Sannázaro y el *Caballero determinado* de Olivier de la Marche. Se ha perdido una
novela original suya, al parecer del género pastoril, *La famosa Epila*.

Don Clarisel de las Flores, obra todavía inédita en su mayor parte,[1] pero ya estudiada con toda minuciosidad y conciencia por el difunto catedrático de la Universidad de Zaragoza don Jerónimo Borao en una apreciable memoria.[2] Si se atiende a los méritos del estilo puro, abundante y lozano, y a veces muy expresivo y pintoresco, a la prodigiosa riqueza y variedad de incidentes y aventuras, y al interés y amenidad de algunas de ellas, *Don Clarisel* es uno de los mejores libros de caballerías y de los que pueden leerse con menos trabajo: vale bastante más que el ponderado *Palmerín de Inglaterra*, y si no puede hombrearse con el *Amadís* y el *Tirante*, porque le falta la originalidad creadora de aquéllos y es fruto tardío de una moda literaria que comenzaba a decaer, debe ser citado inmediatamente después de ellos, a pesar de la falta de consistencia de los caracteres y del embrollo desmesurado de la fábula, que llega a convertirse en un laberinto. Pero si se considera aisladamente cada relato de los que en esta maraña se cruzan, hay muchos que agradan y entretienen. Como podía esperarse de un traductor del Ariosto, se inspira Urrea en su poema tanto o más que en los libros de caballerías indígenas, aunque también reproduce las principales situaciones del *Amadís*. El episodio de Astrafélix, por ejemplo, corresponde al de Briolanja, si bien la infidelidad de don Clarisel (llamado entonces el *Caballero del Rayo*), a su amada Felisalva, resulta involuntaria por haber sido maleficiado el caballero con una hierba mágica que le propinó, a instancias de la apasionada princesa, la anciana Sofronisa. Las reminiscencias del *Orlando* son tan continuas que imprimen carácter al

---

[1] *Primera parte del libro del invencible caballero Don Clarisel de las Flores y de Austrasia, escrito por D. Jerónimo de Urrea, caballero aragonés.* Sevilla, 1879. (Publicado por la Sociedad de Bibliófilos Andaluces.) No comprende este tomo más que los XXV primeros capítulos de los XCII de la primera parte de *Don Florisel*, contenida en el códice del señor don Francisco Caballero Infante, que sirvió para la publicación. Las partes segunda y tercera, que ocupan sendos volúmenes en folio, de la misma letra que el primero, se conservan en la biblioteca de la Universidad de Zaragoza, y de ellos da cabal idea la Memoria del señor Borao.

[2] *Noticia de D. Jerónimo Jiménez de Urrea, y de su novela caballeresca inédita Don Clarisel de las Flores, por D. Jerónimo Borao...* Zaragoza, imprenta de C. Ariño, 1866.

libro[1] y explican la liviandad de algunos trozos. A veces se inspira también en la comedia latina o italiana: la estratagema de que se vale Belamir para engañar a Lirope, transformándose por arte de nigromancia en la figura de su esposo el duque de Silesia, es la misma en que está fundado el *Amphitrion* de Plauto, con todas sus imitaciones, haciendo aquí el mayordomo Rustán el papel de Sosia.

Además de estos elementos, o nuevos o poco usados en esta clase de libros, Urrea introdujo, en mayor escala que sus predecesores (exceptuando a Feliciano de Silva), la forma poética que en el *Amadís* se inicia tímidamente con dos canciones. Todos los versos intercalados en *Don Clarisel* son de arte menor, versos de Cancionero, en los cuales era Urrea tan aventajado como torpe en los endecasílabos. De Juan del Enzina parecen, por ejemplo, estas coplas pastoriles:

¿Qué haces aquí en el prado,
Ciego Amor?
Anda, vete a lo poblado,
A dar dolor.

---

[1] Casi todas estas imitaciones del *Orlando* están hábilmente agrupadas por el señor Borao (pág. 124 de su Memoria): «Aquella Cristilena tan ingra-
»ta con Orfelín después de haber sabido tan por sí propia su amor, y aquella
»Aquilina, tan infamemente desleal con su esposo Silván, recuerdan a Lidoa,
»princesa de ese reino, que mata a desaires al gran guerrero Alcestes después
»de haberle obligado a trabajos como los de Hércules; aquella Coronea,
»reina de los palacios de Plutón; aquella Verecundia, señora de los Valles
»del Deleite, y aquella Recisunda, reina goda que mantenía costumbres in-
»tolerables contra los hombres, recuerdan a la Orontea del canto XX y a la
»Marfisa de los cantos XIX y XXXVIII; aquella celada resplandeciente de
»que se apoderó valientemente Clarisel recuerda el escudo deslumbrador
»con que Ruger venció a la orca que iba a devorar a Angélica; aquellas
»rosas blanca y roja del sabio Altineo, que denotaban con sus cambios de
»color la lealtad o deslealtad de la mujer ausente, recuerdan el vaso de
»Melisa que, bebido sin derramarse el líquido, anunciaba fidelidad; aque-
»lla flecha de Paris y aquella yerba de Astrafelis, que hacían olvidar el anti-
»guo amor e inclinaban a otro nuevo, recuerdan la fuente helada en que be-
»bió Reinaldo, de que resultó desdeñar a Angélica; aquel fruto olvidador de
»Escocia recuerda la otra fuente en que el desdén, en forma de caballero,
»hizo beber al mismo Reinaldo.»

Deja libres nuestras flores,
Y claras las fuentes frías;
Tus fuerzas y tus porfías
Muestra a los grandes señores.
Deja los simples pastores,
Ciego amor;
Que es vileza a los cuitados
Dar dolor.

El lindo romance que canta en Nápoles la artificiosa Faustina para atraer a Belamir al estanque, donde le deja burlado, está ya en la manera lírica que prevaleció a principios del siglo XVII, aunque todavía no impera sola la asonancia:

Decidme, oh vos, blancos cisnes,
Los que gozáis de las aguas,
¿Cómo podréis defenderos
De las amorosas llamas?
Plegue al amor que vos junte
En sombras de verdes ramas,
Donde gocéis para siempre
Una vida dulce y blanda,
Sin temer que se os enturbien
Esas vuestras alas mansas.
Salid, oh cisnes, de entre ellas
Que las veréis alteradas,
Y de un gran fuego amoroso
Encendidas y abrasadas.
Dejad que se apague en ellas
Ansia tan desordenada.

Después del *Don Clarisel de las Flores* apenas se encuentra ningún libro de caballerías que traspase la raya de lo vulgar y adocenado. El apogeo de esta literatura corresponde a la primera mitad del siglo XVI, es decir, al reinado del emperador Carlos V. Todavía dentro de él hay que mencionar el *Lepolemo* o *Caballero de la Cruz* (1521), del cual dijo donosamente Cervantes: «Por »nombre tan santo como este libro tiene, se podía perdonar su »ignorancia; mas también se suele decir tras la cruz está el diablo: »vaya al fuego.» No es de los más disparatados de su clase, y las aventuras tienen cierta sensatez relativa, pero es sin duda de los más insulsos. Su autor, que se llamaba al parecer Alfonso de Salazar,[1] le supuso traducido de original arábigo compuesto por el cronista Xarton, lo cual acaso dió a Cervantes la idea de su *Cide Hamete Benengelí*. El sevillano Pedro de Luxán, a quien ya conocemos como autor de *Don Silves de la Selva*, añadió al *Lepolemo* una segunda parte, en que se trata de los hechos de su hijo *Leandro el Bel* «segun lo compuso el sabio rey Artidoro en lengua grie- »ga». Aunque ambos libros está regularmente escritos, se perdieron muy pronto entre el fárrago de libros caballerescos.

Sólo por ser labor femenina puede hacerse mérito del *Don Cristalián de España*, que publicó en 1545 doña Beatriz Bernal, dama de Valladolid, parienta acaso del bachiller Fernando Bernal, autor del *Don Floriseo*.[2] Sólo por la circunstancia de estar mencionados en el *Quijote* hay todavía quien recuerde el *Don Cirongilio de Tracia*, de Bernardo Vargas (1545); el *Felixmarte de Hircania*, de Melchor Ortega, vecino de Úbeda (1556); el *Don Olivante de Laura*, de Antonio de Torquemada (1564), que Cervantes llamó *tonel*, aunque es de moderado volumen para libro en folio; el *Don Belianís de Grecia*, «sacado de lengua griega, en la cual la »escribio el sabio Friston por un hijo del virtuoso varon Toribio »Fernandez» (1547), con el cual mostró el cura benignidad inusitada, condenándole sólo a reclusión temporal y recetándole «un »poco de ruibarbo para purgar la demasiada colera suya», por la

---

[1] Así parece que constaba en la primera edición, sólo conocida hasta ahora por la anotación del *Registrum* de don Fernando Colón: «Cronica de »Lepolemo llamado el Cavallero de la Cruz, hijo del emperador de Ale- »mania, compuesta en arabigo por Xarton y *trasladada en castellano por* »*Alonso de Salazar*. Valencia, 1521, a 10 de abril.»

En Valencia terminó otra impresión del mismo libro Juan Jofré, a 2 de septiembre de 1525, y en ella se advierte que «fue mejorado y de nuevo reconocido por el bachiller Molina», que será probablemente el traductor bien conocido de los *Triunfos* de Apiano, de las Epístolas de San Jerónimo y de otras varias obras.

[2] Obtuvo, más bien que mereció, los honores de una traducción italiana, que apuntaré porque no la registran nuestras bibliografías:

«*Istoria di Don Cristaliano di Spagna, e dell'Infante Lucescanio, suo fratello, figliuoli dell'Imperatore di Trabisonda, tradotta dallo Spagnuolo nelle lingua Italiana, novamente ristampata e con somma diligenza corretta. Venezia, apresso Lucio Spineda:* 1609.» Dos tomos en 8º Es segunda edición como se ve. También el original castellano tuvo dos (Valladolid, 1545; Alcalá de Henares, 1586).

cual eran sin cuenta las heridas que daba y recibía: hasta ciento y una, todas graves, contó Clemencín sólo en los dos primeros libros. Pero a todos éstos vence en lo prolijo, absurdo y fastidioso el *Espejo de príncipes y caballeros,* que para no confundirle con el *Espejo de caballerías,* citado en otra parte (compilación del ciclo carolingio), suele designarse con el nombre de *El Caballero del Febo* o *Alphebo,* aunque no solamente trata de él, sino de su padre el emperador Trebacio, de su hermano Rosicler, de su hijo Claridiano, de don Poliphebo de Trinacria y de otros muchos paladines y hasta belicosas damas, viniendo a formar todo ello una vasta enciclopedia de necedades, que llegó a constar de cinco partes y más de dos mil páginas a dos columnas en folio; labor estúpida a que sucesivamente se consagraron (desde 1562 hasta 1589 y aun más adelante) varios ingenios oscuros, tales como el riojano Diego Ordóñez de Calahorra, el aragonés Pedro de la Sierra y el complutense Marcos Martínez. [1] [Cf. Ad. vol. II.]

Estas obras monstruosas y pedantescas [2] marcan el principio de la agonía del género, cuyo último estertor parece haber sido la *Historia famosa del príncipe don Policisne de Beocia, hijo y único heredero de los reyes de Beocia Minandro y Grumedela;* por don Juan de Silva y Toledo, señor de Cañada-hermosa; impreso en Valladolid, 1602, en vísperas, como se ve, de la aparición del *Quijote;* después del cual no se encuentra ningún libro de caballerías original, ni reimpresiones apenas de los antiguos. Toda esta enorme biblioteca desapareció en un día, como si el mágico Fristón hubiese renovado con ella el encantamiento de la del ingenioso hidalgo.

Aunque escritos en verso, deben incluirse entre los libros de caballerías, más bien que entre las imitaciones de los poemas italianos, el *Celidón de Iberia,* de Gonzalo Gómez de Luque (1583);

---

[1] En el *Romancero Historiado* de Lucas Rodríguez (Alcalá de Henares, año 1585), hay trece romances largos y desmayados sobre las aventuras del Caballero del Febo (Nº 338-350). *El Castillo de Lindabridis,* comedia de don Pedro Calderón, funda también su argumento en un episodio del *Espejo de príncipes.*

[2] Fácil sería adicionar con más títulos esta lista, pero todos o casi todos constan en el catálogo de Gayangos. Mencionaremos sólo el *Don Philesbian de Candaria,* de autor desconocido (1543), por ser casi el único libro de caballerías que se cita en el *Quijote* de Avellaneda.

el *Florando de Castilla, lauro de Caballeros*, del médico Jerónimo Huerta (1588), y la *Genealogía de la Toledana Discreta*, cuya primera parte, en treinta y cuatro cantos publicó, en 1604, Eugenio Martínez, no atreviéndose sin duda a imprimir la segunda por justo temor a la sátira de Cervantes, que acaso influyó también en que quedasen inéditas otras tentativas del mismo género, como el *Pironiso* y el *Canto de los Amores de Felis y Grisaida*. [1] De estos poemas, el más interesante es sin duda el del licenciado Huerta, que andando el tiempo llegó a ser hombre insigne en su profesión y docto intérprete y comentador de Plinio. Si no hay error en la fecha de su nacimiento, y realmente imprimió el *Florando* a los quince años, [2] la obra es maravillosa para tal edad, aunque poco original y muy sembrada de imitaciones literales de Ovidio, Ariosto, Garcilaso, Ercilla y otros poetas antiguos y modernos. Tiene el *Florando* la curiosidad de estar escrito, no todo en octavas reales, aunque éstas predominan, sino en variedad de metros, sin excluir los cortos; género de *polimetría* que no recordamos haber visto en ningún otro poema con pretensiones de épico hasta llegar a los románticos del siglo XIX. Tiene también la de contener (en el canto noveno) una de las más antiguas versiones conocidas del tema de los *Amantes de Teruel* (trasplantación aragonesa de un

---

[1] *El Satreyano de Martin Caro del Rincon, pagador de artilleria de la Real Magestad, el qual trata de los valerosos hechos en armas y dulces y agradables amores de Pironiso, principe de Satreia y de otros cavalleros y damas de su tiempo. Dirigido al ilustrisimo señor don Juan Manrique de Lara, señor de la villa de San Leonardo y su tierra* (son 49 cantos en octava rima). Existe manuscrito en la Biblioteca Nacional, donde se halla también, procedente de la de Segovia, el *Canto de los amores de Felixis y Grisaida*, que es un poema en 19 libros; de autor anónimo.

[2] En la última octava da a entender que ya era médico, y parece imposible que a tal edad lo fuese:

> Mas porque mis cuidados y fatiga,
> Y el acudir forzoso *a mi ejercicio*,
> *Que es conservar las vidas*, más me obliga,
> Dejo a los más ociosos este oficio...

Debe de haber equivocación en la fecha de su nacimiento, que Morejón y otros fijan en 1573.

El *Florando de Castilla* fué reimpreso por don Adolfo de Castro en el tomo de *Curiosidades bibliográficas* de la colección Rivadeneyra.

cuento de Boccaccio). Finalmente, es digno de notarse, y puede no ser casual, la coincidencia que presentan las palabras de don Quijote vencido en Barcelona por el caballero de la Blanca Luna, con las que pronuncia Ricardo rendido por Florando en el último canto del poema:

> Viéndose ya vencido, dice: Acaba,
> Caballero feroz, de darme muerte;
> Que este es el fin honroso que esperaba
> De un brazo como el tuyo, bravo y fuerte.
> Vencido soy, mas lo que sustentaba
> No me harás negar de alguna suerte;
> Bien puedes de la vida ya privarme,
> Pues tengo de morir, y no mudarme.

Por estas particularidades, así como por la fluidez de la versificación, que en algunos trozos llega a la elegancia, y por las proporciones no exageradas del poema, resulta de lectura bastante apacible el *Florando de Castilla* y merece la reimpresión que de él se hizo en nuestros días.

Eran antiguos y muy justificados los clamores de los moralistas contra los libros de caballerías, que ellos miraban como un perpetuo incentivo de la ociosidad y una plaga de las costumbres. El mayor filósofo de aquella centuria, Luis Vives, los acriminó con verdadera saña, no sólo en el pasaje ya citado *De institutione christianae feminae*, [1] tan interesante por contener una especie

---

[1] Completaré la cita con el final de este pasaje, que en la página CLI [Ed. Nac. Vol. I, pág. 239] omití por tener aquí lugar más propio:

«*Erudito non est expectanda ab hominibus* (los autores de libros de caballerías), *qui ne umbram quidem eruditionis viderant; iam quum narrant, ¿quae potest esse delectatio in rebus, quas tam apertè et stultè confingunt? hic occidit solus viginti, ille triginta; alius sexcentis vulneribus confossus, ac pro mortuo iam derelictus, surgit protinus, et postridie sanitati viribusque redditus, singulari certamine duos Gigantes prosternit; tum procedit onustus auro, argento, serico, gemmis, quantum nec oneraria navis posset portare. ¿Quae insania est, iis duci aut teneri? Deinde argutum nihil est, praeter quaedam verba ex penitissimis Veneris scriniis deprompta, quae in tempore dicuntur ad permovendam, concutiendamque quam ames, si forte sit paullo constantior: si propter haec leguntur, satius erit libros de arte lenonia (sit honos auribus) scribi; nam in aliis rebus; ¿argutae quae possunt proficisci ab scriptore omnis bonae artis experte? Nec ullum audivi affirmantem illos sibi libros placere,*

de catálogo de los que entonces corrían con más crédito, sino en su magistral obra pedagógica. *De causis corruptarum artium.* [1] El reformador de los estudios teológicos Melchor Cano, tan análogo a Vives en su tendencia crítica, tan diverso en el carácter, refiere haber conocido a un sacerdote que tenía por verdaderas las historias de Amadís y don Clarián, alegando la misma razón que el ventero de don Quijote; es a saber: que cómo podían decir mentira unos libros impresos con aprobación de los superiores y con privilegio real. [2] Cano los despreciaba demasiado para considerarlos muy peligrosos: teníalos por meras vaciedades, escritas por hombres ignorantes y mal ocupados; le alarmaban mucho más (y lo dice claramente) los libros de devoción escritos en lengua

---

nisi qui nullos attigisset bonos; et ipse interdum legi, nec ullum reperi vel bonae mentis, vel melioris ingenii, vestigium (tomo IV de la ed. de Valencia, p. 87).

Se ve que además del peligro moral, lo que preocupaba a Vives y a la mayor parte de los sabios de su tiempo contra los libros de caballerías, era la ignorancia de sus autores, ingenios legos la mayor parte y ayunos de cultura clásica.

[1] Hablando de la aridez de las crónicas y compilaciones historiales de su tiempo, dice que muchos se retraían de leerlas por lo pesado de su estilo, y se daban a la vana lección de los libros fabulosos de caballerías:

«*Idcirco nec eos, nisi homo curiosus legit, et cognoscendi temporum cupidus; qui vero relegant, non inveniunt, ut satius ducant libros legere aperte mendaces, et meris nugis refertos, propter aliquod stili lenocinium, ut «Amadisum» et «Florisandum» hispanos, «Loncilotum» et «Mensam Rotundam» gallicam, «Rolandum» italicum; qui libri ab hominibus sunt otiosis confictis, pleni eo mendaciorum genere, quod nec ad sciendum quidquam conferat; nec ad bene, vel sentiendum de rebus, vel vivendum, tantum ad inanem quamdam, et praesentem titillationem voluptatis; quos legunt tamen homines corruptis ingeniis ab otio atque indulgentia quadam sui, non aliter quam delicati quidam stomachi, et quibus plurimum est indultum, saccareis modo et melleis quibusdam condituris sustentantur, cibum omnem solidum respuentes*» *(De Causis corruptarum artium*, lib. II, cap. VI, p. 109 del tomo VI de la edición de Valencia).

[2] *Nam et aetas nostra sacerdotem vidit, cui persuasissimum esset, nihil omnino esse falsum, quod semel typis fuisset excusum. Non enim, ut aiebat, tantum facinus Reipublicae administros commissuros, ut non solum divulgari mendacia sinerent, sed suo etiam communirent privilegio, quo illa tutius mentes mortalium pervagarentur. Quo sane argumento permotus animum induxit credere, ab Amadiso et Clariano res eas vere gestas, quae in illorum libris commentitiis referuntur (De locis Theologicis*, libro XI, cap. VI).

vulgar, cuando trataban hondas materias teológicas o místicas. [1]

Pero es claro que los ascéticos, escritores de índole mucho más popular, no podían afectar la misma desdeñosa tolerancia que, precisamente por animadversión a ellos, mostraba el clásico expositor de los lugares teológicos, encastillado en el alcázar de su ciencia escolástica y de su arte ciceroniana. «En nuestros tiempos »(decía el maestro Alonso de Venegas), con detrimento de las »doncellas recogidas se escriven los libros desaforados de cavalle-»rias, que no sirven sino de ser unos sermonarios del diablo, con »que en los rincones caza los animos de las doncellas...» «Vemos »que veda el padre a la hija que no le venga y le vaya la vieja »con sus mensajes, y por otra parte es tan mal recatado que no »le veda que leyendo *Amadises* y *Esplandianes,* con todos los de »su bando, le esté predicando el diablo a sus solas; que allí aprende »las celadas de las ponzoñas secretas, demas del habito que hace »en pensamientos de sensualidad; que assi la hacen saltar de su »quietud como el fuego a la polvora.» [2]

---

[1] «*Nec de fabulis istis potissimum excrucior, quas modo dixi, quamvis ineruditis, et nihil omnino conferentibus, non dico ad bene, beateque vivendum, sed ne ad recte quidem de rebus humanis sentiendum. Quid enim conferant, merae ac vanae nugae ab hominibus otiosis fictae, a corruptis ingeniis versatae? Sed acerbissimus est dolor, et vix omnino consolabilis, quod dum quidam (utinam tam prudenter, quam ferventer) incommodum hoc rejicere, ac devitare cupiunt non pro fabulis veras et graves historias edunt, id quod esset plebi utilissimum; sed libros mysteriorum ecclesiae plenos, a quibus arcendi profani erant: id quod est, mea quidem sententia, pestilentissimum, eo vero magis, quo vulgus eos libellos securius legit, quia probatos non videt modo a civili magistratu, verum etiam ab iis, qui doctrinae censores sunt in Christi Republica definiti*» (Ib.).

La primera edición de la obra *de Locis* es de Salamanca, 1563. Sigo el texto de la de Padua, 1734, página 333.

Quien haya leído la *Censura* de Melchor Cano sobre el Catecismo de Carranza comprenderá que su alusión va contra los libros místicos en romance, y particularmente contra los de Fr. Luis de Granada.

[2] Prólogo al *Apólogo de la Ociosidad y del Trabajo* del protonotario Luis Mexia, en las *Obras de Francisco Cervantes de Salazar,* Madrid, Sancha, año 1772, p. IX. (La primera edición es de Alcalá de Henares, 1546.) Análogos conceptos expresa Venegas en la prefación que escribió para *la moral y muy graciosa historia del Momo,* obra de León Bautista Alberti, florentino, traducida al castellano por Agustín de Almazán (1553).

A Venegas siguió casi literalmente su discípulo Francisco Cervantes de Salazar en una de sus adiciones a la versión que hizo de la *Introducción y*

Envolviendo en la misma condenación los libros caballerescos, las novelas pastoriles y hasta las poesías líricas de asunto profano, por honestas que fuesen (lo cual era llevar la intransigencia ética hasta el último término posible), lanzaba contra todos ellos ardorosa invectiva el elocuente y pintoresco autor de la *Conversión de la Magdalena* Fr. Pedro Malón de Claide: «¿Qué otra cosa »son los libros de amores y las *Dianas* y Boscanes y Garcilasos, »y los monstruosos libros y silvas de fabulosos cuentos y men-»tiras de los *Amadises, Floriseles y Don Belianis,* y una flota »de semejantes portentos como hay escritos, puestos en manos de »pocos años, sino cuchillo en poder del hombre furioso?... otros »leen aquellos prodigios y fabulosos sueños y quimeras sin pies ni »cabeza, de que estan llenos los libros de caballerias, que asi los »llaman, a los que si la honestidad del término lo sufriera, con »trastocar pocas letras se llamaran mejor de bellaquerías que de »caballerias. Y si a los que estudian y aprenden a ser cristianos en »estos catecismos les preguntais que por qué los leen y cuál es el »fruto que sacan de su licion, responderos han que alli aprenden »osadia y valor para las armas, crianza y cortesia para con las »damas fidelidad y verdad en sus tratos, y magnanimidad y no-»bleza de ánimo en perdonar a sus enemigos; de suerte que os »persuadiran que *Don Florisel* es el libro de los *Macabeos,* y *Don*

---

camino para la sabiduría, de Luis Vives: «Tras el sabroso hablar de los libros »de caballerias bebemos mil vicios como sabrosa ponzoña: porque de alli »viene el aborrecer los libros sanctos y contemplativos, y el desear verse »en actos feos, cuales son los que aquellos libros tratan... Guarda el padre »a su hija, como dicen, tras siete paredes, para que quitada la ocasión de »hablar con los hombres sea más buena; y dexandola un *Amadis* en las »manos, donde deprende mil maldades y desea peores cosas, que quizá »en toda la vida, aunque tratara con los hombres, pudiera saber, ni desear; »y vase tras el gusto de aquello, que no querria hacer otra cosa; ocupando »el tiempo que habia de gastar en ser laboriosa y sierva de Dios, no se »acuerda de rezar ni de otra virtud, deseando ser otra *Oriana* como alli y verse »servida de otro *Amadis.* Tras este deseo viene luego procuralo; de lo cual »estuviera bien descuidada si no tuviera donde lo deprendiera. En lo mesmo »corren también lanzas parejas los mozos, los cuales con los avisos de tan »malos libros, encendidos con el deseo natural, no tratan sino cómo deshon-»rarán la doncella y afrentarán la casada. De todo esto son causa estos libros, »los cuales plega a Dios, por el bien de nuestras almas, vieden los que para »ello tienen poder» (P. 24 de la ed. de Sancha, ya citada).

»*Belianis* los *Morales* de San Gregorio, y *Amadis* los *Oficios* de
»San Ambrosio, y *Lisuarte* los libros de *Clemencia* de Seneca...
»Como si en la Sagrada Escritura y en los libros que los santos
»dotores han escrito faltaran puras verdades, sin ir a mendigar
»mentiras; y como si no tuvieramos abundancia de ejemplos fa-
»mosos en todo linaje de virtud que quisiesemos, sin andar a fingir
»monstruos increibles y prodigiosos. ¿Y qué efecto ha de hacer en
»un mediano entendimiento un disparate compuesto a la chime-
»nea en invierno por el juicio del otro que lo soñó?» [1]

Aun escritores que no tenían cargo especial de almas, o no enderezaban sus trabajos a la edificación popular, humanistas, historiadores, moralistas mundanos o simples eruditos, fulminan las mismas censuras, y abogan de continuo, sobre todo, en los prólogos de sus obras, por la absoluta proscripción de los libros de caballerías. Así Fr. Antonio de Guevara, tan poco escrupuloso en materia de fábulas históricas, y que a su modo también cultivaba la novela, decía en el argumento de su *Aviso de Privados:* «Vemos
»que ya no se ocupan los hombres sino en leer libros que es afren-
»ta nombrarlos, como son *Amadis de Gaula, Tristan de Leonis,*
»*Primaleon, Carcel de Amor* y *Celestina,* a los quales y a otros
»muchos con ellos se debria mandar por justicia que no se impri-
»miesen ni menos se vendiesen, porque su doctrina incita la sen-
»sualidad a pecar, y relaxa el espiritu a bien vivir.» [2] Indignábase el *magnífico caballero* Pero Mexía, elegante vulgarizador de las historias clásicas, de ver aplicado el nombre de crónicas a «las
»trufas e mentiras de Amadis y de Lisuarte y Clarianes, y otros
»portentos que con tanta razón debrian ser desterrados de Espa-
»ña, como cosa contagiosa y dañosa de la republica, pues tan mal
»hacen gastar el tiempo a los autores y lectores de ellos. Y lo que
»es peor, que dan muy malos exemplos e muy peligrosos para las

---

[1] *Libro de la Conversion de la Magdalena, en que se ponen los tres estados que tuvo de Pecadora, y de Penitente, y de Gracia... Compuesto por el Maestro Fray Pedro Malon de Chaide, de la orden de S. Agustin... En Lisboa, impresso por Pedro Crasbeeck. Año 1601.* Página 2 vta. y ss. La primera edición de este clásico libro parece ser la de Barcelona, 1588.

[2] *Libro llamado auiso de—priuados y doctrina de cortesanos... Compuesto por el ilustre señor don Antonio de Guevara —obispo de Mōdoñedo, predicador y chronista y del cōsejo de su magestad... M. D. XXXIX* (Valladolid, por Juan de Villaquiran). Hoja 7 sin foliar.

»costumbres. A lo menos son un dechado de deshonestidades,
»crueldades y mentiras, y según se leen con tanta atención, de
»creer es que saldran grandes maestros de ellas... Abuso es muy
»grande y dañoso, de que entre otros inconvenientes se sigue grande
»ignominia y afrenta a las cronicas e historias verdaderas, permitir
»que anden cosas tan nefandas a la par con ellos.»[1] Otro escritor
sevillano, contemporáneo de Mexía, Alonso de Fuentes, cuya
Summa de philosophia natural (1547) encierra tantas curiosidades,
no sólo traza la semblanza de un *doliente*, precursor de don Quijote, que se sabía de memoria todo el *Palmerín de Oliva* «y no se
hallaba sin él, aunque lo sabía de cabeza», sino que conmina a los
gobernadores y *prebostes* de las ciudades para que persigan libros
semejantes, por «el mal exemplo que dellos resulta. Porque, dad
»aca, en el más cendrado libro destos, ¿qué se trata, dexando apar-
»te ser todo fabulas y mentiras, sino que uno llevó la mujer de
»aquel y se enamoró de la hija del otro; cómo la recuestaba y es-
»crevia, y otros avisos para los que estan acaso descuidados? Y no
»yerro en lo que digo, que me admiro que se tenga cuidado en
»prohibir meter en este reino sábanas de Bretaña a causa que
»se hallaban enfermas por su respecto muchas personas de muchas
»enfermedades contagiosas (de las cuales las dichas sábanas venían
»inficionadas), y no se provea en suplicar que se prohiban libros
»que dan de sí tan mal exemplo y tanto daño dellos depende».[2]
Nada menos que «partos de ingenios estupidos», «hez de libros»,
«inmundicias recogidas para perder el tiempo y estragar las costumbres de los hombres», llamaba nuestro gran hebraizante Arias
Montano a los libros de caballerías en su elegante *Retórica*, compuesta en versos latinos, llegando a incluir al mismo Orlando en
la caterva de los Amadises y Esplandianes:

.........Nam quae per nostra frequenter
Regna libri eduntur, veteres referentia scripta,

---

[1] *Historia Imperial y Cesarea... compuesta por el Magnifico Cauallero
Pedro Mexia, vezino de la Ciudad de Seuilla... Año* 1655... En Madrid, por
Melchor Sanchez. Página 205. La primera edición es de Sevilla, 1545.

[2] *Summa de philosophia natural, en la qual assi mismo se tracta de
Astrologia y Astronomia, y otras sciēcias. En estilo nūca visto, nueuamēte sacada. Por el magnifico cauallero Alonso de Fuentes...* 1547 (Sevilla,
por Juan de León). Fols. CXV y CXVI.

Errantesque equites, Orlandum, Splandina graecum,
Palmerinumque duces et coetera, monstra vocamus
Et stupidi ingenii partum, faecemque librorum,
Collectas sordes in labem temporis; et quae
Nil melius tractent, hominum quam perdere mores.
Temporis hic ordo nullus, non ulla locorum
Servatur ratio, nec si quid forte legendo
Vel credi possit, vel delectare, nisi ipsa
Te turpis vitii species et foeda voluptas
Delectat, moresque truces, et vulnera nullis
Hostibus inflicta, at stolide conficta leguntur. [1]

A pesar de tan insistente clamoreo, entre cuyas voces sonaban las de los hombres más grandes de España en el siglo XVI, Vives, Cano, Arias Montano, Fr. Luis de Granada, la Inquisición mostró con los libros de caballerías una indulgencia verdaderamente inexplicable, no sólo por los pasajes lascivos que casi todos ellos contienen, sino por las irreverencias y profanaciones de que no están exentos algunos, como el *Tirante*. Pero es lo cierto que, por tolerancia con el gusto público o por desdén hacia la literatura amena, en los reinos de Castilla y Aragón corrieron libremente todos esos libros: ni uno solo se encuentra prohibido en el índice del Cardenal Quiroga (1583), que es el más completo de los del siglo XVI. [2] Algo más severa se mostró con ellos la legislación civil, aunque no en el grado y forma que lo solicitaban los Procuradores de las Cortes de Valladolid de 1555, en su petición 107: «Otrosi »decimos que está muy notorio el daño que en estos Reinos ha »hecho y hace a hombres mozos y doncellas e a otros generos de »gentes leer libros de mentiras y vanidades, como son *Amadis* »y todos los libros que después dél se han fingido de su calidad y »letura y coplas y farsas de amores y otras vanidades: porque »como los mancebos y doncellas por su ociosidad principalmente »se ocupan en aquello, desvanecense y aficionanse en cierta ma- »nera a los casos que leen en aquellos libros haber acontecido,

---

[1] *Rhetoricum libri IIII. Benedicti Ariae Montani... Antuerpiae, ex officina Christophori Plantini. M. D. LXIX.* Página 64.

[2] *El Caballero Celestial*, de que hablaré en seguida, es una alegoría mística, y se prohibió por razones teológicas. El *Peregrino y Ginebra*, traducido del italiano por Hernando Díaz, no es libro de caballerías, sino una novela erótica.

»ansi de amores como de armas y otras vanidades; y aficionados,
»cuando se ofrece algún caso semejante, danse a el más a rienda
»suelta que si no lo oviesen leido... Y para remedio de lo susodi-
»cho, suplicamos a V. M. mande que ningun libro destos ni otros
»semejantes se lea ni imprima so graves penas; y los que agora
»hay los mande recoger y quemar, y que de aqui adelante ningu-
»no pueda imprimir libro ninguno, ni coplas ni farsas, sin que
»primero sean vistos y examinados por los de vuestro Real Con-
»sejo de Justicia; porque en hacer esto ansi V. M. hará gran ser-
»vicio a Dios, quitando las gentes destas lecciones de libros de
»vanidades, e reduciendolas a leer libros religiosos y que edifiquen
»las ánimas y reformen los cuerpos, y a estos Reinos gran bien
»y merced.»

Esta petición no fué atendida, y su misma generalidad y violencia se oponía a que prosperase, porque siempre fué temerario contradecir de frente el gusto popular. Lo que el Santo Oficio, con todo su poder y autoridad sobre las conciencias, no había intentado siquiera, menos había de acometerlo la potestad secular, cuyo influjo en estas materias era bien escaso. Los libros de caballerías siguieron vendiéndose libremente en la Península; no se publicó jamás la Pragmática anunciada por la Princesa Gobernadora doña Juana, contestando, en 1558, a las peticiones de las Cortes; y sólo en los dominios de América continuaron siendo de contrabando estos libros, a tenor de una real cédula del año de 1531, confirmada por otras posteriores que prohiben pasar a Indias «libros de romances, de historias vanas o de profanidad, »como son de *Amadis* e otros desta calidad, *porque este es mal »ejercicio para los indios,* e cosa en que no es bien que se ocupen »ni lean».

En vista de la indiferencia de los poderes públicos, discurrieron algunos varones piadosos, pero de mejor intención que literatura, buscar antídoto al veneno caballeresco en un nuevo género de ficciones que en todo lo exterior las remedasen, pero que fuesen, en el fondo, obras morales y ascéticas, revestidas con los dudosos encantos de la alegoría; procedimiento frío y mecánico, al cual no debe el arte ningún triunfo y que nunca puede ser confundido con el símbolo vivo, último esfuerzo de la imaginación creadora. Así nació el extravagante género de los *libros de caballerías a lo divino*, como *a lo divino* se parodiaron también los versos de Boscán y Garcilaso y la *Diana* de Montemayor.

La alegoría caballeresca con fin moral tiene antecedentes en dos obras francesas traducidas a nuestra lengua, la una en el siglo XV y la otra en el XVI: el *Pélerinage de la vie humaine*, de Guillermo de Guileville, que fué puesta en castellano por Fr. Vicente Mazuelo e impresa en Tolosa de Francia en 1490,[1] y el mucho más célebre *Chevalier Délibéré*, de Olivier de la Marche, libro de larga y curiosa historia en España, pues no sólo alcanzó dos traductores en verso, Hernando de Acuña y el capitán Urrea, sino que antes había entretenido los ocios del Emperador Carlos V, que le tradujo en prosa, movido, sin duda, de los elogios de la Casa de Borgoña que el poema de la Marche contiene. Esta versión cesárea es la que Acuña recibió encargo de poner en antiguas coplas castellanas y publicar con su nombre,[2] y ora fuese porque se trasluciera su egrerio origen, ora por la fluidez y gracia de las quintillas de Acuña, *El Caballero Determinado* tuvo tanto éxito que fué reimpreso hasta siete veces durante aquel siglo, y dejó en la sombra la traducción de Urrea,[3] hecha en tercetos tan infelices como las octavas de su *Orlando*.

---

[1] Colofón: *Fenesce el quarto libro y ultimo del pelegrinaje humano trasladado de françes en castellano por el rreuerendo padre presentado fray vinçente de maçuelo a ynstancia del honorable señor maestre henrrico aleman que con grand diligencia lo hizo imprimir en la villa de tholosa en el año del señor de mill e quatroçientos e LXXXX*. Fol. gót.

[2] *El cavallero determinado traducido de lengua Francesa en Castellano. por don Hernando de Acuña y dirigido al Emperador don Carlos Quinto Maximo.* Anvers, por Juan Steelsio, 1553, 4º, con grabados en madera, que se repiten en todas las posteriores de Barcelona, Salamanca y Madrid. La plantiniana de 1591 tiene grabados en cobre.

Sobre la colaboración de Carlos V en este trabajo, véanse las *Lettres sur la vie interieure de l'empereur Charles Quint, par Guillaume Van Male, gentil homme de sa chambre, publiées, pour la première fois par le baron de Reiffenberg* (Bruselas, 1843, publicado por la Sociedad de Bibliófilos Belgas). En la ep. VI, escrita en enero de 1551, dice Van Male: «*Caesar maturat editionem libri, cui titulus erat Gallicus* «Le Chevalier deliberé». *Hunc per otium a seipso traductum tradidit Ferdinando Acunae, Saxonis custodi, ut ab eo aptarentur ad numeros rithmi hispanici; quae res cecidit felicissime. Caesari sine dubio, debetur primaria traductionis industria, cùm non solum linguam sed et carmen et vocum significantiam mirè expressit.*

[3] *Discurso de la vida humana y aventuras del Cauallero determinado,*

Pero el *Pelegrinaje de la vida humana,* cuyo autor se propuso imitar a lo divino el *Roman de la Rose,* es más bien un viaje alegórico fantástico que un libro de caballerías, y el poemita de Olivier de la Marche, salvo en lo que tiene de histórico y panegírico, apenas traspasa los límites de una sencilla y poco ingeniosa personificación de vicios y virtudes.

No se contuvo en tan modestos límites el valenciano Jerónimo de San Pedro (o más bien Sempere), autor de las dos partes de la *Caballería celestial de la Rosa Fragante* (1554). «Advirtien-
»do (dice en su prólogo) que los que tienen acostumbrado el ape-
»tito a las lecciones ya dichas (de los libros fabulosos y profanos)
»no vernian deseosos al banquete destas, aviendo de passar de
»un extremo a otro, propuse les dar de comer la perdiz desta his-
»toria, alboroçada con el artificio de las que les solian caer en
»gusto, porque mas engolosinandose en ellas pierdan el sabor de
»las fingidas, y aborreciendolas se ceven desta que no lo es...
»Donde hallarán trazada, no una Tabla Redonda, mas muchas;
»no una sola aventura, mas venturas diversas; y esto no por in-
»dustria de Merlin ni de Vrganda la Desconocida, mas por la Di-
»vina Sabiduria del Verbo Hijo de Dios... Hallarán también, no
»un solo Amadis de Gaula, mas muchos amadores de la verdad
»no creada; no un solo Tirante el Blanco, mas muchos tirantes al
»blanco de la gloria; no una Oriana ni una Carmesina, pero muchas
»santas y celebradas matronas, de las quales se podra colegir
»exenplar y virtuosa erudicion. Veran assi mesmo la viveza del
»anciano Alegorin, el sabio, y la sagacidad de Moraliza, la dis-
»creta doncella, los quales daran de sí dulce y provechosa platica,
»mostrando en muchos pasos desta *Celestial Caballeria* encumbra-
»dos misterios y altas maravillas, y no las de un fingido cauallero
»de la Cruz, mas de un precioso Christo que verdaderamente lo
»fue.»

Este singular programa no basta para dar completa idea de tan absurdo libro, que en su primera parte, intitulada del *Pie de la Rosa Fragante,* y en ciento doce capítulos, llamados *maravillas,* recopila, en forma andantesca, gran parte de la materia del Anti-

---

traducido del Francés, por don Ieronymo de Vrrea. Anvers, en casa de Martin Nucio, M. D. LV. 8º.

guo Testamento, y en la segunda, o sea, en las *Hojas de la Rosa Fragante*, alegoriza por el mismo procedimiento los Evangelios, convirtiendo a Cristo en el caballero del León, a los doce Apóstoles en los doce paladines de la Tabla Redonda, y a Lucifer en el caballero de la Serpiente. Todo ello es una continua parodia de los libros caballerescos, cuyas principales aventuras imita; pero lo que resulta escandalosamente parodiado por la cándida irreverencia del autor es la Sagrada Escritura; por lo cual no es maravilla que la Inquisición pusiese inmediatamente el libro en sus índices, y nunca llegara a imprimirse la tercera parte, que el autor promete con el título de *La Flor de la Rosa Fragante*.[1] El rígido puritano Ticknor, que eludió, sin duda por escrúpulo de conciencia, el estudio de nuestros grandes ascéticos y místicos, hasta el punto de dedicar sólo una menguada página a Fr. Luis de Granada y otra a Santa Teresa (¡y a esto se llama «Historia de la Literatura española»!), se extiende con morosa fruición en el análisis de la *Caballería celestial*, pretendiendo, a lo que se ve, hacer cómplice a la Iglesia católica de las necedades de un escritor tan oscuro como Jerónimo de San Pedro. Tres cosas olvidó el crítico americano: primera, que el Santo Oficio se había adelantado a su censura prohibiendo *La Rosa Fragante* desde que apareció; segunda, que el libro es ridículo por la falta de talento y gusto de su autor, pero que la poesía simbólica, nacida del maridaje entre el misticismo y la caballería, no puede condenarse en sí misma, puesto que en manos de un gran poeta como Wolfram de Eschembach puede producir una maravilla como el *Parsifal*; y tercera, que sin salir de la cristiandad protestante y de la misma secta a que Ticknor pertenecía, puede encontrarse uno de los tipos más curiosos de novela alegórica a lo divino en el *Pilgrim's Progress* de Bunyan, tan popular y tan digno de serlo. La obra del calderero anabaptista, con su gigante Desesperación, su Prudencia Mundana, su demonio Apollyon, símbolo del Papismo, está más inspirada, sin duda, que la historia del maestro Anagogino, del anciano Alegorín, de la doncella Moraliza y del caballo de la Penitencia, pero las

---

[1] Las partes primera y segunda fueron impresas en folio por Juan Mey en Valencia, 1554, y reimpresas en octavo por Martín Nucio en Amberes el mismo año.

alegorías son igualmente absurdas y en manos de un incrédulo pueden prestarse a la misma rechifla.

Aleccionados sin duda por la prohibición de la *Rosa Fragante*, no picaron tan alto los que después cultivaron este género, absteniéndose de profanar el texto sagrado y limitándose a modestas fábulas didácticas, que más tenían de morales que de propiamente teológicas. En este orden es muy apreciable por méritos de estilo y lenguaje, no menos que por su sana y copiosa doctrina, *El Caballero del Sol, o sea la Peregrinación de la vida del hombre puesto en batalla... en defensa de la Razón, que trata por gentil artificio y extrañas figuras de vicios y virtudes, envolviendo con la arte militar la philosophia moral, y declara los trabajos que el hombre sufre en la vida y la continua batalla que tiene con los vicios, y finalmente enseña los dos caminos de la vida y de la perdición, y cómo se ha de vivir para bien acabar y morir*; libro impreso en Medina del Campo en 1552, cuyo autor fué Pedro Hernández de Villaumbrales, uno de los buenos prosistas ascéticos del siglo XVI y de los más injustamente olvidados. No es la mejor de sus obras *El Caballero del Sol*, pero no se puede negar que están vencidas con ameno ingenio las dificultades inherentes al gusto alegórico, y que esta ética cristiana es un curioso ensayo de novela filosófica, enteramente libre de las monstruosidades que afean el libro de Jerónimo de San Pedro. Tuvo éxito el de Villaumbrales, siendo inmediatamente traducido al italiano por Pietro Lauro (1557) y al alemán por Mateo Hofsteteer (1611).[1] A su imitación se compusieron otros que no llegaron a igualarle, como la *Caballería christiana*, de Fr. Jaime de Alcalá (1570); *El Caballero de la Clara Estrella o Batalla y triunfo del hombre contra los vicios*, poema en octavas reales de un tal Andrés de la Losa (1580); la *Historia y milicia cristiana del caballero Peregrino, conquistador del cielo, metaphora y symbolo de cualquier sancto, que peleando contra los vicios ganó la victoria*, obra pesadísima de Fr. Alonso de Soria,

---

[1] *Il Cavalier del Sole, che con l'arte militare dipinge la peregrinazione della vita umana... tradotto di Spagnuolo in Italiano per messer Pietro Lauro. In Vinegia, per Gioanbattista et Marchio Sessa*, 1557. Tuvo tres reimpresiones: en 1584, 1590 y 1620.

Sobre la traducción alemana *(Der Edele Sonnenritter)*, impresa en Giesen, 1611, vid. Schneider en su citado libro *Spaniens Anteil*, p. 205.

impresa en Cuenca en 1601. Algunos incluyen también en esta sección *El Caballero Asisio*, de Fr. Gabriel de Mata (1587), pero este prolijo poema no contiene más que la vida de San Francisco y algunos santos de su orden, sin que lo caballeresco pase del título y del extravagante frontispicio de la edición de Bilbao, que representa al Santo a caballo y armado de todas armas, ostentando en la cimera del yelmo la cruz con los clavos y la corona de espinas, en el escudo las cinco llagas y en el pendón de la lanza una imagen de la Fe con la cruz y el cáliz. Lo que pertenece enteramente al género alegórico caballeresco *a lo divino* es otro poema rarísimo del mismo Fr. Gabriel de Mata, titulado *Cantos Morales* (1594).[1]

Como se ve, no es grande el número de ejemplares de este género, y si se añade que casi ninguno obtuvo los honores de la reimpresión, se comprenderá la poca importancia que tuvieron estos piadosos caprichos, sin duda porque la mayor parte de los lectores del siglo XVI opinaban con Cervantes y con el sentido común que los libros de pasatiempo «no tienen para qué predicar »a ninguno, mezclando lo humano con lo divino, que es un gene-»ro de mezcla de quien no se ha de vestir ningun cristiano enten-»dimiento».

En cambio, fué enorme, increíble aunque transitoria, la fortuna de los libros de caballerías profanos, y no es el menor enigma de nuestra historia literaria esta rápida y asombrosa popularidad, seguida de un abandono, y descrédito tan completos, los cuales no pueden atribuirse exclusivamente al triunfo de Cervantes, puesto que a principios del siglo XVII ya estos libros iban pasando de moda y apenas se componía ninguno nuevo. Suponen la mayor parte de los que tratan de estas cosas que la literatura caballeresca alcanzó tal prestigio entre nosotros porque estaba en armonía con el temple y carácter de la nación y con el estado de la sociedad, por ser España la tierra privilegiada de la caballería. Ticknor llega a clasificar estos libros entre las producciones más genuinas de nuestra literatura popular, al lado de los romances, las crónicas y el teatro. Pero en todo esto hay evidente error, o si se quiere

---

[1] Para la bibliografía de todos estos libros puede verse el *Catálogo* de Gayangos y las notas que puso en su traducción castellana del Ticknor.

una verdad incompleta. La caballería heroica y tradicional de España, tal como en los *cantares de gesta*, en las crónicas, en los romances y aun en los mismos cuentos de don Juan Manuel se manifiesta, nada tiene que ver con el género de imaginación que produjo las ficciones andantescas. La primera tiene un carácter sólido, positivo y hasta prosaico a veces; está adherida a la historia, y aun se confunde con ella; se mueve dentro de la realidad y no gasta sus fuerzas en quiméricos empeños, sino en el rescate de la tierra natal y en lances de honra o de venganza. La imaginación procede en estos relatos con extrema sobriedad, y aun si se quiere con sequedad y pobreza, bien compensadas con otras excelsas cualidades, que hacen de nuestra poesía heroica una escuela de viril sensatez y reposada energía. Sus motivos son puramente épicos; para nada toma en cuenta la pasión del amor, principal impulso del caballero andante. Jamás pierde de vista la tierra, o por mejor decir, una pequeñísima porción de ella, el suelo natal, único que el poeta conocía. Para nada emplea lo maravilloso profano, y apenas lo sobrenatural cristiano. Compárese todo esto con la desenfrenada invención de los libros de caballerías; con su falta de contenido histórico; con su perpetua infracción de todas las leyes de la realidad; con su geografía fantástica; con sus batallas imposibles; con sus desvaríos amatorios, que oscilan entre el misticismo más descarriado y la más baja sensualidad; con su disparatado concepto del mundo y de los fines de la vida; con su población inmensa de gigantes, enanos, encantadores, hadas, serpientes, endriagos y monstruos de todo género, habitadores de ínsulas y palacios encantados; con sus despojos y reliquias de todas las mitologías y supersticiones del Norte y del Oriente, y se verá cuán imposible es que una literatura haya salido de la otra, que la caballería moderna pueda estimarse como prolongación de la antigua. Hay un abismo profundo, insondable, entre las gestas y las crónicas, hasta cuando son más fabulosas, y el libro de caballerías más sencillo que pueda encontrarse, el mismo *Cifar* o el mismo *Tirante*.

Ni la vida histórica de España en la Edad Media ni la primitiva literatura, ya épica, ya didáctica, que ella sacó de sus entrañas y fué expresión de esta vida, fiera y grave como ella, legaron elemento ninguno al género de ficción que aquí estudiamos. Queda ampliamente demostrado en el capítulo anterior que los grandes ciclos nacieron fuera de España, y sólo llegaron aquí después de haber hecho su triunfal carrera por toda Europa; y que al principio fueron tan poco imitados, que en más de dos centurias, desde fines del siglo XIII a principios del XVI, apenas produjeron seis o siete libros originales, juntando las tres literaturas hispánicas y abriendo la mano en cuanto a alguno que no es caballeresco más que en parte.

¿Cómo al alborear el siglo XVI, o al finalizar el XV, se trocó en vehemente afición el antiguo desvío de nuestros mayores hacia esta clase de libros, y se solazaron tanto con ellos durante cien años para olvidarlos luego completa y definitivamente?

Las causas de este hecho son muy complejas, unas de índole social, otras puramente literarias. Entre las primeras hay que contar la transformación de ideas, costumbres, usos, modales y prácticas caballerescas y cortesanas que cierta parte de la sociedad española experimentó durante el siglo XV, y aun pudiéramos decir desde fines del XIV: en Castilla, desde el advenimiento de la casa de Trastamara; en Portugal, desde la batalla de Aljubarrota, o mejor aún desde las primeras relaciones con la casa de Lancáster. Los proscritos castellanos que habían acompañado en Francia a don Enrique el Bastardo; los aventureros franceses e ingleses que hollaron ferozmente nuestro suelo, siguiendo las banderas de Duguesclín y del Príncipe Negro; los caballeros portugueses de la corte del Maestre de Avis, que en torno de su reina inglesa gustaban de imitar las bizarrías de la *Tabla Redonda,* trasladaron a la Península, de un modo artificial y brusco sin duda, pero con todo el irresistible poderío de la moda, el ideal de vida caballeresca, galante y fastuosa de las cortes francesas y anglonormandas. Basta leer las crónicas del siglo XV para comprender que todo se imitó: trajes, muebles y armaduras, empresas, motes, saraos, banquetes, torneos y pasos de armas. Y la imitación no se limitó a lo exterior, sino que trascendió a la vida, inoculando en ella la ridícula esclavitud amorosa y el espíritu fanfarrón y pendenciero; una mezcla de frivolidad y barbarie, de la cual el *paso honroso* de Suero de Quiñones en la Puente de Órbigo, es el ejemplar más célebre, aunque no sea el único. Claro es que estas costumbres exóticas no trascendían al pueblo; pero el contagio de la locura caballeresca, avivada por el favor y presunción de las damas, se extendía entre los donceles cortesanos hasta el punto de sacarlos de su tierra y hacerles correr las más extraordinarias aventuras por toda Europa. Sabido es lo que a propósito de esto dice Hernando del Pulgar en sus *Claros Varones de Casilla:* «Yo por »cierto no vi en mis tiempos ni lei que en los pasados viniesen »tantos caballeros de otros reinos e tierras extrañas a estos vuestros »reinos de Castilla e de Leon, por facer armas a todo trance, como »vi que fueron caballeros de Castilla a las buscar por otras partes »de la cristiandad. Conosci al Conde don Gonzalo de Guzman e a »Juan de Merlo; conosci a Juan de Torres e a Juan de Polanco, »Alfaran de Vivero e a Mosen Pero Vazquez de Sayavedra, a Gu- »tierre Quijada e a Mosen Diego de Valera, y oi decir de otros »castellanos que con ánimo de caballeros fueron por los reinos »extraños a facer armas con cualquier caballero que quisiese fa- »cerlas con ellos e por ellas ganaron honra para sí e fama de va- »lientes y esforzados caballeros para los fijosdalgo de Castilla.» [1]

Los que tales cosas hacían tenían que ser lectores asiduos de libros de caballerías, y agotada ya la fruición de las novelas de la Tabla Redonda y de sus primeras imitaciones españolas, era natural que apeteciesen alimento nuevo, y que escritores más o menos ingeniosos acudiesen a proporcionárselo, sobre todo, después que la imprenta hizo fácil la divulgación de cualquier género de libros y comenzaron los de pasatiempo a reportar alguna ganancia a sus autores. Y como las costumbres cortesanas durante la primera mitad del siglo XV fueron en toda Europa una especie de prolongación de la Edad Media, mezclada de extraño y pintoresco modo con el Renacimiento italiano, no es maravilla que los príncipes y grandes señores, los atildados palaciegos, los mancebos que se preciaban de galanes y pulidos, las damas encopetadas y redichas que les hacían arder en la fragua de sus amores, se mantuviesen fieles a esta literatura, aunque por otro lado platonizasen y petrarquizasen de lo lindo.

Creció, pues, con viciosa fecundidad la planta de estos libros, que en España se compusieron en mayor número que en ninguna parte, por ser entonces portentosa la actividad del genio nacional

---

[1] Título XVII de los *Claros Varones de Castilla.*

en todas sus manifestaciones, aun las que parecen más contrarias a su índole. Y como España comenzaba a imponer a Europa su triunfante literatura, el público que esos libros tuvieron no se componía exclusiva ni principalmente de españoles, como suelen creer los que ignoran la historia, sino que casi todos, aun los más detestables, pasaron al francés y al italiano, y muchos también al inglés, al alemán y al holandés, y fueron imitados de mil maneras hasta por ingenios de primer orden, y todavía hacían rechinar las prensas cuando en España nadie se acordaba de ellos, a pesar del espíritu aventurero y quijotesco que tan gratuitamente se nos atribuye.

Porque el influjo y propagación de los libros de caballerías no fué un fenómeno español, sino europeo. Eran los últimos destellos del sol de la Edad Media próximo a ponerse. Pero su duración debía ser breve, como lo es la del crepúsculo. A pesar de apariencias engañosas no representaban más que lo externo de la vida social; no respondían al espíritu colectivo, sino al de una clase, y aun éste lo expresaban imperfectamente. El Renacimiento había abierto nuevos rumbos a la actividad humana; se había completado el planeta con el hallazgo de nuevos mares y de nuevas tierras; la belleza antigua, inmortal y serena, había resurgido de su largo sueño, disipando las nieblas de la barbarie; la ciencia experimental comenzaba a levantar una punta de su velo; la conciencia religiosa era teatro de hondas perturbaciones, y media Europa lidiaba contra la otra media. Con tales objetos para ocupar la mente humana, con tan excelsos motivos históricos como el siglo XVI presentaba ¿cómo no habían de parecer pequeñas en su campo de acción, pueriles en sus medios, desatinadas en sus fines, las empresas de los caballeros andantes? Lo que había de alto y perenne en aquel ideal necesitaba regeneración y transformación; lo que había de transitorio se caía a pedazos, y por sí mismo tenía que sucumbir, aunque no viniesen a acelerar su caída ni la blanda y risueña ironía del Ariosto, ni la parodia ingeniosa y descocada de Teófilo Folengo, ni la cínica y grosera caricatura de de Rabelais, ni la suprema y trascendental síntesis humorística de Cervantes.

Duraban todavía en el siglo XVI las costumbres y prácticas caballerescas, pero duraban como formas convencionales y vacías de contenido. Los grandes monarcas del Renacimiento, los sagaces y expertos políticos adoctrinados con el breviario de Maquiavelo no podían tomar por lo serio la mascarada caballeresca. Francisco I y Carlos V, apasionados lectores del *Amadís de Gaula* uno y otro, podían desafiarse a singular batalla, pero tan anacrónico desafío no pasaba de los protocolos y de las intimaciones de los heraldos ni tenía otro resultado que dar ocupación a la pluma de curiales y apologistas. En España los duelos públicos y en palenque cerrado habían caído en desuso mucho antes de la prohibición del Concilio Tridentino; el famoso de Valladolid en 1522, entre don Pedro Torrellas y don Jerónimo de Ansa, fué verdaderamente *el postrer duelo de España*. Continuaron las justas y torneos, y aun hubo cofradías especiales para celebrarlos, como la de San Jorge de Zaragoza; pero aun en este género de caballería recreativa y ceremoniosa se observa notable decadencia en la segunda mitad del siglo, siendo preferidos los juegos indígenas de cañas, toros y jineta, que dominaron en el siglo XVII. Fuera de España, los antiguos ejercicios caballerescos eran tenidos en más estimación y ejercitados más de continuo. Recuérdese, por ejemplo, el torneo en que sucumbió el rey Enrique II de Francia (1559). ¿Y quién no recuerda en el minucioso y ameno relato del *Felicísimo viaje* de nuestro príncipe don Felipe a los estados de Flandes, que escribió en 1552 Juan Cristóbal Calvete de Estrella, la descripción de los torneos de Bins, en que tomó parte el mismo príncipe, y de las fiestas en que fueron reproducidas como en cuadros vivos varias aventuras de un libro de caballerías que pudo ser el de *Amadís de Grecia*, si no me engaño?

Pero aunque todo esto tenga interés para la historia de las costumbres, en la historia de las ideas importa poco. La supervivencia del mundo caballeresco era de todo punto ficticia. Nadie obraba conforme a sus vetustos cánones; ni príncipes, ni pueblos. La historia actual se desbordaba de tal modo, y era tan grande y espléndida, que forzosamente cualquiera fábula tenía que perder mucho en el cotejo. Lejos de creer yo que tan disparatadas ficciones sirviesen de estímulo a los españoles del siglo XVI para arrojarse a inauditas empresas, creo, por el contrario, que debían de parecer muy pobre cosa a los que de continuo oían o leían las prodigiosas y verdaderas hazañas de los portugueses en la India y de los castellanos en todo el continente de América y en las campañas de Flandes, Alemania e Italia. La poesía de la realidad y de la acción, la gran poesía geográfica de los descubrimientos y de las conquistas, consignada en páginas inmortales por los primeros narradores de uno y otro pueblo, tenía que triunfar antes de mucho de la falsa y grosera imaginación que combinaba torpemente los datos de esta ruda novelística.

Y si tal distancia había entre el mundo novelesco y el de la historia, ¡cuán inmensa no debía de ser la que le separase del mundo espiritual y místico en que florecen las esperanzas inmortales! Por inconcebible que parezca, se ha querido establecer analogía, si no de pensamiento, de procedimientos, entre la literatura caballeresca y nuestra riquísima literatura ascética, dando por supuesto que la una representaba nuestro espíritu aventurero en lo profano y la otra en lo sagrado. Hechos mal entendidos, sacados de quicio y monstruosamente exagerados, han servido para apoyar tan absurda hipótesis. Grima da, por ejemplo, ver al erudito y laborioso Ticknor comparar, con el criterio protestante más adocenado, los milagros de la Iglesia Católica con las patrañas de los libros de caballerías, y suponer que la fe implícita que se prestaba a los unos preparaba el ánimo para la credulidad con que se acogían los otros. Los libros de caballerías se leían por pasatiempo, como leemos *Las mil y una noches,* como se han leído todas las novelas del mundo, sin que nadie creyese una palabra de lo que en ellos se contenía, salvo algún loco como Don Quijote o sus prototipos el clérigo que conoció Melchor Cano y el caballero andaluz de que habló Alonso de Fuentes.[1] Toda Europa los leía con la misma fruición, y todo, absolutamente todo el material romántico de estas ficciones procede de Francia y de Inglaterra. Las oscuras supersticiones en que se funda la parte fantástica de

---

[1] No hay inconveniente en admitir que el germen de la creación de Don Quijote haya sido la locura de un sujeto real. De uno muy semejante nos da cuenta don Luis Zapata *(Miscelánea,* pág. 91) : «Mas en nadie estas »cosas maravillaron en nuestros tiempos tanto como en un caballero muy »manso, muy cuerdo y muy honrado. Sale furioso de la corte sin ninguna »causa, y comienza a hacer las locuras de Orlando; arroja por ahí sus vesti- »dos, queda en cueros, mató un asno a cuchilladas, y andaba con un bas- »tón tras los labradores a palos, y no pudiendo escudriñar de él la causa, »decían que de una tía suya lo había heredado, y así es cierto que hay dolen- »cias y condiciones hereditarias.»

los libros de caballerías son indígenas de ambas Bretañas; aquí no tenían sentido, ni eran más que una imitación literaria para solaz de gente desocupada. Ni España ni la Iglesia tienen que responder de tales aberraciones, que eran del gusto, no de la creencia. ¿Ni qué significa que el futuro San Ignacio de Loyola fuese, como todos los caballeros jóvenes de su tiempo, «muy curioso y amigo de leer libros profanos de caballerías», y que en la convalecencia de su herida los pidiera para distraerse? ¿Por ventura aprendería en *Amadís de Gaula* el secreto de la organización de la Compañía, que es a los ojos de sus más encarnizados enemigos un dechado de prudencia humana o (como ellos quieren) de astucia maquiavélica, y para cualquier espíritu imparcial un portento de sabia disciplina y de genio práctico; lo más contrario, en suma, que puede haber a todo género de ilusiones y fantasías aun en el campo teológico? ¿Qué significa tampoco que Santa Teresa leyera en su niñez libros de caballerías, siguiendo el ejemplo de su madre,[1] y aun que llegara a componer uno en colaboración con su hermano, según refiere su biógrafo el Padre Ribera?[2] Curiosa es la noticia, pero ¿quién va a creer sin notoria simpleza, que de tales fuentes brotase la inspiración mística de la Santa, ni siquiera su regalado y candoroso estilo, el más personal que hubo en el mundo? Del que no sepa distinguir entre las *Moradas* y *Don Florisel de Niquea*, bien puede creerse que carece de todo paladar crítico.

---

[1] «Era aficionada (mi madre) a libros de caballerías, y no tan mal tomaba este pensamiento como yo le tomé para mí; porque no perdía su labor, sino desenvolviemonos para leer en ellos; y por ventura lo hacia para no pensar en grandes trabajos que tenia, y ocupar sus hijos, que no anduviesen en otras cosas perdidos. Desto le pesaba tanto a mi padre, que se habia de tener aviso a que no lo viese. Yo comence a quedarme en costumbre de leerlos, y aquella pequeña falta que en ella vi, me comenzo a enfriar los deseos, y comenzar a faltar en lo demas; y pareciame no era malo, con gastar muchas horas del dia y de la noche en tan vano ejercicio, aunque ascondida de mi padre. Era tan en extremo lo que en esto me embebia, que si no tenia libro nuevo no me parece tenia contento» (*Vida*, cap. II).

[2] «Diose, pues, a estos libros con gran gusto, y gastaba en ellos mucho tiempo, y como su ingenio era tan excelente, ansi bebio aquel lenguaje y estilo, que dentro de pocos meses ella y su hermano Rodrigo Cepeda compusieron un libro de caballerias con sus aventuras y ficciones, y salió tal que hubo que decir dél» (*Vida de Sta. Teresa*, libro I, cap. V).

Aparte de las razones de índole social que explican el apogeo y menoscabo de la novela caballeresca, hay otras puramente literarias que conviene dilucidar. Pues ¿a quién no maravilla que en la época más clásica de España, en el siglo espléndido del Renacimiento, que con razón llamamos de oro, cuando florecían nuestros más grandes pensadores y humanistas; cuando nuestras escuelas estaban al nivel de las más cultas de Europa y en algunos puntos las sobrepujaban; cuando la poesía lírica y la prosa didáctica, la elocuencia mística, la novela de costumbres y hasta el teatro, robusto desde su infancia, comenzaban a florecer con tanto brío; cuando el palacio de nuestros reyes y hasta las pequeñas cortes de algunos magnates eran asilo de las buenas letras, fuese entretenimiento común de grandes y pequeños, de doctos e indoctos, la lección de unos libros que, exceptuados cuatro o cinco que merecen alto elogio, son todos como los describió Cervantes: «en el estilo duros, en las hazañas increibles, en los »amores lascivos, en las cortesias mal mirados, largos en las bata- »llas, necios en las razones, disparatados en los viajes y, finalmen- »te, dignos de ser desterrados de la república cristiana como gente »inutil»? «No he visto ningun libro de caballerías (dice el canóni- »go de Toledo en el mismo pasaje) que haga un cuerpo de fábula »entero con todos sus miembros, de manera que el medio corres- »ponda al principio y el fin al principio y al medio, sino que los »componen con tantos miembros, que más parece que llevan in- »tención a formar una quimera o un monstruo que a hacer una »figura proporcionada... y puesto que el principal intento de se- »mejantes libros sea el deleitar, no sé yo cómo puedan conse- »guirlo yendo llenos de tantos y tan desaforados disparates... »Pues ¿qué hermosura puede haber... en un libro o fábula donde »un mozo de diez y seis años da una cuchillada a un gigante como »una torre, y le divide en dos mitades como si fuera de alfeñique? » Y ¿qué cuando nos quieren pintar una batalla después de haber »dicho que hay de la parte de los enemigos un millón de comba- »tientes? Como sea contra ellos el señor del libro, forzosamente, »mal que nos pese, habremos de entender que el tan caballero »alcanzó la vitoria por solo el valor de su fuerte brazo. Pues ¿qué »diremos de la facilidad con que una Reina o Emperatriz herede- »ra se conduce en los brazos de un andante y no conocido caba-

»llero? ¿Qué ingenio, si no es del todo bárbaro e inculto, podrá
»contentarse leyendo que una gran torre llena de caballeros va
»por la mar adelante como nave con próspero suceso, y hoy ano-
»chece en Lombardía y mañana amanece en tierras del Preste
»Juan de las Indias o en otras que ni las describió Tolomeo ni
»las vió Marco Polo?»

¿Cómo es posible que tan bárbaro y grosero modo de novelar coexistiese en una civilización tan adelantada? Y no era el ínfimo vulgo quien devoraba tales libros, que, por lo abultados y costosos, debían ser inasequibles para él; no eran tan sólo los hidalgos de aldea, como Don Quijote: era toda la corte, del Emperador abajo, sin excluir a los hombres que parecían menos dispuestos a recibir el contagio. El místico reformista conquense Juan de Valdés, uno de los espíritus más finos y delicados, y uno de los más admirables prosistas de la literatura española; Valdés, helenista y latinista, amigo y corresponsal de Erasmo, catequista de augustas damas, maestro de Julia Gonzaga y de Victoria Colonna, después de decir en su *Diálogo de la lengua* que los libros de caballerías, quitados el *Amadís* y algún otro, «a más de ser mentiro-
»sísimos, son tan mal compuestos, asi por dezir las mentiras muy
»desvergonzadas como por tener el estilo desbaratado, que no
»hay buen estomago que los pueda leer», confiesa a renglón seguido que él los había leídos *todos*. «Diez años, los mejores de mi vida,
»que gasté en Palacios y Cortes, no me empleé en ejercicio más
»virtuoso que en leer estas mentiras, en las cuales tomaba tanto
»sabor, que me comia las manos tras ellas. Y mirad qué cosa es
»tener el gusto estragado, que si tomaba un libro de los romanza-
»dos de latin, que son de historiadores verdaderos, o a lo menos
»que son tenidos por tales, no podia acabar conmigo de leerlos».[1]

La explicación de este fenómeno parece muy llana. Tiene la novela dos aspectos: uno literario y otro que no lo es. Puede y debe ser obra de arte puro, pero en muchos casos no es más que obra de puro pasatiempo, cuyo valor estético puede ser ínfimo. Así como de la historia dijeron los antiguos que agradaba escrita de cualquier modo, así la novela cumple uno de sus fines, sin duda el menos elevado, cuando excita y satisface el instinto

---

[1] *Diálogo de la lengua* (ed. de Usoz), pág. 180.

de curiosidad, aunque sea pueril; cuando prodiga los recursos de la invención, aunque sea mala y vulgar; cuando nos entretiene con una maraña de aventuras y casos prodigiosos, aunque estén mal pergeñados. Todo hombre tiene horas de niño, y desgraciado del que no las tenga. La perspectiva de un mundo ideal seduce siempre, y es tal la fuerza de su prestigio, que apenas se concibe al género humano sin alguna especie de novelas o cuentos, orales o escritos. A falta de los buenos se leen los malos, y éste fué el caso de los libros de caballerías en el siglo XVI y la razón principal de su éxito.

Apenas había otra forma de ficción fuera de los cuentos cortos italianos de Boccaccio y sus imitadores. Las novelas sentimentales y pastoriles eran muy pocas, y tenían todavía menos interés *novelesco* que los libros de caballerías, siquiera los aventajasen mucho en galas poéticas y de lenguaje. Todavía escaseaban más las tentativas de novela histórica, género que, por otra parte, se confundió con el de caballerías en un principio. De la novela picaresca o de costumbres apenas hubo en toda aquella centuria más que dos ejemplares, aunque excelentes y magistrales. La primitiva *Celestina* (que en rigor no es novela, sino drama) era leída y admirada aun por las gentes más graves, que se lo perdonaban todo en gracia de su perfección de estilo y de su enérgica representación de la vida; pero sus continuaciones e imitaciones, más deshonestas que ingeniosas, no podían ser del gusto de todo el mundo, por muy grande que supongamos, y grande era, en efecto, la relajación de las costumbres y la licencia de la prensa. Quedaron, pues, los *Amadís* y *Palmerines* por únicos señores del campo. Y como la misma, y aun mayor penuria de novelas originales se padecía en toda Europa, ellos fueron los que dominaron enteramente esta provincia de las letras por más de cien años.

Por haber satisfecho conforme al gusto de un tiempo dado necesidades eternas de la mente humana, aun de la más inculta, triunfó de tan portentosa manera este género literario y han triunfado después otros análogos. Las novelas seudohistóricas, por ejemplo, de Alejandro Dumas y de nuestro Fernández y González, son, por cierto, más interesantes y amenas que los *Floriseles*, *Belianises* y *Esplandianes*; pero libros de caballerías son también, adobados a la moderna; novelas interminables de aventuras belicosas y amatorias, sin más fin que el de recrear la imaginación. Todos las encuentran divertidas, pero nadie las concede un valor artístico muy alto. Y sin embargo, Dumas el viejo tuvo en su tiempo, y probablemente tendrá ahora mismo, más lectores en su tierra que el coloso Balzac, e infinitamente más que Mérimée, cuyo estilo es la perfección misma. La novela-arte es para muy pocos; la novela-entretenimiento está al alcance de todo el mundo, y es un goce lícito y humano, aunque de orden muy inferior.

La verdadera razón del hechizo con que prendían la imaginación estas ficciones la declara perfectamente Fr. Luis de Granada en su *Introducción al Símbolo de la Fe:* «Agora querria preguntar
»a los que leen libros de caballerias fingidas y mentirosas ¿qué
»les mueve a esto? Responderme han que entre todas las obras
»humanas que se pueden ver con ojos corporales, las más admira-
»rables son el esfuerzo y la fortaleza. Porque como la muerte sea
»(segun Aristoteles dice) la ultima de las cosas terribles y la cosa
»más aborrecida de todos los animales, ver un hombre desprecia-
»dor y vencedor deste temor tan natural causa grande admira-
»ción en los que esto ven. De aqui nace el concurso de gentes
»para ver justas y toros y desafios y cosas semejantes, por la admi-
»ración que estas cosas traen consigo, la cual admiracion (como
»el mismo filósofo dice) anda siempre acompañada con deleite
»y suavidad. Y de aqui tambien nace que los blasones e insignias
»de las armas de los linajes comunmente se toman de las obras
»señaladas de fortaleza y no de alguna otra virtud. Pues esta admi-
»ración es tan comun a todos y tan grande, que viene a tener
»lugar, no sólo en las cosas verdaderas, sino también en las fabu-
»losas y mentirosas, y de aqui nace el gusto que muchos tienen de
»leer estos libros de caballerias fingidas... acompañadas con muchas
»deshonestidades con que muchas mujeres locas se envanecen,
»pareciendoles que no menos merecían ellas ser servidas que aque-
»llas por quien se hicieron tan grandes proezas y notables hechos
»en armas.» [1]

Por haber hablado, pues, de armas y de amores, materia siempre grata a mancebos enamorados y a gentiles damas, cautivaron

---

[1] *Obras de Fr. Luis de Granada,* ed. Rivadeneyra, tomo I, pág. 327.

a su público estos libros, sin que fuesen obstáculo su horrible pesadez, sus repeticiones continuas, la tosquedad de su estructura, la grosera inverosimilitud de los lances y todos los enormes defectos que hacen hoy intolerable su lectura. Pero es claro que esta ilusión no podía mantenerse mucho tiempo; la vaciedad de fondo y forma que había en toda esta literatura no podía ocultarse a los ojos de ningún lector sensato, en cuanto pasase el placer de la sorpresa. La generación del tiempo de Felipe II, más grave y severa que los contemporáneos del Emperador, comenzaba a hastiarse de tanta patraña insustancial y mostraba otras predilecciones literarias, que acaso pecaban de austeridad excesiva. La historia, la literatura ascética, la poesía lírica, dedicada muchas veces a asuntos elevados y religiosos, absorbían a nuestros mayores ingenios. Con su abandono se precipitó la decadencia del género caballeresco, al cual sólo se dedicaban ya rapsodistas oscuros y mercenarios.

Nunca faltaron, sin embargo, a estos libros aficionados y aun apologistas muy ilustres. Pero si bien se mira, todos ellos hablan, no de los libros de caballerías tales como son, sino de lo que podían o debían ser, y en este puro concepto del género, es claro que tienen razón. Así Lope de Vega, acaso por llevar la contra a Cervantes, habla de ellos con cierta estimación en la dedicatoria que hizo de su comedia *El Desconfiado* al maestro Alonso Sánchez, catedrático de hebreo en Alcalá: «Riense muchos de los libros de »caballerias, señor maestro, y tienen razón si los consideran por »la exterior superficie; pues por la misma serían algunos de la »antigüedad tan vanos e infructuosos como el *Asno de Oro* de Apu»leyo, el *Metamorfoseos* de Ovidio y los *Apologos* del moral filo»sofo; pero penetrando los corazones de aquella corteza, se hallan »todas las partes de la filosofia, es a saber: natural, racional y »moral. La mas comun acción de los caballeros andantes, como »*Amadis, El Febo, Esplandian* y otros, es defender cualquiera »dama por obligación de caballerias, necesitada de favor, en bos»que, selva, montaña o encantamiento.» [1]

Pero quien hizo, a mi juicio, más hábil defensa de estos libros

---

[1] *Trezena parte de las Comedias de Lope de Vega*... 1620. *El Desconfiado* es la quinta de las comedias incluídas en este tomo.

fué el ingenioso portugués Francisco Rodríguez Lobo en el primero de los diálogos, que tituló *Corte em Aldeia e Noites de inverno*. Uno de los interlocutores del diálogo sostiene la superioridad de las historias fabulosas sobre las verdaderas, aplicando la doctrina de Aristóteles sobre la ventaja que la poesía lleva a la historia. «En el libro fingido cuentanse las cosas como era bien que fuesen »y no como sucedieron y así son más perfectas; describese el caba- »llero como era bien que los hubiese, las damas cuán castas, los »reyes cuán justos, los amores cuán verdaderos, los extremos »cuán grandes, las leyes, las cortesías, el trato tan conforme con »la razon. Y assi no leereis libro en el cual no se destruyan sober- »bios, favorezcan humildes, amparen flacos, sirvan doncellas, se »cumplan las palabras, guarden juramentos y satisfagan buenas »obras. Vereis que las damas andan por los caminos sin que haya »quien las ofenda, seguras en su virtud propia y en la cortesía de »los caballeros andantes. En cuanto al retrato y ejemplo de la »vida, mejor se coge de lo que un buen entendimiento trazó y »siguio con mucho tiempo de estudio, que en el suceso que a veces »se alcanzó por mano de la ventura, sin que la diligencia ni inge- »nio pusiesen algo de su caudal.» [1]

Evidentemente, aquí se habla del libro de caballerías *posible*, no del *actual*, como no nos remontemos al *Amadís*, único y solo a quien cuadran en parte estos elogios. No difiere mucho de este ideal novelístico el plan de un poema épico en prosa que expuso Cervantes por boca del canónigo, mostrando con tan hermosas razones que estos libros daban largo y espacioso campo para que un buen entendimiento pudiese mostrarse en ellos. Este ideal se vió realizado cuando el espíritu de la poesía caballeresca, nunca enteramente muerto en Europa, se combinó con la adivinación arqueológica, con la nostalgia de las cosas pasadas y con la observación realista de las costumbres tradicionales próximas a perecer, y engendró la novela histórica de Walter Scott, que es la más noble y artística descendencia de los libros de caballerías.

Pero Walter Scott y todos los novelistas modernos no son más

---

[1] *Corte en aldea y noches de invierno* (Traducción de Juan Bautista de Morales), Valencia, 1793, pág. 17.

que *epigonos* respecto de aquel patriarca del género, que tiene entre sus innumerables excelencias la de haber reintegrado el elemento épico que en las novelas caballerescas yacía soterrado bajo la espesa capa de la amplificación bárbara y desaliñada. La obra de Cervantes, como he dicho en otra parte, no fué de antítesis, ni de seca y prosaica negación, sino de purificación y complemento. No vino a matar un ideal, sino a transfigurarle y enaltecerle. Cuanto había de poético, noble y humano en la caballería, se incorporó en la obra nueva con más alto sentido. Lo que había de quimérico, inmoral y falso, no precisamente en el ideal caballeresco, sino en las degeneraciones de él, se disipó como por encanto ante la clásica serenidad y la benévola ironía del más sano y equilibrado de los ingenios del Renacimiento. Fué, de este modo, el *Quijote* el último de los libros de caballerías, el definitivo y perfecto, el que concentró en un foco luminoso la materia poética difusa, a la vez que elevando los casos de la vida familiar a la dignidad de la epopeya, dió el primero y no superado modelo de la novela realista moderna.

VI

Novela sentimental: sus orígenes; influencia de Boccaccio y Eneas Silvio. — Juan Rodríguez del Padrón («El siervo libre de amor»). — Diego de San Pedro («Cárcel de amor». «Tratado de Arnalte y Lucenda»). — «Cuestión de amor», de autor anónimo. — Juan de Flores («Grisel y Mirabella». «Grimalte y Gradissa»). — Otras novelas del mismo estilo. — Juan de Segura («Proceso de cartas de amores»). — Hernando Díaz («Historia de los amores de Peregrino y Ginebra»). — Novela bizantina de aventuras. — Influencia de Heliodoro y Aquiles Tacio. — Alonso Núñez de Reinoso («Clareo y Florisea»). — Jerónimo de Contreras («Selva de aventuras»).

Simultáneamente con los libros de caballerías, floreció, desde mediados del siglo XV, otro género de novelas, que en parte se deriva de él y conserva muchos de sus rasgos característicos, pero en parte acaso mayor fué inspirado por otros modelos y responde a un concepto de la vida muy diverso. Tal es la novela erótico sentimental, en que se da mucha más importancia al amor que al esfuerzo, sin que por eso falten en ella lances de armas, bizarrías y gentilezas caballerescas, subordinadas a aquella pasión que es alma y vida de la obra, complaciéndose los autores en seguir su desarrollo ideal y hacer descripción y anatomía de los afectos de sus personajes. Es pues, una tentativa de novela íntima y no meramente exterior como casi todas las que hasta entonces se habían compuesto, y aunque no produjo, ni podía producir, obras maestras, porque no habían llegado todavía los tiempos del análisis psicológico, dejó algunas curiosas muestras de retórica apasionada y trajo a nuestra prosa un nuevo e importante elemento.

Ya algunas novelas cortas venidas del francés o del provenzal, como *Flores y Blancaflor, Paris y Viana, Pierres y Magalona*, preparan y anuncian la aparición de este género; pero son todavía novelas de aventuras, aunque sencillas y tiernas, no son novelas propiamente afectivas. Los verdaderos o inmediatos modelos de la novela erótica hay que buscarlos en Italia. Ignorado como lo estuvo siempre de los cristianos el precioso tratado *de los amores* del cordobés Aben-Hazam, no hay duda que el primer libro subjetivo o íntimo de las literaturas modernas, el primer análisis detallado y profundo de la pasión amorosa es la *Vita Nuova* del gran Alighieri, donde la autobiografía sentimental del sumo poeta está mezclada con el comentario de algunos de sus sonetos, baladas y canciones. Pero no obstante lo muy admirado e imitado que fué Dante en la literatura española del siglo xv, no parece que este librito suyo fuese tan familiar a nuestros ingenios como la *Divina Comedia*. No le encuentro citado en parte alguna, aunque el Marqués de Santillana poseyó un códice, y sólo en la novela catalana de *Curial y Guelfa* (lib. I, p. 64) se encuentra una imitación de la *maravigliosa visione* del corazón comido, que está en el capítulo III de la *Vita Nuova*.

En cambio, fué extraordinariamente leída la *Fiammetta* de Juan Boccaccio, curiosísimo ensayo de psicología femenina, larga elegía de amor puesta en boca de la protagonista, que es, con transparente disfraz, la hija natural del rey Roberto de Nápoles, María de Aquino, de cuyos amores con el poeta de Certaldo queda tanta memoria en otras obras suyas, tales como el *Filostrato* y la *Amorosa Visione*. Los defectos que la *Fiammetta* tiene para el gusto de ahora; su estilo redundante y ampuloso lleno de rodeos y circunloquios; su afectación retórica y ciceroniana, que desde las primeras páginas empalaga; el pedantesco abuso de citas y reminiscencias clásicas, no lo eran para los contemporáneos y parecían otras tantos primores. Nuestros prosistas del siglo XV la tuvieron en gran estima, procuraron imitarla, y no sólo en la *Cárcel de Amor* y en los libros de Juan de Flores, sino en la parte seria y trágica de la *Celestina* se ven las huellas de este modelo de tan dudosa belleza. Las pedanterías que dice Melibea al encerrarse en la torre y resuelta ya a despeñarse, las lamentaciones de sus padres Pleberio y Alisa, parecen trozos de la *Fiammetta*. Pero si influyó por sus defectos, influyó también por sus cualidades, que son admirables, especialmente por la penetración psicológica, que Boccaccio tuvo en alto grado, y aplicó antes que ningún moderno al estudio del alma de la mujer, llegando en algunos momentos de expresión apasionada a emular Fiammetta, despechada por el abandono de su amador Pamphilo, las inmortales quejas de la Dido virgiliana y de la Ariadna de Catulo. Los lunares que esta obra tiene, como todas las demás latinas e italianas de Boccaccio (exceptuado sólo, y no totalmente, el *Decameron)*, son propios de la cultura todavía imperfecta del primer Renacimiento, que conservaba muchos restos de barbarie; pero lo que tiene de genio novelístico, de impulso juvenil, de potencia gráfica, de opulenta ejecución y sobre todo, de pintura de afectos y situaciones patéticas, le pertenece a él solo; apareció en sus libros por primera vez y le pone, en el orden de los tiempos, a la cabeza de los novelistas modernos.

Nada más fácil que encontrar citas de la *Fiammetta* en los autores españoles del siglo XV; basten por todas una castellana de don Iñigo López de Mendoza, y otra catalana del comendador Rocaberti. Sabido es que en la *Comedieta de Ponza* del Marqués de Santillana, es Boccaccio uno de los interlocutores, y a él se dirige la reina viuda de Aragón, doña Leonor, aludiendo al capítulo III de su novela con estas palabras:

> E como *Fiameta* con la triste nueva
> Que del peregrino le fue reportada,
> Segunt la tu mano registra e apruava,
> La mas fiel d'aquellas no poco turbada...

Entre la procesión de célebres enamorados que desfila por los tercetos del poema alegórico de Rocaberti, intitulado *Comedia de la gloria de amor,* figuran Panfilo y Fiammetta:

> O nobla *Fiameta*
> Lo teu gran dol a planyer m'a vençut,
> Sobres dolor la pensa m'a costreta.

En ambas lenguas fué traducida la *Fiammetta* dentro del siglo xv. De la versión catalana [1] existe en el Archivo de la Corona de Aragón un códice procedente del monasterio de San Cucufate del Vallés, escrito con tinta tan corrosiva que le va destruyendo a toda prisa, por lo cual urge su publicación. La traducción castellana, de la cual se conserva un códice en el Escorial, fué impresa tres veces, por lo menos, en 1497, 1523 y 1541, ediciones todas de gran rareza por haberlas prohibido el Santo Oficio. [2]

---

[1] En el libro ya citado del Dr. Sanvisenti, *I primi influssi di Dante, del Petrarca e del Boccaccio sulla Letteratura spagnola* (pág. 395 y ss.), se da noticia detallada de este códice, insertando el índice de los capítulos.

[2] *La Fiameta de Juan Vocacio* (frontis grabado, al reverso del cual está la tabla de los nueve capítulos o partes de la obra). Al fin: «Fue impresso ē la muy noble e leal cibdad de Salamanca en el mes de enero del año de mil »y quatrocientos y noventa y siete años.» Fol. gót. a dos columnas.

—*Libro llamado Fiameta por q̄ trata d' los amores d'una notable dueña napolitana llamada Fiameta, el q̄l libro cōpuso el famoso Juan Vocacio, poeta florentino...* (Colofón): «Fenesce el libro de Fiameta... impresso en la muy noble y leal ciudad d' Sevilla por Jacobo Crōberger aleman: acabose en diez y ocho dias de agosto. Año d'l señor de mil y quinientos y veynte y tres años.» Fol. gót. a dos columnas.

—*Libro llamado Fiameta... Va compuesto por sotil y elegante estilo. Da a entender muy particularizadamente los efectos que hace el amor en los animos ocupados de pasiones enamoradas. Lo qual es de gran prouecho por el auiso que en ello se da en tal caso.* 1541.

(Colofón)... «*Fue impresso en la muy noble y leal ciudad de Lisboa por Luys Rodriguez, librero del Rey nōō. señor, Acabose a XII dias de Diciembre. Año de M.d.XL. y uno.* 4º let. gót.

No creo que esta traducción anónima sea la misma que, según dice Pons de Icart en sus *Grandezas de Tarragona* (fol. 262 vto.), hizo Pedro Rocha, natural de aquella ciudad. Más verosímil es que le pertenezca la versión catalana.

Notable influencia ejerció en el desarrollo de nuestra novela amatoria otro libro, o más bien fragmento de libro de Boccaccio, es a saber, las trece cuestiones de la cuarta parte del *Filocolo*, traducidas y publicadas con el impropio título de *Laberinto de Amor*, que sólo conviene a otra obra del mismo autor llamada más frecuentemente el *Corbaccio*. Cuando por primera vez se imprimió anónima esta traducción en Sevilla (1546), el intérprete declaró de esta manera el origen del libro: «Leyendo por mi pasa- »tiempo el verano pasado un libro en lengua toscana, que se llama »*Filoculo*, que quiere decir tanto como *Fatiga de Amor*, el cual »compuso el famoso Juan Boccacio a instancia de Madama Maria, »hija del rey Ruberto de Napoles, entre muchas materias subtiles »de Amor que la Historia trata, hallé trece cuestiones que se »propusieron delante della en una fiesta, seyendo elegida de todos »los que la celebraban Reina para que las determinase. Y pares- »ciendome bien, acordé de traducirlas en nuestro romance caste- »llano...»[1]

Aquel mismo año, y en Toledo, se hizo nueva y más correcta edición de las *Trece questiones*, suprimido ya el impropio título de *Laberinto*, y declarando el nombre del traductor, que fué el canónigo don Diego López de Ayala, asistido en pequeña parte por el capitán Diego de Salazar. Todo ello consta en una advertencia de Blasco de Garay al lector: «Entrando cierto día... a visitar y »besar las manos al muy Reverendo y Magnífico señor don Diego »Lopez de Ayala, vicario y canonigo de la Santa Iglesia de Toledo, »y Obrero della, sucedio que como me metiese (segun su costum- »bre de rescebir sabrosamente a los estudiosos de las letras) en su »libreria y encomenzase a comunicar algunas obras raras que habia »en ella, topé acaso con un libro de mano que contenía Trece

---

[1] *Laberinto de amor: que hizo ē toscano el famoso Juā bocacio: agora nueuamēte traduzido en nuestra lengua castellana. Año de M. D. XLVI.*

(Colofón): «*Fue impresso este tratado ē la muy noble y muy leal ciudad de Seuilla: en Casa de Andres de Burgos, impressor de libros. Acabose a tres dias del mes de Agosto. Año del nascimiento de nuestro Saluador Jesu Cristo de mil y quinientos y quarenta y seys. 4º.*

»Cuestiones muy graciosas, sacadas y vueltas en nuestro romance
»de cierta obra toscana llamada *El Filoculo*... De las cuales hacien-
»do yo la cata por diversas partes, encomenzaronseme a encender
»las orejas de calor con la pureza de su estilo: tanto que no pude
»dexar luego de preguntar quién habia sido el autor de tan suave
»clareza. El cual, dubdoso entre conceder y negar, trahiame sus-
»penso con repuestas que me obligaban a ser adivino. Una cosa
»se me declaró luego por cierta, los sumarios de las preguntas
»que iban en metro o copulas *(sic)* por hablar más castellano,
»haberlas compuesto Diego de Salazar que primero fué capitán,
»y al fin Hermitaño, varon en verdad el más suficiente en aquella
»arte, asi de improviso como de pensado, que jamas tuvo nuestra
»España... Pero como los tales sumarios en el dicho libro fuesen
»lo accesorio y de menos importancia (aunque en sí muy buenos),
»no cesé de querer saber adelante quién habia compuesto tan ele-
»gante y polida castellana prosa. Y por la negativa que se me
»hizo de muchos que yo reputaba haberla compuesto (aunque
»siempre me parecía exceder la obra a la opinión mia), conosci
»en fin la afirmativa, que era ser el verdadero interprete de tal
»libro el dueño en cuyo poder estaba. Del cual, porque no caresciese
»nuestra lengua moderna de semejantes riquezas, no con poca
»instancia trabajé que consintiese sacarle a luz, pues tan digno era
»de ella, puesto que ya a hurtadas se le había otro antes divulga-
»do. Y como a la sazon no le hallase título, pusole el que a él mejor
»le parescio, llamandole *Laberinto de Amor* de Juan Bocacio; como
»el *Laberinto* sea libro distinto del *Filoculo*, aunque todos de un
»mismo autor. Asimismo sacóle muy vicioso, como cosa de reba-
»to hurtada. Agora, pues, amigo lector, os le damos correctisi-
»mo y con la ultima lima de su autor afinado.» [1]

---

[1] *Trece questiones muy graciosas sacadas del Philoculo del famoso Juan Bocacio, traducidas de legua Toscana en nuestro Romance Castellano con mucha elegancia y primor.* 1546.

(Colofón): «Impresso en la imperial ciudad de Toledo en casa de Juan de Ayala. Año M. D. XLVI.» En 4º.

Edición descrita por Gallardo (Nº 2.724 del *Ensayo*). Hay otra de Toledo y del mismo impresor, 1549, de la cual existe un ejemplar en la Biblioteca de Palacio.

Los dos escritores mencionados en esta advertencia son bastante conocidos: el canónigo Ayala como traductor de la *Arcadia* de Sannázaro, y el capitán Salazar, como traductor de Apiano y otros historiadores clásicos, y traductor también, o por mejor decir plagiario, del *Arte de la Guerra* de Maquiavelo, que se apropió con pocos cambios en su diálogo *De Re Militari*, disimulando el nombre del autor original.

Alfonso de Ulloa, infatigable editor de libros españoles en Venecia, puso las Trece Cuestiones del *Filocolo* al fin de la *Cuestión de Amor*, que estudiaré después; y en efecto, el parentesco de ambos libros salta a la vista, aunque la *Cuestión* española tiene un desarrollo novelesco mucho más amplio y un carácter histórico muy original. Pero el problema de casuística amatoria es del mismo género que los que se debaten en el *Filocolo*. Ambas obras tienen por teatro la corte de Nápoles, y reflejan las costumbres aristocráticas de sus saraos, que en esta parte continuaban la tradición de las *tensones* y *jocs partits* de Provenza y Francia. Tienen mucha importancia en el arte novelesco de Boccaccio estas *Cuestiones*, porque el episodio en que están introducidas se parece mucho al cuadro general del *Decameron* [1] y dos de ellas son verdaderas novelas que reaparecen luego en esta colección (la cuarta y la quinta de la décima jornada, es a saber, la del jardín mágico y la de la dama enterrada en vida).

Además de las obras de Boccaccio, creemos que influyó en nuestros novelistas sentimentales, y especialmente en Diego de San Pedro, una singular narración latina de autor italiano, que tanto por su mérito intrínseco como por la calidad de la persona del autor, tuvo en el siglo XV una celebridad extraordinaria. Me refiero a la *Historia de duobus amantibus Eurialo et Lucretia*, que el egregio humanista de Siena, Eneas Silvio Piccolomini, futuro Papa con el nombre de Pío II, compuso en 1444, cuando no había pasado de las órdenes menores; obra que fué para él (lo mismo que su comedia *Chrysis* y otros ensayos juveniles suyos) motivo

---

[1] Véase en el volumen XXXI de la *Romania* el interesante estudio de Rajna, *L'episodio delle questioni d'amore nel «Filocolo» del Boccaccio.*

de grave remordimiento cuando llegó a ocupar la cátedra de San Pedro, moviéndole a exclamar con honda compunción *Aeneam rejicite, Pium suscipite.* La recomendación no fué oída: al contrario, el nombre del autor acrecentó lo picante del libro; la *Historia de Eurialo y Lucrecia,* fué impresa en latín más de veinte veces antes de acabar el siglo XV, y traducida a las principales lenguas vulgares, entre ellas al castellano. [1]

Era Eneas Silvio gran admirador de Boccaccio, a quien se parece algo como geógrafo, historiador y polígrafo. En la novela de *Eurialo y Lucrecia* le imita manifiestamente, y aunque tiene pasajes tan lúbricos como cualquiera de los relatos más inhonestos del *Decameron,* predomina el tono sentimental y romántico,

---

[1] *Historia muy verdadera de dos amātes Eurialo Franco y Lucrecia Senesa que acaecio ēnl año de mil y quatrocientos y treynta y qtro años en presencia del emperador Sigismundo hecha por Eneas Silvio despues papa Pio segundo. Item otro su tratado muy prouechoso de remedios contra el amor. Item otro de la vida y hazañas del dicho Eneas. Item ciertas sentencias y prouerbios d' mucha excelencia d'l dicho eneas.*

Salvá describe esta edición, al parecer de fines del siglo XV, en 4º let. gót. sin foliatura. El volumen estaba incompleto, comprendiendo sólo la historia de Eurialo y Lucrecia. Puede ser el mismo libro que en el *Registrum* de don Fernando Colón está anotado con el siguiente colofón: «Fue impressa la presente historia en Salamanca a xviii dias del mes de octubre de mil y quatrocientos y noventa y seys.» Advierte don Fernando que contenía los otros tres tratados.

Hay otras impresiones de Sevilla por Jacobo Cromberger, 1512, 1524 y 1530.

Tengo presente el original latino en una edición de 1485, cuyo final dice: «*Aeneae Silvii Picholominei Senensis poetae laureati: postea Pii papae Secundi nūcupati: hystoria de duobus amantibus feliciter finit: Sub anno dñi. M.CCCC.LXXXV. die XV. mēsis Julii. Sedente Innocentio Octauo pontifice maximo: anno eius primo.*

Forma parte también de la colección de las obras de Eneas Silvio formada por Hoper (Basilea, 1571), fols. 623-644.

Conviene advertir que la llamada traducción italiana de Alejandro Braccio, impresa en 1489 y muchas veces después, es una paráfrasis sumamente amplificada, o más bien una composición nueva, en que se cambia hasta el desenlace de la novela, trocándole de trágico y lastimero en alegre y festivo. Vid. *Epistole di due amanti composte dal fausto et eccellente Papa Pio tradutte in vulgare con elegantissimo modo. In Venetia par Mathio Pagan,* 1554. 8º [Cf. Ad. Vol. II.]

lo cual aproxima más esta obrita al tipo de la *Fiammetta*. El estilo es muy otro: retórico también y lleno de exclamaciones, pero vivo, rápido, animadísimo, como cuadra a los movimientos desordenados y febriles de la pasión; es, en suma, obra maestra de una latinidad refinada y voluptuosa. A los recursos artísticos empleados por Boccaccio agrega Eneas Silvio el empleo de la forma epistolar: parte de la novela está en cartas entre los dos amantes; nuevo y poderoso medio de análisis afectivo, mucho más natural que el de los soliloquios empleado por Boccaccio. Ya veremos que el autor castellano de *Arnalte y Lucenda* y de *Leriano y Laureola* fué de los primeros que adoptaron esta feliz innovación. Ojalá hubiese imitado también al futuro Pontífice en el interés profundamente histórico y humano que éste había dado a su narración, fundada en un suceso realmente acaecido en Siena cuando entró en ella el emperador Segismundo. Un alemán y una italiana son los héroes de este sencillísimo cuento de amores, el cual en todos sus detalles revela aquella fina observación que da tanto precio a muchos pasajes de las epístolas y de las historias de Eneas Silvio, escritor enteramente moderno cuando describe países o costumbres.

Entre los primeros maestros de la psicología erótica que fueron aquí leídos e imitados, creo que debe incluirse también al florentino León Bautista Alberti, uno de aquellos genios universales y enciclopédicos que el Renacimiento produjo, una especie de prefiguración de Leonardo de Vinci. Pequeña cosa parecen en el cuadro de su portentosa actividad estética y científica los dos diálogos *Ecantofila y Deifira*, el primero de los cuales *enseña el ingenioso arte de amar* y el segundo *exhorta a huir del amor mal comenzado*.[1] Pero aquí debe hacerse mención de ellos, porque fueron traducidos al catalán en el siglo XV[2] y porque alguna relación tienen con la *Fiammetta*, aunque más bien pertenecen

---

[1] Ambos trataditos están reimpresos en un tomo de la *Biblioteca rara* del editor Daelle *(Mescolanze d'amore*, Milán, 1863).

[2] Cita de pasada esta versión el prologuista de *Curial y Guelfa*, página X.

a aquel género de platonismo erótico que tiene en el libro del hebreo español Judas Abarbanel su más curioso monumento. Pero de esa *philographia* o doctrina del amor y la hermosura he discurrido largamente en otra parte,[1] bastando recordar aquí el lazo que une estos conceptos alejandrinos renovados en Florencia con la literatura cortesana del siglo XVI, con la poesía lírica y con las novelas sentimentales y pastoriles que fueron su reflejo.

Pero no adelantemos especies que luego se verán confirmadas. Los libros españoles de que voy a tratar se escribieron durante un período de dos siglos, y no todos obedecen a las mismas influencias, aunque en todos ellos persiste el tipo esencial y orgánico, mezcla de caballeresco y erótico, combinación del *Amadís* y de la *Fiammetta*. Por lo demás, estas producciones tienen mucho de original e interesante, y su corto volumen y la variedad de los motivos poéticos que tratan las hacen más amenas y de más fácil digestión que los libros de caballerías.

La más antigua, y una de las más interesantes, es la de Juan Rodríguez del Padrón, último trovador de la escuela gallega, paisano y amigo de Macías, a quien parece que se propuso imitar en los amores, ya que no en la muerte:

> Si te place que mis dias
> Yo fenezca mal logrado
> Tan en breve,
> Plegate que con Macias
> Ser meresca sepultado;
> Y decir debe
> Do la sepultura sea:
> Una tierra los crió,
> Una muerte los levó,
> Una gloria los possea.

Su reputación poética, cifrada hasta ahora en pocos y medianos versos, aunque sencillos y a veces tiernos, habría de subir al más alto punto si realmente fuese autor de los bellísimos roman-

---

[1] *Historia de las Ideas Estéticas en España*, t. III, segunda edición. [Vol. II. Cap. VI, Ed. Espasa - Calpe].

ces del *Conde Arnaldos,* de la *Infantina* y de *Rosa Florida,* que un manuscrito del Museo Británico le atribuye; [1] pero aun concediendo (lo que para nosotros no es dudoso) que un poeta cortesano del tiempo de D. Juan II pudiera alcanzar en algún momento feliz esa plenitud de inspiración, las lecciones que el manuscrito de Londres da son de tal modo inferiores a los textos impresos, que si Juan Rodríguez las compuso realmente, no puede ser tenido por autor original de estos romances, sino por refundidor bastante torpe.

Su prosa vale más que sus versos, y su biografía y su leyenda, todavía muy oscuras, interesan más que sus versos y su prosa. La novela que vamos a examinar encierra sin duda una parte de las confesiones del propio poeta. Titúlase este libro, inédito hasta nuestros días, [2] *El siervo libre de amor,* y está dedicado a Gonzalo de Medina, juez de Mondoñedo. Divídese alegóricamente en tres partes, cuyo sentido declara el autor en el proemio: «El siguien- »te tratado es departido en tres partes principales, según tres »diversos tiempos que en sy contiene, figurados por tres caminos »y tres arbores consagrados, que se refieren a tres partes del alma, »es a saber, al corazon y al libre albedrio y al entendimiento »e a tres varios pensamientos de aquellos. La primera parte pro- »sigue el tiempo que bien amó y fué amado: figurado por el verde »arrayan, plantado en la espaciosa via que dicen de bien amar, »por do siguió el corazon en el tiempo que bien amaba. La segun- »da refiere el tiempo que bien amó y fue desamado: figurado »por el arbor del paraiso, plantado en la desciente via que es la

---

[1] Vid. *Lieder des Juan Rodriguez del Padron... von Dr. Hugo A. Rennert...* Halle, 1893 (extracto del tomo XVII del *Zeitschrift für Romanische Philologie*).

[2] Es lástima que libro tan peregrino haya llegado a nuestros días en una sola e incorrectísima copia, la contenida en el códice Q-224 de la Biblioteca Nacional. En algunas partes apenas hace sentido, y parece que faltan palabras. De ella proceden las dos ediciones que se han hecho de esta novela, la primera por don Manuel Murguía en su no terminado *Diccionario de escritores gallegos* (Vigo, 1862) y la segunda por don Antonio Paz y Melia, en su excelente colección de las *Obras de Juan Rodríguez de la Cámara (o del Padrón),* impresa en 1884 por la Sociedad de Bibliófilos Españoles.

»desesperación, por do quisiera seguir el desesperante libre albe-
»drío. La tercera y final trata el tiempo que no amó ni fue amado:
»figurado por la verde oliva, plantada en la muy agra y angosta
»senda, que el siervo entendimiento bien quisiera seguir...»

En esta obra, de composición algo confusa y abigarrada, hay que distinguir dos partes: una novela íntima, cuyo protagonista es el autor mismo, y otra novela, entre caballeresca y sentimental, que es la *Estoria de los dos amadores Ardanlier e Liesa*, en la cual no negamos que pueda haber alguna alusión a sucesos del poeta, pero que en todo lo demás parece un cuento de pura invención, exornado con circunstancias locales y con reminiscencias de algún hecho histórico bastante cercano a los tiempos y patria del autor.

A diferencia de los demás libros de su clase, que se desenvuelven en una atmósfera fantástica, la novela de Juan Rodríguez está llena de recuerdos de su tierra natal, notados con toda precisión topográfica. Las principales escenas pasan en las cercanías de la villa del Padrón, probablemente en la Rocha. Se menciona la puerta de *Morgadan* que «muestra la via por la ribera verde »a la muy clara fuente de la selva, y el nuevo templo de la diosa »Vesta, en que reinaba la deesa de amores contraria de aquélla», o sea, la iglesia de Santa María de Iria, edificada sobre las ruinas de la que en tiempo de los romanos fué templo de Vesta. No se contenta el novelista con las grandes hazañas que su héroe consuma en la corte del Emperador, en Hungría, Polonia y Bohemia, sino que le trae para mayores aventuras «*a las partes de Iria, riberas* »*del mar Océano,* a las faldas de una montaña desesperada, »que llamaban los navegantes la alta Crystalina, donde es la vena »del albo crystal, señorio del muy alto principe glorioso, excelen- »te y magnifico rey de España». Allí escoge un paraje en la mayor soledad, y haciendo venir «muy sotiles geometricos», les manda romper por maravilloso arte «una esquiva *roca*, dentro de la cual »obraron un secreto palacio rico, fuerte, bien labrado, y a la entra- »da un verde, fresco jardin, de muy olorosas yervas, lindos, fruc- »tiferos arboles, donde solitario vivia», entregado a los deportes de la caza. Este secreto palacio, donde se desata la principal

acción de la novela con el trágico fin de los dos leales amadores
Ardanlier y Liessa, es «el que hoy dia llaman la *Roca del Padron*,
»por sola causa del padron encantado, principal guarda de las dos
»sepulturas que hoy dia perpetuamente el templo de aquella anti-
»gua cibdad, poblada de los caballeros andantes en peligrosa de-
»manda del palacio encantado, ennoblecen; los quales, no pudien-
»do entrar por el encantamiento que vedaba la entrada, armaban
»sus tiendas en torno de la esquiva Rocha, donde se encierran
»las dos ricas tumbas, y se abren por maravilla al primero de
»Mayo, e a XXIV y XXV de Junio y Julio, a las grandes compa-
»ñas de los amadores que vienen de todas las naciones a la grand
»perdonanza que en los tales dias los otorga el alto Cupido, en
»visitación y memoria de aquellos. E por semblante via fué con-
»tinuado el sytio de aquellos cavalleros, principes y gentiles omes
»e fue poblado un gracioso villaje, que vino despues a ser gran
»cibdad, segund que demuestran los sus hedificios... A la parte
»siniestra miraba aquella nombrada fuente de los Azores, donde
»las lindas aves de rapiña, gavilanes, azores, melyones, falcones
»del generoso Ardanlier, acompañados de aquellas solitarias aves
»que en son de planto cantan los sensibles *lays*, despues de vesita-
»das dos veces al dia las dos memorandas sepulturas, descendian a
»tomar el agua, segun fazer solian en vida del grand cazador
»que las tanto amaba: e cebándose en la escura selva, guardaban
»las aves domesticas del secreto palacio, que después tornaron
»esquivas, silvestres, en guisa que *de la Naya*, y de las *arboledas*
»*de Miraflores* salen hoy día esparveres, azores gentiles y pele-
»grynos, falcones que se cevan en todas raleas, salvo en gallinas
»y gallos monteses, que algunos dizen faysanes, conociendolas
»venir de aquellas que fueron criadas en el palacio encantado,
»en cuyas faldas, no tocando al jardin o vergel, pacian los *coseres*,
»portantes de Ardanlier, despues de su fallecimiento, e las lindas
»hacaneas, palafranes de las fallecidas Liesa e Irena y sus dueñas
»e donzellas; que vinieron despues en tanta esquividad y braveza,
»que ninguno, por muy esforzado, solo, syn armas, osaba passar
»a los altos bosques donde andaban. En testimonio de lo qual
»hoy dia se fallan caballos salvajes de aquella raza en *los montes*
»*de Teayo, de Miranda y de Bujan*, donde es la flor de los mon-

»teros, ventores, sabuesos de la pequeña Francia *(Galicia)*, los »quales afirman venir de los tres canes que quedaron de Ardan-»lier.»

Bien se perdonará lo extenso de la cita, si se considera lo raro que es encontrar en toda la literatura caballeresca un paisaje que no sea enteramente quimérico, y tenga algunas circunstancias tomadas del natural. Juan Rodríguez del Padrón es el primero de nuestros escritores en quien, aunque vagamente, comienza a despuntar el sentimiento poético de la naturaleza, y no es ésta la menor singularidad de sus obras.

Pero aun lo es más la nota personal e íntima que hay en ellos. Su novela contiene, en cifra que para los contemporáneos debió de ser clara, la historia de unos desventurados amores suyos. Teatro de estos amores fué la corte de Castilla, que Juan Rodríguez frecuentó, después de haber vivido en la domesticidad del Cardenal don Juan de Cervantes, a quien probablemente acompañó en su viaje al Concilio de Basilea. Corre en muchos libros la especie, no documentada, pero sí muy probable, de que fué paje de don Juan II. Sólo este cargo u otro análogo pudo darle entrada en la corte, puesto que a pesar de su hidalguía y de sus pretensiones heráldicas era persona bastante oscura. Entonces puso los ojos en él una *grand señora*, de tan alta guisa y de condición y estado tan superiores al suyo, que sólo con términos misteriosos se atreve a dar indicio de quién fuese y de los *palacios y altas torres* en que moraba. El analista de la Orden de San Francisco, Wadingo, dijo ya que Juan Rodríguez había sido engañado artificiosamente por una dama de palacio *(artificiose a regia pedisequa delusus)*. Mil referencias hay en *El siervo libre de amor* a esta misteriosa historia, aunque se ve en el autor la firme resolución de no decirlo todo, *por pavor y vergüenza.* «Esfuerzate en »pensar (dice a su amigo el juez de Mondoñedo), lo que creo »pensarás: *yo aver sido bien afortunado,* aunque agora me ves en »*contrallo; e por amor alcanzar lo que mayores de mi deseaban...* »*desde la hora que vi la gran señora (de cuyo nombre te dirá la su* »*epístola) quiso enderezar su primera vista contra mí,* que en sólo »pensar ella me fue mirar, por symple me condenaba, e cuanto

»más me miraba, mi simpleza más y más confirmaba; si algun
»pensamiento a creer me lo inducia, yo de mí me corria, y menos
»sabio me juzgaba... ca de mí ál non sentia, salvo que la grand
»hermosura e desigualdad de estado la fazia uenir en acatamiento
»de mí, porque el más digno de los dos contrarios más claro lucie-
»se en vista del otro, e por consiguiente la dignidad suya en grand
»desprecio y menoscabo de mí, que quanto más della me veia
»acatado, tanto más me tenia por despreciado, e quanto más me
»tenia por menospreciado, más me daba a la gran soledad, magi-
»nando con tristeza...»

A través de este revesado estilo, bien se deja entender que la iniciativa partió de la señora, avezada sin duda a tales ardimientos, y que Juan Rodríguez, haciendo el papel del *Vergonzoso en palacio,* incierto y dudoso al principio de que fuese verdad tanta dicha, acabó por dejarse querer, como vulgarmente se dice, y «la prendió por señora, y juró su servidumbre». *La muy generosa señora* cada día le mostraba más *ledo semblante.* «E quanto más
»mis servicios la cautivaban, mas contenta de mí se mostraba,
»y *a todas las señales, mesuras y actos que pasaba en el logar de la
»fabla, el Amor le mandaba que me respondiese...* E yo era a la
»sazon quien de placer entendia de los amadores ser más alegre,
»y bien afortunado amador, y de los menores siervos de amor
»más bien galardonado servidor.» Cuando en tal punto andaban las cosas, y creía que se le iban a abrir las puertas de aquel encantado paraíso (si es que ya para aquel tiempo no le habían sido franqueadas de par en par, como sin gran malicia puede sospecharse), perdióle al poeta el ser muy suelto de lengua y hacer confianza de un amigo suyo, que al principio no quiso creer palabra de lo que le contaba y luego acabó por darle un mal consejo. «El qual, syn venir en cierta sabiduria, denegóme la creencia
»e desque prometida, vino en grandes loores de mí, por saber
»yo amar y sentir yo ser amado de tan alta señora, amonestandome
»por la ley de amistad consagrada, no tardar instante ni hora
»enviarle una de mis epistolas en son de comedia, de oracion,
»petición o suplicacion, aclaradora de mi voluntad... Por cuya
»amonestacion yo me di luego a la contemplacion, e sin tardanza

»al día siguiente, primero de año, le envié ofrecer por estrenas la
»presente, en romance vulgar firmada:

>> Recebid alegremente,
>> Mi señora, por estrenas
>> La presente.
>> La presente cancion mia
>> Vos envía,
>> En vuestro logar de España,
>> A vos y a vuestra compaña
>> Alegria.
>> E por más ser obediente,
>> Mi corazon en cadenas
>> Por presente...........»

En respuesta a estas *estrenas* o aguinaldo recibió un *ledo mensaje*, por el cual le fué prometido *logar a la fabla y merced al servicio*. Es tan malo y estragado el único texto que poseemos de la novela, que apenas se puede adivinar cómo acabó la aventura, ni en qué consistió la deslealtad de que acusa al amigo. Lo que resulta claro es que la muy *excelente señora* llegó a entender que su galán había quebrado el secreto de sus amores, y se indignó mucho contra Juan Rodríguez, *arrojándole de su presencia*. Entonces él, lleno de temor y de vergüenza, se retrajo al *templo de la gran soledad, en compañía de la triste amargura*, sacerdotisa de *aquélla*, y desahogó sus tristezas en la prosa y versos de este libro, haciendo al mismo tiempo tan duras penitencias como Beltenebros en la Peña Pobre o D. Quijote en Sierra Morena. «Enderezando la
»furia de amor a las cosas mudas, preguntaba a los montaneros,
»e burlaban de mí; a los fieros salvajes, y no me respondian;
»a los *auseles* que dulcemente cantaban, e luego entraban en silen-
»cio, e quanto más los aquexaba, más se esquivaban de mí.» Algunas de estas canciones pone en *El siervo*, entre ellas una escrita en variedad de metros, como lo exigía la locura de amor del poeta y lo romántico de sus afectos.

Así anduvo «*errando* por las malezas, hasta que se falló ribera
»del grand mar, en vista de una gran urca de armada, obrada

»en guisa de la alta Alemaña, cuyas velas... escalas e cuerdas »eran escuras de esquivo negror». Allí venía por *mestresa* una dueña anciana, vestida de negro, acompañada de siete doncellas, en quienes fácilmente se reconoce a las siete virtudes. Una de ellas, *la muy avisada Synderesis,* recoge al poeta en su *esquife,* y es de suponer que devolviera el juicio perdido, porque aquí acaba la novela, en la cual indudablemente falta algo.

Si levantamos el velo alegórico y prescindimos de oscuridades calculadas, que se acrecientan por el mal estado de la copia, apenas se puede dudar de que el fondo de la narración sea rigurosamente autobiográfico. De lo que no es fácil convencerse, a pesar de las protestas del poeta, es de lo platónico de tales amores. El temor de la *muerte pavorosa,* que amaga al poeta, con el trágico fin de Macías; el misterio en que procura envolver todos los accidentes del drama, y la antigua tradición consignada al fin de la *Cadira del honor,* que le supone *desnaturado del reyno* a consecuencia de estos devaneos, son indicio de una pasión ilícita y probablemente adúltera, como solían serlo los amoríos trovadorescos. Así se creía en el siglo XVI, cuando un autor ingenioso, y que seguramente había leído *El siervo libre de amor,* forjó sobre los amores de Juan Rodríguez una deleitable y sabrosa, aunque algo liviana, novela, del corte de los mejores cuentos italianos, en la cual se supone que la incógnita querida de Juan Rodríguez del Padrón era nada menos que la reina de Castilla doña Juana, mujer de Enrique IV y madre de la Beltraneja.[1] El nombre de esta señora anda tan infamado en nuestras historias, que poco tiene que perder por que se le atribuya una aventura más o menos; pero basta fijarse en los anacronismos y errores del relato, que le quitan todo carácter histórico. Ni Juan Rodríguez era aragonés,

---

[1] Esta entretenida narración, que se halla en un códice de la Biblioteca Nacional y que a juzgar por su principio debió de formar parte de una colección de biografías o cuentos de trovadores, en que también se hablaba de Garci Sánchez de Badajoz, fué publicada por don Pedro José Pidal en la *Revista de Madrid* (noviembre de 1839), reproducida en las notas del *Cancionero de Baena* y últimamente en los apéndices de las *Obras de Juan Rodríguez del Padrón.*

como allí se dice, sino gallego; ni sus aventuras pudieron ser en la corte de Enrique IV, puesto que *El siervo libre de amor*, principal documento que tenemos sobre ellos, no contiene ninguna alusión a fecha posterior a 1439, ni puede sacarse del tiempo en que Gonzalo de Medina era juez de Mondoñedo, es decir, por los años inmediatos a 1430. Y sabido es que el primer matrimonio del príncipe D. Enrique, no con doña Juana de Portugal, sino con Doña Blanca de Navarra, no se efectuó hasta 1440. Verdad es que el autor de la novela anónima no se para en barras, y no contento con hacer a Juan Rodríguez amante de la reina de Castilla, le lleva luego, no al claustro, sino a la corte de Francia, donde «la Reina, que muy moza y hermosa era, comenzó »a poner los ojos en él, y aficionandose favorecello, de manera »que los amores vinieron a ser entendidos, pasando en ellos cosas »notables, de manera que vino a estar preñada... y a él le fue »forzoso irse para Inglaterra, donde, antes de llegar a Cales para »embarcarse... fue muerto por unos caballeros franceses».

El hecho de inventarse tan absurdos cuentos sobre su persona, prueba que el trovador gallego quedó viviendo como tipo poético en la imaginación popular y en la tradición literaria. Fué el segundo Macías, único superior a él entre los llagados de la flecha de amor, que penaban en el simbólico infierno de Guevara y Garci Sánchez de Badajoz. Su trágica muerte pudo ser inventada también para asimilar más y más su leyenda a la de Macías, el cual, más que su amigo, fué su ídolo poético, el único de sus días a quien creía *merescedor de las frondas de Dafne*. Pero si no muerte sangrienta, destierro y extrañamiento largo parecen haber sido la pena de los amores de Juan Rodríguez, hasta que en el claustro de Herbón, que contribuyó a edificar con sus bienes patrimoniales, encontró refugio contra las tempestades del mundo y de su alma. Es cierto que no hay datos seguros acerca de la fecha de su profesión, y aun algunos dudan de ella; pero algo vale la constante creencia de la orden franciscana, consignada por el erudito Wadingo [1] y robustecida por la tradición local.

---

[1] *Minorum subiit institutum in patria, ubi, concessis facultatibus coeno-*

Ya hemos dicho que además de la novela íntima contiene *El siervo libre de amor* una pequeña narración caballeresca. Esta historia de *Ardanlier y Liessa* ha sido escrita por quien conocía no sólo las ficciones bretonas, sino el *Amadís de Gaula*, puesto que la prueba de la roca encantada recuerda la de la ínsula Firme y el arco de los leales amadores; pero con esta derivación literaria se juntan recuerdos de los aventureros españoles que fueron con empresas de armas a la *dolce Francia*, como don Pero Niño; a Hungría, Polonia y Alemania, como Mosén Diego de Valera. Ardanlier sostiene un paso honroso cerca de Iria, como Suero de Quiñones en la puente de Orbigo; hay también un candado en señal de esclavitud amorosa, salvo que no le lleva el héroe, sino la infanta Irene, que le entrega la llave en señal de servidumbre. Y para que la ficción tenga todavía raíces más hondas en la realidad, la trágica historia de los amores de Ardanlier, hijo de Creos, rey de Mondoya, y de Liesa, hija del señor de Lira, reproduce en sus rasgos principales la catástrofe de doña Inés de Castro, si bien el novelista, buscando un fin todavía más romántico, hace al desesperado príncipe traspasarse con su propia espada después del asesinato de su dama, fieramente ordenado por el rey su padre.

Es, pues, *El siervo libre de amor*, como otras novelas del siglo XV, una obra de estilo compuesto, en que se confunden de un modo caprichoso elementos muy diversos, alegóricos, históricos, doctrinales y caballerescos, sin que pueda llamarse en rigor libro de caballerías, puesto que en él se da más importancia al amor que al esfuerzo, y es pequeña por otra parte, la intervención del elemento fantástico y sobrenatural de magia y encantamientos. De las novelas sentimentales que en adelante se escribieron, quizá la que tiene más directo parentesco con ella es la dulce y melancólica *Menina e Moça* de Bernardim Ribeiro.

Ya hemos indicado cuánto realzan la novela de Juan Rodríguez ciertos accidentes de color local gallego, y hasta puede verse

---

bio construendo, vitam duxit religiosissimam. Floruit sub annum 1450 (Scriptores Ordinis Minorum, en el artículo *Fray Juan de Herbón).*

una extraña e irreverente transformación de la sepultura del Apóstol en aquel otro *padrón* encantado, donde perseveran en dos ricas tumbas «los cuerpos enteros de Ardanlier y Liessa, falle->cidos por bien amar, fasta el pavoroso dia que los grandes bra->midos de los quatro animales despierten el grand sueño, e sus >muy purificadas animas posean perdurable folganza». Aquel recinto era encantado y tenía tres cámaras o *alojes de fino oro y azul*, para probar sucesivamente a los leales amadores que quisieren arrojarse a aquella temerosa aventura. «Grandes prin->cipes africanos, de Asia y Europa, reyes, duques, condes, caba->lleros, marqueses y gentiles hombres, lindas damas de Levante >y Poniente, Meridion y Setentrion, con salvoconducto del gran >rey de España venian a la prueba: los caballeros a haber gloria >de gentileza, fortaleza y de lealtad; las damas de fe, lealtad, >gentileza y gran fermosura... Pero sólo tristeza, peligro y afan, >por más que pugnaban, avian por gloria, fasta grand cuento de >años quel buen Macias... *nacido en las faldas de esa agra mon->taña*, viniendo en conquista del primer aloje, dio franco paso >al segundo albergue... y entrando en la cárcel, cesó el encanto, >y la secreta camara fue conquistada.» [1]

No son novelas, pero corresponden más bien al género recreativo que al didáctico, y tienen algo de alegoría, otros dos libros de Juan Rodríguez del Padrón: el *Triunfo de las donas* y la *Cadira del honor*, [2] obras enlazadas entre sí de tal modo que la una puede considerarse como introducción de la otra, pero tratan muy diversa materia: la primera el elogio de las mujeres, la segunda

---

[1] El P. Fidel Fita, S. J., discurre docta e ingeniosamente sobre la topografía y alusiones históricas de la novela de Juan Rodríguez del Padrón, en el capítulo VIII del libro que en colaboración con don Aureliano Fernández Guerra publicó en 1880, con el título de *Recuerdos de un viaje a Santiago de Galicia*.

[2] Del *Triunfo de las donas* no se conocen más que dos códices: uno de la Biblioteca del Duque de Frías y otro de la Nacional. Las copias de la *Cadira* abundan más; hay una en el Museo Británico, otra en la Academia de la Historia y otra entre los manuscritos de la Casa de Osuna, agregados hoy a la Nacional. Teniendo presentes la mayor parte de estos textos y notando las variantes, ha publicado ambas obras el señor Paz y Melia, sin

el panegírico de la nobleza hereditaria. En el primero de estos tratados, que, por lo demás, es una refutación en forma escolástica del *Corbaccio* italiano, se encuentra la graciosa fábula, de gusto ovidiano, de las transformaciones de la ninfa *Cardiana* en fuente y del gentil *Aliso* en arbusto, cuyos pies bañaba ella con sus aguas.

Juan Rodríguez, no ajeno a las enseñanzas del humanismo que pudo recibir en la misma Italia cuando servía al Cardenal Cervantes, parece haber frecuentado, además de la lectura de Boccaccio, la de Ovidio. Se le atribuye, y a mi ver con fundamento, una traducción (muy incorrecta y poco exacta, pero de expresión apasionada en ciertos pasajes) de las *Heroídas* con el extraño título de *Bursario*, [1] que el traductor explica de este modo: «porque asy como en la bolsa hay muchos pliegues, asy en este »tratado hay muchos obscuros vocablos y dubdosas sentencias, »y puede ser llamado *bursario*, porque es tan breve compendio »que en la bolsa lo puede hombre llevar; o es dicho *bursario* por- »que en la bolsa, conviene a saber, en las células de la memoria, »debe ser refirmado con gran diligencia, por ser más copioso tra- »tado que otros». El carácter de estas epístolas eróticas del más ingenioso de los poetas de la decadencia romana, lo alambicado y falso muchas veces de los sentimientos que expresan, recuerdan más bien la moderna novela galante que la elegía antigua, y no juzgo inútil aquí su indicación, porque a mi juicio influyeron en las prosas poéticas de Boccaccio y sus imitadores. El nuestro añadió a las cartas del vate sulmonense otras más modernas, y de color todavía más novelesco, como la de Madreselva a Mauseol y las de Troylo y Briseyda, cuya sustancia procede de la *Crónica Troyana*. [2] En todas ellas se ve la misma pluma devanea-

---

olvidarse de añadir la traducción francesa del *Triunfo*, hecha en 1460 por un portugués llamado Fernando de Lucena, en la corte de Felipe el Bueno, Duque de Borgoña. Se conservan dos manuscritos de esta versión (uno de ellos muy lujoso) en la Biblioteca de Bruselas, y Brunet cita una edición de 1530.

[1] Publicada por el señor Paz y Melia en los apéndices de su colección.

[2] En una de estas epístolas apócrifas, la de Troylo a Briseyda, se lee

dora y sentimental que trazó los razonamientos de *El siervo libre de amor.*

A pesar del olvido en que andando el tiempo hubo de caer esta novela, de la cual queda un solo códice, en su tiempo debió de ser bastante leída, especialmente en Galicia y Portugal. Unos versos de Duarte Brito, insertos en el Cancionero de Resende, prueban que esta popularidad continuaba a principios del siglo XVI, puesto que la enamorada pareja de Ardanlier y Liessa está allí recordada al lado de Pánfilo y Fiameta, y de Grimalte y Gradissa, héroes de una novelita de Juan de Flores.

Pero más importante todavía que esta referencia es una nota de la *Sátyra de felice e infelice vida* del Condestable de Portugal don Pedro, que resume todo el argumento de la novela del trovador iriense, de cuyo estilo revesado e hiperbólico es manifiesta el siguiente pasaje, en verdad muy poético, y que a su discreto editor le ha traído a la memoria una divina escena de *Julieta y Romeo:*

«Miembrate agora de la postrimera noche que tú e yo *manimos* en uno,
»e entravan los rayos de la claridat de la luna por la finiestra de la nuestra
»camara, y quexavaste tú, pensando que era la mañana, y decias con falsa
»lengua, como en manera de querella: «¡Oh fuegos de la claridat del radian-
»te divino, los quales, haziendo vuestro ordenado curso, vos mostrades y
»venides en pos de la conturbal hora de las tinieblas! Muevan vos agora
»a piedad los grandes gemidos y dolorosos sospiros de la mezquina Breçay-
»da, y cesat de mostrar tan ayna la fuerza del vuestro gran poder, dando
»logar a Bresayda que repose algund tant con Troylos su leal amigo.» E dezias
»tú, Bresayda: «¡Oh quánto me ternia por bienaventurada si agora yo supie-
»se la arte magica, que es la alta sciencia de los magicos, por la qual han
»poder de hacer del dia noche y de la noche dia por sus sabias palabras y
»maravillosos sacrificios!... ¿E por qué no es a mí posible de tirar la fuerza
»al dia?» E yo, movido a piedat por las quexas que tú mostrabas, levante-
»me y salli de la camara, y vi que era la hora de la media noche, quando el
»mayor sueño tenía amansadas todas las criaturas, y vi el ayre acallantado,
»y vi ruciadas las fojas de los arboles de la huerta del alcazar del rey mi
»padre, llamado Ilion, y quedas, que no se movian, de guisa que cosa algu-
»na no obraban de su virtut. E torné a ti y dixete: «Breçayda, no te quexes,
»que no es el dia como tú piensas.» E fueste tú muy alegre con las nuevas
»que te yo dixe...»

Como Shakespeare conoció las *Historias de Troya* en la versión de Guillermo Caxton, y tomó de allí el argumento de *Troilos and Cressida,* puede explicarse fácilmente la analogía de ambos pasajes.

imitación la *Sátyra* misma, tanto en la prosa como en los versos. Por lo demás, el libro de Juan Rodríguez, en medio de sus rarezas, tiene valor autobiográfico y un cierto género de inspiración romántica y caballeresca, de que la *Sátyra de felice e infelice vida* enteramente carece; reduciéndose a una serie de insulsas lamentaciones atestadas de todos los lugares comunes de la poesía erótica de entonces, sin que tal monotonía se interrumpa, antes bien se refuerza, con el obligado cortejo de figuras alegóricas tan pálidas como *la Discreción, la Piedad* y *la Prudencia*.

El simpático y desventurado príncipe que con este fruto algo acedo de su ingenio se mezclaba al coro literario del siglo XVI, es una noble y trágica figura histórica, cuya vida corta y azarosa (1429-1466) se desenvolvió casi siempre fuera de Portugal, lo cual explica que no dejase ningún escrito en su nativa lengua. La catástrofe de su padre, el infante Don Pedro, en Alfarrobeira; la persecución de su familia y la confiscación de sus bienes, le obligaron a buscar asilo en Castilla desde 1449 a 1457. Entonces fué cuando dió la última forma a su extraño libro, del cual hizo presente a su hermana la reina de Portugal Doña Isabel, no menos desdichada que él, puesto que murió en edad muy temprana, no sin sospechas de envenenamiento. De la dedicatoria se infiere que había comenzado a escribir en portugués, pero que «traido »el texto a la deseada fin, e parte de las glosas en lengua portu- »guesa acabadas», determinó traducirlo todo «e lo que restaba »acabar en este castellano idioma; porque segund antiguamente »es dicho, e la experiencia lo demuestra, todas las cosas nuevas »aplazen». Haciendo alarde de su infantil erudición, y para que su obra no pareciese *desnuda y sola,* llenó las márgenes de copiosas e impertinentísimas glosas, que con muy buen acuerdo ha suprimido en gran parte el editor moderno;[1] porque no contienen

---

[1] Don Antonio Paz y Melia, en el tomo de *Opúsculos literarios de los siglos XIV a XVI,* dado a luz por la Sociedad de Bibliófilos Españoles en 1892. Esta edición va ajustada al único códice de la *Sátira* que se conoce, y es el de la Biblioteca Nacional de Madrid, copiado en Cataluña dos años después de la muerte del Condestable, según consta en la suscripción final:

más que triviales especies de mitología e historia antigua, salvo algunas de excepcional valor por referirse a personajes españoles, como la interesante y larga nota en que se describen las virtudes de Santa Isabel de Portugal, y el curiosísimo pasaje relativo al enamorado Macías, «grande e virtuoso martir de Cupido», cuya pasión y trágico fin están contados de un modo mucho más romántico que en las versiones ordinarias, si bien el Condestable no le concede más que la segunda silla o *cadira* en la corte de Cupido, reservándose para sí propio la primera, como prototipo de leales amadores.

Nada menos satírico que esta llamada *Sátira*, como nada menos dramático que la *Comedieta de Ponza*. Estos caprichosos títulos corresponden a una preceptiva infantil, en que los géneros literarios tenían distintos nombres que ahora. El Condestable dice que llamó a su obra «Sátira, que quiere decir reprehensión con »ánimo amigable de corregir; e aun este nombre *Sátira* viene de *satura*, que es loor» *(sic)*. Y como en la obra se loa *el femíneo linaje*, y el autor se reprende a sí mismo, va mezclada de alabanza y de corrección, entendiéndose por *vida infeliz* la del poeta y por *feliz* la de su dama. Esto en cuanto al título, pues en cuanto a la materia, este fastidiosísimo libro, que su autor tuvo más de una vez propósito de sacrificar al *Dios Vulcano*, con lo cual ciertamente no se hubiera perdido mucho, es una especie de novela alegórica del género sentimental, aunque de pobre y trivialísimo argumento.

Expresamente declaró el Condestable que era éste el primer fruto de sus estudios, a la par que la historia de sus primeros amores, entre los catorce y los diez y ocho años. Tal circunstancia desarma mucho la severidad del lector, a la vez que explica la

---

«*Fou acabad lo present libre a X de May any 1468 de ma den Cristofol Bosch librater.*»

La dedicatoria tiene este encabezamiento: «Siguese la epistola a la muy »famosa, muy excellente Princesa, muy devota, muy virtuosa e perfecta se- »ñora doña Isabel, por la deifica mano Reyna de Portugal, gran señora en »las Libianas partes, embiada por el su en obediencia menor hermano e en »desseo perpetuo mayor servidor.»

confusa mezcla de imitaciones sagradas [1] y profanas, la fácil erudición traída por los cabellos y el continuo recuerdo de otros libros contemporáneos, como el *De las claras y virtuosas mujeres,* de don Álvaro de Luna, que explotó mucho para las glosas. Creemos que fué el Condestable el primer portugués que escribió en prosa castellana, y no se puede decir que fuesen infructuosos sus esfuerzos. Siguió la corriente latinista, abusando del hipérbaton, a veces en términos ridículos, [2] que sólo admiten comparación con el hórrido galimatías de don Enrique de Villena; pero otras veces, como por instinto o imitando la *Vita Nuova*, que seguramente conocía, acertó a dar a la frase un grado notable de viveza y elegancia, mostrando ciertas condiciones pintorescas y algún sentido de la armonía del período. [3] Su manera, en los buenos

---

[1] Para encarecer su desesperación amatoria se vale de palabras del *Libro de Job:* «¡Maldito sea el dia en que primero amé, la noche que velando sin recelar la temedera muerte, puse el firme sello a mi infinito querer e iuré mi servidumbre ser fasta el fin de mis dias! No se recuerde Dios dél e quede enfuscado e escuro syn toda lumbre. Sea lleno de muerte e de mal andanza. Aquella noche tenebrosa, turbiones, relampagos, lluvias con terrible tempestad acompañen. Aquel dia no sea contado en los dias del año; no se nombre en los meses. Sea aquella noche sola e de toda maldicion digna... ¿Para qué fue a hombre tan infortunado luz dada, sino escuridad e tinieblas? ¿Para qué al que vive en toda pena e tormento vida le fue dada, sino que fuera como que no fuera, del vientre salido, metido en la tumba?»

[2] Véase, por ejemplo, la jerigonza con que acaba el libro:
«Fenescida (la *Sátira*) quando Delfico declinaba del cerco meridiano a la cauda del dragon llegado, e la muy esclarecida Virgen Latona en aquel mismo punto sin ladeza al encuentro venida, la serenidad del su fermoso hermano sufuscaba; la volante aguila con el tornado pico rasgaba las propias carnes e la corneia muy alto gridaba fuera del usado son; gotas de pluvia sangrientas moiaban las verdes yerbas; Euro e Zefiro, entrados en las concavidades de nuestra madre, queriendo sortir, sin fallar salida, la fazian temblar; e yo, sin ventura, padesciente, la desnuda e bicortante espada en la mi diestra miraba, titubando con dudoso pensamiento e demudada cara si era mejor prestamente morir o asperar la dubdosa respuesta me dar consuelo.»

[3] Trozo agradable, por ejemplo, es el siguiente:
«Assi caminava, semblando a aquellos que pasando los Alpes, el terrible frio de la nieve e agudo viento dan fin a sus dolorosas vidas; que assi pegados en las sillas, helados del frio, siguen su viaje fasta que de aquéllas,

trozos, parece ya muy próxima al tipo que habían de fijar en Castilla el autor de la *Cárcel de Amor* y en Portugal el de *Menina e Moça*. [Cf. Ad. Vol. II.]

No es fácil conjeturar quién fuese la hermosa Princesa (así la nombra) que inspiró al Condestable esta juvenil pasión, puesto que, a despecho de las afectaciones del estilo, creemos que se trata de amores verdaderos. En las ponderaciones de su belleza, discreción y honestidad no pone tasa, llegando a aplicarla aquel mismo encarecimiento poco ortodoxo que Cartagena hizo de nuestra Reina Católica. Salvo la Madre de Dios, «no nascio, desde aque-»lla que fue formada de la costilla... quien a sus pies por méritos »de gloriosa virtud asentarse debiese». Y en verso todavía pasa más la raya, según necio estilo de trovadores:

> Oid tan gran culpa vos,
> Cumbre de la gentileza,
> Mi gozo, *mi solo Dios*,
> Mi placer e mi tristeza
> De mi vida.

Las poesías con que la *Sátyra* del Condestable acaba son en extremo conceptuosas y alambicadas, pero están escritas con soltura muy digna de notarse en un poeta que no tenía el castellano por lengua nativa.

La fecha de la *Sátira de felice e infelice vida*, no puede traerse más acá de 1455, puesto que aquel año pasó de esta vida la reina Isabel de Portugal a quien está dedicada. Precisamente este doloroso suceso prestó argumento a otra obra del Condestable mucho más importante y digna de elogio que la *Sátira*, aunque aquí no haremos más que mencionarla, porque pertenece a los dominios de la filosofía moral, no a los de la ficción amena, y es en fondo y forma una elocuente imitación del tratado *De Consolatione*

»no con querer o desquerer suyo, son apartados e dados a la fria tierra. Tal »parecia como los navegantes por la mar de las Serenas, que, oindo el dulce »e melodioso canto de aquéllas, desamparado todo el gobierno de sus naos, »embriagados e adormescidos, alli fallan la su postrimeria...»
El retrato de la dama tiene también algunos toques graciosos, mezclados con otros de muy mal gusto.

de Boecio, intercalando, a imitación suya, la prosa con los metros, a los cuales procuró dar toda la variedad que estaba a su alcance, puesto que además de las octavas de arte mayor usó los versos de siete y de seis sílabas combinados de varias maneras. Tal es la *Tragedia de la insigne Reina Doña Isabel,* de la cual dió la primera noticia de 1840 Federico Bellermann,[1] sin que los eruditos peninsulares se hiciesen cargo de ella, hasta que en fecha muy reciente, y en ocasión para mí memorable, la publicó íntegra, acompañada de un estudio tan sabio y profundo como todos los suyos, la ilustre romanista doña Carolina Michaëlis de Vasconcellos.[2] Tanto la prosa como los versos de la *Tragedia* son muy superiores a todo lo que conocíamos del Condestable. Hasta los lugares comunes de la ética consolatoria, que no podían menos de ser el fondo de la composición, están como rejuvenecidos por el sentimiento personal del poeta, que recorre todos los grados del dolor hasta conquistar la resignación sumisa. Es, como ha dicho su editora, un *Recuerde el alma dormida,* escrito en prosa poética y puesto en boca del viejo Cronos, único personaje alegórico que en la obra interviene.

El género de las prosas poéticas, a estilo de Boccaccio, está representado en la literatura catalana por el fecundo y clásico escritor Mosén Juan Roiz de Corella, tan penetrado de la influencia italiana, que sus endecasílabos, aunque sujetos todavía a la cesura obligada de la cuarta sílaba, se mueven con una gentileza muy apartada de la monotonía del tipo provenzal. Su prosa es muy elegante y estudiada, tanto en las obras profanas como en las sagradas, y la aplicó a muy diversos géneros de narraciones, especialmente a las mitológicas, tomando de Ovidio la mayor parte de sus argumentos: «razonamiento de Telamón y Ulises sobre las armas de Aquiles»; «llanto de la reina Hécuba sobre la muerte de Príamo»; «historia de Leandro y Ero»; «lamentaciones

---

[1] *Die alten Liederbücher der Portugiesen oder Beiträge zur Geschichte der portugiesischen Poesie vom dreizehnten bis zum Anfang des sechzernten Jahrhunderts, Berlin; bei Ferdinand Dümmter.* 1840. Págs. 29-31.

[2] *Homenaje a Menéndez y Pelayo en el año vigésimo de su profesorado. Estudios de erudición española...* Madrid, 1899, págs. 637-732.

de Mirra, Narciso y Tisbe»; «fábulas de Orfeo, Scyla y Nyso, Pasifae y Minos, Progne y Filomena, Biblis y Cauno»; «juicio de Paris»; «carta que Aquiles escribió a Policena en el sitio de Troya»; y aun no sé si las he mencionado todas.[1] Ovidio y Boccaccio juntos explican la elaboración de estas piezas. Pero hay entre ellas una microscópica novelita amatoria, en prosa y verso, la *Tragedia de Caldesa*,[2] que parece referirse a un hecho real de la vida del autor, puesto que a una dama de ese nombre están dedicadas varias composiciones suyas y además la acción se supone en Valencia. El fragmento de la llamada *Tragedia*, aunque no limpio de afectaciones retóricas, tiene pasión y brío. El poeta sorprende a su amada en flagrante delito de infidelidad, se querella desesperadamente y lanza contra sí mismo atroces maldiciones si vuelve a acordarse de tal amor. Ella, con muchas lágrimas, suspiros y sollozos, pide perdón por su culpa en versos amorosísimos:

>   Si us par que y bast | per vostres mans espire,
>   O si voleu | cuberta de salici
>   Iré pel mon | peregrinant romera.

Muy lentos habían sido, como se ve, los pasos de la ficción sentimental en España durante la mayor parte del siglo XV. Sólo al fin de aquella centuria, y en la corte de los Reyes Católicos, apareció el notable ingenio, que, dando forma definitiva a esta clase de libros, acertó a escribir uno que conquistó inmediatamente el aplauso de sus contemporáneos y corrió triunfante por Europa, leído y admirado donde quiera. Tal suerte cupo a la *Cárcel de Amor*, obra del bachiller Diego de San Pedro, de cuya persona poco sabemos, salvo que anduvo al servicio del

---

[1] Varias de ellas existen en un códice de la biblioteca de la Universidad de Valencia, procedente de la Mayansiana, y cuyo índice publicó ya Ximeno *(Escritores del Reyno de Valencia*, I, 63). Otras en el *Jardinets d' Orats* de la Biblioteca Universitaria de Barcelona, publicado sólo en parte, y muy incorrectamente, por Pelayo Briz.

[2] *Jardinet d'Orats, manuscrit del segle XV (fragment) publicat por Francesch Pelay Briz* (Barcelona, 1869), págs. 117-120.

Maestre de Calatrava don Pedro Girón y del Alcaide de los Donceles,[1] y que tuvo en nombre del primero la tenencia de la fortaleza de Peñafiel y otros lugares.[2]

No fué la *Cárcel de Amor* su primer ensayo novelesco. Un año antes, en 1491, había publicado otra novela del mismo carácter, el

---

[1] Pudiera sospecharse que fué de origen judío, si es que a él se refieren estas anécdotas que trae don Luis Zapata en su *Miscelánea* (pág. 395):

«Al *que trobó la Pasion* dijeron y no sin causa, que lo había dicho tan »bien como testigo de vista. Este prometio a otro de su jaez que haria cierta »cosa, y añadio que la daba su fe y palabra de ello. Tardabase en cumplir »la promesa, y dijo el otro: «Señor, hacedlo, pues me disteis vuestra fe de »hacello.» «Señor (dijo aquél), yo no puedo agora, y si os di mi fe, fué para »remendar la vuestra.» Estaba alli otro hombre honrado, y por ponerlos en »paz dijo: «Bien está, señores, que como sois ambos de un paño, no se pare»cerá el remiendo.»

«Dicen que entre los mismos confesos envio a tratar el uno con el otro »de darle su hija en casamiento, y él le respondió: «Señor compadre, en mer»ced os tengo la oferta, mas de judio harto tenemos aca, aunque no tan »ruin como lo vuestro.»

Entre las *Pasiones trovadas* ninguna fué tan popular entre los devotos como la de Diego de San Pedro, de la cual todavía se hicieron ediciones en el siglo XVIII. La última que conozco es del año 1720.

[2] Así resulta de las siguientes noticias, que debo a la buena amistad de los doctos investigadores don Francisco Rodríguez Marín y don Manuel Serrano y Sanz.

Por haber quedado sin efecto la donación que Enrique IV había hecho al Maestre de Calatrava don Pedro Girón de la ciudad de Alcaraz, y la merced que también le otorgó de la villa de Fregenal de la Sierra, se hizo donación al referido Maestre, en 7 de octubre de 1459, de la villa de Gumiel de Izán, Briones y los lugares de Langayo, San Mamés y Pinel de Abajo, en tierra de Peñafiel. En 1º de noviembre del mismo año, el dicho Maestre confirió poder en Segovia, ante el escribano Fernando Yáñez de Badajoz, al *Bachiller Diego de San Pedro* para tomar la posesión de aquella villa, sus aldeas, jurisdicción y rentas, y así lo verificó éste, según consta por copia de tal posesión (Gumiel de Izán, 21 del mismo mes).

(Archivo de la Casa Osuna, bolsa 10, legajo, 1º, núms. 5 y 6.)

A virtud de otro poder del Maestre (Peñafiel, 24 de noviembre de 1459), otorgado ante el mencionado escribano Yáñez de Badajoz, Diego de San Pedro, en 23 y 24 del dicho mes, tomó posesión de la villa y lugar de Pinel de Abajo y de los lugares de Langayo y San Mamés.

Empieza así el poder del Maestre: «Don Pedro Giron, por la gracia de »Dios, Maestre de la caballería de la orden de Calatrava, etc., etc.

»Damos nuestro poder cumplido con general administracion, segun y »como mejor podemos y devemos, a vos el Bachiller Diego de San Pedro,

Tratado de amores de Arnalte y Lucenda, enderesçado a las damas de la reina doña Isabel; en el qual hallarán cartas y razonamientos de amores de mucho primor y gentileza. Este librito es de tan extraordinaria rareza [1] que nunca he podido leerle en castellano, a pesar de existir cuatro ediciones por lo menos, teniendo que valerme

»para que por nos e *en nuestro* nombre e para nos mesmos, podades tomar
»e tomedes la posesion vel cuasi de los dichos lugares, etc., etc., = que poda-
»des facer e fagades todos e qualesquier acttos de posesion, asi en quitar
»qualesquier oficios de *Alcaidia,* e rregimiento e alguacilazgo e escrivanias
»e otros cualesquier oficios de los dichos lugares.»

Se autoriza además a Diego de San Pedro para presentar a los pueblos cartas reales de la donación hecha a don Pedro Girón de los mismos por los reyes.

Sigue al poder la toma de posesión, en la que los vasallos besaron las manos al San Pedro como si fuera el Señor.

(Archivo de la Casa de Osuna, bolsa 9ª, letra Y, legajo 1º, núms. 14, 15 y 16.)

El mismo Maestre don Pedro Girón, en su testamento, otorgado en Villarrubia a 28 de abril de 1466, ante el escribano Gil Gómez de Porras, legó al *bachiller Diego de San Pedro, teniente de Peñafiel,* veinte mill maravedís.

(Archivo de la misma Casa, bolsa 19, núm. 1.)

Este testamento ha sido publicado íntegramente por don F. R. de Uhagón en los apéndices a su discurso de entrada en la Academia de la Historia.

Opina el señor Rodríguez Marín, que la dedicatoria del *Desprecio de la Fortuna,* en que San Pedro dice: «Veintinueve años sirviendo comunico con V. S.», se refiere a don Juan Téllez Girón, segundo Conde de Ureña, nacido con su hermano gemelo don Rodrigo, el Maestre, en 1456, y Conde desde 1469, año en que murió su hermano mayor don Alfonso, primero de aquel título. Don Juan murió a 21 de mayo de 1528. Por la frase copiada parece darse a entender la edad de aquel prócer. Siendo así, el *Desprecio de la Fortuna* resultaría escrito, o a lo menos dedicado, en 1485.

[1] Cítanse de él las dos siguientes ediciones castellanas:

Tractado de amores de Arnalte e Lucenda.

(Al fin): «Acabase este tractado llamado San Pedro a las damas de la »reyna nuestra señora. Fue empreso en la muy noble y muy leal çibdad »de Burgos por Fadrique Aleman, en el año del naçimiento de nuestro Sal- »vador ihsu christo, de mill y CCCC y noventa e un años, a XXV dias de »noviembre.» 4º gót. Sin foliatura ni reclamos (Descrito por don Pascual Gayangos).

—*Tractado de Arnalte y Lucenda por elegante y muy gentil estilo hecho por Diego de Sanct Pedro y enderesçado a las damas de la reina doña Isabel. En el qual hallarán cartas y razonamientos de amores de mucho primor y gen-*

para el extracto que voy a dar de las dos traducciones, francesa de Herberay des Essarts e italiana de Bartolomé Maraffi, que varias veces se imprimieron juntas.[1] Fué además traducida dos veces al inglés en prosa y verso.[2]

La fábula de esta novelita, que Diego de San Pedro fingió haber traducido del griego,[3] es muy semejante a la de la *Cárcel*

---

tileza, según que por el veran. Impresso en B. por A. D. M. Año de 1522.

(Al fin). «Aqui se acaba el libro de Arnalte y Lucenda... fue agora postreramente impresso... en Burgos, por Alonso de Melgar.» 4º gót. de 28 hojas. (Descrito por Brunet.) Hay un ejemplar en la Biblioteca Nacional de París.

Quadrio cita una edición de Sevilla, 1525, y don Ignacio de Asso *(De libris quibusdam rarioribus),* otra de Burgos, 1527.

[1] *Petit Traité de Arnalte et Lucenda. Piccolo trattato d'Arnalte et di Lucenda intitolato L'Amante mal trattato dalla sua amorosa, nouamente per Bartholomeu Maraffi Fiorentino in lingua Thoscana tradotto. A Lyon. A l'Escu de Milan. Par la vefue Gabriel Cotier,* 1578. 8º pequeño, 251 páginas (Biblioteca Nacional).

La traducción de Nicolás Herberay, Señor des Essarts, que aquí se reproduce, había sido impresa en París, 1539, con el título de *L'amant mal tracté de sa mye,* y reimpreso en Tolosa, 1546. Con su título verdadero y la indicación expresa del nombre del traductor, acompañado de su divisa, apareció en 1548.

—*Petit traité de Arnalte et Lucenda autrefois traduit de langue espagnole en la françoyse, et intitulé l' amant maltraité de sa mye; par le seigneur des Essars Nicolats de Herberay, acuerdo olvido. Paris, Estienne Groulleau,* año 1548. 16º.

Brunet enumera otras ediciones de París, 1561; Lyon, 1550; Gante, 1556. Omite la de Lyon, 1578, pero trae otra de la misma ciudad, 1583, que incluye también la traducción italiana de Maraffi.

[2] *The pretie and wittie historie of Arnalte and Lucenda, wit certain rules and dialogues set foorth for the learner of th' Italian tong.* Londres 1575.

El traductor es Claudio Holyband, que se valió de la versión de Bartolomé Maraffi. La suya fué reimpresa en 1591 y 1597. La traducción en verso es de Leonardo Lawrence (Londres, 1639), según Brunet.

[3] «Avertisca vostra prudenza, nobili lettori, che l'Authore della presen-
»te lamentevole storia, fù un nobilissimo Greco che per alcune faccende
»caualcando, ismarrito arrivó in un solitario luogo, doue un valorosissimo
»cavalier Thebano Arnalte nominato, fatto edificare un palagio scuro et ma-
»linconico, con molti suoi servidori (come romito) in continovi sospiri, la-
»menti et pianti, havitava. Da cui humanissimamente ricevuto et acarezzato,
»fù di tutta la miserabile et pietosa disgrazia sua pienamente informato:
»et assai pregato che per honore delle graziose, pietose, et virtuose Don-
»ne: et per utile degl' incauti et troppo arditi giovani, egli la scrivesse, et la

de Amor y puede considerarse como su primer esbozo. El autor, extraviado por una selva,[1] llega a un castillo, que desde los cimientos hasta la cumbre estaba pintado de negro. Tropieza con unos hombres de aspecto muy melancólico. El que parecía señor de los otros, lanzaba dolorosos suspiros. Recibe cortésmente al caballero y le conduce a su morada, en que todas las cosas representaban gran dolor. Le agasaja, no obstante, con una delicada cena, y le conduce a la cámara donde había de pasar la noche. Oye durante ella músicas tristes, lamentos y suspiros angustiosos del atribulado señor del castillo. A la mañana vuelve éste para conducirle a la iglesia, donde descollaba un túmulo enlutado, que era el que el castellano tenía reservado para sí. A la hora del desayuno platican de diversas materias, y finalmente, el afligido caballero le refiere su historia. Se llamaba Arnalte, y era natural de Tebas. Enamoróse de Lucenda, viendo el gran duelo que hacía en los funerales de su padre. La enviaba por medio de un servidor cartas y mensajes que se transcriben a la letra. La dama hace pedazos la primera carta. Sabedor Arnalte de que Lucenda va a maitines en la vigilia de Navidad, determina disfrazarse de mujer para poder hablar con ella, y así lo ejecuta, Ella le contesta *con una voce tremolante,* quitándole toda esperanza. Intercálase una canción que entonó una noche el amador delante de las ventanas de su dama, traducida en un soneto italiano y en tres cuartetas francesas. Nuevas y fastidiosas lamenta-

---

»facesse venire in chiara luce, et notitia d' il Mondo. Il che prontamente
»senza alcuna dimora da lui in lingua greca, senza il suo propio nome fù
»fatto. Fù poi tradotta in spagnuolo, et per l' egregio Messer Niccolo Her-
»berai franzese, poscia in Francese: et al presente (come cosa dignissima d'
»essere in ogni lingua letta) da Bart. Marraffi, Fiorentino, in Thoscana lingua
»ridotto. Ascoltate hora attentamente esso Autore: che senza dubio vi fara
»intenerire i cuori et lagrimare.»

[1] La imitación dantesca parece visible en este principio:

«Sendomi io questa state passata, messo à far un viaggio (piu per la
»necesitá d' altrui, che di mia propia volontà) per il quale mi bisognava gran-
»demente da questo paese allontanare, poi ch' ebbi molto camminato, per
»caso, in un gran deserto mi trovai, non manco di genti solitario, che ad a
»travesarlo difficile. Et perche questo luogo m' era incognito, pensando io
»d' andare pe'l mio dritto cammino, ismarrito mi ritrouai...»

ciones de Arnalte. El rey le manda concurrir a unas justas que los caballeros de la corte habían ordenado. Son invitadas las damas a la mascarada de la noche y al torneo del día. Descripción de la divisa del caballero. Durante las máscaras Arnalte logra introducir una carta *nella tasca della veste* de Lucenda, que por estar presente la reina se ve obligada a disimular, pero luego nada responde. Belisa, hermana de Arnalte, viéndole tan afligido, le pregunta la causa de su mal, y él se niega a manifestársela. Confíase al fin a su amigo Gerso, que vivía cerca de Lucenda, pero no consigue verla en ninguna de las varias ocasiones en que va a su casa. Belisa, informada secretamente del motivo de las tristezas de su hermano, comienza a frecuentar asiduamente a Lucenda, de quien era amiga. Razonamiento de Belisa a Lucenda. Réplica de Lucenda negándose a admitir los obsequios amorosos de Arnalte. Nueva embajada de Belisa, que quiere picar a Lucenda, diciéndola que su hermano renuncia a su loco amor y va a ausentarse. Lucenda consiente en escribir por una vez sola a Arnalte, a condición de que desista de su amor. Extremos que hizo Arnalte al recibir de manos de su hermana la carta de Lucenda. Vuelve a escribir, suplicando que le permita verla antes de partir, y no a solas, sino en presencia de Belisa, lo cual consigue después de largas instancias.

«Entonces (prosigue) todas mis penas se trocaron en alegría »por haber conseguido tal victoria. De tal modo aquellas benditas »nuevas festejaron mi ánimo y mi corazón; de tal modo me acari- »ciaba el amor, que no deseaba ya cosa alguna, aunque en reali- »dad nada tenía. Y cuando llegó la hora que teníamos aplazada »para ir al sitio señalado, mi hermana y yo nos dirigimos, al salir »el sol, a una iglesia de religiosos, y allí me retiré a una pequeña »estancia, donde ella solía confesarse y donde no tardó en apa- »recer.» En la entrevista obtiene Arnalte hasta el singular favor de besarla la mano, pero a condición de que en adelante no sea tan importuno. «¡Oh Dios (exclama), si alguien me hubiese dado »a escoger entre el imperio del mundo y perder el bien que había »conseguido, llamo por testigos a los que perfectamente aman,

»de que hubiera preciado mucho más mi contentamiento que la
»monarquía universal!»

Algo fortalecido con aquella muestra de cortesía y piedad, que él tomó por signo de amor, consiente en acompañar a su hermana a un lugar que tenía cerca de la ciudad de Tebas, para distraerse con la caza de cetrería. Pero un día le asaltan tristes agüeros al montar a caballo. «De subito, el tiempo, que era claro
»y sereno, apareció nebuloso y lleno de tempestad. Un lebrel
»que yo mucho amaba, empezó a dar saltos entre mis piernas,
»y temblando sin cesar, lanzaba espantosos aullidos. Pero yo,
»que entonces me cuidaba poco de presagios y de casos semejan-
»tes, por ninguna de estas cosas quise abandonar mi empresa,
»antes con un halcon en el puño sali a correr el campo. Pero ape-
»nas habia comenzado a caminar, me acordé de que hacia mucho
»tiempo no habia visto al caballero Gierso, de quien antes te he
»hablado, y empecé a considerar que nunca despues que le hube
»manifestado el afecto que por Lucenda sentia me habia mostrado
»el buen semblante que antes solia, sino que poco a poco se habia
»ido alejando de mí, no visitandome ya ni cuidándose de saber
»nuevas mias. Y como la mayor parte de los hombres son varia-
»bles en sus amistades, pensé que esta habria sido la causa de su
»ausencia. Y por otro lado pareciame cosa imposible en él verme
»padecer cuando me podia prestar algun alivio. Mientras yo revol-
»via estos pensamientos, el halcón que llevaba en el puño cayó
»por tierra muerto, lo que me confirmó en la sospecha que habia
»empezado a tener de mi compañero Gierso, y me acordé también
»de aquel perro que a la madrugada habia aullado tan dolorosa-
»mente; y perdido el gusto con esto, determiné volverme a casa.
»Pero antes quise subir a una colina desde donde se parecia el
»castillo de Lucenda, y senti un rumor de musicales instrumentos
»que resonaban entre las montañas; lo cual me pareció extraño
»porque la estacion no era conveniente para tales solaces, y me
»puso más pensativo que antes, entrando en gran sospecha de mi
»futuro daño. No acertaba a mover los pies de alli, y sólo cuando
»la noche sobrevino comencé a retirarme a casa de mi hermana,
»la cual tenia costumbre de salir a esperarme a la puerta, y enton-

»ces no vino, acrecentándose con esto los temores y angustias de »mi ánimo. Y lo que fue todavía peor: cuando llegué donde ella »estaba no me dijo palabra, pero tenia la cara tan triste que era »muy de maravillar.»

Al fin, entre sollozos y lágrimas, su hermana le declara que Lucenda se había casado con su falso y pérfido amigo *Gierso*. Arnalte cae desmayado, y cuando vuelve en sí hace pedazos las cartas de Lucenda, se arranca la barba y los cabellos, y viste a todos sus servidores de duelo. Una criada y confidenta de Lucenda viene a hacerle saber de parte de su señora que se ha casado, no por su voluntad, sino por importunidad de sus parientes. Con esto toda la indignación de Arnalte recae sobre Gierso, a quien envía un cartel de desafío, retándole para delante del rey como traidor y felón. Gierso acepta el reto, pero alegando que uno de los motivos que había tenido para casarse con Lucenda era curar a su amigo de su insensata pasión, haciéndole perder toda esperanza. El rey les concede campo para el desafío, y Arnalte vence y mata a Gierso. Pero Lucenda, justamente ofendida, no quiere que su mano sea galardón del matador, y entra de monja profesa en un convento, rechazando las solicitudes de Belisa en favor de su hermano. Arnalte determina retirarse a la soledad, a pesar de los consuelos de Belisa, edifica el lúgubre castillo y se sepulta en él de por vida.

El interés romántico de esta sencilla y patética historia, que resultará más agradable de seguro en el estilo ingenuamente retórico de Diego de San Pedro, explica el éxito que tuvo, no sólo en España,[1] sino en Italia, en Francia y en Inglaterra. No eran frecuentes todavía narraciones tan tiernas y humanas, conducidas y desenlazadas por medios tan sencillos, y en que una pasión

---

[1] De su popularidad da testimonio Fr. Antonio de Guevara en el primer prólogo de su *Relox de Principes* (Valladolid, 1529): «Compassion es de »ver los dias y las noches que consumen muchos en leer libros vanos: es a sa-»ber, a Amadis, a Primaleon, a Durarte (?), a *Lucenda*, a Calixto, con la »doctrina de los quales ossaré dezir que no passan tiempo, sino que pierden »el tiempo; porque allí no deprenden cómo se han de apartar de los vicios, »sino qué primores ternán para ser más viciosos» (Fol. VII).

verdadera y finalmente observada es el alma de todo. Bajo este aspecto quizá *Arnalte y Lucenda* aventaja a la *Cárcel de Amor*, que es más larga, más complicada, más novela en fin, pero que adolece por lo mismo de graves defectos de composición, inevitables acaso en un arte tan primitivo.

Es la *Cárcel de Amor* libro más célebre hoy que leído, aunque merece serlo, siquiera por la gentileza de su prosa en los trechos en que no es demasiadamente retórica. Fúndense en esta singular composición elementos de muy varia procedencia, predominando entre ellos el de la novela íntima y psicológica, tipo de la *Fiammetta* de Boccaccio. Pero a semejanza de Juan Rodríguez del Padrón, ingiere Diego de San Pedro en el cuento de los amores de su protagonista Leriano (que quizá sean, aunque algo velados, los suyos propios), episodios de carácter enteramente caballeresco, guerras y desafíos, y durísimas prisiones en castillos encantados; diserta prolijamente sobre las excelencias del sexo femenino, tema tan vulgar en la literatura cortesana del siglo xv, y lo envuelve todo en una visión alegórica, dando así nuevo testimonio de la influencia dantesca, que trascendía aún a todas las ramas del árbol poético cuando se escribió la *Cárcel*. En la cual no es menos digno de repararse, y puede atribuirse, según ya apunté, a la influencia del cuento latino de Eneas Silvio, el empleo de la forma epistolar; con tanta frecuencia, que una gran parte de la novela está compuesta en cartas; lo cual, unido a las tintas lúgubres del cuadro y a lo frenético y desgraciado de la pasión del héroe, y aun al suicidio (si bien lento y por hambre) con que la narración acaba, hace pensar involuntariamente en el *Werther* y en sus imitadores, que fueron legión en las postrimerías del siglo xviii y en los albores del xix. Observación es ésta que no se ocultó a la erudición y perspicacia de don Luis Usoz, el cual dice en su prólogo al *Cancionero de Burlas:* «La *Cárcel de Amor* es el *Werther's Leiden* de aquellos tiempos.»

Aunque erróneamente suele incluirse la *Cárcel de Amor* entre las producciones del reinado de don Juan II, basta leerla para convencerse de que no pudo ser escrita antes de 1465, en que empezó a ser Maestre de Calatrava don Rodrigo Téllez Girón, y además la dedicatoria a Diego Hernández, alcaide de los Donceles, retrasa todavía más la fecha del libro, que no puede ser anterior al tiempo de los Reyes Católicos.

Finge el autor que yendo perdido por unos valles hondos y oscuros de Sierra Morena, ve salir a su encuentro «un caballero, »assi feroz de presencia como espantoso de vista, cubierto todo de »cabello a manera de salvaje», el cual llevaba en la mano izquierda un escudo de acero muy fuerte y en la derecha «una imagen fe- »menil entallada en una piedra muy clara. El tal caballero, que »no era otro que el Deseo», principal oficial en la casa del Amor, llevaba encadenado detrás de sí a un cuitado amador, el cual suplica al caminante que se apiade de él. Hácelo así Diego de San Pedro, no sin algún sobresalto; y vencida una agria sierra llega, al despuntar la mañana, a una fortaleza de extraña arquitectura, que es la durísima *cárcel de amor*, simbolizada en el título del libro. Traspasada la puerta de hierro, y penetrando en los más recónditos aposentos de la casa, ve allí sentado en silla de fuego a un infeliz cautivo, que era atormentado de muy recias y exquisitas maneras. «Vi que las tres cadenas de las ymagenes que estaban en »lo alto de la torre, tenían atado aquel triste, que siempre se que- »maba y nunca se acababa de quemar. Noté más, que dos dueñas »lastimeras, con rostros llorosos y tristes le servian y adornaban, »poniendole en la cabeza una corona de unas puntas de hierro »sin ninguna piedad, que le traspasaban todo el cerebro. Vi más, »que cuando le truxeron de comer, le pusieron una mesa negra, »y tres servidores mucho diligentes, los quales le daban con gra- »ve sentimiento de comer... Y ninguna destas cosas pudiera ver »segun la escuridad de la torre, si no fuera por un claro resplan- »dor que le salia al preso del corazón, que le esclarescia todo.»

Aquí la imitación del Santo Grial y de la penitencia del rey Amfortas es evidente, aunque transportada de la materia sagrada a la profana. El prisionero, mezclando las discretas razones con las lágrimas, declara llamarse *Leriano*, hijo de un duque de Macedonia y amante desdichado de *Laureola*, hija del rey Gaulo. Y tras esto explica el simbolismo de aquel encantado castillo, terminando por pedir al visitante que lleve de su parte un recado a Laureola, diciéndola en qué tormentos le ha visto. Promete el autor cumplirlo, no sin proponer antes algunas dificultades fundadas en ser persona de diferente lengua y nación, y muy distante del alto estado de la señora Laureola. Pero al fin emprende el camino de la ciudad de Suria, donde estaba el rey de Macedonia, y entrando en relaciones de amistad con varios mancebos cortesanos, de los principales de aquella nación, logra llegar a la presencia de la infanta Laureola y darle la embajada de su amante. «Si como eres de España fueras de Macedonia (contesta la don»cella), tu razonamiento y tu vida acabaran a un tiempo.» Tal aspereza va amasándose en sucesivas entrevistas, aunque el cambio se manifiesta menos por palabras que por otros indicios y señales que curiosa y sagazmente nota el autor. «Si Leriano se nombraba »en su presencia, desatinaba de lo que decía, volviase subito colo»rada y despues amarilla; tornabase ronca su voz, secabasele la »boca.» Establécese, al fin, *proceso de cartas* entre ambos amantes, siendo el poeta medianero en estos tratos. Así prosigue esta correspondencia llena de tiquismiquis amorosos y sutiles requiebros, entreverados con algunos rasgos de pasión sincera, viniendo a formar todo ello una especie de anatomía del amor, nueva ciertamente en la literatura castellana. Al fin, Leriano determina irse a la corte, donde logra honestos favores de su amada. Pero allí le acechaba la envidia de Persio, hijo del señor de Gaula, quien delata al rey sus amores, de resultas de lo cual Laureola es encerrada en un castillo, y Persio, por mandato del rey, reta a Leriano a campal batalla, enviándole su cartel de desafío, «segun las ordenanzas de Macedonia». Los dos adversarios se baten en campo cerrado: Leriano vence a Persio, le corta la mano derecha y le pone en trance de muerte, que el rey evita arrojando su bastón entre los dos contendientes. Pero las astucias y falsedades de Persio prosiguen después de su vencimiento. Soborna testigos falsos que juren haber visto hablar a Leriano y Laureola «en lugares sospechosos y en tiempos deshonestos». El rey condena a muerte a su hija, por la cual interceden en vano el cardenal de Gaula y la reina. Leriano, resuelto a salvar a su amada penetra en la ciudad de Suria con quinientos hombres de armas, asalta la posada de Persio y le mata. Saca de la torre a la princesa, la deja bajo la custodia de su tío Galio y corre a refugiarse en la fortaleza de Susa, donde se defiende valerosamente contra el ejército del rey, que le pone estrechísimo cerco. Pero muy oportunamente viene a atajar sus propósitos de venganza la confesión de uno de los falsos testigos por cuyo juramento había sido condenada Laureola. De él y de sus compañeros se hace presta justicia, y el rey deja libres a Leriano y a Laureola.

Aquí parece que la novela iba a terminar en boda, pero el autor toma otro rumbo y se decide a darla no feliz, sino trágico remate. Laureola, enojada con Leriano por el peligro en que había puesto su honra y su vida con sus amorosos requerimientos, le intima en una carta que no vuelva a comparecer delante de sus ojos. Con esto el infeliz amante pierde el seso y determina dejarse morir de hambre. «Y desconfiando ya de ningun bien ni esperan-»za, aquejado de mortales males, no pudiendo sostenerse ni su-»frirse, hubo de venir a la cama; donde ni quiso comer ni beber, ni »ayudarse de cosa de las que sustentan la vida, llamandose siem-»pre bienaventurado, porque era venido a sazón de hacer servicio »a Laureola, quitandola de enojos.» Sus amigos y parientes hacen los mayores esfuerzos para disuadirle de tan desesperada resolución, y uno de ellos, llamado Tefeo, pronuncia una invectiva contra las mujeres, a la cual Leriano, no obstante la debilidad en que se halla, contesta con un formidable y metódico alegato en favor de ellas, dividido en quince causas y veinte razones, por las cuales los hombres son obligados a estimarlas; trozo que recuerda el *Triunfo de las donas* de Juan Rodríguez del Padrón, más que ninguna otra de las apologías del sexo femenino que en tanta copia se escribieron durante el siglo XV, contestando a las detracciones de los imitadores del *Corbacho*. En este razonamiento (que fué sin duda la principal causa de la prohibición del libro) se sustenta, entre otros disparates teológicos, que las mujeres «no menos nos dotan de las virtudes teologales que de las cardinales», y que todo el que está puesto en algún pensamiento enamorado cree en Dios con más firmeza «porque pudo hacer aquélla que de tanta excelencia y fermosura les paresce», por donde viene a ser tan devoto católico «que ningun Apostol le hace ventaja».[1] El enamorado Leriano desarrolla esta nueva *philographia,* que en la mezcla de lo humano y lo divino anuncia ya los diálogos platónicos de la escuela de León Hebreo.

La novela termina con el lento suicidio del desesperado Leriano (que acaba bebiendo en una copa los pedazos de las cartas de su amada), y con el llanto de su madre, que es uno de los trozos más patéticos del libro, y que manifiestamente fué imitado por el autor de la *Celestina* en el que puso en boca de los padres de Melibea. El efecto trágico de este pasaje de Diego de San Pedro, en que es menos lo declamatorio que lo bien sentido, estriba principalmente en la intervención del elemento fatídico de los agüeros y presagios. «Acaeciame muchas veces, quando más la fuerza

---

[1] «La octava razon es porque nos hazen contemplativos, que tanto nos »damos a la contemplacion de la hermosura y gracias de quien amamos, y »tanto pensamos en nuestras passiones, que quando queremos contemplar la »de Dios, tan tiernos y quebrantados tenemos los corazones, que sus lla- »gas y tormentos parece que recebimos en nosotros mismos, por donde se »conoce que también por aqui nos ayudan para alcanzar la perdurable hol- »ganza.»

Otras razones son más profanas y también más sensatas; por ejemplo, las siguientes, que pongo como muestra del buen estilo de Diego de San Pedro, y curioso *specimen* de la galantería cortesana de la época:

«Por ellas nos desvelamos en el vestir, por ellas estudiamos en el traer, »por ellas nos ataviamos... Por las mujeres se inventan los galanes entre- »talles, las discretas bordaduras, las nuevas invenciones. De grandes bienes »por cierto son causa. Porque nos conciertan la musica y nos hacen gozar »de las dulcedumbres della. ¿Por quién se asonan las dulces canciones, »por quién se cantan los lindos *romances,* por quién se acuerdan las voces, »por quién se adelgazan y *sutilezan* todas las cosas que en el canto consis- »ten?... Ellas crecen las fuerzas a los braceros, y la maña a los luchadores, »y la ligereza a los que voltean y corren y saltan y hazen otras cosas seme- »jantes... Los trobadores ponen por ellas tanto estudio en lo que troban, »que lo bien dicho hazen parecer mejor. Y en tanta manera se adelgazan, »que propiamente lo que sienten en el corazon, ponen por nuevo y galan »estilo en la cancion o invencion o copla que quieren hazer... Por ellas se »ordenaron las reales justas y los pomposos torneos y alegres fiestas. Por »ellas aprovechan las gracias y se acaban y comienzan todas las cosas de »gentileza.»

De esta prosa a la de Boscán, en su traducción de *El Cortesano* de Castiglione, no hay ya más que un paso.

»del sueño me vencia, recordar con un temblor subito que hasta
»la mañana me duraba. Otras vezes, quando en mi oratorio me
»hallaba rezando por su salud, desfallecido el corazon, me cubria
»de un sudor frio, en manera que dende a gran pieza tornaba en
»acuerdo. Hasta los animales me certificaban tu mal. Saliendo un
»dia de mi camara, vinose un can para mí, y dio tan grandes
»aullidos, que asi me cortó el cuerpo y la habla, que de aquel
»lugar no podía moverme. Y con estas cosas daba más crédito
»a mi sospecha que a tus mensajeros; y por satisfacerme, acordé
»de venir a verte, donde hallo cierta la fe que di a los agüeros.»

Aunque la *Cárcel de Amor* (escrita por su autor en Peñafiel, según al fin de ella se declara) quedaba en realidad terminada con la muerte y las exequias de Leriano, no faltó quien encontrase el final demasiado triste, y demasiado áspera y empedernida a Laureola, que ningún sentimiento mostraba de la muerte de su amador. Sin duda por esto, un cierto Nicolás Núñez, de quien hay también en el *Cancionero General* versos no vulgares, añadió una continuación o *cumplimiento* de pocas hojas, en que mezcla con la prosa algunas canciones y villancicos, y describe la aflicción de Laureola y una aparición en sueños del muerto Leriano, que viene a consolar a su amiga. Pero aunque este suplemento fué incluído en casi todas las ediciones de la *Cárcel de Amor*, nunca tuvo gran crédito, ni en realidad lo merecía, siendo cosa de todo punto pegadiza e inútil para la acción de la novela.

Tal es, reducida a breve compendio, la segunda narración amorosa de Diego de San Pedro, interesante en sí misma, y de mucha cuenta en la historia del género por la influencia que tuvo en otras ficciones posteriores. Es cierto que la trama está tejida con muy poco arte, y los elementos que entran en la fábula aparecen confusamente hacinadas o yuxtapuestos, contrastando los lugares comunes de la poesía caballeresca, tales como la falsa acusación de la princesa (que parece arrancada de la Historia de la *Reina Sevilla* o de cualquier libro análogo) con las reminiscencias de la novela sentimental italiana. El mérito principal de la *Cárcel de Amor* se cifra en el estilo, que es casi siempre elegante, sentencioso y expresivo, y en ocasiones apasionado y elocuente.

Hay en toda la obra, singularmente en las arengas y en las epístolas, mucha retórica y no de la mejor clase; muchas antítesis, conceptos falsos, hipérboles desaforadas y sutilezas frías; pero en medio de su inexperiencia no se puede negar a Diego de San Pedro el mérito de haber buscado con tenacidad, y encontrado algunas veces, la expresión patética, creando un tipo de prosa novelesca, en que lo declamatorio anda extrañamente mezclado con lo natural y afectuoso. Este tipo persistió aun en los maestros. Hemos visto que el autor de la *Tragicomedia de Calixto y Melibea* se acordó de la *Cárcel de Amor* en la escena final de su drama; y aun puede sospecharse que el mismo Cervantes debe al alcaide de Peñafiel algo de lo bueno y de lo malo que en esta retórica de las cuitas amorosas contienen los pulidos y espaciosos razonamientos de algunas de las *Novelas Ejemplares* o los episodios sentimentales del *Quijote* (Marcela y Crisóstomo, Luscinda y Cardenio, Dorotea...)

No es maravilla, pues, que la novela de Diego de San Pedro, que tenía además el mérito de ser corta y la novedad de contener una ingeniosa aunque elemental psicología de las pasiones, se convirtiese en el breviario de amor de los cortesanos de su tiempo y fuese reimpresa (sin contar con las dos ediciones incunables de 1492 y 1496 y con la traducción catalana de 1493) más de veinticinco veces en su lengua nativa y más de veinte en las extrañas, siendo vertida al italiano, al francés, al inglés y al alemán, durando esta celebridad hasta fines del siglo XVII, puesto que todavía hay ediciones de Hamburgo de 1660 y 1675.[1] En 1514, la cultísi-

---

[1] La edición más antigua de la *Cárcel de Amor* es la de Sevilla, 1492, que existe en la Biblioteca Nacional, y es la que hemos seguido en esta colección:

—*El seguiente tractado fue fecho a pedimēto del senor don Diego herrnādes: alcayde de los donzeles y de otros caualleros cortesanos; llamase Carcel de amor. Compuso lo San Pedro.* (Al fin): *Acabose esta obra intitulada Carcel de amor. En la muy noble e muy leal cibdad de Sevilla a tres dias de março. Año de 1492 por quatro alemanes compañeros.*

4º let. gót. sin foliación, signaturas A-F, todas de 8 hojas, menos la última que tiene 10.

Entre las posteriores, citaremos especialmente la de Burgos por Fadri-

ma princesa Isabel de Este hacía revolver todas las librerías de Milán para encontrar una *Cárcel de Amor* y volver a solazarse con su lectura.

Además de la *Cárcel de Amor* y del *Arnalde y Lucenda*, compuso Diego de San Pedro otras varias obras profanas en verso y

---

que Alemán de Basilea, 1496; la de Logroño, por Arnao Guillén de Brocar, que parece ser la primera en que se incluyó la continuación de Nicolás Núñez; la de Sevilla, 1509; la de Burgos, por Alonso de Melgar, 1522; la de Zaragoza, por Jorge Coci, 1523 (si es que realmente no fué impresa en Venecia con falso pie de imprenta, como Salvá sospecha); la de Sevilla, por Cromberger, 1525; la veneciana de 1531, *por Micer Juan Bautista Pedrezano, junto al puente de Rialto*, corregida probablemente por Francisco Delicado; la de Medina del Campo, 1547, por Pedro de Castro, que es quizá preferible a todas las anteriores, por contener, además de la *Cárcel*, las obras en verso de Diego de San Pedro y su *Sermón de amores;* la de Venecia, 1553, corregida por Alfonso de Ulloa, y que contiene los mismos aditamentos que la de Medina; las varias de Amberes, por Martín Nucio (1556, 1576, 1598...), unidas siempre a la *Cuestión de Amor*, que son las que con más facilidad se encuentran; las de París, 1567, 1581, 1594, 1616, y Lyón, 1583, en español y francés. La traducción es de Gil Corrozet. De la italiana de Lelio Monfredi se citan impresiones de 1515, 1518, 1525, 1530, 1533, 1537, 1546..., y por ella se hizo una traducción francesa anterior a la de Corrozet (París, 1526; Lyón, 1528; París, 1533).

La traducción catalana, que es rarísima, fué hecha por Bernardino de Vallmanya, y se acabó de imprimir diez y seis meses después que el original: *Obra intitulada lo Carcer d'Amor. Composta y hordenada por Diego de Sant Pedro... traduit de lengua castellana en estil de valenciana prosa por Bernadí Vallmanya, secretari del spectable conte d'Oliva.* (Colofón): *Fon acabat lo present libre en Barchelona por Johan Rosembach. Any MCCCCXCIII* (1493).

4º let. gót. El único ejemplar conocido pertenece al Museo Británico. Tiene diez y seis curiosísimas estampas en madera, que luego se reprodujeron en la edición de Burgos, 1496, y son hasta ahora los primeros grabados españoles que se conocen. Véase el interesante y erudito artículo que sobre esta materia ha publicado don S. Sampere y Miguel, en el núm. 4 de la *Revista de Bibliographia Catalana* (1902).

La traduccion inglesa de Lord Berners, *The Castel of Love* (de la cual también existe ejemplar único en el Museo Británico), fué impresa en letra gótica, sin año, pero se cree que es de 1540.

En alemán se imprimió tres veces, traducida por Hans L. Khueffstein (Leipzig, 1630; Hamburgo, 1660, 1675).

Para la bibliografía de la *Cárcel* deben consultarse (además de Brunet, Gayangos y Salvá) el mencionado artículo del señor Sampere y el libro de Schneider, *Spaniens Anteil an der Deutschen Litteratur* (p. 245 y ss.). [Cf. Ad. Vol. II.]

prosa, que le dieron entre los donceles enamorados grande autoridad y magisterio, aunque fuesen miradas con ceño por las personas graves y timoratas, que muy justamente se escandalizaban de oírle llamar continuamente *Dios* a su dama y comparar su gracia con la divina, y aplicar profanamente a los lances y vicisitudes de su amor la conmemoración de las principales festividades de la Iglesia, llegando una vez, en el colmo de la exaltación, a comparar lo que llamaba su *pasión* con la del Redentor del mundo. A este período de frenesí erótico, probablemente menos sentido que afectado, pertenece cierto *Sermón* que compuso en prosa, «porque dijeron unas señoras que le deseaban oir predicar». Este *Sermón* que se imprimió en un pliego gótico y se halla también al final de algunas ediciones de la *Cárcel de Amor*, apenas tiene otro interés literario que el haber servido de modelo a otro mucho más discreto y picante que puso Cristóbal de Castillejo en su farsa *Constanza*, y que como pieza aparte se ha impreso muchas veces, ya en las obras de su autor (aunque en éstas con el nombre de *Capítulo* y no poco mutilado), ya en ediciones populares en que el autor usó los seudónimos de *El Menor de Aunes* y de *Fray Nidel de la Orden de Tristel*. El *Sermón* en verso de Castillejo enterró completamente al de Diego de San Pedro, que es obra *desmayada y sin el menor gracejo*, como dice con razón Gallardo. Todo se reduce a parodiar pobre e ineptamente la traza y disposición de los sermones, comenzando por una salutación al Amor, explanando luego el texto *In patientia vestra sustinete dolores vestros*, y contando, a modo de ejemplo moral, los amores de Píramo y Tisbe.[1]

Tales profanidades y devaneos hubieron de ser grave cargo para la conciencia de su autor, cuando Dios tocó en su alma y le llamó a penitencia. Fruto de esta conversión fué el *Desprecio de la fortuna* (núm. 263 del *Cancionero General*), poema sentencioso

---

[1] El *Sermón* de Diego de San Pedro está en un pliego suelto de la preciosa colección de Campo-Alanje (hoy en la Biblioteca Nacional), y también en las ediciones de la *Cárcel de Amor*, de Medina del Campo, 1547; Venecia, 1553, y acaso en alguna otra. Le hemos reproducido en la presente. [Vid. Avertencia.]

y de notable mérito, al principio del cual reprueba y detesta sus obras anteriores:

>Mi seso lleno de canas,
>De mi consejo engañado,
>Hast' aquí con obras vanas
>Y en escripturas livianas
>Siempre anduvo desterrado.
>..............................
>Aquella *Carcel d'Amor*
>Que assi me plugo ordenar,
>¡Qué propia para amador!
>¡Qué dulce para sabor!
>¡Qué salsa para pecar!
>
>Y como la obra tal
>No tuvo en leerse calma,
>He sentido, por mi mal,
>Cuán enemiga mortal
>Fué la lengua para el alma.
>
>Y los yerros que ponia
>En un *Sermon* que escrebi,
>Como fue el amor la guia,
>La ceguedad que tenia
>Me hizo que no los vi.
>
>Y aquellas *Cartas de amores*
>Escritas de dos en dos,
>¿Qué seran, decí, señores,
>Sino mis acusadores
>Para delante de Dios?

Pero ni los arrepentimientos del autor, ni los anatemas del Santo Oficio, que puso la *Cárcel* en sus índices (sin duda por las herejías que contiene el razonamiento en loor de las mujeres), ni los rigores de Luis Vives y otros moralistas que no cesan de denunciarle como libro pernicioso a las costumbres, y uno de los que con mayor cautela deben ser alejados de las manos de toda doncella cristiana, pudieron sobreponerse a la corrientes del gusto mundano, y el librillo de la *Cárcel de Amor*, fácil de ocultar por su exiguo volumen, no sólo continuó siendo leído y andando en el cestillo de labor de dueñas y doncellas, sino que dió vida a una serie de producciones novelescas, que difundieron un idealismo algo distinto del de los libros de caballerías, aunque conserve con él bastantes relaciones.

A esta familia pertenece, aunque con notables caracteres de originalidad la *Cuestión de amor*, obra anónima, mixta de prosa y verso, cuya primera edición parece ser de 1513 y que, como libro de circunstancias, obtuvo tal boga que fué reimpresa diez o doce veces antes de 1589, ya suelta, ya unida a la *Cárcel*, que es como más fácilmente suele encontrarse.[1] Ticknor y Amador de los Ríos hablaron de ella, pero con mucha brevedad, y sin determinar su verdadero carácter, ni entrar en los pormenores de su composición, ni levantar el transparente velo que encubre sus numerosas alusiones históricas, y que en parte ha sido descorrido por el erudito napolitano Benedetto Croce en un estudio reciente.[2]

El título de la *Cuestión*, aunque largo, debe transcribirse a la letra, porque indica ya la mayor parte de los elementos que entraron en la confección de este peregrino libro: *Question de amor de dos enamorados: al uno era muerta su amiga; el otro sirve sin*

---

[1] La más antigua edición que conozco de la *Question de amor* es la de Valencia, por Diego de Gumiel: *Acabose a dos de Julio año de mil e quinientos y treze*. En la Biblioteca Imperial de Viena existe una edición sin fecha, que parece de las más antiguas. Hay otras de Salamanca, 1519 y 1539; Venecia, 1533, con esta nota final: «Hizo lo estampar miser Iuan Batista »Pedrezano, mercader de libros: por importunacion de muy muchos señores »a quien la obra y estillo y lēgua Romance castellana muy mucho place. »Correta de las letras que trastrocadas estavanse» (el corrector de éste, como de otros muchos libros españoles salidos de aquella imprenta, fué Francisco Delicado, autor de *La Lozana Andaluza*); Zamora, por Pedro de Tovans, 1539; Medina del Campo, 1545; Venecia, por Gabriel Giolito, 1554 (añadidas al fin las *Treze questiones del Philocolo* de Juan Boccaccio, de que hablé antes; el corrector de la edición fué Alonso de Ulloa, que añadió una introducción en italiano sobre el modo de pronunciar la lengua castellana); Amberes, 1556, 1576, 1598; Salamanca, 1580, etc. En estas últimas impresiones va unida siempre a la *Cárcel*, pero con paginación distinta. Hay una traducción francesa con el título de *Le débat de deux gentilzhommes espagnolz sur le faict damour* (París, 1541, por Juan Longis).

[2] *Di un antico romanzo spagnuolo relativo alla storia di Napoli, La Question de Amor* (en el *Archivo Storico per le Provincie Napolitane*, y luego en tirada aparte).

esperanza de galardon. Disputan quál de los dos sufre mayor pena. Entretexense en esta controversia muchas cartas y enamorados razonamientos. Introducense más una caza, un juego de cañas, una egloga, ciertas justas, e muchos caballeros et damas, con diversos et muy ricos atavios, con letras et invenciones. Concluye con la salida del señor Visorrey de Napoles: donde los dos enamorados al presente se hallaron, para socorrer al sancto padre: donde se cuenta el número de aquel lucido exercito, et la contraria fortuna de Ravena. La mayor parte de la obra es historia verdadera; compuso esta obra un gentil hombre que se halló presente a todo ello.

Basta pasar los ojos por este rótulo para comprender que no se trata de una novela puramente sentimental y psicológica a su modo, como lo es la *Cárcel de Amor*, sino de una tentativa de novela histórica, en el sentido lato de la palabra, o más bien de una novela de clave, de una pintura de la vida cortesana en Nápoles, de una especie de crónica de salones y de galanterías, en que los nombres propios están levemente disfrazados con pseudónimos y anagramas. La segunda parte, es decir, todo lo que se refiere a los preparativos de la batalla de Ravena, es un trozo estrictamente histórico, que puede consultarse con fruto aun después de la publicación de los *Diarios* de Marino Sanudo. Poseer, para época tan lejana, un libro de esta índole modernísima, y poder con su ayuda reconstruir un medio de vida social tan brillante y pintoresco como el de la Italia española en los días más espléndidos del Renacimiento, no es pequeña fortuna para el historiador, y apenas se explica que hasta estos últimos años nadie intentara sacarle el jugo ni descifrar sus enigmas.

El primero es el nombre de su autor, esto es, del *gentilhombre que se halló presente a todo* y escribió la historia, y éste permanece todavía incógnito, aunque puedan hacerse sobre su persona algunas razonables conjeturas. Lo que con toda certeza puede asegurarse es que el libro fué compuesto entre los años de 1508 a 1512, en forma fragmentaria, a medida que se iban sucediendo las fiestas y demás acontecimientos que allí se relatan de un modo bastante descosido, pero con picante sabor de crónica mundana.

La cuestión de casuística amorosa que da título a la novela

está imitada de las del *Filocolo* de Boccaccio, y tiene la curiosidad de contener en germen los dos temas poéticos que admirablemente desarrollan los pastores *Salicio* y *Nemoroso*, en la égloga primera de Garcilaso. Esta cuestión se debate, ya por diálogo, ya por cartas (transmitidas por el paje Florisel) entre dos caballeros españoles: *Vasquirán*, natural de *Todomir* (¿Toledo?), y *Flamiano*, de *Valdeana* (¿Valencia?), residente en la ciudad de *Noplesano*, que seguramente es Nápoles. Vasquirano ha perdido a su dama *Violina*, con quien se había refugiado en Sicilia después de haberla sacado de casa de sus padres en la ciudad de *Circunda* (¿Zaragoza?) y Flamiano es el que sirve sin esperanza de galardón a la doncella napolitana *Belisena*. Esta acción, sencillísima y trabada con muy poco arte, tiene por desenlace la muerte de Flamiano en la batalla de Ravena, cuyas tristes nuevas recibe Vasquirán, en Sicilia, por medio del paje Florisel, que le trae la última carta de su amigo; carta que, por mayor alarde de fidelidad histórica, está fechada el 17 de abril de 1512 en Ferrara.

El cuadro general de la novela vale poco, como se ve; lo importante, lo curioso y ameno, lo que puede servir de documento al historiador y aun excitar agradablemente la fantasía del artista, son las escenas episódicas, la pintura de los deportes y gentilezas de la culta sociedad de Nápoles, la *justa real*, el juego de cañas, la cacería, la égloga (que tiene todas las trazas de haber sido representada con las circunstancias que allí se dicen,[1] y que si bien escasa de acción y movimiento, compite en la expresión de afectos y en la limpia y tersa versificación con lo mejor que en los orígenes de nuestra escena puede encontrarse); el inventario menudísimo de los trajes y colores de las damas, de las galas y los arreos militares de los capitanes y gentes de armas que salieron para Ravena con el virrey don Raimundo de Cardona; todo aquel tumulto de fiestas, de armas y de amores que la dura mano de la fatalidad conduce a tan sangriento desenlace.

---

[1] Era ya frecuente en Italia la representación de piezas españolas. Consta que en 6 de enero de 1513 fue recitada en Roma una égloga de Juan del Encina, probablemente la de *Plácida y Vitoriano*.

Bellamente define el señor Croce el peculiar interés y el atractivo estético que produce la lectura de una novela por otra parte tan mal compuesta, zurcida como de retazos, a guisa de centón o de libro de memorias. «Aquella elegante sociedad de caballeros, dada a los amores, a los juegos, a las fiestas, recuerda un fresco famoso del Camposanto de Pisa; aquella alegre compañía que, solazándose en el deleitoso vergel, no siente que se aproxima con su guadaña inexorable la Muerte. En medio de las diversiones llega la noticia de la guerra: el virrey recoge aquellos elegantes caballeros y forma con ellos un ejército que parte, pomposamente adornado, lleno de esperanzas, entre los aplausos de las damas que asisten a la partida. Algunos meses después, aquella sociedad, aquel ejército, yacía en gran parte solo, sanguinoso, perdido entre el fango de los pantanos de Rávena.»

¿Hasta qué punto puede ser utilizada la *Cuestión de Amor* como fuente histórica? o en otros términos, ¿hasta dónde llega en ella la parte de ficción? El autor dice que «la mayor parte de la »obra es *historia verdadera*», pero en otro lugar advierte que «por mejor guardar el estilo de su invención, y acompañar y dar más gracia a la obra, *mezcla a lo que fue algo de lo que no fue*». En cuanto a los personajes, no cabe duda que en su mayor parte son históricos; y el autor mismo nos convida a «especular por los nombres verdaderos, los que en lugar d'aquellos se han fengido o transfigurado».

A nuestro entender, B. Croce ha descubierto la clave. Ante todo, hay que advertir que, según el sistema adoptado por el novelista, la primera letra del nombre fingido corresponde siempre a la inicial del verdadero nombre. Pero como diversos nombres pueden tener las mismas iniciales, este procedimiento no es tan seguro como otro que constantemente sigue el anónimo narrador, es a saber: la confrontación de los colores en los vestidos de los caballeros y de las damas, puesto que todo caballero lleva los colores de la dama a quien sirve. Y como en la segunda parte de la obra, al tratar de los preparativos de la expedición a Ravena, los gentiles hombres están designados con sus nombres verdaderos, bien puede decirse que la solución del enigma de la *Cuestión de Amor* está en la *Cuestión* misma, por más que nadie, que sepamos, hubiera caído en ella hasta que la docta y paciente sagacidad del señor Croce lo ha puesto en claro, no sólo presentando la lista casi completa de los personajes disfrazados en la novela, sino aclarando el argumento principal de la obra, que parece tan histórico como todo lo restante de ella, salvo circunstancias de poca monta puestas para descaminar, o más bien para aguzar, la maligna curiosidad de los contemporáneos. Es cierto que todavía no se ha podido quitar la máscara a Vasquirán, a Flamiano ni a la andante y maltrecha Violina; pero lo que sí resulta más claro que la luz del día es que la Belisena a quien servía el valenciano Flamiano (¿don Jerónimo Fenollet?) con amor caballeresco y platónico, sin esperanza de galardón, era nada menos que la futura reina de Polonia, Bona Sforza, hija de Isabel de Aragón, duquesa de Milán, a quien en la novela se designa con el título ligeramente alterado de *duquesa de Meliano, que era muy noble señora viuda* y residía con sus dos hijas, ya en Nápoles, ya en Bari. Esta pobre reina Bona, cuyas aventuras, andando el tiempo, dieron bastante pasto a la crónica escandalosa, no parece haber escapado siempre de ellas tan ilesa como de manos del comedido hidalgo Flamiano, ni haberse mostrado con todos sus galanes tan dura, esquiva y desdeñosa como con aquel pobre y transido amador, al cual no sólo llega a decirle que recibe de su pasión mucho enojo, sino que añade con ásperas palabras: «y aunque tú mil »vidas, como dices, perdieses, yo dellas no he de hazer ni cuenta »ni memoria». A lo cual el impertérrito Flamiano responde: «Se-»ñora, si quereys que de quereros me aparte, mandad sacar mis »huessos, y raer de alli vuestro nombre, y de mis entrañas quitar »vuestra figura».

Los demás personajes de la novela han sido identificados casi todos por Croce con ayuda de los *diarios* de Passaro. El *Conde Davertino* es el conde de Avellino; el *Prior de Mariana* es el prior de Messina; el *Duque de Belisa* es el duque de Bisceglie; el *Conde de Porcia* es el conde de Potenza; el *Marqués de Persiana* es el marqués de Pescara; el *Señor Fabricano* es Fabricio Colonna; *Attineo de Levesin* es Antonio de Leyva; el *Cardenal de Brujas*, el cardenal de Borja; *Alarcos de Reyner,* el capitán Alarcón; *Pomarín,* el capitán Pomar; *Alvalader de Caronis,* Juan de Alvarado; la *Duquesa de Francoviso,* la duquesa de Francavilla; la *Princesa de Saladino,* la princesa de Salerno; la *Condesa de Traviso,* la de Trivento; la *Princesa de Salusana,* la princesa Sanseverino de Bisignano. Y luego, por el procedimiento de parear los colores, puede cualquier aficionado a saber intrigas ajenas penetrar en las intimidades de aquella sociedad como si hubiese vivido años en ella.

Esta sociedad bien puede ser calificada de ítalohispana, y aun de bilingüe. Menos de medio siglo bastó en Nápoles para extinguir los odios engendrados por la conquista aragonesa. «Todos »estos caballeros, mancebos y damas, y muchos otros príncipes y »señoras (dice el autor de la *Question*) se hallaron en tanta suma »y manera de contentamiento y fraternidad los unos con los otros, »assi los españoles unos con otros como los mismos naturales de »la tierra con ellos, que dudo en diversas tierras ni reynos ni largos »tiempos passados ni presentes tanta conformidad ni amor en tan »esforzados y bien criados caballeros ni tan galanes se hayan »hallado». Las fiestas que en la novela se describen, las *justas de ocho carreras,* la *tela de justa real* o carrera de la lanza, y sobre todo, el juego de cañas y quebrar las alcancías, son estrictamente españolas, y no lo es menos el tinte general del lenguaje de la galantería en toda la novela, que, con parecer tan frívola, no deja de revelar en algunos rasgos la noble y delicada índole del caballero que la compuso. Es muy significativo en esta parte el discurso de Vasquirán a su amigo al partir para la guerra, enumerando las justas causas que debían moverle a tomar parte en tal empresa: «La una yr en servicio de la Iglesia, como todos is: la otra en el »de tu rey, como todos deben: la otra porque vas a usar de aquello »para que Dios te hizo, que es el hábito militar, donde los que tales »son como tú ganan lo que tú mereces y ganarás: la otra y princi-»pal que llevas en tu pensamiento a la señora Belisena, y dexas »tu corazón en su poder.»

La *Cuestión de Amor* encontró gracia ante la crítica de Juan de Valdés, aunque prefería el estilo de la *Cárcel*: «Del libro de »*Question de Amor* ¿qué os parece? — Muy bien la invención y muy

»galanos los primores que hay en él, y lo que toca a la question »no está mal tratado por la una parte y por la otra. El estilo en »quanto toca a la prosa, no es malo, pudiera bien ser mejor; en »quanto toca al metro, no me contenta. — «Y de *Cárcel de Amor* »¿qué me dezis? — El estilo desse me parece mejor...»

Lo es, en efecto, y no hay duda que al anónimo autor de la *Cuestión* se le pegaron demasiados italianismos. Pero tal como está, su obra resulta interesante, como pintura de una corte que, distando mucho de ser un modelo de austeridad, era por lo menos muy elegante, bizarra, caballeresca y animada. Otro documento tenemos en el *Cancionero General* de Hernando del Castillo para restaurarla mentalmente, y es una larga poesía con este encabezamiento: *Dechado de amor, hecho por Vazquez a peticion del Cardenal de Valencia, enderezado a la Reina de Nápoles.* [1] Esta poesía se compuso probablemente en 1510. No puede ser posterior a 1511, porque en ella aparecen todavía como vivos el cardenal de Borja, la princesa de Salerno, la condesa de Avellino y la princesa de Bisignano, todos los cuales fallecieron en aquel año. No puede ser anterior a 1509, porque en este año se celebraron en Ischia las bodas de Victoria Colonna, que ya aparece citada como *Marquesa de Pescara* en este *Dechado*. El *Vázquez* que le compuso parece hasta ahora persona ignota; ¿será el mismo Vázquez o Velázquez de Ávila, a quien por diversos indicios atribuyó don Agustín Durán un rarísimo cancionerillo o colección de trovas, existente en el precioso volumen de pliegos sueltos góticos que perteneció a la biblioteca de Campo-Alanje? ¿Será, como B. Croce insinúa, el mismo *Vasquirán* que interviene en la *Cuestión de Amor*, y que es quizá el autor de la novela? Lo cierto es que entre el *Dechado* y ella hay parentesco estrechísimo, y que cada una de estas piezas puede servir de ilustración a la otra.

Rápidamente trataremos de las novelas sentimentales posteriores a la *Cuestión de Amor*, porque casi todas tienen más interés bibliográfico que literario; se buscan por raras, no por amenas.

---

[1] Vid. B. Croce, *La corte delle Tristi Regine a Napoli* (en el *Archivio storico per le Province Napolitane*, 1894).

Rarísima es sobre todo encarecimiento la *Repetición de amores* de Lucena, famoso tratadista del arte de ajedrez, hijo del protonotario Juan de Lucena, tan conocido por su diágolo de *vita beata*. Compuso Lucena el mozo su obrilla «en servicio de la linda dama »su amiga, estudiando en el preclarísimo estudio de Salamanca»; y bien se conoce que es ensayo poco maduro de escolar, en la profusión de textos que alega de Hipócrates, Platón, Aristóteles, David, Tulio, Séneca y otros autores sagrados y profanos, y en la extraña forma de conclusiones escolásticas que adopta tomando por tesis de su *Repetitio de amoribus* unos versos de la famosa sátira del poeta catalán Torrellas contra las mujeres. Con esta cuestión tan debatida en el siglo XV, y con la otra no menos manoseada de armas y letras, intercala el breve y sencillo cuento de sus propios amores, con una carta suya y otra de su dama. No tiene fecha la edición gótica de este libro, pero seguramente es anterior a 1497, porque la *Arte breve e introducción muy necesaria para saber jugar al ajedrez*, que forma parte integrante del mismo libro, está dedicada al príncipe don Juan, hijo de los Reyes Católicos, que falleció en dicho año, como es sabido.[1]

En el *Cancionero General* de Hernando del Castillo, pero no en su primera edición valenciana de 1511, sino en la de 1514 y en las posteriores, apareció una corta novela alegórico sentimental del Comendador Escrivá, con el título de *Queja que da a su amiga ante el dios de Amor, por modo de diálogo en prosa y verso*. Los versos no carecen de mérito, dentro de su género conceptuoso, y también en la prosa se nota cierto aliño y esfuerzo para buscar el número y armonía que en ella caben.[2] Era Escrivá valenciano, y en este género de prosas poéticas parece haber se-

---

[1] Vid. Gallardo, *Ensayo*, tomo III, columnas 546-550.

[2] Véase, por ejemplo, este pasaje bastante agradable, a pesar de ciertas afectaciones retóricas: «Esperaba con estremo deseo la venida del dicho »so nuncio, cuando el Amor mandó en una cerrada nube con melodiosos »cantares llevarme; y al tiempo que suelen los rayos de Febo, relumbrando, »esclarecer el día, yo me hallé en un campo tan florido, que mis sentidos, »ya muertos, al olor de tan excellentes olores resucitaba: cerrado el derre- »dor de verdes e altas montañas, encima de las quales tan dulces sones se »oían, que olvidando a mí, la causa de mi venida olvidaba; mas despues de

guido las huellas de Mosén Ruiz de Corella, cuyos versos alternan con los suyos y con los de Bernardo Fenollar en el pequeño pero curiosísimo cancionero barcelonés que lleva el extraño título de *Jardinet d'orats* (huertecillo de los locos).

Distinta persona de este comendador Juan Escrivá (que fué Maestre Racional del Rey Católico y su Embajador en 1497 ante la Santa Sede) es *Ludorico Scrivá, caballero valenciano*, que en 1537 dedicó al Duque de Urbino, Francisco María Feltrio, el *Veneris Tribunal*, rarísima novela que no tiene en latín más que el título, estando todo lo restante en lengua castellana, con hartas afectaciones y pedanterías de estilo, que hacen de ella una de las peores de su género.[1] Es libro sin interés alguno; todo se reduce a la pomposa descripción de la corte de Venus y a la controversia que ante su tribunal se debate sobre el siguiente tema: «cual sea mayor »deleyte al amante, o ver la cosa amada, o sin verla pensar en »ella». La discusión es ingeniosa y sutil a veces, pero todo lo estropea el abuso inmoderado del hipérbaton y la amanerada construcción de los períodos.

Mucho más conocido que estos autores, a lo menos por una de sus obras, es Juan de Flores, autor del *Breve Tractado de Grimalte*

»cobrado mi juicio por lo poco que mi alma en alegrias descansaba, maravi-»llado de cómo tan subitamente en tan plácido e oculto lugar me hallase, »volvi los ojos a todas partes de la floresta, en medio de la qual vi un peque-»ño monte de floridos naranjos, e de dentro tan suave armonia fazian, que »las aves que volaban, al dulzor de tan concertadas voces en el aire se para-»ban; circuido al derredor todo de un muy claro e caudal rio, a la orilla del »qual llegado, vi un pequeño barco que un viejo barquero regia.»

Esta composición alegórica está ya en el *Cancionero* de Toledo de 1527.

[1] Sólo dos ejemplares, además del que poseo, he alcanzado a ver de este rarísimo libro, que lleva en el frontispicio grabado, en que aparecen varias figuras desnudas, el solo título de *Veneris Tribunal* y el nombre del autor, y en la última hoja dice: *Impressa en la nobilissima Ciudad de Napoles: a los doze dias del mes de April: del año de nuestra redempcion de M.D. XXXVII por Ancho Pincio Veneciano publico impressor*. 8º Gót. 4 hs. prls. 67 folios y una blanca.

Del *Veneris Tribunal* acaba de hacer una exacta reproducción el opulento bibliófilo norteamericano Mr. Archer Hungtinton, a quien debe España eterno agradecimiento por las preciosas ediciones en *facsímile* que va haciendo de muchas de nuestras joyas literarias.

y *Gradissa* y de la *Historia de Grisel y Mirabella*. Bien se ve que Flores se había propuesto por modelo a Boccaccio. *Grimalte y Gradissa* es no sólo una imitación, sino una continuación de la *Fiammetta*, como su mismo encabezamiento declara: «Comiença »un breve tractado compuesto por Johan de Flores, el qual por »la siguiente obra mudó su nombre en Grimalte. La inuención del »cual es sobre la *Fiometa* (sic), y porque algunos de los que esto »leyeren, por ventura no habrán visto tan famosa scriptura, me »parecerá bien declararla en suma». Lo que Juan de Flores añadió se reduce a lo siguiente: Grimalte, enamorado de Gradissa, recibe de ella el encargo de peregrinar por el mundo en busca de la desventurada Fiameta. La encuentra por fin y la acompaña a Florencia, donde moraba su antiguo y ahora desdeñoso amante Pánfilo. Vanamente intenta la infeliz señora, ya por cartas, ya por una entrevista que prepara Grimalte, renovar la pasión dormida en el corazón del mancebo, y al verse con ásperas palabras rechazada y abandonada para siempre, cae en la más furiosa desesperación y muere impenitente. Grimalte la da sepultura, describe largamente su túmulo, y cumplidos estos fúnebres honores, desafía a campal batalla al ingrato Pánfilo, que arrepentido de la fealdad de su conducta y pesaroso de la catástrofe de que ha sido causa, niégase a aceptar el reto, se da por vencido y desaparece de su casa con intento de hacer asperísima penitencia en lugar apartado de todo comercio humano. Grimalte vuelve con estas nuevas a Gradissa, que en vez de concederle su amor se muestra cada vez más esquiva, y le ordena buscar de nuevo a Pánfilo, cuya resolución atribuye a cobardía. Más de veintisiete años empleó en este segundo viaje, hasta que *en las partidas de Asia*, y en lo más espeso de «una muy desesperada montaña», encontró a Pánfilo haciendo vida salvaje, y en talle y figura que recuerda la aparición de Cardenio en Sierra Morena. Al principio, guarda obstinado silencio, que era una de las condiciones de su penitencia, pero Grimalte no sólo consigue hacerle hablar, sino que se le ofrece por compañero en su soledad y espantosa vida. Por las noches son perturbados con infernales visiones en que ven pasar la sombra de la enamorada. Fiameta, condenada a las llamas eternas por su desesperación final. Y aquí termina bruscamente la novela quedando juntos en aquel horrible desierto el amante ingrato y el desdeñado. No está mal imitada en los razonamientos de esta novela la prosa de Boccaccio: hay calor de pasión en algunos trozos. Los versos que con frecuencia aparecen intercalados valen poco, y no son de Juan de Flores, sino de otro autor igualmente desconocido, cuyo nombre se expresa al final: «La sepultura de »Fiometa con las coplas y canciones quantas son en este tractado »hizo Alonso de Córdoba». Este libro, cuyo original castellano es tan raro que sólo se conoce un ejemplar,[1] fué traducido al francés por Mauricio Sceva, e impreso dos veces en Lyon y París, 1535 y 1536.[2]

Más importancia tiene y más éxito logró la *Historia de Grisel y Mirabella con la disputa de Torrellas y Braçayda, la qual compuso Juan de Flores a su amiga*;[3] libro que tiene muy curiosa historia literaria, pues no sólo fué leído en las principales lenguas de Europa, sino que dejó algún rastro en las creaciones de muy preclaros ingenios. Una cuestión de amor, a la manera de las del *Filocolo*, constituye el fondo de este libro; pero está envuelto en una ficción sencillísima que ofrece por sí misma algún interés, y en la cual interviene un personaje español histórico. [Cf. Ad. Vol. II.]

«En el reyno de Escocia ovo un excelente rey de todas virtu-
»des amigo, e principalmente en ser justiciero... Y este en su pos-
»trimera hedad ovo una hija que después de sus días sucedia en
»el reyno y a ésta llamaron Mirabella, y fué de tanta perfecion
»de gracias acabada, que ninguno tanto loarla pudo que el cabo
»de su merecer contar pudiesse. Y como ella fuesse heredera de

---

[1] El que perteneció a don Serafín Estébanez Calderón, y se halla hoy en la Biblioteca Nacional. 4º let. gót., sin año, lugar ni foliatura. Signaturas *a-g*, todas de ocho hojas. En 1883 se hizo una corta reimpresión fotolitográfica de este tratadillo, con un breve y no muy exacto prefacio que lleva las iniciales de don Pascual Gayangos.

[2] *La deplourable fin de flamete, elegante invention de Johan de flores espaignol traduicte en langue françoyse*. 1535. *On les vend a Lyon, chez Françoys Juste*. Reimpreso en París por Denis Ianot, 1536.

[3] Nos valemos de la reproducción fotolitográfica que don José Sancho Rayón hizo de la edición de Sevilla, por Juan Cromberger, 1529.

»su señorio del padre, no avia ningun emperador ni poderoso prin-
»cipe que en casamiento no la demandasse... Y el rey su padre,
»por no tener hijos, y por el grande merecimiento que ella tenía,
»era dél tanto amada que a ninguno de los ya dichos la queria
»dar, y asimismo en su tierra no avia tan gran señor a quien la
»diesse, salvo a gran mengua suya. De manera que el grande amor
»suyo era a ella mucho enemigo, y como ya muchas vezes acaece
»quando hay dilacion en el casamiento de las mujeres ser causa
»de caer en verguença y yerros, assi a ésta despues acaescio. Pues
»en aquellos comedios, assi como su hedad crescia, crescian y
»doblaban las gracias de su beldad en tanto grado que cualquier
»hombre dispuesto a amar, assi como la mirasse le era forçado
»de ser preso de su amor, e tan en estremo la amavan que por su
»causa venian a perder las vidas, tanto que la flor de casa del
»rey su padre fenecio sus dias en esta tal guerra. De manera que
»sabido por el rey la hizo meter en un lugar muy secreto que nin-
»gún varon verla pudiesse, por ser su vista muy peligrosa.»

Al fin un caballero llamado Grisel logra por ocultos modos
penetrar en la torrre donde estaba encerrada Mirabella, la cual se
rinde a su amor con la indecorosa presteza que era tradicional en
las heroínas caballerescas: «E después que algunos días muy
»ocultos en grandes plazeres conservaron sus amores, ella no pudo
»encobrirlo a una grande y antigua sierva suya, porque en su
»camara más comunicara, y esta camarera suya amava mucho
»a un maestresala del rey, y como supo el secreto de su señora, no
»pudo su lealtad tanto sufrir que no lo descubriese al su amante
»lo que Mirabella y Grisel passavan, y él veyendo tan grande error,
»doliéndose mucho de la honra de su señor o por ventura de envi-
»dia movida, no pudo callarlo que al rey no publicasse la maldad
»que en su casa Grisel cometía. El qual como oyó tan feo caso,
»con gran discreción buscó manera cómo ambos los tomassen en
»uno, y una noche estando Grisel en la cama con Mirabella el
»rey mandó cercar la casa, y aunque gran rato se defendió, pero
»a la fin tomados, en estrechas carceles por fuerça fueron puestos,
»y como el rey fuesse el más justificado principe que a la sazón se
»fallase en el mundo, aun en aquel caso no quiso usar de rigor ni

»de enojo acidental, mas como si fuessen sus yguales, con ellos se
»puso a justicia. E *las leyes de su reino mandavan que qualquier*
»*que en tal yerro cayesse, el que más causa fuesse al otro de aver*
»*amado que padesciesse muerte, y el otro destierro por toda su vida,*
»*y como acaesce quando dos personas se aman el uno tener más*
»*culpa que el otro en la requesta, por esto las leyes no disponian*
»*que las penas fuesen yguales.* Y luego por el rey expresamente
»fue mandado la pesquisa se hiziesse porque la verdad fuesse
»sabida quál de aquellos dos fuesse más digno de culpa... Pero tan
»secreto fue el trato de sus amores, que no podian saber quién
»avia más trabajado en la requesta y seguimiento del otro, salvo
»quanto la camarera dezia no averlo ella sabido hasta que ya
»entre ellos concertado estava. Y como por la pesquisa no oviesse
»lugar en condenar a uno más que a otro, fueron los juezes por
»mandado del rey donde Mirabella y Grisel estavan, a los quales
»tomaron juntamente y les demandaron que dixessen quién fue
»más causa al otro de tal error.»

Como era natural, se establece entre los dos amantes una generosa competencia; quieren sacrificar recíprocamente sus vidas, y se echan a porfía todas las culpas. El enigma continúa insoluble y los letrados y oidores del Consejo Real se recusan por incompetentes. «Entonces dixo el rey que determinasen ellos en su con-
»sejo, a lo qual ellos respondieron que como fuessen personas más
»dadas al estudio de las leyes que de los amores, que no sabian
»en aquella causa determinar la verdad, pero que se buscasse por
»todo el mundo una dama y un caballero, los cuales más pudie-
»sen saber en amores, y más experimentados fuessen en tales cosas.
»E que ella tomasse la voz de las mujeres, y él de los varones, e
»quien mejor causa y razon mostrasse en defensión de su dere-
»cho, que aquel venciesse aqueste pleyto comenzado.»

Tratábase, pues, de discutir y averiguar en tesis general, la cual había de tener sangrienta aplicación en aquel caso concreto, quién da mayor ocasión de amor, los hombres a las mujeres o las mujeres a los hombres. Para llevar la voz del sexo femenino en este litigio fué elegida «una dama de las más prudentes del mundo
»en saber y en desenvoltura y en las otras cosas a graciosidad con-

»formes, la cual por su gran merescer se habia visto en muchas
»batallas de amor y en casos dignos de gran memoria que le avian
»acaescido con grandes personas que la amaban y pensaban ven-
»cer... y esta señora avia nombre Braçayda».

El nombre de Brasayda parece reminiscencia del de Briseida, heroína de la *Crónica Troyana,* pero el abogado de los hombres y detractor de las mujeres es un caballero español muy conocido en nuestros cancioneros del siglo xv. «E assi mesmo fue buscado »en los reynos de España un cavallero qual para tal pleyto perte- »necia: al qual llamavan *Torrellas,* un especial hombre en el co- »nocimiento de las mujeres y muy osado en los tratos de amor »y mucho gracioso, como por sus obras bien se prueba.»

Trátase, en efecto, de Mosén Pere Torrellas o Torroella, mayordomo del príncipe de Viana y uno de los más antiguos poetas catalanes que alternaron el cultivo de su lengua nativa con el de la castellana. Muchas fueron, y por lo general picantes y de burlas, las poesías de Torrellas, pero ninguna le dió tanta notoriedad, haciéndole pasar por un nuevo Boccaccio, infamador sistemático de las mujeres, como sus *Coplas de las calidades de las damas,* insertas en el *Cancionero de Stúñiga,* en el *General,* y en otros varios, impugnadas por diversos trovadores, entre ellos Suero de Rivera y Juan del Enzina, glosadas y recordadas a cada momento por todos los maldicientes del sexo femenino, y sobre las cuales hasta llegó a inventarse la extraña leyenda de que las mujeres, irritadas con los vituperios de Torrellas, le habían dado por sus manos cruelísima muerte. Tal fué, sin duda, el germen de esta segunda parte de la novela de Juan de Flores. Torrellas está representado allí, no como un *misogino* intratable, sino como un burlador empedernido, como una especie de don Juan Tenorio, que afrenta a las mujeres después de seducirlas. [1]

---

[1] Además de sus famosas coplas, llamadas por el *Cancionero general* «de maldecir de mujeres», hay en el mismo *Cancionero* otras tres composiciones de Torrellas (números 173, 175 y 856 de la edición de los *Bibliófilos Españoles).*

Sobre Torrellas véase nuestra *Antología de Poetas Líricos Castellanos,* tomo V, pp. 285-287.

No entraremos en los detalles del pleito entre Brasayda y Torrellas, cuyos repetidos alegatos son una serie de sutilezas bastante enfadosas. Triunfa el maligno catalán, y la infeliz Mirabella es condenada a la hoguera, a pesar de los llantos y súplicas de su madre. «Y despues que el dia fue llegado que Mirabella muriese,
»¿quién podria escrevir las cosas de gran magnificencia que para
»su muerte estaban ordenadas, y todas muy conformes a tristeza
»según que el caso lo requeria?... Entre las cosas de piedad que
»alli fueron juntadas, eran quince mil doncellas vestidas de luto,
»las quales con llantos diversos y mucha tristeza ayudavan a las
»tristes lagrimas de la madre y desconsolada reyna... e despues
»desto trayan un carro, en el qual yva Mirabella con quatro obis-
»pos, que el cargo de su ánima tomavan, y luego alli Grisel, que
»por más crecer y doblar en su pena mandaron que viesse la muerte
»de Mirabella, y el rey con infinitas gentes cubiertas de luto yva
»al fin de todos, segun costumbre de aquel reyno, e salieron fuera
»de la ciudad donde Mirabella avia de morir quemada, porque
»las leyes de la tierra eran que quien por fuego de amor se vence
»en fuego muera.»

La despedida de Grisel y Mirabella está escrita con ternura. El desventurado amante se precipita en las llamas para no presenciar el suplicio de su amada, y el clamor popular salva a Mirabella. Pero no pudiendo sobrevivir a la pérdida de su amante, determina poner desesperado fin a sus días, y por una ventana de palacio se arroja «al corral donde el rey tenia sus leones», y es inmediatamente devorada por ellos.

A Torrellas, principal causante de estos desastres, le perdió su vanidad y petulancia, porque «esforçandose en su mucho saber,
»presumia que él desamando alcanzaria mujeres más que otro
»sirviendo». Tuvo, pues, la extraña ocurrencia de ponerse a galantear a Brasayda, tan ofendida con él por su derrota, y atraído por ella con el señuelo de una falsa cita, cayó en poder de la reina y de sus damas, que para vengar a la cuitada Mirabella asieron de él, le ataron de pies y manos y le atormentaron con todo género de espantables suplicios, dejando, como se verá, poco que hacer a los catalanistas fervientes que ahora quisieran ejecutar

sus iras en el triste de Torrellas, por haber coqueteado un tanto cuanto con la lengua castellana: «E fue luego despojado de sus »vestidos, e ataparonle la boca porque quexar no se pudiesse, e »desnudo fue a un pilar bien atado, e alli cada una traia nueva »invención para le dar tormento; y tales ovo, que con tenazas ar- »dientes et otras con uñas y dientes raviosamente le despedazaron. »Estando assi medio muerto, por crecer más pena en su pena, no »lo quisieron de una vez matar, porque las crudas e fieras llagas »se le resfriassen e otras de nuevo viniessen; e despues que fueron »assi cansadas de atormentarle, de gran reparo la reina e sus »damas se fueron alli cerca dél porque las viesse, e alli platicando »las maldades dél, *e trayendo a la memoria sus maliciosas obras...* »dezian mil maneras de tormentos, cada qual como les agradaba... »E assi vino a sofrir tanta pena de las palabras como de las obras, »e despues que fueron alzadas las mesas fueron juntas a dar amar- »ga sena a Torrellas... E despues que no dexaron ninguna carne »en los huesos, fueron quemados, de su ceniza guardando cada »qual una buxeta por reliquias de su enemigo. E algunas ovo que »por joyel en el cuello la traian, porque trayendo más a la memo- »ria su venganza, mayor placer oviesen.» Esta escena trágico gro- tesca vale bastante más que las coplas satíricas de Torrellas, a las cuales confieso que nunca he podido encontrar gracia, ni menos malignidad, que mereciera tan cruento y espeluznante castigo. Verdad es que en su tiempo se le atribuían todos los libelos anti- feministas, de lo que él mismo se queja en su primera carta a Bra- sayda: «E quando alguno quiere contra las damas maldezir, con »malicias del perverso Torrellas se favorece, y aunque diga lo que »yo por ventura no dixe, mi fama me hace digno que se atribuyan »a mí todas palabras contra mujeres dañosas, y esto porque de los »yerros agenos y mios faga agora penitencia.»

Tal es la curiosa, aunque absurda novela de Juan de Flores, cuyo éxito en el siglo XVI fué tan grande como es inexplicable hoy, considerando su flojo y desmazalado estilo. En su patria no tuvo más que cinco ediciones que sepamos, la última en 1533,[1] pero

---

[1] *Tractado compuesto por Johan de flores a su amiga.* (Colofón): *Acaba el tractado compuesto por Johan de flores: donde se contiene el triste fin d' los*

traducida al italiano por Lelio Aletiphilo (que parece ser la misma persona que el Lelio Manfredi, traductor de la *Cárcel de Amor* y del *Tirante*), salió remozada de las prensas de Milán en 1521 con el nuevo y flamante título de *Historia de Aurelio e Isabella*, nombres que al intérprete parecieron más elegantes y sencillos que los de Grisel y Mirabella. Sustituyó además el clásico nombre de Afranio al catalán de Torrellas, y el de Hortensia al de Brasaida. Esta versión fué reimpresa seis veces [1] y sirvió de texto a la francesa de Gil Corrozet [2] y a la inglesa de autor anó-

---

amores *de Grisel y Mirabella, la qual fue a muerte condemnada: por iusta sentencia disputada entre Torrellas y Breçayda: sobre quien da mayor occasiō de los amores: los hombres a las mujeres o las mujeres a los hombres: y fue determinado que las mujeres son mayor causa. Donde se siguio: que con su indignaciō y malicia por sus manos dierō cruel muerte al triste de Torrellas. Deo Gracias.* 4º let. gót. sin foliatura, signaturas *a-d.* Edición sin año ni lugar, pero que positivamente es del siglo XV, según Salvá y Gayangos.

—Sevilla, por Jacobo de Cromberger, alemán, 1524.
—Toledo, 1526.
—Sevilla, por Cromberger, 1529.
—Sevilla, por Cromberger, 1533.

[1] *Historia in lingua castigliana composta et da M. Lelio Aletiphilo in parlare italico tradutta...* Después de la dedicatoria se encuentra este segundo título: *Historia de Isabella et Aurelio, composta da Giovanni de Fiori... tradutta in lingua vulgare italica per M. Lelio Aletiphilo.* (Al fin): *Stapeto* (sic) *in Milano in casa di Gianotto de Castiglio: alle spese di Andrea Caluo: del M.D.XXI con gratia et privilegio del Papa: et del nro. Re christianiss.* 4º sign. A-K, letra redonda (Brunet).

Esta traducción fué reimpresa en Venecia, 1526, 1529, 1533, 1543, 1548, y últimamente en las *Delizie degli eruditi bibliofili italiani: Terza publicazione* (Florencia, 1864).

[2] *Le juguement damour auquel est racomptee l'hystoire de Isabel fille du roy Descoce, translatee de Espaignol en Francoys (de Jean de Flores),* M.D.XXX.

A pesar de lo que se afirma en la portada, la traducción debe de proceder del italiano, como lo prueba el cambio de nombre de la heroína. Fué reimpresa en Lyón, 1532. Hay otra edición sin año ni lugar, que parece ser de 1533.

Ignoro si esta versión, citada por Brunet y que no he visto, es la misma de Corrozet, impresa en 1547 con este título: *Histoire d'Aurelio et d'Isabelle, fille du roi d'Escose, en laquelle est disputé qui baille plus d'occasion d'aimer, l'homme à la femme ou la femme à l'homme; mise d'italien en François par Gilles Corrozet.* París, 1547, 1555; Lyón, 1555, 1574; París, 1581; Ruán, 1582; todas o casi todas en italiano y en francés.

nimo.[1] Utilizado el libro de *Aurelio e Isabela* como texto para la enseñanza de idiomas, sufrió en su mismo original castellano una especie de refundición en lenguaje más moderno, adoptando el cambio de nombres introducido por el traductor italiano, y desde 1556 por lo menos hubo ediciones bilingües francoespañolas, y más adelante ediciones políglotas en español, italiano, francés e inglés.[2] Al alemán fué traducido más tardíamente, y del francés, por Cristiano Pharemundo, que la inprimió en Nuremberg, en 1630.[3]

Libro tan leído no podía menos de ser imitado. Y lo fué primero nada menos que por el Ariosto, que en el episodio de Ginebra complicó las reminiscencias del *Amadís* y del *Tirante* con algunas circunstancias derivadas de la novela de Juan de Flores, fundada, como hemos visto, en *l'aspra legge de Scozia*. El lugar de la escena, la circunstancia que sólo en Ginebra y en Mirabella, y no en las demás heroínas similares concurre, de ser hijas de un rey de Escocia; la intervención de la camarera que revela el secreto de los amores de su ama, y hasta las reflexiones de Reinaldo contra la injusta y tiránica ley, son indicios evidentes de esta imitación, a los ojos del sagacísimo Rajna.[4]

Lope de Vega, que tantos temas novelescos aprovechó en sus comedias, tomó de la de *Aurelio e Isabela* el argumento de los dos primeros actos de *La ley ejecutada*. Antiguos comentadores ingleses de Shakespeare, entre ellos Malone, afirmaron sin fundamento alguno que Shakespeare, en *La Tempestad*, se había valido de la novela de Juan de Flores; no hay ni la más remota analogía entre ambas obras. Todavía hay quien habla vagamente de una novela

---

[1] *History of Aurelio and of Isabell*. En la edición cuatrilingüe de Amberes, 1556. Reimpresa sin el texto español en Londres, 1586.

[2] *Historia de Aurelio y Isabela hija del Rey de Escocia mejor corregida que antes, puesta en Español y Frances para los que quisieren deprender una lengua de otra. En Anuers chez Jehan Withaye à l'enseigne du Faucon*, 1556. La edición de Bruselas, 1596, es también en castellano y francés. La de Bruselas, por Juan Montmart y Juan Reyne, 1608, en cuatro lenguas: francés, italiano, español e inglés.

[3] Vid. Schneider, pp. 249-256.

[4] *Le Fonti dell' Orlando Furioso*, pág. 156.

española utilizada en esta ocasión por el gran dramaturgo inglés; pero esa novela, si existe, no es seguramente *Aurelio e Isabela*. En cambio, otro poeta contemporáneo de Shakespeare, Fletcher, tomó del libro de Juan de Flores una parte del argumento de su comedia *Women pleased*,[1] y lo mismo hizo el francés Scudéry en su drama *Le Prince déguisé* (1636). [Cf. Ad. Vol. II.]

Ningún dato biográfico tenemos de Juan de Flores, ninguno tampoco de Juan de Segura, a quien pertenecen dos novelitas que imprimió anónimas en Venecia Alfonso de Ulloa en 1553,[2] pero

---

[1] Vid. E. Köppel: *Quellen-Studien zu den Dramen Ben Jonsons, John Marstons und Beaumont and Fletcher* (en los *Münchener Beiträge zur romanischen und englischen Philologie*, 1895).

[2] *Proceso de cartas de amores que entre dos amantes passaron y una quexa y aviso contra Amor, traducido del estilo griego en nuestro pulido castellano por Juan de Segura*, Toledo, 1548.

—*Epistolario o processo de cartas de amores: con una carta para un amigo suyo: y una quexa y auiso contra amor. Traducido del estilo griego en nuestro polido castellano: por Joan de Segura. Asse añadido en esta impression una egloga en q̃ por subtil estilo el poeta castellano Luis Hurtado tracta del gualardon y premio de amor.* M.D.LIII. (Al fin): *Impresso en Alcala de Henares por Juan de Mey Flandro a costa de Juã Thomas, librero.*

—*Processo de cartas de amores... Assi mesmo hay en este libro otras excellentissimas cartas que allende de su dulce y pulido estilo, estan escriptas en refranes traydos a proposito. Y al cabo se hallara un Dialogo muy sabroso que habla de las mujeres. Todos con diligentia nuevamente corregido. Imprimiose en Venetia, en casa de Gabriel Giolito de Ferrariis, y sus hermanos.* M. D. LIII. 8º let. itálica. Suele encuadernarse con la *Cárcel* y la *Cuestión de Amor*. Las *Cartas* en refranes son las de Blasco de Garay; el *Diálogo de las mujeres*, el de Cristóbal de Castillejo, íntegro y sin expurgar, lo cual da mucho valor a este tomito.

—*Processo de Cartas de Amores... Traducido de estilo griego en nuestro polido castellano; por Iuan de Segura, dirigido al mag. señor Galeazo Rotulo Osorio. Unas cartas y coplas para requerir nuevos amores al cabo.*

(Colofón): *Fue impresso en la muy noble y muy leal ciudad de Estella, en casa de Arian* (sic) *de Anuers. Acabose a xxi dias del mes de Enero, año de M.D.LXIIII.*

Sin duda, por no haber visto más edición que la de Venecia, donde está anónimo este epistolario, le han atribuído Ticknor y otros a Diego de San Pedro, fundándose en un pasaje de sus versos sobre el *Desprecio de la Fortuna*, en que se *arrepiente de aquellas cartas de amores, escritas de dos en dos*, lo cual bien puede aplicarse al *Arnalte y Lucenda*, donde hay varias cartas, lo mismo que en la *Cárcel de Amor*.

No hago mención, en este tratado, de las cartas de Blasco de Garay, porque no contienen acción novelesca, y porque escritas como están en refra-

que llevan el nombre de su verdadero autor en las ediciones de Toledo, 1548; Alcalá, 1553, Estella 1564. El primero de estos ensayos es un epistolario erótico: *Processo de cartas de amores que entre dos amantes pasaron.* Dícese traducido «del estilo griego», pero ninguna relación tiene con las colecciones de epístolas amatorias de los sofistas Alcifron y Aristeneto. Tampoco procede de las *Lettere amorosi* del veneciano Alvise Pasqualigo, que no se imprimieron hasta 1569 y cuyo asunto es enteramente distinto. Creemos que Juan de Segura fué el primero entre los modernos que escribió una novela entera en cartas, generalizando el procedimiento que habían empleado ocasionalmente Eneas Silvio, Diego de San Pedro y aun otros autores más antiguos, como el poeta provenzal autor de *Frondino y Brissona.* Tiene la novela epistolar grandes ventajas para el análisis psicológico, como en el siglo XVIII lo mostró Richardson, y después de él los autores de *La Nueva Heloisa,* de *Weríher* y de *Jacopo Ortis,* por lo cual conviene notar aquí esta tan temprana aparición del género. Por lo demás, la acción en el librito de Juan de Segura es sencillísima, reduciéndose a los contrariados amores del protagonista con una dama a quien sus hermanos encierran en un convento para impedirla contraer el matrimonio que desea. Las cartas están bien escritas, en estilo agradablemente conceptuoso, muy urbano, elegante y pulido, en el tono de la mejor sociedad del siglo XVI.

Acompaña al *Proceso* otra obrita de Juan de Segura (que también se finge traducida del griego), *Quexa y aviso contra Amor,* la cual por los nombres de sus personajes podemos titular *Lucin-*

---

nes, son más que otra cosa un ejercicio de lengua y su estudio incumbe a la paremiología. Sólo las dos primeras cartas, de las cuales la segunda no está en refranes, sino en sentencias, pertenecen a Blasco de Garay. En la primera «finge cómo sabiendo una sennora que un su servidor se queria ȝconfessar, le escrive por muchos refranes para tornalle a su amor». En la segunda, persistiendo el galán en su buen propósito de confesarse, amonesta a su señora que se dé al servicio de Dios. Las otras dos cartas son anónimas: Garay dice que las hubo de Juan Vázquez de Ayora, y que limó y corrigió el estilo hasta dejarlo como nuevo. Hay muchas ediciones antiguas y modernas de estos ingeniosos juguetes, que ya estaban impresos antes de 1544.

daro y Medusina. Es una extraña mezcla de discursos sentimentales, alegorías confusas y gran copia de aventuras fantásticas; en lo cual se distingue de todos los demás libros de su género, asimilándose mucho más a los de caballerías y aun a las novelas orientales. Todo el cuento está fundado en los prestigios de la magia. Un rey de Grecia muy versado en las artes de astrología encierra en un castillo a una hija suya para librarla de cierto horóscopo; pero la gran sabia Acthelasia desbarata sus planes haciendo que Lucindaro, hijo del rey de Etiopía, cuyos oráculos, signos y planetas le predestinaban para tal empresa, se enamore de la infanta por haberla visto en sueños, y penetre en la torre, merced a un anillo encantado que a ratos le hacía invisible. No entraremos a detallar las demás peripecias de tan complicada fábula: amor desdeñado al principio y favorecido después; tormentas y naufragios; un delfín que arrastra al sin ventura amador a los palacios submarinos de su protectora, la cual con sus artes mágicas le restituye a Medusina, cuyo bizarro atavío se describe en una página que es de las mejores del libro; sus desposorios y corto período de felicidad en el castillo del Deleite; la muerte de la princesa, contada con sencillez y ternura y acompañada de presagios que contribuyen al efecto trágico, y finalmente, la desesperada resolución de Lucindaro, que, imitando al Leriano de la *Cárcel de Amor,* se deja morir de hambre, después de haber devorado las cenizas del cuerpo de su amada.

No creo que puedan añadirse muchas novelas de este género a las que ya quedan mencionadas. En la Biblioteca Nacional existe una inédita, «Tratado llamado *Notable de Amor,*[1] compues-
»to por don Juan de Cardona, a pedimento de la señora doña
»Potenciana de Moncada, que trata de los amores de un caballero
»llamado Cristerno y de una señora llamada Diana, y de las gue-
»rras que en su tiempo acaecían». Propónese el autor demostrar, mediante una narración que dice ser verdadera, «que en estos
»tiempos de agora ha tenido lugar el amor en los hombres acerca
»de las mujeres con tanta pasión y verdad y perseverancia como
»se cree haber habido en los tiempos pasados». Todos los nombres

---

[1] Vid. Gallardo, *Ensayo,* t. II, cols. 220-221.

de los personajes de la novela encubren los de sujetos reales, y el autor nos da la clave al principio, aunque poco adelantamos con ella tratándose de personas desconocidas. La misma sustitución hay en los nombres de lugares: Medina del Campo está encubierto con el nombre de isla de Mitilene, y el riachuelo Zapardiel se transforma nada menos, que en el mar Egeo.

Prescindiremos del primoroso *Diágolo de amor* de Dorida y Dameo, «en que se trata de las causas por donde puede justamante »un amante sin ser notado de inconstante, retirarse de su amor», porque esta obra de autor anónimo, que imprimió corregida y enmendada Juan de Enzinas, vecino de Burgos, en 1593,[1] no es novela, sino un tratado de psicología amatoria, que oscila entre la literatura galante y la filosófica, y puede considerarse como una imitación o complemento de los *Diálogos de Amor*, de León Hebreo, aunque carece de su profundidad metafísica.

Hay que eliminar, finalmente, del catálogo de nuestras novelas eróticas, la *Historia de los honestos amores de Peregrino y Ginebra* (que ya corría de molde antes de 1527), porque el «Hernando Díaz, residente en la universidad de Salamanca», que dedicó esta obra a don Lorenzo Suárez de Figueroa, conde de Feria,[2] no hizo más que traducir el libro italiano de *Il Peregrino,* compues-

---

[1] *Dialogo de Amor intitulado Dorida. En que se trata de las causas por donde puede justamente un amante (sin ser notado de inconstante) retirarse de su amor. Nuevamente sacado a luz, corregido y emendado por Iuan de Enzinas, vezino de Burgos. Con privilegio. En Burgos en la imprimeria de Philippe de Iunta y Iuan Bautista Varesio.* 1593. 8º.

[2] En el catálogo de don Fernando Colón se cita ya una edición de la *Historia de Peregrino* en español por *Fernando Diaz*, sin lugar ni año, pero anterior sin duda a la siguiente:

—*Libro de los honestos amores de Peregrino y Ginebra...* (Al fin): *Fenesce la hystoria de los amores... La qual es obra tan sutil como discreta y de alto estilo. Es muy apacible a todo genero de lectores. Porque es como un jardin en que ay mucha diuersidad de fructales. Donde cada uno coge del fructo que más agrada a su gusto. Fue impressa en la insigne y leal ciudad de Seuilla por Jacobo Cromberger, aleman. Año de mil y quinientos y XXVII a XXVII de enero.* Fol. let. gót. (Biblioteca Imperial de Viena).

Se citan otras dos ediciones de Sevilla y Salamanca, 1548, y dos sin lugar ni año.

La obra original italiana ha sido impresa en Parma, 1508.

to por Jacopo Caviceo y dedicado por él en 1508 a la duquesa de Ferrara Lucrecia Borja.[1] El *Peregrino* no es sólo novela de amores, sino también de aventuras y de viajes; abunda en episodios ingeniosos, aunque no siempre honestos, y a pesar de la afectación del estilo, que es archilatinizado, se comprende que en su tiempo gustase. En castellano tuvo seis ediciones, por lo menos, y aunque el Santo Oficio la puso con razón en sus *Indices* desde el año 1559, creemos que sirvió de modelo a Jerónimo de Contreras para su *Selva de aventuras,* y que del título por lo menos se acordó Lope de Vega al escribir *El peregrino en su patria.*

Tanto el libro de *Peregrino y Ginebra* como el de *Lucindaro y Medusina* marcan un intento de renovación en el contenido y forma de la novela sentimental, que reducida a sus propios y escasos recursos no podía menos de caer en gran monotonía. Faltaba en ella lo que el vulgo de los lectores de este género de libros busca con preferencia: el interés de la acción exterior, los lances complicados y de difícil solución, que sin llegar a la maquinaria extravagante de los libros de caballerías, pudieran mantener gustosamente entretenida la curiosidad del lector, llevándole por peregrinos rodeos al desenlace. Satisfacían en parte esta necesidad las novelas bizantinas, cuyo carácter procuramos determinar al comienzo de este tratado. La erudición del Renacimiento las había desenterrado, y ya las principales corrían en lengua vulgar a mediados del siglo XVI. Heliodoro y Aquiles Tacio suscitaron muy pronto imitaciones, y en España se escribió la más memorable de ellas, los *Trabajos de Persiles y Sigismunda,* precedida por alguna otra no indigna de recuerdo. Pero antes de tratar de ella, diremos dos palabras sobre los intérpretes castellanos de uno y otro novelista griego.

La más antigua traducción del *Teágenes y Clariclea,* que sería probablemente la mejor, no ha sido descubierta hasta ahora. Consta que la hizo el docto helenista Francisco de Vergara, catedráti-

---

[1] Vid. un estudio sobre esta novela en el libro de Adolfo Albertazzi, *Romanzieri e Romanzi del Cinquecento e del Seicento* (Bolonia, 1891), páginas 7-33.

co en la Universidad de Alcalá, discípulo de Demetrio el cretense y autor de la primera Gramática griega de autor español que se usó en nuestras aulas. Andrés Scotto y Nicolás Antonio [1] se refieren vagamente a un códice de su versión del *Teágenes* que se conservaba en la librería del Duque del Infantado, pero no existe ya entre los restos de aquella famosa biblioteca, incorporada después a la de Osuna y últimamente a la Nacional de Madrid.

Francisco de Vergara falleció en 1545, dejando inédito el *Teágenes,* y fué gran lástima que en vez de su trabajo se imprimiese otra versión ni buena ni directa, sino sacada servilmente de la francesa de Jacobo Amyot por un *secreto amigo de su patria* (¿acaso un protestante refugiado?) que lo entregó a las prensas de Amberes en 1554. En la portada confiesa lisa y llanamente el origen del libro: *Historia Ethiopica, trasladada de frances en vulgar castellano... y corregida segun el Griego;* pero de tal corrección dudamos mucho, porque si el traductor era capaz de leer el texto griego, para nada necesitaba recurrir al francés, ni menos emplear el original como supletorio, y además el prólogo mismo en que se habla de correcciones y de cotejo de varios ejemplares está traducido de Amyot, como todo lo restante. [2]

---

[1] *Heliodori denique Aethiopicam historiam lepidissimam in gratiam civium, quod male conversa vulgo legeretur, sua lingua de Graecis loquentem fecit, eamque apud Carracam, quae hodie Guadalfaiara, in Bibliotheca ducis Infantatus, cui dedicauerat, latere audio.*

(Hispaniae Bibliotheca sev de Academiis ac Bibliothecis... Francoforti, apud Claudium Marnium et haeredes Ioan. Aubrii. M. DC. VIII. Obra del P. Andrés Scotto, cuyas iniciales están al fin de la dedicatoria A.S. *Peregrinus* (Pág. 555). N. Antonio copia esta noticia sin añadir nada.

¿Cuál sería la mala traducción de Heliodoro anterior a la de Vergara a que se refiere Andrés Scotto? No puede ser la del anónimo de Amberes, que no apareció hasta 1554, nueve años después de la muerte de Vergara, a no ser que supongamos una edición anterior.

[2] *Historia Ethiopica. Trasladada de frances en vulgar castellano, por un secreto amigo de su patria y corregida segun el griego por el mismo, dirigida al ilustrissimo señor, el señor Don Alonso Enriquez, Abad de la villa de Valladolid. En Anvers, en casa de Martin Nucio. M.D.LIIII. Con Priuilegio Imperial.* 8º. Es libro bastante raro, que se ocultó a la diligencia de don N. Antonio.

Las traduciones de Amyot, especialmente su *Plutarco*, hacen época en la historia de la prosa francesa; pero el calco del anónimo de Amberes, en estilo incorrecto y galicano, no podía contribuir mucho a la popularidad del *Teágenes* en España, así es que en esta forma sólo fué reimpreso una vez, en Salamanca, 1581.[1] Pocos años después cayó en manos de un nuevo traductor, que tampoco sabía griego, pero que tuvo el buen acuerdo de guiarse por la interpretación latina literal del polaco Esteban Warschewiczk, y encontró además un helenista de mérito que le hiciese el cotejo con el original. Tal fué la labor no despreciable del toledano Fernando de Mena, asistido por el P. Andrés Schoto, flamenco de nación y profesor de Lengua Griega en la Universidad de Toledo. En esta forma apareció nuevamente la *Historia de los leales amantes Teágenes y Cariclea*, en Alcalá de Henares, 1587, y obtuvo hasta cinco reimpresiones, una de ellas la de París, 1615, algo retocada por el famoso intérprete y gramático César Oudín.[2] En esta versión de Mena, pura y castiza aunque algo lánguida, se leía aún el *Teágenes* a fines del siglo XVIII, como lo comprueba una edición de 1787, sin que prevaleciese contra ella la redundante y culterana paráfrasis que en 1722 había publicado don Fer-

---

[1] De esta edición de Salamanca, en casa de Pedro Lasso, 1581, sólo he visto un ejemplar falto de los primeros folios en la Biblioteca Nacional, entre los libros que fueron de don Agustín Durán.

[2] *La historia de los leales amantes Teagenes y Chariclea. Trasladada agora de nueuo de Latin en Romance por Fernādo de Mena, vezino de Toledo Dirigida a don Antonio Polo Cortes, señor de la villa de Escariche: y Patron del monesterio de la purissima Concepción de Nuestra Señora de dicha villa. Con privilegio. Impressa en Alcala de Henares, en casa de Iuan Graciam. Año 1587.*

—Barcelona, Geronymo Margarit, 1614.

—Madrid, Alonso Martin, 1615, *añadida la vida del autor y una tabla de sentencias y cosas notables.*

—París, 1616, en la imprenta de Pedro Le Mur. Vista y corregida por César Oudín.

Madrid, por Andrés de Sotos, 1787, en dos volúmenes.

De todas estas ediciones y de sus preliminares se da más extensa noticia en un erudito artículo publicado por don J. L. Estelrich en la *Revista Contemporánea* (15 de julio de 1900).

nando Manuel de Castillejo con el título de *La Nueva Cariclea*. [1] Nada puedo decir de la traducción o imitación en quintillas del médico de Granada don Agustín Collado del Hierro, pues sólo la conozco por una referencia del *Fénix* de Pellicer [2] y por la noticia de Nicolás Antonio. Pero de la influencia persistente de Heliodoro en nuestra literatura da testimonio no sólo el *Persiles*, donde la imitación del *Teágenes* es menor de lo que generalmente se cree y de lo que da a entender el mismo Cervantes, sino la comedia de Calderón *Los hijos de la fortuna* y otra más antigua del doctor Montalbán, *Teágenes y Clariquea*.

Afortunado hubiera sido Aquiles Tacio Alejandrino en encontrar por intérprete a don Francisco de Quevedo, si la versión que éste hizo de la *Historia de los amores de Leucipe y Clitophonte* conforme a la letra griega no hubiese padecido el mismo naufragio que otras obras suyas, quedándonos sólo su memoria en las notas del *Anacreonte Castellano* del mismo Quevedo. [3] Y habiéndose perdido también, lo cual es menos de sentir, el *Poema Jónico*

---

[1] *La Nueva Cariclea, o Nueva Traduccion de la novela de Theagenes y Cariclea, que con titulo de Historia de Etiopia escrivio el antiguo Heliodoro. Sacóla a luz Don Fernando Manuel de Castillejo. Año 1722. En Madrid: por Manuel Roman. 4º.*

[2] «Imita también a Claudiano en la *traduccion docta de Heliodoro* don »Agustín Collado, comparando a Cariclea al fénix.»

(*El Fenix y su historia natural, escrita en 22 ejercitaciones, diatribes o capitulos... por Don Josef Pellicer de Salas y Tobar...* Madrid, 1603, fol. 107.)

[3] De esta versión, que desgraciadamente ha perecido como tantas otras cosas de su autor inmortal, nos da razón el mismo Quevedo en los comentarios de su *Anacreon Castellano*.

Oda V: Sólo es de advertir que el ingenioso Achiles Stacio, en los *Amores de Clitophonte y Leucippe*, lib. II, al principio, dice esto mismo de la rosa con las mismas palabras en boca de Leucippe, que canta sus alabanzas. Pongo, *por haberle traducido*, las palabras castellanas:

«Luego cantó otra cosa menos áspera, como fueron las alabanzas de la »rosa, de esta manera: Si Júpiter hubiera de dar rey a las flores, a ninguna »hallara digna de este imperio sino a la rosa, porque es honra del campo. »hermosura de las plantas, ojo de las flores, vergüenza de los prados y la »más hermosa de todas ellas. Espira amor, es incentivo de Venus, adórnase »con olorosas hojas, deleita con ellas, pues de tiernas se ríen con Zéphiro »temblando. Esto era en suma lo que cantaba.» Hasta aquí Achiles Stacio

o *Épica Griega*, extraño título que dió a su traducción derivada del latín, aunque «enmendada», según dice, «por el original griego» el inagotable *grafómano* don José Pellicer de Ossau Salas y Tovar,[1] sólo corrió de molde una paráfrasis harto infiel que don Diego de Agreda y Vargas, novelista mediano y poco original, publicó en 1617, valiéndose de la traducción toscana de Francesco Angiolo Coccio.[2]

Pero ya en 1552, gran parte de los episodios de esta novela habían venido, a través de otra traducción italiana menos completa, a incorporarse en un libro español por varias razones notable

---

Alexandrino. Tiénese por cierto que es himno de Sapho acomodado aquí. Oda XLIII:
Confirma esto Achiles Stacio Alexandrino en su *Clytophon y Leucippe*, libro I: «En el bosque de las aves, unas eran domésticas y regaladas con »mantenimiento humano, y así se sustentaban con él; otras libres jugaban »en las copas de los árboles, y parte insignes por su propio canto, como las »cigarras y las golondrinas.» Y más adelante dice: «Las cigarras cantaban »los retretes del Aurora, y las golondrinas las mesas de Tereo.» Aquí también las llama insignes por su voz, y el decir que canta los aposentos del Aurora, no es más de decir que canta a la mañana, que puede ser en agradecimiento del sustento que le da en su rocío.

(*Anacreon Castellano con Paraphrasis y Comentarios por Don Francisco Gomez de Quevedo*... Madrid, 1794, en la Imprenta de Sancha, páginas 112-113 y 147.)

[1] En el catálogo de los *Libros de D. Joseph Pellicer, que se perdieron llevados de su Estudio*, figura con el número 2 el siguiente artículo:

—*Historia o Epica Griega de Leucippe i Clitophonte, Poema Ionico.*

«Escriviola Achiles Tacio Alexandrino, que despues fue Obispo, como escribe Suydas. Traduxola en Latin Anibal Crucio Milanés, y en Castellano Don Joseph Pellicer, *Emendada por el Original Griego*. Teniala ya con licencia para imprimirla *el año* 1628, que permanece original en poder suyo, haviendola aprobado Don Lorenço Vander Hammen y Leon, a catorce de Marzo de 1628, donde dize: *Está paraphraseado con valentia por ser Don Joseph de los que mejor saben la Lengua Materna, y en las que veneran los Estudiosos exercitadisimo*. Hurtaronla i jamás parecio.»

(*Bibliotheca formada de los libros i obras públicas de Don Joseph Pellicer de Ossau y Tovar*... En Valencia por Geronimo Vilagrasa, 1671. Página 152.)

[2] *Los amores de Leucipe y Clitofonte. En Madrid por Iuan de la Cuesta. Año* M.DC.XVII (1617), 8º.

La traducción de Coccio, que sirvió de texto a la de Agreda y Vargas, puede verse en la *Collezione degli erotici greci tradotti in volgare* (Florencia, año 1833). La primera edición es de Venecia, 1550.

que publicó en Venecia el poeta alcarreño Alonso Núñez de Reinoso con el título de *Historia de los amores de Clareo y Florisea y las tristezas y trabajos de la sin ventura Isea, natural de la ciudad de Éfeso*.[1] La Liebrecht indicó, aunque sin pararse a puntualizarlo, que esta obra era imitación de *Leucipe y Clitofonte*. Lo es, en efecto, pero sólo de los cuatro últimos libros, únicos que Reinoso conocía, según confiesa en su prólogo: «Habiendo en casa de un »librero visto entre algunos libros uno que *Razonamiento de amor* »se llama, me tomó deseo, viendo tan buen nombre, de leer algo »en él; y leyendo una carta que al principio estaba, vi que aquel »libro había sido escrito primero en lengua griega y después en »latina, y últimamente en *toscana*; y pasando delante hallé que »comenzaba en el quinto libro. El haber sido escrito en tantas »lenguas, el faltarle los cuatro primeros libros fué causa que más »curiosamente desease entender de qué trataba, y a lo que pude »juzgar, me pareció cosa de gran ingenio y de viva y agraciada »invención. Por lo cual acordé de, imitando y no romanzando, »escribir esta mi obra, que *Los amores de Clareo y de Florisea y* »*trabajos de la sin ventura Isea* llamo; en la cual no uso más »que de la invención, y algunas palabras de aquellos razonamentos.»

Alonso Núñez omite el nombre del autor griego a quien verdaderamente imita, porque de seguro la obra era anónima para él. *Los Ragionamenti Amorosi*, de que él se valía, eran los de Ludovico Dolce, impresos en 1546, y en ellos la novela se da como fragmen-

---

[1] *Historia de los amores de Clareo y Florisea, y de los Trabajos de Isea, con otras obras en verso, parte al estilo español y parte al italiano, agora nuevamente sacada a luz... En Venecia por Gabriel Giolito de Ferraris y sus hermanos*, 1552.

La novela de Reinoso figura en el tomo de *Novelistas anteriores a Cervantes* de la Biblioteca de Rivadeneyra.

Por no haber entendido la portada, dice Brunet, disparatadamente, que «el estilo de esta novela es una mezcla de español e italiano». Cita una traducción francesa tan rara como la obra primitiva:

La plaisante histoire des amours de Florisée et de Clareo, et aussi de la peu fortunée Isea, trad. du castillan en françois par Jacq. Vincent. Paris, Kerver, 1554, 8º.

to de un antiguo escritor griego.[1] Anónima estaba también en la versión latina que siguió Dolce, que es la primera de Aníbal Cruceio milanés, impresa en 1544 y dedicada a don Diego Hurtado de Mendoza.[2] Tal omisión se explica teniendo en cuenta que Cruceio tradujo de un manuscrito griego imperfecto, donde faltaban los cuatro primeros libros, y con ellos el nombre del autor, y sólo diez años después llegó a descubrir la obra entera con la noticia de su legítimo dueño.

Disipada, pues, la oscuridad que hasta ahora envolvía los orígenes de *Clareo y Florisea*, a pesar de la honrada y leal confesión de su autor, conviene estudiar en la novela misma los cambios, adiciones y supresiones que en ella hizo el imitador. Consta *Clareo y Florisea* de treinta y dos capítulos, pero la imitación de *Leucipe y Clitofonte* termina en el diez y nueve. Aun en estos primeros capítulos hay algunos enteramente ajenos a la fábula griega, que por lo demás sigue con bastante fidelidad, traduciendo pasajes nada cortos. Pero suele abreviar con buen gusto las interminables descripciones en que se complace el gusto sofístico de Aquiles Tacio, y prescinde casi siempre de sus digresiones geográficas y mitológicas, tan curiosas algunas. Reducida la acción a sus elementos novelescos, todavía hizo en ella algunas alteraciones más o menos felices. Como no conocía los cuatro primeros libros de la novela griega, ni el motivo del viaje de Leucipe y Clitofonte (nombres que cambió por los menos exóticos de Clareo y Florisea), tuvo que inventarle, e imaginó una combinación que luego reprodujo Cervantes en el *Persiles*. Clareo y Florisea son prometidos esposos; pero el primero, a causa de un voto o promesa, había dado palabra de no casarse con Florisea en un año, «sino tenella como su propia hermana». Con la llegada a Alejandría de ambos amantes comienza la imitación de Aquiles Tacio, conservando

---

[1] *Amorosi Ragionamenti. Dialogo nel quale si racconta un compassionevole amore di due amanti, tradotto per M. Ludovico Dolce, dal frammento d' uno antico Scrittor Greco... In Vinezia appreso Gabriel Giolito de Ferrari. MDXLVI.*

[2] *Narrationis amatoriae fragmentum e graeco in latinum conversum, Annibale Cruceio interprete. Lugduni, apud S. Gryphium*, 1544, 8º.

algunos nombres del original y cambiando otros. Menelao, por ejemplo, es en el texto griego un amigo fiel de Clitofonte; en el español desempeña el mismo papel que el corsario Cherea de la primitiva novela. Roba a Florisea con engaño, y viéndose perseguido en la mar, finge descabezarla y echar su cuerpo a las olas, inmolando en lugar suyo a una infeliz esclava. Clareo queda solo e inconsolable en Alejandría, donde se enamora de él una dama rica y hermosa, que en nuestro libro se llama Isea y en el de Aquiles Tacio Melita, la cual se creía viuda por tener falsas nuevas de haber naufragado su marido. Clareo resiste por largo tiempo al amoroso asedio de la apasionada Isea, pero vencido por lo precario de su situación y por los consejos e instancias de su amigo Rosiano, acaba por consentir en el matrimonio, si bien poniendo por condición que no se consumará hasta que lleguen a Éfeso, patria de la supuesta viuda. Hacen, en efecto, el viaje, pasando el suplicio de Tántalo la pobre Isea; pero Clareo, siempre fiel a la memoria de Florisea, inventa nuevos pretextos para dilatar la unión conyugal, y entretanto encuentra a su amada entre las esclavas de su nueva mujer. Para complicar la situación, sobreviene en mal hora Tesiandro (Tersandro en Aquiles Tacio), el marido de Isea, que pasaba por muerto; arma tremendo escándalo en su casa, insulta y golpea furiosamente al que tiene por adúltero, y acaba por hacerle encerrar en una prisión y someterle a un proceso. Un confidente de Tesiandro le habla de su esclava Florisea, ponderándole su hermosura; la ve, queda prendado de ella; intenta vencer brutalmente su resistencia, y no lográndolo, la secuestra en escondido lugar y hace correr voz de que había sido asesinada. Llega la falsa noticia al preso Clareo: cae en la más negra desesperación, y para salir pronto de esta vida y vengarse al mismo tiempo de Isea, a quien tiene por autora o instigadora del crimen, se declara culpable de él y la delata como cómplice. Es sentenciado a muerte, pero le salva la oportuna aparición de Florisea, que ha logrado escapar de su encerramiento y viene a poner en claro la verdad de todo. Los dos amantes vuelven a su patria Bizancio, donde celebran sus bodas, y la infortunada Isea, en cuya boca pone el autor castellano la narración de todos estos trabajos, que en la novela griega cuenta el mismo Clitofonte, vuelve a peregrinar por tierras y mares, pero ya como mera espectadora de muy diversas aventuras.

Comparado este relato con el de Aquiles Tacio, se observan algunas modificaciones muy felices. Reinoso ha ennoblecido el carácter de Clareo; le ha hecho menos pasivo, menos quejumbroso, menos apocado y cobarde que en la novela original, donde todo el mundo aporrea impunemente al triste Clitofonte, sobre todo el brutal marido de Isea. Ha presentado con más tino y delicadeza la pasión de la viuda, que llega a interesar en algunos momentos por lo patético y bien sentido de sus quejas. Otro rasgo notable de depuración moral y estética a un tiempo se debe al imitador español. Tanto Clareo como Isea quedan libres de toda mancha y sospecha de adulterio, ni involuntario siquiera, si vale la expresión. Por el contrario, Aquiles Tacio hace que Melita, aun después de la vuelta de su marido, insista en su furiosa pasión y logre triunfar por una vez sola de la resistencia de Clitofonte; con lo cual destruye todo el pensamiento de su obra, fundada en la mutua fidelidad de Leucipe y su amante. Esta distracción del novelista griego tiene consecuencias análogas a las que trajo en el Amadís la famosa enmienda de Briolanja. Leucipe; que había guardado incólume su castidad, puede arrostrar impávida la prueba de la gruta de la siringa, que sonaba melodiosamente cuando entraba una virgen (aventura tan parecida a la del *arco de los leales amadores*); pero Melita no puede salir airosa de la prueba del agua Stygia, sino merced a una restricción mental que dista poco de un falso juramento. Alonso Núñez suprimió estas pruebas, en lo cual no hizo bien, porque son interesantes y poéticas, y abrevió además secamente el final, suprimiendo todas las escenas del templo de Diana y la oportuna llegada de Sostrato, padre de Leucipe, que tanto contribuye al desenlace. Pero en general la novela bizantina no salió empeorada de sus manos, y aunque la prosa de Aquiles Tacio es más trabajada, su elegancia sofística agrada menos que la candorosa y apacible sencillez del estilo de Reinoso. La imitación clásica no se limita en éste a un solo modelo. Él mismo dice en su segunda dedicatoria que quiso remedar también a Ovidio en los libros *de Tristibus*, a Séneca en las tragedias y a otros autores latinos. Con efecto, son visibles estas imitaciones, especialmente las de Séneca el Trágico. Gran parte del capítulo IX, que contiene las quejas y lamentaciones de Isea desdeñada por Clareo, está tejida con palabras y conceptos que pronuncia Fedra en el *Hipólito*, y la confidenta Ibrina representa el mismo papel que la *Nutrix* en la tragedia del poeta cordobés. Hay una bajada al infierno llena de reminiscencias del libro sexto de la *Eneida*, y un lindo elogio de la vida pastoril taraceado del «*O fortunatos nimium*» de las *Geórgicas* y del «*Beatus ille*» de Horacio. [1] Trozo es éste que no me parece muy inferior al celebrado discurso de Don Quijote sobre la edad de oro, con el cual tiene mucha analogía de factura. Y es cierto que Cervantes había leído con mucha atención el libro de los *Amores de Clareo*, del cual hay algunas reminiscencias en el *Persiles*. [2]

---

[1] «La cual vida, como yo viese y considerase cuán buena y verdadera »era, con razón comencé a decir: «¡Oh bienaventurados y venturosos pasto-»res, a los cuales cupo por suerte tan venturosa y sosegada vida; y cómo »no una vez, pero ciento os podeis llamar dichosos y bienaventurados, pues »tan dulce y sosegadamente en estos valles vivis, ajenos y apartados de »todas las cosas que tan gran pesar y trabajo a todos los que las buscan »dan! ¡Oh cuán dulces y más sabrosas os son aqui a vosotros las claras y »naturales aguas de lo que son los artificiales y escogidos vinos a los prin-»cipes y grandes señores! ¡Oh cuán de mejor sabor es aqui la fresca y blanca »leche de lo que por las ciudades son los pavos, perdices y faisanes! ¡Oh »y cuán más suave olor es este que destas flores nace, que no aquel que el »ambar de Oriente, ni almizquer de Levante causar suele! ¡Oh y cuán más »dulce y alegremente canta aqui un pajaro de su natural, que no aquel »que con grande trabajo en las cortes y grandes ciudades es enseñado! »¡Oh cuán mayor contento recebis aqui vosotros, metidos en la pastoril »cabaña, de lo que reciben aquellos cuyas moradas estan fabricadas sobre »altas columnas, cubiertas todas de oro y entretalladas de blanco marfil y »de diversas historias todas acompañadas! ¡Oh y cuán más contenta vive »aquí una serrana o pastora vestida descuidadamente con paños de gruesa »lana o de lino hilados con sus propias manos, y con sus cabellos revueltos, »y su blanco pie descalzo, y el grosero huso en la mano, cantando por estos »campos, de lo que vive la honesta y recogida doncella, a la cual sobran los »paños de seda y las joyas de oro, las piedras y perlas que no tienen precio, »pero falta el contento, que de todo es lo mejor y más principal y de mayor estima.»

[2] Persiles y Segismunda fingen ser hermanos en cumplimiento de un

Aunque la fábula general, en la primera parte del libro del Reinoso, sea la de Aquiles Tacio, hay varios episodios que parecen originales del poeta de Guadalajara, y nada tienen que ver con la antigüedad griega y latina. Tales son las maravillas de la Ínsula Deleitosa y la historia de la infanta Narcisiana, la cual era tan hermosa y tenía tanta fuerza en el mirar, que con su vista mataba; por lo cual sus padres la habían confinado en aquella isla donde ningún hombre verla pudiese, y aun allí, «tenía delante de su »rostro una forma de velo o antifaces, porque ansi pudiera ver, y »siendo por ventura vista no matar». Otra novela hay (cap. X) cuya acción pasa en Valencia, y que pertenece al género trágico de Mateo Bandello, recordando algo su principio y su fin la de Diego de Centellas, que tiene el número 42 en la colección del ingenioso dominico lombardo. La descripción de la ínsula de la Vida y de los huertos, ejercicios y recreaciones de sus moradores (capítulos XI y XII) es una curiosa pintura de la vida cortesana en Italia, enteramente anacrónica con el resto del libro. No lo es menos el reto y batalla campal de Clareo y el corsario Menelao. Y aunque Reinoso insiste mucho en que su obra no se confunda con «las vanidades de que tratan los libros de caballerías», y aguza su ingenio para explicar alegóricamente todas las acciones de sus personajes, es lo cierto que en cuanto abandona las pisadas de Aquiles Tacio, y aparece en escena el andante paladín Felesindos, su libro se convierte en uno más de caballerías, tan absurdo y desconcertado como cualquier otro, aunque mejor escrito que la mayor parte de ellos. No nos perderemos en el laberinto de esta última parte, que ningún interés ofrece, siendo conocidas tantas muestras de su género. Lo más curioso e inesperado es el final, que contiene una sátira nada benévola contra los conventos de

---

voto, y en esta ficción está basada la novela. Clareo promete no casarse con Florisea, sino «tenella como su propia hermana» durante el término de un año. Las pretensiones del príncipe Arnaldo respecto de la fingida Auritsela (en el capítulo segundo del *Persiles*) están presentadas del mismo modo que las del corsario Menelao respecto de Leucipe en el capítulo sexto del *Clareo*. Sin gran trabajo podrían notarse otras semejanzas o coincidencias.

monjas.[1] Viéndose rechazada Isea de uno de ellos por su pobreza y oscuro linaje, determina recogerse en la ínsula Pastoril, donde escribe sus memorias, de las cuales promete una segunda parte.

Pocas noticias quedan del autor de este ingenioso libro, fuera de las que él mismo da en las poesías líricas que acompañan a su novela. Era natural de Guadalajara, como queda dicho, y parece haber pasado algunos años de su juventud en Ciudad Rodrigo, donde frecuentó el trato y amistad de Feliciano de Silva, a quien admiraba demasiado, pero cuyo estilo no imitó por fortuna suya. En una de las composiciones que escribió en Italia deplora en términos muy sentidos la ausencia de su amigo:

Y si con estos enojos
Soledad[2] de España siento,
Luego revientan los ojos

---

[1] «Y entrando, hallé a la abadesa muy bien adrezada y cercada de mu- »chas monjas, muy bien vestidas, que todas estaban labrando con sus almo- »hadillas de raso y sus guantes cortados; y esto con tanta reputacion que »las damas en los saraos no tienen más. Yo, viéndola así, hice mi corte- »sia, y en pocas palabras dije mi intencion, y la abadesa me respondio que »yo fuese bien venida; pero que cuanto a entrar en aquella casa, que era »menester traer mil ducados de dote y ser de don y de buen linaje; porque »todas aquellas señoras lo eran: que una se llamada doña Elvira de Guzman, »y otra doña Juana de Mompalau, y otra doña Teresa de Ayala, y otra doña »María Manrique, y otra doña Marina Imperial, y otra doña Ambrosia de »Chaves, y otra doña Isabel de Silva, y otra doña Antonia del Aguila, y »otra doña Ana de Carvajal, linaje de mucho precio y valor. Y diciendo esto »la abadesa, respondio una monja, y dijo: «Otras habra de tanto», y sobre »esto repitio otra y otra; y vinieron cuasi a darse unas a otras de chapinazos; »y yo viendo aquella quistion, y que no tenia dineros para entrar alli, ni »menos se podia saber quién era, acordé de dejar a las monjas en sus quis- »tiones y de partirme.»

La sátira parece escrita contra un determinado convento, y los nombres de las monjas pueden ser reales. De una doña Ana Carvajal habla el mismo Reinoso en sus versos como de amiga suya:

Y despues con gloria igual,
Con temor que llevo, digo:
Ana de Caravajal,
Mi enemiga capital
Veré que riñe conmigo.

[2] Uno de los muchos pasajes en que *Soledad* está usada en el mismo sentido que la decantada *Saudade* portuguesa.

Con las lágrimas, despojos
Del cansado pensamiento.
....
Que estoy en *Ciudad Rodrigo*
Muchas veces finjo acá,
Y conmigo mismo digo:
«Este camino que sigo
A los Alamos irá.»
Y digo: «contento, ufano
Y alegre podré llegar
A casa de *Feliciano,*
A donde continuo gano
Por tal ingenio tratar»...

De otros amigos y amigas suyas de aquella ciudad y de Guadalajara trata en los versos que siguen, acordándose especialmente de doña Ana de Carvajal, de una doña Juana Ramírez y de su propia hermana doña Isabel de Reinoso. En una de sus dedicatorias habla de «cierta comedia» que había dirigido al duque del Infantado, y que había sido corregida y enmendada por el señor de Fresno de Torote, don Juan Hurtado de Mendoza, buen caballero, buen regidor y procurador a Cortes, pero poeta infeliz, autor de *El buen placer trobado en trece discantes de cuarta rima castellana* (1550); libro que, como tantos otros, tiene su mayor mérito en la rareza. Reinoso se muestra agradecido a sus buenos oficios, no menos que a los del caballero italiano Juan Micas, a quien dedicó la historia de Clareo. Su vida parece haber sido aventurera y azarosa. De una epístola suya a Feliciano se infiere que comenzó la carrera de Leyes, probablemente en la Universidad de Salamanca, lo cual puede explicar sus estancias en la vecina Ciudad Rodrigo. Como tantos otros españoles pasó a Italia, pero su viaje debió de tener más de forzado que de voluntario, a juzgar por los versos en que habla de su destierro, que no parece metafórico:

Ha consentido mi hado
Y mi suerte me condena
A que viva desterrado
Y que muera sepultado
Sin placer en tierra ajena;

>   A donde todo me daña,
>   Donde mi muerte se ve,
>   Pues morando en tierra extraña,
>   Con la memoria d' España
>   Como viva yo no sé.

En Italia obtuvo fama de poeta, y uno de sus encomiadores fué el mismo Ludovico Dolce, de cuyos *Ragionamenti* tomó la idea de su novela, que el mismo Dolce celebró en un soneto inserto en los preliminares del libro. Los endecasílabos de Reinoso valen poco, y él mismo confiesa que muchas veces no tienen la acentuación debida, sino la que cuadraría al verso de doce sílabas o de arte mayor. En las coplas castellanas es fácil, tierno y afectuoso, pero su prosa es infinitamente mejor y más limada que sus versos. La *Historia de Clareo y Florisea* fué traducida inmediatamente al francés [1] y tiene el mérito de ser, si no nos equivocamos, la más antigua imitación de las novelas griegas publicada en Europa, puesto que la del seudo Atenágoras, que pasa por la más antigua, no apareció hasta 1599.

Más independiente de los modelos bizantinos, y más enlazada con la vida actual, se presenta la *Selva de aventuras* que el cronista Jerónimo de Contreras publicó antes de 1565, puesto que la edición de Barcelona de dicho año no parece ser la primera. Hay, por lo menos, seis posteriores a esa fecha [2] y una traducción fran-

---

[1] De esta traducción de Jacques Vincent hemos hablado ya.

En *O Panorama*, periódico literario de Lisboa, 1837, tomo I, pág. 164, se dió noticia de una *Historia de Isea*, novela caballeresca portuguesa, impresa en el siglo xv (?), que según se dice existió en la biblioteca del vizconde de Balsemao en Oporto, y se perdió en el sitio de aquella ciudad por los partidarios de Don Miguel. Si esta novela ha existido realmente, y era de la fecha que se supone, tenía que ser independiente de *Clareo y Florisea*, cuya fuente principal fué un libro italiano no impreso hasta 1546. Pero acaso haya equivocación en la noticia y se trate sólo de un ejemplar de la obra de Reinoso.

[2] *Selva de Aventuras, compuesta por Hieronimo de Contreras, coronista de S. M. Va repartida en siete libros, los cuales tratan de unos extremados amores que un caballero de Sevilla, llamado Luzman, tuvo con una hermosa doncella llamada Arbolea, y las grandes cosas que le sucedieron en diez años que anduvo pelegrinando por el mundo, y el fin que tuvieron sus amores.* En

cesa de Gabriel Chapuys (1580), que fué reimpresa varias veces.[1] Todo esto prueba que la *Selva* se leyó bastante, y hoy mismo es de fácil y no desapacible lectura. El argumento es sencillo y bien combinado, en medio de la extremada pero no confusa variedad de episodios.

Un caballero sevillano llamado Luzmán, enamorado de la doncella Arbolea, a quien había conocido desde la infancia, la pretende en matrimonio; pero ella, resuelta a abrazar la vida monástica, le quita toda esperanza con muy corteses razones: «Nunca yo pudiera creer, Luzman, que aquel verdadero amor »trabado y encendido desde nuestra juventud, pudiera ser por ti »en ningún tiempo manchado, ni derribado de la cumbre donde »yo por más contentamiento tuyo y mio le había puesto. Pesame »que de casto y puro amor le has vuelto comun deseo y apetito »sensual, siendo primero contemplación y recreación del ánima... »No dejo de conocer que lo que pides, y como hombre deseas, que »es bueno; mas si hay otro mejor, no se debe de dejar lo más por »lo menos. Quiero decir que yo te he amado por pensamiento,

---

Barcelona, *en casa de Claudes Bornat, al Aguila Fuerte. 1565. Con privilegio por diez años.* 8º.

—Sevilla, por Alonso Escribano, 1572.

—Sevilla, por Alonso Escribano, 1578.

—León de Francia, 1580.

—Alcalá de Henares, 1588. Con notables adiciones y cambiando el desenlace. Contiene nueve libros.

—Bruselas, por Juan Mommarte, 1591.

A pesar de lo que dice Salvá, es indudable que hay ejemplares de esta edición con la fecha de 1592; el mío es uno de ellos. Tampoco es imposible, ni siquiera raro en aquellos tiempos, que un mismo impresor hiciese en el espacio de dos años dos tiradas de un libro de entretenimiento y de poco volumen.

—Murcia, por Diego de la Torre, 1603. «*Va repartida en nueve libros y añadida por el autor.*»

—Cuenca, por Salvador Viader, 1615.

[1] *Etranges aventures contenant l'histoire d'un chevalier de Seville dit Luzman a l'endroit d'une belle demoiselle appelée Arbolea, trad. de l'espagnol por Gabr. Chapuys. Lyón, Rigaud,* 1580.

Reimpreso con el título de *Histoire des amours extrèmes d'un chevalier...* (París, 1587) y con el de *Aventures Amoureuses...* (París, 1598).

»que en mí no se efectuase otro amor más que aquel que sola
»nuestra amistad pedia; porque yo siempre estuve determinada
»de nunca me casar, y asi he dado mi limpieza a Dios y toda mi
»voluntad, poniendo aqui el verdadero amor, que jamas cansa
»ni tiene fin.»

El desconsolado amante busca alivio en la ausencia, y parte para Italia en hábito de peregrino. La narración de este viaje y de las extrañas cosas que en él vió Luzmán es el principal asunto de los siete libros cortos en que la *Selva* se divide. Siguiendo el holgado modo de novelar que ya vimos indicado en el *Libro Félix*, de Raimundo Lulio y que adoptaron los autores de novelas picarescas, cada uno de los personajes que el protagonista va encontrando le refiere su historia y le pide o le da consejo. Entre estas historias hay algunas muy interesantes y románticas, como la del caballero aragonés Erediano (¿Heredia?) y Porcia, sobrina del duque de Ferrara: dos amantes que hicieron vida solitaria y murieron en el desierto; la del penado Salucio, que parece prototipo de Cardenio; la del marqués Octavio de Mantua. Hay tipos ingeniosamente trazados, como el pobre Oristes, el rico y avaro Argestes, el espléndido y hospitalario Virtelio: episodios de novela pastoril, disputas de casuística amorosa, tres églogas representables, una de las cuales, la de Ardenio y Floreo, el pastor amoroso y el desamorado, recuerda la disputa de Lenio y Tirsi en la *Galatea* de Cervantes; una representación escénica del Amor Humano y el Amor Divino, y otra que se supone hecha en la plaza de San Marcos de Venecia, y gran cantidad de versos líricos de todas medidas, escritos con elegancia y rica vena. En el curso de su peregrinación, el héroe visita la cueva y oráculo de la Sibila Cumea *(la sabia Cuma)*, y encuentra reinando en Nápoles al magnánimo Alfonso V de Aragón. Volviendo a España, cae en poder de unos corsarios que le llevan cautivo a Argel (lugar común de tantas novelas y comedias posteriores); logra rescatarse, y al llegar a Sevilla encuentra que su amada Arbolea había tomado el velo. Hay rasgos muy delicados en la última entrevista de los dos amantes.

«Y luego esa tarde se fue Luzman al monasterio donde estaba

»su señora, y preguntó por ella: a Arbolea le fué dicho cómo un
»pelegrino la buscaba; ella, no sabiendo quién fuese, se paró a
»una reja, y aunque vio a Luzman, no le conocio; mas él, cuando
»vido a ella, conocióla muy bien; y sin poder detener las lagrimas,
»comenzo a llorar con gran angustia. Arbolea, muy maravillada,
»no pudiendo pensar qué fuese la causa porque aquel pobre asi
»llorase ante ella, le preguntó diciendo: «¿Qué sientes, hermano
»mio, o qué has menester desta casa? ¿Adónde me conoces, que
»has llamado a mí más que a otras destas religiosas?» Luzman,
»esforzando su corazon, y volviendo más sobre sí, respondio a
»Arbolea, diciendo: «No me maravillo yo, señora Arbolea, que
»al presente tú no me conozcas, viendome tan mudado del que
»solia ser con los grandes trabajos que por tu causa he pasado:
»ves aqui, señora, el tu Luzman, a quien despreciaste y tuviste
»en poco sus servicios, no conociendo ni queriendo conocer el
»verdadero amor que te tuvo, a cuya causa ha llegado al punto
»de la muerte, la cual más cortés que piadosa ha usado con él
»de piedad; y esto ha sido porque volviese a tu presencia; pues
»agora venga la muerte, que contenta partirá esta afligida ánima,
»guardando el cuerpo en su propia naturaleza», y diciendo esto,
»calló vertiendo muchas lágrimas.

»Arbolea, que entendió las palabras de Luzman y le conocio,
»que hasta entonces no habia podido conocerlo, porque vio sus
»barbas muy largas, sus cabellos muy cumplidos y ropas muy
»pobres, aquel que era la gentileza y hermosura que en su tiempo
»habia en aquella ciudad, lleno de gracias, vistiendose tan costo-
»samente que ningun caballero le igualaba; pues, vuelta en sí,
»aunque con gran turbacion, alegrose en ver aquel a quien tanto
»habia amado, que por muerto tenia, y respondiole diciendo asi:
»No puedo negar ni encubrir, mi verdadero hermano y señor, la
»gran tristeza que siento en verte de la manera que te veo; mas por
»otra parte, muy alegre doy gracias a Dios que con mis ojos te tor-
»nase a ver, porque cierto muchas veces he llorado tu muerte, cre-
»yendo que ya muerto eras; y pues eres discreto y de tan princi-
»pal sangre, yo te ruego me perdones, si de mí alguna saña tienes,
»y te conformes con la voluntad de aquel por quien a todas las cosas

»son ordenadas; que yo te juro por la fe que a Dios debo, que no
»fue más en mi mano, ni pude dejar el camino que tomé, que ya
»sabes que no se menea la hoja en el árbol sin Dios, cuanto más
»el hombre con quien él tanta cuenta tiene. Yo te ruego, desecha-
»da tu tristeza, alegres a tus padres y tomes mujer, pues por tu
»valor la hallarás como la quisieres, y de mí haz cuenta que fui
»tu hermana, como lo soy y seré mientras viviere.» Decia estas pa-
»labras la hermosa Arbolea con piadosas lágrimas, a las cuales
»respondio Luzman: «Al tiempo que tú, señora, me despediste
»cuando más confiado estaba, entonces desterré todo el contenta-
»miento, y propuse en mí de no parecer más ante tus ojos, y nunca
»ante ellos volviera, sino que entendi que estabas casada, lo cual
»jamás pude creer, mas por certificarme, quise venir ante tu pre-
»sencia; y pues ya no tienen remedio mis lágrimas ni mis suspi-
»ros, ni mis vanos deseos, quierome conformar con tu voluntad,
»pues nunca della me aparté; y en lo que me mandas que yo me
»case, no me tengas por tal que aquel verdadero amor que te
»tuve y tengo pueda yo ponerlo en otra parte; tuyo he sido y tuyo
»soy, y así quiero seguir lo que tú escogiste, casandome con la
»contemplación de mi cuidado, que no plega a Dios que otra nin-
»guna sea señora de mi corazón sino tú que lo fuiste desde mi
»juventud.»

Para cumplir su propósito, Luzmán se despide de sus padres, construye una ermita cerca del monasterio de Arbolea y hace allí vida penitente el resto de sus días. Bello y romántico final, que recuerda la balada de Schiller *El caballero de Togenburgo* o la imitación que de ella hizo nuestro Piferrer en su *Ermitaño de Montserrat*.

La originalidad de la *Selva de aventuras* parece incontestable. De las novelas anteriores, sólo la de *Peregrino y Ginebra* tiene alguna remota analogía de plan, pero hay mucha distancia del espíritu liviano de aquella narración a la intachable pureza moral de ésta. Todo en ella respira gravedad y decoro, y a la verdad, no se explica que el Santo Oficio, tan indulgente o indiferente con este género de literatura, hiciese la rara excepción de llevar *Luzmán y Arbolea* al *Indice expurgatorio*.

Poco sabemos de la vida de Jerónimo de Contreras, que se titula *capitán* en el frontispicio de alguno de sus libros. Consta por declaración propia que en 1560 obtuvo de Felipe II la merced de un entretenimiento en el reino de Nápoles, y que todavía permanece allí diez años después cuando puso término a su *Vergel de varios triunfos,* que luego se imprimió con el título de *Dechado de varios subjectos.* (1572), especie de alegoría moral en forma de sueños, entremezclada con elogios en prosa y verso de reyes y varones ilustres españoles antiguos y modernos.[1] «Con-
»treras es escritor fácil, rico y castizo (dice Gallardo hablando de
»esta obrita); sus versos parece que se le caían de la pluma, es-
»pecialmente el que llamamos por excelencia verso castellano,
»las redondillas.» A pesar de su título de cronista, no conocemos obras históricas de él y no son flojos, aunque sin duda voluntarios, los anacronismos en que incurre en su novela, bien que en su tiempo nadie reparaba en esto.

Así como el *Clareo* y *Florisea* es el germen del *Persiles,* así la *Selva de aventuras,* con sus cuadros de viajes, con sus intermedios dramáticos y líricos, nos parece el antecedente más inmediato de *El Peregrino en su patria,* de Lope de Vega, y de otras misceláneas novelescas semejantes a ésta.

---

[1] *Dechado de varios subjectos, compuesto por el Capitan Hieronimo de Contreras, Cronista de S. M.... En Zaragoza, en casa de la viuda de Bartolome de Najera, año de 1572. 8º.*

El primitivo original de este libro, con el título de *Vergel de varios triunfos,* existe en la Biblioteca del Escorial, y es sin duda el mismo que el autor presentó a Felipe II (vid. Gallardo, *Ensayo,* tomo II, número 1.886). En el prólogo dice: «Acordandome que *en el año de sesenta,* en Toledo, despidien-
»dome de V. M. *para ir a gozar del entretenimiento que en el reino de Nápoles*
»*me hizo merced,* dije que haria alguna cosa en la cual mostrase una pequeña
»parte del valor de España... y asi he cumplido mi palabra componiendo este
»tratado.» Le acabó a 30 de agosto de 1570.

ÍNDICE DE TEMAS, AUTORES Y OBRAS

A

Abardanel, Judas, hebreo español, la *Fiammeta* y el platonismo erótico, 482.

Abentofail, Abubéquer, el guadijeño, filósofo contemplativo, 81.

Acuña, Hernando de, traductor y versificador del *Orlando enamorado*, 231, y del *Chevalier deliberé*, 454.

Adenés, el trovero, la historia de Berta y Pinino, y la *Canción de los Sajones*, 221.

Adramón, Crónica del Infante, novela caballeresca, 393.

Agreda y Vargas, Diego de, traductor de Aquiles Tacio, 544.

Agua, el Viento y la Verdad, Alegría del, en el *Caballero Cifar*, 316.

Agüero de Trasmiera, Juan, y el *Palmerín de Oliva*, 426.

Aguiló, Mariano, y don Juan Manuel de Lulio, 144.

Agustín, Antonio, y el *Amadís*, 332.

Agustín, S., la *Ciudad de Dios* y Clemente Sánchez, 170.

Ajuda, Cancionero de, y el Nobiliario de Barcelos, 279.

Alberti, León B., traductor de A. de Almazán, 448; y su influencia en nuestra novela sentimental, 481.

Alberto Magno y Abentofail, 87.

Alcalá, Fr. Jaime de, y la Caballería Cristiana, 457.

Alcifrón, inventor de la novela epistolar, 25.

Alcocer, Hernando de, y su traducción del *Orlando furioso*, 231.

Alda, la comedia, y el *Pamphilus*, 163.

Alegre, Francisco, y la versión catalana que hizo del *Barlaam*, 65.

Alejandro Magno y Colístenes, 233; y el valor novelístico de las Historias, 27; y el libro de *Buenos Proverbios*, 108.

Aletiphilo, Lelio, y su traducción de la *Historia de Grisel y Mirabella*, 534.

Alexandre, El Libro de; sus fuentes, 234.

Alexandreis, La, y *El Libro de Alexandre*, 234.

Alfonso VI, su tradición, y el Maynete, 218.

Alfonso X, el Sabio, la *General Estoria* y el *Libro de los Caminos y de los Reinos*, de Abu Omar el Becri, 78; y la *Doncella teodor*, 105; la *Crónica General* y el Maynete, 215; y *Tristán*, 277; y el conde D. Pedro de Barcelos, 281; y el *Caballero Cifar*, 307; y la introducción de la materia de Bretaña, 340.

Alfonso XI, Poema de, y el ciclo bretón, 285.

Alfonso, Juan, y la poesía aljamiada, 112.

Alfonso, Pedro, su *Disciplina clericalis*, 67; y el *Caballero Cifar*, 316.

Algazel y el Mancebo de Arévalo, 112; y Alonso de la Torre, 212.

Alixandre, Recontamiento del Rey, 116.

Aljamiada, la literatura, 110.

Almazán, Agustín de, y Alberti, 448.

Almocaffa, Abdalá ben, y su traducción de *Calila e Dimna*, 40.

Almotamid en don Juan Manuel, 152.

Alonso, Agustín, y *Roncesvalles*, con las hazañas de Bernardo del Carpio, 232.

Alta Silva, Juan de, y el *Sendebar*, 49.

Alvarez de Villasandino, Alfonso, y *Enrique de Oliva*, 223; y el *Amadís*, 325.
Amadace, y el *Amadís*, 348; y *Amadas*, 351.
Amadas et Idoine y *Amadís*, 345, 348.
Amadís de Gaula, su nacionalización, originalidad e idealismo, 206; y el *Caballero del Cisne*, 255; primer libro de caballerías, 299; estudio de esta obra, 320; y su origen portugués, 327; su importancia como novela, 356; sus episodios principales, 362; en el teatro peninsular, 377; y el *Tirante*, 404; su ciclo, 409; su sexto libro, 411; su muerte, 419; y *Don Clarisel de las Flores*, 440; la *Fiammetta* y lo caballeresco y erótico, 482.
Amadís de Grecia, 415.
Amantes de Teruel, Los, su tema y *Florando de Castillo*, 445.
Amari, Miguel, y Aben Zafer, 75.
Amaro, Vida de S., y viajes de S. Brandán, 297.
Amazonas, el romance de su reina, 240.
Amiens, Gerardo de, su *Carlomagno* y el *Maynete*, 214; y *Clamades*, 243.
Amís y Amile, y *Oliveros y Artús*, 249.
Amor, su concepción y los poemas bretones, 263; cortés, su teoría y la materia de Bretaña, 267.
Amor, Cuestión de, y el *Filocolo*, de Boccaccio, 479; obra anónima, 518.
Amor, Dechado de, 524.
Amor, Quexa y aviso contra, 537.
Amor, Tratado llamado Notable de, 538.
Amores, Cuento de los, 80.
Amores, Proceso de cartas de, 537.
Amores, Repetición de, 525.
Amphitrión, de Plauto, y *Don Clarisel de las Flores*, 441.
Amyot, Jacobo, y su traducción de *Dafnis y Cloe*, 24; su traducción de Heliodoro, 541.
Anales toledanos primeros y el ciclo bretón, 284.
Andersen y el *Conde Lucanor*, 155.

Andreópulos, Miguel, traductor del *Sendebar*, 26.
Andrieux y Don Juan Manuel, 153.
Anseis de Cartago, y la leyenda de Don Rodrigo y la Cava, 217.
Antar, el, y la novela de Caballerías, 76.
Antioquía, la *Canción de* (Cruzadas), 251.
Anwuari Sohaili, retraducción al persa del *Calila y Dimna*, 36.
Apólogo, El, y el cuento oriental, 33.
Apólogos en el *Libro Félix*, de Lulio, 141.
Apolonio; Libro de, y la historia de Apolonio de Tiro, 21.
Apolonio de Tiro, romántica historia del príncipe, 21; en España, 240.
Apolonio de Tiana, y su biografía, 23.
Apuleyo, y su influencia en todos los pueblos cultos, 31; y el Arcipreste de Hita, 168.
Arabí de Damasco, Mohammad ben, y el cuento y la novela entre los árabes, 74.
Aragonés, Mosén Alfonso, y la *Doncella Teodor*, 102.
Árbol de la Ciencia, 123.
Árbol Exemplifical, o *de Exemplos*, 123.
Arbola, Romance de, y la doncella *Carcayona*, 114.
Arcadia, Carta del Bachiller de, y Feliciano de Silva, 414.
Arce Solórzano, traductor del *Barlaam*, 61.
Ardanlier e Liesa, historia de los dos amadores, y Rodríguez del Padrón, 484, 491.
Arderique, historias del *Caballero*, 436.
Arévalo, el Mancebo de, y la filosofía aljamiada, 112.
Arias Montano, y los libros de Caballerías, 451.
Arimatea, José de, y el *Graal*, 270.
Ariosto, su *Orlando Furioso* y las *Mil y una noches*, 100; su *Reinaldos*, 229; traducciones españolas, 231; y Nicolás de Espinosa, 232; y Bernardo de Balbuena, 232; su *Orlando Furioso* y el *Amadís*, 380; y el *Tirante*, 406, 408; y el *Flo-*

rando de Castilla, 445; y la *Historia de Grisel y Mirabella*, 535.
Aristineto, y la novela epistolar, que inventó, 25.
Aristóteles enamorado, Cuento de, 195; en Lucena el mozo, 525.
Armannino de Bolonia, y el *Curial*, 398.
Arnaldos, romance del Conde, atribuído a Rodríguez del Padrón, 19.
Arnalte y Lucenda..., Tratado de amor de, 502.
Arras, Gautier, el *Éracles* y el *Tirante*, 405.
Arras, Juan de, y *Melusina*, 247.
Arrazi, sus *Conversaciones nocturnas de los comensales* y las *Macamas*, 74.
Artús, o Arturo, el rey, y el ciclo bretón, 259; en el *Caballero Cifar*, 315; su ciclo, 343.
Asno de Oro, de Apuleyo, su interés y gracia, 30.
Asterconi, Aben, al, sus *Saracosties* y las *Macamas*, 90.
Atlántida, leyenda geográfica, y Platón, 480.
Aucassin y Nicolette y *Flores y Blancaflor*, 241.
Augur de Trasmiera, Juan, y el *Palmerín de Oliva*, 426.
Auner, Jerónimo de, y su traducción del *Morgante*, 232.
Aurelio e Isabella, Historia de, 70.
Áureos prados, Los, 80, 98.
Ausenda, Romance de Doña, y *Tristán*, 291.
Ausín, Juan, identificado con Gerson, 187.
Avellaneda, su *Quijote* y *Don Philesbián de Candaria*, 444.
Avempace y Abentofail, 82; y Alfonso de la Torre, 202.
Aventuras, Selva de, de Jerónimo Contreras, 553.
Averroes, y el *Calila*, 41; y Abentofail, 82; emperador de Roma, 308.
Avicena y Abentofail, 82.
Ayala, el canciller, y la *Historia de Troya*, 238; su crónica y Merlín, 286; y el ciclo bretón, 287; y *Amadís*, 323; y Vasco de Lobeira, 329.
Ayllón, Perálvarez de, y Luis Hurtado, 429.

Aymón, *Histoire des quatre fils*, y el *Reinaldos de Montalbán*, 228.
Azurara, Gomes Eannes de, y *Amadís*, 328.

B

Babilónicas, Las, de Iámblico el sirio, y el *Teágenes y Cariclea*, 21.
Baena, Cancionero de, y Enrique de Oliva, 223; y el ciclo bretón, 287.
Baist, y su calificación del *Caballero Cifar*, 320.
Baktian-Nāmeh o *Historia de los diez visires*, y las *Mil y una noches*, 49.
Baladro del Sabio Merlín, ediciones y contenido, 292.
Balbuena, Bernardo de, y *Roncesvalles*, 232.
Baldovín y la Sierpe, su historia en la *Gran Conquista de Ultramar*, 255; y el *Amadís*, 368.
Baloncier, Enrique, y la *Historia de Carlomagno*, 225.
Balquis, leyenda de la reina de Saba, 115.
Balzac, y Dumas, 469.
Balzac, Juan Luis Guez de, y Herberay des Essarts, 386.
Bandarra Zapatero, y *Merlín*, 284.
Bandello, Mateo, y Núñez de Reinoso, 550.
Barahona, Juan de, y Felipe II en Inglaterra, 392.
Barberino, Andrea da, y el *Purgatorio de San Patricio*, 297.
Barcelos, Pedro de, y el *Nobiliario*, 280.
Bari, Schiavo de, y Turmeda, 180.
Barlaam y Josafat, atribuída a San Juan Damasceno, 26; en la literatura, 52; el *Calila y Dimna* y el *Sendebar*, 60; y la *Disciplina Clericalis*, 70; entre los judíos, 91; y el *Libro del Gentil e los tres sabios*, 124; y el *Caballero Cifar*, 301, 316.
Barros, Juan de, y el *Amadís*, 330; y la *Crónica del Emperador Clarimundo*, 438.
Bartolomé Anglico y el libro de los *Exemplos*, 170.
Bartsch y el *Meinet*, 215.

Basurto, Fernando, y el *Don Florindo*, 439.
Batalla campal de los perros y lobos, 197.
Baudoin, y el *Pamphilus*, 163.
Bayardo, Caballo, y el *Reinaldos de Montalbán*, 227.
Bean, Samuel, el *Barlaam* y la leyenda de Buda, 55.
Beatus ille y Núñez de Reinoso, 549.
Beauvais, Vicente de, y el *Barlaam*, 53; su *Speculum historiale* y la *Disciplina clericalis*, 71; su *Speculum historiale* y la *Doncella Teodor*, 105; y *Amis y Amile*, 249; y la leyenda de San Eustaquio, 257.
Becri, Abu Abaid el, su *Libro de los Caminos y de los Reinos*, y la *Grande e General Estoria* de Alfonso el Sabio, 78.
Bédier, Joseph, y el *Flabiaux*, 43.
Belianis de Grecia, libro de Don, 443.
Bello Francesco, su *Mambriano*, y el *Reinaldos*, 229.
Belmonte, en el *Caballero Cifar*, 315.
Beltenebrós, sus romances, en España, 377.
Benedetti, Salomone de, *El hijo del rey y el derviche*, y el *Barlaam*, 63.
Bernal, Beatriz, y *Don Cristalián en España*, 443.
Bernal, Fernando, y Don Floriseo, el Caballero del desierto, 437.
Bernardo del Carpio, su leyenda en la novela portuguesa, 208.
Berners, Lord, y su traducción de la *Cárcel de Amor*, 515.
Béroul, su poema, y la leyenda de Tristán, 262.
Besanzón, Albericode, su *Epítome*, y Alejandro, 233, 234.
Besanzón, Esteban de, y los *Alphabeta exemplorum*, 169.
Bessarion, Cardenal, y Alfonso de Palencia, 201.
Bestias, Libro de las, y el *Barlaam*, 66; y la *Disputa del Asno*, 175.
Besties, Libre de les, 142.
Bidpai, fábulas, y el *Calila*, 35.
Biket, Roberto, 262.
Billio, Jacobo, y el *Barlaam*, 53, 64.

Bisdarset, el *lay de*, 262.
Blaudin de Cornouailles, 395.
Blanquerna, de Lulio, 124, 134; y el *Libro de los Estados*, 147.
Bleda, P., y los moros, 112.
Blois, Guillermo de, y la *Comedia Alda*, 163.
Blois, Vital de, y el *Amphitruo* de Plauto, 164.
Boabdil, y el *Palmerín de Oliva*, 423.
Boaistan, y el *Marco Aurelio*, de Guevara, 129.
Bocados de Oro, el, y el *Calila*, 107, 109.
Boccaccio, y el *Calila*, 44; y el *Barlaam*, 58; y la *Disciplina clericalis*, 69, 71; y D. Juan Manuel, 149; y Turmeda, 176; y el Arcipreste de Talavera, 183, 191, 193; y Benito de Saint-More, 236; y *Flores y Blancaflor*, 241; la *Fiametta y Curial*, 395, y la novela sentimental española, 474, 479; y Eneas Silvio, 480; y la *Cuestión de Amor*, 520; y Juan de Flores, 527.
Boecio y el Condestable Don Juan de Portugal, 499.
Boileau, Gil, y su traducción francesa de los *Amadises*, 385.
Bolea y Castro, Martín de, y su *Orlando determinado*, 232.
Bolfad, Ibrahin de, y la poesía aljamiada, 112.
Bonilla y San Martín, Adolfo, y los *Libros de Caballerías*, 205; y el *Tristán* castellano, 292.
Bonium o Bocados de oro, y las *Sentencias* de Abul-Wefa-Mobaschir Aben-Fatik, 107, 109.
Bonlabü, Juan, arreglador del *Blanquerna*, 137.
Bonsons, Isidro, y los códices catalanes de Boccaccio, 18.
Borón, Elías de, y el *Baladro del Sabio Merlín*, 272.
Borón, Roberto de, y el *Santo Graal*, 270.
Boncherie, y *Mainet*, 213.
Boyardos, Mateo, y el *Reinaldos*, 229; y el *Espejo de Caballerías*, 230; y Martín de Bolea y Castro, 232; y el *Tirante*, 408.

Braccio, Alejandro, y su traducción al italiano de la *Historia* de Eurilao y Lucrecia, 480.
Braga, Teófilo, y los cuentos portugueses, 172; y los orígenes del *Amadís*, 345.
Brandan, S., sus viajes, en España, 297.
Brantôme y el *Amadís*, 360.
Bratuti, Vicente, y el *Calila*, 37.
Braunfels y el *Amadís*, 328.
Bretaña, *Lais* de, 261, 273.
Briolanja, y el *Amadís*, 334.
Britannie, la *Historia regum*, 260.
Brito, Fr. Bernardo de, y la *Chacona de Oriana*, 347.
Brito, Duarte de, y la popularidad de Rodríguez del Padrón, 494.
Britonum, la *Historia*, y el Rey Artús, 259.
Bruto, y los Reyes de Inglaterra, en el *Victorial*, 289.
Bruto, obra de Roberto Wace, y la crónica de Jofre de Monmouth, 260.
Buchholtz y el *Amadís*, 390.
Buda, su leyenda, y el *Barlaam y Josafat*, 55.
Buenos Proverbios, El Libro de los, y las *Sentencias Morales de los filósofos,* de Honein ben Ishak, 107, 109.
Bunyan, *Pilgrim's Progress*, 456.
Bursario, de Rodríguez del Padrón, 493.
Burton, y su traducción de las *Mil y una noches,* 101.
Buxtorjio, Juan, traductor latino del *Cuzary,* 93.

C

Caab, el historiador, a quien cita y toma por guía el poeta persa Firdusi, y el poema de *Yúsuf y Zuleija,* 116.
Cavalleiros da Mesa Redonda e da demanda do Santo Graal, A historia dos, en la edición de R. von Reinharstoettner, 283.
Caballería Celestial de la Rosa Fragante, de Sempere, o Jerónimo de San Pedro, 455.
Caballería Cristiana, de Jaime de Alcalá, 457.

Caballero Asisio, El, de Fr. Gabriel de Mata, 458.
Caballero Cifar, El, y el Barlaam, 66; estudio, 299, 320.
Caballero de los Cisnes, El, de Herberay des Essarts, 413.
Caballero Determinado, Libro del, 454.
Caballero et del escudero, Libro del, de don Juan Manuel, y el *Libro del orde de Caballería,* 144, 146.
Caballero del Sol, El, 457.
Caballo de madera, Historia del, Clamades y otros libros, 243.
Cabrera, Bernardo de, y la leyenda de Virgilio, que se le atribuye, 196.
Cabrera, Giraldo de, y el ciclo bretón, 274.
Cabet, su *Icaria,* y el *Blanquerna*, 136.
Cadira del honor, de Rodríguez del Padrón, 492.
Calderón, Juan, y Cervantes, 400.
Calderón de la Barca, y el *Sendebar,* 51; y las fuentes de *La Vida es Sueño,* 67; y Gracián, 88; y el *Conde Lucanor,* 155; *La Puente de Mantible* y el *Carlomagno,* 226; *El Purgatorio de San Patricio,* 296; y *El Caballero del Febo,* 444; y Heliodoro, 543.
Calila y Dimna, su traducción por Simeón Sethos, 26; estudio de esta obra, 33; y la *Disciplina Clericalis,* 69, 71; y las *Mil y una noches,* 95, 100; y el *Libre de les Besties,* 143; y la *Disputa del Asno,* 175; en el Arcipreste de Talavera, 190.
Calistenes, el falso, y Alejandro Magno, 116, 233; y el Arcipreste León, 234 y el *Liber de praelüs,* 234.
Calvete de Estrella, Juan Cristóbal, y los torneos de Bins, 463.
Campanella, *La Ciudad del Sol,* y el *Blanquerna,* 136.
Camus, Felipe, traductor al francés del *Oliveros y Artús,* 249.
Canalejas, Francisco de P. y Lulio, 144.
Cano, Melchor, y los libros de caballerías, 447.
Canopo, Luces de, y el *Calila,* 37.

Cantares de gesta, elementos, 208.
Cántico del Amigo y del Amado, de Lulio, en el *Blanquerna*, 136, 138.
Cantos Morales, poema de Gabriel de Mata, 458.
Cañizares, y don Juan Manuel, 153.
Capella, Marciano, su relación con la novela, 27.
Capua, Juan de, y el *Directorium vitae humanae*, 38; y Francisco Fhilelpho, 45.
Carcayona, Racontamiento de la Doncella, y el romance de *Silvana o Delgadina*, 113.
Cárcel de Amor, y Miguel de Montaigne, 388; estudio de esta obra, 508, 515, 517;
Cardona, Juan de, y la novela sentimental, 538.
Cardoso, Jorge, su *Agiologio Lusitano* y el autor del *Amadís*, 333.
Carduino, su poema, y *Tirante*, 404.
Cariclea, La Nueva, de Fernando M. de Castillejo, 543.
Carlomagno y los doce Pares, su historia, 224.
Carlos V y el *Amadís* y otros libros de caballerías, 385; y el *Chevalier Délibéré*, 454.
Caro, Aníbal, traductor de *Dafnis y Cloe*, 24.
Caro del Rincón, Martín, y el *Satreyano o Pironiso*, 445.
Carpio, Bernaldo del, y la *Crónica de Turpín*, 212; como símbolo de la epopeya de Roncesvalles, 212; y el *Amadís*, 365.
Carreta o de Lancelot, Cuento de, de Cristián Troyes, 268.
Cartagena, Alonso, maestro de Alfonso de Palencia, 201.
Cartagena, trovador, y el *Amadís*, 326.
Cartas de Amores, de Juan de Segura, 537.
Carvajal, Ana de, y Núñez de Reinoso, 551.
Carvajal, Micael de, y Luis Hurtado, 429.
Casandra, La, y los *Amadises*, 388.
Casel, David, traductor de alemán del *Cuzary*, 93.
Casiri, y los cuentos árabes, 72; y la literatura aljamiada, 111.

Castiglione, Baltasar de, su *Cortesano* y el *Amadís*, 358.
Castigos y doctrinas que un sabio daba a sus hijas, 197.
Castigos e documentos, Libro de los, de Sancho el bravo, y el *Barlaam*, 66; como catecismo político moral, 121.
Castillejo, Cristóbal, su *Sermón* y el de Diego de San Pedro, 516.
Castillejo, Fernando Manuel de, traductor de Heliodoro, 543.
Castro, Inés de, su leyenda y el *Tristán*, 283.
Cátulo, y Petronio, 29.
Cautivos, Canción de los, 251.
Cavayleria, Libro del orde de, de Lulio, 131.
Caviceo, Jacopo, su *Peregrino y Ginebra*, 540.
Caylus, Conde de, y su traducción francesa del *Tirante*, 408.
Cebes, *Tabla de*, alegoría, 20.
Celestina, La, obra dramática pero escrita para la lectura, 10; y *Trotaconventos*, 166, 167; y el *Corbacho* del Arcipreste de Talavera, 187, 195; razón de su éxito, 468; y la *Fiammetta*, de Boccaccio, 475; y la *Cárcel de Amor*, 512.
Celidón de Iberia, 444.
Cendubete, Libro de, o Engannos de mugeres, 51.
Cenete, Marqués del, y *Don Valerián de Hungría*, 437.
Cento Novelle Antiche, Las, y la *Disciplina clericalis*, 71.
Cervantes, Juan de, y Juan Rodríguez del Padrón, 22.
Cervantes, Miguel de, y Luciano, 19; y Heliodoro, 22; y el *Conde Lucanor*, 155; y *Enrique de Oliva*, 223; y la historia del caballero de madera, 243; y *la Tabla Redonda*, 294; y el *Amadís*, 379; y *Tirante el Blanco*, 398, 406; y el *Esplandián*, 410; y Feliciano de Silva, 415; y *Amadís de Grecia*, 417; y la poesía de Feliciano de Silva, 418; el *Amadís de Grecia*, y el escrutinio de los libros de D. Quijote, 420; y el *Palmerín de Inglaterra*, 428; y el *Lepolemo*, 442; y el *Olivante de Laura*, 443; y Don Belianís de Grecia, 443; y Don Cirongilio de

Tracia, 443; su juicio de los libros de caballerías, 466; y el ideal de los libros de caballerías, 472; y la *Cárcel de Amor*, 514; y Alonso Núñez de Reinoso, 549.
Céspedes, Pablo de, y el *Amadís*, 327.
Cicerón, en Lucena el Mozo, 525.
Cifar, el Caballero, y las flores de la *Philosophía*, 109; estudio de esta obra, 209.
Circourt y Puymaigre, el *Victorial*, 290.
Ciro, El Gran, novela heroicosentimental, y los *Amadises*, 388.
Cirolingio de Tracia, libro de Don, 443.
Cigne, El Caballero del, su leyenda, 251; y *Godofredo de Bullón*, 251.
Ciudad de Alatón, Estoria de la, y las leyendas árabes, 80; leyenda morisca, 118.
Clamades y Claramonda, y *Las mil y una noches*, 100; origen y evolución, 242.
Clara Estrella, el Caballero de la, de Andrés de la Losa, 457.
Clareo y Florisea, Historia de los Amores de, 545.
Clarián de Landanis, Don, su historia, 436.
Claribalte, Libro de Don, 438.
Claris Mulieribus, De, de Boccaccio, y el Arcipreste de Talavera, 191.
Clarisa y Reinaldos, amores de, 228.
Clarisel de las Flores, Don, su libro, 439.
Claudio, Emperador, y el *Satyricón*, 28.
Clelia, La, y los *Amadises*, 388.
Clemencín, y Gonzalo de Oliva, 232; y Amadís, 354; y Garci Ordóñez de Montalbo, 355.
Clemente, Dionisio, *Don Valerián de Hungría*, 437.
Clementinas, Las, y la *Chronica del Rey don Guillermo*, 256.
Clementinas o Recognitiones, novela bizantina, 26.
Clere, Víctor C., y *Amadís*, 345.
Clere, El, en *La disputa del asno*, 177.
Cliges, El, de Cristián Troyes, 268.
Coccio, Merlín, y el *Tirante*, 406.

Coccio, Francisco Angiolo, traducción de Aquiles Tacio, 544.
Coincy, Gautier de, y la Santa Emperatriz que ovo en Roma, 257.
Colocci-Brancuti, El, y los *Lays de Bretanha*, 277.
Colonne, Guido delle, y Benito de Saint-More, 236.
Coloquios Satíricos, Los, de Torquemada y el *Barlaam*, 66.
Columna, Guido de, su *Crónica* y el *Curial*, 398.
Collado del Hierro, Agustín, traductor de Heliodoro, 543.
Collar de la Paloma, El, de Aben Hazam, 81.
Collar de Perlas, El, de Abuhamud Muza Ben-Zeyán, y el *Solwan*, 76; y los *Castigos e documentos del Rey D. Sancho*, 76, 121.
Comalda, Honorat, traductor catalán de Pierres y Magalona, 244.
Comedieta de Ponza, La, y la *Fiammetta*, de Boccaccio, 475.
Comparetti, Domenica, y el *Sendebar*, 48.
Conde, José Antonio, y la literatura aljamiada, 111.
Conde Lucanor, El, y las parábolas del *Barlaam*, 66; y los ejemplos de la *Disciplina Clericalis*, 69; estudio de esta obra, 150, 158, 316; y el *Caballero Cifar*, 307.
Condenado por desconfiado, El, y el *Alhadiz de Musa con Jacob el carnicero*, 114.
Conesa, Jaime, y Guido de Columna, 238.
Conquista de Ultramar, La Gran, y el *Maynete*, 220; y *Flores y Blancaflor*, 241; y el *Endriago de Amadís*, 368.
Consejos, Los, de Fr. Anselmo Turmeda, 173.
Contreras, Jerónimo de, y la novela bizantina, 553.
Corbaccio, Il, de Boccaccio, y el Arcipreste de Talavera, 191
Corbalán, su historia, en la *Gran Conquista de Ultramar*, 255.
Corral, Pedro del, su *Crónica Sarracina* y *Amadís*, 363.
Correggio, Niccolo da, traductor del *Tirante*, 408.

Corrozet, Gil, traductor francés de la *Cárcel de Amor*, 515; traductor de *Grisel y Mirabella*, 534.
Cortesano, El, de Castiglione, y *Amadís*, 358.
Corbacho, El, o *Reprobación del amor mundano*, del Arcipreste de Talavera, 161.
Courier, Pablo Luis, y Luciano, 20; traductor de *Dafnis y Cloe*, 24.
Couto, Diego de, su leyenda de Buda, y *Barlaam y Josafat*, 55.
Crescentia, La emperatriz, y la *Santa Emperatriz que ovo en Roma*, 257.
Criticón, El, de Baltasar Gracián, y el *Hay Ben Yacdam*, de Abentofail, 87.
Cristalián de España, Libro de Don, 443.
Croce, Benedetto, y la *Cuestión de Amor*, 521.
Crónica General, La, y el *Maynete*, 215; y la *Crónica* de Turpín, 213; y *Don Florindo*, 439.
Cruceio, Aníbal, traductor de Aquiles Tacio, 544; traductor de Clareo y Florisea, 546.
Cruzada contra los Albigenses, La, y el *Maynete*, 215.
Cuarenta visires, Libro de los, y *El Conde Lucanor*, 153.
Cuarenta mañanas y las cuarenta noches, Las, y el *Conde Lucanor*, 153.
Cuarta parte de don Florisel, y la vena de Feliciano de Silva, 418.
Cuenca, Juan de, y la *Confessio Amantis*, 351.
Cuerno, El Lay de, 262.
Cuestión de Amor, novela amatoria y sentimental, 21; estudio de esta obra, 518.
Curcio, Quinto, y la leyenda de Alejandro, 27, 116; y la *Alexandreis* de Gualtero de *Châtillon*, 234.
Curial y Guelfa, y el ciclo bretón, 275; y el *Amadís*, 326; influencia francesa, e italiana en él, 395; y la *Vita Nuova* del Dante, 474.
Cuzary, El, y el *Barlaam*, 58; como novela religiosa, 91; y el *Libre del Gentil y los tres Savis*, 125; y el *Leibro del Tántaro y del Cristiano*, 131.

CH

Chabás, Roque, y el *Baño de Zarieb*, 118.
Chacona de Oriana, Canción, 346.
Chappuis, Gabriel, y su traducción del *Primaleón*, 435; y su traducción de la *Selva de aventuras*, 554.
Charitón de Afrodisia, y Heliodoro, 22.
Chasdai, Abraham ben, y el *Barlaam*, 63; su obra *El hijo del rey y el Wazir*, y el *Lalita Vistara*, 91.
Chatillon, Gualtero de, su *Alexandreis*, 116; su *Alexandreis* y el *Libro de Alexandre*, 234.
Chaucer, y el Arcipreste de Hita, 160; y el *Román de Troil*, 236.
Chénier, Andrés, y las fuentes de *El joven eterno*, 23.
Chevalier Délibéré, Libro del, en español, 454.
Chinchilla, Pedro de, y Guido de Columna, 239.

D

Dafnis y Cloe, la célebre pastoral, obra de tiempo y autor inciertos, y su atribución a un sofista llamado Longo, 23.
Dama del lago, Leyenda de la hermosa, en el *Cifar*, 308.
Dama de pie de cabra, Leyenda de la, 280.
Damiano, Pedro, y el *Recull de exemplis*, 173.
Dana, Aben, traductor castellano del *Cuzary*, 93.
Dante, y el ciclo bretón, 273; en el *Curial*, 395; en la novela sentimental española, 474.
Dares frigio, y *Dictys cretense*, libros apócrifos, y el ciclo troyano, 27.
David, el mozo, en Lucena, 525.
Decameron, y el *Calila*, 44; y los apólogos del *Barlaam*, 59; y el *Caballero Cifar*, 317; y el *Curial*, 396.
Dechado de varios subjectos, de J. de Contreras, 558.

Delgadina, Romance de, y el *Recontamiento de la doncella Carcayona*, 113.
Delicado, Francisco, y el *Amadís*, 321; y el cuarto libro del *Amadís*, 369; y el *Palmerín de Oliva*, 423; y el *Primaleón*, 427; corrector de la *Cuestión de Amor*, 518.
Demanda del Santo Grial, y *Lanzarote*, 272; y el *Baladro*, 293.
Derenbourg y la novela árabe, 72.
Desconort, de Raimundo Lulio, 123.
Desdén con el desdén, El, y el *Palmerín de Inglaterra*, 431.
Deslongchamps, Loiseleur, y el *Calila*, 44.
Desperiers, Buenaventura, y Luciano, 19.
Díaz, Hernando, y su traducción del italiano del *Peregrino y Ginebra*, 452, 539.
Díaz, Juan, el *Segundo Lisuarte*, 413.
Dictis cretense, y la historia y la guerra de Troya, 27, 235.
Diderot, y Luciano, 19.
Díaz de Gámez, Gutierre, y la *Historia de Troya*, 239; el *Victorial* y el ciclo bretón, 289.
Diez Visires, Historia de los, y el *Sendebar*, 49; y las *Mil y una noches*, 99.
Diodoro Sículo, y los libros de Ctesías, 16.
Dión Crisóstomo, su *Historia Eubea*, novela corta, 20, 21.
Dionis, Don, y el *Tristán*, 277.
Directorium vitae humanae, y el *Calila*, 38, 40.
Disciplina Clericalis, y las traducciones orientales en nuestra literatura, 27; estudio de esta obra, 67; y las *Mil y una noches*, 100; y el *Libro de los Exemplos*, 170; en el Arcipreste de Talavera, 190; y el *Caballero Cifar*, 316.
Divino, Libro de Caballerías a lo, 454.
Doce Sabios, Libro de los, y los apólogos orientales, 107.
Dolce, Ludovico, y Henríquez de Calatayud, 232; y la traducción de *El nacimiento del Conde Orlando*, 232; y el *Palmerín de Oliva y Primaleón*, 436; y Alonso Núñez de Reinoso, 545, 553.

Dolophatos, de Juan de Alta Silva, considerado como imitación del *Sendebar*, 49; su traducción catalana, 50; el de Herbers, imitación imprecisa del *Sendebar*, 50.
Domínguez, Luis, y el *Libro de Reynaldos de Montalban*, 230.
Doncella Teodor, Historia de la, y las *Mil y una noches*, 101, 107.
Doni, considerado como imitador del *Calila*, 40.
Doon de la Roche, y el *Fi de Oliva*, 224.
Dos hermanas, Romance de las, y *Flores y Blancaflor*, 242.
Dourdan, Gaucher de, y *Perceval*, 269.
Dozy, y la *Crónica* de Turpín, 210.
Duelo de España, El postrer, 463.
Dulcarnain, su leyenda, 116.
Dumas Alejandro, sus novelas y los libros de caballerías, 468.
Durante da Gualdo, Pedro, su *Leandra innamorata* y el *Reinaldos*, 229.
Durmiente despierto, El, su leyenda, 67.

E

Elena, Romance semipopular de la reina, 240.
Eliduc, El lay de, doble amor de un caballero, 262; y el *Caballero Cifar*, 307.
Emperatriz que ovo en Roma, Fermoso cuento de una sancta, 256.
Endriago, muerte del, en el *Amadís*, 367.
Eneida, la, y *Fiorita*, de Armannino, 398.
Engannos et los asayamientos de las mugeres, Libro de los, y el *Sendebar*, 48; y la *Disciplina Clericalis*, 69, 71.
Enrique de Aragón, Infante, y el *Isopete*, 70.
Enrrique fi de Oliva, La Historia de, 223.
Enterrada en vida, Cuento de la, 23.
Enzinas, Juan de, y el *Diálogo de Amor llamado Dorida*, 539.
Epica Griega, de José Pellicer, 544.

Epopeya, su análisis, 14; y las novelas, 208; y el *Amadís*, 365.
Eracles (poema), y el *Tirante*, 405.
Erasmo, y Luciano, 19; y Garci Ordóñez de Montalvo, 373; y Pedro de Luján, 419.
Erasto, *Príncipe*, y el *Sendebar*, 50.
Ercilla, Alonso de, y *Florando de Castilla*, 445.
Erec, su historia, por Cristián Troyes, 267.
Escoufle, L', y *Pierres y Magalona*, 246.
Escrivá, Comendador, y la novela sentimental, 525.
Eslava, Antonio, sus *Noches de Invierno* y la obra *I reali di Francia*, 233.
Esopo, en el *Calila*, 44; en Alfonso de Palencia, 198.
Eschembach, Wolfram de, y el *Perceval*, 271.
Espectáculo de los legos, El, y su interés, 168.
Espejo de Caballerías, El, y Reinaldos, 230.
Espejo de Legos, y Pedro Alfonso, 316.
Espejo de Príncipes y Caballeros, o *El Caballero del Febo*, 444.
Espinosa, Nicolás de, y el Ariosto, 232.
Esplandián, hijo de Amadís, su historia, 369, 372.
Estados, Libro de los, de Don Juan Manuel, y el *Barlaam*, 63; y Lulio, 146.
Este, Isabel de, y la *Cárcel de Amor*, 515.
Estébanez Calderón, Serafín, y la literatura aljamiada, 111, 112.
Ethiopica, Historia, 77.
Eubea, Historia, de Dión Crisóstomo, 20.
Eumato, *Amores de Ismene*, y Heliodoro, 22.
Eupraxidas y Dictis cretense, 235.
Eurialo y Lucrecia, Historia de, de Eneas Silvio, y la novela sentimental, 479.
Eustacio, *Amores de Ismene*, y Heliodoro, 22.
Eustaquio, Leyenda de San, y el *Caballero Plácides*, 257; y el *Caballero Cifar*, 302.

Evhemero, *Pancaya*, género especial de viajes fabulosos, 16.
Exemplario de Capua, 39.
Exemplos o Suma de exemplos por A.B.C., *El Libro de*, 168.
Eximenis, Fr. Francisco, y el Arcipreste de Talavera, 194.

F

Fabié, Antonio María, el docto y malogrado académico, editor de *Libros de antaño*, 202.
Flabiaux, y el origen clásico, 33; juicio del libro de Bedier, 43; y la *Disciplina clericalis*, 70, 71.
Fadrique, Infante Don, hermano de Alfonso el Sabio, y el *Sendebar*, 48.
Febo, El Caballero de, 444.
Felipe II, y el *Amadigi*, de B. Tasso, 383; en Inglaterra, y el *Amadís*, 391.
Felis y Grisaida, Canto de los Amores de, 445.
Felix de les maravelles del mon, libre apellat, de Lulio, 124, 139.
Felixmarte de Hircania, Libro de, 443.
Fenelón, y Luciano, 19.
Ferido está don Tristán, romance, 291.
Fernán González, y la *Crónica* de Turpín, 213.
Fernandes, Diego, y el *Palmerín de Inglaterra*, 435.
Fernández, Toribio, y el *Don Belianís de Grecia*, 443.
Fernández y González, sus novelas y los libros de caballerías, 468.
Fernández de Oviedo, Gonzalo, *Don Claribalte*, 437.
Ferrario, Julio, y la novela caballeresca italiana, 229.
Ferrandes, Pero, y el *Amadís*, 323.
Ferreira, Antonio, y los sonetos sobre el *Amadís*, 330.
Ferreira, Miguel Leite, y el *Amadís*, 331.
Ferreira de Vasconcellos, Jorge, y las *Proezas da segunda Tavola Redonda*, y los *Triunfos de Sagramor*, 284.
Ferrer, Miguel, y el Palmerín de Inglaterra, 429.

Ferrús, Pero, y el ciclo bretón, 295; y el *Amadís*, 323.
Fiammetta, y su influencia en la novela sentimental, 10; sus versiones catalanas y castellanas, 12.
Fierabrás en España, 224; y el *Carlomagno*, 225.
Fiera Domada, La, y el *Conde Lucanor*, 155.
Filocolo, Il, de Boccaccio, y *Flores y Blancaflor*, 241; y su influencia en la novela sentimental castellana, 477.
Fiorentino, Ser Giovanni, y Juan de Timoneda, 257.
Fiorita, de Armannino, y el *Curial*, 398.
Firenzuola, Agnolo, y el *Calila*, 40.
Fletcher, y Juan de Flores, 72.
Flor, Roger de, y el *Tirante*, 403.
Floramante de Colonia, Historia de, 437.
Florambel de Lucea, Historia de Don, 437.
Florando de Castillo, Lauro de Caballeros, El poema de, 445.
Florando de Inglaterra, Don, Historia, 437.
Florence de Rome, y el *Emperador Ottas*, 257.
Flores, Juan de, y el *Amadís*, 381; y la novela sentimental, 526.
Flores y Blancaflor, en la *Gran Conquista de Ultramar*, 221; su origen y evolución, 241; y la novela sentimental, 474.
Flores de Filosofía, Las, y las colecciones de apólogos orientales, 107; y *El Caballero Cifar*, 316.
Florindo, Historia de Don, 439.
Florisando, Don, 411.
Florisel, Cuarta parte de don, y la vena de Feliciano de Silva, 418.
Florisel de Niquen, 417.
Floriseo, Historia de Don, 437.
Flos Sanctorum, El, de Alonso de Villegas y del P. Rivadeneyra, y la vida de nuestros santos, 65.
Fontenelle, y Luciano, 19.
Fortuna, Infante Enrique de Aragón, duque de Segorbe, y el *Isopete*, 70.
Fortuna, Desprecio de la, de Diego de San Pedro, 517.
Francia, María de, y los *lays*, 261.

Francisco I, y el *Amadís*, 385.
Fregus y Galiana, y el *Amadís*, 350.
Fresno, el lay del, 262.
Fresno de Torote, Señor del, y Núñez de Reinoso, 552.
Frondino y Brissona, novelita catalana, 395.
Fuentes, Alonso de, y los libros de caballerías, 451.
Furnival, Ricardo de, y el poema de *Vetula*, 164.

G

Galba, Martí Johan de, coautor, a ruegos de doña Isabel de Loris, del *Tirante el Blanco*, 401.
Galiana y Zaida, y sus leyendas, que coexistían independientes en tiempo de Alfonso *el Sabio*, 220.
Gálvez de Montalvo, Luis, y el *Pastor de Fílida*, sobre el que opina Cervantes, 11.
Galland, y las *Mil y una noches*, 95.
Gallardo, B. J., y su juicio sobre Jerónimo de Contreras, 558.
Garay, Blasco de, y la edición del *Filocolo*, 477; y sus cartas, 537.
Garay, Nuño de, refundidor del *Tablante*, 294.
Garín de Montglane, y el *Maynete*, 215.
Garrido de Villena, Francisco, y el *Orlando enamorado*, 231; y la *Batalla de Roncesvalles y muerte de los doce Pares*, 232.
Gatos, Libro de los, y el *Barlaam*, 66; su estudio, 170.
Gautier, León, y el *Maynete*, 214; y el *Reynaldos de Montalbán*, 226.
Gauvain, y Perceval, 269.
Gayangos, Pascual, y los libros de caballerías, 11, 205; y las *Mil y una noches*, 96; y la literatura aljamiada, 111; y la *Gran Conquista de Ultramar*, 220; y el *Caballero Cifar*, 319; y la bibliografía del *Amadís*, 375; y el *Amadís* en Grecia, 416; y el *Palmerín de Oliva*, 423.
Genoveva de Bravante, Sta., y la *Doncella Carcayona*, 114.
Gentil y los tres sabios, Libro del, de Lulio, 124.
Gerardo de Viena y el *Amadís*, 364.

Gerson, Juan, y las imitaciones que de él hizo el Arcipreste de Talavera, 187.
Gesamnstabenteur, Los, y la Disciplina Clericalis, 71.
Gesta Romanorum, y el Barlaam, 59; y la Disciplina Clericalis, 71; y el Libro de Exemplos, 170; y la leyenda de San Eustaquio, 257, 302; y el Caballero Cifar, 308.
Geta y Birria, de Vital de Blois, y el Amphitruo, de Plauto, 164.
Gil Blas, y el Conde Lucanor, 155.
Gil Polo, y La Diana, 11.
Ginebra, La Reina, y Lanzarote, 271.
Gloria de Amor, Comedia de, y la Fiammetta, de Boccaccio, 476.
Gnosopho, Cristophoro, y Luciano, 19.
Gobineau, Conde de, y el Amadís, 389.
Gobio, Juan, su Scala celi, y el Sendebar, 50.
Godofredo de Bullón, Infancia de, rama de la primera Cruzada, 251.
Gómez de Luque, Gonzalo, y su Celidón de Iberia, libro de caballerías, 444.
González, Lobato, Baltasar, y el Palmerín de Inglaterra, 435.
Gorra. E., y la Historia Troiana, de Guido delle Colonne, 236.
Gower, y la leyenda en Apolonio de Tiro, 23, 240; la Confessio Amantis y Sir Amaduce, 351.
Graal, Cuento del, 268.
Graal, Santo, portugués, 283.
Graal. La Demanda del Santo, 270.
Gracián, Baltasar, y Abel Tofail, 87.
Gralleut, El lay de, 262.
Granda, Fr. Luis de, y el gusto por los libros de caballerías, 469.
Gregorio, San, sus Diálogos, y el Libro de Exemplos, 170.
Greene, Roberto, el Pandosto y Shakespeare, 421.
Grial, El Santo, y el Amadís, 366.
Gridonia, comedia de Paravicino y el Primaleón, 425.
Grimalte y Gradissa, de Juan de Flores, 526.
Grimmelshausen, y el Amadís, 390.
Grisel y Mirabella, Historia de, de Juan de Flores, y el Orlando furioso, 381; estudio de la obra, 528.
Griselidis, La historia de, y el lay del fresno, 262.
Guarda, Esteban de la, y Merlín, 277.
Guenonis, Carmen de proditione, y la Crónica, de Turpín, 211.
Guerino il Meschino, y el Purgatorio de S. Patricio, 297.
Guevara, Fr. Antonio de, y el Libro de los pensamientos variables, 203; su Marco Aurelio, y la Cyropedia de Xenofante, 204; y Feliciano de Silva, 414; y los libros de caballerías, 450; y la popularidad del Arnalte y Lucenda, 507.
Guigemer, El lay de, y las Insulas dotadas, 315.
Guileville, Guillermo de, Pelerinage de la vie humaine, 454.
Guillén Robles, y la literatura aljamiada, 111; y las Leyendas Moriscas, 113.
Guillermo, Chronica del Rey Don, y la Estoria del Rey Guillerme de Inglaterra, 256.
Guingamor, El lay de, 262.
Guinglain, Poema de, y el Tirante, 404.
Guiron e Ignaura, El lay de, 262.
Guy de Warmyche, Poema de, y el Tirante, 404.

H

Haam, F. de, el joven erudito holandés, y su instructivo trabajo sobre el Barlaam, 64.
Habib, Abén, y su Ciudad de Latón, 80.
Hachi Jalfa, y los veinte mil libros en árabe, turco y persa que da en su léxico, 96.
Hamadani, sus Macamas, 73.
Hagiografía, La, del Dr. Juan Basilio Santoro, y el Barlaam, 65.
Hariri, y la novela picaresca, 73; y los makamas o sesiones, 74; y la novela entre los judíos, 90; y el Arcipreste de Hita, 168.
Harizi, Al (Judá ben Salomón), y Hariri, 91.

Harpín de Bourges, Historia del Conde, en la *Gran Conquista de Ultramar*, 255.
Harrington, su *Océana*, y el *Blanquerna*, 136.
Harún al Raxid, El, de las *Mil y una noches*, y Masudi, 95.
Hay Benyacdan, de Abentofail; su análisis, 82.
Hazam, Abén, el cordobés, y el bellísimo cuento de sus amores, 80.
Hecateo de Abdera, Libro sobre las costumbres de los Hiperbóreos, 16. 17.
Heisterbach, Cesareo de, y el *Recull de exemplis*, 173.
Helias, El, 251.
Helinaldo, y el *Recull de exemplis*, 173.
Heliodoro, y la influencia de su *Teágenes*, 21.
Henríquez de Calatayud, y Ludovico Dolce, 232.
Herberay des Essarts, Nicolás, y el *Amadís*, 344; y su traducción francesa del *Amadís*, 385; considerado como continuador del Amadís, 413; traductor de Amalte y Lucenda, 503.
Herculano, Alejandro, y la leyenda de la dama del pie de cabra, 280.
Hermas, su *Pastor*, y el valor novelístico que posee, 26.
Hermínguez Traga - Mouros, Gonzalo, y la *Chacona de Oriana*, 347.
Hernández, Diego, Alcaide de los Donceles, Mecenas de Diego de San Pedro, 509.
Hernández Alemán, Alonso, traductor del *Guarino Merquino*, 297.
Hernández y Villaumbrales, Pedro, y *El Caballero del Sol*, 457.
Hernant de Belaunde, y el *Poema de Fernán González*, 217.
Herodoto, y las narraciones fabulosas, 16.
Heroídas, Las, y Rodríguez del Padrón, 493.
Herrera, Fernando de, su *Amadís*, perdido, 377.
Hervieux, Leopoldo, y el *Isopete*, 70.
Hezar Efsaneh, y las *Mil y una noches*, 99.

Hijos de la fortuna, Los, de Calderón, y la influencia de Heliodoro, 543.
Hijo del Rey y el derviche, El, de Abraham ben Chasdai, y el Barlaam, 63.
Hipócrates, y la *Repetición de amores*, 525.
Hita, Arcipreste de, en la novelística, 159; comparado con el de Talavera, 182; y *Flores y Blancaflor*, 242; y el ciclo bretón, 285.
Hitopadesa, y su relación con la *Disciplina Clericalis*, 36.
Hofmann, Conrado, y el *Libro Félix*, 142.
Hofsteter, Mateo, y su traducción al alemán de *El Caballero Sol*, 457.
Holyband, Claudio, traductor del *Arnalte y Lucenda*, 503.
Homero, y Alfonso de Palencia, 198.
Honeín ben Ishak, y el *Libro de los buenos proverbios*, 107.
Horacio, y Alonso Núñez de Reinoso, 85.
Huet, y el *Amadís*, 344.
Huet, Obispo de Avranches, y el *Barlaam*, 54.
Huerta, Jerónimo, *Florando de Castilla*, 445.
Hurtado, Luis, y el *Palmerín de Inglaterra*, 429.
Hurtado de Mendoza, Diego, y la *Carta del Bachiller de Arcadia*, 414; mecenas de Aníbal Cruceio, 546.
Hurtado de Mendoza, Juan, y Núñez de Reinoso, 552.
Hurtado de la Vera, Pedro, y el *Príncipe Erasto*, 50.

I

Iámblico, el Sirio, y sus *Babilónicas*, que preceden al *Teágenes y Cariclea*, 21.
Iámbulo, y su obra *La Isla afortunada*, relación de viajes apócrifos, 16.
Ignacio de Loyola, San, y la curiosidad que en su juventud tuvo por los profanos libros de caballerías, 465.

Igual, M. A., y el *Conde Lucanor*, 153.
Ilíada, La, y Dictis y Dares, 235.
Imperial, Micer Francisco, y *Flores y Blancaflor*, 242; y *París y Viana*, 246; y el ciclo bretón, 288; y el *Amadís*, 324.
Infancias de Carlomagno, o el *Karleto*, 214.
Infantina, Romance de la, y el *Caballero del Cisne*, 252; y Rodríguez del Padrón, a quien se le atribuye, 483.
Innamoramento di Carlo Magno, y el *Libro de Renaldos de Montalbán*, 230.
Ínsulas dotadas, Las, en el *Caballero Cifar*, 314.
Isabel, Tragedia de la insigne Reina Doña, 499.
Isea, Historia de, novela portuguesa, 553.
Iseo y Tristán, Leyenda de, 263.
Iskender - Dalkarnain, La leyenda de, 117.
Isla, P., y Herberay des Essarts, 386.
Isopete historiado, El, y la *Disciplina Clericalis*, 70.
Ivain o *El Caballero del León*, de Cristián Troges, 268; y el *Caballero Cifar*, 315.
Iwenec, El *lay* de, 261.

J

Jacquin, Abate, y su ridícula atribución del *Amadís* a Santa Teresa de Jesús, 353.
Jardinet d'orats (huertecillo de los locos), curiosísimo cancionero barcelonés, 526.
Jarischi, Abul - Abas, el jerezano, y las *Macamas* de Hariri, 74.
Jaufre e Brunesent y Tablante de Ricamonte, 295.
Jenofonte de Éfeso, y Eliodoro, 22.
Jerusalén, Canción de, y las Cruzadas, 251.
Jesús, en la literatura aljamiada, 113.
Job, y el Condestable de Portugal, 497.
Joel, Rabí, y su versión hebraica del *Calila y Dimna*, 38.

Joly, A., y Benito de Sainte - More, 236.
Jónico, Poema, de José Pellicer, 543.
José y Zelija, Poema de, 116.
Josep ab Arimatia, en portugués, 284.
Jourdain de Blaives, El, y la *Crónica General*, 217.
Juan, el Limosnero, y el *Recull de exemplis*, 173.
Juan II, y Rodríguez del Padrón, 486.
Juan Damasceno, San, y el *Barlaam*, 53; y la leyenda de San Eustaquio, 257.
Juan, Monje de San Sabas, y el *Barlaam*, 53.
Juana de Portugal, Reina de Castilla, y Rodríguez del Padrón, 489.
Judá - Leví, su *Cuzari*, como novela religiosa, 91.
Juliano, Emperador, y los *Césares*, 20.

K

Karl Meinet, alemán, de Stricker, 215.
Karleto, El, o las *Infancias de Carlomagno*, canción anónima en decasílabos épicos, 214.
Khuffstein, Hans L., traductor de la *Cárcel de Amor*, 515.
Knust, el Teodor, y *El Filósofo Segundo*, 102; y el *Conde Lucanor*, 157; y la leyenda de San Eustaquio, 302.
Kuhn, el *Barlaam* y la leyenda de Buda, 55; y el *Barlaam*, 62; y las parábolas del *Barlaam*, 66.

L

Laberinto de Amor, impropio título con que se publicó la traducción de las trece cuestiones de la cuarta parte del *Filocolo*, 477.
Laboulaye, Eduardo, y el célebre artículo en que plantea la comparación entre el *Barlaam* y el *Lalita Vistara*, 55.
Lafontaine, y David Sahid de Ispahan, 37; y el *Calila*, 44.

Lagui, Godofredo de, y *Perceval*, 268; *Román de la Charrete*, 272.
Lago, La dama del, en el *Caballero Cifar*, 308.
Lalita Vistara y *Barlaam* y *Josafat*, 55.
Lambert Li Tors, su *Román d'Alexandre*, 116, 234.
Samprecht y *Alejandro*, 234.
Lane, que tradujo al inglés las *Mil y una noches*, 95, 101.
Langlés, y las *Mil y una noches*, 98.
Lanval, El *lay* de, 261; y el *Caballero Cifar*, 315.
Lanzarote, de Cristián de Troyes, 268; leyenda céltica, estudio de su tema, 271; la novela, 272; y *Ginebra*, 278; y *El ciervo de pie blanco* y *Tres hijuelos había el rey*, 291; y *Amadís*, 350.
Latini, Bruneto, y *Tristán*, 273.
Latón, Leyenda de la Ciudad de, 119.
Lauro, Pietro, y su traducción de *Don Valerián de Hungría*, 437; y la traducción del *Caballero del Sol*, 457.
Lawrence, Leonardo, traductor de *Arnalte y Lucenda*, 503.
Lays de Bretaña, 261.
Leandra innamorata, La, de Pedro Durante da Gualdo, y el *Reinaldos*, 229.
Leandro el Bel, y Lepolemo, 443.
Lear, Historia del Rey, en el *Nobiliaria* de Barcelos, 281.
Lechera, Fábula de la, y el *Calila*, 47.
Leyenda áurea, La, de Jacobo de Voragine, y el *Barlaam*, 53, 65; y la leyenda de San Eustaquio, 257, 302.
Lemcke, y el Arcipreste de Talavera, 185.
Lepolemo o Caballero de la Cruz, Libro de, 442.
Le Quien, El P., y el *Barlaam*, 54.
Lesser, Creuzé de, y el *Poema de la Caballería*, 389.
Lessing, y *Los tres anillos*, de Boccaccio, 58; y Abentofail, 86.
Lencipe y Clitophonte, de Aquiles Tacio, traducido por Quevedo, 543.

Leyendas Moriscas, Las, de Guillén Robles, 113.
Leyes de Palencia, versión compendiada del *Barlaam*, 65.
Leyva, Francisco de, y el *Amadís y Niquea*, 421.
Liber de Praelüs, El, del Arcipreste León, y el *Libro de Alexandre*, 234.
Libros de Caballerías, 205.
Lidaman de Ganayl, Historia de, 437.
Liebrecht, Félix, el *Barlaam*, y la leyenda de Buda, 55.
Lisuarte de Grecia, El, 412.
Lisuarte, El Segundo, octavo libro del Amadís, 413.
Li Tors, Lamberto, y el *Alejandro*, 116, 234.
Littré, y el *Amadís*, 348.
Lobeira, Juan, y el *Amadís*, 338; y el *Amadís* portugués, 339.
Lobeira, Vasco de, y el *Amadís*, 328.
Lobo y los monjes, Cuento del, 171.
Lockman, y la *Disciplina clericalis*, 69.
Lohengrín, y el *Caballero del Cisne*, 255.
Lohenstein, y el *Amadís*, 390.
Lollino, Luis, y el *Amadís*, 353.
Lombárdica, La leyenda, y el *Recull de exemplis*, 173.
Longo, a quien se atribuye *Dafnis y Cloe*, 23.
López, Juan José, y el *Carlomagno*, 226.
López de Ayala, Diego, traductor del *Laberinto de amor*, 477.
López de Santa Catalina, Pero, traductor del *Reinaldos*, 231.
Losa, Andrés de la, *El Caballero de la Clara Estrella*, 457.
Lourinham, Fr. Hilario de, y la traducción portuguesa del *Barlaam*, 56; y el *Caballero Tungulu*, 296.
Lubert, Mlle., y el *Amadís* francés, 388; y las *Sergas de Esplandián*, 411.
Lucanio, y Petronio, 28.
Lucena, y la novela sentimental, 525.
Luciano, y el *Modo de escribir la historia*, 16; su situación entre los clásicos griegos, 18; y Apuleyo, 30.

Lucidario, El, y Sancho el Bravo, 122.
Lucindaro y Medusina, de Juan de Segura, 537.
Ludus septem sapientum, El, de Modio, y el *Sendebar*, 50.
Luis XIV, y el *Amadís*, 388.
Luján, Pedro de, *Don Silves de la Selva*, 419; *Leandro el Bel*, 443.
Lulio, Raimundo, y el *Calila*, 43; el *Libro del Gentil y los tres sabios y el Barlaam*, 58; su *Libro de las bestias*, y el *Barlaam*, 66; su valor novelístico, 122; y Don Juan Manuel, 158; y el *Caballero Cifar*, 317; y el *Tirante*, 403; y Jerónimo de Contreras, 555.
Lully, y el *Amadís*, 388.
Luna, Álvaro de, y el *Libro de las virtuosas e claras mujeres*, 192; y el Condestable de Portugal, 497.
Luzmán y Arborea, novela de Jerónimo de Contreras, 553.
Lydia, La Comedia, y el *Pamphilus*, 163.

LL

Llaguno, y la mutilación impía que hizo del *Victorial* de Gutierre Díez de Games, al publicarla con el impropio título de *Crónica de don Pero Niño*, 289.
Llaguno, y las ficciones caballerescas, 289.

M

Mabinogion, Los, nombre con que en el país de Gales se distinguía a los relatos fabulosos, 258.
Macamas, Las, género al que pertenecen casi todas las obras de entretenimiento que señaló Derenbourg en su catálogo, 72.
Macchiavelli, Nicolás, y Fr. Anselmo Turmeda, 181.
Macías, amigo y paisano de Juan Rodríguez del Padrón, 482.
Mahabharata, El, y el *Alhadiz de Musa con Jacob el carnicero*, 114.

Maimónides, y Alfonso de la Torre, 202.
Makamas, Las, (ver *Macamas*).
Malón de Chaide, Pedro, y los libros de caballerías, 449.
Mambriano, El, de Francisco Bello, y el *Reinaldos*, 229.
Mandeville, Juan de, y el *Tirante*, 303.
Manfredi, Lelio, y la traducción italiana del *Tirante*, 408; traductor de la *Cárcel de Amor*, 515; traductor de *Grisel y Mirabella*, 534.
Mausel, y el *Barlaam*, 63.
Manto Corto, Cuento del, y el *Cuerno*, 262.
Manuel, Juan, y la fábula de la lechera, 47; y el *Barlaam*, 58; y la versión árabe del *Barlaam*, 63; y el *Collar de perlas*, 76; y el libro de *Cavayleria*, de Lulio, 131; y Raimundo Lulio, 144; y la novelística, 146; y el Arcipreste de Talavera, 190; y el ciclo bretón, 285; y el *Caballero Cifar*, 317.
Map, Gualtero, Lanzarote, 272.
Maraffi, Bartolomé, traductor de *Arnalte y Lucenda*, 403.
Marche, Olivier de la, y el *Chevalier Deliberé*, 454.
Mardrús, y las *Mil y una noches*, 101.
Marido de dos mujeres, Leyenda del, y el *Cifar*, 307.
Marot de Irlanda, Balada de, 278.
Marsindo, Libro del Caballero, 394.
Martínez, Eugenio, *Genealogía de la Toledana Discreta*, 445.
Martínez, El arcediano Ferrando, y el *Caballero Cifar*, del que sería autor, 300.
Martínez, Marcos, y *El Caballero del Febo*, 444.
Martínez Salazar, Andrés, y el *Román de Troie*, 238.
Martínez de Toledo, El bachiller Alfonso, 181.
Martorell, Johanot, autor del *Tirante el Blanco*, 401.
Maspero, Q., y los cuentos egipcios, 13.
Massinger, y el *Calila*, 44.
Massó y Torrents, y los códices catalanes de Boccaccio, 482.

ÍNDICE DE TEMAS, AUTORES Y OBRAS

Masudi, Al, y el *Sendebar*, 48; sus *Áureos Prados*, crónica y novela, 80; y el Harún Arraxid de las *Mil y una noches*, 95; y las *Mil y una noches*, 98.
Mata, Fr. Gabriel de, *El Caballero Asisio* y los *Cantos Morales*, 458.
Matheolus, y Jaime Roig, 194.
Maugín, Juan, traductor del *Palmerín de Oliva*, 435.
Maugis d'Aigremont, y el *Amadís*, 364.
Maynete y Galiana, su leyenda y la *Crónica* de Turpín, 213; en la *Gran Conquista de Ultramar*, 221.
Mazuelo, Fr. Vicente, y su traducción del *Pelerinage de la vie humaine*, 454.
Medina, Gonzalo de, mecenas de Rodríguez del Padrón, 483.
Medrano, Julián de, su *Silva curiosa* y el *Barlaam*, 66.
Méliacin y Clamades, 243.
Meliadus de Leonnys y *Amadís*, 350.
Melion, El *lay* de, 262.
Melosina, Historia de, 247.
Melzi, y la novela caballeresca italiana, 229.
Mena, Fernando de, traductor de Heliodoro, 542.
Mendoza, Diego H., y el *Amadís*, 378; y el *Florisel de Niquea*, 417.
Mendoza, Rodrigo de, el cenete, y los libros de caballerías, 437.
Meneses, *Crónica del Conde D. Pedro de*, y el *Amadís*, 327.
Mennesier y *Perceval*, 269.
Menologio griego, de Basilio, y la leyenda de San Eustaquio, 257.
Mercader de Venecia, El, y los apólogos del *Barlaam*, 59.
Merimée, y Dumas, 469.
Merlín, El, Baladro del Sabio, 272.
Merlín, sus profecías, y Jofre de Monmouth, 260; y el *Graal*, 270; en la España medieval, 286; y el *Caballero Cifar*, 315.
Merlín Cocayo, y la *Trapesonda*, 231.
Metamorfosis o *Asno de oro*, de Apuleyo, 30.
Mexía, Pero, y los libros de caballerías, 450.
Meyer, Pablo, y el ciclo alejandrino, 234.

Micas, Juan, amigo de Núñez de Reinoso, 552.
Michaëlis de Vasconcellos, Carolina, y los *lays* bretones, 278, 340; y el Condestable D. Juan de Portugal, 499.
Migir, Fray, y el ciclo bretón, 295; y el *Amadís*, 324.
Mil y un días, Los, y la *Disciplina Clericalis*, 71.
Mil y una noches, Las, y el cuento egipcio, 13; y el *Baktiar Nameh*, 49; y el *Solwan*, 75; y la *Ciudad de Catón*, 80; difusión de sus cuentos en España, 94; y la *Historia del caballo de madera*, 243; y *Pierres y Magalona*, 246; y la *Dama del Lago*, 313.
Milá y Fontanals, y el *Maynete*, 216; y Quadrado, 218; y el *Curicel*, 398.
Milon, Comedia, y su *lay*, 261.
Mito filosófico, en la cultura griega, 16.
Mobáchir ben Fátik, Abul-Wafá, y el *Bonium*, 107.
Modio, y el *Ludus septem sapientium*, 50.
Moisés y Jacob el Carnicero, Leyenda de, y el *Condenado*, de Tisso, 114.
Molière, y la *Disciplina clericalis*, 69; fuente del *Scorges Dandin*, en el Arcipreste de Talavera, 190.
Monjas, Sátira con las, de Núñez de Reinoso, 551.
Monmouth, Jofre de, y las leyendas bretonas, 260; y el *Lanzarote*, 272; y el *Nobiliario*, 281; su *crónica* en Castilla, 284.
Montaigne, Miguel de, y el *Amadís*, 387.
Montalbán, y Heliodoro, 543.
Montalvo, Garci-Ordóñez de, y el *Amadís*, 322; y el episodio de Briolanja en el *Amadís*, 336; su vida, 374; las continuaciones del *Amadís* y las *Sergas de Esplandián*, 410.
Montemayor, Jorge de, y la *Diana* como novela pastoril, 11.
Montiel, Fr. Antonio, y el *Eustaquio*, 302.
Montreuil, Gerberto de, y su *Perceval*, 269.

19 — Orígenes de la novela. - Tomo I.

Moraes, Francisco de, 429.
Moreira de Carvalho, Jerónimo, traductor portugués de *Roberto el Diablo*, 250.
Morel Fatio, y el *Isopete*, 70; y el *Libro de Alexandre*, 234.
Morgante maggiore, y su traducción española, 231.
Moro, Tomás, su *Utopía* y el *Blanquerna*, 136.
Mosca, y el libros de los *Gatos*, 171.
Muerta supuesta, Leyenda de la, 23.
Muerto agradecido, Leyenda del, y *Oliveros*, 249.
Mujer marina, Leyenda de la, 280.
Müller, Marcos José, y la literatura aljamiada, 111.
Müller, Max, el *Barlaam* y la leyenda de Buda, 55.
Munday, Antonio, y el *Amadís*, 392; y la traducción del *Palmerín de Inglaterra*, 435.
Muñoz, Andrés, y el viaje de Felipe II a Inglaterra, 391.
Mussalin, Adolfo, y la *Crónica Troyana*, 237; y la *Santa Emperatriz que ovo en Roma*, 257.
Muza II, Abuhamud, *El Collar de perlas*, y el *Solwan*, 76.
Myrdhin y *Merlín*, 260.

N

Nacimiento y primeras empresas del Conde Orlando, de Ludovico Dolce, castellanizado por el regidor de Valladolid, Enríquez de Calatayud, 232.
Nachshebi, y la *Octava noche del Tuti-Nameh*, forma oriental del *Sendebar*, 49.
Narbona, Moisés de, comentarista y traductor hebreo de Abentofail, 87.
Nennio, y la *Historia Britonum*, 259.
Nepote Cornelio, y el Dares frigio, 235.
Nerón, en el *Satyricon*, 28.
Nicodemus, *Evangelio de*, su influjo gnóstico, 26.
Niña que se tornó en rata, La, apólogo del *Calila*, 45.
Niquea, y las obras que de este tenor derivan, 421.

Nobiliario portugués, El, y la Historia de Zeyyad, 77.
Noches de invierno, de Antonio de Eslava, y los *Reali de Francia*, 233.
Novas Rimades, en catalán, 395.
Novellino italiano, El, y el *Conde Lucanor*, 155; y el *Curial*, 396.
Nunca fuera caballero de damas tan bien servido, romance, 291.
Nunes de Santiago, Ayres, y el ciclo bretón, 341.
Núñez, Nicolás, y la *Cárcel de amor*, 513.
Núñez Delgado, Pedro, y la *Crónica Troyana*, 239.
Núñez de León, Duarte, y Vasco de Lobeira, 329.
Núñez de Reinoso, Alonso, imitador de Aquiles Tacio, 81.

O

Oberg, Eilhart de, su versión alemana del *Tristán*, y las diferencias que tiene con la versión inglesa de Béroul, 262.
Oberón, relato caballeresco mal traducido en prosa francesa y *Amadís*, 390.
Odisea, La, considerada como gran novela de aventuras, en la mayor parte de su contenido, 14.
Oliva, Gonzalo de, y el *Orlando furioso*, 232.
Olivante de Laura, Libro de Don, 443.
Oliveros de Castilla y Artús de Algarbe, origen y evolución, 248.
Oliveros y Roldán y Amadís y Galaor, 364.
Orde de Cavayleria, Libro del, de Lulio, 131.
Ordóñez de Calahorra, Diego, y *El Caballero Febo*, 444.
Orlando determinado, El, de Martín de Bolea y Castro, 232.
Orlando enamorado, Traducción del, 231.
Orlando furioso, y *Don Clarisel de las Flores*, 440.
Orlando, segunda parte, y Ariosto, 232.
Ortega, Melchor, y el *Felixmarte de Hircania*, 443.

Ortiz, Andrés, *Romance de Don Floriseo*, 437.
Ottas, *Cuento del Emperador don*, y el *Caballero Cifar*, 308.
Oudín, César, y *Teógenes y Cariclea*, 542.
Ovidio, y el Arcipreste de Hita, 161; y la comedia *De Vetula*, 164; sus *Metamorfosis* y *Fiorita*, 398; y Rodríguez del Padrón, 493; y Roiz de Corella, 499; y Alonso Núñez de Reinoso, 549.
Owenn, y Perellós, 296.

P

Pablo y Virginia, única y pudorosa imitación de *Dafnis y Cloe*, 24.
Padres Santos, Las vidas y colaciones de los, y el *Libro de Exemplos*, 170.
Páez de Ribera, y el *Sexto libro de Amadís de Gaula*, 411.
Pájaro azul, El, cuento del *Iwenec*, 261.
Palencia, Alfonso de, y su importancia en las ficciones morales, 197.
Palmerín de Inglaterra, El, 428.
Palmerín de Oliva, El, 422.
Palmerines, en España, 206; Ciclo de los, 421; su fortuna, 435.
Pamphilus de amore, y Ovidio, 162; influencia en el Arcipreste, 165.
Pantschatantra, Refundición del *Calila*, 35.
Pantasilea, El Planto de la reina, y la *Crónica Troyana*, 240.
Panza, Sancho, y *Ribaldo*, de *Cifar*, 317.
Papagayo, Libro del, en el *Sendebar*, 52.
Paravicino, Fr. Hortensio Félix, y el *Primaleón*, 425.
Paris, Gastón, y la *Crónica* de Turpín, 210; y el *Mainet*, 213; y la *Gran Conquista de Ultramar*, 210.
París, Paulino, y el *Reinaldos de Montalbán*, 226.
París y Viana, Historia de, 246.
París y Viana, novela aljamiada, 119; y la novela sentimental, 474.
Partenopeus de Blois, y Psiquis, 240; y las *Ínsulas dotadas*, 315; y el *Amadís*, 350.

Partinuplés, El Conde, 240.
Pascual, P., y la traducción del *Libro del orden de caballería de Lulio*, 140.
Pasión trovada, por Diego de San Pedro, 501.
Patronio, *Libro de*, 150.
Paynel, Thomas, *The Treasurie of Amadís*, 392.
Payno, Roberto, y la *Confessio Amantis*, 351.
Payopelle, Fr. Hermenegildo de, y el *Caballero Tungulu*, 296.
Pecorone, El, y Juan de Timoneda, 257.
Pedro de Portugal, Condestable, y Rodríguez del Padrón, 494.
Pelerinage de la vie humaine, El, en español, 454.
Pellicer de Ossau Salas y Tovar, José, y Aquiles Tacio, 544.
Penalva, y Nicolás Antonio, 419.
Pensamientos variables, Libro de los, 202.
Perceval, Cuento de, 268, y *Amadís*, 344.
Percivall, Sir, y *Perceval*, 268.
Peredur, El mabinogion de, y *Parsifal*, 268.
Peregrino, Historia y milicia cristiana del Caballero, de Alonso de Soria, 457.
Pereira, Nuño, y el *Amadís*, 326.
Perellós, Ramón de; su viaje, 295.
Pérez, Marcos, traductor del *Dolophatos*, 50.
Pérez de Guzmán, Fernán, y *Amadís*, 325.
Pérez de Montalbán, Juan, y la *Vida y Purgatorio de San Patricio*, 296, y *Don Florisel de Niquea*, 421.
Pérez Pastor, Cristóbal, y el Arcipreste de Talavera, 185.
Perfección del triunfo militar, Tratado de la, de Alfonso de Palencia, 197.
Persiles y Segismunda, Trabajos de, y la novela bizantina, 540.
Petrarca, y el Arcipreste de Talavera, 183; y *Pierres de Provenza*, 243; y Antonio Ferreira, 331.
Petronio, y el *Satyricón*, 28; su influencia, 31; en la Edad Media, 167.

Pharemundo Christiano, y su traducción alemana de Aurelio e Isabela, 435.
Philelpho, Francisco, y Lafontaine, 45.
Philesbián de Candaria, Libro de Don, 444.
Piamonte, Nicolás de, y la *Historia de Carlomagno y los doce Pares*, 225.
Piccolomini, Eneas Silvio, y su influencia en nuestra novela sentimental, 479.
Pierres y Magalona, y la novela sentimental española, 474.
Pierres de Provenza y la linda Magalona, y la *Historia del príncipe Camaralzamán y la princesa Badura*, de las *Mil y una noches*, 100; su origen y evolución, 243, 361.
Piferrer, y Jerónimo de Contreras, 557.
Pilgrim's Progress, El, de Bunyan, 456.
Pimentel, Alonso, y Guido de Columna, 239.
Píndaro Tebano, y *Alexandre*, 237.
Pipino y Berta, en la *Gran Conquista de Ultramar*, 221.
Pironiso, Poema inédito de, o el *Satreyano*, de Martín Caro, 445.
Pirro y Policena, Romance de, y la *Crónica Troyana*, 240.
Plácidas o Eustacio, Estoria del Caballero, su divulgación, 256.
Plácido, Leyenda de San, y el *Caballero Cifar*, 302.
Platir, *Historia del Caballero*, 435.
Platón, maestro del mito filosófico, 16; en la *Disciplina Clericalis*, 69; *La República* y el *Blanquerna*, 136; en Lucena el mozo, 525.
Plutarco, y Maquiavelo, 181.
Pocoke, y Abentofail, 89.
Policiana, Tragedia, y Luis de Hurtado, 430.
Policisne de Beocia, Historia del príncipe Don, 444.
Polindo, *Historia de Don*, 435.
Pompeyo, Trogo, y las *Havidas*, 169.
Pontano, Giovanni, y Luciano, 19.
Portugal, Francisco de, su *Arte de Galantería* y el *Amadís*, 376.
Possevino, el P., y el *Amadís*, 387.

Possino, Pedro, y las traducciones del *Calila*, 37.
Prados de oro, Los, de Masudi, y las *Mil y una noches*, 80, 98.
Princesa cautiva, Romance de la, y Oliveros, 249.
Prodromo, Teodoro, y *Los amores de Rhodantas y Dosicles*, 23.
Proprietatibus rerum, De, y Clemente Sánchez, 170.
Prudenciano, *Regimiento de Príncipes*, 203.
Pulci, Bernardo, y su *Rappresentazione di Barlaam e Josafat*, 66.
Purgstall, Hammer, y las *Mil y una noches*, 98.
Puymagre, Conde de, y el *Libro de Exemplos*, 170; y la *Gran Conquista de Ultramar*, 220; y el *Caballero Cifar*, 320.

Q

Quadrado, y la estancia de Carlomagno en Toledo, 218.
Querolus, El, y la *Anbularia*, 164.
Quevedo, y Luciano, 19; y Aquiles Tacio, 543.
Quijote, El, y *Enrique de Oliva*, 223; y Gonzalo de Oliva, 232; y el *Caballero Cifar*, 320; y el *Amadís*, 381; y las *Sergas de Esplandián*, 410; y el *Palmerín de Oliva*, 422; su biblioteca, 436; y *Florando de Castilla*, 446; sus prototipos, 464; considerado como libro de caballerías, 472.
Quinault, y *Amadís*, 388.
Quinque sapientibus, De, de Lulio, y el *Libro del Gentil*, 130.

R

Rabadán, Mahomad, sus largos y fáciles romances y la poesía aljamiada, 112.
Rabelais, la parodia deliberada de los libros de caballería y el *Tirante*, 406.
Racine, y el encanto con que leyó el *Teágenes y Cariclea*, 22.
Rajna, Pío, y las *Mil y una noches*, 100; y la leyenda de Carlomagno en Toledo, 218.

Ramiro II y la infanta mora, Leyenda de, 280.
Reali de Francia, I, y Lope de Vega, 233; y las Noches de Invierno, 233.
Recull de exemplis e miracles..., 172.
Regimiento de Príncipes..., 203.
Regnard, y El Nacimiento de Amadís, 388.
Reina y cautiva, El romance, y Flores y Blancaflor, 242.
Reinaldos de Montalbán, 226.
Reinosa, Pedro de, y el Espejo de Caballerías, 230.
Reinosa, Rodrigo de, 185.
Renán, y Hariri, 73; y el Graal de Parsifal, 270.
Renal, Román de, y el Calila, 43.
Renart, El, su ciclo, y el Libre de les Besties, 142.
Renaud de Montauban, y el Amadís, 364.
Repetición de Amores, de Lucena, 525.
Retablo de las maravillas, El, y el Conde Lucanor, 155.
Rey de Artieda, Andrés, y el Amadís, 377.
Rey Canamor y del infante Turián, Libro de, 247.
Reymundo de Grecia, Don, 437.
Rhampsinito, el cuento egipcio, 14.
Ribaldo, en el Caballero Cifar, 317.
Ribeiro, Bernaldim, y Rodríguez del Padrón, 491.
Ribeiro dos Sanctos, y el lay de Amadís, 347.
Ribera, y la literatura aljamiada, 112.
Rimado de Palacio, El, y Amadís, 323.
Rinaldo, Il, de Torquato Tasso, 229.
Ríos, Amador de los, y el Sendebar, 48; y el Cuento del Emperador Carles Maipres, 222; y la Crónica Troyana, 237; y el Caballero Cifar, 319.
Rivadeneyra, P., y la leyenda de Barlaam y Josafat, 54, 65.
Rivas, Duque de, y Don Juan Manuel, 153.
Roberto, El Monje, y Tristán, 265.
Roberto el diablo, 250; y la Dama del Pago, 313.

Robinson, y Abentofail, 87.
Rocaberti, Comendador, y la Fiammetta, 476.
Rocha, Pedro, y la traducción de la Fiammetta, 476.
Rodrigo, El arzobispo Don, y la Crónica de Turpín, 215.
Rodríguez Lobo, Francisco, 471.
Rodríguez de Montalbo, Garci, y el Amadís, 322.
Rodríguez del Padrón, Juan, y El siervo libre de amor, 11; y el Arcipreste de Talavera, 192; último trovador de la escuela gallega, 482.
Roig, Jaime, el Libre de les dones y los dos Corbachos, 194.
Roiz de Corella, Juan, y la novela sentimental, 499.
Rojas, Fernando de, y el Arcipreste de Talavera, 195.
Rollans, La Chanson de, y la Crónica de Turpín, 211.
Roman des Romans, y los Amadises, 420.
Romeo y Julieta, y Rodríguez del Padrón, 493.
Romero de Cepeda, y la Destrucción de Troya y el Robo de Elena, 240.
Rómulo y Remo, y Amadís, 366.
Roncesvalles y hazañas de Bernardo del Carpio, 232.
Rosa Florida, su romance y Rodríguez del Padrón, 483.
Rose, Román de la, 455.
Roseo da Fabriano, Mambrino, y Don Silves de la Selva, 419.
Rousseau, el Emilio y la Ciropedia, 18.
Ruckert, Federico, traductor de las Macamas, 73.
Ruiz de Alarcón, Juan, y Don Juan Manuel, 153.
Ruiz de Corella, Juan, y la novela sentimental, 499.
Rusticiano de Pisa, y el ciclo bretón, 273.

S

Saavedra, Eduardo, y los textos aljamiados que publicó, en prosa y verso, 111; y París y Viana, 246.

Saba, Reino de, y la interesante y poética leyenda relativa a Salomón, 115.
Sabra, Joseph Abén, rabino catalán, imitador de Alharizi, 91.
Sacbel, Salomón Ben, su *Tachkemoni* y las *Macamas*, 90.
Sacy, Silvestre de, y las *Mil y una noches*, 97; y la literatura aljamiada, 111.
Sachetti, y el *Conde Lucanor*, 158.
Sainte - More, Benito de, y el *Román de Troie*, 236.
Sajones, Canción de los, en la *Gran Conquista de Ultramar*, 221.
Sakya - Muni, y el *Barlaam*, 56.
Salazar, Alonso de, y el *Lepolemo*, 442.
Salazar, Diego de, y el *Filocolo*, 477.
Salomón, Recontamiento de, 115.
Salto del Rey Richarte de Inglaterra, El, 155.
San Juan Damasceno, y el *Barlaam*, 53; y la leyenda de San Eustaquio, 257.
San Pedro, Diego de, y la novela sentimental, 11, 500; y el Proceso de cartas de amores, 516.
San Pedro, Jerónimo de, y la *Caballería Celestial de la Rosa Fragante*, 455.
Sancto Spiritu, Liber de, y el *Libro del Gentil*, 130.
Sánchez Talavera, Ferrant, y el ciclo bretón, 288.
Sánchez de Uceda, Gonzalo, traductor del *Libro del Gentil*, 124.
Sánchez de Vercial, Clemente, y el *Barlaam*, 66; el Libro de los Exemplos, y la *Disciplina Clericalis*, 70.
Sancho, Libro del Rey don, y la *Disciplina Clericalis*, 70.
Sandabar, Parábolas de, y el *Sendebar*, 49.
Santa Cruz, Fr. Baltasar de, traductor del *Barlaam*, 64.
Santoro, Dr. Juan Basilio, su *Hagiografía* y el Barlaam, 65.
Santillana, Marqués de, y el *Planto de la Reina Pantasilea*, 240; y la *Fiammetta*, 475.
Sapor, Cuentos del Rey, 78.
Saracosties, Las, de Aben al Asterconi, 90.

Sarmiento, el P., y el origen del *Amadís*, 353.
Sátira Menipea, La, y Luciano, 19.
Satreyano o *Pironiso*, de Martín Caro, 444.
Satyra de felice e infelice vida, del Condestable de Portugal, 494.
Satyricón, de Petronio, novela de costumbres, 28.
Saviesa, El libro de la, y las colecciones de apólogos orientales, 107.
Scrivá, Ludovico, y la novela sentimental, 526.
Schiller, y Jerónimo de Contreras, 557.
Schegel, A. G. de Sacy, y las *Mil y una noches*, 98.
Schopenhauer, y Gracián, 90.
Schoto, Andrés, traductor de Heliodoro, 542.
Sebastián, El Rey Don, y el Rey Artús, 276.
Segunda Celestina, La, y el *Barlaam*, 66.
Segura, Juan de, y la novela sentimental, 536.
Selva de Aventuras, de Jerónimo de Contreras, 553.
Sempere, Jerónimo de, *Caballería Celestial de la Rosa Fragante*, 455.
Sendebar, transformado en *Syntypas*, 26; versiones, 33; y las *Mil y una noches*, 95; en el Arcipreste de Talavera, 190.
Séneca, en Lucena el mozo, 525; y Alonso Núñez de Reinoso, 549.
Septem Sapientum Romae, Historia, y el *Sendebar*, 49.
Septimio, Lucio, y Dictis cretense, 235.
Sercambi de Luca, y las *Mil y una noches*, 101.
Sergas de Esplandián, Las, de Garci Ordóñez de Montalvo, 323, 410.
Sermón, de Cristóbal de Castillejo, 516.
Serpiente, Leyenda de la doncella convertida en, 404.
Sethos, Simeón, y el *Calila*, 26, 36.
Sforza, Dona, en la *Cuestión de Amor*, 522.
Shah - Nameh, El, 78.
Shakespeare, y la leyenda de Apolonio de Tiro, 23; y el *Barlaam*, 59; y el *Conde Lucanor*, 155; el

Pericles y *Apolonio de Tiro*, 290; y *Bandello*, 408; y *Don Florisel*, 421; *Romeo y Julieta* y *Rodríguez del Padrón*, 493; y *Juan de Flores*, 535.

Sidney, Felipe, la *Arcadia* y el *Amadís de Grecia*, 421.

Siervo libre de amor, *El*, 483.

Sierra, Pedro de la, y *El Caballero del Febo*, 444.

Siete labios de Roma, 51.

Silva, Feliciano de, y el *Barlaam*, 66; y el *Tirante de Grecia*, 412; y la *Segunda Celestina*, 414; influencia de su libro, 421.

Silva y Toledo, Juan de, *Don Policisne de Beocia*, 444.

Silva Curiosa, y el *Barlaam*, 66.

Silvana, El romance de, y el *Recontamiento de la doncella Carcayona*, 113.

Silveira, Francisco de, y el *Amadís*, 326.

Silves de la Selva, Don, 419.

Simón, y el *Alejandro*, 234.

Sindibad-Nameh, El, y el *Sendebar*, 49.

Sócrates, en la *Disciplina Clericalis*, 69.

Solci Perretano, y el *Barlaam*, 66.

Solwan, El, de Aben Zafer, 75; y los *Castigos e documentos*, 121.

Soria, Fr. Alonso de, 457.

Southey, Roberto, y *Amadís*, 393; y el *Amadís de Grecia*, 421; y la traducción del *Palmerín de Inglaterra*, 436.

Speculum Historiale, El, y el *Barlaam*, 53; y la *Disciplina Clericalis*, 71; y el *Carlomagno*, 225.

Speroni, Sperone, y el *Amadigi* de Tasso, 382.

Stanley, Lord, y la literatura aljamiada, 111.

Steinschneider, y el *Barlaam*, 63; y el *Libro de los buenos proverbios*, 107.

Sthendal, y Aben Hazam, 81.

Straparola, y el *Caballero Cifar*, 316.

Strasburgo, Gotfrido de, y *Tristán*, 265.

Stricker, y el *Karl Meinet*, 215.

Sueño de amor, El, y el *Amadís de Grecia*, 416.

T

Tabla redonda, La, de que Monmouth nos habla, y el *Bruto* de Wace, 261; y los *lays* de Bretaña, 262.

Tacio Alejandrino, Aquiles, y Heliodoro, 22; su influencia, 79.

Tachkemoni, El, de Salomón Abén Sachel, y la novela humorística, 90; de Alharizi, y Hariri, 91.

Talavera, Arcipreste de, y el *Corvacho o Reprobación del amor mundano*, 181.

Tancos, Fr. Hermenegildo, y el *Orto do Sposo*, 172.

Tártaro y del Cristiano, Libro del, de Lulio, y el Gentil, 130.

Tasso, Bernardo, y su *Amadigi*, 381.

Tasso, Torcuato, *Il Rinaldo*, 229; y el *Amadís*, 384.

Teágenes y Cariclea, de Heliodoro, novela de aventuras, 21; traducción de Francisco de Vergara, 540.

Tecla, Santa, sus *Actas* y la narración poética, 26.

Teodor, Doncella, y las *Mil y una noches*, 101.

Teresa, Santa, y los libros de caballerías, 465.

Teseo, y *Tristán de Leonís*, 262; y *Lanzarote*, 272.

Ticknor, y el *Caballero Cifar*, 319; y la *Caballería Celestial*, 456; y los libros de Caballerías, 458; la literatura ascética y la caballeresca, 464.

Tidorel, El *lay* de, 262.

Timoneda, Juan de, la *Sobremesa* y el *Alivio de Caminantes*, 10; el *Patrañuelo*, 15; y el *Apolonio de Tiro*, 23, 240; y el *Cuento del Emperador Ottas*, 257.

Tiolet, El *lay* de, 262.

Tirant lo Blanch, y el *Libro de cavaylería*, 131; en España, 206; y el *Orlando furioso*, 380; estudio del libro, 398.

Tirso, su *Deleitar aprovechando*, las *Clementinas*, 26; su *Condenado* y *Moisés con el carnicero*, 114.

Toledana Discreta, Genealogía de la, 445.

Tomás, Poema de, y *Tristán*, 265.

Tomillas, Los hechos del Conde, en el *Quijote*, 295.

Torquemada, Antonio de, sus *Coloquios satíricos*, 12; y el *Barlaam*, 66; y *Don Olivante de Laura*, 443.
Torre, Bachiller Alfonso de la, 202.
Torrella, Guillem de, y *Paula*, 395.
Trabisonda, La, y el *Reinaldos*, 229.
Tragedia de Caldera, Roiz de Corella, 500.
Trapezuncio, Jorge, y el *Barlaam*, 53.
Tres hijuelos había el Rey, romance, 291.
Tressan, Conde de, y *Pierres y Magalona*, 244; y el *Amadís*, 344; y el *Nuevo Amadís*, de Wieland, 390; y la traducción del *Tirante*, 408.
Treviez, Bernardo de, *Pierres de Provenza y la linda Magalona*, 243.
Tristán, Leyenda de, su origen y evolución, 262; su *lay* en portugués, 279; su influencia en el *Amadís*, 344.
Tristán e Iseo, y el *Tirante*, 407.
Tristán que no ríe, El lay de, y el *Caballero Cifar*, 314.
Triunfo de las donas, 492.
Troiana, La Historia, 236.
Troie, El Román de, y sus traducciones, 237.
Tromba, Francisco, la *Trabisonda* y el *Reinaldos*, 229.
Troyana, La Crónica, y el *Román de Troie*, 236.
Troyes, Histoires de, 239.
Troyes, Cristián de, y la *Estoria del Rey Guillerme*, 256; y el *Tristán*, 265; y el *Román de la Charrete*, 272.
Tungdali, La Visio, 296.
Turmeda, Fr. Anselmo de, y Lulio, 173.
Turpín, La *Crónica* de, 210.
Tuti-Nameh, El, y el *Sendebar*, 49.
Tuy, La *Crónica* de Lucas de, y la de Turpín, 212.

U

Ultramar, Gran Conquista de, vasta compilación histórica relativa a las Cruzadas, 251; y la *Tabla redonda*, 284; y *Amadís*, 350.
Ulloa, Alfonso de, y las Trece Cuestiones del *Filocolo*, 479; y la *Cuestión de Amor*, 518.

Urganda, la desconocida, en el *Amadís*, 357.
Urrea, Jerónimo de, y la traducción del *Orlando furioso*, 232; su *Diálogo de la honra militar*, 439; y la traducción del *Chevalier Deliberé*, 454.
Usoz, Luis, el *Werther* y la *Cárcel de Amor*, 508.

V

Valdés, Juan de, padre y maestro de la sátira *lucianesca* en España, 12; y Luciano, 19; y el *Amadís*, 378.
Valera, Mosén Diego de, y la *Defensa de virtuosas mujeres*, 192.
Valera, Juan, y su traducción de *Dafnis y Cloe*, 24.
Valerián de Hungría, Historia de Don, 437.
Valerio, Julio, y la leyenda de Alejandro, 116; y el falso Calístenes, 233.
Valerio, Máximo, y el *Libro de Exemplos*, 170.
Valmanya, Bernardino de, traductor de la *Cárcel de amor*, 515.
Vargas, Bernardo de, y *Don Cirongilio de Tracia*, 443.
Varnhagen, F. A., y el *Santo Graal*, 283.
Vázquez, Francisco, y el *Primaleón*, 427.
Vázquez de Ávila, y el *Dechado de Amor*, que se le atribuye, 524.
Vázquez de Contreras, Diego, y el *Orlando furioso*, 232.
Vega, Garcilaso de la, y *Florando de Castilla*, 445; y la *Cuestión de Amor*, 520.
Vega, Lope de, el *Barlaam y La vida es sueño*, 66; y la *Doncella Teodor*, 102; y el *Conde Lucanor*, 155; y el *Muerto agradecido*, 249; y los libros de caballerías, 470.
Velho, El Libro, y el *Nobiliario* de Barcelos, 279.
Vendôme, Mateo de, y el *Pamphilus*, 163.
Venegas, Alonso de, y los libros de caballerías, 448.
Veneris Tribunal, Ludovico Serivá, 526.

Venturín y el Caballero de las damas, El Príncipe, 393.
Verdier, Antoine du, y el *Román de Romans*, 420.
Vergara, Francisco de, traductor de Heliodoro, 540.
Vergel de varios triunfos, 558.
Vernassol, Francisco, y la traducción del *Primaleón*, 435.
Vespasiano, *Estoria do muy noble*, y el *Graal*, 284.
Vetula, El De, y el *Pamphilus*, 164.
Vicente, Gil, y *La tragicomedia de Amadís de Gaula*, 377; y el *Primaleón*, 424.
Vida es sueño, La, y el *Barlaam*, 51, 66; y el *Conde Lucanor*, 155.
Villalón, Cristóbal de, el *Crotalón*, y el *Diálogo de las transformaciones de Pitágoras*, 12.
Villamediano, Conde de, y *La gloria de Niquen*, 421.
Villarreal, Fernando de, y el *Rey Canamor y el infante Turián*, 247.
Villegas Selvago, Alonso, su *Flos Sanctorum* y el Barlaam, 65.
Villemarqué, y el *Graal de Parsifal*, 270.
Villena, Enrique de, y el Arcipreste de Talavera, 183.
Villeneuve, Huon, atribución del *Renaus de Montauban*, 226.
Vincent, Jacques, y la traducción del *Palmerín de Inglaterra*, 429, 435; y el *Clareo y Florisea*, 545.
Vinhal, Gonzalo Eannes de, y los cantares de *Cornoalha*, 277.
Virgilio, enamorado, cuento de, 195; y Núñez de Reinoso, 85.
Vita Nuova, de Dante, y la novela sentimental, 474.
Vitry, Jacobo, y la *Disciplina Clericalis*, 71; y el Recull de exemplis, 173.
Vives, Luis, y *Leonella et Canamorus*, 248; y el *Curial*, 395; y la *Cárcel de amor*, 517.
Voltaire, y *Luciano*, 19; y las refundiciones francesas del *Amadís*, 389.
Voragine, Jacobo de, y la leyenda de San Eustaquio, 257.

W

Wadingo, analista de la orden de San Francisco, y Juan Rodríguez del Padrón, 486.
Wagner, Carlos Felipe, y el *Caballero Cifar*, 301.
Wagner, Ricardo, y Tristán, 265.
Warrac, Abu Beguer al, y la *Doncella Teodor*, 102.
Warschewiczk, Esteban, traductor de Heliodoro, 542.
Werther, y la *Cárcel de Amor*, 508.
Wieland y Luciano, 20; y el *Nuevo Amadís*, 390.
Wolf, Fernando, y el Reinaldos, 229.
Wolfio, y la traducción hebrea del *Amadís*, 393.

X

Xenofonte, sus *Efesiacas*, y el Cuento de la enterrada viva, 23.

Y

Yáñez, Rodrigo, y su *Poema de Alfonso XI*, cuya primitiva redacción parece haber sido gallega, 285.
Yusaf, Poema de, y el *Libro de los Caminos y de los Reinos*, 80.

Z

Zabaleta, Juan de, su obra *El Conde Matisio y Roberto el Diablo*, 250.
Zafer, Aben, su *Solwan*, 75.
Zapata, Luis, y el autor del *Amadís*, 333.
Zatzikhoven, Ulrico de, y el *Lanzarote*, 272.
Zayda y Galiana, en la *Crónica General*, 220.
Zelihes, Recontamiento de lo que aconteció a una partida de sabios, 114.
Zotenberg, y el *Barlaam*, 62; y la leyenda de Buda, 55.
Zukasaptati o cuentos del Papagayo, y el *Alhadiz de Musa*, 114.

ÍNDICE

	PÁG.
Introducción	9
I. — Reseña de la novela en la antigüedad clásica, griega y latina	13
II. — El apólogo y el cuento oriental. — Su transmisión a los pueblos de Occidente, y especialmente a España. — El cuento y la novela entre los árabes y judíos españoles	33
III. — Influencia de las formas de la novelística oriental en la literatura de nuestra península durante la Edad Media. — Raimundo Lulio. — Don Juan Manuel. — Fray Anselmo de Turmeda. — El arcipreste de Talavera	121
IV. — Breves indicaciones sobre los libros de caballerías. — Su aparición en España. — Ciclo carolingio («Turpín», «Maynete», «Berta», «Reina Sevilla», «Fierabrás», etc.). — Influencia de los poemas italianos («Reinaldos de Montalbán», «Espejo de Caballerías», etc.). — Asuntos de la antigüedad clásica («Crónica Troyana»). — Novelas grecoorientales («Partinuplés», «Flores y Blancaflor», «Cleomedes y Clarimonda», «Pierres y Magalona», etc.). — Novelas varias («Oliveros de Castilla y Artús de Algarbe», «Roberto el Diablo», etc.). — El ciclo de las Cruzadas en la «Gran conquista de Ultramar» («El caballero del cisne»). — Otras novelas de los siglos XIV y XV. — El ciclo Bretón en España («Tristán», «Lanzarote», «Demanda del Santo Grial», «Baladro del sabio Merlín», «Tablante y Jofre»). — Carácter exótico de toda esta literatura	205
V. — Aparición de los libros de caballerías indígenas. — «El Caballero Cifar». — Orígenes del «Amadís de Gaula». — Libros catalanes de caballerías: «Curial y Güelfa». «Tirante el Blanco». Continuaciones del «Amadís de Gaula». — Ciclo de los Palmerines. — Novelas caballerescas sueltas. — Libros de caballerías a lo divino. — Libros de caballerías en verso. — Decadencia y ruina del género a fines del siglo XVI	299
VI. — Novela sentimental. — Sus orígenes; influencia de Boccaccio y Eneas Silvio. — Juan Rodríguez del Padrón («El siervo libre de amor»). — Diego de San Pedro («Cárcel de amor». «Tratado de Arnalte y Lucenda»). — «Cuestión de amor», de autor anónimo. — Juan de Flores («Grisel y Mirabella». «Grimalte y Gradissa»). — Otras novelas del mismo estilo. — Juan de Segura («Proceso de cartas de amores»). — Hernando Díaz («Historia de los amores de Peregrino y Ginebra»). — Novela bizantina de aventuras. — Influencia de Heliodoro y Aquiles Tacio. — Alonso Núñez de Reinoso («Clareo y Florisea»). — Jerónimo de Contreras («Selva de aventuras»)	473
Índice de temas, autores y obras	559